环球时报社◎著

真话中国

A TRUTH-SPEAKING CHINA

环球时报社评 2015（上）

人民日报出版社

编辑说明

作为环球时报的重要特色，环球时报社评的核心竞争力优势突出，品牌价值日益凸显。一直以来，在环球时报"解读复杂中国，报道多元世界"的办报理念指引下，环球时报社评以明辨是非为原则，用对应现实、对应心灵的"真话"，触及敏感话题，解读复杂中国，表达主流观点，阐释中国立场。其独树一帜的评论风格，被誉为中国民间舆论的代表性声音。

环球时报 2010 至 2011 年 4 月的部分社评曾由科学出版社以主题分类的方式，出版成书《讲真话的中国：环球时报社评精选（2010–2011）》。为了突出环球时报社评的史料价值，现将自 2009 年 4 月创办环球时报社评以来的社评文章一并按年份为序，重新由人民日报出版社编辑、出版。在此对科学出版社的大力支持，深表谢意。

为增加一个了解环球时报社评的视角，本次出版收入了科学出版社出版的《讲真话的中国》一书中人民日报原副总编辑米博华的序言《聚众人智慧，成一家之言》和环球时报总编辑胡锡进的序言《环球时报社评是怎么写出来的》、《微博时代的环球时报社评》，相信会给读者朋友阅读、理解环球时报社评以参考。

聚众人智慧，成一家之言

人民日报原副总编辑　米博华

作为一个新闻评论工作者，对报纸上的楷体字往往有特殊的敏感。近一年，开始注意《环球时报》（下称时报）刊发的楷体字——"社评"。一家报纸能够不间断地发表社评，没有足够的办报经验和高度职业化的团队，是很难做到的。

也许是因为职业关系，对评论作品比较挑剔。正如经常鉴赏佳茗，一般茶品很难得到首肯。往往从那些"不容置疑"的论点中看出大可置疑的破绽，从那些高头讲章中发现跑风走气的漏洞。有时，会拿出笔来，在已见报的言论作品中，删去多余的废话。当然，在看到好作品时，不禁两眼发亮，脉动加速，含玩不已；甚至剪贴下来，学习观摩。

时报的社评在一定程度上改变了人们对社论的看法，这与时报反映民间声音的定位有关。时报是有影响力的报纸，但不是机关报；是解读世界和中国对外行为的媒体，但不是外交机构。它是以民间声音反映主流意识形态的一张报纸。这样的定位赢得了游走于官方和民间的广阔空间。它可以着正装，也可以穿短衫；它可以很"外交"，也可以免去客套。嬉笑怒骂，多是聊备参酌的意见；咳唾成文，又未必不是政策的宣示。这恰好弥补了中国报纸长久以来的一个缺位，也因之获得滋生发荣的机会。这里说的改变了人们对社评文体的看法，是指从话题的设置到内容的拓展，从体裁的选择到语言的表达，完全可以不拘一格。时报的社评，没有多少自缚手脚的约束，没有多少瞻前顾后的顾虑，没有多少抄袭成例的拘谨。当然，时报的立场始终以维护中国的国家利益为责任，不在舆论场上随波逐流，这一点从不含糊。它是以特殊方式和极富个性的表达，反映中国人的立场，传播中国声音。

从新闻业务角度讲，时报的社评有不少值得学习之处。

在很多情况下，政论家和政治家看问题的角度不同，处理问题的方式迥异。政论家重说理，是非曲直必呈现于文章；政治家重实务，趋利避害中必计较得失损益。因而，也就有了"只做不说，多做少说，不说不做，少做大说"等等的选择。面对复杂多变的国际形势，实务的思维方式也许并不为政论家所理解；反之，激扬文字也未必能够解决棘手的问题。这是办报的难处。时报总编辑胡锡进与我多次探讨舆论导向等等问题，比如，这样的选题是否太过敏感，那样的表达是不是犯忌。其实，许多专业话题非我知识所及，提不出太好的意见。但从以往的实践来看，似乎没有什么话题是绝对禁区，问题在于说些什么，怎样去说。作者的立场决定选题的方向和分析问题的角度，这不能回避也无法隐藏。无论多么复杂的情况，无论多么敏感的话题，我们必须郑重回答：讨论这样的话题，阐明这样的立场，是否有利于国家的利益，是否有利于发展的大局。如果"是"，那就不应该有什么不安。领导和读者都会看明白作者立论的出发点。立场不对，即使最精妙的"春秋笔法"也站不住脚。时报的社评并非篇篇完善，但是它的立场是明确和坚定的，那就是热爱祖国、维护正义、追求进步。光靠这个未必都能干得漂亮，但没有这个，绝对难以立足。

聚众人智慧，成一家之言，是所有有成就政论家的独特本领。即使是李普曼这样的奇才，旗下也少不了庞大的智囊团队。时报的社评之所以能在策划和见识方面高出一等，有赖于开门办报的运作方式。锡进同志和我说，社评创作依靠两个资源，一是编辑们讨论，二是听取专家意见。之后，改写定稿。这和我们习惯的领导出题，编辑撰稿，主任改稿，总编定稿的创作流程有很大不同。显然，"发散式"比"直线式"，更符合思想产品创作的规律。人民日报"任仲平"文章的创作机制也大体如此。有人说，评论家应该很专业，擅长理论思维；评论家有时也很业余，因为评论所涉及的知识和内容，评论家未必了解。"一切都评"的评论家很为读者所诟病。经验告诉我们，评论家必须广泛收集各类信息，尤其重视向专家学习请教。评论家不必也不大可能掌握从天体物理到对冲基金，从税制改革到动物保护等多学科多方面知识，但评论家必须从政治的视角辨析是非，阐明立场，纠弹谬误，宣示观点，给出科学的思想方法，给出解读新闻的正确思路。

没有立场的对峙，没有观点的交锋，也就没有评论的魅力。时报的评论大多与国际舆论斗争有关。大国博弈不会停止，也不可回避，在国际大家庭中我们不会永远是默不作声的一员。时报在这方面担当了重要的角色，几乎在所有涉华问题上都直面论辩对手，直击谬误的观点。虽然在情势峻急之下，不计辞色的尖厉，不掩郁闷的心情，直率地道出中国人的心声。这在很大程度上拓展了外交工作折冲甚至转寰的空间。从评论业务角度讲，驳论也是最富激情、最具挑战的一种工作状态。寥寥数语，揭破骗局；短短数行，是非立现，不亦快哉！时报应保持发扬这种风格。当然，在和平发展的历史进程中，中国会面临更多复杂的国际舆论环境，我们应该表现出足够的从容、理性和谦虚，充分展示维护世界和平，促进和谐发展的善意，展示负责任的新兴大国的形象。

美国前助理国防部长约瑟夫·奈说，"传统观念认为那些拥有最强大军事力量的国家将夺取优势。但在信息时代，真正的赢家是那些最会讲故事的国家（或非国家组织）。"这显然有些夸张，但也不无道理。中东和北非一些国家被弄得狼烟四起，固然有内在原因，但也确实有西媒的"忽悠"能量。从这个意义上说，国际话语权这个话筒要抢，国际舆论这场舆论仗我们要应。时报社评初试已见锋芒，日后亦必大有可为。

是所望焉，谨序。

《环球时报》社评是怎么写出来的

胡锡进

（一）

总编辑长期做报纸社评的主笔，这种情况很少见，我就成了这样的特例之一。我为此挺惭愧的，我这样每天做评论员应该做的事，说明我不是个好领导，丢了该做的"正业"。

形成这个局面很偶然，也很无奈，是被"逼"出来的。我是大约从2010年春季开始参与环球时报社评直接写作的。在此之前，我只敲定题目，审读最后的成稿，但主管社评的丁刚同志离开环球时报，打乱了我们的工作。丁在环球时报广受尊重，所有人都叫他"丁老师"，他要出国另有重任，大家都慌了。没有人能接替他，我作为总编辑只好咬牙亲自上阵，详细修改每一篇文章，由于起草社评的同志都很年轻，修改的文字量很大，逐渐我们形成了一套新的操作机制，也意外形成了新的思辨角度和语言风格。

时至今日，社评的操作模式大致定型。每天上午，社评编辑与我共同协商形成社评题目和文章的基本思路，之后，负责社评的编辑开始打电话，向一些专家询问他们就社评话题的观点和看法，到了晚上，编辑将各种看法归纳在一起交给我，有时编辑还写成文章草稿。我会阅读编辑准备的各种材料，包括专家的意见，然后我本人和这名编辑一起撰写社评，我口述，编辑在电脑上记录。他们不是一般的记录，而是一边记录我的话，一边根据他们白天围绕这个话题掌握的各种信息，修正我的看法，指出我的话和专家的意见有什么冲突，或者与他们了解的情况有什么别的出入。由于这名编辑经常要换，他是否对这个话题准备得更充分，是否能对我的口述做出有说服力的修正，对社评的质量会产生一定影响。

社评写出后，这名编辑要立即把成稿传给几名专家，征求他们对社评观点直到文字的具体意见。这样能给我们做第一读者的专家，至今已发展到近百名，每天参加进来的不少于2名，他们包括王缉思、房宁、汪晖、丁刚、潘维、崔之元、张维为、金灿荣、张颐武、楚树龙、王逸舟、彭光谦、杨恕、李希光、喻国明、殷罡、陶文钊、贾庆国、傅梦孜、袁鹏、吴心伯、孙哲、杨伯江、吴怀中、冯昭奎、李伟、宿景祥、丁一凡、何辉、唐岚、蔡佳禾、倪峰、喻晓秋、张胜军、陈先奎、朱锋、周立、李国祥、王林昌、吕超、张链瑰、易宪容、张召忠、戴旭、沈丁立、徐以骅、胡岩、庚欣、张军、何伟文、何茂春、周世俭、刘江永、王帆、余万里、杨帆、闻一、杨承军、王少普、张祖谦、高祖贵、李伟建、江时学、吴白乙、黄大慧、高洪、李彬、李绍先、刘军红、梅新育、倪乐雄、朴键一、王小东、宋晓军、时殷弘、郑凤田、郭浩、寒竹、贺文萍、樊吉社、翟崑、谭亚玲、间小波、刘冲、曹黎明、刘洪玉、雷家骕、张燕生、张立平、雷少华、达巍、赵可金、沈逸、吴冰冰，等等。

看看这些专家的名字，就会发现，他们来自中国思想界的各个领域，所处的地方也遍及中国的大江南北，他们的研究面几乎涉及中国改革开放的各个方面，以及这个世界的各个层面。他们给我们提出大量意见，编辑记录下这些意见，我会认真看。这些意见我们虽没有全部采纳，但每天都会采纳一部分，有时甚至根据反馈意见对文章做重大修改。因此，环球时报社评虽然由我和编辑部的同志们撰写，但它的每一篇都容纳了来自全社会的大量思想，他们具有广泛的社会认同度，甚至可以说，环球时报社评在相当程度上反映了中国主流社会的声音。

（二）

一些知识分子喜欢用"左派"，甚至用"民族主义"的标签来概括环球时报以及社评的倾向。我个人觉着中国现在对"左"、"右"的划分是混乱的，通常被称为"右"的那些人，很多言行非常"左"，有很强的"革命者心态"。如果硬要贴个标签，我们愿意称自己为"实事求是派"。我们愿意为中国的主流社会、为这个社会的大多数人代言，我们一直在努力这样做，态度很真诚，我们反对哗众取宠，将少数人的意见硬说成社会公众的意见。

环球时报的发行量和实际影响力这些年不断上升，它已是中国发行量最大的报纸之一，它印证了我们的价值观与社会的主流价值观是一致的，我们为中国社会代言不是一句口号。

环球时报的写作风格是逐渐形成的，它的形成动力就是我们对实事求是的追求，是我们讲真话的愿望。我们想说什么样的真话呢？我想，最大的一句真话是：中国是个复杂的国家。如果把环球时报所有社评加在一起当成一篇文章来读，这句话可以做这篇文章的标题。我认为这的确是一句真话，而且是被舆论场常常忽略的一句真话。我们经常读一些评论，很多写得非常精彩，观点也很鲜明，价值观尤其鲜明。其中一些广泛流传互联网的文章，包括一些报纸的社论，时效很快，针对的事情非常具体，论点很尖锐。在拜读这些评论的同时，我们也感觉到它们同我们带着世界观感回望中国时的感受，有不一致的地方。

我们提出要"站得更高些"，而所谓"站得更高"，就是能从更多的角度来看同一个问题，发现其中被忽略的事实，以及从单一角度不可能感受到的别样情绪。我喜欢打一个比喻，我们写一条河，这条河的真实是什么呢？一个船夫驾船激流勇进时，看到了惊涛骇浪的河。一个人坐在山头，看到了大河在山间的蜿蜒东去。现在很多人喜欢写河上浪花滚滚的断面，写不同渔夫的独特感受。他们没有错，这些写作呈现了生活的丰富多彩，以及各种痛苦和纠结。但环球时报挂"环球"之名，就要站得更高，它天然地要求我们要把广泛和凝练结合在一起，于是我们的写作这样展开了：我们既写渔夫看到的河的激流，也要写坐在山头看到的河的蜿蜒东去，我们要写一条立体、完整的河。

站在这样的"全景"视角上，看到的东西的确挺多也挺特别的，会产生一些对"中国复杂"的理解。我承认，"全景"也有局限，它有时会带着我们掉入对复杂角度的刻意追求，造成写一些文章时会有类似之感。正是为了解决这个问题，我们尽可能广泛地听取专家们的意见，打破自己的思维定式，力争让文章常写常新。

（三）

环球时报社评的一大特点，是我们经常触碰"敏感话题"。有人说我们"胆大"，其实所有人的胆子都差不多大，重要的是我们如何看这些"敏感话题"，或者说，它们是否真的"很敏感"。通常来说，一个话题之所以敏感，大概是因为这个话题用以往的报道和评论方式不太好说，或者无法说透，会对公众造成误导。比如人权话题，一直有两套话语，一套是西方的话语，跟着这种话语跑，媒体就成了西方价值观的传声筒。另一套话语是中国官方的声明语言，它很严正、标准，但由于是官方语言，话语总量有限，很难展开，无法为大量日常的文章提供充分材料。由于西方对中国官方表述已经很熟悉，用它们作为媒体评论的骨干部分也很难收到效果。为在这个领域有所作为，我们尝试跳出官方话语体系，采取说"大实话"的方式，表达中国主流社会的观点，传达民间的态度，从而逐渐做到在"敏感事件"发生的第一时间撰写社评，用发声，而不是沉默的方式维护国家和人民的利益。

在谷歌事件、朝韩冲突事件、诺贝尔和平奖事件、中东"革命"、中国"茉莉花革命"，以及艾未未事件中，我们都做到了第一时间撰写社评。这些社评不少是当时中国媒体上唯一的评论，因此很"抢眼"，有的还引起争议。但我们认为，这些评论有多"正确"或"不正确"，今天的人无法对它下结论。现在能够说的是，这些评论大多是中国主流社会藏在心里一直没有公开说的话，能把它们写出来，公开发表，不管我们写得是否准确，都算得上是一点"突破"，也是在中国新闻事业不断进步的大潮中，我们做了一份自己的微薄贡献。

环球时报社评开始写的都是国际评论，由于围绕着发展模式，中国与西方不断发生摩擦，中国互联网上就这一问题的争议也逐渐升温，我们把一部分社评的题目给了这一领域。这并非我们刻意做的，而是由于环球时报的报道领域正被这个时代强迫着不断扩大，我们无法回避以前我们可以轻松绕开的话题，我们只能面对它们。

触及各类"敏感话题"，使我们在国内媒体中逐渐显得有点与众不同，加上所有社评中英文版同时刊登，国际上对环球时报社评的关注度迅速增高，每周世界媒体都对环球时报的报道做大量转引，其中对环球时报社评的转引率最高。这让我们在难免有些欣喜的同时，也感到压力，我们知道如果我们写出荒谬的东西，会在多大范围内引起世界舆论的误解。这样的压力转化成了我们更加严谨工作的动力。

（四）

说真话，不仅要求我们能够做到真正从多个角度看问题，还要求我们在行文中避免假话和空话，使每一句话都对应现实，也对应我们自己的心灵。

我们的原则是，社评的每一句话，既要有前后的逻辑，又要和现实相对应。所以写一两句话，我就问编辑一句：是这样吗？你同意吗？我们非常警惕不要按照逻辑一直陈述下去，因为有时会出现这样的情况，一句陈述在上下文中很合理，但和现实一对照，就会发现这句话"飞了起来"，脱离了实际。另外，开始时我们发现很容易说一些逻辑上看似正确，但却不是我们真心想说的话。比如，有一次写下"一个团结、强大的欧盟符合中国的利益"，回过头来问自己，这是我们的真心话吗？它更像是官员们说的外交辞令，那么还是让外交官去说吧。

由于所有文章都是仓促之作，初稿一般要在一个半小时内写成，每天晚上我要看环球时报的几个重要版面，因此细磨社评的时间很少，只能利用零头碎脑的"小时间"。因此要非常感谢前文所述的阵容豪华的"第一读者群"。他们的意见反馈回来后，我们会根据这些意见修正文章的观点，如果还有时间，我就会在文字上磨一磨，争取想出来一两个形象、贴切的比喻，增加文章的"文眼"，但不是每一次都能做得让自己满意。

回过头来看这些社评，我们发现有的文章还是有雷同之处，比如，

"视距"、"不确定性"这两个词都不只在一篇文章中用过,"复杂"这个词出现的频率尤其高。这表明我们的思想和语言仍远远不够丰富。另外,不同的文章之间也有观点不一致的、甚至看上去像是相反的情况。这有两个原因,一是不同文章的侧重点不同,二是我们的思想确有困惑、矛盾之处。我想,在社会转型期的中国,这种困惑和矛盾或许是整个中国的真实思想状态,犹豫和坚定同时存在绝大多数人的判断和选择中。那些看上去永远"很坚定",永远"特别左"或者"特别右"的人,或者是为了某种利益装出来的,或者是一些偏激者。

(五)

环球时报的社评引来一些好评和鼓励,也招来一些批评甚至谩骂。根本原因还是我们写了别人不去碰的东西,在一些人希望我们沉默的时候,我们没有那样做。尽管我们自己努力保持视角的多样化,让文章远离偏激,但一些人对我们的批评态度是已经预设好了的,与我们的文章是否做到了"平衡"没什么关系。

我想这是中国社会政治上不成熟的表现。现在的舆论环境很不适合思想争论,一争论就变成尖锐对立,很多人用口号代替争论,试图一说话就压倒对方。不仅网民这样,一些知识精英也有这种倾向,大家往往把价值判断放在求真之上,实事求是的精神就这样被打了折扣。

不管别人怎么看,我们把求真作为写社评的第一原则。这个真一是与现实的对应,二是与人心的对应。除了我们自己的看法,我们把代表中国社会大多数人的看法作为自己的写作目标,有时所有人都对我们的社评不完全满意,这并不一定就意味着我们远离了公共意见,因为我们寻找的不是某一个人群的意见,我们在寻找社会的"最大公约数"。

环球时报的社评,有一部分是批评美国或西方国家,也有在具体冲突中批评日本和韩国的。国内外都有人就此批评我们"民族主义",但这是一个价值判断色彩很强的词汇,并无助于对环球时报新闻业务的客观分析。其实环球时报同日本、韩国以及美国外交当局都保持着良好的关系。我本人这两年曾受邀率环球时报采访团赴日本、韩国访问,受到非常热情的接待和很细致的采访配合。对方对我们回国后所写文章的客观性给予很高评价。外国媒体这两年与环球时报接触很多，很多驻华大使造访环球时报，他们虽与我们存在意见分歧，但都同意我的这样一个总结：环球时报真实反映了中国民间在一些对外敏感问题上的态度，这可以减少外界对中国的误判，这种实事求是的表达对中外发展可持续的关系是有益的。

总的来说，环球时报2009年4月刚开设社评栏目，我本人长期做一线记者，堪称写评论的新手，和我一起写社评的几位同志都很年轻，大家只能摸索着干。我深知，出一些差错是我们很难避免的，但好在社会比过去宽容多了，我们修正错误的机会，总是比犯错误的机会更多。所以，这次结集出版环球时报社评集，我们也没有对当时发表的原文做任何改动，就让他们原汁原味地呈现出来吧。这是我们的一段经历，也是这个国家这几年极不寻常经历的一段原声记录。

2011年4月

《真话中国：环球时报社评》再序

微博时代的环球时报社评

胡锡进

《环球时报》新的社评集出版，我期待社会的批评和接纳。

2011年2月份我开了微博，这次重新结集出版的社评，很多都是在那之后写成的。微博上的互动像是打开了一扇窗，让我看到了中国最活跃、也最复杂的一些部位。这些信息经常很强烈，对我和同事们观察、思考世界的角度会产生一定影响。

《环球时报》社评触及国内话题的时候越来越多，与我每天上微博不能说没有关系。我本人经常把社评的内容摘几句放到微博上，或者以一条微博为基础，将它扩展成一篇社评。《环球时报》与互联网舆论场扭得很紧，微博是个重要原因。

《环球时报》社评同我的微博因此形成了较大程度的一致性。然而，我们不会让自己的工作被微博主导，尤其是，我们不会为了在微博上获得大量转发和好评，就刻意设计社评的话题和写作方向。在大多数情况下，这种关系是反过来的。微博的内容服从社评，即使那条微博受冷落，或者受到一些网民的批评。

我对《环球时报》社评受到大多数读者的欢迎很有信心。事实上，最近两年社评已经成了《环球时报》新的核心竞争力，社评吸引的关注开始与《环球时报》头版的内容并驾齐驱，社会上的大量反馈都是关于《环球时报》社评的，外电转引《环球时报》的内容，有相当一部分是摘引我们的社评，从影响力的角度看，《环球时报》社评已经成功。

就社评的内容来说，我也很有信心。我本人是《环球时报》社评的主笔，但每一篇社评都吸纳了中国一流专家学者的意见，有《环球时报》团队的精心操作，很极端、荒谬的观点不可能走进《环球时报》社评。在很多时候，我们的社评反映了社会主流情绪及各种其他情绪的"最大公约数"。

微博上有人攻击我和《环球时报》"自相矛盾"，是"墙头草"。我在微博上的自定义就是"复杂中国的报道者"，"报道多元世界，解读复杂中国"写在每天《环球时报》的报头下面。我想说，矛盾性是认识今日中国的基础。我不认为一些人只选择批评或只选择赞扬这个国家是不可以的，但我认为他们那样做肯定是不全面的。他们那样做有他们的道理，但我们揭示中国真实的复杂性，这样做的道德理由和依据至少不比他们那样更少。

有人认为中国社会在分裂，能不能这样下结论另说，但舆论的分裂的确相当明显。在这种情况下，《环球时报》的社评总是触及尖锐问题，反过来这些社评引起争议就十分自然了。我们并不愿意坐到被争议的风口浪尖上，但如果我们说自己的真心话，并且把实事求是放在写作社评的首要原则上，还是会引起一些争议的话，那也只能随它去了。

最近一两年，国内新闻的受关注度持续上升，国际新闻影响力下降。这是中国国内新闻越来越开放的必然结果。然而中国所处的国际竞争大环境没有变，其严峻性反而越来越紧迫。中国国内的事态环境与世界大格局只能越来越息息相关。这要求中国公众在沉浸于身边事的同时，一定要有抬起头来的时间和兴趣，"重新"看这个世界。否则我们好像把国内的事情越掰越清楚，实际上我们却可能在陷入大的迷失。

站在世界第二位置上的中国，未来的战略环境有可能变得很凶险。这些凶险将通过互联网及各种渠道"润物细无声"般融化在中国社会最较劲的那些节点上。《环球时报》首先要原汁原味地呈现世界的复杂和各种战略雄心之间的竞争，我们还试图抚着自己的良心，以自己未必全面的见识，对这场关涉中华民族命运的复杂博弈，做力所能及的疏理。

我相信中国的前进是由合力推动的。希望中国走向光明的未来，回放舆论的交响乐时，其中有《环球时报》的那声呐喊。我总是对同事们说：让我们与中国崛起共荣辱。

目录 CONTENTS

001／外滩踩踏，除了追责还有什么重要
003／"高级黑"是官僚主义冒出的傻气
005／脸谱封中国异见人士的号，有意思
007／别让韩媒告诉我们朝鲜逃兵进了中国
009／阿扁出狱，民进党胜选吓怂台湾法治
011／"西点雷锋"真假，破大点事该说够了
013／"武媚娘"风波，社会发发烧或更清醒
015／法国和整个欧洲面临严峻考验
017／"升国旗"遭美斥，台湾被打脸自找的
019／怒斥恐怖主义不等于挺争议漫画
021／欢迎"7万亿"，它肯定有别4万亿
023／幸亏中国当年勒裤带造出两弹一星
025／力挺欧洲反恐，莫为争议漫画站台
027／出租公司、司机、乘客都是"利益集团"
029／《查理周刊》再画先知增印百万欠妥
031／"老虎苍蝇一起打"等或成永久成语
033／李嘉诚"撤资"，内地人受惊就太怂了
035／黄浦官员因豪华餐出丑真是活该
037／欧洲乱了将有利中国，真的吗
039／"港独"荒诞不经，却不可当笑话看
041／军队自绑16恶人，人民更相信子弟兵
043／80年代值得怀念，更值得超越
045／对一些人和事，官方沉默也是态度
047／坚信警民一家，是新闻不走样之本

049 / 宗教式笃信"言论自由"挺吓人的

051 / 公务员加薪争论已久,该一锤定音了

053 / 断言斯里兰卡将对华变卦为时尚早

055 / 暴徒挥刀警察挨砍的时代结束了

057 / "最低增长率"考验几经唱衰的中国

059 / 高校宣传思想工作是难啃的硬骨头

061 / 达沃斯,世界那副怂样更需打气

063 / 追责黄浦书记区长,"够不够"之惑何来

065 / 处理寻衅滋事,绕不开的难点和焦点

067 / 北京与莫斯科通高铁,是梦又不是梦

069 / 兑现依法治国,广东又开风气之先

071 / 安倍没想救人质,这种猜测靠谱吗

073 / 请莫在网络时代对华搞"文化冷战"

075 / 《纽约时报》发恶毒社评离间中缅

077 / 被鞭挞的京沪高铁,应成抽我们的鞭子

079 / 今年大阅兵重特色或甚于重规模

081 / 防火墙带给中国互联网哪些影响

083 / 希腊不知轻重,中国如何接招

085 / 西藏对外勾连的个别干部须付代价

087 / 中国应坚决反对日本自卫队进南海

089 / 求是网点名贺卫方是"信号"吗

091 / 说的是西方政治价值观,别扯偏了

093 / 第二名人质被杀,安倍救急能力差

095 / 为被殖民唱赞歌,柯文哲有些狂了

097 / 不帮传言扩散,就是支持反腐败

099 / 西媒胡拼乱凑中国"四处碰壁"画面

101 / 台军方发言人情绪化放炮有失自尊

103 / 美国对清除IS应负主要责任

105 / 袁贵仁讲话"争议"的几点厘清

107 / 高校海归决非核心价值观的对立面

109／改革的同时必须高度开放，中国人懂

111／"港独"之荒诞令人警醒

113／台湾不是国家，中国师生的较真没错

115／像重视政治立场一样重视政治效果

117／高通接受处罚，纽约时报叫什么屈

119／互联网"蒙太奇"坑完部长坑校长

121／习奥会是对21世纪和平的鼓与呼

123／美国没来，乌克兰停火协议"四缺一"

125／勤政有为，同样是对反腐败的支持

127／大阅兵将把中国在二战中的地位立起来

129／把果敢比喻成克里米亚，这很滑稽

131／蔡英文和民进党还是悠着点好

133／走出西方和民国情结看北大

135／春节很有活力，整个羊年又会如何

137／香港自由行，人既别多又别少之难

139／日本马桶盖不是中国制造的目标

141／从民间的角度看"四个全面"

143／大赦国际，西方最偏执的因子之一

145／台官员对大陆民航说狠话太过分

147／暗杀和利用暗杀事件都很无耻

149／"安倍谈话"诚恳谢罪才是真自尊

151／"一带一路"与马歇尔计划迥异

153／西方有人幻想"中国崩溃"上了瘾

155／悉尼先驱晨报，你是想裸奔抓眼球吗

157／中国公众欢迎军费再增10%左右

159／从全球视角客观看中国生态得失

161／7%左右展现中国最宝贵的确定性

163／美驻韩国大使遭袭缝80针刍议

165／美媒忽悠缅甸：宁要美国草不要中国苗

167／外长自信是中国社会自信的缩影

169／德国是面镜子，难免照出日本原形
171／中美经济反转？看看美报如何自吹
173／日本外相雷人雷语：日德不可比
175／向新疆广大干警和群众致敬并致谢
177／如果周边为"东京大轰炸"叫好
179／中国自信有充分历史和现实理由
181／假如是国内宗教界提"达赖不再转世"
183／中国军队反腐败，西媒全当腐败报
185／英国加入亚投行测出美国小心眼
187／经济建设和社会建设须齐头并进
189／让缅北冲突离边境远点才是真挑战
191／普京露面了，西方"唾沫雨"也下足了
193／多国示好亚投行，"一带一路"大进展
195／亚投行，中国的"和"赢了美国的"斗"
197／中国在美"枪杆子""笔杆子"间穿行
199／学运一周年，台湾只剩政治"更繁荣"
201／亚投行将倒逼中国更高水平开放
203／中俄不同开放度对应各自国情
205／"藏独"分子故技重施只会自讨没趣
207／美国反对亚投行难免致自我孤立
209／办过一次奥运会，不能说"够了"
211／李光耀超越国小，中国有容乃大
213／"人权组织"果然又来凑冬奥会热闹
215／亚投行之赢不是中美间的胜负
217／四大自贸区化改革决心为倒逼力量
219／不理会出云号，日本将得寸进尺
221／拿布雷顿森林喻亚投行，恶意还是无知
223／亚洲是命运共同体，此乃大实话
225／一旦"独狼"不是小混混，而会开客机
227／"一带一路"的天时、地利、人和

229 / 谁嫖娼被抓都得认栽，这里没有区分
231 / 中国人，让我们对历史悲情说再见
233 / 对造谣诽谤决不能听之任之
235 / 中印从也门撤侨的差距不是偶然的
237 / 构建大国心态是中国的一场硬仗
239 / 21世纪既非中国世纪，也非美国世纪
241 / 反完服贸反亚投行，不毁台湾不过瘾
243 / 亚投行可不是中国的"面子工程"
245 / "港独党"，以"臭"博眼捞钱的怪胎
247 / 切莫跟着外界炒亚投行"政治胜利"
249 / 漳州爆炸须严查，PX建设应挺住
251 / 刘翔有尊严退役，社会有尊严释怀
253 / "1/3越共政治局"访中国吹来暖意
255 / 维护女权不是随便上街抗议的理由
257 / 美防长来亚洲"大声咳嗽"秀军事存在
259 / 毕福剑风波验证互联网舆论的变迁
261 / 美国不来捣乱，南海会平静得多
263 / 布什、克林顿家族要垄断总统战吗
265 / 毕福剑风波再接着炒就变味了
267 / 希拉里参选与躺枪的中国
269 / "无业"者飙豪车，富人形象集体埋单
271 / 菲律宾把美国当成了"国际社会"
273 / 下行压力不小，信心决非空话
275 / 时间越久，对耀邦同志的评价越客观
277 / 中国富人移民美国多，肯定是坏事吗
279 / 泄国家机密判7年与"言论自由"无关
281 / 让"巴铁"因与中国"铁"而走向繁荣
283 / 美菲军演秀不吓人，倒有点滑稽
285 / 言论自由与国家安全决不能对立
287 / 中国社会的"仇富情结"真的很重吗

289 / 香港政改面临高难度摊牌

291 / 亵渎英雄的活跃者应付出相应代价

293 / 中日关系在不平静中走向改善

295 / 苏联改革 30 年，无处纪念只有祭

297 / 地震告诉我们尼泊尔有多近

299 / 安倍访美越热闹，日本越像小角色

301 / 菲律宾是年年想绑架东盟的搅局者

303 / 滞留者登飞机该国家埋单吗

305 / 美日才是"心存觊觎和幻想"的国家

307 / 土耳其，请与涉恐偷渡者拉开距离

309 / 美日新防卫指针是亚洲新危险源

311 / 再别让韩媒为我们讲中朝边境命案了

313 / 安倍用向美谄媚逃避为侵略道歉

315 / 铁腕镇压"骚乱"的美国何脸谈人权

317 / 巴菲特盛赞中国经济有几分可信

319 / 没有"民共合作"的民进党以骂掩耻

321 / 横比竖比今天的中国经济都非最难

323 / 十八大以来两年半，中国变化几许

325 / 男子暴打女司机的三层"匪夷所思"

327 / 不应对楼继伟清华发言过度引申

329 / 警察执法时开枪，让法律评判对错

331 / 搞胜利日庆典的俄罗斯不会孤独

333 / 污蔑解放军的港中大学生会好不自重

335 / 降息 0.25%，中国工具箱才刚打开

337 / 结伴不结盟，中俄关系应让西方开眼

339 / 迫使女司机道歉，舆论的奇怪"胜利"

341 / 兰普顿对中美关系的悲观值得重视

343 / 庆安副县长该撤，但基层政权不应输

345 / 美军若在南海挑衅中国必遭坚决反制

347 / 王健林的市场宣示但愿西媒听得懂

349／用中国的两手对付美国的两手

351／莫迪访华，中印掌声起西方冷水泼

353／克里访华没出"对中国施压"的猛料

355／广安"保路"群体事件应能避免

357／西方质疑中拉大项目的调子太酸了

359／律师南宁被打，庆安数千里外躺枪

361／澳拒美部署B-1轰炸机须是真的

363／日本投1000亿与亚投行斗，难

365／期待天津大学就"间谍案"及时发声

367／马英九是台湾政治乱象的牺牲品

369／对付美南海挑衅，你打你的我打我的

371／中美南海军事冲突的可能性有多大

373／公务员每一两年调工资是大众速度

375／救人质很不简单，智慧比强硬重要

377／境外势力试图煽动八零后九零后

379／中国公布军事战略，透明而非恐吓

381／章家敦又觍脸赌中国"最多撑一年"

383／日本为什么对中国很重要，反之亦然

385／中国出境旅游者丢了国家的脸吗

387／中国是和平国家，但不是"巨型宠物"

389／中国应义无反顾完成南海岛礁建设

391／网警公开巡查，什么人才会不高兴

393／中韩签FTA，韩国较日台先行一大步

395／越南不可能全身心投入美国怀抱

397／中美究竟谁在南海推胳膊肘

399／省报官微不是沉船救援的调度中心

401／布拉特因疏远美国"不讲政治"丢官

403／立法管理NGO决非对外开放"急刹车"

405／联日傍美攻中国，阿基诺忽悠菲律宾

407／安慰不幸者亲属，莫向伤口撒盐

409／G7若陪日美干预南海将是邪路

411／江难七日，想要总结却一言难尽

413／日本何必因亚投行矫情自辱

415／啥眼神，能把江难救援看成"办喜事"

417／下周决定性投票，香港泛民切莫赌气

419／又有2名警察牺牲，恶语应当远去

421／中国人，让我们不再"恨"任何国家

423／香港民主给内地做了糟糕示范

425／四小兄妹服农药死亡痛彻中国社会

427／搞民意造假，香港反对派有些心虚

429／洪秀柱异军突起证明了什么

431／西方"政治渗透"，中国开放与安全同重

433／"港独"滑向暴力，香港让人心疼

435／永暑礁等将完成陆域吹填可喜可贺

437／9家大型国企的腐败记录令人痛心

439／中澳签FTA，美亚太三大盟友已签俩

441／香港站在严峻的十字路口上

443／法国出租与专车司机冲突的启示

445／中美战略对话应达到四个目标

447／香港泛民议员退党退会的启示

449／中国"9·3"阅兵为什么一定会成功

451／香港泛民或分裂，中央定力坚如磐石

453／中美"互诉衷肠"比互示强硬好

455／中国投十倍于"4万亿"的钱减排，为何

457／法院为何对方崔"各打50大板"

459／美国同性婚姻合法化该不该欢呼

461／北大清华竞争生源必须保持斯文

463／领导亚投行，中国需学会挨骂和妥协

465／希腊，拒绝紧缩最坚决的钉子户

外滩踩踏，除了追责还有什么重要

上海外滩严重踩踏事故造成的震动贯穿了整个新年，它必将带动中国全社会的一系列反思。由于上海是中国最发达的城市，出事地点又是象征这座城市精华的窗口，这起事故对国人的触动十分强烈。

一个人去上海外滩这个著名的景点欣赏夜景"有可能被踩死"，中国的城市管理尚无法完全排除这一不可思议的可能性，无论我们多么生气、愤怒，这个低概率事件都在新年到来之前的深夜突然成为事实。

回过头看，我们可以清楚地发现那个夜晚上海市有关当局工作的疏漏，如果它们因为制度原因或者临时性原因被侥幸堵上，或者现场群众对可能出事的警惕性早几分钟觉醒，那么悲剧就可能避免。

这起特大事故必将导致追责，对此用不着怀疑。与此同时，我们还需要搞清楚事情发生的那些"必然原因"，不能简单以为惩罚种种"偶然性因素"背后的责任人就是在解决问题。

我们相信，如今不仅上海，全国各地对安全问题都已给予了前所未有的重视。所有城市当局都知道如果发生恶性伤亡事故，将对官员们意味着什么。但严重事故还是不断发生，它们有着各自不尽相同的"偶然因素"。

现在反思上海的那个晚上，只要在外滩采取增加警力、临时关闭地铁站等措施，就能控制住局面。但这种清晰只有往后看时才会有。往前看，我们仍将是迷惘的，下一个周末或节日，是不是该把所有人多的地方都加倍布置警力呢？除了上海，全国人多的地方是否都该采取加倍的临时措施呢？踩踏避免了，火灾隐患是否会增多呢？哈尔滨1月2日就发生了严重火灾，导致 5 名消防员牺牲。

防患于未然比什么都重要，但预防不仅枯燥，而且昂贵，在不出事的时候，它未必能得到社会真实的支持。在上海踩踏之前要通过治理体系节日里正常的力量使用排除掉那些致命的隐患，那么这个力量就需要有大幅增加。力量的增加会自动提升警惕性的密度和质量，当力量不足时，各种反思大多只能是"事后诸葛亮"。一个安全体系当然可以动员出非常态的警惕性，但社会安全取决于这个体系"松弛下来"的状态。

我们都为上海外滩的踩踏事件震惊，但我们现在能相信未来这样的悲剧在中国永不发生吗？大概不能。我们愿意让中国的安全投入成倍增加吗？比如让上海、北京以及各地的警察数量都增加一倍以上，达到世界每 10 万人口拥有警察的平均数，还有全国各地普遍开展个人安全知识教育，所有旅游景点强制限制客流，更严格地执行防范火灾标准，火车汽车春运期间都严禁超员载客，等等，我们都很愿意吗？

这些全都要增加成本，我们当中的很多人大概会犹豫，甚至直接反对。而如果不做这一切，我们就是在"纵容"下一次重大事故的发生。

常言说智者千虑终有一失，要避免公共安全的这一失，除了加大当局的责任心，中国社会提高安全成本是必由之路。客观而言，中国各地政府问题重重，但对安全的警觉和责任心这些年都大幅提高，相对做得还是不错的，上海更不能说是其中差的。要让社会公共安全上一个新台阶，就不能只在鞭策政府上打转，我们必须做得更多。

安全是发达社会的重要标志，它应当成为未来中国社会运行的主轴之一。它有一些冷峻的客观规律，而远非只取决于我们的主观态度。那些客观规律所涉及的领域将是我们未来提高中国社会公共安全的主战场。

（2015.01.04）

"高级黑"是官僚主义冒出的傻气

哈尔滨2日一仓库发生火灾导致5名消防员死亡后,该市公安局的官方微博"平安哈尔滨"发消息公布基本情况,全稿585个字,其中领导"高度重视""做出批示""紧急部署"部分占了258个字,多名领导的名字和职务都在文中出现,而牺牲消防员的名字都没有写出。该稿件迅速遭到网上舆论的炮轰,哈尔滨市官方的整体形象因此遭受负面影响。

各地出了事故后,官方的情况通报和新闻稿往往突出领导"重视"和对紧急处置事件的"指挥",这已成为相当固定的"党八股"格式,各地在做这类发布时,几乎不会有谁对它的实际效果进行思考。"平安哈尔滨"这次的突兀实际是对这种套路做了较为极端的发挥罢了。

时代早就变了,舆论的多元化格局已成事实。官方不再是信息的唯一发布者,而成为舆论场上的信息源头之一。官方的舆论环境并不好,舆论场上批评官方的热情很高,官僚主义几乎面对着将其漫画化的舆论"自动反应机制",官方机构和媒体较为出格的表现都很容易被这个"机制"捕捉住,并遭放大,成为对官方形象的"高级黑"。

最典型的"高级黑"往往涉及以下领域,官员乱说空话套话,不恰当的亲民秀,自我表扬,向上阿谀奉承,搞虚假自我展示露馅等等。可以看出,它们基本属于官僚主义大的范畴,而官僚主义是最容易被发现、识破,并且嘲讽起来也最容易获得戏剧性效果的官场表现。

从以往官方习惯的工作机制讲,"平安哈尔滨"犯的不是什么大错。它的小编可能经验不足,审稿的官员或许不了解网上舆情,他们大体按照往常工作程序做事,只是"没把握住分寸"。但互联网舆论场可不这么看。

　　这么突出领导，被一些批评者认为是在帮着领导"开脱"，只写出多名领导的名字却无一名牺牲消防员的名字，被一些人解读为"不重视生命"。哈尔滨的情况未必一定是这样，但不能不说，各地基层出事时突出当地领导亲临指挥的报道方式，的确有些能看到帮他们开脱的影子，至少公众这方面的印象是强烈的。

　　效果明明不好，一些地方出事当地的通报还那样做，说明一些官员最重视的或许不是老百姓看了报道怎么想，而是什么样的通报最有利于他们对上交代和渡过难关。

　　"高级黑"一旦形成，其结果不仅是地方当局的"自黑"，还会殃及官方的整体形象。必须指出，政府公信力是社会治理最宝贵的资源，而这个资源当前几乎没受到系统性的保护，对它的损害大体可以不受处罚。目前并不存在保护政府公信力的责权框架，这方面的事情基本处于放任自流的状态。

　　政府公信力大概需要受到"紧急抢救"级别的保护，它理应获得各级和各地官员们的"高度重视"。"平安哈尔滨"事件背后的那些深层原因是全国性的，如果现在不着手改善，它们还将造成一个又一个轰动的公共舆论风波，那将是地方治理的损失，也将侵蚀全国治理的效果。

　　关键是要真正清除官僚主义，真正弘扬实事求是的作风，这是比解决"高级黑"技术层面问题更重要的改进方向。当然，提高各地政府和官方机构的舆论应对能力也不应光说不做，一个地方政府吃一堑，全国各地的政府都应跟着长一智。

（2015.01.05）

脸谱封中国异见人士的号，有意思

中国流亡作家廖亦武在脸谱（facebook）上的账号日前被该网站"暂时封锁"，原因是廖上传了一张其朋友裸奔抗议中国监禁刘晓波的照片。脸谱方面表示该网站禁止裸露内容，封锁廖的账号与政治和商业利益无关。廖亦武则表示，他"过去不曾向共产党低头，现在也不会向 facebook 低头"。

廖今年 56 岁，1989 年走上反体制的道路，曾入狱，2011 年出走德国，后成为德法各一个著名奖项的获得者。他是目前在西方最活跃的中国流亡人士之一，因为当年在中国的个人境遇比较曲折，出走又是近年的事，西方舆论对他较为偏爱。

脸谱对廖处以暂时封号，并且警告他如果继续那样做将遭永久封号，这让不少人意外。很多人以为封号只会在中国发生，而热衷政治的知识分子在西方网站上想上传什么就上传什么，更何况廖发的裸奔照不是一般的"色情照片"，它说到底是一张"政治照片"。

但脸谱真就这么做了，出手"够狠"。包括廖本人在内的一些人认为，这是脸谱 CEO 扎克伯格为进入中国市场向北京示好的又一举动，脸谱将这种说法称为"无稽之谈"。关于动机外界和当事者说法不一时，很难下定论，我们不在这里纠缠。

还是让我们把客观事实看得更清楚些。第一，西方网站的言论自由并非毫无边界，它对自己原则的守护似乎很坚决。第二，廖不仅与中国政府冲突，他的做派西方舆论机构也有受不了的地方，与他和谐相处在哪里看来都是一份"挑战"。

关于第二点，还值得多说几句。中国出走海外的异见人士较少有能融入当地社会的，这二十几年他们当中几乎没有出过什么成功人士。他们大多经历了从开始时受追捧到逐渐遭到冷落甚至被遗忘的过程，他们彼此很不团结，明争暗斗是出了名的，对当地力量支持他们"不够"还充满抱怨。这让人想到，他们当中不少人的偏执大概不仅是政治上的，还有性格和做事态度上的。

陈光诚在国内陷入冲突，到了美国很快与他的赞助者发生龃龉。有了解内情的美国人承认，陈不是个"好相处的人"。

尽管中国与德美等西方国家的社会制度不同，而且对如何应对异见人士既非法又有强烈政治色彩的行为不太熟悉，但换个角度看，那些异见人士无论在中国还是到了国外，都不是现实环境里的建设性力量。他们是与周围环境发生冲突概率很高的一类人。

诚然，如何在中国现有体制内化解异见人士的问题，这是值得继续探讨的。他们的价值观很难改变，但他们对中国法律的认识和态度或许有发生变化的空间。这需要当局对法律红线的明确坚守，也需要舆论态度的鲜明。如果这样的环境能够真正形成并且保持稳定，约束力就会更加强大，异见人士就可能放弃一些幻想。这对社会及对他们本人都好。此外，异见人士在海外所遭遇的挫折，或许也能对内部的异见人士构成一定启示。

（2015.01.05）

别让韩媒告诉我们朝鲜逃兵进了中国

韩国媒体 5 日报道说，一名朝鲜逃兵去年 12 月 27 日在中国吉林省延边州非法越境，抢劫并枪杀 4 名中国边民。中方于当天作出回应，表示已向朝方提出交涉，中国公安部门正依法处理此案。中国媒体也做了跟进报道。

造成 4 名中国公民死亡的涉外案件发生一周多之后，由与此案不相干的韩国媒体报道出来，在此之前中方各个部门一点消息都没有，这显然不应该。不知各有关方面出于什么原因，把公众早应知道的消息拖了这么久。

也许是中朝关系"太敏感"了。然而正常的人都能看明白，这是中朝边境地区的一起个案，那名作案的朝鲜军人既代表不了朝鲜政府，也不代表朝鲜老百姓，他抢劫杀人就应依法治罪，这与中朝关系何干？

这件事反映了中朝边境的管理漏洞。两国国界长达 1400 多公里，严防非法越境有一定困难，但这也不像是"低调处理"朝鲜士兵越境犯罪消息的理由。恰恰相反，这条消息应由官方媒体及时广为告知，让全体边民了解这一情况，加强防范。

中国境内经常发生涉外案件，比如光毒贩就抓过英国、日本、韩国、菲律宾的，而且大都做到了及时公布案情，坚持依法审判处理。为什么到了朝鲜这里，事情就好像多了一层"敏感"？这实在没必要。朝鲜的国情确实有特殊性，但我们相信中朝关系没那么脆弱。处理各种对朝事务的具体部门不应自己想得太多，把本来简单的事搞复杂了。

中朝关系肯定能够适应国家间关系的常理，如果朝方有不适应之处，我们就应引导其适应它们,而不应过于迁就之。因为如果不坚持常理,中方必将要用本国社会的困惑和分歧来埋单。

中外之间发生纠纷,大多由外方或者第三方率先披露出来,中国各有关部门和主流媒体不应对此习以为常,甚至认为这是我们处事严谨、有原则的表现。中国各级政府机构需要有公信力,中国主流媒体也需要有公信力,但上述做法将造成这一宝贵资源的流失,客观上推升了外部信息机构的强大。

比如韩国媒体必将因为报道朝鲜士兵越境犯罪的这件事而增加一分公信力,而这恰是中国主流媒体和官方同时损失的那一分。中国不断强调要加强舆论工作和对外传播能力的建设,但如果这样一边建、一边丢,实现上述任务将是一句空话。

我们真诚希望所有政府机构都有建立"公信力"的强烈意识,在处理日常公务时,把维护公信力作为永不缺位的考虑之一。之前的一些情况或许不都是公信力与一些关键利益发生了冲突,而是我们对它过于轻视了。

公信力是国家的核心利益,这一点需要所有官员了解,并予以认同。这应成为中国现代治理的出发点之一。

(2015.01.06)

阿扁出狱，民进党胜选吓怂台湾法治

陈水扁5日下午离开他服刑的监狱，开始为期1个月的保外就医。但从其支持者迎接这位台湾"前总统"的声势看，绿营差不多把这当成了扁入监6年零40天的结束。如果扁就此不停"保外就医"下去，人们大概不会意外。

台湾的法治面临考验。陈水扁早就希望保外就医，长期未果。民进党去年底"九合一"选举大胜，情况立刻变了。要求放扁出狱的呼声前所未有高涨起来，也形成前所未有的真实压力。民进党用选举胜利的惯性力量很容易就撬动了法律，台湾法律向政治作了妥协。

马英九仍待在"总统"位上，但他的实际控制力失去了权威的支撑，民进党的样子像是它已经走在通往重新执政的路上。对马英九腐败的指控及时出现了，绿营对台湾再现乾坤大颠倒显得急不可待。

陈水扁出狱的确有着象征意义，但这一意义对台湾内部的重要性将大于对台海局势的影响。

陈水扁是被大陆斗败了的绿营头目，他在位上时台湾尚有同大陆对抗的一些资本，但他所推行的"急独"政策遭到大陆毫不客气的修理，他被迫"悬崖勒马"。扁的妄为导致了后来民进党在选举中的惨败。因此他出狱后很难为自己的"急独"政策招魂，台湾已今非昔比。

不过，对于台湾两岸政策有可能生变，大陆应当未雨绸缪，同时要有充分的战略自信，准确判断台湾可能发生震荡的幅度，做出恰当应对。

台湾与大陆围绕服贸协议等的很多工作可能继续放缓甚至停滞，这种情况一旦发生，我们大可泰然处之。大陆应有一个坚定的认识：我们承受得起两岸关系的各种变化，即使它出现倒退，也没什么了不起。

服贸协议等两岸合作是互利的，由于台湾经济规模小得多，它对台湾远比对大陆重要。台湾如果要搁置它，那就搁置好了，大陆如今可没有求台湾与我们加强经济合作的理由。如今全亚洲乃至世界都盯着大陆市场，大陆与外部签的FTA越来越多，台湾如果想躲远点，是它的事。

如果"台独"力量再次崛起，那么大陆《反分裂国家法》从没有沉睡。大陆今天的力量比陈水扁在任时更加强大，我们执行该法的决心也更坚定。这些信息想必台湾绿营也都是清楚的，如今的大陆不怒自威。

2000年陈水扁上台后，两岸关系一路紧张，并曾接近引爆点。国民党取代民进党执政后，台海局势大幅缓和，形成两岸快速发展合作的新局面。但两岸关系的长期稳定格局仍未形成，或许还要再折腾一两轮，两岸的一些关键共识才能清晰、坚定起来。

面对各种可能性，大陆需更加坦然，争取最有利的局面，但也不怕最糟糕的情况。说到底，台湾就那么大，它所能掀动的风浪大概"也就那么大"。

在短时间内台湾社会是不会被大陆的各项利台政策"感化"的，那些政策对抑制"台独"的作用，将小于大陆继续强盛所发挥的作用。因此大陆发展好自己，是最好的"对台工作"。惠台应是我们对待同胞的一种态度，它对于拉近两岸的作用将逐渐不抵大陆经济对台湾自然产生的吸引力。

台湾未来两年的情况相当不确定，但只要大陆的继续发展是确定的，那么台湾再大的不确定也都是小的，我们用不着担心什么。

（2015.01.06）

"西点雷锋"真假,破大点事该说够了

新华社退休记者李竹润4日通过微博向公众道歉,自曝他在上世纪80年代初将"西点军校学员学雷锋"的说法引进中国。他说那是当时西方媒体的一则"愚人节新闻",他把它当了真,引入新闻教材中,致使该消息在国内广为流传。

李的道歉在互联网上激起波澜,一些人再次发起否定雷锋的舆论攻势,并指责"政府造谣"。

6日有人在互联网上贴出照片,清晰显示西点军校一教室的墙上确实挂有雷锋的照片,下面有"学雷锋树新风"汉字,从而为这场争论添了把新柴。

"西点军校学雷锋"的确曾在中国流传开来,但对其真实性的怀疑一直紧紧相随。至少在2000年前后,包括《环球时报》在内的媒体、学者和官方机构都曾向中国公众证实,西点军校没有过学雷锋的正式安排,校内无雷锋塑像,出现在西点军校的雷锋照片大概是偶然性的,不代表该军校的态度。

由此可以看出,上世纪80年代传出那则消息不是中国官方的刻意行动,而是当时信息求证机制薄弱而导致的一个误传,对外部消息准确性的要求也没有今天高。

最重要的是,这个误传引起了国人的一些兴趣,但它谈不上是巩固雷锋形象的一个砝码。雷锋作为榜样的形成是时代造就的,一个人的事迹引发了中国社会理想的释放,无数人学雷锋的践行共同参与塑造了我们心目中的那个雷锋。西点军校的那则消息顶多是大山莽林中吹过的一阵微风，它过去了，山还是山林还是林。

敢于面对自己过去的错误并且道歉，这在道德上是积极的。同时也应指出，顺着互联网舆论场活跃的价值取向进行道歉，这在目前是很安全的，通常不会有一般道歉的麻烦和痛苦，它的结果对个人来说很可能是愉悦的。

事情的复杂性在于，包含政治或意识形态内容的道歉，往往被舆论场的某些力量利用，成为后者发动"意识形态斗争"的噱头和杠杆。因此这两年道歉成了很微妙的事情，这也是时代的众多旋律之一吧。

中国人还是蛮在意西方如何看我们的，这一点我们还需承认。西点军校有没有人学雷锋这么破大点事，断断续续反复有人说它，这最应让我们惭愧。如今中国的争论者们无论是哪一头的，都喜欢援引西方是如何做的，这种思维定势如此牢固，真是让人遗憾。

我们应该"走出西方"，"脱美国化"，这样的口号已经有人提出来，但提出者自己也未必做得到。中国社会的自信不是想有就有的，它还需要更多中华成就的支撑，我们只能一点一滴积攒它，陪伴它一起成长。

雷锋形象是新中国最宝贵的精神财富之一，能不能珍惜它，让它成为一份道德和文化遗产一代代传下去，这就是对中国社会自信水平的检验之一。美国的军校里挂不挂雷锋像真的不重要，但中国军校里有没有他的画像，中国的年轻人们如何谈论他，这是非常重要的。

（2015.01.07）

"武媚娘"风波，社会发发烧或更清醒

热播剧《武媚娘传奇》经过剪裁复播后引起网上热议。由于片中女角脖子以下部位被剪掉，只剩下人头，一些网友将被剪过的播出剧戏称为"武大头传奇"。

对于为何原剧被停播，几天后复播剪得"只剩下人头"，官方没有回应。剧组方面有人漏出消息说，是因为女角露胸太多，因而复播剧剪掉了她们脖子以下的部位。舆论为此哗然，一些人认为，唐朝的女装就那样，《满城尽带黄金甲》拍得也很露，剪裁是不尊重历史。

也有人支持这一剪裁，认为露胸过于大胆对喜欢看电视的小孩影响不好。还有人指出，问题出在中国没有影视作品的分级制度，原版《武媚娘传奇》大人看没什么问题，小孩看的确就是过分的。

一些批评者显然对影视的审查制度不满，通过对这一件事的抨击，将长时间的"积怨"一吐为快。

对中国每年播出的大量影视剧来说，"武媚娘"被剪裁算不上是很突出的故事。它更像是一个普通事件，但它为互联网抬高成一个标志时，就牵扯到一系列"原则"。由于该剧是审片通过已经播出后，被停播再剪的，这个程序有明显硬伤，对整个审片制度的舆论形象造成进一步牵连。

这件事上叠加了当下社会的多种冲突和分歧，解决它们缺少权威的力量和机制。取消审片恐怕不现实，那样很可能导致难以预期的文艺市场混乱。但目前的审片规则和实践又不断受到非议，它们所能得到的舆论支持显然不足。剪裁"武媚娘"主要是围绕世俗观念发生的，但不少人对它的解读则完全"政治化"了。这增加了事情的轰动。

这起风波在舆论场上搞得沸沸扬扬，或许也有好处：它会触动各方进行反思，更实事求是地认识中国影视从创作到播出那些现实的东西。

这些现实至少包括，审片机制多国有，它在中国现阶段的角色尤其不会退让。它权力很大，但"威望"不足，这样一来，这一权力的使用过程就需多考虑舆论因素，争取多积累支持，避免因技术问题引发公共舆论事件。

公众对"敏感镜头"的接受度严重不同。在影视剧尚无分级制的情况下，创作者心中需要"分级"。作品瞄准公共电视台黄金时段的，就需主动将尺度把得严一些，如果是通过网络等平台播出，尺度则可宽一点。

从不同的价值观看"武媚娘"风波，会得出旗帜鲜明的结论。但这件事反映的是转型期中国社会的一些犹豫和困惑，未来中国大概还会有很多这样的纠结点。三十几年前的中国，国产电影里连男女拥抱和接吻的镜头都不能有，多少年后或许会有"更裸露"的国产片，历史不断沿革，但每个阶段都是活生生的，也是自成一统的。走在前面的人需要有远见，还要聪明，有大局观。

我们还是希望能在恰当的播放平台和时间段里看到唐女露胸这一"历史真貌"的，如果这的确是"历史真貌"的话。同时也希望审片制度能够成为在文艺圈里很服众的指挥棒，推动创作的繁荣，围绕它的争议会越来越少。审片的具体执行者需要更加负责任，更富有才情的影视剧创作者同样令人期待。双方应共同营造文艺创作的新空间，而不是大玩猫捉老鼠游戏，还偶尔玩砸。

（2015.01.07）

法国和整个欧洲面临严峻考验

法国首都巴黎7日发生的枪击血案震惊了欧洲和世界。至少两名武装分子当天闯入位于巴黎市区的《查理周刊》漫画杂志社，至少打死12人，包括4名漫画家、2名警察。这家杂志社曾以漫画嘲讽伊斯兰教先知穆罕默德，并因此遭到当地穆斯林的抗议和袭击。法国总统奥朗德7日当天将这一血案定性为恐怖主义事件，英国首相卡梅伦迅速谴责袭击，表示"与法兰西人民站在一起"。美德俄等国也很快加入谴责。

这至少是法国最近50年来最严重的恐怖袭击，由于对事件的最初解读宗教因素非常突出，它的震撼远比普通恐怖袭击更为强烈。

这件事很可能对全欧社会产生巨大冲击，增加法国等有大量穆斯林移民国家的社会紧张。此前巴黎等欧洲大城市多元宗教之间的关系还是不错的，但这次袭击或许会成为欧洲宗教和谐的毒药。

不少生活在西方的穆斯林有得不到尊重与信任的委屈感，少数西方媒体讽刺伊斯兰先知，西方人认为这属于"言论自由"，一些人还把捍卫这一自由当做对西方价值观的坚守。每隔几年，欧洲媒体界就会发生一起类似冲突。西方政治领袖出于选票原因，往往不愿意劝说媒体克制，有时他们还会表态支持媒体。7日卡梅伦对袭击事件表态谴责的同时又强调了对"言论自由"的支持。

现在最令人担心的是法国主流社会针对袭击的宗教色彩强烈反弹，从而诱发当地穆斯林以及其他地区伊斯兰社会情绪的进一步激化。7日的袭击者被报道在进行杀戮时高喊"真主伟大"，仇恨的层层激发和传递一旦出现，将对欧洲的社会秩序造成沉重打击。

恐怖主义应当受到谴责，同时不同文明之间的相互尊重应当被倡导。穆斯林如今已经移民到西方社会的大部分地区，他们在就业等社会参与的诸多方面总体上是弱势的，也会因此而敏感。如何让他们感受到被尊重，这是西方社会、也是其他多宗教社会的共同课题。

多元社会里，不同文化背景的人之间难免会有摩擦。将这种摩擦动辄简单引申为"宗教冲突"或"种族冲突"是最需要避免的。西方社会有时对此警惕性不高，导致一些具体冲突向社会层面扩大和升级。

现在法国面临考验，不仅法国政府，法国主流社会如何反应，能不能将这起恐怖袭击同宗教问题切割，将会影响那个国家政治氛围的走向，并且牵动欧洲。

昨天的袭击者制造出巨大轰动，并在行凶后至少成功逃离了现场，这恐怕会鼓舞世界其他地方的恐怖分子，有恐怖主义隐患的国家都需格外小心。

现代社会非常脆弱，恶性犯罪的作案动机形形色色，他们要挟社会更为容易。西方国家不断加强防范，然而防不胜防的逻辑又总是颠扑不破。可以想见这两天的法国有多难，又有多少欧洲大城市与巴黎同病相怜。

（2015.01.08）

"升国旗"遭美斥，台湾被打脸自找的

美国国务院发言人星期二评论台驻美代表处升"中华民国国旗"一事，表示美对台湾违反长期以来双方对彼此非正式关系的理解"感到失望"。美方的这一表态一下子让自鸣得意的台湾当局像是被打了脸。

台驻美代表处1月1日在华盛顿双橡园（原台驻美"大使"官邸）举行升"国旗"仪式，代表处的台湾军人穿军服出席。这是空置了36年的双橡园旗杆上第一次升起青天白日旗，搞得一些在场人士"热泪盈眶"。1978年12月31日傍晚，也就是次年1月1日中美正式建交的前一天，青天白日旗在双橡园里最后一次降下，当时也有人"热泪盈眶"。

今年1月1日双橡园重新举行升旗仪式后，台湾舆论一片欢呼，宣称这是台方的"一次突破"。美方先是表示"不知情"，但接下来就有了"失望"的正式态度。

大陆分析人士多认为此事的内情比美国所说的"不知情"要复杂，但在大陆的压力下，美方的最新表态显然让台湾方面蒙羞。台方本想通过这个小动作提振士气，但偷鸡不成反蚀一把米，美方字正腔圆重中了美台"非正式关系"。

台湾不是一个国家，这不仅是中国的宣示，也是全世界绝大多数国家、包括所有大中国家的外交态度。台湾拒绝统一，就必须接受因缺少"外交"空间而"四处憋屈"的处境，台湾驻外机构没有升旗的权利，驻外人员不能参加正式外交活动，做很多事需要"偷偷摸摸"的。

陈水扁时期很爱在"外交"上搞小动作，国民党输了"九合一"选举，马英九当局像是也开始琢磨邪门歪道，打起"外交"主意了。但请他们不要忘记，如果硬碰硬，大陆手里有多得多的牌可以对台湾做"外交惩罚"，现在台湾仅存的那些小"邦交国"想同北京建交的恐怕不止一两个。

大陆并不想主动羞辱台湾社会，但后者应当自重，遵守两岸业已形成的各种"潜规则"，不主动发起挑衅。

台湾政治格局被刚刚过去的选举改变，新的趋势似在发展、强化中。台湾或许针对两岸关系积蓄了一些负面的东西，欲逐渐释放出来。

台湾一些人一直认为美国是自己的万能靠山，但他们高估了美国所能向台湾提供的"保护"。大陆的宽容对台湾越来越重要，台湾无论在哪个层面把大陆"惹急了"，它都会在那个层面付出代价。以最糟糕的情况讲，如果"台独"搞得两岸关系和平发展难以为继，或者和平的代价变得比战争还高，那么美国是无法为台湾"保底"的。

台湾经常沉溺于小动作、小便宜的兴奋中，这会让它变得越来越"小家子气"，难以同北京、华盛顿这样的巨人打交道。美国现在利用台湾，但随着大陆越来越强大，很可能有一天台湾会变成美国外交的负资产。

靠"升旗秀"来刺激岛内氛围，遭美国批评后又自认那是小偷小摸，还是算了吧，台湾人的聪明劲应当用在正道上。两岸需要有政治突破，如果突破不了就应尽力维护两岸之间的政治稳定，台湾的所有治理创新都需以此为基础，其他都是邪路。

国民党不要以为因为它面临选举困境，大陆会容忍马当局的一些过线行为。不会的。后者如果想试一试，那么它一定要提前为丢脸做好准备。

（2015.01.08）

怒斥恐怖主义不等于挺争议漫画

巴黎《查理周刊》编辑部遭血腥恐怖袭击，多国政府予以一致谴责。然而在一些非西方社会、尤其是伊斯兰社会里，民间的真实反应却可能复杂得多。尽管价值观是多元的，我们认为，在这种时候谴责恐怖袭击应是无条件的。在这一大是大非面前的任何其他选择，都不符合人类的共同利益。

以往在中国出现恐怖袭击时，西方舆论的立场经常不够坚定。西方主流媒体会在中国官方已做出定性后，给发生在新疆那些血腥袭击的恐怖主义描述打上引号，说那是中国声称的"恐怖主义"事件。它们那样做往往让中国人很生气。

当反过来西方遭遇恐怖袭击时，中国社会就面临一个选择：我们应该学西方那样，以其人之道还治其人之身，还是应当做得大度，拒绝双重标准，坚决加入谴责恐怖主义的行列呢？中国主流社会每一次都选择了后者，这次也是同样的。

消除恐怖主义有赖于国际社会的高度团结。这些年西方社会突发恐怖袭击，世界的公开表态总是一致的。中俄等国发生恐怖袭击，西方舆论往往闪烁其词。我们强烈希望中俄等国的坚定态度能最终影响西方，而不是西方对恐怖袭击的地缘政治考虑把我们"改变"。

从东方的视角看，《查理周刊》的做法是有争议空间的。一些穆斯林因它的漫画感觉受到伤害，可以理解。但是所有原因都不应是恐怖袭击发生的理由。对《查理周刊》的残暴袭击突破了所有社会的文明底线。如果细看世界各地的恐怖主义，它们几乎都有各自的"深层原因"，但人类对待恐怖主义的态度只能有一个，那就是坚决反对和打击它。

当然，反对和打击恐怖主义是可以讲策略的。我们注意到，西方多国领导人和主流媒体在评论《查理周刊》事件时，都刻意突出了"对新闻自由的支持"。我们认为这是值得商榷的。

西方的新闻自由是其政治体制和社会形态的一部分，也是西方社会的核心价值之一。但在全球化时代，当西方有关做法同其他社会的核心价值发生冲突时，西方应当有缓解冲突的意愿，而不宜以自己的价值为中心，以零和态度推动摩擦升级。

西方在全球舆论场上占有绝对优势，西方与非西方的对话往往会搞成西方的单方面宣讲。非西方社会对西方有意见时，大多都没力量将其向世界有效传播。西方具有能力向它们不喜欢的社会实施"话语暴力"，西方一定要对此有所认识，克制使用自己的这一"软权力"。

西方不断因为漫画或文艺作品与伊斯兰世界产生摩擦，后者的受伤害感是真实的。即使西方认为自己的新闻自由没错，照顾对方的感受也比无视对方的感受更值得倡导。很难想象全球化是一种价值观的绝对扩张和胜利，以这种信念对待全球化必将致自己于无穷无尽的冲突之中。

说所有这一切，都丝毫不影响我们谴责巴黎恐怖袭击、坚决反对用暴力来解决文化冲突的基本态度。恐怖袭击在任何情况下都是不可原谅的。同时我们认为，不激化其复杂背景中的敏感元素将是智慧的。怒斥巴黎恐怖袭击不一定非得要由支持有争议的漫画来加以表达。全世界的主流舆论都站出来力挺巴黎，这令人鼓舞。西方如果对文化冲突元素的阐述更温和些，关照非西方世界绝大多数人的感受，将是一份有尊严的回报。

（2015.01.09）

欢迎"7万亿",它肯定有别4万亿

国家发改委8日回应"今年投资将超7万亿"的消息,表示这个数据应该是外媒记者的估算,事实上的总投资根本无法统计。发改委官员强调新的投资与2008年推出的4万亿有着"本质区别"。

美国彭博新闻社近日报道,中国国务院去年底批准总投资额逾10万亿元人民币的七大类基础设施项目,其中今年投资超过7万亿元。一些人迅速将之与4万亿做对比,担心新的通胀、房价高企甚至腐败等副作用。

4万亿的强刺激曾发挥过积极作用,但它对中国经济结构性问题的进一步推波助澜也给社会留下深刻印象。最近两年中国经济下行压力不断增加,但政府一直拒绝采取新的短线激进措施,就是基于对上一轮刺激负面效果的认识。必须指出,这种认识已大体是全社会的共识。

中国经济增长虽然放慢,但就业增长却没有放慢,这说明中国的经济结构调整已初见成果。中国政府不断重申,不会一味追求GDP增长,也就是说不会采取"为了增长而扩大公共投资"的路线,因为它不可持续。它与本届政府的执政理念和基本经济政策不同。在中国确定2015年"稳增长"目标的同时,"调结构"等其他改革目标仍保持着自己的位置,前者不可能是不顾一切的。

然而,中国发展的现实包含了一些兴建大型基础设施的需要。为实施"一带一路"计划,中国西部从交通到供电等诸多领域的建设和设施更新就有很多事做。中国现代基础设施还远没有连成片,提高人民生活水平还有许多需要填补的建设空缺,包括相对发达地区仍难以计数的建设死角。

如果真有"7万亿"投资，它对中国算不上多，重要的是把那些钱筹好用好，这是另一个问题。

中国以往对资金的使用效率显然低于人们的期望，对各种批评，哪怕是很激烈的批评，政府都应当耐心听。舆论一直对财政出资、分配给国企的运作方式不满，这表达了民间资本希望更多参与基础设施建设的强烈愿望。

由民间资本参与铁路、电网、重点桥梁等骨干基础设施建设，这是中国比较新的事物，过去积累的经验不太多，但这一趋势受到的舆论认同度较高。政府对继续推动该趋势表现出积极态度，与社会上的呼声相向而行。

接下来是实践的问题。我们相信它不会针对一些人的期望"一步到位"，但有全面深化改革的大潮推动，这一进程肯定会与过去比更大胆，步伐更快。发改委官员表示外界所传的这一轮建设将"引导社会资本积极参与投资"，并称这是一个"非常重要的政策取向"，大概不是诳舆论玩。

投资是中国经济的三驾马车之一，从改革开放初期以来，它一直广受议论，也一直扮演了不可取代的角色。一轮轮投资下来，很多老毛病一犯再犯，这说明经济体制的真实进步比理论上实现它们要困难得多。但我们不能不说，社会避免重蹈问题的总决心越来越坚定，合力也越来越强大，实际办法则不断增多，我们不可能原地踏步。

新的基础设施建设值得欢迎，我们相信这是中国大多数人的态度，因为基础设施的不断现代化符合人们的利益。有管理上的风险，那么就在推进这些建设的途中尽量解决它们好了。而且不开展这些建设，难道我们能凭空解决问题吗？

（2015.01.09）

幸亏中国当年勒裤带造出两弹一星

88岁的"两弹一星"元勋于敏获2014年国家最高科学技术奖,国家主席习近平9日在北京人民大会堂亲自为他颁奖。于敏是中国的"氢弹之父",他当年取得的氢弹理论突破至今是全球两大氢弹构型之一,被称为于敏构型。像中国其他"两弹一星"元勋一样,于敏所从事的工作曾长期保密,他的存在直到1988年才被外界得知。

这是一个回肠荡气、又会让不少人有些哽咽的爱国故事。从今天市场环境下年轻人的视角望去,邓稼先、钱三强、于敏以及他们的战友们,几乎是神一般的人物。他们什么个人利益都不图一头扎进分布在沙漠及深山中的研究机构和试验场里,几近"常年失踪"。他们有的人没能等到国家公开授勋,有的人等到了,已经白发苍苍。他们都是这个国家顶尖的知识精英,他们的生命却贡献给国家做了构建共和国实力的基石。

中国能在国际社会中第五个成为有核国家,是非常让人庆幸的事。如果没有那些英明决策和于敏那代人的伟大付出,中国的改革开放之路有可能改写,中国的战略自信绝不会有今天的质量。中国避免了印巴等后来拥核国家的曲折,牢坐在安理会五常的位子上,逐渐成为一支具有全球影响的战略力量,于敏们的贡献是决定性的。

于敏获500万元人民币奖金,舆论一致认为这是他应得的。看看一些小明星一年挣多少钱,人们就会忍不住想,奖给于敏那样的功臣多少钱都不算多。

每次依然健在的"两弹一星"元勋走进人们的视野,都会带来心灵的震撼。他们从共和国的前三十年走来,风尘仆仆,那是有过错误和曲折、被一些舆论称为不堪回首的年代。当我们批评那个年代的时候，总会发现一些最神圣的东西，或许每个时代都不是简单的，都有它自己的骄傲。历史的确是承前启后的。

今天的中国如此丰富、多彩，但像是很难再出于敏这样的人。人们为"两弹一星"元勋们的事迹唏嘘，也会多少为今天的道德面貌有一番感慨。

时代已变，于敏已难复制，但"两弹一星"元勋的精神应当在这个国家长存，不断照耀一代又一代的科学和知识界。

市场经济自有它的力量，它能在个人私心与国家需求之间搭建形形色色的有效桥梁。但"两弹一星"精神绝没有过时。市场经济可以是血脉、肌肉，但它被证明成为不了支撑国家战力的骨头。

于敏和他的时代同伴们都很爱国。客观说，他们当时为之奋斗的中国要比今天的中国差多了，但他们没有嫌弃它，与那个中国共命运，也共荣辱。今天的经济繁荣与和平为自由主义创造了前所未有的生长土壤，国家被一些人认为不重要了，更有一些人宣扬个人主义的至高无上，反对爱国主义，这非常幼稚，与中国所处的真实大环境格格不入。

今天的很多科学家也已经"市场化"了，他们被更加市场化的社会生活层层包围。即使今天中国核心部门的许多科研人员，也会受到各种"俗念"的诱惑。大家都想一想于敏吧，想一想在1986年就去世，连改革开放的很多成果都没有看到的邓稼先，我们或许都摆脱不了对利益的考虑，但以他们做精神榜样，的确能帮助我们不沉迷于名利场，永远记得自己对国家和社会的那份责任。

"两弹一星"元勋每个人都是一面镜子，整个中国社会都应坚持站在他们面前做对照，这是我们永远都需要的勇气和真诚。再现实的社会都应有一些理想主义，那样的社会不仅健康，而且会多一点幸福。

（2015.01.10）

力挺欧洲反恐，莫为争议漫画站台

法国首都巴黎 11 日举行谴责恐怖主义的超级游行，除了法国领导人奥朗德，卡梅伦、默克尔及欧洲多国和主要机构领导人都加入游行者队伍。这是多年来欧洲发生的声势最大的示威活动，充分彰显了欧洲人对《查理周刊》遭血洗的愤怒，以及他们前所未有的不安全感。

在谴责恐怖主义的问题上，我们坚决与欧洲公众站在一起。我们明确认为，世界上没有任何一种理由可以让恐怖主义行为成为"合理的"。世界上的确存在隔阂、误解，并导致特定人群的激烈情绪。这些情绪应能得到表达，并受到理解，然而这些情绪都不能成为恐怖主义合法性的注脚。

在支持、同情欧洲社会的同时，我们也很想提醒那里的人们把孤立恐怖分子作为坚定不移的策略，切不可中了后者的招，掉入文明冲突的黑洞。

《查理周刊》的做法在西方社会之外受到广泛争议，全世界都应共同捍卫那些编辑不受人身攻击的权利，无论他们发表了什么作品。但必须区分，这同为他们几幅有争议的漫画站台是两回事。欧洲的抗议活动应集中于前一项捍卫，而不必扩大成后一种站台和站队。

对言论自由究竟应当有什么样的边界，这个世界的看法是不同的。全球反恐统一战线应当超越这一争议，这样反恐就能集中目标，避免横生枝节。

客观说，国家机器和主流社会都很烦恐怖主义，但在战略上很少有哪个国家惧怕它。恐怖主义能带来低概率伤害，但它通常威胁不了一个社会的基本面貌和规则。美俄中都遭到过恐怖主义的严重袭击，影响了三国的一些政策，但三国社会的信心和内在结构都未因此受到撼动。

欧洲社会这一次受到的刺激极为强烈，恐惧的蔓延面似乎更广些。巴黎超级游行提供了欧洲各国相互鼓励的机会，那里的一个国家独自面对恐怖主义会显得有些单薄。

如果把反对《查理周刊》做法的穆斯林与支持恐怖主义的人笼统看成一个群体，那样的话，欧洲各国的确都显得有些"弱小"，因为世界上不喜欢那些漫画的穆斯林，大概比欧洲任何一国的总人口都要多。

必须正视世界上认为《查理周刊》做法欠妥的人很多，但恐怖分子绝对只是一小撮。欧洲社会应当在这种时候表现出克制，从《查理周刊》受袭后的第一反应中逐渐走出来。争取全球绝大多数穆斯林的支持对欧洲至关重要，谴责恐怖主义切不可搞成扩大欧洲与其他社会的意识形态之争。

《纽约时报》没有刊登受到争议的漫画，并且发表与欧洲"我是查理"这一著名口号相反的"我不是查理"专栏文章，纽时的这一态度实际显示了西方社会内部的真实分歧，欧洲的政治家和各路精英们不应对这一分歧视而不见。

欧洲谴责、打击恐怖主义，理由十分硬朗，力量也十分充足。但如果扩大成捍卫《查理周刊》对言论自由的绝对解释，理和力就都不够坚实了。这恐怕是欧洲目前渴望全球尽可能多道义支持的一个原因。

参加昨天大游行的主要是欧洲领导人，伊斯兰世界政要去的不太多，奥巴马派去的最高官员是司法部长，如果有人要对这一切做解读，是有空间的。

全世界反对恐怖主义和爱好和平的力量应当联合起来。那样的话，恐怖分子就是比小偷们加在一起还要小得多的力量。千万别让意识形态分歧成为反恐阵线里的一个突出元素，那将是恐怖分子希望看到的。

（2015.01.12）

出租公司、司机、乘客都是"利益集团"

出租车市场最近有点乱。继沈阳部分出租车司机本月4日罢运抗议"专车"以来，南京部分出租车司机也于9日罢运，抗议"份子钱"过高。南京10日还发生出租车和司机遭打砸事件。

出租车是城市公共交通的重要部分，直接关系民生，全国每天使用出租车的人都以千万人次计。然而出租车行业是运营者和消费者满意度都最低的领域之一，尤其是最近几年，出租车司机抱怨工作累挣钱少，公众则抱怨出租车难打，舆论怀疑政府和出租车公司的利益链条导致了"行业垄断"，与此同时，各大城市的"黑车"屡禁不绝，市场陷入混乱。

旧体制千疮百孔之际，"滴滴打车"等软件一炮走红，并引申出"专车"业务，刮起一阵新风。然而由于大量"黑车"成了这一服务形式的主力，"专车"被多地列为紧急清理的目标。

出租车市场在全国不同地方存在多种运营模式，但都实行了准入制，并由政府确定了出租车总量。各城市都有出租车公司，负责管理数目不等的出租车和司机。这些司机同公司的联系较一般企业弱，职业道德参差不齐。

在全社会对出租车种种难题一筹莫展的情况下，大家一起骂出租车公司与政府之间的"利益链条"成了舆论的出气方式。这方面的问题不能说没有，但这些问题对出租车行业混乱的责任显然被夸大了。

出租车司机一方面在整个市场上处于弱势，一方面逐渐在自我表达方面变得勇敢而活跃。出租车司机罢运大概是近年最频繁的行业罢工现象，而且对政府产生了威慑力。各地打车难问题严重，但都在出租车行业的压力下轻易不敢增加出租车运营总数，结果之一是"黑车"的大肆泛滥。

舆论普遍深信出租车公司都有"旱涝保收的暴利"，认为压缩那些公司的利益就可以取代出租车提价。中国出租车在世界范围内大概是"大众化"程度最高的之一，一些人提出让出租车价格再高些，解决出租车司机工作时间长收入低的问题，往往遭到舆论的断然批判。

出租车市场上存在种种畸形，比如沈阳的一个出租车牌照可以高价卖到六七十万元。很多地方由"黑车"担任的"专车"比正规出租车还整洁，服务还要好。

出租车行业进行改革势在必行。在这个领域，收高份子的出租车公司、反对增加出租车数量的司机、习惯了低价出租车服务的消费者、还有怕出租车司机闹事的各地政府其实都是"利益集团"。各方都有一些"既得利益"，都希望别的方面出让利益促进困局的打破。

市场原则早就在出租车领域退到后面，谁也说不清是什么原则在主导这个行业。是结束这种状态、重新理清利益关系和重建市场机制的时候了。

改革应把保障出租车司机合法权益和保障消费者打车方便放到并列第一的位置，把所有其他考虑都放到这两个因素之后。能不能发动并搞好这项改革，这是对各地政府执政能力和水平的检验。由于各地目前的出租车运营模式本就不尽相同，这是个各地有充分管理创新空间的领域。

那些出租车行业管理差的城市，往往也是打车难、"黑车"出没多、相关冲突乃至群体事件也比较多的地方。今后那些地方的相关官员应被追责。那些一下火车打不到正规出租车、而只有"黑车"司机围上来的城市，社会治理的其他方面也不会好到哪里去。

（2015.01.12）

《查理周刊》再画先知增印百万欠妥

巴黎 11 日成功举行显示团结的大游行，声势空前，但对欧洲来说，这很可能相当于危重病人吃了一粒止疼片。

有人说，包括法国在内的西方发达社会在赎历史上的"原罪"。那些国家曾引进黑奴，或拥有大量殖民地，导致其现在的人口结构。比如法国的穆斯林比例高达 10%，后者很难融入法国主流社会，这使得原本外部的"文明冲突"一定程度上转化为内部冲突。移民问题进一步催生了欧洲的极端右翼政党，摩擦渐成死结。

《查理周刊》遭恐怖分子血洗，非常令人同情。但最新消息说，该刊幸免于难的编辑宣布周三将继续出刊，并且要再画先知，把印数从 6 万份陡增 100 万份，很多人的感受大概会变的。

"我是查理"是人们在恐怖暴行发生后第一时间的感性表达，大多数人恐怕更想蔑视恐怖主义，并非真的就把这份漫画杂志当成"新闻自由的榜样"。该杂志反复刊登被穆斯林认为"亵渎先知"的争议漫画，这在什么样的新闻自由里大概都不能是"主业"。

设想一下，事情的冲击波平息以后，如果《查理周刊》仍然在针对伊斯兰教的问题上我行我素，估计将让法国政府很难办。那样的话，该刊将长期成为欧洲标志性的"文明冲突点"。

世界范围内的价值观分歧十分严重，有人说由西方引领的"普世价值"早已主导世界，看来是胡说八道。当下的实际情况是，由价值观不同引发的冲突要比以往任何时候都要复杂和深刻。

冷战时期的价值观对立虽然严峻，但东西方两个价值阵营都非常清晰，它们之间几乎互不来往。如今价值观的国家单位以及冷战时的西方阵营都还存在，与此同时，很多国家内部成了不同价值观错综交织的"缩小版"。全球化不仅是国家之间的事，它渗透到很多国家的内部，带来全新的问题。

西方在全球的意识形态攻势很强劲，但伊斯兰教对它的反渗透、少数族裔人口的扩大引起西方社会的不安。对于这些内忧，西方目前尚无有效解决办法。

不同种族及文化的错落分布势不可挡，西方各国"历史原罪"导致了它们的这一面貌最为突出。西方一方面顺应现实倡导多元文化精神，一方面又强调基督教文明的主导地位，并试图由基督教文明影响整个人类现代化的方向。这是西方社会内部以及西方与非西方之间的一个深层矛盾。

全球化时代，最应该突出的价值观大概是宽容和妥协精神。但我们在国际领域可以清晰看到这些精神大体被西方强国忽略了，它们更加用心将自己的主流价值观向全球推广，态度强势。很难相信这种情况下它们内部的社会和谐会是牢固的。

如今大国中似乎只有中国大声疾呼"不冲突、不对抗"，强调"和谐世界"，这是全球化的世界里最欠缺的政治思维和哲学，可惜西方世界的回应远不够有力。事实上，西方一直是中国内部价值观分歧的积极外部推手。

巴黎大游行应当得到支持，但如果实事求是说，它的实际效果将很有限。这个世界仍是充满文明隔阂的，恐怖主义的刺激正使得这些隔阂变得愈发明显和敏感，大游行并非针对这一核心问题的对症下药。

美国没有派高级官员参加巴黎大游行，这受到西方舆论的批评。西方现在是顾不得反思的，至少表面上拒绝这样做，这应当可以理解。但一个月后呢？三个月后呢？"我是查理"的T恤衫估计将热卖，但人们对这本杂志的态度希望能变得复杂些。

（2015.01.13）

"老虎苍蝇一起打"等或成永久成语

十八届中央纪委第五次全会12日至14日举行，受到舆论的广泛关注和期待。中共最高层的很多著名反腐言论都出自中央纪委全会，比如习近平所说的"把权力关进制度的笼子里""不能让制度成为纸老虎、稻草人""使纪律真正成为带电的高压线"等等，原版都是他在中央纪委全会上的讲话。王岐山也是在上一次中央纪委全会上首次提出"塌方式腐败"概念，以及"治病树、拔烂树"的反腐思想。

中国十八大以来的反腐行动堪称全球现代化进程中的突出一幕，"老虎苍蝇一起打"等最脍炙人口的反腐词汇很可能会穿越时代，成为中文新的永久成语。

反腐败究竟是什么，中国社会的认识大概会不断延伸、扩展。一开始时，我们绝大多数人都以为它就是制止官员贪腐，但慢慢地，我们发现这件我们想立竿见影做成的事，最终将是中国一系列改革的结果。"打老虎"会逐渐变成"治贪腐"。中央提出使官员"不敢腐、不能腐、不想腐"三大目标，我们逐渐理解了它们的递进关系和彼此承前启后的宏大性。

反腐败是中共政治上的一次彻底自我整理，它必将带动中国全社会的高度参与。此外如果它能坚持到底收获正果，也将是针对中华文明薄弱处做出的一项深远贡献。中国现代官场腐败的病根不仅是最近这几十年的事，还深扎在中国几百年甚至千年历史的更远处。

中国社会不仅需要有开展反腐败的决心，还要有把它持续进行下去的耐心。反腐败既然拉开大幕，就必须"一不做二不休"。它如果半途而废将是现代中国社会的不可承受之重，其所意味的政治后果很可能比没搞反腐败就那样往下混还要严重。

那么怎样才算反腐败"着陆"了？很多人大概都想过这个问题。我们认为，从社会角度观察，它应是人们对财富、权力、规则、前途、荣誉等核心概念的认识都相应现代化，能够为一个主要由法治进行调节的廉洁社会提供足够的支点。

每一代人都要为中华民族的伟大复兴做出自己的独特贡献，只有这样这个国家和社会才能生生不息。新中国的前30年，人们付出了。后30年的改革开放，人们另有付出，接力般塑造了今天的繁荣。未来一些年，中国社会要在进一步发展经济的同时逐渐清除腐败，全面树立法治的权威。

反腐败和全面深化改革、全面推进依法治国是一个整体。这既是国家的主动战略之举，也部分来自形势的倒逼。设想一下，如果没有十八大以来这种力度的反腐败，这个国家还能往前走很远吗？社会矛盾的激化真的只是互联网负面舆论所制造的幻象吗？

周徐苏令的大案着实令人震动，由执政党主动作为拔掉这些烂树，实为中国之幸事。一个简单的问题是：如果党不动手拔掉他们，那要等着谁来拔？

六十几年来中国不断前进，回过头看，每个时期的问题都有一定"惊险"，中国的幸运在于总是有各种机缘促成了纠错的发生，这些机缘看似一些巧合，当它们一再出现时，就展示了某种必然性。新中国就是这样由不断前进和不断纠错以及每一代人为它们的执着付出而组成的。

短短两年，反腐败远未结束，然而一些变化已经清晰可见，必须说，它们是极其宝贵的，对它们的意义历史或许将给予比我们今天评价更高的定论。我们继续往前走，豁然开朗的感觉有可能伴随我们一路。反腐败给这个时代打下烙印，但时代只会因为它而丰富。它一方面是制止，一方面是创造的源泉。

（2015.01.13）

李嘉诚"撤资",内地人受惊就太怂了

"李嘉诚从香港和内地撤资"的消息近日传得满天飞,"这有可能预示人民币资产将大幅贬值"的说法也不胫而走。起因是李嘉诚对其控制的两大上市旗舰公司长江实业以及和记黄埔进行改组,新公司注册地从香港移到了开曼群岛。此外一段时间以来李嘉诚出售了一些内地的土地和物业资产,并且加大了在欧洲的投资。

李嘉诚当过不止一年的亚洲首富,在投资界颇具威望,在华人圈里尤其有"李超人"之称。他的投资动向通常被认为有参考价值,一些人很愿意破解他的"老谋深算",寻找他对未来预期的蛛丝马迹。

有人认为,李嘉诚在通过他的投资举动"唱衰中国",也在"唱衰香港"。客观说,无论李怎么解释,他改注册地和卖大陆的房地产,传递出来的肯定不是他对中国市场的"信心满满"。他想对家族资产重新布局,大概是真实的。

李嘉诚毕竟86岁了,人在这个年龄的考虑和牵挂与市场上主流投资者大概是不同的。人到了这时经验丰富,但也容易注重"稳健",怕失去有时会多于想得到。86岁的李嘉诚和66岁的李嘉诚自身对比也会有诸多区别,前者比后者更能证明自己的成功,但他的启示已经更多是人生及市场哲学上的,而不是操作层面的市场判断。

李嘉诚创造了他那一代人的投资奇迹,他的经历深刻影响了他对市场以及"中国国情"的认识。但是中国的确在变,对这种变化,马云、雷军这一代人大概更容易跟上,也更愿意与它们做带有冒险意味的互动。

当然不能排除"姜到底是老的辣",但历史上后人超越前人的例子更多。李嘉诚的资产总体上传统领域的多，如房地产、码头、能源等。中国这方面的空间的确与改革开放初期近乎处女地的样子大为不同。人民币资产的升降取决于中国经济未来的整体走势，但在中国挣钱比过去难了，随着内地市场的成熟，这一点毋庸置疑。

然而马云、雷军们的前途仍被广泛看好。李嘉诚"撤资"带来了某种警惕，但中国经济的总规模太大了，李嘉诚的投资也显得有些"微不足道"。且不说李嘉诚"撤资"的真实缘由是什么，这些年从政治、经济角度对中国曾经有过的悲观预言多如牛毛，但它们都输给了中国真正的时与势。

中国如果继续往前走，必须出一批、而不是一两个超越李嘉诚的企业家。中国发展总体上已经超越了外部世界的已有经验，中国似乎还没有能力对自己的发展模式进行总结，但从任正非到马云，再到王健林和雷军，他们显然都不是简单的模仿者，他们都形成了"自己的一套"。

李嘉诚对中国改革开放做出了贡献，他参与内地建设的同时亦从内地得到了利益。他的确无愧于他那个时代的"李超人"之称，但他未必就有力量和雄心做未来的风向标。我们应为过去对他致以尊敬，而面向未来时，我们或许应当另寻坐标。

中国在经历大改革、大变迁，整个世界看如此之大社会体量的跨越式发展都会懵懵懂懂。迄今为止对中国最准确的预言都来自国家层面的核心规划和报告。外部预言和有暗示性的行动有一定参考价值，但事实证明它们都没有中国官方的答案更权威。关于这一点还不曾有过什么特例。

（2015.01.14）

黄浦官员因豪华餐出丑真是活该

上海黄浦区的部分领导被媒体挖出"大吃大喝"的丑闻，用餐饭店的人均最低消费标准据称为1888元，更刺激的细节是，用餐时间是去年12月31日晚上，地点与发生严重踩踏事件的陈毅广场不远。这极大增加了舆论的愤怒。

按说黄浦区几位领导在跨年夜的聚餐与发生踩踏事故没有直接因果关系，但两件事时间和空间上的靠近使得媒体纷纷把它们联系起来。客观说，这实在怪不得媒体，这种联想是情不自禁的，几乎任何人都会自然这么做。

踩踏事故就发生在黄浦区管辖的外滩，很多人想，如果那几位领导当时不是在用豪华餐，而是对那个跨年夜辖区内的公共安全多上些心，说不定悲剧就能避免。这种想法当然未必是事情的真实逻辑，但它在很多人那里也不约而同冒了出来。

上海市昨天没有就官员"豪华聚餐"的消息进行回应，因此几位官员都是谁，实际人均消费是否真的不低于1888元，人们并不清楚。然而舆论的想象针对了所有对那几位官员不利的因素，包括那家餐厅是国资背景，领导在那里用餐可以签单挂账等等。

这一消息再次强化了公众对上海市发生严重踩踏事故的不满，这种强烈不满反过来增加了人们对这次"大吃大喝"的愤怒。尽管平心而论，上海的城市治理在全国总体上不失为水平最高的之一，上海市的干部给很多在那里办过事的外地人总体留下"还比较规矩"的印象，但上海现在面临巨大压力，怪不得舆论。

如果说踩踏事故除了相关部门工作不力还有某些偶然因素的话，那么黄浦区几位领导去那么高档的地方聚餐，就百分百是他们主观促成的。中央"八项规定"已经推行两年多，吃喝风被大刹，各种偷偷摸摸的顶风作案被舆论深恶痛绝，黄浦区的几位领导为何就敢这样干呢？这不仅是作风的问题，连他们对形势的基本判断力都像是出了问题。

他们不仅害了自己，而且给上海这座城市抹了黑，甚至会影响公众对反"四风"成果的认识。他们受到舆论的追剿，用"活该"这个词说他们实在不冤枉。

也许这几位官员很能干，平时的工作没准还挺成效，但无论他们的日常表现什么样，跨年夜的豪华聚餐之过都不能被抵消。他们有愧于黄浦区和上海的市民们，希望他们现在想的不是如何逃脱处分，而是用什么方式向公众和那座美丽的城市道歉。

反腐败不是一阵风，"八项规定"开弓没有回头箭，舆论场上的无数只眼睛组成了全天候监督的天罗地网。希望所有官员都摒弃侥幸心理，真正敬畏党的纪律和群众的要求，而不是阳奉阴违，玩猫捉老鼠游戏。在前互联网时代侥幸的逻辑或许是存在的，但互联网改变了规则，这不是侥幸者可以高概率善终的时代。

官员们需要把各种高档消费场所看成随时可能吞噬其政治生命的"虎口"，并尽可能远离它们。这应是官场人生的新常态，也是官员们走向未来必不可少的一个新出发点。

（2015.01.14）

欧洲乱了将有利中国，真的吗

14日新出版的《查理周刊》真的又把先知穆罕默德画到封面上。先知穿戴白色长袍和头巾，左脸颊上有一滴泪水，双手拿着一幅写有"我是查理"的纸牌，头顶上端写着一句"宽恕一切"。

在巴黎街头的很多报刊亭，购买者大清早排出长队，并在一开门的十几分钟内将该刊抢购一空。"漫画先知"之争在继续发酵。

文明冲突似乎在欧洲社会与伊斯兰世界之间逐渐成形。恐怖分子通过血洗《查理周刊》"四两拨千斤"，应当说达到了目的。美国官方表示支持《查理周刊》的做法，宣称这就是"民主社会"。但美国主流媒体都没有转载《查理周刊》的封面，这是一种微妙的拉开距离。

埃及、伊朗两个有代表性的伊斯兰国家都由官方宗教机构或政府官员出面，对《查理周刊》再画先知发出谴责。在恐怖袭击发生后和巴黎举行大游行期间，有伊斯兰世界政要站到法国一边，其他的则保持了沉默。这次埃、伊两国带头抗议《查理周刊》，显示了冲突的升级。

血腥袭击发生以来，中国政府谴责了这一恐怖主义行径，对《查理周刊》的做法没有表态。中国媒体的主流态度则是一方面谴责恐怖袭击，认为什么原因都不成其为制造恐怖主义的理由；一方面希望《查理周刊》今后克制自己的表达方式，对其他文明包括穆斯林给予应有尊重。

中国互联网上更自由的表达里，对《查理周刊》的批评更多些。一些人认为，《查理周刊》这样搞是"挑衅"，也有人说"让他们闹去，欧洲越乱对中国越好"。

然而接受《环球时报》采访的国际关系学者大多不同意"欧洲乱对

中国有利"的看法,他们认为互联网上的这种说法过于情绪化,也过于简单。

他们大概是对的。欧洲如果真乱了,中国短期内必将蒙受损失。一是欧洲经济会衰退,极大影响我们对这一中国最大贸易伙伴的出口。二是文明冲突必将导致国际关系的失序,将影响中国"走出去"战略。三是极端主义有可能在一些伊斯兰国家强劲抬头,说不定会殃及中国。

欧洲如果成为文明冲突的中心,或许可以减轻中国的地缘政治压力,欧洲国家对中国的意识形态指责会减少,它们还可能作为盟友拖美国的一些后腿。欧洲之乱对美国的不利也许会高于对中国的不利。

但由于中国正在成为全球性大国,势必要对世界性问题承担更多责任。欧洲这样的重要地区保持稳定有利于中国和平发展,这越来越不是一句空话。欧洲如果与伊斯兰世界陷入文明冲突,将使中国的国家利益面临诸多不确定性,现在做它对中国"利大于弊"的预判恐怕是轻率的。

重要的是,中国不是世界"老大",很难影响世界性事件的发展方向和节奏。此外中国内部问题有些与外部发生千丝万缕联系,外部各种复杂事态中国未必就能与之切割清楚。因此欧洲若陷大冲突,中国难以独善其身,不太可能有"坐山观虎斗"的闲心。

几天前还有人批评中国没派高级官员参加巴黎的大游行,因为只有中美两个大国的高官缺席了那次游行。《查理周刊》现在这样做,证明了中国不参加那次游行,对我们自己来说是恰当的。一些新的因素正快速加入到全球新的战略形势中来,中国这时候最重要的是稳健,是统筹全局的定力。

(2015.01.15)

"港独"荒诞不经，却不可当笑话看

香港特区行政长官梁振英 14 日发表任内第三份施政报告，首次批评香港"自立自决"之说。这显示"港独"已经引起香港主流社会的警觉，它荒诞不经，但已经容不得视而不见。

梁振英点名批评港大学生会刊物《学苑》。该刊去年 2 月登出《香港民族，命运自决》封面专题，后结集出版了《香港民族论》一书。去年 9 月该刊进一步出版《香港民主独立》的专题，其中一篇文章将香港类比新加坡，估算香港可能招募到的军队人数，及从警察和驻港解放军手中可能"缴获"的武器数量。

该文将可能组成的"香港军队"与毗邻的广州军区"13 万正规军"比较，甚至幻想广州军区"内乱"和两广"乘乱独立"，直至美日帮助"香港独立"，堪称满纸胡言。

香港岭南大学助理教授陈云被一些人捧为"港独之父"。他于 2011 年出版《香港城邦论》一书，鼓吹"香港本土意识"，他与一些人串通起来，自称建制派和泛民派之外的"香港本土派"。

香港警方近日开始拘捕极端"占中"人士，警方已要求陈云于本月 19 日下午四时半到湾仔警署接受调查，并称届时会拘捕他。

如何对待"港独"，香港主流社会和整个国家大概一直都有些犹豫。它在香港的影响就很小，一开始多少像是恶作剧，往往被看成是未必与政治有关的不满情绪的夸张表达。由于香港是自由社会，一些人发表"港独"言论，常被认为不容易定性。

"港独"就这样慢慢形成了"模样"。它搞出歪理邪说，作为自己的

"理论基础"，有些极端势力和边缘人物开始琢磨它，表现出要把"港独"搞成新政治山头的企图。

一直有人担心太认真对付"港独"，有可能反而刺激它变大。然而现实是，主流社会不搭理它，它并没有自生自灭。

看来不排除"港独"成为香港的现实问题之一。它当然不会有一天拥有"台独"那样的挑战力量，因为中央政府对香港局势的掌控力与台湾的情况完全不同。但是"港独"确实可能逐渐成为外部势力可资利用的一个杠杆。

香港拥有西方体制下的言论自由，但"港独"明显抵触《基本法》，严重违宪，是不应当纵容的。国家和香港特区应制定一些办法，对"港独"言行进行制裁。

比如有学者提出，对陈云这样的人，内地应禁止他入境。此外"港独"在大学里肆意表现理应受到限制。

"港独"分子不同于一般的反对派人士，国家和香港特区有必要早早就给他们划一条清晰的红线，避免这股势力真的坐大，成为香港社会里的"癌细胞"。说到底，香港需要针对维护整个国家的安全进行立法。

分离主义往往是从宣传"本土意识"开始，然后一步步把少数人的胡思乱想变成社会部分人群的思潮，接下来构建政治组织，发动挑战性政治对抗。"港独"目前仍处在最初阶段，但它显然在借"占中"前后的香港社会分裂加快滋长。

围绕香港治理一直能听到两种极端思路，一是彻底放手、退让，不惜给予反对派超过《基本法》规定的权利。二是采取强硬措施，用内地的做法对付香港极端势力。二者均不可取。

香港的治理之道仍需探索。国家的力量十分强大，香港的多数民意反对极端，如何把这一切转化成抑制"港独"等违宪主张的现实工具，并让这个过程促进香港社会内部和它与内地社会之间的团结，这道考题恐怕不是实力大小，而是政治意志和智慧的检验。

（2015.01.15）

军队自绑 16 恶人，人民更相信子弟兵

军队权威部门 15 日下午对外公布 2014 年查处的 16 名军级以上领导干部名单，其中 4 人的案子是第一次被公布。总后副部长刘铮等人受查处的事情网上曾有传闻，昨天一并得到证实。

舆论颇受震动。但以往是案件本身令人吃惊，这一次则加上了对军队这样集中"自揭家丑"的没想到。

军队出这么多高级别贪官，显然是件丢脸的事。通常，无论哪里出贪腐丑闻，大都愿意"低调处理"。但军队这次把全年查处的军以上贪官合在一起公布，这是在自炒负面新闻，突出问题的严重性。这种态度不仅在军队，在全国范围内也是焕然一新的。

不掩丑，在今天的中国仍说不上已成规则和习惯，有些地方和部门在反腐问题上表的决心很多，但对涉及本地本部门贪腐丑闻的那些"干货"，则能少说就少说。军队受保密原则的约束多，总体信息开放度不如地方上活跃，但昨天自爆军队腐败大案却不留余地，一举走到全国的前面。

我们愿意把这看成真正的决心宣示，我们也愿意相信，这才是全国人民希望的"告别 + 出发"。

实事求是说，军队内有一些贪官，这是公众可以想象到的。但如果说一个地方"虽然出了问题，但整体是好的"，军队大概最有资格得到这样的公允评价。尽管这两年军内腐败案不断曝光，让人们看到他们原本难以置信的种种问题，但如果说军队的形象在人们心中"垮了"，显然不是真实情形。

我们知道腐败问题渗透到中国社会的方方面面，新一届党中央大刀阔斧铲除腐败对此作了证实。与此同时，前所未有的反腐风暴也吹散了困惑，在腐败废墟间竖立起全体人民信心的新支柱。

因为人们看到党开展反腐败的行动力。中国肯定不是当今世界最腐败的国家，经常跑发展中国家的中国人对此都很清楚。今日中国也肯定不是本国历史中最腐败的时期，但今天的反腐败在中国及全球历史上都罕有记载。人民是能看懂这一点的，这一根本事实是中国社会对未来信心的重要源泉。

军队反腐败的雷厉风行尤其令人鼓舞，成为公众信心的重要支点。不仅打大老虎，军队"禁酒令"、严管公车、退多占住房都做得立竿见影。除了全国反腐败的那些普遍推力，军队令行禁止的纪律作风似乎发挥了额外作用。反腐败是对军队严整的特殊洗礼。

希望以公布"打虎榜"为契机，军队在对外信息透明方面有更全面的调整。军队可在不影响保密规定的情况下多搞不同形式的公众开放活动，让人民多有机会与子弟兵直接交流。在军费使用等重大问题上，也应更多满足公众的知情权。这些将是有利于反腐败的一石多鸟之举。

徐才厚等16人给军队抹了黑。就这个问题来说，坏事就是坏事，变不成好事，但人民的判断力是完整的，出了少数蛀虫的军队不是一块倒下的木头，而是蓬勃向上的生命体。军队本应如此，这也是人民的期盼。它在保卫这个国家的安全，这种保卫比任何时候都更加可靠。而且它没有因此居功自傲，就在昨天，它把写有按党纪国法必须惩处的16人名单交给了大众。

（2015.01.16）

80 年代值得怀念，更值得超越

1980 年开始的那个 80 年代，似乎正逐渐成为一个符号。对很多人来说，它代表思想解放、理想主义、成功机会等种种令人怀念和向往的东西。

除了战乱和持续动荡的年代，每一段时期都有成为美好记忆的可能。比如上世纪 80 年代的人们非常怀念 50 年代，那时的人们常常抱怨"道德沦丧"，社会上流传着很多 50 年代路不拾遗、夜不闭户的故事。

80 年代是改革开放全面展开的第一个十年，思想解放运动如大河出川，知识分子摆脱了精神枷锁。西方的各种现代概念也在那时涌入中国，几乎形成了一次启蒙。从文学艺术到学术研究，很多框框都打破了，中国知识界的解放感在不久前"文革"的可怕记忆映衬下得到强化。

没有 80 年代的大胆尝试，就不会有之后改革开放的成果。80 年代的最大贡献大概就是那些尝试，那个时候积累的一些经验和教训直到今天都默默起着"座右铭"的作用。

然而客观说，知识界对 80 年代的记忆和感受可能是相对最好的。对经济界来说，80 年代的市场经济刚刚起步，改革的进步和双轨制的问题相互交织。那时"官倒"盛行，通货膨胀逐渐达到危及社会稳定的地步，老百姓大体解决了最初级的温饱，但离只能在电影中看到的现代生活仍很遥远。

80 年代末中国付出了政治代价，但改革开放积蓄的正能量帮助国家度过了危机。那些代价与 80 年代的全过程是什么关系，如何认识它们的严重性，对这一切的理解需要在较长的岁月里不断沉淀。中国社会围绕这些问题的认识总体上越来越成熟、理性。

有人说，如果把今天与上世纪80年代做对比，今天多数中国人大体生活在那个年代的"理想里"。因为80年代最大的梦想是现代化，而中国今天的现代性有了梦幻般的长足进展。这话有些绝对，但也不失为回顾80年代的角度之一。

总之中国后来的90年代、零零年代与80年代还是衔接得不错的。到了一零年代，中国有了较为全面的总结力，重新突出解放思想的口号，推动全面深化改革开放。今天能够把依法治国作为社会建设的主攻方向，下决心清除腐败，这是80年代难以全面构想的。

80年代的年轻人今天正值壮年，他们的年轻时代过得很艰辛，有理想也有迷茫，说他们机会多，那大多是回头看的印象。说他们比现在的年轻人更富有理想，也部分源于把那时的佼佼者同现实的大众做比较。80年代是中国年轻人接触物质主义的开始，不能因为那时喜欢写诗的人多，就真的以为大家"只有理想"。那时除了诗，能帮助人们放飞情思的事物太少了。

80年代是伟大的，因为它是开拓的时代，创新的时代，因此也是勇敢的时代。一零年代应当超越80年代，我们对那个时代的怀念应更多是怀旧，而不是真的以为那时"什么都好"。中国一零年代的思想解放应有新的纵深，改革开放的路径应当更明确，这样我们才无愧于80年代的摸索和曲折，不会奔着奔着又奔回去了。

可以预言，如果国家的发展道路得以延续，全面深化改革不断带动新的成就出现，一零年代在时隔几十年后会成为新的怀旧符号。而且今天值得怀念的事物大概会更多。

（2015.01.16）

对一些人和事，官方沉默也是态度

由于到了前中共中央总书记赵紫阳病逝 10 周年的日子，境外一些媒体围绕他的报道又多了起来。赵当年的秘书鲍彤对"美国之音"发表谈话。鲍 1989 年入狱，1996 年刑满释放。他是在外媒上挺赵的积极发声者之一。

中共中央在 1989 年 6 月撤销赵紫阳所担任的总书记等党内职务时，对他做出"在关键时刻支持动乱和分裂党"的定性评价，同时肯定了他在改革开放和经济工作方面做过的"有益工作"。中央的那次报告继续称呼"赵紫阳同志"。这一评价格局大体延续了下来。2005 年 1 月赵紫阳逝世，多名党和国家领导人出席告别仪式，新华社发的消息写道，赵"为党和人民的事业做出过有益的贡献，在 1989 年春夏之交的政治风波中犯了严重错误"。

2005 年那次是官方最后一次公开评价赵紫阳。去年热播的电视剧《历史转折中的邓小平》中，其他争议人物都露面并被标出身份，有台词，只有赵是个例外。他出现了几个镜头，没标出姓名身份，也没有说话，但是熟悉那段历史的人都能认出他。

中国互联网上这些年不时有人发纪念赵紫阳的帖子，发帖人主要是自由派知识分子。微信上一些热衷政治的朋友圈在特殊时候也会谈论赵，不同价值观的人对他的看法是分裂的。

中国官方 2005 年以后像那之前的很长时间一样，一直避免谈论赵，这种沉默通常也被认为是"一种态度"。

今年是胡耀邦诞辰 100 周年，官方已宣布将举行隆重纪念活动。但对赵紫阳逝世 10 周年，直到昨天官方没有提及。这让人想到，2005 年官方对他的评价大概也是今天的态度。

从 1989 年夏天至今过去了 25 年多，这期间中国变化很大，社会更加自信，对历史人物的宽容度大体都在增加。比如华国锋在《邓小平》一剧中的镜头很多，反映了社会对他记忆的微妙变化。随着时间的拉长，这是很正常的现象。

然而赵紫阳似乎是个特例。为什么会这样？官方没说，从民间的角度，可有如下分析。

一是官方对他的评价很稳定，没有通过某种表态向社会发出调整信号的需求。二是赵的事情一旦出现误读，会有一定的现实牵动性。25 年前中国社会迈过了那场危机，但中国内外一直都有人希望那样的危机能够重来，并且为此不遗余力地寻找机会做意识形态铺垫。

25 年来中国按照赵和他智囊们在重大关头所反对的政治路线和哲学，成为了世界第二大经济体。对最敏感的问题，中国奉行"不争论"政策，中国把行动和不断取得的成就作为了对那些问题的回答。

不仅官方，随着时间推移，中国社会看二三十年前的事情也有了更多成熟和理性。对中央关于赵做过"有益贡献"和"在关键时刻犯了严重错误"的评价，社会的认同度越来越高，中国这二十几年的高速发展，也无声地支持了这一评价。未来修改这一评价的空间，很可能远远小于因时过境迁事情被淡化、人们更多记住一位老同志曾经所做好事的空间。

很重要的一点是，这种变化只有中国长期保持社会主义制度的情况下才会有可能。如果真像少数人联手境外势力所鼓吹的那样根本改变中国的政治制度，整个中国的改革开放都将被妖魔化。

（2015.01.17）

坚信警民一家,是新闻不走样之本

去年12月一起"太原警察打死讨薪女民工"的消息激起轩然大波。图片和视频显示,太原一名警察有用脚踩女受害人头发的行为。涉事的多名民警后来被逮捕或刑事拘留。昨天新华社发表长篇综述,披露案情调查目前已有的结果。报道显示,这起案件源起工地保安与几名民工的普通纠纷,与民工"讨薪"无关。女受害人被带到派出所后被放到地上,其他几人遭到殴打。女受害人的死因仍有待尸检报告的正式结果。

看来媒体围绕这件事的报道有真实内容,但加入了"讨薪民工"这个不真实的额外元素,增强了传播力。不管怎么说,这起事件中的粗暴执法迄今看来直接导致了女受害人意外死亡,这是法律和舆论都绝对不能接受的。这件事留下了极其沉痛的教训,太原警方已将12月13日定为该市公安系统的"执法警示日",这一态度值得欢迎。

回顾整个事件过程,有几个线索值得特别强调。

一是多名涉事警察的职业道德和纪律都很薄弱,这种随时有可能点燃的危险元素因为一名女受害人的死亡被社会捉住。而这样的元素在警察队伍里恐怕还有。消除这些隐患是避免类似恶性事件重演的根本途径。

二是个别警察明显涉嫌犯罪,其所在公安机关必须在第一时间旗帜鲜明,即使细节一时不清,依法治警的态度也应毫不含糊。对犯罪事实确凿的警察,该抓就抓,该怎么判就怎么判,这当中并不存在难以处理的模糊地带。

三是涉事当地及直接的上级公安机关应针对舆论最关心的问题保持对外信息沟通,及时通报调查的最新进展,切不可有畏难情绪,因为怕挨骂而躲媒体。事实一再证明，这样躲只能让事情变得更糟。

针对社会，我们也有一些话想说：

一是舆论对推动这起案件的公正处理起了鞭策作用，这也是舆论监督的重要价值所在。

二是"讨薪民工"这个不实元素的加入有所不该，它给事件增加了额外色彩，而整个事件的炒作方式和强度对全体警察形象造成扩大性伤害。如何在发挥舆论监督的同时避免这种些问题，值得探讨。

三是随着事件热度的上升，一些"有想法的人"主动卷进来，通过制造对立和紧张捞取利益。这种情况已是多元化时代的常态。

搞清这件事的来龙去脉，对全社会都是一次教育。在中国警察和老百姓是一体的，他们彼此根本就不是对立面。对此需要有坚定不移的认识，这是我们厘清细节复杂事情的根本保障。

我们隔段时间会看到有个别警察犯罪的报道，但如果说全国警察队伍的责任心和纪律较社会平均水平相对更高些，大家同意吗？当然，我们希望他们做得更好。

太原这起案件的涉案警察肯定要依法惩处，但是把案情完全调查清楚需要一个过程。这涉及到受害人和家属的尊严和权益，也涉及几名警察的命运，必须严格依法对待，而不能以"舆论审判"取而代之。舆论需耐心些，让刑诉法的程序能够在法律轨道上展开，尽可能不受社会舆论干扰。我们可以对比一下美国的情况，涉及警察执法犯法的审判往往会有很长的取证过程。

因此让我们继续睁大眼睛揪出每一个"坏警察"，同时让我们也别冤枉了每天勤勤恳恳维护这个社会安宁的、全国300多万人的警察队伍。

（2015.01.17）

宗教式笃信"言论自由"挺吓人的

法国的"言论自由"里藏着很多奇奇怪怪的东西。法国《寒流》漫画杂志最新一期大概想学《查理周刊》搏出位，搞了个"黄祸已至，挡之晚矣？"的封面。其所画情景是中国人占领整个巴黎，作威作福，法国人都沦为黄包车夫、妓女、乞丐。

法国人可能视这为他们的幽默，但公然骂中国人"黄祸"，还是够损的。如果中国政府愤而斥责该杂志，或者中国社会发起抗议浪潮，那么《寒流》就一夜成名了。好在现在的中国人可以一笑置之，或者捂着鼻子骂一声"臭"就走了。

然而世界各国人并不都像中国人这样好脾气。

《查理周刊》爆红的最新一期被全球穆斯林认为捅了他们的信仰一刀，这个定性很严重。

世界多个伊斯兰国家出现针对法国《查理周刊》的激烈抗议活动，尼日尔的法国文化中心和数座基督教堂被纵火烧毁，至少10人丧生。法国总统奥朗德呼吁严惩这些暴徒，他表示"那里有时候人们不懂什么是言论自由，因为他们被剥夺了这项权利"。

纵火杀人的暴徒的确应受到严惩，然而这一众所周知的文明法则看来压制不住《查理周刊》漫画先知激起的全球穆斯林的怒火。欧洲的"言论自由"与穆斯林世界的"信仰自由"如今针尖对麦芒，谁也不想听对方的话。

在广大穆斯林看来，《查理周刊》就是在亵渎先知，他们的这一理解是宗教式的，没有回旋余地。而且过去只是那家杂志做了这样的亵渎，现在好了，它的发行量从六七万蹿成六七百万，全欧洲都因为支持而读它，这个梁子越结越深。

再看看法国和欧洲这边，人们对言论自由的信仰原本是世俗性的，但现在他们变得很"轴"，像是过不去了，穆斯林越是反对登先知的漫画，他们越要登。他们把这件事的意义上升得特别高，很神圣，宁肯为之冒新的流血牺牲风险。仔细想一想，这已经不太像是世俗的思想和行为逻辑，而更像是宗教化的。

如果欧洲人以圣徒的心态誓死捍卫漫画先知的"言论自由"，与穆斯林对先知的另一种誓死捍卫迎头对撞的话，那么21世纪就真的有事做了，它有可能成为"圣战"的世纪。

恐怕还是要劝欧洲一句：退一步海阔天空。言论自由是好东西，但连罗马教皇方济各15日在赞同言论自由的同时，都表示它是"有限度的"，认为它不能用来"挑衅、侮辱他人的信仰"。此外美国主流媒体都拒登《查理周刊》的新漫画。这一切说明欧洲有后退的空间。

人们并不否定法国的言论自由，法国的文化面貌总体上颇受外部世界欣赏，现在只是有很多人劝法国社会在漫画先知的问题上做出克制，就这么一点点，不扯其他。法国人应当有不使自己钻进牛角尖的文化魄力，避免让言论自由真的变成一种宗教。

《查理周刊》原本是法国的一本低端漫画杂志，在与外部世界的交流中，它是法国大家庭中"最淘气的孩子"。现在全欧洲因为它挨了打，吃了亏，从同情它、反对对它施以暴行，延伸为支持它，纵容它，从而客观上让它代表了法国和欧洲，这是很蠢的行为。

还是那句话，让穆斯林改变信仰，比法国和欧洲调整对言论自由的理解要难得多。如果法国人认为做这种世俗的调整是一种奇耻大辱的话，那么他们的言论自由就真的与"宗教信仰"差不多了。外界将以新的视角来看《查理周刊》带出的系列冲突。

（2015.01.19）

公务员加薪争论已久，该一锤定音了

香港《文汇报》18日透露，内地公务员加薪方案终于出台，其中最高级别正国级官员基本工资从7020元增至11385元，最低级别办事员基本工资从630元增至1320元，并从2014年10月开始补发。报道还称，方案还明确了今后的公务员工资调整机制，即原则上公务员工资每年或每两年调整一次。

对于这一可信度颇高的报道，互联网舆论场反响强烈。像往常一样，支持的不少，但吐槽的声音居多。

公务员加薪已经酝酿很久，它所面临的舆论压力可谓一浪高过一浪。但平心而论，上一次公务员涨薪还是2003年的事，想想看，任何一个行业或群体如果十多年不涨薪，这能行吗？如果摊在你头上，你干吗？

反对者最常说的一句话是：不干可以走，想当公务员的人有的是。但不能不说，这只是一句不讲理的气话。

当然了，舆论反对公务员涨薪的声音这么高，必有其深层原因，官方不能把它们简单看成是一些人的"胡闹"。除了少数贪官坏了公务员队伍的名声，以往确有不少公务员灰色收入丰厚，而且公务员在住房、医疗以至子女入学等方面往往有更优惠的解决条件。这一切让公众普遍相信公务员的福利有相当一部分是"隐性的"，并且对它的比例形成夸大想象。

中国90%以上的公务员都工作在基层，从实际生活水平看，他们就是普通劳动者。大学教师和各地写字楼里的白领们有谁会羡慕街道办事处或乡镇政府的办事员呢？

反腐败和推行"八项规定"深刻改变了官场的作风，各种灰色收入遭到沉重打击，这一新局面需要公务员合法收入体系的建设及时跟上。其实打掉灰色收入后公务员会有正常加薪，这是社会的一个普遍预期。

就在上周国家公布了养老金并轨方案，今后公务员都要自缴养老保险，它的数额将占个人工资的8%。如果再加上同步建立的需要个人缴纳4%的职业年金，该比例将上升到12%。这进一步增加了舆论对公务员加薪将至的预感，因为如果不涨薪，那么公务员的实际工资将大幅下降。

但是做这一件有充分道理的事情，要让舆论形成共识可谓难之又难。通过舆论围绕公务员加薪的一波三折，我们可以清楚看到发扬民主是多么不简单的一件事。不听众声显然不行，但是如果任由不同意见争论下去，那就什么事情都别干了。

明摆着应当做的事却遭到舆论强烈反对，这样的尴尬会不会长期伴随我们呢？可能性似乎还是挺大的。

中国各级政府既要听民声，包括听未必理性的舆论呼声，也要表现出决断力。把握这一平衡是很难的，但中国特色社会主义的优越性恐怕就在于针对这个难点的有效破解。否则的话，中国或者回到一切由上面说了算的过去，或者成为一盘散沙，社会运行效率连印度还不如。

给公务员加薪这件事，社会的讨论已经非常充分，利弊十分清楚。现在的确到了国家下决心的时候。

下这个决心的将是力推反腐败、并且大兴全面深化改革的中央政府。这个决策层对人民和国家的忠诚经受了考验，对于全国性争议，它应当成为民主集中制的最终一锤定音者。

中国的发展充满了问题，合理性无法全面摊开，一步到位。对于局部追求合理的努力，很容易从外部找到理由予以否定。但改革就是一个领域一个领域实现的，不断连成片。中央政府必须有统筹、布局改革的权威，否则的话，中国的大城市都有被巨大的贫民窟包围的危险，社会不同阶层和群体就会被利益之争严重撕裂。

需要指出的是，公务员加薪只能是薪酬制度改革的开始，而不能是结束。全社会的加薪应当是波浪式的，所有群体被不断接力惠及。

（2015.01.19）

断言斯里兰卡将对华变卦为时尚早

斯里兰卡本月初的大选导致政党轮替，被一些舆论贴上"亲中"标签的自由党总统拉贾帕克萨下野，而被认为"亲印"的统一国民党总统西里塞纳上台。有人分析，中斯关系、尤其是中国在斯里兰卡投资的科伦坡港口城等大型基建项目面临考验。

西里塞纳已经表示，将对科伦坡港口城等项目进行"重新评估"，新政府提出原合同"不透明"及"需要审视环保"等理由。但是新政府同时说，重新评估不意味取消项目，只要项目经评估没有大问题，就可继续建设。

科伦坡港口城计划投资14亿美元，去年9月开工，如果中断建设，中方将蒙受巨大损失。由于缅甸已有政局变化导致中资重大项目停工的前车之鉴，斯里兰卡的情况会如何发展让不少国人担忧。

西方和日本、菲律宾等亚洲力量大多愿意看到在斯里兰卡的中资项目生变，印度社会由于长期视斯里兰卡为本国"势力范围"，亦对中国在斯投资怀有猜忌。去年9月中国一艘潜艇曾停靠科伦坡港，很多媒体这两天都重提这件事，暗示斯里兰卡新总统的态度是印度洋地缘政治之争的最新风向标。

不确定性大概是真实的，政党轮替对斯里兰卡的综合牵动，很可能要大于它发生在欧美国家。但对于中斯关系来说，它未必就是颠覆性的。斯中友好不能看成是拉贾帕克萨和他所在党的"专属品"，实际上它有很雄厚的历史和现实基础，并有较强的跨政党轮替能力。

斯里兰卡结束内战仅五六年，亟需全面经济建设，而中国因基建能力和成熟制造业成为该国无可取代的合作伙伴。中国推行21世纪海上丝绸之路战略，斯国欲将自己打造成印度洋上的航运中心，这种战略契合及优势互补让斯里兰卡难以割舍。此外斯里兰卡紧靠印度，它在印中之间取平衡战略符合它的长远利益。

中印在斯里兰卡有竞争，但这种竞争决非是排他的，更非对抗性的。印度人或对中国出资建科伦坡港口城感觉不悦，但这与他们使手段、耗费资源来搅黄这个港口城是两码事。现在经济领域的博弈尽管也会有政治的回声，但各方已有一定自我克制的潜规则。中印在印度洋的竞争远非印媒所渲染的那样邪乎。

中国在斯里兰卡的投资是否过急了？这个问题需要今后一些年中斯关系的实际发展进行验证。如果斯国的政治发展是有逻辑的，中国已有的投入就决不会通通化作"学费"，大部分耕耘都会转化为最终的收获。

当然斯里兰卡的风险再次提醒了中国，我们对一些国家的政治不确定性一定要多设几层保险，尽管这往往说着容易做着难。

中国必须加快"走出去"，这是中国保持可持续发展的客观需求。但是另一方面，中国对这一过程的自我保险能力显然不足，我们的综合外交实力、应对海外复合风险能力都还跟不太上。我们不能坐等这些能力的成长，中国"走出去"的过程注定有些曲折，有时令我们自己捏一把汗。

绝大多数向外走的中华儿女都是勇敢者，他们当中对闯荡世界三心二意、对结果听之任之的几乎没有。所以当出现不测和中国人难以控制局面的时候，让我们还是少埋怨、多鼓励，让在外面遇到困难的人们感到自己并不孤独。他们做的是中国崛起最吃力的那部分工作，当他们充满信心的时候，我们切不可在后方为他们泄气。

（2015.01.20）

暴徒挥刀警察挨砍的时代结束了

广西凭祥警方18日在拦截几名新疆籍偷渡嫌疑人时，后者拒捕并行凶。警方击毙其中2名暴徒，另有1名暴徒逃入当地居民区后，被当地警方成功抓捕归案。

这则消息让人联想起近来的一些其他新闻。一是上周新疆疏勒县警方击毙了6名持斧袭警或欲引爆爆炸装置的歹徒。二是中东IS吸引全球极端恐怖分子前往投奔，一些被洗脑的极端青年迷上"迁徙圣战"，活跃参与偷渡。

有人说，他们偷渡走就走了，倒让国内少了一些危险。但实际情况是，他们当中的很多人不是一去不归，他们出国后接受恐怖主义训练，有了"实战经验"后再重新潜回国内，这据信是暴恐分子中最穷凶极恶者典型的"成长之路"。

一些这样的偷渡者在出国前就已得到偷渡不成则"就地圣战"的指令，云南昆明"3·01"暴恐案就是由偷渡受阻的暴恐分子实施的。这些极端分子十分危险，经过"洗脑"之后，他们对行凶杀人的认识与常人截然不同。

然而我们并不因此而认为，对有实施暴恐行动嫌疑的人就应不由分说"就地正法"。我们相信，各地警察也决不会以这样的态度针对嫌疑人使用自己的武器。

中国法律对警察开枪有着严格的限制性规定，各地警察熟悉相关法律是最起码的基本功。偷越国界、有拒捕动作的情况经常发生，但极少有相关犯罪嫌疑人被击毙。其实警方采取击毙这一极端措施时，并不针对嫌疑人的身份，也不针对他们的作案动机，这时唯一重要的是犯罪嫌疑人暴力抗法行为的危险程度。

尽管有警察使用枪支的相关法律，过去警察对于开枪总体还是过于克制了，这导致了一些极端分子的有恃无恐。相比之下，美国及西方社会的警察对开枪更加果断，一旦事后围绕开枪必要性发生争议，他们也常能得到舆论的最终支持。这样的案例反复积累，增加了警察一旦认为必要就有可能开枪的特殊权威。

中国警察相似的权威不是太多了，而是太少了。警察当场击毙歹徒的新闻这几年才开始出现，以前人们对"平均一天有不止一名中国警察殉职"更加熟悉。

中国公众如今听到警察当场击毙歹徒的消息，往往一片欢呼。这反映了人们对歹徒猖狂的深恶痛绝，以及大家对警察果断执法的期盼。在普通人看来，警察执法误伤无辜者的概率，要比一旦警察优柔寡断歹徒可能造成无辜公众受到伤害的概率低得多。

当然法律是不允许在这两种情况之间二选一的。法律要求警察准确执法，既做到及时制止犯罪，又不误伤无辜，也不防卫过当。法院和公众都不会原谅警察出于执法动机而把没有犯罪的人开枪打死或者打伤。

中国的警察显然越来越不好当了。他们既要慎用武器，又要在关键时刻敢于开枪。他们必须做到打出的每一发子弹都是正义的，同时也是合法的。

各种亡命之徒也要更小心些了。警察如今都佩了枪，并且带着实弹。那些歹徒有备而来、挥舞砍刀等凶器，而他们面前的警察却有可能赤手空拳的时代结束了。

（2015.01.20）

"最低增长率"考验几经唱衰的中国

中国2014年全年GDP增长7.4%，国家统计局20日公布的这个数据引起世界媒体潮水般的议论。"这是中国自1990年以来最低的增长率"，一些评论用这一强调来证明中国经济风光不再。

欧美多家研究机构近来预测2015年中国经济增长将继续滑落到6.5%左右，有的甚至宣称2015年将是中国经济最后一次有6%以上的增长。上周末英国《金融时报》的一篇专栏文章认为今年印度有可能实现增长率超过中国的梦想，成为"万众瞩目的焦点"，甚至有可能"推动民主再度成为一种时尚"，启动"德里共识"的议论。

当中国GDP增长高居10%以上时，舆论大谈高增长的危害。中国下决心调整经济结构，主动适应新常态时，喝倒彩的人显得更加来劲，对中国前景的描述也更危言耸听。如果我们缺少定力，就会慌神，被逼回到"以GDP为中心"的经济工作老路上去。

GDP永远是媒体的宠儿，因为它直观简单，像"傻瓜相机"一样好用。但中国社会已经过了只能看懂GDP的年代，中国人如今对"经济发展"的期待有了大量新内容。就个人来说，我们依然十分看重有钱，但我们同时开始强烈追求安全、环保，以及与机会均等和规则明晰有关的心情舒畅等等。我们希望钱挣得更干净，更有尊严。

中国经济和社会发展进入了多目标管理时代，这种管理的实际效果肯定好于单目标管理。但这些好处会有不少是隐性的，"藏富于民"的，不像GDP那样容易拽出来衡量成就。GDP犹如一个人找对象时最能满足面子的外在条件，而多目标管理要求的却是真正的"好日子"。

外在条件当然也重要，但找对象的人都知道不能为了那些条件而不顾一切。中国如今的状态是已经真的明白了这个道理，但难免也有患得患失的时候。

印度的情况尚与中国不可比。它还有较强的身份自卑，急于想尝尝"世界第一"的滋味，以此自我鼓舞。印度国民经济和社会发展的绝大多数指标都严重落后于中国，他们的确在中国的阴影里生活太久了。他们需要印度并不比中国差的能自圆其说的证据。

如果印度GDP速度增长有一天超过中国，中国舆论大概会有某种触动。但是这种触动会远远小于它对印度社会的强刺激。印度好像等待这个时刻已经很久了。

有趣的是，西方舆论好像也对这个时刻长期期待着。一些西方媒体好像铆足了劲准备为印度对中国的超越"敲锣打鼓"一番。它们对印度GDP增长有可能超过中国所赋予的意义，比中国社会所认为的要高得多的多。

中国GDP增长率不可能永保世界大经济体第一，我们对此有很清醒的预判。我们多少总会有点恋恋不舍，但我们决不会为了保这个第一而修改社会经济发展业已确定的总方向。我们的表情中或有犹豫、虚荣闪过，但我们的脚步将越来越稳健，理性会不断把我们带向最正确的那个选择。

中国经济的新常态不是停滞、更不是衰退，而是中国社会见了大世面、拿了很多"第一"奖状后，对高质量和可持续发展的战略性整理。中国的基础设施现代化远未完成，社会层面和地区间的很多差距有待超越，人民追求美好生活的参照系逐渐瞄准发达国家，我们有那么多发展空间，"停滞"何从谈起！

中国能在经济体制和社会规则大调整时期保持7%左右增长，它的意义大概不小于粗放增长时的10%。中国政府有充裕能力刺激出更高的增长率，我们对它的放弃比我们得到闪光的数字更值得骄傲。

千万别被各种唱衰吓着了。自冷战格局垮塌后，中国发展从未得过西方的热烈掌声，我们这方面可谓千锤百炼。让我们再坚强一回，全面深化改革就是中国的彼岸。

（2015.01.21）

高校宣传思想工作是难啃的硬骨头

中共中央办公厅、国务院办公厅最近印发《关于进一步加强和改进新形势下高校宣传思想工作的意见》，19日一经公布，互联网上反响强烈。《意见》触动了中国当下的一个重大问题，在舆论存在严重分歧的时候，《意见》首先表达了中央的明确态度，这对中国所有高校来说恐怕都有着特殊意义。

高校宣传思想工作有狭义的，也有广义的。对于高校是宣传思想工作的核心阵地之一，全社会无异议。不同的思想阵营，包括外部力量，都很重视对大学生的成长过程施加影响。

宣传思想工作既需要纲领和大的策略，也是包罗万象的实践活动。我们理解，《意见》是纲领层面的，它宣示的是立场和原则，是框架和底线，如果它得不到广大教师创造性的运用，而是被机械地、应付检查式地推广，那么到头来就是或者没什么效果，或者搞出相反的效果。

昨天一些自由派人士、包括一些大学教师在网上表达对《意见》的不满，这恰恰凸显了高校宣传思想工作形势的严峻性。这项工作的难度有可能高于对互联网的管理，它的真实成绩或许是检验意识形态领域工作潜力的试金石。

意识形态工作的主体决不仅仅是狭义上的思想工作者。中国现在强调宣传思想工作是"一把手工程"，挑破了问题的实质。但如何在互联网时代创新工作形式，构建新的体系，恐怕还有待艰苦的摸索和努力。各地"一把手们"似乎对这个领域的问题抱怨更多一些，他们对解决问题的实际支持则有些跟不上。

我们或许可以从分析错误思想和价值观何以占领不少高校阵地中得到启发。它们的源头大多数在西方，这个来头够强大，但渗透的过程可谓阻力重重。这个过程得不到中国国家力量的支持，站在其传递网络关键节点上的主要是些"志愿者"，价值观的共鸣是这个网络内在凝聚力的轴心。

高校宣传思想领域不仅需要职业工作者，更需要有志于为社会主义中国培养积极向上人才的大量"志愿者"。他们可能是讲授与思想政治课相关的老师，也可能出自物理、计算机或者医学等不同专业。他们自己热爱国家，支持把中国引向繁荣的现实政治道路，同时他们有能力用自己的价值观影响学生，帮助学生正确对待现实中的各种问题和困难。

如果一个大学里学术上最受尊敬的教授都有明显的爱党爱国倾向，都愿与国家同呼吸共命运，那么这所大学的学生就一定会受到正能量的熏陶。如果老师们的科研和对外交流都传递出清正的事业观、荣辱观，那么学生就不会小小年纪学得油头滑脑。教师们以及学校行政工作者的亲身示范和他们对学生们说什么同样重要。

中央《意见》在大学的推进不能仅仅是个行政过程，它还应当是对责任感和热情的广泛唤醒。这项工作既涉及到高校的每一个课堂，也关系每一位教职工的身体力行。在校园里传播政治负能量应受到蔑视，嘴上都是正能量、行为丑陋者则是"高级黑"。一个大学有风清气正的教职工群体，才会有思想积极向上的大批学生涌现。

值得一提的是，宣传思想工作开展越好的地方，正常学术探讨越容易得到支持和保护。两者从来就不是矛盾的。

（2015.01.21）

达沃斯，世界那副怂样更需打气

李克强总理21日出席世界经济论坛2015年年会，作本届达沃斯最重要的主旨讲演。这一演讲发生在北京时间22日凌晨，此前舆论认为，李克强将借这个机会帮助世界解读中国经济的"新常态"。

就在李克强总理发表讲演的前一天，中国刚公布了2014年7.4%的增长率。对1990年以来中国的这一"最低增长率"，一些外部人士所需要的安慰，似乎比中国社会所需要的还要多。

就在昨天，著名会计师事务所普华永道在对达沃斯参会的1300名各国企业家做调查，其中将美国选择为"最愿意去的投资地"的人，5年来第一次超过选择中国的人，排在第一位。据认为这同中国"不太好看的经济数据"有关。

中国的经济发展这些年在全球保持了最稳的节奏感，按世界标准衡量的"大起大落"在中国长期没发生过，但外部舆论对中国的评价却一直像过山车一样。那些好似把中国当股市看得高度警觉，让人不知道都是真的，还是些不严肃的舆论泡沫。

中国经济的基数大了，发展从高速挡转到中高速挡，这是依据常识就能做出的预期，值得惊慌吗？此外今天中国7%左右实际带来的经济增量，不比前些年的10%少。恰恰是2014年，中国GDP首次突破10万亿美元，成为全球两个十万亿级超大经济体之一。中国经济的影响力又上了、而不是又下了一个台阶。

中国经济的内在逻辑在逐渐升级，但中国给世界提供的机会一直是简单明了的，那就是中国从世界的进口规模越来越大，带动的各国就业越来越多，中国为世界经济提供的动力逐渐增加，而不是减少。

如果外部还想了解中国经济更多些，那么可以看到，不断深化的改革强化了市场杠杆在中国经济中的角色，法治建设使中国经济运行的大环境更规范，这些都是西方经济界所熟悉和欢迎的。

处于"换挡期"的中国经济面临一些适应性工作，包括调整和创新，在中国改革开放史上，它们称得上是困难，但决非最了不得的考验。内部讲起来，中国差不多每年都是"关键的一年"，乍一听常常像是"过不去了"，但中国不是都过来了？

改革开放以来中国有过严重通货膨胀和严重通缩，大量国企曾亏损得一塌糊涂，国企裁员曾让人对社会稳定捏一把汗。还有过很吓人的银行呆坏账，让企业动不得身的三角债务，双轨制顶峰时带来的问题更是让人一筹莫展。经过很多大风大浪的中国，今天横着比竖着比都算不上最困难的时候。

如今中国经济的基础、政府的宏观调控能力、社会对问题的承受力，都是前所未有的。如果有人对今天中国的宏观经济形势悲观甚至慌张，最大的原因恐怕是他们太不了解中国这些年是如何走过来的，不知道当前问题在中国发展路上的实际位置和含义。很多人都曾犯过低估中国社会韧性的错误，犯同样错误的人今后也大概少不了。

中国全面深化改革有形势的倒逼因素，但不全是。它同时也是中国着眼未来的主动战略抉择。中国新一轮的改革不是身陷穷途末路时的仓皇行动，从顶层设计到开辟试验区，改革表现出应有的章法和稳健，这不是一场撞大运的乱仗。

中国为了推动改革，近一段时间谈危机和紧迫性比较多，关于"形势总体是好的"说得少一些。中国人自己没觉得不适，但一些老外好像是糊涂了。

西方很多国家同中国比起来都属于"小国"，战略回旋能力有限，看什么都像"天塌了"。中国总理在达沃斯给外界上一课，看来很有必要。

（2015.01.22）

追责黄浦书记区长，"够不够"之惑何来

上海市 21 日宣布就阳历除夕夜踩踏事故问责黄浦区书记、区长等 11 名官员。如此的问责力度够不够呢？这大概是很多人都闪过的一个问号。

客观说，出了这样严重的踩踏悲剧，上海市的问责决定出得越快，追责的官员越高，越能受到舆论的欢迎。不能不说，问责总有一部分是为了让公众出气，全世界对事故的问责都多少会有这方面的考虑。中国现阶段恐怕更是这样。

需要承认，今天中国的舆论还是"蛮厉害"的，它早已成为中国各地决定如何处理公共事件时的重要考虑因素。

然而问责这件事，首要依据还应当是相关法律和制度，舆论的意见应是参考性的。舆论往往能较准确表达公众意见的方向，但它并不提供度的标尺。不理睬舆论和被舆论牵着鼻子走，都不应当提倡。

中国已有《突发事件应对法》，以及《官员党政领导干部问责的暂行规定》，要求"根据情节对直接负责的主管人员和其他直接负责人员依法予以处分"。对什么叫"直接负责的主管人员和其他直接负责人员"，舆论显然有分歧。中国恐怕要经过一个个案例的积累，逐渐形成"惯例"和围绕它的共识。如果国家能够就此形成更清晰的明文解释，就更好了。

迄今为止的解释就是《应对法》第 63 条的上述内容。从实践看，2004 年北京密云官方组织的活动中发生恶性踩踏事故，死 37 人，事后密云县书记受到党内警告处分，县长引咎辞职。上海静安区 2010 年发生致 58 人死亡的居民楼火灾，静安区区长丢官，书记受党内严重警告处分。

有人据此认为，上海黄浦区这次踩踏发生在群众自发的活动中，因而把"直接负责"的官员限定在黄浦区正职领导者的级别上，是恰当的。

由于黄浦区书记区长等人参加了事发当日有违规定的聚餐，对他们双双追责更显得顺理成章。

中国官员因事故被追责有上达正省级的例子，比如北京2003年非典和山西2008年重大煤矿事故都追查了省级领导，但那两次的情况与北京密云和上海黄浦踩踏事故都有不同。北京非典显然是当时北京市公共安全的全局性失误，山西的事情则属于"屡禁屡犯"。

然而这些追责的案例并没有在舆论层面形成权威的联系，官方没有明说，舆论朝这个方向的解读也很少。这样的理解完全是"非正式的"，尚很微弱。在舆论场上，每当出事时总有更激动的追责主张出现，而且常能得到一些支持。

追责规则在操作层面的清晰化需要进一步推动，这方面的悬念越少越好。由于官方的整体公信力尚有不少问题，舆论倾向于欢迎更高级别的官员承担责任。只有更明确的规则才能有效指导各地官方，使它们面对重大事故更及时发出相关表态，如道歉等。也才能更准确引导公众的期待，并让社会的注意力不总是集中在追责这一个焦点上，而是同时关注如何才能全面汲取共同的教训。

从北京密云到上海黄浦，中国从官到民不能说没有吃一堑长一智，但我们可以断言未来十年不会再出这样的悲剧吗？大概很多人在回答这个问题时都会有点犹豫。去解决让我们犹豫的那些原因，追责是其中之一，但它肯定不是我们所担心的全部。

（2015.01.22）

处理寻衅滋事，绕不开的难点和焦点

德国《时代》周报前驻京记者安可馨近日连续在西方主流媒体上发声，指责中国当局三个多月前逮捕她的中国籍女助手张淼。安可馨描述的事情经过大体是，她与张淼去年9月前往香港采访"占中"，其间张淼有超越采访、直接支持"占中"的行动，并在微信发送图片和评论，呼吁支持"占中"。去年10月1日张淼回到北京，第二天她在前往参加一个支持"占中"的诗歌朗诵会时被警方逮捕。由于中国警方没有回应事件，张淼案的其他细节尚不清楚。

安可馨宣称这件事发生后，她本人在京不再安全，被迫中断记者工作回到德国。她指责所有这一切没有按照中国的法律行事，中国在她看来"不是一个法治国家"。她称"这样的经验很恐怖。"

美国《大西洋月刊》网站19日刊登一篇文章，标题为"新闻助理，中国新闻业未被讴歌的英雄"，认为"在外媒工作的中国籍新闻助手面临的风险通常比外国记者还要大"。

不能不说，这些评论充满情绪。张淼是个很特殊的例子，在北京为外媒工作的中国籍助理与当地媒体的记者们相互职位流动很多，从未听说人身安全问题是这种流动的障碍。张淼的行为显然超越了外媒新闻助理的职责，她的政见和行为方式很激进，这大概与她此前常年居住国外并拥有德国居留权有关。

至于张淼的行为是否构成了寻衅滋事罪，一些人既然持很大异议，我们倒是建议他们为张淼聘请最好的律师，把这场官司一打到底。这既是对张淼个人的保护，对"倒逼"中国法治建设也有益无害。

现在的情况是安可馨通过四处发文章和接受采访，不等张淼案有结果，就对中国司法制度先行搞"舆论审判"。这位《时代》周报前驻京记者发出的声音很合西方舆论的对华报道基调，因而在西方主流媒体上畅行无阻。

如何定性、处理涉及政治的寻衅滋事是中国当前司法领域的难点之一，也是一个斗争焦点。每出一起这样的案例，必遭中国国内异见人士和西方力量的攻击。由于这些案例直接压缩了异见人士反体制的行动空间，围绕"寻衅滋事"的斗争或许才刚刚开始。

从中国法治的实际情况看，从政治角度破坏中国社会秩序的行为的确有害，法律必须对其进行抑制。但是中国这方面的立法谈不上很全面、细致，随着互联网的发展和社会结构的变迁，危及公共秩序和国家安全的行为也在不断嬗变，中国法律对它们的针对性需及时跟上。

中国官方大概逐渐看到了，每抓一个政治寻衅滋事者，都将面临一场舆论战。因此不抓则已，一旦抓他们，就需证据十分确凿，而且程序上要完全符合法律规定，准确无误。每一个案例的处理是否成功，取决于全过程的顺利与否以及对后续争议的避免程度。

过去一些此类案子的取证时间偏长，官方对国内自由派及西方的反对声回应偏少，这多少会影响追究政治寻衅滋事者的总效果。

中国正全面推进依法治国，少数极端异见人士和支持他们的力量会借机更加较真。但这未必全是坏事。推进依法治国不仅是个大政策，也是漫长的实践过程。我们且把那些反对者当成推进法治的倒逼力量，不管他们的出发点是否"善意"。

因此司法机关须办好、判好每一起政治寻衅滋事案，用无可挑剔的处理方式和结果回应西方和中国国内少数人的质疑，并通过驳倒对方进一步建立中国大众对法治建设的信心。西方对中国的妖魔化不会停止，但身正的中国不会害怕影斜。

（2015.01.23）

北京与莫斯科通高铁，是梦又不是梦

北京与莫斯科之间会出现一条高铁吗？北京市新闻办的官方微博@北京发布22日说，这一大胆构想处于"拟议中"。它全长超7000公里，穿越中国、哈萨克斯坦和俄罗斯，项目投入预计1.5万亿元人民币。该条微博还同时提及贯穿朝鲜半岛的东北亚通道以及中国与西亚、南亚相连接的陆地交通设想。这个话题的总由头是"构建邻邦旅游大通道"。

@北京发布这条信息来源于社科院等官方研究机构联合发布的最新《旅游绿皮书》，该绿皮书畅谈邻邦旅游，并从这个角度审视中国周边高铁网建设的构想。

把周边国家用高速铁路同中国连接起来，这样的构想大概不是异想天开。在研究层面上，它们早就存在，但离成为实际操作方案还有相当远的距离。一条跨国高速铁路的出现，不可能专为旅游服务，其战略意义非常丰富，因此探讨它们至少不是坏事。

互联网上对"中俄旅游高铁"一片否定声，从反对者要求"修高铁要讲实际效益"这点来说，并没有错。这也是国家对每一条高铁可行性研究的首要问题之一。国家哪会那么蠢，把有限的资金投入到明摆着要赔本的买卖上。

如今媒体格局剧烈变动，很多"官方媒体"的实际官方性质大大削弱，准确性和权威性都打了折扣。各种民间舆论力量经常对前者发布的信息进行引申，形成轰动的舆论事件，这成了近几年中国舆论场上的特殊"消费"。

比如这一次，不能乱上项目本是中国全社会的共识，那些激烈的骂声根本搞不清楚是谁跟谁在掐，给人总的感觉就是社会上仍有一些人有情绪，他们为发泄这种情绪又找到了一个出气口。

北京、莫斯科之间即使真连高铁，也不可能全由中国掏钱。俄哈境内的部分肯定要由他们自己出。而且如果有这样的规划，它将是对三国各自修铁路的长远协调。比如莫斯科与喀山之间的高铁已经立项，俄罗斯如果有钱，这条高铁就可以继续往东修，一直建到哈萨克斯坦边境。中国境内北京至乌鲁木齐的高铁大概用不了几年就能通车了，再往西修一段就到了哈国的另一侧。剩下的就是哈国的事了。

中国高铁东西大干线显然不是专为中俄高铁计划建的，它是中国自己的需要。如果俄哈能配合，也大建高铁并与中国的连起来，这对中国有什么不好？而且，这哪里用得着中国政府掏1.5万亿！

中俄高铁是中欧大陆桥更雄心勃勃设想的一部分。这样的战略构想推动起来很难，除了经济原因，政治等其他因素十分微妙。但往远处看，中欧实现快速交通线的联通大概是迟早的事，在漫长的过程里有一些力量为它的实现鼓与呼，尽管当时看有点罗曼蒂克，但这种希望的延续符合人类的利益，也对中国的国家利益具有正面意义。

人是需要敢想敢干的，一个国家亦如此。中俄高铁这样的构想一露头就被无数只脚猛踹，反映出中国互联网舆论场的现实主义化是多么彻底。这有积极方面，但也是一种缺憾。

尤其是年轻一代，他们的成长需要解决实际问题和需求的勤奋，也需要浪漫主义的召唤和引导。别一说登月和建大型工程就像偷了有些人的医药费和养老金一样。中国既要有越来越好的医疗和养老制度，也要最终把自己的宇航员送到月球上去，我们鱼和熊掌都要。

（2015.01.23）

兑现依法治国，广东又开风气之先

广东省法制办23日确认已启动深圳车辆限牌合法性审查。深圳去年底开始实施车辆限牌，东南大学副教授顾大松就此向广东省法制办提出质疑，要求审查深圳市做法的合法性。法制办在15个工作日内回复了顾大松的要求，并已正式启动审查程序。

上级政府法制办审查下级政府的行为是否合法合规，这在以前就经常发生。但广东省法制办这一次启动审查公开见诸媒体，审查的事项又是焦点性的限牌事宜，这在全面推进依法治国的四中全会之后显得格外突出，展现了一种公众期待的新气象。

依法治国恐怕先要在政府层面形成突破。这是四中全会的侧重点之一，也是公众眼中依法治国"真搞还是假搞"的试金石。以往中国社会像是有个既定逻辑：政府的所有决定都是对的。但事实是，政府的确有做错的时候，也有做事程序不合规的情况。依法治国就是要把法律作为社会运行的核心规范，无论谁做事都要对照法律，政府尤其要受监督，并且要在遵法方面做出表率。

中国大城市限牌的情况已有多例，深圳打的不是头炮。限牌对很多城市来说像是被迫之举，政府不得不对城市交通方面的有限资源进行管控。有的城市通过摇号限量分配车牌，有的城市公开拍卖，无论哪种方式引起的争议都很多，对其合理甚至合法性的质疑不绝于耳。有人提出用大大增加开车成本来取代限牌，但这种主张同样遭到激烈批评，认为它是对穷人开车权利的侵犯。

那么深圳限牌到底合不合理、合不合法？广东省法制办可谓在风口浪尖上给自己揽了一件大事。可以肯定，无论广东法制办做出什么样的决定，都会招来巨大争议，骂声大概少不了。但广东省法制办不惧是非，展现的恰是依法治国的真决心、真勇气。就凭这一点差不多整个互联网昨天为广东喝了彩。

很多人昨天忍不住想，如果广东法制办经过调查最终认定深圳限牌不合法，那将会发生什么？那的确将"很有意思"。不仅深圳将十分尴尬，北上广津杭等其他限牌城市都可能迎来新一轮争议。不过也有学者认为，深圳作为计划单列市有独立做限牌决定的权力，广东法制办即使裁定这样做不合法，深圳也有进一步申辩的空间。

深圳限牌由于是被迫行动，必有其合理性和不合理性，如何在众目睽睽之下对其做司法定性，是一项有挑战性的工作。我们认为，广东这样做的最大意义就是针对重大争议公开启动合法性调查这一行动本身，它对依法治国客观上具有一定的示范性。既然迈出了这一步，它就不应是作秀，不应看各地政府或者舆论任何一方的脸色。

希望广东法制办能排除各种干扰，聚精会神调查并最终依法做出裁定。依法治国必然意味着社会治理规则和程序的某些调整，也意味着能在众声喧哗的时候保持法律精神的不动摇。通过这次裁定，应当让法律真正站到这件事来龙去脉的中心位置，让所有其他因素适应、迎合法律，而不是反过来让法律屈从各种"现实因素"。

当然，法律不是抽象的精神和原则，它来源于现实，其宗旨也是帮助现实世界建立秩序。但是法律与任何强大的现实因素都非"特供关系"，法律必须是超脱而公正的。

法治是成本挺高也挺麻烦的事，它给人的最初印象肯定没有完全由行政体系指挥社会显得高效。但是法治又是被人类历史证明了最有效的基础性现代治理体系，四中全会决定全面推进依法治国是面向未来制定的大战略，它需要无数实践来兑现，这样的任重道远需要真心急中央之所急的地方政府和社会积极力量加以分担。

（2015.01.24）

安倍没想救人质，这种猜测靠谱吗

IS 于北京时间 24 日深夜播出杀害日本人质汤川的视频，强烈震动了日本社会及其西方盟友。日美官方机构均认为 IS 杀害两名日本人质之一的消息"可信度较高"，并且在第一时间做出反应。

IS 于本月 20 日展示绑架了两名日本人质的视频，要求东京在 72 小时内支付 2 亿美元赎金。这给安倍政府出了个天大的难题。人质家属请求当局解救人质，安倍则一方面表示决不向恐怖分子妥协，一方面摆出政府在积极想办法的姿态。但一些分析认为，安倍政府不太可能有戏剧化的解救行动，这实际上注定了人质被杀的厄运。

IS 早已向世界证明了其十分残暴的本性，它兑现处决人质威胁的坚决性在恐怖主义史上也很突出。过去还有过西方人在中东被扣为人质多年后生还的例子，但 IS 去年斩首英国人质和这次杀害日本的两名人质之一，都显出"说到做到"的冷酷。

日本这次成为国际恐怖主义不折不扣的受害者，这有可能刺激东京重新认识其所面临的国际风险和挑战。最近几年，这些挑战被日本右翼搞得越来越等同于"中国威胁"，尽管在过去一个多世纪里中国从未主动招惹过日本，而是日本一次又一次地对中国实施侵略和加害。

另一方面，人质被杀也提供了安倍进一步在解禁集体自卫权方向上往前拱的"理由"，如果安倍现在配合美国的战略部署，加强在中东的军事活动，并顺带在东亚强化安保部署，那么他所面临的国内舆论障碍会比人质被杀之前更少。

有人分析安倍对人质生命的实际关怀远没有他对推动右倾化国策更

上心。然而无论从东亚和平大局，还是从日本民众的利益角度出发，我们都希望这种分析是把安倍"想坏了"，它只是对政客"性本恶"的一种猜测。

中东这个地方水很深，以日本的综合实力来说，它不具备去那里积极扮演某种角色的能力。这样的思考恐怕也值得东亚其他国家掂量。

IS穷凶极恶，但东亚国家应当都不在其深仇大恨的核心圈里。日本人质这一次在中招的榜单上排进了前列，这是个危险信号。

美国2001年惨遭"9·11"恐怖袭击，但在那之后，它实现了国内安全，在国外的美国非军事人员也躲过了不少恐怖主义风险。这个阶段里，欧洲国家、日韩人员则不断遭恐怖袭击，这究竟是美国的反恐做得好，还是另有其他原因？这是值得研究的。

《查理周刊》事件似乎带出了欧洲社会同伊斯兰世界的集体性矛盾，而美国的态度相对"持中守正"，这种局面真的很戏剧性。

当下的日本本来有着地缘政治的优越条件，它应是受各方所求、没有敌人的国家。但是日本的国家战略一塌糊涂，它莫名其妙地把中国搞成了"假想敌"，常有分析说东京的真正目标是要摆脱美国的控制，但它因为与中国对抗，被迫对美更加俯首帖耳，任其摆布。现在日本人质被杀，这或多或少有东京帮华盛顿埋单的味道。

不管怎么说，恐怖主义是所有文明国家的公敌。我们强烈谴责IS杀害日本人质的暴行。我们同时希望，今后一旦中国再遭到各种形式的恐怖主义袭击，日本及美欧舆论谴责那些暴行的态度更加旗帜鲜明。

（2015.01.26）

请莫在网络时代对华搞"文化冷战"

中国同美国及西方主要国家的关系从没有像当前这样微妙、复杂。一方面,中美关系丰富、全面,而且像是很难动摇。中欧关系在政府接触和经济交流层面更令人鼓舞。另一方面,"西方"作为一个整体对中国的意识形态攻击非常活跃,而且常常显得"凶狠"。如果单看西方媒体的报道,还有美欧一些议员、社会精英对中国说的那些话,它们合成的简直就是对中国的"文化冷战"。它对美欧同中国关系的破坏力正变得日益严重。

美欧一些人在对华问题上的冷战思维十分顽固,但由于时代变了,全球化深刻影响了大国打交道的方式,对华冷战变得不切实际。合作成为美欧与中国关系不可回避的内容,它因为带来了双赢的好处,逐渐获得战略上的合法性。

但是随着中国日益强大,西方一些人的不适感与传统的意识形态偏见加速合流,主导了美欧对中国认识的方向。西方舆论对中国的态度不像是对一个与其多方面合作伙伴应有的样子,很多西方意见领袖和主流媒体把中国树成对立面,以对待"冷战对手"的态度谈论中国发生的事情。

这让中国颇为为难。我们很清楚中国同西方不是冷战关系,对有可能引导冷战出现的各种因素保持警惕,即使美欧有一些人在那样干,我们对如何接招也难免犹豫。但是西方一些力量通过种种途径,尤其是通过互联网对华搞"文化冷战",会对中国国内的一些思想及舆论领域产生作用,强化中国的问题,引导、诱发一些危险的倾向,中国不可能对此无动于衷。

自改革开放以来，中国社会总体上对西方采取了文化开放态度，对于西方舆论一再表现出来的咄咄逼人，中国公众既很气愤，也在不断劝自己要"豁达些"。中国有不少人提出西方舆论"对自己内部的问题也很狠"，他们对华毫不客气实属"难免"。无论如何，中国社会对西方的不满是防御性的，我们的反击也算得上克制。

说实话，我们不希望西方部分力量对中国的"文化冷战"不断扩大，最终导致中西之间文化上毫无回旋余地的对立。那样将侵蚀中西合作的基础，不断诱导中西双方审视、评估各种摩擦时"往最坏的方面想"。

由于西方仍是对华文化关系的主导方，美欧主流精英应当意识到问题的严重性，主动多发出一些有利于中西沟通的正面声音，平衡他们那里制造敌意的力量。不要以为这些都是虚的，中西之间的合作在自发成长，现在最缺的是战略互信，而放任意识形态的冲突是针对中西关系施放慢性毒药。

中美之间不需要冷战，中西之间也要避免"文化冷战"。西方一些精英不能因为有话语霸权就任性，就搞妖魔化中国的大合唱。如果21世纪成为中美对立的世纪，那么那些西方鹰派精英是第一批需要揪出来的历史罪人。

如何应对西方一些力量的意识形态进攻，尤其是那些力量与中国"网上反对派"的呼应及联合，这将是中国长期面临的考验。中国对这些进攻不能不防，同时又不能让这种防备扩大成我们对西方的总态度，影响我们对外开放的坚定性。中华民族决不能被这张考卷难倒，中国需进一步发展，积累随之而来的更多自信，这或许是破解难题最关键的那条辅助线。

（2015.01.26）

《纽约时报》发恶毒社评离间中缅

《纽约时报》24日刊发一篇以刺耳语言抨击中国的社评。该文称中国正对缅甸宝贵的自然资源发动"大规模抢掠",所用的是"公然盗窃"和"权贵资本主义"方式。文章历数中国对缅甸从红木到野生动物资源的"灭绝性"破坏,并把缅甸警察打死一名抗议者归罪中国。文章以"缅甸人民"的名义呼吁遏制这样的"掠夺"和"榨取"。

这篇就差没对中国"骂娘"的社评很像是《纽约时报》声讨中缅贸易的檄文。它把中国描述成恶棍,而缅甸又傻又愚昧,被中国玩弄于股掌之间。美国精英们则是看穿中国把戏并且为那些愚弱民族主持公道的正义力量。

《纽约时报》这次没给中国戴"新殖民主义"的帽子,算不算是笔下留情?长时间以来,美欧舆论把中国在第三世界国家的经济活动通通看成搜刮和巧取豪夺,这大概是因为他们的祖先曾经倒卖黑奴,见什么抢什么,吸干了很多殖民地的血,他们就认为中国一定像他们的祖宗一样心狠手辣。

中国某些商贩在缅甸的经济活动的确存在一些问题,但必须指出,中国政府对诸如破坏性开采资源、贩卖野生动物及走私珍贵树种等,都是坚决反对的。对于贩毒,中国更是严厉打击。极少数中国人在缅从事不道德活动与中国的对缅政策完全是两码事,《纽约时报》故意混为一谈,显然是想通过其影响力在缅甸社会散布厌华仇华情绪。

《纽约时报》在文章中强调人权,但这些年美国在从阿富汗到伊拉克等广大发展中国家都干了什么,第三世界的公众不是瞎子。美军在那些国家炸死了多少平民百姓，《纽约时报》为那些冤死者的人权发过一篇社评吗？曾经非常富庶的缅甸这些年陷入落后，保障人权缺少起码的物质基础，美国的对缅制裁实际上一直是推波助澜的外力。

《纽约时报》的团队应当很清楚西方的繁荣与它们对第三世界的盘剥是什么关系，西方列强对殖民地的统治及控制延续了几个世纪，但很多那样的地方依然一贫如洗。西方对那里的发展是掐尖式的，开小煤窑式的，总是挑最肥的地方下手，往往留下的是一盘残局和严重倚赖西方的畸形经济。

一些西方人至今对第三世界怀有老爷心理，《纽约时报》这篇社评摆出的就是高高在上的救世主架势。它在教训缅甸人"离中国远点"，试图给中缅之间打下新的楔子。

中国在缅投资的莱比塘铜矿等大型项目遇到阻力，连昂山素季等政治家都感到遗憾，而西方媒体力量在这当中起了很坏作用。西方如今没钱在缅甸大规模投资，中国的投资它们又想方设法搅黄。缅甸就应长期与现代化无缘，保持某些西方人愿意看到的质朴与贫穷？这实在很不人道。

中缅之间的贸易问题需我们双方认真解决，希望缅甸方面对西方的挑拨保持警惕。中国很愿意与缅甸一起繁荣，缅甸的和平与稳定符合中国的利益。中国决不想被遭到现代化遗弃的国家包围。而《纽约时报》这样的机构在把缅甸等中国邻国当"棋子"看，它们最关心的不是缅甸等国的社会进步，而是这些国家怎么变才能最大限度地消耗中国。

作为中国的邻国，缅甸需要很小心不按照外部大国的利益逻辑审视它与中国的关系。缅甸只有保持心灵上的独立自主，才能看透《纽约时报》这样的"仗义执言"里究竟藏着多少狡诈。

（2015.01.27）

被鞭挞的京沪高铁，应成抽我们的鞭子

京沪高铁公司近日称，2014 年全年京沪高铁运送旅客超过 1 亿人次，比上年增长 27%，客票收入约 300 亿元，按营业税口径计算，有望实现利润 12 亿元。京沪高铁 2011 年 6 月 30 日开通，之后不到 1 个月赶上"7·23"动车事故，京沪高铁成了舆论泄愤的头号目标，不安全、高票价、低载客率等一系列罪名缠上当时世界一次建成里程最长的这条高铁。

曾有一段时间，京沪高铁每次晚点都能被晒到互联网上，招来口诛笔伐。"7·23"之后的舆论沸腾大概是这些年网上民粹主义的顶峰，那是一段值得我们做成书签每次翻页都触碰一下的岁月。

大工程都要经历公众各种意见的洗礼，舆论对高铁的鞭挞为中国社会彻底补上了这一课。如果说之前舆论对政府主导工程质疑和批评太少的话，那么各种市场化媒体在"7·23"之后猛踹京沪高铁，就似乎有了点矫枉过正的"正当性"。至少往好处想，这是说得通的。

然而纵有一千个理由，也不能不说，中国舆论对京沪高铁以及对国家的整个高铁计划还是太狠了些。我们当时的义愤填膺有点像是对待黄赌毒，或是对待帝国主义侵犯中国筑路权，而舆论批评的对象却是中国近年高新技术最具规模也最勇敢的创新之一。如果我们那时还不清楚高铁能开创多大成就的话，有一点至少是清楚的：中国高铁走在了世界前列。

事实证明，中国社会对重大创新工程的态度是极其严厉的。舆论当时把高铁有可能"多坏"以掘地三尺的态度想遍了。而高铁有可能"多好"没人愿意想，或者想了也不敢说出来。动车出事死了人，这很令人痛心。

但这件事被做成了抽打高铁的鞭子，不是鞭策那种，而是往死里抽，鞭鞭是血。

今天中国的高铁总长已达1.6万公里，超过世界高铁营业里程的一半。它没被抽死，虽遍体鳞伤却活了过来，真是中华民族之幸。说世界羡慕中国这羡慕中国那，很多有自吹的成分，但连老美老欧的很多人都羡慕中国迅速形成如此先进的高铁网，却千真万确。

一个多世纪前中国建铁路就充满争议，后来建高铁再惹争议，难道我们能说这两次争议之间没任何联系吗？好好总结吧，中国总有一天要走到发明个美国佬德国佬连听都没听说过的东东那一步。不能不令人担心，我们到那时会被自己的想法吓怂。

看看世界航海史、航空史、航天史上曾有过的牺牲，它们今天的繁荣多少会令人唏嘘。希望"7·23"之后中国社会的怯意只是一时的脆弱。还是让我们多往好处想吧，那一拨批判潮毕竟也有正面意义，而且高铁不是从那些批判中最后走出来了吗？

怪就怪刘志军吧。如果不是出了他的腐败大案，舆论对高铁或许也不会那么狠。腐败是这个时代对一个人一票否决的事情，一个项目如果出了腐败，也容易遭到舆论"一票否决"的厄运。

"7·23"值得深刻反思，"7·23"之后随之而来的"舆论反思"同样值得反思。我们这样说，只是因为相信自己的祖国还要往前走得更远。几个世纪落后留给我们民族性格妄自菲薄的劣根，它必须从危机感、自我批判精神的正当品格中被识别出来，见一根拔一根，扔到太阳底下暴晒。只有这样，这个民族的精神世界才能越来越强大、光明。

（2015.01.27）

今年大阅兵重特色或甚于重规模

近日一些媒体传出消息，中国将在今年9月3日抗日战争胜利70周年纪念日举行大阅兵。到昨天为止尚无中国官方机构出面证实这一消息，但也没有官员出面否认该消息。

中国互联网站昨天纷纷转引《人民日报》客户端的一篇署名文章，冠以"官媒首次确认中国今年大阅兵"的标题。后又报道外交部发言人有些含糊的谈话，突出"外交部回应反法西斯纪念日大阅兵"。这是中国互联网媒体的一种战术，即把一件事迅速炒热，"逼"官方正式表态。

这种情况下如果官方仍不否认消息，通常就是真的了。

那么从现在到正式举行阅兵，还有七个月零几天。众所周知，中国十年一次的国庆大阅兵都要提前一年多开始准备，七个多月的时间对搞同等规模的大阅兵来说显然短了些。这个客观条件预示了，反法西斯大阅兵的规模很可能小于国庆大阅兵。

但这或许不是问题。反法西斯大阅兵一旦举行，必将广受国内外关注和欢迎。它的发生理由很充分，内可凝聚中国社会，重温胜利的骄傲和面向未来的警醒；外可团结当年反法西斯国家，共同巩固那场战争的正面成果，稳定延续至今的战后格局。

反法西斯阅兵在欧洲搞得最多，它们的特点是举行目的很明确，注重特色甚于注重规模，还热衷国际性，积极邀请外国领导人参与。

全世界的大国里，阅兵举行最多的是俄罗斯和法国。苏联时代每年有两次阅兵，一次是十月革命节阅兵，也就是国庆阅兵。另一次是伟大卫国战争胜利纪念日阅兵，也就是反法西斯胜利日阅兵。其中的国庆阅兵除了有各士兵方队受阅，它还是苏联先进武器的亮相舞台，是苏联国防力量最高威慑力的象征。苏联反法西斯阅兵每次都有老兵方队，传递着胜利者厚重的历史记忆。

中国已形成了每十年一次国庆大阅兵的惯例。如果也十年搞一次反法西斯战争暨抗日战争胜利阅兵的话，就将形成每十年两次阅兵的格局。

未来会不会是这样，要由时间作出回答。但安排好今年的反法西斯大阅兵，使它呈现出与国庆大阅兵不同的特色，看来很有必要。

首先，反法西斯大阅兵无需与国庆大阅兵比规模，它应围绕其特殊含义设计形式和内容，决定参加的人员和武器阵容。9月3日已是全国法定节日，但不是法定休假日，这一天的阅兵有必要更突出抗日胜利的纪念意义和反法西斯的专题性，更注重营造国内外的团结。

国庆大阅兵仍应保持它作为中华人民共和国国防力量"总展示"的隆重和权威，它的任务首先是让全中国人民和全世界了解这个东方大国的军事实力本身。而反法西斯大阅兵更应重在宣示中国武装力量与捍卫世界和平之间的关系，从意图和使命的角度帮国际社会理解中国国防，搞懂它的来龙去脉。

如果今年9月3日得以实现纪念反法西斯暨抗日战争胜利的大阅兵，对国内外都将产生触动。围绕它的设计创新空间很大，它最终呈现的样子和将形成的影响都很令人期待。

（2015.01.28）

防火墙带给中国互联网哪些影响

近日由于部分外国 VPN 服务在中国受到屏蔽,防火墙的事情再次成为焦点。工信部官员昨天就 VPN 受屏蔽回答记者提问,强调中国发展互联网一定要按照本国法律法规来进行,一些不良信息应该按照中国法律加以管理。

VPN 指的是代理服务器,也就是网民俗称的"翻墙软件",而它要翻的那个墙就是"防火墙"。防火墙是中国实现互联网管理一整套技术系统的民间叫法,官方在正式场合从不这么叫它。

防火墙并非是把中国互联网同境外互联网隔开,而是对境外个别网站及具体网页施行定点屏蔽。网络与网络是通的,但中国网络与境外网络个别点的联系受到拦截。需要指出的是,在境外互联网的浩瀚海洋中,这些被拦截点加起来只占很少的部分。

由于有的被屏蔽网站和网页在中国部分网民中很有影响,比如谷歌、脸谱、推特等是美国的主流网站,因此在国内外都有人把对它们的屏蔽看得很重。西方舆论一直把这件事当成中国"没有网络自由"的突出例证。

然而对于没兴趣上这些被屏蔽网站的人来说,这个问题又几乎不存在。实际情形是,这两种感受都在各自的方向上不断深化或扩大。

如果我们跳出是非的争论,来看中国互联网发展的总体面貌,那么会有一些有趣的发现。它们是,中国的防火墙实际上已经"成功",造就了中国今天互联网发展的基本现实。比如中国出现了 BAT 这样的网络巨头,它们满足了中国网民的绝大多数需求,并得以向境外扩张。这或许是防火墙的"意外成果"，因为如果没有它和相应的其他管理，中国今天说不定会是"谷歌中国"、"雅虎中国"、"脸谱中国"的天下。

在政治上，一些极端言论虽然不时出没互联网，中国网络还造就了少数像是"舆论反对派"的网上大V，但这些力量始终没能形成机制化的政治及舆论动员能力，最近两年的情况尤其显示，国家对网络的调控力十分强大。

与此同时，中国的对外开放没有受到防火墙的什么影响。中国内外的信息交流总体畅通，人员的网上正常接触和沟通也无实质障碍。物流所需的网络帮助更不是问题。一些特殊需求因为防火墙会遇到些麻烦，但很容易找到替代办法。

总结起来就是：防火墙有效阻止了境外被屏蔽点对中国网民的"大众传播"，那些一定要访问它们的人，都能找到实现目的的具体办法。防火墙塑造了大多数中国人在信息方面更依赖本国网站的习惯，那些必须或热衷于访问被屏蔽点的人在逆着管理坚持他们的习惯。实情就是这样。

那么防火墙是阶段性措施，还是会长期存在下去呢？这似乎更是争论的焦点。然而这不像是一个现在能为未来做回答的问题。而且防火墙其实不是一个原则，而是很多具体需求的解决办法总汇。实际解答这个问题的过程也将分解成对具体被屏蔽点的具体对策。

但是我们希望，中国屏蔽境外网站及网页的动因能够逐步减少，而不是越来越多。我们这样说的原因，是希望中国社会对信息的承受力会变得越来越强。这是中国社会在全球化时代的健康之本。不能总让中国的年轻人"看不到什么"，而是要培养他们"看到了什么也没事"的能力。

我们相信，随着中国变得愈发强大和自信，国家治理及互联网治理对防火墙的需求将呈下降的趋势。我们很希望这个进程来得更快些。

（2015.01.28）

希腊不知轻重，中国如何接招

公开主张"赖账"的希腊激进左翼联盟上台，欧盟非常不安。然而谁也没想到，新总理齐普拉斯宣布的第一个决定竟冲着中国而来。他27日公开表示要叫停希腊第一大港口的私有化，而该港已于2008年将两个码头的35年经营权卖给中国远洋总公司，中远参与了对该港的股权收购。

现在尚不清楚齐普拉斯具体指的是哪些叫停，是中远的经营权还是股权收购。中远已向比雷埃夫斯港做了大量投入，该港的货物吞吐量自中远接手后翻了一倍。

齐普拉斯竞选时的策略是既不提退出欧元区，又要求欧盟大规模减免希腊债务，使希腊摆脱接受欧盟援助就必须实施福利紧缩的紧箍咒。这等于是把欧盟当希腊社会毫无节制消费的提款机，这在欧盟看来近乎"流氓行为"，德国等欧盟大国断不会答应。

希腊是欧盟最不发达国家之一，当年属于"混进去的"。但希腊的福利却属欧盟最大手大脚之列。希腊的民主在西方也是"之最"那一拨。激进左翼联盟这次就是靠"结束紧缩"口号迷倒选民上台的。政治家许诺不让大家过苦日子，这谁不欢迎？明知道这不现实，但至少有人敢为此拍胸脯，迷茫中的希腊社会要的就是这种"大哥"。

但外界希望，希腊社会的"大哥"自己心里明白是怎么回事。很多分析人士认为，齐普拉斯会像多数西方"政治老江湖"那样说一套做一套，他不敢真跟欧盟来硬的，因为他如果因赖账离开欧元区，希腊自己兜里的那几个钢镚维持不了几天他们的"大锅饭"。

齐普拉斯初登宝座，总要秀两下，抖抖威风。因此不排除一种可能，他拿比雷埃夫斯港开刀的动作会"高高举起、轻轻放下"。他的前任曾好话说尽求中国帮希腊渡难关，齐普拉斯任上的现实环境好不到哪去。希腊新政府没有同中国翻脸的资本，那样的话它将在与欧盟关系岌岌可危的时候，堵死与东方之间的另一条生路。

齐普拉斯政府通过搞这么一下子，试图从中国套取更多好处是符合某些"小民主国家"政治变动逻辑的。当然这对中国来说同样是很大的难题。

希腊新政府第一炮的殃及对象是中国，一些欧盟舆论会把它当成"不幸中的万幸"，甚至会为此高兴。欧洲人大概愿意他们与希腊人之间的危机变成中国的挑战，并且由中国出手教训这个公开威胁要赖欧盟账的"穷亲戚"，消耗掉它"大闹天宫"的能量。

这会增加中国接招的难度。中国大概需考虑齐普拉斯"上台就任性"的特殊复杂性，与希腊新政府据理力争，不行就与它法庭上见，但至少开始时，应为事情的软着陆留下空间。

希腊的变故再次显示了中国公司"走出去"的重重风险。但越是这时候，中国社会越要沉着，不能轻易泄气，一遇困难就向舒服的自家院里撤退。中国公司需要总结经验和教训，不断穿越全球经济政治的波诡云谲，实现自我成长。这也将是中国社会对外开放能力新一轮的关键成长。

（2015.01.29）

西藏对外勾连的个别干部须付代价

西藏自治区纪委 27 日披露，2014 年西藏有 15 名党员干部因严重违反政治纪律受到处分。消息说，自治区纪委对有参与非法地下"藏独"组织、向达赖集团提供情报、资助危害国家安全活动等行为的少数党员干部进行了立案调查。

人们注意到，2014 年新疆也对少数严重违反政治纪律的党员干部做了公开处理。

这样的处理和它们的公之于众显然很有必要。这是树正压邪的有力举措，相关消息向中国全社会发出的信号振奋人心。

境外敌对势力将这些举措说成是"专门针对少数民族干部"的，这纯属胡说八道。加强对政治违纪的追究针对所有党员干部。就西藏来说，如果有干部在反分裂的问题上态度暧昧，尤其是如果暗中与分裂组织勾连、对外提供情报，不管他是哪个民族的，都必须受到严肃查处。

在内地党员干部中近年也有严重违反政治纪律的情况，对他们追责得到舆论的支持，也受到组织的空前重视。

政治违纪的根源是一些党员干部思想上出现混乱。他们往往错看了时与势，以为西方对中国的道路主张真的是"世界潮流"，缺少了党员干部应有的政治自信。

西藏的绝大多数党员干部都拥护、支持国家政策，反对分裂，这一点全国人民根本用不着怀疑。那里的干部队伍中有极少数人立场动摇，与境外分裂势力纠缠不清也是事实。但他们所占的比例是否就高于全国党员干部政治走偏并违纪违法的比例，需要实事求是看待，不可想当然。

对于西藏极少数党员干部严重违反政治纪律的现象,既不应捂着盖着,也不必夸张渲染。对那些人该给党纪政纪处分的就处分,该刑事立案的就立案,这样的严肃追究本来就是依法治国的常态。

在西藏,支持分裂组织的党员干部决不会在体制内"平安无事",更不会得到优待,他们必将因此付出代价,这一点要让全藏的党员干部看清楚,也要让全国人民看清楚。

中国很强大,党也很强大,要在边疆地区不断彰显这个事实,其中最通俗易懂的方式,就是让热爱国家的人们和忠诚党的干部能够生活工作得更好些,个别有负党和国家的党员干部应当成为反面教材,他们不应以任何形式或通过任何途径获得周围社会所认为的"嘉奖"。

这是正气树立起来的前提条件,它们应当成为边疆地区一目了然的规则。思想政治工作必须要有规则和常识做基础。

反分裂斗争的起点和终点都是意识形态斗争,但意识形态不是光靠说就能出来的,它必须要由无数事实来锻造。人们大看全球和中国周边,小看身边每一个人的表现和社会对他的态度。国家强大而坚定,各种元素就会逐渐围绕它辨明方位,端正态度。

(2015.01.29)

中国应坚决反对日本自卫队进南海

美国第七舰队司令罗伯特·托马斯29日称,美国欢迎日本将空军巡逻区域扩展至南中国海,原因是南海的"中国渔船、海警和(海军)比邻国强大"。美国亚太地区最高海军指挥官如此公开呼吁日本在南海制衡中国,还是很罕见的。

中日两国官方都还尚未就此回应。但可以肯定地说,中国将对此持坚决反对态度。如果日本真那样做,中国将采取反制行动是可以预期的。

日本对在南海地区发挥作用一直很感兴趣,但我们希望东京克制自己的这一欲望,三思而行。

日本对南海来说是完全的域外国家,即使南海对它意义重大,它与中东、欧洲的海上交通都经过南海,也改变不了它无资格插手南海纷争这一基本规则。中国不断公开宣示南海的自由航行从未受到阻碍,日本没有理由派自己的航空自卫队进入那里,它休想改变南海地缘政治格局,充当南海纷争的一个玩家。

美国在南海有军事存在,这作为一个历史事实,南海周边国家忍了。但南海不是美国人说了算的地方,美国没有权利想拉谁就拉谁进来,肆意推升南海的军事紧张。

南海地区不会允许日本成为"第二个美国",也不会允许这个区域出现美日军事同盟的影子。个别国家的支持不代表整个地区的态度,中国的意见必须受到尊重。

如果日本强行派航空自卫队进南海巡逻,中国有必要采取严厉措施予以回敬。中国可考虑届时宣布南海防空识别区,加快、加大在南海的基地建设。中国还可与俄罗斯加强在东北亚的军事合作，牵制美日同盟。

美国鼓励日本军事力量进入南海，表明其推行亚太再平衡战略有些力不从心，需要日本的更多力量予以填补。罗伯特·托马斯29日的表态是华盛顿观察中国反应的探测气球，中国需要以毫不含糊的回应来影响美日的日后决定。

日本航空自卫队如应美国之邀进南海，就如同美日同盟正式跨进南海。这比双方宣布该同盟适用于钓鱼岛是更加严重的升级。这应被视为对中国的公然挑衅，是把中国公开作为"假想敌"的行为。中国的反制措施也应是空前严厉的。

在此我们要奉劝东京几句。日本对中国崛起有担心，加强了一些对华防范措施，这些大体是可以理解的。但日本必须有红线意识，它不可在反华的方向自我放纵，变得歇斯底里，最终使自己成为现代中国在亚太地区的第一个敌人。

陷入与中国为敌在任何情况下都不符合日本的利益。即使日本想重新走军国主义道路，这样的冒险也是其不可承受之重。亚太的力量格局相当诡谲，不是日本押一个宝跟定一个大哥就万事大吉的。日本不应把对美国的"死忠"变假成真，充当美国指哪打哪的炮筒子。

中美是亚太大国，在发展新型大国关系，两国轻易不会撕破脸。如果美国把日本使劲往前推，中美有可能围绕东京上演大国间的特殊游戏，届时它对东京的危险肯定要高于对中美的风险。希望日本聪明些，千万别稀里糊涂的，以为自己可以反过来玩弄中美这两个巨人。

（2015.01.30）

求是网点名贺卫方是"信号"吗

《求是》杂志下属的求是网日前点了贺卫方、陈丹青的名,一些自由派人士看上去很担心这是一个"信号",因而联手通过网络进行反击。如今被"官媒""官网"点名被一些人当成"荣耀",一些人则为此不安。有的人二者兼而有之。

"官媒""官网"点名声讨自由派的知名人士,这是否真的意味着被点名的人将会"倒霉"?开始时挺像,后来被点名的人多了,又不那么像了。如今的"官媒""官网"已与过去不同,未必都是官方的声音,只有党报的社论和评论员文章才有那样的分量。很多"官媒""官网"做了面向市场的自我改造,也开始重视"抓眼球",发声尺度尚无明确的新标准。

贺卫方等人在舆论场很活跃,他们反过来被媒体点名批评,按说这是他们应当承受的。哪有只能他们搞批评,自己却谁都惹不得的道理?

一些贺卫方的支持者认为求是网"很恶毒",并且对批评贺、陈的文章作者徐岚搞"人肉搜索"般的攻击,很难说这种情况下徐的处境比贺、陈更轻松。

问题的焦点之一在于,求是网点贺、陈的名,有人把它同"反右"时代的舆论特征进行比较。这让一些政治倾向与贺未必一致的人也有所担心。

对此需冷静分析。我们认为,"反右"不可能在中国重演。一旦有这样的苗头,主流舆论断不会支持。"反右"和"文革"给中国社会造成的伤害太深了,它们留下的记忆刻骨铭心。

贺卫方等人如果只发表一些"错误言论",他们大可不必有联想到

"反右"的焦虑。他们需要为其言论负责，这种责任所对应的是高校管理规章和相关法律。

目前高校正在抓宣传思想工作，确保高校讲坛不成为宣扬西方价值观的舞台受到重视。这种情况下贺卫方等人的言论能否在高校平台上继续张扬？这是个疑问。

围绕这个问题存在不确定性，大概是真实的。客观说，如果贺卫方等人在"宪政"等问题上坚持自己的观点，以过去那样的调子谈中共历史和中国政治的话，尤其是如果把这样的价值观带到大学的讲堂上去，那么他们的言论空间受到约束是难以避免的。这符合中国现行政治的逻辑。

如果把坚持西方价值观的政治主张看得高于一切，那么失去大学教授职位或许算不上是了不起的损失。在美国的大学里宣扬某些极端政见，大概也待不下去。这是一种选择，某些后果在选择的当初就不难预期。

当然，中国的大学里仍有一些与贺卫方同样价值观的坚持者，是否应允许他们继续保持在那里的讲坛，这也是中国社会的一个选择。这个选择看来并非快刀斩乱麻的性质，个别"官网"点了贺卫方等人的名，不能被解读为事情已经确定。

如今一些隶属官媒的网络发布平台成为舆论猜测"上头意思"的神秘窗口。必须指出，这种猜测经常过了头，搞得信息发布者也无可奈何。"猜测满天飞"显然不是一个社会应倡导的现象，神秘主义成为不了透明社会的好伙伴。

贺卫方等人撞上了舆论及高校领域的新一轮治理，他们的处境有点微妙，这是明摆着的。但这种微妙的幅度究竟有多大，又有着一定的透明性。求是网点名批评他们，不意味着在这种微妙和透明之间给出额外的信息量。

国家在改革，社会在变化，每个人都在选择自己对于这些变动的态度，并进而选择社会反过来对待他的方式。这当中的逻辑性很强，热衷政治的人对此尤其应当清楚。

（2015.01.30）

说的是西方政治价值观，别扯偏了

教育部部长袁贵仁 29 日的一席讲话又捅了互联网舆论场的"马蜂窝"。他在教育部学习贯彻《关于进一步加强和改进新形势下高校宣传思想工作的意见》精神座谈会上谈到"三个决不"：决不允许各种攻击诽谤党的领导、抹黑社会主义的言论在大学课堂出现；决不允许各种违反宪法和法律的言论在大学课堂蔓延；决不允许教师在课堂上发牢骚、泄怨气，把各种不良情绪传导给学生。

袁贵仁的讲话"果然"遭到一些人曲解和攻击。这位教育部长批评了西方价值观在高校的传播，而对这个话题做尖锐争议，舆论场上像是有使不完的劲。

需要指出，官方反对宣扬西方价值观，这里指的主要是西方政治价值观，不是西方社会的日常哲学。西方的这一价值观无法对应中国政治现实，它如果大规模渗透进中国社会，必将对中国的政治根基造成侵蚀，最终导致中国政治稳定方面的严重不确定性。

西方政治价值观对中国互联网的影响可谓一目了然，中国大学讲坛显然也非未受其任何影响的净土。围绕这个问题强调大学宣传思想工作的纪律，探索更契合这个时代的工作方法，的确很有必要。

一些人至今强调大学讲坛的绝对"言论自由"，与这种论调既要坚决斗争，又要努力化解。不仅要让高校教师理解，也要让全国舆论看清一个事实，那就是全世界的学校里可以把不同价值观作为知识来讲授，但都只会忠于自己社会的主流价值观。西方决不会允许它们的大学讲坛服务于中国的复兴，成为宣扬西方制度正走向没落、西方应接受世界性权力转移的思想堡垒。

开创高校宣传思想工作新局面是系统工程，它的目的是什么很清楚，不针对大学里的正常学术活动和课堂上教师正常范围的个性表现。一些人对这项工作做荒诞化想象或描述，有的真是误解，是基于过去某些经验的条件反射。还有些就是成心，想要在这项工作还没铺开之前，就把它搞臭。

应当看到，宣传思想工作是中国难度最高的领域之一，如何在高校越来越活跃的思想环境中开展它，这是一项长期挑战。我们需要正视一个现实：宣传思想工作搞好了就是正效果，搞不好就容易出现负效果，甚至搞成客观上损害党和国家形象的"高级黑"。

改革开放以来，国家不断强调宣传思想工作，但这个领域的教训也很多。由于这是与西方价值观渗透"短兵相接"的领域，西方的软实力又总体上高于我们，这使得每次主张加强宣传思想工作，都会遭到舆论场的一些不理解甚至反对。袁贵仁讲话报道出来后，互联网上再现反对声，反映的恰是这个局面。

高校宣传思想工作既需要首先树正气，营造理直气壮开展这项工作的氛围，又要有大量细致、生动工作的迅速跟进。切不可把加强高校宣传思想工作变成对上级指示的官僚主义式贯彻过程，打很多响雷，但没几滴解渴的雨点。

树正气，离不开对歪风邪气的打击。在争议较多的时候，这种打击要打得准，确保得到大多数舆论和教师、学生的支持，避免极端联想。有一次这样的打击，需要有多得多、且令人信服的正面工作推进。没有勇气，这项工作无法开展。但如果低估高校宣传思想工作的难度，以为传达了《意见》，开了动员会，调调课，叮嘱几个人"注意些"，就算完成了任务，也将是糟糕的。

（2015.01.31）

第二名人质被杀，安倍救急能力差

"伊斯兰国"（IS）杀害第二名日本人质的视频 1 日早晨上传互联网，其真实性随后得到日本政府的确认。安倍本人和奥巴马等西方大国领导人及政府迅速出面谴责 IS，整个事件给日本社会带来极大震动。

必须无条件谴责恐怖主义行径。无论日本人质是如何落入 IS 手中的，他们最终的悲惨结局都值得中国社会同情。

在第一名人质被害之后的几天里，曾有分析认为安倍政府或许能够救出第二名人质，很多预期都好于昨天的结果。

安倍政府再次被证明缺少应对中东复杂局势的能力。日本的中东外交乃至整个对外政策紧紧绑在了美国外交上，它在美国主导的团队中扮演了"杂牌军"的角色，而有些时候，"杂牌军"比"正规军"的自我防护能力更弱，也更危险。

全球反恐形势目前呈现前所未有的多面性，很难做一个简单的总结。一方面拉登已被除掉，"基地"受到重创。另一方面美国"把反恐进行到底"的实际决心大打折扣，它不愿意再投巨大国力打击新崛起的 IS，并从伊拉克、阿富汗等"反恐前线"后撤。华盛顿前两天还重新定义了它过去眼中的"恐怖组织"塔利班，它在大中东的政策显然处于调整中。

IS 在中东"人气很旺"，与美国战略上的犹豫不决有关。日本人质事件给人一种印象，东京在这个时候往前跨了一步。

日本在中东反恐问题上更加硬朗，更敢于牺牲，这对世界大概有益。对付 IS 这样的组织，总要有些力量敢于冒头，甚至充当不怕虎的"初生牛犊"。

不过安倍政府不惧身陷中东恩怨，愿与当下最凶狠的恐怖组织死磕，未必是出于反恐的道义和责任感，而很可能是出于借反恐实现日本军事力量"走出去"的考虑。由于安倍一直在推动服务于日本军事崛起的修宪，外界有此怀疑属于再正常不过的事情。

安倍拽着美国这艘大船向外走，大概认为这样是找到了打破日本政治军事瓶颈、穿越各种复杂的诀窍。但这次人质危机显示，安倍政府过于天真，前方有很多难迈的沟坎。

美国对解救日本人质没帮上实际的忙，奥巴马的及时表态更像是对日本的安慰语。如果日本社会这样就能满意，那未免太好打发了。

日本在安全方面对中国投了太多注意力，中国成了它的假想敌，消耗了它的大部分外交及安全资源。其实它作为全球主要贸易国家之一，所面临的挑战来自各个方向，这次人质被杀或许能对东京有所提醒。

中日同处东亚，中东的战略意义对中日差不多。中日大概都希望中东和平，别管什么样的战争，都最好没有。美欧的中东政策都有它们各自利益的深刻烙印，日本对中东问题及对很多全球问题的态度如果与华盛顿高度重叠，一定包含了其自身利益的损失。

（2015.02.02）

为被殖民唱赞歌，柯文哲有些狂了

台北市长柯文哲近期在接受美国《外交政策》采访时表示，在全球四个华语地区，被殖民越久的地方就越进步。他给出的排序是："新加坡比香港好，香港比台湾好，台湾比中国大陆好"。

柯文哲还就"一国两制"表态称，台湾要的"不是一国两制，而是两国一制"。

这位台北新市长的扭曲价值观、他对大陆社会的严重偏见在这次受访中尽显无疑。他还谈到，虽然大陆的经济发展高于越南，但"越南文化（因为长期被殖民）还是比较优越"。

反对殖民是全世界共同的政治价值观，柯文哲这样公开为殖民时代唱赞歌首先就不是有尊严的表现。台湾社会近年来有一些"重新评价"日据时期的思潮，但那些言论都是端不上台面的。柯文哲美化殖民言论很快遭到台湾大多数舆论的抨击。

"被殖民越久越好"在大陆也有鼓吹者。它拿到世界范围看很荒谬。非洲被殖民的时间最久，但却是最贫穷的地方。如果美国不是在200多年前就摆脱了宗主国的控制，决不会有后来的崛起与繁荣。东南亚、南亚都是当年殖民潮的重灾区，新加坡弹丸之地近几十年的繁荣在那些地方大面积的贫困面前不具代表性。

柯文哲大概被选举胜利冲昏了头脑，开始说话无底线。他对展示自己的"台独"偏好越来越不做克制，逐渐摆出挑衅的姿态。作为台北市长他本应更多回避两岸政治问题，但他却像是对就这个问题表态很有兴趣。

柯文哲的放肆传达出台湾一些力量对玩刺激大陆游戏的蛮不在乎。价值观到了这一步，是很难往回劝的。大陆对此要有清醒认识。在与台湾发展各种关系时，大陆必须把保持台海和平的主要希望寄托在自己的综合力量建设上。

由于柯文哲新上台不久，履职思路尚不稳定，这时大陆方面要向他发出正确的信号。它们应当包括：大陆愿意保持与台北市的交往与合作，但不是无条件的，不是柯文哲做什么我们都毫无反应。如果柯作出超越底线的事情，大陆势必予以反制。

上海台北"双城论坛"可以在必要时考虑停下来。这是唯一一个由两岸政府机构搞的合作项目。上一任台北市长承认"九二共识"，如果柯要破这个政治底线，这一论坛就失去了继续举办的政治基础。上海和台北如今的经济规模完全不可等量齐观，一旦停下来台北损失肯定更大。

2017年台北要举办大运会，大陆亦可根据柯的表现决定是否予以支持。如果大陆抵制它，柯文哲将有很大失分。

台北的发展离不开与大陆合作，如果柯在政治上扮演激进角色，迅速成为两岸之间的破坏性代表人物，这不符合台北市民选他上台时对他的期待。台北没有为"台独"举旗的传统，如果柯因为这一条与大陆冲突，那是他在给自己的政治前途挖坑。

因此大陆既不必迅速被柯上任之初的一些言论激怒，也需表现出坚决的原则性，以实际行动为他划出底线，让他和他的支持者都看明白。

台湾2016年"大选"很快就将到来，两岸议题难免再成焦点。这个时期准确回应柯的过激言行，具有重大意义。它将让台湾社会清楚自己每一个选择的含义，一旦当局在两岸合作上倒退，大陆将有什么样的反应。大陆如此强大，台湾公众不会置现实主义于不顾，以冒巨大风险的代价放任各种不着调的奇谈怪论。

（2015.02.02）

不帮传言扩散，就是支持反腐败

昨天凌晨，《南方周末》官网发布《道歉声明》。声明只有一句话："本报1月29日关于安邦保险的相关报道，信息核实有不实之处，就此对安邦保险集团及主要负责人致歉。"

《南方周末》此前的报道分析了安邦保险的主要股东背景，这些报道与传出民生银行行长毛晓峰被纪检监察机关带走的消息形成时间上的前后关系。报道还涉及一些其他人，高度敏感。

最近一段时间，围绕反腐败的传闻非常多，一些涉及具体官员或其亲属的爆料在微信群里流传。它们有些被证明是假的，是恶意造谣，比如传某某官员已被带走，而实情是该官员仍正常工作。而也有一些被事后证明是真的。不同的传言混在一起，令人真假难辨。

传言在这个阶段不断出现，有其正常性，但显然有一些恶意因素趁机掺和进来，让事情变得异常复杂。媒体的相关报道很难做到既准又精，有些爆料做对了，而有些却落入了陷阱。

舆论总是很欢迎刺激爆料的，媒体即使搞错了，大家也不会太计较。但媒体自己在做反腐报道时的确需要如履薄冰，这样的责任感应是天然的，而不是出于外界的强迫。

反腐败是国家重大治理行动，同时它涉及到一些具体的人。各种传言很容易对反腐败行动的部署形成干扰，它们有时看上去力挺反腐败，但实际上却是在抢夺对反腐败的议题设置权，使公众难以将注意力集中在中央的部署上。

一些网上文章歪曲了反腐败的性质，与西方对中国反腐败的分析形成客观上的互动，同境外别有用心的宣传相互提供材料，造成恶劣影响。现在应特别提防对反腐败性质的胡乱解读和引申。

真心支持反腐败的人应当在与党中央保持一致上表现出高度自觉。到底哪里出了问题，哪个党员领导干部有问题，听中央的。反腐败到底要实现什么目标，完成哪些任务，习大大有很多论述，中央也有很多论述，各种解读应当围绕这些论述展开，另搞一套是不负责任的，其中有一些属于"来者不善"。

舆论高度关注反腐败，这是反腐败保持强大后劲的重要资源。很多媒体对此作出贡献，历史会最终记住它们。同时要看到，保持反腐败报道的准确性，是对舆论资源的珍惜和保护。相反的话，就是对这一资源的破坏。

此外虚假报道会严重干扰相关官员的正常工作和生活。这是决不应提倡的。无论谁都有权利在无正式结论之前避免成为贪腐猜测的目标，这是法治社会的基础性条件之一。不能因为我们恨贪官，听到一些风言风语，就可以在这个时候例外。

反腐败必须进行到底，中国没有其他选择。每一个人从自我做起，践行不信谣不传谣，克制自己的猎奇心，这就是在为形成反腐败长期依法依规进行下去的社会舆论环境出一把力。反腐败是党领导的、全体中国人民的事业，这话真的不是说说而已。

谁都有出错的时候，媒体也一样。让我们大家都有尽绵薄之力促反腐败长期顺利开展的真心，并以此相互共勉。

（2015.02.03）

西媒胡拼乱凑中国"四处碰壁"画面

西方媒体近来大规模炒作中国在海外重大工程项目出现的曲折,宣称中国的对外投资战略遭遇"重创"。它们把公众的注意力吸引到希腊、斯里兰卡等国新政府对中资项目的表态上,把上任新官回应舆论的话当成那些国家对中资态度的全部,从而制造出中国"四处碰壁"的印象。

而实际情况显然并非西方媒体描述的那样。比如希腊《每日报》援引希腊分析人士的话说,新政府不可能把中国人赶出比雷埃夫斯港,希腊同中国的合作不可避免。

中国投资所到之处大多是竞选政体国家,当中国投资的项目在当地颇具影响时,它们就有可能成为政治话题,会一定程度受那些国家政党轮替"变天"的冲击。这样的风险是中国公司不得不面对的。

据环球时报了解,中国企业和政府对这些风险早就有所评估。大多数发展中国家都有政局变化的可能,中方不可能把大型投资项目的宝都押在执政党身上,投资的主要依据是当地社会对中资项目的现实需求,是那些超越具体政党利益的因素。

政局变动初期,会有一些"冲击波"发生。但它们的冲击幅度究竟有多大,只有时间才能证明。有中国学者打比喻说:不妨先让子弹飞一会儿。

中国的大型投资项目都有利于东道国的经济发展,并让当地社会受益。它们都程序完备,正大光明。放弃这些项目将造成双输,当地损失就业、税收和外汇收入,经济社会发展受挫。由于几乎不太可能有实力相当、条件相近的伙伴替代中方,最终的巨大负面影响很容易预见。

每个项目总会有一些特定风险，但在大多数情况下，中国工程基建和制造业的强大实力以及我们的务实态度构成了综合的可靠性。它们并不那么容易被放弃。只要中国自己保持定力，不自乱阵脚，很多一时的波折都会随着时间的展开被克服。中国应当有这样的底气。对很多急于发展的社会来说，与中国合作是最佳选择，这种最佳性不是随便就能再造的。

西方舆论还总是喜欢夸大一些国家同中国关系的整体变数，更属无稽之谈。需要指出，在当今世界里，几乎没有哪个正常国家会颠覆性改变对华关系，它尤其不可能成为大范围的选择。有些西方媒体的分析属于"意淫"，它们很愿意从一个具体事情中发现"中国要完了"的征兆。

中国的"一带一路"战略因为契合很多国家的实际需求而广受欢迎，中国对双赢和共赢的追求是我们"走出去"的法宝，也是西方舆论怎么骂也骂不倒的原则。

中国企业在海外大规模投资的经验毕竟不足，不断总结经验、尽可能规避风险没有止境。由于出发点很正，注重面向实际，中国的起步已是成功的。各种条件都决定了中国将在这方面越做越好，这是西方舆论扭转不了的大势。

西方舆论，特别是美英舆论往往长袖善舞，颇具攻击能力，但它们最终忽悠不了世界，倒是把西方自己忽悠了。由于西方现在"太能说"，造成一些西方人他们干得"也最棒"的错觉。西媒经常宣扬中国海外投资的方式在世界各地"不受欢迎"，它们不断寻找幸灾乐祸的理由，抚慰自己的危机感。

西方现在"最自信"的人像是媒体精英们，而中国社会的自信更多集中在了那些做事人的身上。很难单说这是中国的长处或者短处。还是让我们取长补短吧。让我们把精力同时投向如何解决问题，和如何让自己不被西方舆论说糊涂了。

（2015.02.04）

台军方发言人情绪化放炮有失自尊

台湾"国防部"发言人罗绍和3日谈到抗战胜利70周年,用很情绪化的语言指责大陆"歪曲"国共两军的抗战表现,并介入大陆媒体关于张灵甫是否是"抗日名将"的争论。其谈话的激烈调子就像是在互联网发言一般。

大陆总体上不愿意与台湾搞争论,除了涉及统"独"问题,大陆官方很少就台湾官员的"意识形态言论"表态。相反,台湾某些官员近来屡屡发出"挑衅",不能看成是后者的自尊。

海峡两岸曾高度敌对,那时两边对对方抗战贡献的描述不可能是正常的。随着两岸打破坚冰,大陆方面主动肯定了国民党方面在抗战中发挥的作用。大陆去年公布的首批300名著名抗日英烈与英雄群体名录中,出现大量国民革命军将士,大陆如今的影视作品活跃着很多"国军"形象,对抗战正面战场的讲述在大陆已充分开放。

倒是在台湾,共产党的抗战功绩始终没有得到肯定和宣传。台湾当局今年印制的抗战月历里只收录了左权一名共产党军人。

尤其可悲的是,台湾社会如今对抗战已经很少提及,即使"国军"的抗战英雄们也越来越被遗忘。恰恰是大陆方面在铭记、展示"国军"的抗战名将和那支军队的正面形象。

大陆近年出现一些"国粉",舆论场不断闹国共两党谁对抗战贡献更大的争论。但这不是真正的历史之争,而是我们这边内部的意识形态斗争,有着史学之外的政治含义。台湾官方根本不该掺和进来。

台湾当局应当感谢大陆针对"国军"及正面战场的各种纪念,国民党尤其应持坦诚、谦逊的态度。客观说，国民党当年拥有全国资源，指挥着国家正规军，但正面战场的表现实在有负全国人民。说句更直率的，国民党应当不好意思在大陆举办抗战纪念活动时争功。

当年执政的国民党面对日军侵略丢了中华半壁江山，而今天的台湾社会媚日情绪严重，纪念日本殖民统治的各种活动似乎比纪念抗战的活动还多。台湾社会还有不少抗战老兵，对此他们早就痛心不已。

不过，台当局还记得今年是抗战胜利70周年，表示将有印画册、开研讨会和"纪念大会"等行动，总是值得欢迎的。台湾所有认同中国和中华民族的力量应当团结起来，集中精力在今年打一打"媚日派"的嚣张气焰，而不是针对大陆纪念活动的细节斗气。

如果有台湾官员要纠缠张灵甫是否是"抗日名将"，那么只好请他们去参加大陆网民的混战，大陆官方估计不会搭理他们。

（2015.02.04）

美国对清除 IS 应负主要责任

中东极端组织"伊斯兰国"（IS）3日公布了将一名被俘约旦飞行员活活烧死的视频。这一残暴行径激起全球舆论的愤慨。IS 多次公布斩首人质的视频，这一次展示将人关在铁笼里烧死，这使得它在全世界的恐怖组织里也格外突出。

从联合国秘书长潘基文到奥巴马、卡梅伦等西方领导人纷纷出面谴责 IS 的最新恶行，但 IS 接下来还会我行我素，这不是一支大家一人吐一口唾沫就能把它淹死的邪恶力量。

美国对 IS 的打击与其过去发动的反恐战争相比，是很皮毛的东西。美国更像是在舆论要求它采取行动的压力下派几架战机去做了做样子。

但是美国对 IS 泛滥负有主要责任，这是全球战略界乃至大部分舆论的共识。美国贸然发动伊拉克战争，支持反对派打击叙利亚巴沙尔政权，中东国家间和政治派别间原有的平衡也被打乱，尤其是在伊叙之间的广大地区留下大量政治真空，使得 IS 得以不可思议地迅猛坐大。

中东的动荡越来越深刻，各种仇恨、包括一些人对西方的仇恨和不同教派、部族之间的仇恨裂变得越来越多，形成前所未有的盘根错节。难怪现在连华盛顿都多少有些被"吓住了"，不知从何下手，怎么下手。

回想 12 年前 3 月 24 日美英联军大举突破伊拉克边界、并接下来一举捣毁萨达姆政权时骄傲、自信的样子，再看看奥巴马今天不知所措和蹑手蹑脚的表现，它们真是判若两个美国。

美国的中东政策彻底错了，但它"纠错"的办法是把美军一撤了之，然后从远处调控大片被它搅和乱了的土地。事实证明，它的调控仍是失效的，原因是，华盛顿调控的出发点仍是美国和西方的利益，而不是中东的实际。

美国目前在该地区同时有两个直接的敌人，一个是IS，一个是巴沙尔政权。华盛顿对后者的记恨似乎不低于对前者。此外美国对伊朗高度防备，这些恐怕是IS有生存空间的根源之一。

华盛顿如果真把清除IS当成首要目标，像奥巴马在多次声明中所表达的与之不共戴天，那么白宫就应该改变对叙利亚巴沙尔政权的态度，把后者作为反IS可以获得支持的力量加以联合。美国还应缓和对伊朗制裁，形成对IS有真正绞杀力的统一战线。那样的话，IS将陷入绝境。

如果美国既不想这样做，又不想派它的地面部队进入IS活跃地区、以其士兵生命换取当地和平的话，那么无论奥巴马说多少针对IS的豪言壮语，它们其实都是"空话"和"套话"。

中东除了巴以冲突，伊斯兰国家之间也有诸多矛盾，这对形成反恐的合力非常不利。美国其实有能力在一定程度上缓和这些矛盾，但它在这方面毫无作为，它相反致力于扩大这些矛盾，将此视为其控制中东的一种手段。

IS仅今年以来就先后杀了日本人、约旦人，过去就更多。美国的谴责总是很及时，但很多人认为它实际在作壁上观。它像是很希望有更多的国家因为人质被杀而冲到反IS的一线，它自己逐渐进入"运筹于帷幄之中"的佳境。

最重要的是，反恐战争至今主要围绕美国利益运转，美国的自私决定了这场战争的低效甚至迷茫。美国需要学会为中东人民着想，通过推动那里的真正和平来实现自己的利益。

（2015.02.05）

袁贵仁讲话"争议"的几点厘清

教育部长袁贵仁关于落实两办高校宣传思想工作《意见》的讲话持续成为网上热点，支持袁和反对他的人展开了论战。这些争论的潜在含义非常宽泛，它们如果继续发酵，大概不利于推进两办《意见》的贯彻，也不利于社会就这个问题形成共识。

本文试图在众声喧哗之中，就这件事情的基本面做些厘清。

首先，袁贵仁的讲话是不是以贯彻两办《意见》为目的？明显是的。《意见》是个总纲，袁贵仁作为教育部长，提出了一些贯彻思路和措施，这个行为的发生具有充分正当性。由于他提的措施乃面向全国，对不同高校来说，难免继续有较强概括性和普遍性，各高校应当根据自己的实际情况，做具体的进一步部署。

在事情进入操作层面时，大家有不同想法和建议，彼此商榷，是正常的。但有些人迅速对袁贵仁的讲话采取抵制态度，挑出其讲话中的某几句话，将他的意思引申成要求大学从此拒绝对西方文化的传播，这既不符合实际也不应该。

事情发展到这一步，有一些背景需要交待。高校这些年总体氛围积极向上，是健康的，《意见》对此做了肯定。与此同时，一些高校的宣传思想工作有明显薄弱处，造成少数不该有的反主流元素在某些大学校园里凸显出来，这也是事实。

这些反主流元素本身有多少和多强，以及它们对学生的负面影响有多大，高校内和舆论场都有不同认识。这篇评论尚无法对此下结论，但有一点是确定的：无论是纠正性的，还是预防性的，加强高校宣传思想工作如今都有足够的现实针对性，这项工作的确是一项战略工程、固本工程、铸魂工程。

因为这个大原因，我们认为袁贵仁的讲话即使某些具体表述有可探讨的空间，对他给予总体支持也应是舆论界的基本态度。

一些激烈反对声还是出现在了互联网上，这值得深思。它反映了高校宣传思想工作自身的复杂性，也反映了互联网舆论场用传统逻辑无法解释的变幻能力。比如党刊是在党内做政策宣示和动员的阵地，这里有一套话语。而互联网舆论场已经另外形成一套话语，前一个体系的正常表述被摘取一两句带进后一个体系，其含义很容易被夸张、引申和扭曲，被人为制造出强烈的刺激。这为发泄各种长期情绪或挑战权威不断创造由头。

有些境外势力借助互联网随时变换在中国舆论场的存在方式，如何在每一个具体场合准确评判这个问题，干扰性因素非常多。

官员"如何讲话"正在成为越来越尖锐的挑战，两个话语体系以及主流舆论场同互联网舆论场如何打通，这不是靠一个原则就能通盘解决的，它很可能是一个浩大的实践性考验。

加强高校宣传思想工作，这是大是大非，大家都应支持。具体怎么开展这项工作，需要群策群力。高校的确有很多特殊性，它们既使得宣传思想工作变得更加必要，也是它推进起来有难度的原因所在。但这些都不是这项工作就不该抓了，可以放弃了的理由。

对如何开展宣传思想工作需要做实事求是的深入研究。比如对学生思想起塑造作用的那些因素有多少来自校园内，有多少来自校园外。有多少直接取决于课堂讲授，有多少受师长品行的影响，以及如何把这些因素凝结起来，打造一个全面影响年轻人的、健康的社会大环境，这无疑也是一项浩瀚的工作。

太复杂的工作，必须有鲜明的内核来凝聚，这个内核就是中央的态度。《意见》把中央加强高校宣传思想工作的政策宣示说得很清楚，这必将成为全体高校宣传思想工作者和广大师生的主心骨，是社会信心的基石。谁都不应偏离《意见》的大方向另搞一套，我们强烈希望这方面大家自觉性所发挥的作用要远远大于纪律约束的作用。

（2015.02.05）

高校海归决非核心价值观的对立面

由于近来围绕如何加强高校宣传思想工作产生争论，舆论场出现一些相互对攻的声音，它们似乎都被对方逼得有些极端。近日一篇见诸报端的文章宣称，"那些长期在西方国家接受高等教育的'专门人才'，能在中国的高等院校宣传马克思主义理论，普及社会主义核心价值观吗？"

以这样的口吻谈中国大学里的"海归"教师，非常不应该。这是一种错误的引导，是把"海归"教师们推向传播社会主义核心价值观工作的对立面，否定他们与国家的同心同德。我们相信，这决不是国家加强高校宣传思想工作的初衷。它既不可能是政府的意见，也决非中国主流社会的认识。

新中国的几代海外归国知识分子都热忱投身到社会主义建设中，他们是为国家每一代科技发展奠基的骨干力量之一，其中绝大多数人都怀抱赤诚之心，挥洒青春乃至献出毕生精力。他们不仅是中国进步的推动者，也参与打造了中国自信。

钱学森、邓稼先那代"海归"堪称爱国的典范，今天活跃在高校的新一代"海归"也开始了与国家同呼吸共命运的历程。选择回国是对他们国家认同的一次重要检验，这里既是他们的国，也是他们的家，盼望祖国好是他们的共同愿望。

中国怎么才能好呢？很多归国人员因为见得多，有更强的认识能力。一个相当普遍的现象是，到了国外回头看今天的中国，更能发现它进步之快，运转之高效。对中国的一些问题，也能产生更实事求是的分析，知道它们的大多数都不是中国特有的，而中国对它们的解决也常常是最认真的。"中国无论如何不能乱"尤其是绝大多数"海归"的共识。

有抱负的海外中国知识分子一旦回到日新月异的祖国，很容易拥抱积极向上的社会主义核心价值观，很多优秀的海外归国知识分子到头来变成了最坚定的爱国者。

改革的中国只有同时作为开放的中国，才会是成功的。加强高校宣传思想工作可以看成一项改革，它的目标是培养忠诚于国家和人民的一代新人。而这个国家已与世界连为一体，这样的培养过程不可能是封闭的，新一代人将在与世界互动中实现自我的强大。

在国内受教育并成长起来的知识分子同样人才辈出，他们与"海归"各领风骚，也各有千秋，大家对世事人生的认识往往殊途同归。在新中国的每一个时代，这两个群体之间都不曾有过明显的思想及意识形态鸿沟。无论什么时候以及什么地方，都没听说过他们曾是两个对立的阵营。

因此在高校加强宣传思想工作的时候，"海归"教师和"非海归"教师之间也不存在一条界线。试图在他们之间发现"不一样"是对马克思主义认识论的违背，那样做会伤很多人的心，而团结和社会凝聚力在这个时代比什么都宝贵。

（2015.02.06）

改革的同时必须高度开放,中国人懂

以美国商会为首的多个贸易团体日前致函克里等美政府高官,要求他们对中国新出台的一些网络安全监管规定作出反应。此前这些团体曾致函中国高层部门,呼吁中国推迟实施那些规定。

中国方面尚未正式公布相关新规,据美商会方面称,它们包括向中国金融机构出售电脑设备的公司必须交出源代码,在中国设立研发中心,为技术设备提供服务的人员申请许可证,并建立允许中国官员管理并检测其硬件处理数据的"港口"等。

有分析人士认为,美国贸易团体抢在中国公布新规之前写这些信件,制造舆论,是想向北京施压,促中方改变决定。

中国不是实施网络安全监管的第一个国家,事实上所谓"新规"多是有维护网络安全能力国家的普遍做法,而美国在这方面的行动最坚决,最系统化。中国的华为、中兴等网络通讯设备提供商无法进入美国市场,它们均表示愿意配合美国的监管措施,但美方还是认定它们构成对美国国家安全的长期隐患,不予放行。

那么美国公司对中国各种网络的介入有多深呢?中国网络安全专家秦安的文章提供了这样一组数据:美国思科公司的设备占了中国电信163骨干网络约73%的份额,进入该骨干网的所有超级核心节点和绝大部分普通核心节点。此外中国四大银行和各城市商业银行数据中心都有思科设备,海关、公安、武警、工商、教育等政府机构的约一半相关设备来自思科。

如果中国华为、中兴在美国有这样的占有率,美国整个国家或许都会惊恐得睡不着觉。

但中国没有因此被吓成神经质。从美方披露的那些措施看，即便它们都是真的，中方也只是通过那样做保障使用美方设备时的切实安全，而不是要大规模换掉它们。

少数更核心的政府部门更多选择中国成熟的国产设备，这应当被理解。斯诺登事件让世界知道了美方网络情报之手伸得有多长，连德国总理都被美方监听，搞得德方公开表示要建立独立的互联网系统及设备。

中国没有借网络安全名义搞贸易保护主义的愿望。这里的安全关切是真实的，而并非只是一个名义。中国的互联网技术与管理能力仍总体落后于美国，连华盛顿对网络安全有那么多担心，它应当知道中国不傻，而且迄今中国对待自己的担心是多么克制。

中国社会珍惜同美国业已形成的强大经贸纽带，它被看成中美关系的"压舱石"。我们记得以往美国政客找中国麻烦时，美国企业界为保护中美关系做了多少游说。我们懂得经济联系如果弱化，会给两国关系带来长期而缓慢的影响，对它的基础形成侵蚀。

因此维护中美经贸合作的大局是中国的一项重大利益，美国企业在中国经济中所能得到的总空间肯定是逐步扩大的，这有中国市场容量不断变大的原因，也有中国愿意中美之间"你中有我，我中有你"。

美国各类公司需要适应中国对国家安全的关切和维护方式。它们有一部分与美国的情况相同或相似，也有一部分是中国特有的。美方需尊重中国因此而形成的法规，就像我们有时即使不理解，也需接受美方的规则一样。

世界互联网"八大金刚"都是美国公司，它们目前都在中国大陆开展业务，也最清楚中国的安全关切是多么实际和必要。希望它们都能配合中国的网络安全建设，并继续拓展在中国的业务。有它们在，挺好的。改革的中国必须同时是高度开放的，这是现代中国社会最基本的信念之一。

（2015.02.07）

"港独"之荒诞令人警醒

近来香港反对派游行集会时,部分人高举港英旗、英国米字旗,高喊"香港建国""脱离中国"等口号。此外香港大学学生会刊物《学苑》最新一期鼓吹"港独"议题,其中竟有"港人面临灭族,只有一场彻底的本土抗赤革命,方可自救"等惊人言论。

"港独",一个多么荒诞的鼓噪。它无疑只是香港最极端"一小撮人"的主张和表演,同时它像是要成心刺激国人的感情。大多数香港人,也包括内地社会,在如何对待"港独"问题上难免有些犹豫:搭理它吧,有点抬高了它,像是在帮一个恶作剧扩大影响。不搭理它吧,它又不时跳出来犯恶心,而且会吸引一些人等着看笑话,跟着起哄。

所有严肃的分析都认为,"港独"荒诞不经,痴人说梦,毫无实现的条件和可能,也不可能演变成一个大规模的政治运动。但"港独"言论的恣意散布势头则不能不引起人们警醒。

"港独"的思想根源是反华反共。因为仇视共产党,反对香港回归,祭出了"港独"这样最极端的旗号。如果那些"港独"分子是中国人,那是他们对历史、对民族无知之极,于祖宗来说亦属不肖子孙了。

极少数"港独"分子似乎很想重回殖民时代。然而遗憾的是,举望全球,脱离了宗主国的前殖民地没有一个重回宗主国的,也没有一个地方表现出这样的愿望。在香港打米字旗的那些不知天高地厚者如果想继续做大英帝国的子民,唯一办法看来就是移民了。

香港特首梁振英和中联办主任张晓明近来先后公开抨击"港独",反映了香港主流社会及内地社会的共同担忧。无论是中央政府、特区政府,还是香港社会，都有维护国家安全的责任，都不能容忍"港独"言行蔓延成势。

必须指出，"港独"本身严重违反《基本法》和中华人民共和国宪法。当它只是极少数几个人最初级的作秀时是一回事，一旦它开始获得传播能力、组织能力甚至行动能力时，就是另一回事了。后一种情况下的言行将构成刑事犯罪。即使在基本法23条相应立法未完成的情况下，这些煽动"港独"的言论和活动也触犯了香港现行的有关刑事法律。

希望香港所有人都远离"港独"，连看热闹都不去。一旦有"港独"分子滋事，舆论或者不搭理他们，或者旗帜鲜明地呵斥那些小丑。所有人都应清楚，虽然"港独"闹不大，但祸害不小，其试图闹大的过程将严重危害香港的繁荣稳定，甚至荼毒青少年一代，毁了香港未来。香港社会有必要防微杜渐，在最初的时候就"废了它"。

"科幻小说""思觉失调"，香港主流舆论已在这样描述"港独"的极端主张。我们相信，不管极少数"港独"分子多狂热，广大香港民众是理性而清醒的。不被任何歇斯底里的势力忽悠、绑架，这样的民智将是香港作为东方之珠永不凋谢之本。

（2015.02.09）

台湾不是国家，中国师生的较真没错

近日媒体爆出消息，上月底在哈佛大学举行"哈佛模拟联合国"（HMUN）活动时，组织者将台湾列在了手册的"Country"名录下，与会的中国师生指出这一错误，据理要求采取纠正性措施，后来几名中方领队竟被组织方驱逐出开会的酒店。有媒体援引中方当事人的说法描述组织方的表现，称后者斥中国师生"你们的存在让我们感觉不舒服"等等。

"模拟联合国"是一种全球性活动，主要在大学和中学举行，其目的在于让学生通过扮演外交代表，了解国际关系和联合国的活动。这项活动在中国也有开展。HMUN是世界上最老牌的模联活动之一。

台湾被当成"Country"引发纠纷之事已在中外媒体上广为报道，引来纷纷众议。很多人支持中国师生的抗议行动，认为哈佛模联的做法很无理。也有一些人认为这不是件大事，中方师生反应有些"过激"。

哈佛模联的组织者主要是学生，中方与会者也是青年师生，虽说只是模拟性质，但活动本身又"挺严肃的"，这让事件的性质有了多面性。应当实事求是地一码归一码，客观予以梳理。

首先，哈佛模联的手册把台湾归入"Country"绝对是个严重错误，这一点没有置辩的空间。有人就"Country"的词义强行引申，称中国师生没搞懂它，这种说法属于狡辩耍赖，不值一驳。

第二，中国师生当时就指出这个错误并要求修改，他们做得对。模拟联合国要模拟对的东西，而不是错的东西，即使从这个层面，指出错误也是应该的。更何况他们作为"中国代表团"，去了"联合国"，当然要维护中国的合法权益，他们无论知识上还是道义上都有充分理由这样做。

第三，模联不是个官方场合，组织者又是帮"孩子"，有人认为不宜过分较真。但双方都是"孩子"，现在的情况是，中国的"孩子"占理，作为组织者的那群"孩子"有点耍浑。

第四，哈佛是世界名校，打着哈佛名头的模联活动印出这样的册子，被指出错误后组织者态度蛮横，这显然不是哈佛的光荣。我们借此知道，"哈佛"也有个别低素质、不讲理的角落。

台湾不是国家，不享有主权国家的很多权利，在国际公开场合把它列入国家名录、打青天白日旗等会有麻烦，这是世界外交领域的常识。尽管还是会有一些非政府组织、企业等把台湾写成"国家"，但多数情况下，有中方人员指出这个错误时，相关方面会做出改正，事情也就过去了。

也会有一些不愉快的情况发生，即相关方面拒绝改正这个错误。至于原因，有些是不愿意被挑错，有些犯上了"一根筋"，还有些是成心让中国嘉宾不开心，甚至有个别组织者想以此滋事引起新闻报道，抬升活动的知名度。

但一个规律是，把台湾错写成"国家"并且拒绝改正这个错误的，都不是"大场合"，如果事情发生在西方社会，坚持错误的那些人也非真正的精英。他们往往是任性的、影响力也有限的人和力量。

中国人在海外见到把台湾当"国家"的情况，以恰当方式指出来的做法值得鼓励。这样的纠错并非失礼，而对方如何反应，表现的是他们的知性和文明程度。

（2015.02.10）

像重视政治立场一样重视政治效果

宣传思想工作大概是当下中国难度最高的工作之一，如何做好它，是对这个大领域每一位从业者的考验。

做好宣传思想工作，立场很重要。如果屁股就坐歪了，对党的路线方针以及政治纪律阳奉阴违，这个工作不可能做好，它们的结果只能是负数。

政治立场对了，未必就够。工作的现实效果怎么样，这也是个很实质的问题。

要看到，思想多元是互联网时代无可回避的现实，西方价值观对中国社会的影响触及越来越多层面，如今的宣传思想工作必须在这一全新环境下展开。客观说，这项工作应当怎么做，问题的实践性极强，而且经常"计划赶不上变化"。

宣传思想工作的难点之一是如何影响对西方政治价值观有好感甚至笃信它们的人，以及如何影响被西方也视为争取重点的中国青年学生。这是个最具挑战的领域。

政治立场的旗帜鲜明至关重要，但它未必是这个领域工作者时时刻刻都要突出、彰显的东西。有时宣传思想工作者同"工作对象"打成一片，进行一下"换位思考"，使用他们更易接受的语言来著文、交谈，效果说不定会更好。

说到底，追求宣传思想工作的良好效果比用过程展示立场更重要，这大概是每个时代该领域的工作者都应牢记的，也是当下全社会应当鼓励的。

实现好的政治效果并不容易。比如中国似乎存在"两个舆论场"以及"两套话语"，它们既彼此"隔绝"，又经常相互"穿帮"，一套话在两个舆论场都"正确"、受欢迎，很需要下功夫。现在一些官员和媒体机构不断做出突破，但还是有很多人在这两"界"之间不知所措，有些在一边听着正常且正确的话，被拽到另一边立刻变了味。这让人委屈，且很无奈。

宣传思想工作还需与实际行动相对应。有些领域的官员政策宣示很强烈、坚决，但行动跟不上，让人感觉光打雷不下雨，表态像是给上面听的，而不是行动的先导。有时行动本身就是宣传思想工作，而且极具力量。"来点真的"比说十遍百遍都管用。

对宣传思想工作构成干扰的其他因素还有很多，它们有一部分就来自于思想领域、舆论场，形成所谓"思想及舆论斗争"。还有一部分是来自社会现实的冲击和影响，因为一个人的思想有多少是读来、听来的，有多少是看来、琢磨出来的，相当不确定。

功利之心是宣传思想工作最需要避免的。做这项工作需要"志愿者"心态，即使是职业宣传思想工作者也要有这样的情怀。要以一颗赤诚之心，为中国的改革开放鼓与呼，对中国的种种问题解与析，这是与受众心心相印的前提。

当然，一部分宣传思想工作被误解甚至被歪曲还是难免的，它们效果不好的原因十分复杂，不应轻易怪罪因为说话意外"捅了娄子"的同志，对每一个"不成功"的案例都需具体分析。所有宣传思想工作都达到好效果是不切实际的，事实上我们对"效果"的认识有点简单化，它的真实内涵是奇妙的，它的衡量标准值得探讨。

像重视政治立场一样重视宣传思想工作的政治效果，如果大家、包括一线人员都有这样的强烈意识，情况大概会更积极，更令人乐观。因此经常这样强调一下，总是好的。

（2015.02.10）

高通接受处罚，纽约时报叫什么屈

美国芯片制造商高通 9 日同意支付 9.75 亿美元罚款，从而了结了中国政府对该公司违反《反垄断法》的调查。高通股价在 9 日的盘后交易中上涨 3%。

高通 2013 财年生产了 7.16 亿张芯片，其中约一半卖给了中国手机制造商等 IT 企业。高通受到收取不公平的高价专利许可费等三项指控，它在欧洲、韩国也曾多次因垄断吃过官司，这一次它对中国的调查采取了配合态度。高通股价大涨，表明投资者对中国处罚公平的认可，以及他们相信这一了结方式对高通在中国市场的前途有利。

然而《纽约时报》是个例外。它以这件事为由头大批中国的"经济民族主义"。《纽约时报》的一篇文章宣称，这件事对于在华经营的外国公司来说，是"时代的标志"，它们近来"都面临着涉及腐败、垄断和逃税行为的更密切的关注"，"成了中国的攻击目标"。该报认为这一裁决"开辟了中美经济冲突的新战场"。

中国无疑是当今世界最开放的大经济体之一。只要遵守中国法律，跨国公司进入中国市场之便利往往既高于它们进入其他大的新兴国家，更高于中国相关公司反过来进入美欧市场。如今美国一些大公司闹在中国的待遇，而中国的华为等高科技公司往往连美国的国门都进不去。

改革开放之初中国像是一片"处女地"，我们国门洞开，以各种优厚待遇吸引外资前来。有些外资"不规矩"，我们也忍了。

中国逐渐发展壮大起来，为了继续前进，理顺经济秩序变得十分重要。像反垄断这种事，过去中国社会几乎搞不太懂，但到了今天，它有了现实迫切性。

　　这本是非常容易理解的，但《纽约时报》代表的那些力量对此很不适应，它们大概希望中国永远是外资想干什么就干什么的乐园。中国推动依法治国，经济领域的规矩自然越来越多，但纽时等却宣扬这一切是"专门冲着外企来的"，它们的嗓门大，声音传得远，往往能够影响西方社会很多人对中国的看法。

　　世界上最早具有现代意义的反垄断法《谢尔曼法》就诞生在1890年的美国。美国人相信，没有这部法律，就没有后来美国的强大与繁荣。美国司法部反垄断局仅2013年就发动近百项反垄断调查，日本9家公司当年被罚7.4亿美元。同样，今天的中国如果不坚决反垄断，我们这个国家就不会有未来。

　　《纽约时报》这一次的反应恰恰是很标准的民族主义表现，上述文章拼凑了一些人的评论，观点很不专业，以把这件事同中美关系挂钩，以及给中国扣"经济民族主义"帽子吸引眼球。只要中国与美国企业发生摩擦，错肯定是中国的，这成了纽时的基本逻辑。

　　其实这次中国开出的罚单虽大，但却是合理的，也得到了不少西方舆论的认可。韩国曾对高通开出一年在韩营收10%的罚单，而中国处罚比例为8%。

　　中国社会决无刁难外资的意愿。对外开放已是中国的基本国策，它不仅影响了中国社会的一些基础性认识，而且在很大程度上影响了我们的思想方式。我们对共赢原则深信不疑，对"你中有我，我中有你"的合作格局非常喜欢。中国的城市都愿意标榜自己"国际化"，跟这个世界发生持久联系让中国人感到骄傲和踏实。

　　非常希望各国企业搞懂并相信中国社会对外资的欢迎，同时对中国在经济领域加强法治给予积极配合。中国在不断改革，大方向必然是越改越规矩，外企需要跟上中国变化的脚步。谁在这方面做得好，谁将下一步在中国赢得先机。

（2015.02.11）

互联网"蒙太奇"坑完部长坑校长

互联网上总有热闹看。昨天一大早，很多网站在突出位置挂出南开大学校长龚克的访谈，标题是"意识形态工作不能重蹈'左'的错误"。龚克在访谈中明确表示反对"1957年的思维或者1966年的思维"，十分尖锐，给人以这位校长与教育部部长袁贵仁不久前讲话"针锋相对"的强烈印象。

然而这很可能是个互联网语言制造出来的"幻象"。据《环球时报》了解，龚克与其他四所大学的书记校长日前参加了一家网站组织的研讨会，大家都做了内容丰富的发言。龚克的讲话被分段报道，上述内容只是其讲话的一部分。这一报道被商业网站转载后改了标题，置于最突出位置，形成额外的意义引申。

全面看龚克的那些话，是站得住脚的，经得住推敲。但这些话被从当天研讨会的那么多讲话中单挑出来，配以上述标题，是经常上网者谁都能看得懂的"蒙太奇"。它与近来加强高校宣传思想工作、袁贵仁为落实这项工作的某几句讲话遭到一些人围攻、还有人宣称"反右要来了"相衔接，形成特殊的冲击力。

仔细读龚克的讲话，联系到他参会的大背景，他不太可能是互联网"蒙太奇"所希望他表达的那个意思。一些商业网站像是把他"抓了壮丁"，让他说他"未必想说的一些话"。

互联网真是一个奇妙的舆论场，不仅硬技术不断更新，"蒙太奇"这类软技术也千变万化，十分了得。它就像一张巨大的蜘蛛网，随时准备捕捉一只小鸟或者飞蛾。这些年我们眼见一个又一个人扑撞到网上，他们极少有成功挣脱的，而是大多做了牺牲品，任互联网舆论利用，或者嘲弄。

这样的"构陷"很难分清"是谁干的"，它的始作俑者常常就是一个有浏览量任务压力的网站小编，一个未必有很严重恶意的"标题党"。它的发酵过程则加入了形形色色的元素，对应了社会上的某种情绪，以及某些矛盾，还有舆论场对把假热点当真热点炒的那股劲头。

这肯定是中国互联网的阶段性现象。这个问题你不严肃对待它时，它就是严肃的。当你很严肃对待它时，它又散乱得像扶不上墙的泥巴。网上有很多声音认为这个问题"不必管"，也"没法管"，但如果龚克、袁贵仁讲话被引申、歪曲的情况不时发生，大家看到了，它们又的确"不是小事"。

互联网时代的舆论场里汇集了中国社会深处的绝大多数愿望和诉求，也聚拢了种种欲念和狂想。在这里，有时斗争被娱乐的热情和兴趣包围着，创造力十分活跃，这使得传统宣传思想工作不断面临新的挑战。

当然，即使有重重困难，互联网舆论场近两年的变化还是很明显的。有人指出，从直接公开表达对体制的不满，到用"蒙太奇"释放情绪，通过寻找主流人物，去讲出某些势力想说的话，这反映出一种式微。

然而这种式微不是句号。互联网还有很多奥秘等待揭开、把握，还会有新的奥秘接着生成。享受互联网的好处意味着同时要承受很多麻烦和不确定性，我们对它的兴利除弊工作大概永无止境。

（2015.02.11）

习奥会是对 21 世纪和平的鼓与呼

中国国家主席习近平 11 日接受奥巴马的邀请，将于今年 9 月对美国进行国事访问。奥巴马刚于去年 11 月份访问中国，两国领导人很快商定习近平对美的新访问，这是中美关系的大事件，也是对很多问题和悬念的回答。

中美关系常被说成当今世界"最重要的一对双边关系"，这种评价已在全球舆论中不绝于耳。中美关系十分庞大，但真正刺激性的话题并不多，两国关系的"最重要"来源于彼此的分量，以及两国之间任何行为的巨大牵动性。

中美在意识形态上的差距是大国之间最大的，看上去也最难调和。对中美关系各种危言耸听的分析"汗牛充栋"，但两国没有陷入"崛起大国"与"守成大国"的悲剧性陷阱之中，这恐怕已经是个"奇迹"。

两国每天大概都有很多人通过媒体或者其他平台和管道说对方的"坏话"，双方各自的防范性措施都有缓慢加强的倾向。战略互信在不停地谈，但让它扩大到两国社会的广阔面上显然不易。怀疑对方在中美都有一定的舆论基础，两国都有一些圈子将这种怀疑视为爱国主义表现。

发展中美新型大国关系，保持两国的建设性交往是一项艰巨和富战略蕴涵的使命。客观说，保持两国关系稳定的因素很多，两国大小嫌隙一旦缺少管理就自动发酵的机会也很多，那种认为中美关系"好不到哪去也坏不到哪去"的判断其实重在"坏不到哪去"，但它需要强有力的条件，这个条件就是对两国关系做辛勤的管理。

中美关系需要战略性信心，两国最高领导人的友好交往，他们向世人展示彼此的理解是这种信心的最大源泉。分别在安纳伯格庄园和中南海举行的两次深度习奥会的巨大作用是不可取代的，习近平与奥巴马共同制造了一种稳定性。我们不知道这个世界上还有什么能够比两人亲切握手、坦诚长谈所传递出的信息更宝贵。

人类历史很可能正在经历决定性的过渡。大国兴衰引发战争的"规律"会终止吗？这是世界政治史上最激动人心的问题。此外中美关系的战略稳定性会成为对全球不稳定的有效平衡和缓冲吗？这个问题极具现实意义。中美两大国在替人类尝试回答这些问题，未来十年是解答它最关键的时期。如果最终结局为"是"，那将是改变历史的答案。

习奥会的广度和深度都创下中美领导人以往会晤的记录。两位领导人能把一次会晤的谈话长度扩展到 8 个小时，后又增至 10 个小时，这是两人对两国福祉和全人类和平高度负责任的表现。如果说中美两国元首已历史性地成为世界和平"第一责任人"的话，那么他们在一起的交流方式和成效显然没有辜负亚太和世界人民的期待。

离 9 月份还有 7 个月，现在就早早公布习近平对美国事访问的消息，这使得接下来的半年多两国都处于对这次访问的"准备中"。按照正常逻辑，这将带来积极和乐观，使扩大合作有了更现实的推动力，也使避免冲突获得更严肃和充分的理由。今年的中美关系大概会是"牛市"。

中美各种力量都有自己的利益，很难处处把对两国关系的考虑放在首位。但大家应当珍惜两位领导人对两国关系的精心引领。建立新型大国关系决非只是两国领导层的事，两国社会都有很多活跃力量，它们其实每天在为这种关系做出自己的那份影响。

（2015.02.12）

美国没来，乌克兰停火协议"四缺一"

俄、德、法、乌关于乌克兰东部问题的四方会谈实现突破，各方商定自2月15日零时起实行全面停火。这是乌克兰东部发生军事冲突以来规格最高的停火协议，普京、默克尔、奥朗德、波罗申科用长达16小时的谈判打造了它。这样的停火协议按理说应当是严肃的、有价值的，它值得包括中国舆论在内的世界舆论的欢迎和祝贺。

然而历史的经验告诉人们，所有政治解决方案不够坚定、具体的停火协议又都是脆弱的。现在普京公开宣布了尊重乌克兰的领土完整，但他要求乌实行宪法改革，给乌东部以独立外交权。基辅表示修宪的目标是向东部两个州"分权"，而非允许它们"自治"。不难看出这当中仍有相当的差距。

就在一年以前，乌克兰还在闹"颜色革命"，去年4月基辅的学者们还对环球时报记者组说，他们完全不相信会发生战争。现在的情况恐怕是很多人不太相信和平会真的到来。

人们注意到，围绕乌克兰东部问题，大国战略层面的矛盾仍未平息，而很多人认为，乌克兰冲突是大板块撞击产生的断裂。华盛顿没有参与这次谈判，它在明斯克会谈的前夕还在讨论向基辅提供10亿美元致命性武器的必要性，这显然与会谈的目标背道而驰。

去明斯克谈判的四方都是乌克兰东部冲突的直接利益攸关方。乌克兰是内战的承受者，俄罗斯挨得最近，德法都是欧盟国家，乌东部战事的升级对它们各方都弊大于利。

美国的情况有所不同。莫斯科怕被战争波及，法德也怕被牵连，美国则有超脱的资本，它最关心的是欧洲的"秩序"。很难说在华盛顿看来遏制俄罗斯与维持欧洲中部的和平哪个更重要。美国对乌克兰冲突的切肤之痛肯定不如欧洲人那么深。

当然了，也许华盛顿也愿意让乌克兰的事情冷下来，因为美国如今把"亚太再平衡"战略摆的位置要高于它的欧洲战略，如果能从欧洲腾出手来，至少奥巴马本人像是乐意的。

总体看来，乌克兰东部冲突是"有些奇怪的战争"，基辅与莫斯科的对立也有些奇怪。在俄罗斯周边存在一种抱北约大腿与莫斯科对抗的流行思维方式，在俄欧、俄美之间左右逢源的平衡术受到冷落。

北约与欧盟东扩一路春风得意，鼓舞了被莫斯科视为关键性缓冲区的那些国家，乌克兰成为"击鼓传花"砸在手里的那一个。乌东部战争倒退一年怎么看都像是可以避免的，而现在那里的僵持程度常常令人绝望。

实现乌东部稳定停火面临两大考验，一是技术性问题，包括如何在"自治"与"分权"之间和稀泥。二是俄美的战略摊牌仍在继续中，美国压制俄罗斯与后者这次一定要把前者"一脚踹回去"的决心都很强烈。

世界历史上有过很多"火药桶"，都是因为那些"小地方"的政治齿轮挂在了世界政治的大齿轮上。外部政治军事支持源源不断流向那些地区，而那些地区的命运就是被打得稀巴烂，为大国之间的恩怨埋单。

四方会谈搞出的这个停火协议是乌克兰实现和平的重要机会，乌两派能否理解这个机会并抓住它，这要看他们的"造化"了。

（2015.02.13）

勤政有为，同样是对反腐败的支持

国务院2月9日召开第三次廉政工作会议，李克强总理向政府系统提出五点要求，其中一点是勤政有为，推动重大决策落实。他提出领导干部要敢于担当，主动作为，重大任务要明确分工、严格时限、确保完成。他要求开展督查落实专项行动，对懒政庸政怠政、不作为的严肃问责，让有能有为的"千里马"竞相驰骋。

中国各地有大量廉政勤政的好干部，由于反腐败打掉老虎苍蝇更吸引眼球，前者没能得到足够的关注。实际上，这是个除恶务尽的时代，同时也是勤廉之官大展宏图的时代。人间正道是沧桑，舆论应分一部分注意力给那些勤廉之官，鼓励他们成为脱颖而出的"千里马"。

中国需要涌现一批"改革之星"。我们相信他们在现实生活中本就存在，他们可能是村官、县委书记、市长等等，也可能是企业领袖。全面深化改革已在中国各地各行业拉开帷幕，他们是把改革从蓝图变为现实的先导性力量。

反腐败已是中国的"新常态"之一。社会环境和为官环境都已深刻变化，舆论对反腐败的支持坚定而强烈。改革开放与反腐败相辅相成，除了抓贪官、订制度，尽可能多地促进社会经济发展，推动依法治国，同样是对反腐败的真实支持。

一个官员对反腐败是什么态度，不仅要看他怎么在会上说，还要看他对自己所承担的其他任务怎么做。越是巡视组去的地方和部门，那里的正常工作越应有成绩，这应被视为各地对反腐败实际态度的指标之一。

美国《华盛顿邮报》新近发表一篇文章，宣称中国的体制离开了腐败就会失效。一些西方主流媒体近来不断给中国反腐败吹冷风，成绩是我们对它们的最好回答。中国去年GDP增长7.4%，经济下行压力虽然增大，但从世界范围看，这样的中高速增长堪称好成绩。

西方舆论近来起劲唱衰中国2015年的经济，但我们确信它们的预言将破产。中国的反腐败和经济社会发展都在路上，中国政府的强大调控力必将再次深化外界对我国体制的认知。

不时有人夸大当前中国面临的困难。困难当然有，而且不小，但中国这么多年什么时候轻松过？不同的历史时期有不同的挑战，如果说有什么不同的话，那就是我们现在的公开透明度和公众参与度前所未有。

反腐败决不仅仅是党中央和中央纪委的事，它是整个中国社会的伟大事业。事实上我们所有人都是反腐败的参与者，有人在直接打老虎拍苍蝇，有人汇入支持反腐败的舆论大潮。与此同时，我们每个人又都是支撑反腐败这一新常态的建设者，我们大家的辛勤努力将确保反腐败在时间的延续上从容不迫。

优秀的勤廉干部是中坚力量，也是闪耀社会信心、凝聚民间力量的关键锁钥。我们相信，他们的数量在庞大的中国社会里要比那些贪腐恶人多得多。让我们更认真地发现他们，鼓舞他们。

（2015.02.13）

大阅兵将把中国在二战中的地位立起来

上月下旬媒体爆出中国将于今年举行纪念抗日战争胜利 70 周年阅兵式。中国官方对此消息既未肯定也未否定，世界舆论的兴趣则越来越高。

如果这场阅兵最终得以举行，它将是新中国历史上国庆节以外的第一次国家级大阅兵，也将是作为世界反法西斯战争重要战胜国的中国首次举办这样的阅兵，它献给了抗战胜利暨世界反法西斯战争胜利 70 周年这一庄严理由。

中国曾是二次大战的东方主战场，中国在反法西斯侵略中付出的牺牲，尤其是我们的死伤人数或者是那场战争中最高的，或者是最高的之一。中国抗日战争的艰苦卓绝，我们对整个亚太战场乃至世界反法西斯战争的贡献足以震撼世界。然而长期以来，外部对这一切的了解很少，西方史书和教科书对东方主战场的提及相当有限。这次阅兵将强有力地把中国在二战中的地位立起来，把我们的受害程度和所获成就也在人们对那场战争的记忆中立起来。

为纪念反法西斯战争胜利举行阅兵和其他盛大活动，这已成为欧洲很多国家的传统，它们展示了力量，更表达了各国人民祈望世界永保和平的愿望。中国今年的阅兵也会是这样，它将让人们看到中国的强大，更会让国际社会了解中国人民对和平热爱之强烈。

历史证明，强盛的中国比孱弱的中国更能促进亚洲的稳定与安宁。从 19 世纪中叶到 20 世纪中叶，是世界历史进入近代以来中国积贫积弱的时期，那一个世纪的东亚也最动荡，战乱频仍。

抗战胜利阅兵也将促进团结与和谐。各国的反法西斯胜利阅兵通常会邀请其他国家领导人莅临，有的还会邀请外国军队前来单组方阵。中国会怎么做尚不得而知，但阅兵很可能也会突出国际性。这样的庆典被证明非常有利于国与国之间的沟通，拉近各国社会。东道国尤其会获得主场外交的舞台，促进世界对它的了解。

在中国国内这是个鼓舞民众、凝聚人心的大好机会。欧洲的反法西斯胜利阅兵大多都有老兵方阵，从形式到内容都有较高的社会参与性。它会让所有中国人重温中国的深刻涵义，回顾我们从几近亡国边缘走向繁荣富强的伟大历程。中国是所有中国人根本利益最外部的那道屏障，它的破碎或强盛与我们每个人的命运息息相关。

阅兵不是炫耀武力，更不是要针对谁，它如果举行将成为中国与世界之间的新纽带。今年世界上的反法西斯胜利阅兵和其他盛大活动肯定少不了，欧洲大概最多，中国的阅兵将填补东方的一项空白，它会极大丰富国际社会对二次大战的理解。

希望台港澳民众以及世界各地的华人社会也都关注大陆今年的抗战胜利庆典。从那场战争到今天，中国大陆经历了中华民族历史上前所未有的一次跃升，这是中国梦相当扎实的一段历程。它可歌可泣，带来史诗般的回响。如果中国现代国防与抗战时代的元素一起汇入天安门广场，那可太棒了。

（2015.02.15）

把果敢比喻成克里米亚，这很滑稽

2月9日起缅北果敢地区再爆战事，重出江湖的果敢地区前领导者彭家声发表致全球华人书，希望得到援助。从西方媒体到中国互联网上，一些极端的声音将果敢比喻成"克里米亚"，刺激出复杂的联想。

缅北的事情错综交织，果敢与云南比邻，缅北战事往往导致大量缅甸边民拥入中国境内，加之他们当中有很多人是果敢族，即"缅甸汉族"，因而引发中国国内舆论越来越多的关注。

中国应对缅北局势显然不是一件很简单的事，准确说，这可以称得上是一个"外交挑战"。中国的社会力量需要保持冷静，不轻易表态甚至介入缅北事务，确保政府开展外交所必要的空间。

作为媒体对缅北的情况做一个厘清，对中国社会了解那里的事态大概是有益的。

首先，中缅之间的边界很清楚，双方没有领土问题。果敢早在1897年就已划归英属印度（当时缅甸是其一部分），这不仅是新中国之前，也是民国之前的事。

第二，缅甸的果敢族属于缅甸少数民族，他们是我们中国人的亲戚，但他们不是中华人民共和国公民。

第三，果敢不是克里米亚，那样比喻它毫无现实基础，或者是一些人随口瞎沁，或者有着中国断不可接招的特殊目的。

第四，中国最大的国家利益在于边境地区和平、稳定，中国就缅北问题所能发挥的作用应当是促和，劝缅甸政府军与少数民族地方武装通过谈判解决问题。大量缅甸边民拥入中国境内很不利于中国边境地区的稳定，中国促和于理于情都是必要的。

第五，中国与缅甸政府及缅甸社会各种力量都保持着良好关系，这样的友好应当继续保持下去。中国在任何时候都不应成为缅甸内部冲突的一方，无论中国国内的还是缅甸内部的力量都不应把事情朝这个方向推，而且如果有力量那样推了，也不会有它们希望的结果。

缅北的历史看来有些沉重，解决历史问题既需要魄力，也需要智慧。缅北战事近来有加剧之势，政府军和民地武之间都有大量人员伤亡，冲突波及之地民不聊生。今年是缅甸大选之年，我们强烈希望选举能带来冲突各方的谅解和宽容，而不是让冲突成为影响选举的筹码。

中国的对缅政策总体上很稳定，而且我们有保持这种定力的充足能力。随意揣测中国改变对缅北问题的态度，会成对缅甸社会及对自己的误导。试图引导中国做重要政策调整，将会失算，耽误自己。

国内某些人出于种种原因对果敢人存在好感或同情，这是难免和可以理解的。但这不是北京对缅政策的决定性因素。中国的对缅态度会以国际法和中缅长期友好的战略利益为框架，这方面不太可能有颠覆性改变。

缅甸人口有五千多万，但少数民族竟有134个，民地武有29支，目前签了和平协议的有十余支。相信缅甸政府要彻底处理好民族问题会很艰难。各方，包括军方应当先停火，停了火才能进行和谈。我们祝愿这个国家好运，也祝愿包括果敢族在内的各少数民族都有和平发展的机会。

（2015.02.16）

蔡英文和民进党还是悠着点好

蔡英文15日上午前往民进党中央,完成了2016年台湾"大选"党内初选登记。完成登记的蔡英文宣称要在台开启"新政治",也就是所谓的"透明、清廉、人民参与和主权巩固"。此前一天她通过脸谱发文,在表示"致力于维持两岸和平稳定"的同时,她提出民进党与国民党不一样的地方在于"对巩固国家主权这件事是最优先的"。

蔡英文在同一篇文章里强调,"我不是陈水扁,不是马英九,我是蔡英文"。她看上去踌躇满志,怀抱必胜之心。

然而我们有必要隔岸提醒她,在"通往胜利"的路上,她和民进党还是悠着点好。民进党的"九合一"选举之胜并非台湾政治的"大结局",前方的变量还多得很。如果蔡英文在两岸问题上放纵自己,她与民进党的未来会是什么样,历史对这样的赌局已不止一次掷过骰子。

蔡英文说自己"不是陈水扁",表明她并没完全糊涂。但她一上来就提"巩固国家主权",又说明她并非完全清醒。或许一场新的博弈在所难免。

整个民进党都要清楚,他们的"九合一"胜利不是民众欢迎"台独"归来的信号。民进党如果误判形势,拿两岸关系开刀,台海大形势决不会允许这样的历史倒车作为政治彩车招摇过市。

蔡英文通往"总统"之路不排除在这种情况下断然夭折。国民党是百年老党,正在重聚力量。台湾民众已经受益于两岸和平多年,"台独"的巨大风险已是这个社会的不可承受之重。民进党若想让2300万民众走在前面为它的"台独"梦想蹚雷,只能是一厢情愿。

退一步说，即使蔡英文赢得 2016 年"总统选举"，若她强拉两岸关系倒退，那也将是民进党的"死路"。民进党在台湾的那点临时优势，放到海峡两岸及亚太大格局上，实在微不足道。中国大陆的实力较 8 年前又上了大台阶，我们对付"台独"的决心和资源都绵延不绝。如果"台独"真敢不识时务地再冒出来，那么无论它是一条虫子、一条蛇、还是一只豺狼，它的结局都会是一样的，那就是被制服。

大陆不会干预台湾的选举，但我们不会对"台独"的新动向坐视不理。蔡英文和民进党不要以为他们是与大陆关系的主动方。他们应当面对一个现实：民进党的政治选择空间越来越小。蔡英文表示自己"不是陈水扁"，其实她即使想做陈水扁，恐怕也没有机会了。

民进党需要在调整两岸政策方面早下决心。"台独"已是穷途末路，它必将越来越成为民进党的政治负资产。像蔡英文在目前的情况下，不提"巩固国家主权"大概觉得无法对一些"铁票"交代，而朝那个方向走又将面临很大不确定性。民进党根本没有力量驾驭那些变数，台湾太小了，那里没有一支力量可以驾驭它们。

台湾在东亚社会的现代化进程中算是先走一步的，那里是个建设民生的好地方，但无法成为政治中心，让自己做亚太大政治的风暴眼将是极其愚蠢的。"台独"是台湾政治上的一剂毒药，民进党曾给台湾灌了一口，把台湾毒了个半死。如果它再让台湾喝第二口，那么或者台湾不会喝，或者一定有更加强大的力量帮着台湾"洗胃"。

（2015.02.16）

走出西方和民国情结看北大

原浙大校长林建华2月15日受命出任北京大学校长,这已是北大2008年至今迎来的第4位校长。用林建华就职演说的话说,北京大学从来不只是一所学校,而是人们心中的图腾。中国全社会对北大寄予极高期望,它们既包括现实要求,也有大量理想主义的寄托。北大不易,做北大校长是份极具挑战的工作。

近年来互联网舆论对北大的负面议论不绝于耳。看北大以及看今天中国的大学,一些人有很重的两个情结,一个是西方情结,一个是民国情结。中国学生大量赴西方留学支持了前一个情结,后一个情结则像是纯粹的价值评价,是表达不满的借题发挥。

中国一流大学综合水平仍低于西方顶级名校,这应是一个事实。西方发达社会的科技水平仍高于中国,那里的人文学科积累了现代社会的更多经验,大学的历史也更悠久,因而西方一流大学必有值得中国大学参照学习之所长。中国大学一直也是这么做的。

围绕大学的民国情结则有些半真半假。民国时期中国的大学和在校生人数都很少,1936年全中国大学的在校生总数只有41922人,还不到今天一所清华大学的在学学生人数。它们与今天的中国大学是不可比的,用赞民国的大学来否定今天的大学,有点像吵架中的市井之徒只顾宣泄情绪,不顾事实。

社会需要跳出西方和民国情结,今天的北大及所有中国大学,也需要在西方和民国这两个坐标系之外,找准自己的时空位置,在此基础上确定发展方向,不要陷入身份迷失或时空错位。在坚持"中国特色"的问题上，大学应该成为整个社会的标杆。

大学师生特别是校长，应该对大学的时代使命有清醒而坚定的认识。当下中国大学首先要服务于民族复兴、国家富强，要培养爱国的一流人才，要提供可推动社会发展的科技创新，以及先进积极的思想观念，而不是一味标榜独立性和思想自由，传播、生产怨气甚至戾气。从知识界出口的意见已经很多了，但建设性的有质量的建议太少了。

中华崛起和民族复兴，大学教育改革与知识体系的重构是关键。中国大学可以说清楚西方理论，却讲不清中国是怎么崛起的，讲不清中国应当走什么路，为什么要走这样的路。中国遇到的很多现实问题从西方经验中已找不到答案，中国大学必须立足中国实际。

当年中国民穷国弱，四处受辱，以大学师生为代表的知识界，表现出强烈的使命感和爱国主义情怀，共产党随之诞生，新中国亦由此建立。如今中国俨然世界大国，方向已定，复兴在望，不少大学校园却盛行强调"小我"的阴柔之风，报效祖国的阳刚之气不振。这令人遗憾。

大学汇聚的都是知识精英，知识精英有学识有见地，但往往比较自负。如果没有一个大目标将大家拢在一起，一群知识精英在一起，相互拆台多，形成合力难。这在很大程度上要看大学校长的工作怎么做，要看教育体制改革的深入。

今天中国需要一个什么样的北大？这是需要全社会认真思考的问题。在此之前，先请不要再拿哈佛和北大比，拿蔡元培和林建华比。

（2015.02.17）

春节很有活力，整个羊年又会如何

农历春节长假到昨天结束，它留给了社会一份快乐、祥和的记忆。此前一些人担心经济增长放缓压力会影响春节的气氛，打击人们的消费热情，但这并没有发生。春节的旅游市场非常火爆，民众出行频繁，电影票房创新高分别刷新了相关的记录。此外电子红包在互联网上异军突起，形成崭新的春节现象。

虽然还没有最终数字，但交通和旅游的双增长已通过大量局部统计得到佐证。中国的市场潜力令人振奋，与此同时，春节的消费也常被看成社会信心的风向标。

到底该如何描述中国经济的实情，看来还是可以深入探讨和观察的。中国的制造业面临一些困难，但服务业在继续膨胀。中国的就业人数在增加，低端制造业和服务业又不断面临"用工荒"，这当中显然有一些有分量的因素在统计上被淡化了。

有一些非经济学的因素值得关注。第一，中国经济增长放缓至少到目前没有影响到人们的实际生活。中国人的消费能力处在改革开放以来的最高点，而且消费的顾虑在逐渐减少。

第二，中国大量城乡家庭都有了一定的财富积累，当前的调整发生在有了较充分的温饱保障之后，很多家庭对临时性波动有了较强抵抗和消化力，心态也比较从容。

第三，中国人对中长期未来仍总体上抱乐观态度，虽然各种抱怨不绝于耳，但认为下一代的生活不如自己的人少之又少。

第四，随着反腐败的开展，相信社会的公平将得到较多保障，法治也会得到进一步推进的人越来越普遍，按规则办事、依法享受生活的处世哲学将逐渐受到推崇。

这一切实际营造了与中国经济新常态相对应的宏观社会环境，它可能与任何一种"沸点"都保持距离，不那么热烈，也不那么焦躁。潜力的涌现不再是喷发式的，却绵延不绝。它的稳定性更加扎实，而且它似乎是持续发展的大社会所特有的。

只是，中国依然困难重重，对冲经济增长的下行压力、建设一个廉洁而保持发展力的社会面临诸多挑战。但我们以往自我审视的坐标系很可能不够完整、准确，中国一些内在的重要关系有待发现和研究，找出规律。

一个人会有这样的感觉：春节和几个大节过好了，一年就过好了。一个国家当然不能简单这样说。但几个大节过得好，对全年也是有描述力的。我们应当从刚刚过去的春节中得到启示：我们是不是忽视了什么，看偏了一些事情的权重。

中国一些知识精英的信心明显不如春节所反映出的社会信心高，这是该群体"先天下之忧而忧"的天性所致，是他们看得更远，还是他们的观察角度过于"精英化"，因而脱离了大众感受？或者兼而有之呢？

中国的经济社会发展要围绕老百姓的切身利益进行，这恐怕是全面深化改革最核心的要义之一。而在实现民众当下利益的同时照顾好大家的长远利益，保持中国经济的持续发展，这是中国体制的优势。羊年中国有了一个有活力的春节，群众的积极性就是未来发展的动力。接下来会怎么样，我们拭目以待。

（2015.02.25）

香港自由行，人既别多又别少之难

香港特区行政长官梁振英 24 日表示，由于香港的接待能力有限，将在两会期间与内地部门商讨能否收紧"自由行"政策，以控制游客的自然增长。人们注意到，春节前夕和节日期间，香港多次发生以"反水客"为名的冲击商场和羞辱内地游客事件，一些滋事者遭到逮捕。

梁振英所言"香港接待能力有限"是实情，内地游客大量增长同时带来正负两方面的效应，为减少负效应而调整自由行的政策，属于可以理解的范畴。

但应当指出的是，这是项技术性调整，两地舆论都不应将之政治化。香港少数人激烈反对自由行的做法不应受到鼓励，一旦做出调整，不应被视为对那些人的让步。

自由行施行于 2003 年，当时正是香港经济最困难的时候。也是香港主动吁请中央批准自由行，才获同意的。那之后的自由行极大刺激了香港旅游经济，也增进了两地民众的交流。没有自由行，香港恐怕难有今天的繁荣。

香港继续需要自由行是不容置疑的，但抑制内地游客过快增长也确有必要，这两种需求是辩证统一的关系。把香港的社会问题都归咎于自由行是冲动和轻率的，如同内地互联网上有人呼吁"抵制香港游"一样荒诞不经。

香港舆论还需对自由行的利弊放平心态，对它导致的一些局部性问题持包容心态。比如黄金周期间主要旅游场所人满为患，某种商品被"买光"等现象，任何旅游城市都可能遭遇，中国内地旅游城市也都有过这些困扰。在刚刚过去的春节，日本的马桶盖据称被中国游客"扫荡一空"，但日本舆论没有因此而抱怨。

至于香港一些人认为自由行带来的好处被少数商家占有了，并导致香港物价上涨、房价高企，普通民众的生活反而受到损害，这些恐怕主要得靠香港内部的管理协调，反对自由行是搞错了解决问题的方向。

香港舆论对中央的期待确实很高：既要有自由行，帮助促进香港经济的繁荣，又要使入港的游客总量恰到好处，从而实现香港各个群体的利益最大化。而事实上，这样的拿捏很难做到。

一旦开放自由行，游客的人数可能"过多"。一旦管起来，游客的人数又可能"过少"。这恐怕是常态的真实面貌。把游客人数控制得恰到好处很可能是理想化的要求，更何况，香港不同群体对"恰到好处"的理解各不相同。

自由行政策应保持基本稳定，这是香港社会的利益所在。控制是必要的，但措施应当合理，取得内地游客的理解。切不可给内地人留下香港不欢迎他们的印象，谁在香港制造这种印象，他们就是香港经济社会发展不负责任的搅局者。

我们相信，如果香港特区政府主动提出一些收紧措施，内地方面总体上会积极响应。但香港舆论不应期待这样的调整会是丝丝入扣的。香港舆论的豁达是该问题能够逐渐化解的重要条件。

中国内地游客的出境游进入高速增长期，而周边可替代香港的旅游目的地有很多，它们有些在针对中国内地游客设计类似"自由行"的制度安排。香港对反内地游客言行的制止与引导应当与收紧自由行同时进行，这样才能长期保持它相比于其他亚洲城市争取中国内地资源的优势。这无异于是维持香港21世纪繁荣的一条生命线。

（2015.02.25）

日本马桶盖不是中国制造的目标

有日本媒体算了一笔账，今年春节期间，中国游客在日本的总消费金额达60亿人民币，"买！买！买！"的花费至少30亿，尤其"马桶盖几乎处于断货状态"。这个消息相对中国前两年出现的"抵制日货"声音，确实有些讽刺。不少国人觉得丢了脸，骂这些人"崇洋媚外"。

马桶盖在春节前就"意外"成为话题，最初多少有些捧日本制造、贬中国制造的意思，事实上也给日本马桶盖做了一个效果显著的大广告。

内需不振，中国人却跑到日本去扫货，这肯定不是中国人的光荣，不是中国制造的光荣。日本马桶盖受追捧并非偶然，它的人性化、智能化、精细化都达到了很高品质。让消费者能掏钱去买，就是硬邦邦的指标。在很多方面，中国制造和日本制造的差距是客观存在的。这个差距，既是中国制造的动力，也是它的潜力。

但马桶盖成为日本制造的代表，也不能说是日本制造的光荣。从当年的全球家电霸主，到今天的卖马桶盖、电饭煲，不能不说这是一种"沦落"。在很大程度上，是中国家电的崛起，逐步压缩了日本制造的"传统领地"。对此，日本人有着切身感受。

可以说，中国制造取得的成绩远超所有人预期，是在部分国人的不看好甚至妄自菲薄，以及国际同行的强大竞争压力之下，杀出了一条血路。这个过程有无数可歌可泣的故事。有了这个基础，对中国制造的未来，我们今天理应有更强的信心。

但无论如何，日本马桶盖都不应是中国制造的目标。如果有中国企业，再去山寨日本马桶盖，那才是真丢人。中国制造应该有更大的雄心，应该有另辟蹊径的创新能力，而不是"走别人的路，让别人无路可走"。如果总是沿着别人的路追赶，我们将永远是个小跟班。历史经验告诉我们，"逆袭"都是起步于临摹，成功于超越。

我们没理由指责那些选择买外国货的国人，全球化的时代，他们有这样的条件和权利。几乎没有人会相信，光靠爱国主义，或者靠抵制外国货，能够支撑、成就中国制造。中国制造的整体实力仍不够强大，其形象建设更是一个长期过程。我们必须有极大的耐心，只要品质过硬，一定会赢得市场。

但也必须指出，那些选择去支持国货的人，是可敬的，值得鼓励的。如果品质、功能、价格等区别不大，我们呼吁中国人都选择中国货，这是爱国心的具体体现，为国货自强争取时间和空间，这是普通百姓为国家并不难做出的一点个人贡献。

全球化的竞争是无情的，每个民族和国家凭借各自的天赋、努力和机遇，通过竞争、合作、挤压和碰撞，逐渐寻找到自己的位置。我们希望，中国最终的位置，是可以令国人骄傲的。日本也不会满足于只做一个马桶盖生产强国。中国制造和日本制造的良性竞争，对双方都是强有力的鞭策。

（2015.02.26）

从民间的角度看"四个全面"

习近平时代要完成什么任务,"四个全面"给出了绝大多数中国人乃至国际上都能明确读懂的回答。

"四个全面"最早由习近平总书记去年12月在江苏调研时提出,近日受到官方媒体的隆重解读。它的内容是:全面建成小康社会、全面深化改革、全面依法治国、全面从严治党。

有意思的是,"四个全面"的提法不是一次成型的。全面建成小康社会最早提出于十八大报告,全面深化改革是十八届三中全会的主题,全面依法治国是十八届四中全会的核心要义,全面从严治党是群众路线教育实践活动的总结升华。最后一条也是习近平对治国理政的最新总结和补充。

此外小康社会、深化改革、依法治国、从严治党都曾反复出现在十八大之前的官方文件里,但把它们都贯以"全面"二字,紧密结合在一起,是历史性的第一次。它既是继往开来,又是战略性飞跃。中国的事情既难在开头,更难在善始善终,全面推进到底。过去我们说"进一步""大力推进",但一说"全面",就成了不留死角和退路的庄严承诺。

"四个全面"是重大理论突破,属于高屋建瓴的顶层设计,但它不是凭空想出来的、推导出来的,它有着十分庞大、深厚的实践根基。没有十八大以来一系列治国理政上的推进,没有三中全会四中全会的铺垫,大概就不会有"四个全面"的面世。正因如此,中国普通人也能比较顺利地搞懂"四个全面"与中国现实以及它们彼此之间的逻辑关系。

全面建成小康社会是战略目标,后三个全面是实现这一目标的战略举措。这强化了全党全国人民一段时间以来对小康社会的新认识。以往人们对小康的理解主要是经济物质上的,而现在人们同时渴求公平、法治和廉洁等等。习总书记的"四个全面"肯定了小康社会新的定位,给执政党压了更多担子。

让全社会都能搞懂,并且得到全国各族人民的一致支持,这样的治国大纲最有生命力。"四个全面"既深邃、严整,又十分朴实,体现了习近平总书记论述治国理政的一贯风格。

我们还注意到,"四个全面"从总目标开始,越往后越具体,越触及难点的核心。十八大以来的反腐败轰轰烈烈,它是从严治党的关键步骤和突破口。把执政党管严管好了,推进依法治国就有了全新局面,改革也就可以避免各种利益集团的干扰。

"四个全面"的推进、落实有着很高可信度,因为党中央当下就在这么干,全国人民眼看着国家在朝这个方向前进。这可不是一时的政治口号,它们是全体中国人都感同身受的历程和潮流。今天在很多贪腐官员落马之后谈依法治国和从严治党,与几年前这样说,是完全不一样的。

"四个全面"是对中国当下发展阶段及未来一段时期改革方略的本质认识,很多人在第一时间认为它是习近平的标志性理论,如同以前的重大理论创新一样可能在未来载入党章。党的宣传机构并未做类似的暗示,民间却已有强烈的预期。这显示了"四个全面"理论与中国现实的高度契合,以及它的深得民心。

十八大以来中国经历了一系列变化,这些变化逐渐理出了脉络,形成了体系,现在又有了高度总结。中国既大兴改革,又牢牢把握着确定性。此乃国之幸,人民之幸。

(2015.02.27)

大赦国际，西方最偏执的因子之一

总部设在伦敦的大赦国际组织星期三发布年度报告，其中一段呼吁联合国安理会五个常任理事国在事关种族屠杀和其他大规模杀戮时放弃行使否决权，得到西方媒体的大力传播。该组织一负责人接受采访时说，2014年最明显的一个失败是安理会成员国"不断滥用否决权"，它们包括俄罗斯否决了一项谴责克里米亚公投非法的联合国决议，俄罗斯和中国还否决了谴责叙利亚的一项决议案。

大赦国际是由西方主导的一个十分有名气的非政府组织（NGO）之一，近年来由于世界相对和平、安全，加上有互联网助力，NGO有了更多发言权，各国公众也有了较多耐心和兴趣听它们说话。一些NGO也因此有了搞"小清新"、用激进观点博影响力的意识。

众所周知，联合国安理会的常任理事国否决权制度是基于历史教训和现实需要的选择，也是维持联合国完整及有效性的一个前提。五常的特殊影响力客观存在，它们一致同意做的事，就容易做成。五常中有一个国家坚决反对的事，强行去做不仅会有阻力，而且有可能分裂安理会，破坏国际团结。

安理会的现有表决机制经历了近七十年的考验，它最大限度地鼓励了国际共识，减少了致命分裂的风险。它甚至是联合国能够穿越冷战等严酷考验保存下来的重要原因。

大赦国际是高度意识形态化的NGO，其实美国是在安理会使用否决权最多的国家之一，它为保护自己盟友而否决的那些决议案，很多都与"杀戮"有关。此外，这几年美国等西方国家在中东制造了大量人道主义灾难，叙利亚的灾难西方也难辞其咎。但大赦国际同西方媒体的这场配合炒作，立场非常鲜明。

NGO 是西方体制下的特殊产物，它们很适合西方的政治及社会土壤，政治性的 NGO 尤其起到"冒泡"的作用。一些西方的 NGO 一直想向中国渗透，中国也有一些人对 NGO 的作用很推崇，甚至有些膜拜。其实西方的 NGO 非常复杂，它们很多都表现出比政府组织更容易偏激、一切为了本组织的好处而把社会责任放到之后甚至一边的倾向。

大赦国际、记者无国界等 NGO 与西方主流政治及财经力量贴得很紧，在很多时候，它们就像是西方权力的传声筒。西方经过长期发展已经形成有内部默契和协调力的大体系，在对付非西方力量挑战或竞争的时候，它们"一致对外"的自觉性相当惊人。

在西方体系里，反叛的代价就是被边缘化。这种不见血的绞杀对所有人都是警告。结果是，整个西方主流社会里几乎没有反西方的权威人士，偶尔冒出那样的人，都被贴上标签，主流舆论机构对其避之唯恐不及。2004 年初，伊拉克大规模杀伤性武器核查组组长查尔斯·迪尔费尔背叛美国利益，公开声明伊拉克没有那样的武器，他很快就从西方主流舆论中消失了。

往轻了说，大赦国际有些认识模糊，见识太少，它是西方价值体系里最偏执的因子之一。往重了说，它就是不断通过为西方的利益说话，干西方政府不方便干的事，来谋求自己的好处，包括影响力。这样的组织，中国人完全可以鄙视之。

（2015.02.27）

台官员对大陆民航说狠话太过分

大陆东南沿海 M503 新航线将在 3 月 5 日正式开通，台湾"交通部政务次长"曾大仁 26 日竟公开声称，如果大陆客机在未知会情况下进入台方飞行情报区，台方将予以警告甚至"派军机驱赶"。用军机驱赶民航机这样的威胁，像是从两岸还是高度敌对的状态下蹦出来的，这实在离谱，也让人生气。

M503 新航路是大陆为缓解上海及珠三角地区空运繁忙而开辟的新航线，它处在所谓"海峡中线"的西侧，保持足够安全距离，并已得到国际民航组织核准。两岸就此航线已进行过两轮沟通，大陆充分表达了开辟此航线的客观需求，台湾方面至今拒绝理解，并说出如此硬话，实在不该。

不知道台湾官员这样说话是否意在恐吓 M503 航线的潜在乘客，如果有那个意思，那就是破了文明的底线。

大陆方面不会与台湾比着说硬话。可以想象一下，如果台官员说了上述用军机驱离大陆客机的重话之后，大陆也发出"一旦怎么样我们将怎么样"的反制性威胁，几个来回之后，两岸关系 6 年多的进展恐怕将毁于一旦。

台湾的国民党执政当局因为选举失利，似有些乱了方寸，给人以要用在两岸关系上乱"冒泡"来讨好部分选民的印象。这恐怕是政治上的自乱阵脚，非常令人遗憾。

其实"交通部政务次长"曾大仁 26 日说出"军机驱离民航"的狠话后，岛内各派舆论反应绝大多数都是批评性的。有的斥他"拿国安问题当儿戏"、"影响台湾国际形象"等等，还有的认为他不该"越俎代庖"说交通部门不该说的话。

国民党这6年多主政台湾的最大成绩就是开辟了两岸关系新局面，台湾全社会从中受益，对两岸当前活跃的交往总体是欢迎的。反服贸协议的所谓"太阳花学运"虽然传达了台湾年轻人复杂的失落感，但它有多大成分针对的就是服贸协议本身，值得仔细研究。大多数分析人士相信，未来无论谁在台湾上台，都不大可能在让两岸关系大倒退方面"动真格的"。

如果民进党上台，它敢取消两岸直航吗？它敢阻止大陆游客入台观光吗？它敢逼台湾企业从大陆撤资吗？民进党决没有这样的胆量，因为那样的话它很快将被台湾的选民从台上轰下去。

国民党应搞清自己在"九合一"选举中输在什么地方，它输的决不是对大陆的开放，而是没能在台湾社会的内部治理上有所建树。国民党执政当局若在最后一段时间毫无定力，自己往自己最大的政绩亮点上泼脏水，那么2016年台湾"大选"的结果现在就可以决定了。

动用军机威胁民航，这只有在冷战时期发生过，民航遭遇军事威胁也只有在战乱或野蛮地区才可能出现。迄今为止我们还对台湾社会的基本理性保持一份信心，我们宁愿相信曾大仁是一时糊涂说走了嘴，我们不认为在所谓"海峡中线"西侧已有空中航线的情况下再增加一条，而且是在经过国际民航组织核准的情况下这样做，是件"冒险的事"。

台湾当局和反对派都不可在两岸问题上大尺度矫情。大陆与台的沟通是畅通的，这里只有规则、惯例以及协商，我们不希望也不相信会有与台湾经济社会发展水平不相称的颠覆性胡来出现。最后还望台湾有关官员自重。

（2015.02.28）

暗杀和利用暗杀事件都很无耻

俄罗斯前副总理、著名反对派人士涅姆佐夫2月27日深夜遇刺身亡，在俄罗斯及国际上引起强烈震动。普京在第一时间斥责这起谋杀是"恶劣且无耻"的，并要求全力查清此案，严惩凶手。西方主要领导人也都出面表态谴责这起谋杀，其中奥朗德称赞涅姆佐夫是"捍卫民主的勇敢斗士"。

一些西方主流媒体强调涅姆佐夫是普京"最激烈的批评者"，并在引述俄罗斯社会反应时突出"是普京下令干的"这一声音。整体看，这起突发事件是对俄罗斯国内团结的打击，给俄政府处理一系列棘手问题平添了压力。

政治暗杀是最可耻的行径。不过现实是，它已是很老旧的斗争手段，文明世界近年来对其已逐渐陌生。刺杀反对派领导人尤其是愚蠢的，因为反对派领袖身上所聚集的那部分权威在现代社会里往往很容易复制，暗杀所造成的激愤只会增加反对派的凝聚力，而不是相反。

俄罗斯的反对派力量比欧美国家弱小得多，涅姆佐夫虽然当过叶利钦时期的副总理，但政绩较差，政治资本有限。他最突出的标签是亲西方，包括在乌克兰问题上也与西方相呼应，在俄政府防范他的时候，俄激进民族主义者则视他为敌人。

因此也有反西方人士指称是西方情报机构暗杀涅姆佐夫，嫁祸普京政府。还有人猜测是俄激进民族主义者谋划了这起暗杀。

很显然，涅姆佐夫被刺有悖通常政治逻辑，它在许多人的眼里都是蹊跷的。因为如果为了清除一位影响力有限的反对派而打开政治暗杀的潘多拉盒子,这将是所有俄罗斯政治家的噩梦。这是一种让所有人都没有安全感的政治文化,会让整个社会变得歇斯底里。

多国政府加入了对这起谋杀的谴责,国际社会应当支持俄罗斯当局依法查清此案,将凶手绳之以法。但在这个过程中,外界不应凭空猜测案件的性质,而应等待俄司法机关的调查结果。

出了这样的暗杀,既是严重刑事案件,也是俄罗斯政治文化上的一起灾祸。相信绝大多数俄罗斯人都为这件事感到痛心,包括很多不喜欢涅姆佐夫的人。这种时候大概会有一些力量试图在政治上利用这起事件,政治的某些规律有时很让人无奈。

中国社会很愿意普京治下的俄罗斯保持基本稳定,我们对于如此野蛮的暗杀行为能在莫斯科发生而深感惊讶。我们希望它是这个友好邻国里的孤立事件,希望它的含义并非像一些西方舆论所分析的那样沉重。

俄罗斯处于近年来相对困难的时候,美国等西方力量试图加重它的困难,这使普京政府面临严峻考验,俄罗斯社会也会有比平时更多的敏感点。政府的考验往往同时是社会面临的挑战,俄罗斯能否平稳度过眼下的时期,最终取决于该国大多数公众的立场和态度。

(2015.03.02)

"安倍谈话"诚恳谢罪才是真自尊

日本首相安倍晋三上周召集协助他起草二战结束70周年"安倍谈话"的专家开会,他是否会继承"村山谈话"及"河野谈话",国际社会高度关注。安倍提出为他撰写谈话的"五大论点",其中只有第一点是"从20世纪汲取的经验教训",后面四点谈的都是日本战后的和平主义、对世界的贡献及当下日本应有的政策措施等等,看来是要夸日本。

至于日本要汲取哪些"经验教训",安倍一直不明说。今年1月25日有日本记者问他,村山及之后小泉的谈话中都有"殖民统治""侵略""深刻反省""谢罪"等关键措辞,"安倍谈话"是否继续使用它们呢?对上述四个关键词,安倍只在回答中提到了"反省",其他三个词都回避了。

安倍表示,他的政府将"整体继承"历届内阁的谈话,但并不意味着原封不动地沿用过去说过的词汇。

日本最大反对党民主党党首冈田克也就此批评说,安倍的表态显示,"安倍谈话"准备抛弃"村山谈话"的关键精神。这样的批评声以及担忧在日本社会大量存在。

到8月15日还有5个多月,事情还存在一些变数。分析人士大多认为,安倍在内心深处是抵触"村山谈话"及"河野谈话"的,但他面临国内反对力量的牵制,改善与中韩关系是他绕不开的外交目标,而中韩对他继承上述两个谈话盯得很紧。此外美国也反对他颠覆性修改战争评价,因此他不断释放探测气球,揣摩他能离经叛道的尺度。

今年是反法西斯战争胜利70周年,欲在这个时候通过正式谈话否认日本在亚太的战争罪行，或者对其做轻描淡写处理，这在外界看来是愚蠢的。日本右翼对自尊的认识与普世的自尊大相径庭，他们国家七八十年前的军队侵略了，殖民他国了，抓慰安妇了，烧杀抢掠了，他们觉得承认这些事实是一种羞耻，认真道歉更是奇耻大辱，而咬紧牙关，能少承认就少承认一点，才是现代日本人的勇气。

是中韩等亚洲国家"小心眼"，非要日本领导人说他们难以启齿的话吗？让我们看看日本领导人加起来都说过些什么吧，即使"最深刻的"，核心也大致就是上文那四个词。它们能跟战后德国领导人所做过的深刻忏悔相比吗？好意思比吗？

如今村山首相等人做过的道歉和反省，安倍还要在70周年的时候再"省下几尺"，日本右翼的荣辱观真是让我们服了。这样下去，"安倍谈话"还反省个啥，直接说日本当年做得对，侵华侵朝侵东南亚等等都是为了建立"东亚共荣圈"，而且日本是二战的主要受害者，不就得了。

中韩等国社会还没有"豁达"到日本右翼希望的程度，那场战争的伤口仍在不时疼痛，我们做不到帮着他们一起粉饰日本军国主义者的战争罪行，对今天一些日本政客相关的拙劣表演不闻不问。如果"安倍谈话"在反省战争的问题上不及格，中韩舆论一定会激烈发声，一场大辩论无可避免。世界将通过这样的辩论更加清楚日本在二战的亚太战区干过些什么，日本政府错误的做法将让它的国家在全人类面前进一步蒙羞。

我们希望安倍政府有跳出历史问题游戏的大胸襟，而不是把它像一根跳绳一样舞得让人眼花缭乱，以为那就是水平。请安倍政府在剩下的几个月里别东试探、西试探了，还是好好说服自己的心吧。

（2015.03.03）

"一带一路"与马歇尔计划迥异

60多年前的马歇尔计划影响了这个世界上不少人的思维方式：大国发起的经济援助或者战略合作都是单向推行其全球意志和价值的工具。

从改变人们这一思维定式的意义上说，中国领导人习近平2013年倡导发起的"一带一路"计划，是世界经济援助及合作领域的一个里程碑。中国政协发言人吕新华2日在回答相关问题时说，"一带一路"强调共商、共建、共享，中国官方文件此前不断强调它的目的是合作共赢。

"一带一路"计划的推出时间还很短，但它已经受到沿线广大发展中国家的热情欢迎和公开支持，即使领土纠纷、政治制度差异、文明背景不同也最终难成合作障碍。因为"一带一路"是全方位开放的合作平台，平等互利是它的首要原则，不会有一个国家会因为"被迫"而进入这个合作体系，但吸引力却是真实、难以取代的。

美国当年提出马歇尔复兴计划时，附加了苛刻政治条件，欧洲的所有亲苏联国家都被排斥在外。即使是盟国，美国也为进入该计划的国家制定了标准和规则，受援的西欧国家只能无条件接受。该计划的最终结果导致了欧洲的分裂。

"一带一路"欢迎沿线所有国家加入，不问这些国家是谁的盟国，信奉什么宗教，政治上推行什么主义，以及以往与中国的关系如何。这个计划既是中国的全方位国际合作计划，也是中国自身发展计划。中国人民银行行长周小川曾公开说，中国的外汇储备比较多，就需要有一部分用于走出去，把资金拿到国外运用，这就是丝路基金要做的事。

"一带一路"沿线大多是发展中国家，它们对基础设施建设有旺盛需求，这与中国成熟而强大的基建能力和资金实力是一拍即合的关系。很难有国家发展战略如此般配的对接，这几乎是命运为那些国家带来了同时获得资金和工程能力的机遇，也同时为中国升级发展战略提供了新纵深。

客观说，历史上的崛起大国没有一个是以这种推动发展的方式开拓空间的，大国对周边谈平等互利，常常受到怀疑。但中国做得正，行得端，我们的言行清澈见底，从"一带一路"受益的国家不断增多，其正能量加速度扩散，前景一片光明。

有没有"一带一路"，中国都难以超脱地缘政治的纠葛。但这个计划终将让沿线广大国家看清，中国的确是一部拉动区域乃至全球经济增长的火车头，在与中国的关系中有比地缘政治更具现实意义的内容，它就是共享发展，造福于人民。

中国有着全世界最庞大的社会，我们最清楚民生乃国之本，发展乃国之幸，而这一切既是一个国家、也是整个地区和平稳定的根。中国崛起决非初尝这种滋味，我们有太多历史经验和教训，这个国家不想走传统地缘政治对抗、突围、争霸的老路，我们下决心创造一个大国真正和平崛起的先例。

"一带一路"是中国的一份坦然，也是一份自信。我们看得懂这个世界真正需要什么，而且很确信自己不会看错。我们不欺诈，不威胁，而是以尊重、平等的态度邀请各方与我们合作。这样的开放合作将不断枝繁叶茂，因为它既符合利益原则，也契合人心向背的规律。

两会已经开始，"一带一路"将是热题之一。外国记者们会发现很多中国各地的代表委员对这个话题很兴奋，因为它与他们那里的发展大计有关。这也是外界从中国内部搞懂"一带一路"战略奥秘的大好机会。

（2015.03.03）

西方有人幻想"中国崩溃"上了瘾

美国《国家利益》网站3月2日发表一篇奇文，作者是詹姆斯顿基金会的研究员彼得·马蒂斯。文章观点从标题已能大致看出："世界末日，为中国的崩溃做好准备"。马蒂斯在文章中大谈"必须设想好没有中共的中国将会变成什么样，以及这些改变将会带来怎样的结果"，呼吁美国政府筹划好相关应变措施。

"中国崩溃论"在西方早就不新鲜，那些让西方极端势力感到舒服的论证隔段时间就会冒出一股，然后自生自灭。但把"中国崩溃"当"正事"说，并出主意要美国政府现在就认真准备迎接"中国崩溃"，却算得上新奇葩。

《国家利益》杂志网站这样的大标题让中国人觉得刺眼。一些人会觉得美国社会算是养了一帮闲人，什么话题夸张编什么。谢天谢地，这篇文章的题目不是"世界末日，为中国大陆沉到海下做好准备"。

有人说，最好美国政府听这篇文章作者的话，华盛顿把GDP的一半都用来为"中国崩溃"做准备就更有意思了。这可以成为美国社会的中心任务，白天演练措施，夜里等待"中国崩溃"的信号。就这样练上10年好了，再多练10年也行。

美国一些人想"中国崩溃"真是想疯了，看看《国家利益》那篇文章一本正经的样子，你就知道"中国崩溃必然发生"的逻辑成了美国一些所谓"专家"认识和判断力的轴心。这些人衣冠楚楚，口若悬河，有些还身居要职，但他们对政治意淫的那股痴迷劲已经超出了理性的基本刻度。多少年后，等着历史用最尖刻的语言嘲弄他们吧。

其实哪个国家没有"崩溃"的丁点可能性呢？这个世界上有"绝对保险"的国家吗？亨廷顿是预言过美国"崩溃"危险的，但他设定了具体的条件。但是如果今天，中国的网站上打出个大标题：为美国（或者换成英国、法国、德国、日本以及新加坡、韩国等）的崩溃做好准备，我们能不能说这家中国网站的编辑"疯了"呢？

有一些疯癫癫的文章来刺激我们的眼球，倒也未必就是坏事。我们至少知道了，西方真有一群人如此迫不及待地盼着中国"出大事"，国家政权瘫痪，社会四分五裂。这些人除了眼巴巴地等，做自娱自乐的痴梦，很可能还会干出点更具攻击性的行为，伤害我们的国家利益。

我们还可从中知道，一旦中国有难，那些天天表达对中国人权关注的西方力量琢磨的大多是如何从中渔利。《国家利益》这篇文章一句未提一旦有极端情况中国人民可能会遭受的苦难，它的出发点是美国在发生"崩溃"后的中国如何实现自己的利益。

最早写"中国即将崩溃"的章家敦不断推迟"中国崩溃的精确时间"，如果在中国反复预言别国即将崩溃而无法兑现，肯定是没法混了。但在美国那些人依然市场不小。美国社会领域的科学精神显然遭到意识形态和价值观的侵蚀。

每年三月是中国大自然的春天和政治春天交汇的时节，两会汇集了中国的活力和丰富多彩，这里有中国未来的大量信息。想戒掉"中国崩溃论"毒瘾的人，可以在这个时候主动治疗。如果他们想继续做21世纪独特的"瘾君子"，并且能从中找到别人无法想象的乐趣和刺激，那就是他们的事了。

（2015.03.04）

悉尼先驱晨报，你是想裸奔抓眼球吗

澳大利亚《悉尼先驱晨报》3月3日的一篇文章宣称"伊斯兰国、俄罗斯、中国都是法西斯国家"，第一眼望去，我们怀疑自己的眼睛看错了，但是没错，它就是这么写的。

这篇文章的作者是该报国际版编辑皮特·海切尔，因此它不是一篇稀里糊涂登出去的来稿。《悉尼先驱晨报》作为澳大利亚主流媒体，这样做很过分。

多名接受环球时报采访的中国学者表示，这是他们第一次看到有人将"伊斯兰国"、俄罗斯、中国并列在一起并贴上"法西斯"标签。并且他们都断言这不是澳大利亚政府的观点，也代表不了澳大利亚主流社会，这是《悉尼先驱晨报》原因有待了解的一次"裸奔"式出轨。

他们都说，根本没必要与这篇文章争辩中国为什么不是法西斯，因为这个世界上根本没有正常人这样看。还有人指出文章作者像是生活在恐龙时代。

有人分析，《悉尼先驱晨报》大概想通过极端声音吸引眼球，这是唯一能够让人想到的"合理"解释。在西方一些人的眼里，中国强大而离经叛道，给中国编织奇怪的罪名有时就像给自己打广告，可以瞬间吸引大量目光。

当然，这样干的人通常是在西方用正常途径无法吸引注意力的那一伙。他们的水平一般，视极度偏见为与众不同。比如写这篇文章的皮特·海切尔主要抨击了中国的南海政策，此人显然对南海的情况知之甚少，对中国主张的来龙去脉、对南海纠纷细节的了解都囫囵吞枣。

《悉尼先驱晨报》刊登如此文章，在整个西方世界恐怕是第一次。这是一次堕落，相对于中澳刚刚确立的全面战略伙伴关系，它是可耻的逆流。请该报不要用"新闻自由"来做辩解，这样说都会脏了"新闻自由"这个词。

一家澳大利亚主流媒体允许如此极端的国际编辑胡作非为，这超出了我们对澳大利亚主流新闻界操守的想象。我们不知道这究竟是澳媒体偶尔发作的"正常歇斯底里"，还是个别编辑出于种种偶然原因获得了表现其"大脑不正常"的机会。

我们知道澳大利亚曾关押过大英帝国的大量囚犯，当澳大利亚社会里少数人出现正常文明难以解释的怪异表现时，这是否来自于某种阴差阳错的基因遗传呢？我们不得而知。

中国社会尊重澳大利亚，但澳主流社会不时有一小撮人让我们想到"流氓""变态"这些词，他们的言行让我们大跌眼镜。

最后我们想对中国读者说，别因为一篇文章而记恨澳大利亚这个美丽的国家。但中国新闻界可以记下《悉尼先驱晨报》，在它是否是严肃报纸的问题上，从此打个问号。

（2015.03.04）

中国公众欢迎军费再增 10% 左右

在 4 日举行的全国人大记者会上，发言人傅莹女士透露，中国今年国防预算的增长幅度大概是 10% 左右。

中国 2014 年的国防预算增长幅度是 12.2%，总额为 8082 亿元人民币。再增 10% 左右，就会接近 9000 亿，达到 1400 多亿美元。这个数字大约是世界军费第三名、第四名之和，但仍远低于美国的军费总额，后者是世界军费榜上除了它自己之外其他 14 个国家的国防预算之和。

傅莹表示，中国的人大代表、广大人民群众对增加军费都是支持的，这是大实话。中国人都清楚自己国家近年来面临着不断复杂化的国防安全形势，而我们不是个小国，可以靠别人提供安全保障。中国的国家安全只能立足于自己的力量发展。

中国已是第二大经济体，"树大招风""高处不胜寒"的感受非常真切。未来一个时期恐怕也是中国维护国家安全方式的转型期，我们越发展，安全的不确定性因素越多，这一切不仅中国人看到了，外界也不难揣摩。

糟糕的是，世界军事变革的速度太快，国防系统的更新和升级也越来越昂贵。在大国层面几乎只剩下美国军力的规模和先进程度一个标准，它迫使其他大国或者做美国的安全附庸，或者投巨资走国防的自力更生之路。

美国向中国提供安全保障毫不现实，这使得中国实际上只剩下了一个选择。

虽然中国军费已连续几年位居世界第二，但这个"老二"的真实质量是人们经常提起GDP等各项"老二"中最不确定的。中国即使不是全球"第二有经济实力"的国家，大概也能排到"老三""老四"位置，但中国显然不是全球"第二安全"的国家，也决排不上第三或第四安全。

有人炒作"中国军事威胁论"，但请平心而论，中国经济第二对他们国家的实际影响大，还是中国军费第二所造成的现实影响更大呢？

其实全世界都很清楚中国需要一支更现代化的军队，随着中国经济总量继续上升，外界对此是有充分思想准备的。一些力量对此说三道四，属于习惯性的舆论表现。中国军费直到现在不足GDP总量的2%，而美国的这个数字是3.8%，英国是2.5%。

这个占比显示，中国近年增加军费较快是在"还历史的账"，这决非虚言。中国军费的起点太低了，如今的增加看上去比例挺高，但远未突破量力而行的原则。

中国坚定地执行防御性国防政策，中国不是个迷信进攻性的国家。随着全球化的发展，中国已在谈论为地区和平及世界和平做贡献，但中国的这一立场和态度与国际上对中国的期望是合拍的，与西方大国对中国为区域安全"多出些力"的要求也是契合关系。中国近代以来从未穷兵黩武，我们一直是帝国主义力量侵略的受害者，中国人骨子里没有成为帝国的愿望。

中国已经近30年未因实战放过一枪一炮，我们堪称是大国里"最和平"的国家。中国加强国防建设是要确保自己继续做"最和平"国家的权利，并让更多国家分享中国的持久发展。世界爱好和平的人们切不要相信"中国威胁论"的鼓噪，那样的舆论陷阱总想网住尽可能多的善良的人们。

（2015.03.05）

从全球视角客观看中国生态得失

中国是对生态高度敏感的大国，中国社会如今关于生态的议论，恐怕比全世界发展中国家这方面的议论加起来还要多。中国的敏感以及讨论的热烈比任何发达国家也不逊色。

结果是，中国的生态问题本来就很严重，但社会的"零容忍"进一步增加了我们对问题的痛感。与此同时，这种痛感为我们向解决生态问题投入力量提供了强大的积极性，中国现在对生态的绝对投入和相对投入都在快速增长。

中国承诺在2030年之前尽快达到碳排放峰值，成为第一个做出上述承诺的发展中国家。这是一个涉及真金白银的决心，美国政府在同中国达成气候协议后，国会立刻表示反对，而中国社会却对政府的这一态度给予了支持。

中国决不是在生态保护上缺少努力或不作为的国家。然而由于这些成绩仍远未达到决定性或"有充分显示度"的水平，在我们继续奋斗的时候，谈论它们常被认为不合时宜。我们的意见是，既清醒认识问题又不忽略成绩，更有利于准确把握未来的方向，坚定保护生态的决心和信心。

一些人提出，中国为现有发展所付出的生态代价极其高昂，这使得发展得不偿失，用"失败"定义之可也。不能不说，这是情绪化的气话。世界对中国发展成就相对于生态损失的总体性评估是正面的，世界舆论对中国发展的真实打分很高，并且非常稳定，而对中国生态损失的看法则是变动的，见仁见智。

比如对中国雾霾的性质、它与发展的关系，中国治理它的难度究竟有多大等等，世界学术界均没有定论。

污染问题虽有不少全球性技术标准，但却缺少世界可比的评价方式。比如中国如果作为一个发达国家，我们的污染问题就显得十分突出。但如果中国被看成一个发展中国家，那么中国又做得"相当不错"。

其实中国最可比的国家是印度。中国以目前的污染代价大体完成了工业化，印度的污染水平和中国差不多，有些方面比中国还严重，但印度的发电总量只是中国的1/5，基础设施建设落后中国20年，百姓生活中的现代化元素都远远低于中国。

环境保护是多维度的社会工程，中国一二线城市大多完成了清除城市建设初期脏乱差的任务，城市变得清洁有序。这种情况正逐渐向三四线城市延伸。但中国农村的水污染和城市的大气污染仍是现实的存在。有能力解决前一个问题的中国社会，不应当被接下来的问题难倒。

舆论对雾霾等问题有些急躁，这完全可以理解，甚至从一定意义上说，这样的急躁提供了解决问题的有益压力。但我们终究要清楚，急躁本身并不产生解决问题的手段，它有时也会对我们制定战略形成困扰。

中国并没有在保护生态问题上原地踏步。以全世界绝无仅有热度讨论这个问题的社会，并有一个被公认领导力极强的政府，怎么可能在我们最关心的方向上一事无成呢？尽管依然不时面对讨厌的雾霾，我们同样不应气馁，不可妄自菲薄，我们需要以科学的态度看待雾霾，评价我们同它的斗争。

中国已是全球发展清洁能源最快的国家，各种环保宣传无处不在，逐渐深入人心。中国新通过的《环保法》被普遍认为"非常严厉"，这一切都在把中国的环保努力带出发展中国家的范畴。我们生活在一个污染形势不容乐观的国家，我们同时生活在环保大踏步前进的国家。我们没理由对依然存在的问题唉声叹气，我们和我们孩子的未来注定是光明的。

（2015.03.05）

7% 左右展现中国最宝贵的确定性

中国 2015 年经济增长率预期 7% 左右，李克强总理昨天政府工作报告的这一宣布引来全球舆论的如潮评论。李总理的许多话都让众媒体津津乐道，但"7% 左右"受到的关注量显然拔得头筹。

这一增长目标符合中国内外大多数人的预期，也可以说，它是围绕中国经济各种意见和看法的最大公约数。对今天的经济界和舆论界来说，7% 左右总体上"既不高也不低"，它的确同时关照了中国对经济增长的实际需要和可能，属于"最顺理成章的"那个数字。

尽管也有国际组织预测中国 2015 年的实际增长只有百分之六点几的，但 7% 左右被绝大多数人视为"可完成的"目标。换句话说，尽管中国经济的下行压力仍在增加，但对守住 7% 左右这个区间，当下的中国社会颇有信心，世界对此也是看好的。

昨天的中国舆论普遍对 7% 左右这个最新目标给予了好评，这种好评与社会真实心态高度对应。中国社会在过去几年围绕 GDP 问题开展了大量争论，这些争论先是扳倒了唯 GDP 论，接着又批驳了去 GDP 论。7% 左右既是新的增长目标，也是中国全社会针对 GDP 去除各种激进态度、巩固科学认识的写照。

中国人平静、积极地接受 7% 左右增长目标，这是一次真正意义上的"软着陆"。软着陆决非只是经济要素摆动幅度的衔接，更是社会心理和态度的平稳过渡。像中国这样的大型发展社会，很难说究竟百分之几的增长率"最合理"。最重要的或许是一个现实的增长率受到主流社会的接纳和认同，它能最大限度契合人们的预期与要求，并与社会的其他节奏环环相扣。

7%左右作为经济新常态的核心内容之一，与新常态本身一起注入中国社会未来种种认识的基础部分。人们对7%的落差性感受已逐渐经历过了，接下来大家将有更多兴趣发现中高速增长的真实好处，并通过开发、利用它们而让我们的未来充满生机，把新常态变成中国经济发展货真价实的升级版。

中国经济增长两位数的那些年，舆论大谈发展速度降下来的好处。等到经济下行压力真的来了，一些人又变得一筹莫展。这是个反复锤炼的过程，现在或许可以说，中国社会真的"成熟了"。

有过连续多年两位数增长"曾经沧海"的经历，中国社会对7%左右的"平常心"才是真实的。中国人如今看重环保、社会公平、可持续发展等等，都不是矫揉造作。中国社会对"什么是发展"的认识受到了时代的洗礼，这或许是我们长期平稳发展的最重要保障。

李克强总理昨天的报告中有一句话：我们必须毫不动摇坚持以经济建设为中心，切实抓好发展这个执政兴国第一要务。这个"硬道理"可谓几经风雨，至今屹立在党的路线政策核心位置，屹立在13亿中国人的心头，它本身就预示了伟大的力量。

近年来"潮流"这个词很时髦，对它的解释五花八门。平心而论，中国执政党和老百姓齐心协力做的事情，就是这个世界的最大潮流。想想看，世界千变万化，但最核心最深刻的变化都跟中国有关。7%左右无疑是当今世界最有牵动力的国家年度发展指标。

中国人的信心比我们通常认为的要高，这个国家的巨大潜力仍像热泉一样在向上喷涌，与社会更理性、科学的发展计划融为一体。确定性在中国仍很牢固，它在透过各种崭新的现象和曲折呈现自己，构成中国最为意义重大的可持续性。

（2015.03.06）

美驻韩国大使遭袭缝 80 针刍议

美驻韩国大使马克·利珀特 5 日早上在首尔出席一个早餐会时遭到袭击，造成脸部、左臂和左手多处受伤，血流不止，导致缝 80 多针。现年 55 岁的肇事者金基宗是韩国"我们场院"组织负责人，他当时持水果刀扑向利珀特，事前高呼反对韩美联合军事演习、要求韩朝实现统一的口号。金的行动有一定政治逻辑，但仍被认为是唐突、离奇的。

韩国检方已宣布以"恐怖袭击"的罪名调查此案，韩国总统朴槿惠谴责这起对美国大使的攻击是"对韩美同盟的攻击"。韩国舆论昨天普遍对这起袭击予以抨击。

这起事件让人相信，韩国国内的确存在反对韩美同盟的情绪，尽管肇事者显然属于一名极端人士。事实上反美主义在韩国历史上时起时伏，现在是华盛顿在韩国受到优待比较多的时候。

作为一起严重刑事案件，能在首尔的光天化日之下发生，无论它的孤立性多么明显，还是给世人对韩国社会的印象留下一道"烙印"。说实话它属于外界"没想到"的范畴，它证明，韩国存在有倾向于用激烈且非法方式表达政治诉求的力量。

金本人 2012 年曾袭击日本驻韩大使未遂，被判刑但缓期执行。他这次是"累犯"，估计会遭到重判。朴槿惠 2006 年曾因遭袭击而脸部受伤，袭击者被判 10 年监禁。

昨天中国互联网上对此条新闻的跟帖里有不少叫好声，称金"是条汉子"等。它们大致是民粹主义浅层的幸灾乐祸和凑热闹，估计美韩双方都不至于把它们当成中国公众的严肃态度。

发生这样的袭击会让一个国家在世界面前丢分，各国主流社会都不难拥有这样的认识。韩国舆论迅速同声谴责金的袭击，这一表现比韩国社会对美国驻军相对复杂的态度要一致、坚决得多，这恐怕是韩国人想做某种形象的挽回。

可以想见美国主流社会对发生这种事情有多恼火，但美国官方昨天的表态很克制，只谴责袭击者本人，并没有对韩国表达不满。美国显然不想让这件事政治化，而希望尽量减少它对韩美关系的冲击。

如今的世界里已很少有对激进情绪做率意表达的空间。这件发生在首尔的事与中国毫无关系，正因如此，它提供了我们仔细观察一起国际个性化突发事件会有什么影响、产生什么结局的案例。

有些韩国人看来挺猛的，但这种猛所面对的世界却冷峻而依然故我。这是一幅让人想看懂就能看懂、想糊涂就有理由糊涂的世情景象。

（2015.03.06）

美媒忽悠缅甸：宁要美国草不要中国苗

《纽约时报》近日又发文章，污指中国在缅甸的投资给缅国内的民族冲突"火上浇油"，无端指责中国在缅甸的调停和对避难者的帮助"远非像北京自称的那样无私"。该报甚至宣称中国"虐待了"缅甸进入中国境内的边民。1月25日，《纽约时报》曾发表社论指责中国"掠夺缅甸的资源"，这些文章对中国与缅方的各种合作都做了夸张式的恶意解读。

需要指出，中国同缅甸各方都保持着正常关系，中国不干涉缅甸内部事务的态度认真严肃。迄今为止，缅甸政府及反对派关于中国对缅政策的看法都很积极，那些消极、恶毒的有关评论大多来自缅甸境外，尤其是来自美国等西方国家的政治或舆论力量。

缅甸反对派领袖昂山素季对中国在缅投资的铜矿进行调查后，得出了客观、正面的评价，而西方的非政府组织在破坏中资声誉方面十分活跃，给该铜矿编织了各种罪名。

不能不说，西方有些人在对待中缅关系上"挺坏的"。比如《纽约时报》代表的那部分美国精英，不难理解缅甸虽有内乱，但它的几千万人民需要生计，需要就业，而开展对华经济合作是维持缅甸经济正常运行的重要途径。中国周边国家无一例外都受到中国经济发展的影响，它们对中国采取闭关锁国的政策几乎不现实，它们都在不同程度上向中国资金开放，并把中国当做最大的贸易伙伴或者最大进出口市场之一。

缅甸的民族矛盾自上世纪40年代该国独立以来就一直存在，与中国做生意会恶化这些问题，是非常奇怪荒诞的逻辑。中国周边国家有内部民族纠纷的很多，它们又无一例外都是中国的经济合作伙伴，这两者之间有因果关系我们还头一次听说，而且这一指控来自一家美国主流媒体，后者不会因为亚洲动荡而受到损害，其动机很值得怀疑。

美国媒体和 NGO 如此强烈反对中国与缅甸发展经济关系，那么美国政府和企业是否应当在促进缅甸经济重建方面动点真格的？美国人别光是向缅甸输出"民主价值观"，他们还应当帮助缅甸创造就业机会，向它提供贷款，帮它修路架桥，推动它的工业化。美国不能把一个国家搞乱然后就扔在一边。

美国现在不肯掏钱实质性帮助缅甸，却又说中国人的资本都是"肮脏的"，要缅甸人宁肯穷下去、饿肚子，也"不上中国的当"。真是宁要"美国的草"，也决不能要"中国的苗"。美国这些人的心态实在让我们难以理解，他们莫非真的很希望缅甸等亚洲国家的人民永远贫穷下去，长期做膜拜美国文明的可怜学生？一些人相信有的美国精英就是这样傲慢而缺少善意，至于实际情况什么样，还是让时间来回答吧。

美国的一些极端主义者看来主张在所有领域都"政治挂帅"，我们不知道，他们是否认为美国同"共产主义中国"的巨大贸易额都是"罪恶的"。他们是否觉得，美国通过国债向中国大量借钱更是一个错误，他们是否有决心从不使用任何"Made in China"的生活用品。

美国就是存在一群善于装蒜的人，他们大概觉得缅甸人"蠢""好骗"，所以敢如此不顾事实地指鹿为马、颠倒黑白。他们一定认为这是美国舆论可以在亚洲畅行无阻、为所欲为的时代。

（2015.03.07）

外长自信是中国社会自信的缩影

在8日王毅外长的记者会上,日本NHK记者问到中国今年的阅兵式会不会邀请安倍首相,并且进一步提出"不少日本民众"的疑问:中国是不是在把历史问题作为武器,"贬低日本战后对世界和平的贡献","中伤日本在国际上的信誉"?他甚至提出中国作为大国应更有"大国胸怀"。

这一串问题除了中国邀请安倍与否,其他的都相当不客气。王毅部长的回答很自信,平和而不失原则。他指出"只要诚心来,我们都欢迎"。在评价中日之间的历史问题时,他强调了"加害者越不忘加害于人的责任,受害者才越有可能平复曾经受到的伤害"这个道理。他说,"70年前日本输掉了战争,70年后日本不应再输掉良知"。

王毅外长的回答受到中国舆论的高度赞扬。值得注意的是,王毅自始至终没使用激烈措辞,没对日本搞"大批判",而是一直在讲道理。中国公众欣赏外交部长的这一态度,侧面反映出这个国家的舆论在跟上国家力量上升导致的种种环境变化。人们不再像10年前中日就历史问题严重冲突时那样冲动,中国人在珍视原则的同时,越来越重视对理性逻辑的坚守。

王毅外长昨天面对了不少尖锐问题,他一个也没回避,且回答得都很清楚,不模棱两可。可以看得出,中国外长在回答那些问题时做到了"怎么想就怎么说",国内舆论场对他挑选措辞似乎没形成什么压力。

对一个崛起的大国来说,这是难得的境界。外界常说中国"民族主义"有多么严重,如果真是那样的话,王毅就不可能对NHK记者"绵里藏针"的提问回答得如此轻松、豁达,他大概就要为迎合那些激进力量的口味而说些很容易辨认的"重话"。

我们想说，中国整个国家都越来越平和，发展带来的自信成为这种外交平和的不竭源泉。王毅说中国要走一条合作共赢的"中国特色大国外交"之路。这既是中国最高领导人的主张，也已成为中国民间基础十分雄厚的主流信仰。

中国社会对日本的意见很大，但这种意见并非针对日本整个国家的表现，也不是为日本定性的一种态度。我们就是反对日本在历史问题上逆潮流而动的做法，反对其对华政策中那些狭隘偏激的东西。那么多中国人在中日政治关系紧张的时候赴日旅游，大量购买日本产品，这些都是中国社会对日态度的组成部分。

外界如今不时有侵犯中国利益的挑衅性言行，但中国人越来越不容易被"激怒"。处理这些麻烦如今被当成司空见惯的事情，中国社会在对外问题上的承受力有了惊人的韧性，这实际是中国作为大国"承担国际责任"的特殊表现。

中日在历史问题上摩擦不断，但不能不说，中国在这方面的耐心越来越多，日本方面则显得更加焦虑、患得患失。如果中日摩擦久拖不决，肯定是一种"双输"局面，但中方的适应力将远远大于日本。因此是否继续要背着历史包袱不放，的确要由日本做出选择。

中国的整个对外关系都已形成保持稳定的强大基础。当合作共赢精神被中国这样的大国坚决倡导时，它的生命力很可能被外部一些力量低估了。中国的这一战略设计是打不倒的，少数反对中国对外战略的力量恐怕迟早要做出自我调整。一些人或许不相信我们的这一判断，那么走着瞧吧。

（2015.03.09）

德国是面镜子，难免照出日本原形

德国总理默克尔正在日本访问，今年是反法西斯战争胜利70周年，德日这两个有重大历史污点的国家凑到一起，让全世界舆论都饶有兴味。

默克尔是因为德国今年要举办西方七国首脑会，须遍访所有参加国，而对日本做此工作访问。历史问题本不是她此访的主题，但媒体可不管这一套。让大家津津乐道的是，这两个国家一个被普遍认为是"反思历史的榜样"，与周围国家做了成功和解。另一个则是顽固的"翻案"国家，对曾经做过的侵略能抵赖就抵赖，能少说就少说，并因此与周边国家陷入马拉松式"历史认识之争"。

由于今年是二战结束70周年，德国总理到了日本总要就历史问题"说几句"。分析人士普遍认为，她不会开罪东道主，但也不能不做表态。

结果是，默克尔在东京的一则讲话中同时提到"正视历史"和"大度姿态"，强调"正视历史是和解的前提"。她说，"如果没有邻国的大度姿态，和解不可能实现。但更主要的是，德国也有着实事求是面对历史的意愿。"

有一点值得一提：中韩等国以很轻松的心态看默克尔访日，而东京则显得忐忑不安。之前的报道说，安倍政府很担心默克尔提历史问题，分析称这说明东京自知它在历史问题上"有短处"。

很有意思的是，日本右翼一直对历史问题耿耿于怀，不断试图翻案，但他们把自己的国家越来越带入窘境。日本大概也挺羡慕德国目前的样子：那么放松、清澈，历史是历史，现实是现实，整个国家已经摆脱了70年前的那个包袱。

日本正相反。它越想摆脱什么，越被什么缠得紧紧的。日本政府一般 10 年正式做一次战争谈话，1995 年村山首相谈及"侵略"和"殖民统治"，但在这之后，能否坚持"村山谈话"引发争论。到了安倍这里，他是否会搞一个更吝啬、缩水的谈话成为严重问题。但日本政府的这一倾向，中韩等周边国家都不答应。历史问题被越炒越热，日本干过什么全世界不仅知道了，还落个"日本态度非常不好"。

从世界范围看，德国彻底反思那段法西斯历史，并没有因此"丢人"，反而彰显了当代德国人高尚的一面。日本的情况则是：历史问题已是硬伤，特殊际遇把它与德国一比，就更让它声名狼藉了。

中韩本来就是想让日本就历史问题改变态度，大家彻底了结此事，一起面向未来。但日本偏要在这个问题上打折扣，拒反思，逼得中韩等国只好与其掰扯，捍卫公理和正义。时间长了历史问题的拉锯战就成了一种常态，整个东北亚为它生了很多气，但损失最大的到头来还是日本。

默克尔在东京的讲话谈了很多，但世界媒体都突出报道了她对历史问题的表态。现在全世界都知道中日韩等就历史问题争执不休，西方舆论挺爱看这个热闹，但这当中日本是"赖账方"，而且它对中韩朝等国至少是 1 比 3，每斗一次，世界就会把它多看清楚一分。

历史问题绝对是日本社会的负资产。它在为日本公众注入一种扭曲的历史价值观，一些人的荣辱感变得越来越奇怪。在国际上它逼迫日本从事一场毫无意义的国家荣誉保卫战，日本想淡化的事情被它自己搅得满城风雨。

中国没想把日本钉在历史问题的耻辱柱上，韩国大概也不是这个意思。但最重要的恐怕还是，日本政府自己别往那个耻辱柱上爬。日本需要处理好历史问题，然后认认真真过今天的日子。日本自己别瞎折腾，按规矩出牌，天下就会少些无谓的纷争。

（2015.03.10）

中美经济反转？看看美报如何自吹

《华尔街日报》近日刊文，标题耸人听闻：中美经济形势反转凸显全球经济新格局。文章的意思大概是，美国已摆脱六年前金融危机的恐慌，美国经济开始高歌猛进。相比之下，中国正挣扎在经济放缓的泥潭之中。美国今年内有可能升息，而中国央行上个月再度宣布降息。文章称全球经济版图正在发生翻天覆地的变化。

美国经济刚有一点好动向，而且很像是周期性的，《华尔街日报》就激动不已了。美国的预期增长率离中国下调后的7%增长目标仍有很大距离，但一些美国精英迫不及待地宣扬美国在"赢回格局"。我们真没想到，那些美国人如此沉不住气，他们看来不肯放过自我鼓舞的任何机会。

设想一下，如果中国经济有了某个好数据，迅速有媒体宣扬国家的"成就"，贬低其他国家，这样的媒体和作者会不会被舆论"骂个半死"？如此放大成绩，如此缺少忧患意识，这些都会是舆论砸向他们的标准帽子。

什么是格局？中美成为全球两个十万亿美元以上GDP大国，中国有逐渐接近美国之势，这叫格局。至于两国增速短时间的微调，它最多只能是一种"动向"，反映出大格局运行的具体细节。

中国不认为美国"已经衰落"，中国相信美国经济的质量将在很长时间里领先我们，这也是格局的一部分。中国出了高铁，出了华为和阿里巴巴，但这依然不能构成中美经济质量格局的改变。改变整体格局要比取得单项成绩艰难得多，它需要比季度经济数据或者少数几个经济英雄多得多的积累。

《华尔街日报》文章让我们看到某些美国精英的浅薄,他们轻率下结论及哗众取宠的偏好似乎没有受到什么制约,他们可以用这种方式在美国上层精英圈子里混,不会因此而遭到白眼。

中国的经济总量迟早会追平甚至超过美国的,这是改变不了的大趋势。但美国仍将保持其对全球经济不可取代的质量影响,世界经济格局的内涵将变得多元。美国从规模到质量独占鳌头的时代终将结束,这不会以少数美国精英的意志为转移。

中国经济下行压力是前进中的问题,中国的巨大市场潜力和发展潜力是迄今这个世界上独一无二的。这些潜力将不断开发出来,改革就是干这个用的,也许一些西方人愿意我们懈怠,指望中国的改革走上他们指引的邪路,变成与发展经济没有关系的瞎折腾。但中国不会这样,以经济建设为中心,这一基本路线中国不会改,30多年的改革反复历练了我们的这一定力。

如今全世界都在预期中国经济总量将在未来超过美国,中国社会没有正式接受这个目标,但我们普遍相信,只要中国正常完成国家现有发展计划,GDP总量超美将顺理成章实现。我们不认为这需要付出什么额外的努力。

我们看不到这一格局逆转的任何理由,也不认为中国经济总量超美国,其意义就是无限的。中国面临的竞争将有更多的深度和维度,如果总量就能代表一切,那么中国崛起也未免太容易了。

如今一些印度人也在与中国比数字,宣称印度经济增速将超中国。一个经济总量目前只有中国五分之一的国家与我们比增速,这未免不太严肃。即使中印增速都是7%,中国的实际增量将是印度的五倍,两国的差距仍将继续扩大。

中国还是应当信奉"生于忧患死于安乐",多看自己的问题,少吹自己的成绩。一些美国人可能主张相反的东西,从而刺激出争论。但大多数时候,"由他们去"不失为中国人的正确态度。

(2015.03.10)

日本外相雷人雷语：日德不可比

日本太逗了，其外相岸田文雄昨天对记者说，日本和德国在二战期间的经历以及在何种情况下进行了战后处理，邻国是哪个国家，情况都不同，因此不应将日德进行单纯比较。

德国首相默克尔9日、10日访问日本，她提出"正视历史是和解的前提"，并且这样讲述德国的经历："如果没有邻国的大度姿态，和解不可能实现。但更重要的是，德国也有着实事求是面对历史的意愿。"

德国被认为是反省二战罪行的榜样，而日本被看成抵赖战争罪行的另一样板。把德日做对比已成世界舆论的狂欢，这让东京非常尴尬。

谁也没想到，岸田文雄作为日本最高外交官会公开反对舆论将日德做"单纯比较"。他让世界把安倍政府的虚伪做派逮了个正着。

这位外相大概想说法西斯日本与纳粹德国"不一样"，它比后者"好"。但日本人不知道，全世界只有他们才会这样想，对亚洲乃至世界来说，二战中的日本和德国一样坏，对二战的重灾区东北亚来说，日本更坏。

二战结束后国际上设立了两个法庭，东京法庭是其中之一，德国被绞死10名战犯，日本则被绞死7人。日本虽然没搞奥斯维辛那样的集中营，但日军的"三光"政策、活人化学实验、强征慰安妇等都臭名昭著。它搞的珍珠港偷袭是人类战争史上背信弃义不宣而战的绝响。

日本战后的经历与德国确实不一样，但差距是德国彻底反思，日本则对战争罪行轻描淡写。德国被多国占领，因而向全世界认罪。日本被美国一国占领，只向华盛顿交代。它大概把美国当成了"国际社会"，以为签了《旧金山和约》，战争罪行就一了百了。

日本与德国的邻国不同也是事实，但这个不同更清晰讲述了日本的罪行。德国的邻国与它还像是"交战国家"，而日本的邻国当时都很孱弱，日本的侵略更无辩辞。德国一直认罪、赔偿，日本则不仅"修正"侵略史实，连对慰安妇问题也百般狡赖。跟日本人谈战争能把亚洲国家烦得欲哭无泪。

日德两国当年的战争罪行可谓是一棵树上结出的两个毒果，外人看着"一模一样"，它们之间的所谓不同毫无意义。两国的最大不同在于战后反省的态度差之千里，安倍政府进一步拉大了日德的距离。

当默克尔出现在日本时，世界舆论非常兴奋。结果是默克尔坦坦荡荡，正面回应了舆论的对比。日本政府则悲悲戚戚，对这种比较充满了敏感。

岸田文雄犯了个中学生都知道应该避免的公关错误，他把日本没有道理时偏要讲出理的"神思想"和"神逻辑"展示得一览无余。世界知道了，这就是日本。

这个国家在历史问题上有些像是"没救了"，但我们希望这一结论最终被证明是个错觉。离"8·15"还有一段时间，希望安倍及其阁僚多看看世界对日本围绕历史问题表态的反应，别一条道走到黑。国际社会欢迎安倍当局在任何时候"迷途知返"。

（2015.03.11）

向新疆广大干警和群众致敬并致谢

新疆区委书记张春贤 10 日在两会上透露一组数据：新疆公安干警的牺牲率是内地公安干警的 5.4 倍。2013 年新疆有 230 名基层干部猝死在工作岗位上，大大超过内地平均数。新疆的烈士占全国 1/3。张春贤强调，新疆是在为全国稳定做贡献，他引用一位新疆代表的话说，"新疆付出了极大代价"。

这组数据进一步增加了全国公众对新疆广大干警及各族人民的敬意。新疆是中国反恐的前线，那里的干部群众为这个国家消耗了外部敌对势力的大量招数，承受了全球化对我国的一波特殊冲击。从境外三种势力到西方激进的政治力量，都瞄准了新疆，试图从那块土地开辟阻挠、迟滞中国现代化的角力场。

新疆这几年出现了一些暴恐袭击，但敌对势力彻底搞乱新疆的企图明显破产了。新疆不是昔日的车臣，也不是中东或巴尔干某个动荡地区，新疆维持了正常社会的总体稳定和繁荣，新疆局势没有出现质变。

新疆的全体干部群众都为维护新疆的正常面貌做出了贡献，他们值得全中国人民钦佩并致以真诚的谢意。近期去过南疆的内地人往往对那里的和平景象印象极深，南疆人没有外界想象中的恐惧和紧张，那里的人们生意照做，日子照过，这份从容就是对极端势力的沉重打击。

尽管这几年昆明、北京等地也偶有与新疆有关的暴恐事件发生，但新疆总体上为阻止暴恐向内地蔓延做出了了不起的贡献。新疆内部没有乱，更没让莫斯科大剧院那样的惊天悲剧在内地大城市发生。大多数暴恐团伙在作案前就被打掉，在全国反恐的这盘大棋中，新疆始终是关键性力量。

全国人民不仅要由衷感谢新疆，还应以有效方式支持新疆，让这个边疆自治区与全国火热的现实生活融为一体，不再是遥远的一隅。内地人应多去新疆旅游、工作、学习，国家有关部门应采取各种可能的措施促进新疆、特别是南疆旅游的繁荣。北京至乌鲁木齐高铁应尽快开通，采取优惠票价，带动新疆游形成高潮。

内地支援新疆花了一些钱，但全国都要清楚，和平建设永远是收益最高的，一个稳定的新疆是中国集中精力"谋发展"的前提，而守护这个前提的恰恰是新疆两千多万可亲可爱的干部群众。

国内一些人抱怨新疆当前的局面，其实那些人既不真正了解新疆，也不了解世界一些其他地区的情况。我们说新疆当下的情况并非它历史最好的时期，但从世界范围看，新疆对各种问题的处理仍是较为成功、有效的。新疆没有拖中国的后腿，它事实上在紧跟这个国家前进的节奏。

中国作为一个超大社会算得上相当和平，中国至今出极端事件的概率与大多数国家比都很低。新疆暴恐分子一时扰乱过全国舆论，但那股冲击波已经过去，中国社会恢复了沉着，有了治理暴恐问题的耐心和承受力。

暴恐势力与中国的国家力量完全不对称，恐怖主义的最大威胁就是它能制造恐怖。当中国社会知道怎么对付它并且不再惧怕它的时候，它在政治上就先枯萎了。我们有一个大无畏、勇挑重担的新疆，有见识越来越多的全国社会，暴恐势力注定正走向它的穷途末路。

（2015.03.11）

如果周边为"东京大轰炸"叫好

3月10日是二战末期东京大轰炸70周年,东京多地举行追悼法事,安倍打破日本政治惯例,以首相身份参加了当天的追悼活动。这是日本首相第一次参加对东京大轰炸死难者的类似悼念。

安倍在法事上表示,日本将"把惨痛的战争教训铭刻在心,为了世界永久和平做最大限度贡献"。他未对日本发动的那场战争使用"侵略"等关键字眼。世界舆论的总结是:安倍强调了日本在二战中的"受害者"身份,他在提醒世人日本国民在那场战争中的悲惨遭遇。

东京大轰炸据称共造成约10万名日本人死亡,是有史以来最猛烈的非核轰炸。美国《国家利益》杂志网站发表的一篇评论称,美国应惊骇于日本的历史修正主义。该文说,如果日本帝国是二战受害者的话,那么就不是东条英机,而是杜鲁门成为战犯了。

今年是反法西斯战争胜利70周年,其实每年日本都有一系列围绕自己因战争受苦受难,包括被扔原子弹、遭遇猛烈空袭的纪念活动。它们滋生、助长着日本社会的悲情,强化着日本民族对二战是非从未间断的独特认识。日本人对侵略战争的集体反思逐渐弱如蚕丝,经过新一轮与全球反法西斯纪念相反的活动,这样的细丝大概又将断掉几根。

日本列岛关于和平与战争的价值观与普世性认识有巨大差距,日本的确成了这方面的孤岛。面对日本人关于二战中自我受难的大量描述,以及他们对侵略他国罪行的轻描淡写,世人或惊诧愤慨,或哭笑不得。日本的现代化处处显出国际范儿,怎么一到历史问题,这个社会马上变得如此另类、冥顽不化了呢?

日本人如果拿出纪念东京大轰炸十分之一的劲头来忏悔南京大屠杀，反省731细菌部队干的那些丑事，向慰安妇及其后代道歉并赔偿，那么东北亚将会增加多少和谐！

世界反法西斯阵营打败军国主义日本只用了几年时间，但要让日本承认自己在那场战争中彻底做错了，它是受害者，但更是加害者，它挨原子弹和东京大轰炸都有着深刻的因果逻辑，世界花70年时间还没有做到，而且可能永远也做不到了。

我们很无奈地搞懂：日本就这样。跟这个国家没法谈大是大非，日本人从二战中获得的仇恨和委屈似乎是整个地区最多的。当围绕历史问题出现争议时，好像不是日本搞历史修正主义错了，而是周边国家心胸不够大、不允许它搞翻案做错了，应该不好意思的是中韩等国，日本应当两眼泪水，一腔感慨。

看着日本高官们做出的沉痛的受难表情，我们有时会起一身鸡皮疙瘩。周边社会是应当反过来对日本当年挨原子弹和大轰炸说几句痛快的狠话，还是不搭理他们呢？这还真是个问题。

如果我们说日本挨原子弹和大轰炸"都活该"，显然会让不少普通日本民众很不舒服。但日本官员们知道不，他们否认南京大屠杀，抵赖强征慰安妇罪行，拒绝对侵略战争做明确定义并诚挚道歉，所带给周围国家的伤害感，与日本人听到"原子弹炸得好"时的感受，是一样的。

让历史问题早些飘散，必须从日本彻底反省侵略罪行做起。今年作为反法西斯战争胜利70周年的特殊节点，给日本在这方面洗心革面提供了机遇。当然安倍政府也可以就抵赖战争罪行再多往远处走一步。无论如何，今年世界舆论会围绕历史问题紧盯日本，它究竟想做得像个小丑，还是向世人展现应有的道德勇气，选择权就在安倍政府的手里。

（2015.03.12）

中国自信有充分历史和现实理由

最近一个时期西方主流媒体上唱衰中国的声音变得频繁起来，它们大多抓住中国经济下行压力这个焦点，强调中国面临严重经济乃至政治危机，进而宣扬中国"即将崩溃"。这些声音通过种种渠道渗透进中国社会，有可能对部分国人的信心造成削弱。

中国的确面临不小的经济下行压力，但这是否意味着中国"不行了"呢？此外，应如何定义中国的"行"或"不行"呢？

中国发展的参照系非常复杂，但大体说来有纵向及横向两大方面。纵向来说，中国的发展速度在换档，从高速增长变为中高速增长。这种变化是中国经济总量登上十万亿美元级别时发生的。

没有永远高速增长的经济体，这一点全世界都明白，但中国告别两位数增长，仍被一些人看成是"政治问题"。需要指出，这种看法是逻辑混乱和不自信的。

中国总体上处在新中国60多年的最好时期。我们经历过战争、灾荒、紧缺经济、政治动荡等各种严重问题和灾难，类似的迫切威胁今天都没有。今天中国从调结构到反腐败的经济、政治目标都是"改善型"和"励志型"的，是我们建设更美好生活的自我加码，而不是中国已经混不下去情况下的"背水一战"。

中国长期没有出现严重危机，我们对自己的承受力多少有些"没底"。社会习惯了稳定，对各种不稳定因素高度警惕，不断想象。西方舆论时而大夸中国，时而预言这个国家不堪一击。由于只有实践才是检验真理的唯一标准，中国到底多坚韧，或者多脆弱，只能由时间来证明。

但是一个简单的道理是，中国有过那么严重的危机，都闯过去了。当这个国家变得空前强大时，它有什么理由比过去更脆弱呢？

再来横向看。目前全球都面临"治理危机"，大国可谓一家一本难念的经。从西方发达国家到新兴经济体，中国调整后的经济增长率仍是主要国家中最高的。中国政府的调控资源和能力也是其中最强的。美、俄、欧洲都经历过严重金融危机，印度的发展比中国落下一大截，那些国家都"挺过来"了，并保持着各自的骄傲。凭什么中国应当是"最有崩溃危险"的那一个？

一个事实是，中国社会对未来的期待很高，我们生活在高速发展的惯性中，对稍微慢下来充满了敏感。但这应当是中国的优势，而不应成为我们的负担。

中国连续几十年在全球发展中做了突出的优等生，我们深知不进则退的道理，保持着持久的危机感，力争今后也做得很好。但中国毕竟不是"发展之神"，我们有弱点和局限，我们需要接受未来的某些曲折，不妄自菲薄，而是集中精力构建克服新问题的能力。

中国的全面深化改革是对安逸的主动放弃。我们在调动自己的"野性"，逼自己敢拼，敢面对挫折，我们在做新的开创，而不是坐在前人为我们创造的惯性上。

实际上这些年还是有不少意外和变数的，比如新疆暴恐事件相对集中爆发，邻避效应造成重大公共事件等等，这在过去都不可思议。但它们来了也就来了，中国并没有被绊倒，国家和社会的承受力在一轮轮增强。

只要中国目标明确，以经济建设为中心的路线保持稳定，我们前进就是挡不住的大趋势。出现问题往往是拓展这个国家承受力的契机，带来我们对国家稳定的新思考和新认识。我们常说中国有巨大潜力，潜力不仅是资源、机会，它还包含着我们消化各种问题及危机的弹性和韧性。

（2015.03.12）

假如是国内宗教界提"达赖不再转世"

十四世达赖喇嘛日前再次就转世问题放言，称达赖可能"终止转世"。西藏自治区官方就此奉劝达赖"不要亵渎藏传佛教"。达赖方面则指中共政权主张无神论，对达赖转不转世没有发言权。一些西方媒体更是以赞赏的态度转引达赖方的这一谬论。

众所周知，中国藏传佛教的活佛转世有一整套历史定制和宗教仪轨，持续三百多年，从清朝开始，新达赖的确定必须得到中央政府的批准。达赖这几年不断抛出人们闻所未闻的异端邪说，称他可以转世为外国人、女人等等。最近又干脆说他可以不转世了。

达赖显然想让自己的意志成为转世的决定性因素，这是其所设计骗局的核心陷阱。根据藏传佛教的传统，转世发生在上一世达赖圆寂之后，因此达赖喇嘛对转世过程的实际影响远非他自认为的那么大。

很多分析认为，达赖反复抛出转世话题，是一种政治炒作，试图在西藏平静、稳定，他缺少表现空间时，加强自己在国际舆论中的存在感。除了炒作，达赖很希望能延续其分裂集团目前的影响力，他担心如果正常转世，达赖的名号重回中国境内，目前流亡藏人集团围绕达赖喇嘛对抗祖国的机制就将土崩瓦解。

中央政府对藏传佛教的传统给予了高度尊重，其重要表现之一就是国家一直承认十四世达赖喇嘛的名号，没有因为他从事分裂祖国的活动而改变这一态度。

但是达赖在为所欲为，不仅利用宗教从事政治活动，还为政治目的对藏传佛教本身开刀。试想一下，如果国内宗教界或是西藏自治区政府主张达赖可以"在活着的时候转世",或者提出达赖世系可以"不再转世",那么达赖集团以及支持他们的西方舆论会怎么评论这些主张,他们会编造出多少攻击中国中央政府的罪名。

达赖今年80岁,他假宗教之名搞政治,强化了自己的欺骗性。这种畸形的影响力有很大部分就是无法在他身后延续的,他恰恰是想通过自己控制转世过程,把这种非正常的政治能量也转给他的追随者。但这是不可能实现的如意算盘。

藏传佛教的转世制度经历了历史风雨的洗礼,有着强大社会根基。早已得到广大信众认同和支持。十四世达赖目前在境外的影响很大程度上来自西方的扶持,是政治化的。中国政府尊重转世制度既得人心,也顺传统。如果达赖集团在转世问题上大搞邪门歪道,就是对祖国和藏传佛教的双重背叛,他们决没有胜算。

历史证明,凡是利用宗教手段大搞政治斗争,都会对宗教造成负面影响,而不可能有利于宗教的传承与发展。十四世达赖现在背弃历代达赖喇嘛,像是要为了政治不惜毁掉藏传佛教,他的短线政治自私不可能把尾巴藏得很严实,国内西藏和四省藏区广大信众终能把他看清看透。

请达赖集团少拿中共的"无神论"来说事。无神论长期与中国社会的宗教自由并行,改革开放以来国家的正常宗教管理从未与这一哲学认识交叉。中央政府数百年对活佛转世的依法管理超越了普通政治及意识形态,成为国家主权和完整的内容之一。十四世达赖喇嘛高估了自己的破坏力,他以为带着自己的符号想走多远就走多远,但他错了。

(2015.03.13)

中国军队反腐败，西媒全当腐败报

军队的反腐败备受国人关注，郭正钢等14名军级以上军官不久前被宣布立案调查或移送军事司法机关依法处理，既是军队反腐的重要成果，也预示了这一反腐败进程必将继续下去。

国外也在紧盯中国军队揪出了哪些贪官，《华尔街日报》近日对几名中国现役和退役军人的媒体谈话进行整理，掐头去尾，宣称中国军人说，过去十年中"所有的军衔岗位都被贴上了价格标签"，买官卖官"席卷了整个（中国）军队"。该报以此为由，质疑中国军队的机器将"腐烂掉"。

反腐败总会面临一个悖论：它展现了党和政府清除腐败的决心，同时它让人们看到腐败问题的严重性。

中国军队的腐败问题看来的确很严重，军方今年两次公开宣布的处理名单包括了30名军以上干部。这种触目惊心的情况在新中国军队历史上前所未有。

然而如果说中国公众因此对军队丧失了信心，这不是事实。中国军队反腐败的整体效果是加强了人民对国家政权的信任，这是这个时代的真实方向。

中国军队就像这个国家一样，在遭遇问题的情况下从来没停止过变得更加强大。这是中国人以及全世界的客观感受，也是亚太地缘政治一个颇具影响的元素。抓了30个贪腐将军，中国军队的战斗力被进一步夯实，中国的强军建设也更加可信，这是中国军队反腐败的主流线索，其他都是支流性的。

腐败已是中国重大问题，我们对此给予了正视。但横看全球，中国最突出的无疑是反腐败的坚决态度，它位于无可争议的全球第一，有些国家的军队腐败一直捂着盖子，不敢揭露，不等于他们的腐败比中国的程度轻。

西方舆论报道中国反腐败的兴趣更多落在了腐败的严重性上，在它们那里，所有"反腐败"都仅仅是"腐败"的印证，中国越反腐败，"中国崩溃"就有了越多证据。必须指出，它们认识中国反腐败的方向与中国社会的认识方向大体是相反的。

这当中显然有不少表达的是西方一些人的愿望，他们很乐意把中国发生的各种事情都看成"中国不行了"、而西方则"前途似锦"的信号。

中国人不必过于在意西方解读。中国军队在自揭家丑，让我们看到了军队刮骨疗毒的决心。与此同时我们看到每当大灾大难关头也都有人民子弟兵挺身而出的身影，我们很多人的亲朋好友中都有军人，包括各级军官。常识也很强大，我们不会相信"所有的军衔岗位都被贴上了价格标签"这样的夸张论断，就像我们不相信中国所有公务员都是通过花钱买来了他们的晋升。

中国这些年毕竟创造了世界性的经济发展奇迹，中国军队战斗力的提升亦是世界公论。腐败问题在中国走到这一步，非常令人遗憾、痛心。但中国的发展一定有更全面的逻辑，也一定有干部队伍的大量正面素质和表现起了支撑作用。中国社会对此大体是有辩证认识的，我们既看到腐败的严重，也没有被它一叶障目。否则的话，中国社会的总体面貌决不会有今天的这些积极面。

中国军地的反腐败能够继续深入开展下去，除了舆论的支持，社会的信心也在发挥着关键作用。世界大国里还没听说过有哪个国家是被反腐败"反垮的"，那些希望中国将把自己"反垮"的人和力量终究要失望。把中国"反腐败"当成"腐败"来报道的西方媒体，有些或许是没看懂中国，有些则是故意要这样自欺欺人。

（2015.03.13）

英国加入亚投行测出美国小心眼

英国12日宣布愿意成为亚洲基础设施投资银行（亚投行）意向创始成员国，被舆论普遍当成国际关系的大事件。美国官方在第一时间对英国的做法提出批评，其匿名官员抱怨英方作此决定几乎未与美国磋商，并称应当警觉"不断迁就中国的倾向"。由于美英存在"特殊关系"，美国公开与英龃龉十分罕见，美方的这次表态显示了它不同寻常的焦躁。

亚投行由中国发起，目前已有印度、新加坡等28个国家表示要成为创始成员国，中国按照规则占有其最大出资比例。美国表示亚投行应具有世界银行的"高标准"，世界舆论就此评论说，美国显然希望华盛顿主导世界银行的模式不被挑战，亚洲有个其盟友日本主导的亚洲开发银行，更能维护华盛顿的利益。

美国显然想多了，它把成立亚投行完全看成了地缘政治事件，而没有心思从经济角度认真审视它对亚洲国家的现实意义。美国第一眼看亚投行的视角就是歪的，它看到的全是中国与美战略博弈的谋略。

美国人应该数一数，任何一个大城市的金融街上有多少家银行，它想用自己主导的世界银行覆盖全球的需求是多么幼稚。中国倡议成立亚投行对应了亚洲基础设施建设的庞大融资需求，这件事首先是再真实不过的金融和生意，用政治手段对付它，不可能奏效。

美国早就不是二战结束后GDP几乎占世界一半的那个超级帝国了。它仍是世界老大，但世界经济中有越来越多的大块内容脱离了它的影响，它对世界经济的主导力的确在江河日下。世界要发展，各国要繁荣，商人们要挣钱，美国如果为了"世界领导权"而挡大家的道，它就是在犯愚蠢的战略错误，不断给自己找不痛快。

华盛顿太敏感、脆弱了，中国牵头成立亚投行，是世界经济格局不断变化必然导致的动向，所谓"世界经济秩序"更多是世界各经济体之间的现实关系总汇，它可以被强行安排、塑造的程度是有限的。政治和军事力量能在这当中扮演的角色尤其不像一些人想的那么多。

美国要求盟友都不参加亚投行，是它给那些盟友出了个难题。美国并没有对盟友承担保障它们经济繁荣的义务，它事实上也缺乏这样的实力，那些国家都要为保持自身繁荣而自谋出路。英国看到参加亚投行是本国的大好机会，它不顾美国反对而做出12日的宣布于情于理都应被理解。

美国长期以"世界领导者"自居，不想遭遇任何挑战和竞争，希望舒舒服服地继续按其驾轻就熟的方式"领导世界"，它这是把自己的利益凌驾于全球利益之上：只要对维护它的霸权有利，任何国家牺牲自己的发展利益都是应该的。这样下去，美国必将在越来越多的事务上招人讨厌。

美国需要放下身段，在保持全球影响力的问题上顺其自然，不对自己做力不从心的加码。它应当欢迎中国在促进全球繁荣方面发挥作用，克制自己的妒忌和酸葡萄心理。这样的美国才是自尊的。

我们相信，亚投行的未来一定非常光明，美国以地缘政治的老套思维阻拦它，看错了目标，也拿错了工具。世界上会有更多国家热衷于亚投行的事业，因为没有人会对难得的投资和赚钱机会无动于衷。中国不会用"挑战美国"的思路来推动对亚投行的功能和规则设计，亚投行在经济和政治上一定是开放的。

美国需要一次心胸的拓展，它应当清楚自己的手掌捂不住整个世界，同时明白这种捂不住本来就是正常的。那样的话，它今后将更容易接受世界的多元和千姿百态。

（2015.03.14）

经济建设和社会建设须齐头并进

十二届全国人大三次会议 15 日闭幕，总理记者会昨天时隔一年后再与公众见面。一个强烈的印象是，昨天的问题大约一半都围绕中国经济展开。中国经济下行压力有多严重，如何看待 7% 左右这个预期增长目标等等，成了世界关注中国的突出焦点。

这使一些人确信，发展经济是中国永恒的核心任务。把经济搞好了，中国的一切问题迎刃而解。经济搞不好，把什么搞好了也没用。中国这几年抓了大量社会建设，但经济一有下行压力，舆论的注意力就全回来了。保持令社会满意的经济增长才是中国最应集中面对的那道坎。

这种看法在相当程度上是对的。坚持以经济建设为中心，这是中国政府和社会这些年从未动摇的路线。但是不能用经济建设来否定中国近年的社会建设进程，尤其不能因为经济有了下行压力，就把问题都怪罪到其他建设上来。

只抓经济、只要高增长率的发展方式在中国已经维持不下去。经济上去了人们当然欢迎，但如果腐败变严重了，社会公平没有得到照应，环境损失也很严重，事实证明老百姓是不会干的。中国调整经济结构、加大社会建设力度都是很实际的紧迫任务，人们对依法治国的期盼与国家经济增长的要求已经放在同一个篮子里。

因此在出现经济下行压力的时候，切不可轻易怀疑我们这几年完善社会领域建设所做的那些投入，把我们对"以经济建设为中心"的理解拉回到改革开放初期的单纯角度。

然而经济发展的确是中国一切发展的基础方向。李克强总理的本次政府工作报告中写道："我们必须毫不动摇坚持以经济建设为中心，切实抓好发展这个执政兴国第一要务。"这可视为本届政府对经济发展重要性的明确宣示。

一个显而易见的现实是，经过几十年的进步，中国社会对发展的要求越来越丰富，愿望越来越相互交叉。大家都希望明天比今天更有钱，综合环境也更优越。我们要蓝天，但不能因此而减少工作机会和对现代生活方式打折扣。我们要法治，但社会不能因此而损失效率，出现不可控制的变故。

如果中国只要经济高增长，或者只要社会建设优先，那么都比较容易做到。李总理昨天说了，中国这几年没有搞短期强刺激，我们"工具箱"里的工具还比较多。如果重走粗放发展的老路，相信不难把GDP增长率迅速顶起来。如果只要蓝天和依法治国，那么就可以把经济下行压力抛在脑后，把社会评价体系也翻个个儿。

但是这样都不行。中国的挑战就在于要实现经济发展和社会建设的最佳搭配，获得国家的全面、整体前进。这既是中国改革与发展的顶层设计，也是中国社会巨大实践汇聚而成的指向，它称得上是中国现阶段的唯一选择。

昨天的总理记者会清晰告诉了我们，保持经济的中高速增长到底有多重要，它将在什么程度上塑造世界对中国的认识，并影响中国人的自我认识。与此同时我们也不必被各国记者围绕经济潮水般的提问搞懵了，对我们加强社会改革的举措产生怀疑。

中国已经站到没有现成榜样、必须自我探索今后发展之路的崭新节点上。这样的探索充满挑战，困扰迭出，让人费神而纠结。我们拥有强大的意志和对临时困难的承受力将比任何时候都更加重要。

（2015.03.16）

让缅北冲突离边境远点才是真挑战

13日下午有炸弹从缅甸方向落入中国云南省边境地区，造成我方无辜平民5死8伤。这一事件引起中方舆论的密集关注，中国官方、包括外交部门和军方都就此与缅方作出严正交涉，要求缅方迅速查清事件，惩处肇事者，确保类似事件不再发生。中国军方还对"否则"的情况撂下狠话：中国军队将采取坚决果断措施，保护中国人民生命财产安全。

中国互联网上则有很多激动的声音，包括对政府的"谴责""交涉"冷嘲热讽。那些声音最突出的意向是，如果中国军队能回手揍缅甸的肇事方一顿，那才是解气的。

有人质问：如果美国边境地区被墨西哥人"误炸"，或者俄罗斯遭遇这种事，又会是怎样的？

说实话，中国边境地区遭此飞来横祸，的确让人生气。这时候在网上呼吁军方"冲啊"，是最简单的泄愤。如果中国能用扔炸弹解决来自缅甸方向或是周边其他方向的麻烦，那就像是老天给我们手里塞了一把万能钥匙。

然而这样的万能钥匙并不存在。中缅边境地区的悲剧告诉我们，中国的真正挑战在于要避免我们的边境对面发生战乱，如果它还是出现了，中方需要有能力让它尽量远离国境线。总之，事情难在根本就不让炸弹飞越国境线的事情发生，一旦炸弹飞过来并造成伤亡，怎么处理都挺难的。

如果美国或俄罗斯从"友好方向"遭遇这种事，可以肯定，它们处理事件的手段和工具也相当有限。美国一艘驱逐舰1987年在海湾地区被当时的盟友伊拉克用导弹"误击"，造成舰上57名官兵伤亡。美国当时被报道最多的应对措施就是举行了给予死者和他们家属尊严的送葬仪式，包括获得巴格达的道歉。

要避免中国边境对面发生贴近国境线的战乱，比在我国境内采取稳定措施要难得多。那是对中国外交实力和国防威慑力的综合考验，中国为此要与很多力量协调甚至博弈，它们有时不光是邻国范围内的，还可能包括区域内和区域外的力量。

从中国外交和军事当局事后对缅交涉的内容看，它们作为事后补救已经相当全面。如果说有什么缺陷的话，它们已不属于事后补救的范畴，而是我们在事发之前究竟能够做些什么，它们能起多大的作用。

缅北的军事冲突离中缅国境线实在太近了，其实在本次悲剧发生之前，也有过缅方炮弹落入我方境内的事情，只是那些炮弹之前都落在了无人地带。中缅民间的经济活动和交往极少考虑战乱风险，并未对可能的军事冲突预留出"安全地带"，这使得缅甸政府军和民地武几乎是在中国边民的枕头边大打出手。

中国最彻底的安全保障一是把缅北的军事冲突朝着远离国境线的方向推，能推多远推多远，同时让最危险地区的经济活动具有抗风险能力。不难看出，这比简单采取报复性措施难度高很多，但如果有进展，实际效果亦将更加真实、可靠。

如果能帮助缅甸实现民族和解及永久和平，它们能带来的积极效果将更彻底。其实这应是中国发展综合外交实力的长远方向。

云南边境地区的意外惨剧令人震惊、难过，社会广泛关注它、议论它，进一步增加了国家确保边民安全的紧迫性。我们看到国家从外交到军事力量的紧急行动，我们也相信，除了这些临时性做法，那些致力于长远甚至永久性解决问题的措施也会陆续投入。迅速成长的中国不会容忍边境对面的炸弹不明不白地飞过来，有形的和无形的屏障都会逐渐竖立起来。

（2015.03.16）

普京露面了,西方"唾沫雨"也下足了

俄罗斯总统普京 16 日借会见吉尔吉斯斯坦总统阿坦巴耶夫,面对舆论公开露面,从而结束了关于他为何 10 天未在公开场合出现的猜测潮。

普京被西方描述成"独裁者",他 10 天"不知去向"让西方主导的国际舆论嗅到了鲜腥。克里姆林宫曾宣布普京会见吉尔吉斯斯坦客人,但后来该报道被收回,增加了事情的戏剧性。

西方舆论在最近这几天过足了"臭一把"普京的瘾。一些西方主流媒体自己不好意思八卦,就"引用"互联网传言,从莫斯科"政变"了,甚至普京已经"身亡",到普京出国陪女友"分娩"去了,"加入 IS"了,什么都说。

俄罗斯与西方严重对立,普京又是这个国家的强势领导人,围绕他稍有可被解读为"不正常"的迹象,西方舆论就会冲他下一场"唾沫雨",看来已是注定了的。按照西方的逻辑,这些还都是俄"专制"及"信息不透明"碰上西方"言论自由"的结果,是莫斯科"自找的"。

如今的世界上,在俄罗斯这种同美国公开翻脸的大国做领导人,个人名誉风险看来相当高。从戈尔巴乔夫以来,克里姆林宫又更换过三位主人,叶利钦、普京,中间穿插了梅德韦杰夫。老戈搞垮了苏联,在西方的名声最好。老叶试图带俄融入西方,没成功,但在西方没挨骂。

普京接手了一个因未被西方接纳而反思、后又被北约东扩逼急了的俄罗斯,究竟是"克格勃普京"塑造了与西方渐行渐远并终于与之对立的俄国,还是俄的"绝地反击"塑造了强硬的普京呢?这是个有意思的问题。

然而西方对思考这个问题似乎毫无兴趣，西方舆论不假思索地将普京描述成"恶魔"，这对西方来说不仅简单而且省心。它们掌控的舆论工具强大，可以随意勾勒它们幻想的世界。

西方看来已同普京结下很难解开的"梁子"，很多西方人相信，这个梁子只是他们与普京个人之间的，只要俄罗斯有机会"换掉普京"，一切就能从头再来。

这种想法很可能是天真的。在美国继续推动北约东扩，最终目标是要搞掉俄对美的"战略核威慑"、把俄变成其俯首帖耳"小兄弟"的情况下，西方其实决定了俄罗斯愤怒的国家性格，普京的做事风格只是与这一性格相吻合的面孔和表情。

俄罗斯的外交政策有很大一部分是对西方对俄政策的反应性表现，俄罗斯的辽阔幅员和丰富资源足以坚定它不向华盛顿屈服的决心。这些大概更接近事情的本质。

在普京"失踪"的10天里揶揄、羞辱这位俄罗斯领导人，或让一些西方的精英蛮开心的。西方舆论给克里姆林宫"上眼药"，比它们对西俄关系的认真思考更受欧美社会的欢迎。

中国人从第三方的位置轻易就看到了西方对俄政策的弱点，这让我们想到，华盛顿及欧洲大国的对外政策包含了很多轻率而固执的因素，它们并非总是严肃国家利益的准确对应物。跟西方打交道，不能永远指望是理性对理性的游戏。

西方与俄罗斯交恶，总体上对中国推行自己的外交战略是有利的。有人担心这样说漏了，对中国不好。我们的看法是，这不是幸灾乐祸，而是我们惋惜一些西方大国曾经强大的外交机器如此锈迹斑驳，冷战思维卡住了它们。

（2015.03.17）

多国示好亚投行，"一带一路"大进展

澳大利亚外长毕晓普16日表示，澳"相当有兴趣"加入由中国牵头组建的亚洲基础设施投资银行。上周英国公开申请加入亚投行以来，韩国、法国、澳大利亚相继亮出入行的兴趣，表示正在就是否或如何加入该行进行研究，沙特阿拉伯则更明确地表示希望加入亚投行。这一切被看成是针对美国阻止盟友加入亚投行的"多米诺骨牌"效应。

事情未必已经确定，前面仍可能存在变数，但这一轮新动向决非是昙花一现的，它们是中国建立亚投行倡议符合全球利益并受到欢迎的明确信号，它们是在各国间对亚投行前景信心的大规模传递。

亚投行被世界看好，是"一带一路"战略的重大利好。这一动向对中外关系的整体面貌将产生基础性影响，其最终形成的意义将超过中国单一双边关系的进展或问题。它对崛起中国的阶段性状态具有更强的描述力。

亚投行的不断成功也将影响中国人对外部世界的诸多认识，增强我们坚持以和平、共赢方式走向世界的决心和信心。美国对抵制亚投行是花了些力气的，中国对于化解美国的抵制，说实话工具并不多。我们就是实实在在做事，看准世界经济的需求，调动中国的优势与之匹配，打造中国与世界各国的利益结合链，美国的抵制自然难以奏效，其盟国为自己的利益与其离心离德。

在这个世界上，合作共赢的确是有穿透地缘政治力量的杠杆。中国的"一带一路"不是战略自私的产物，它的共赢性质货真价实，经得起反复推敲和检验。世界各国不是傻子，即使有些国家开始时疑虑，它们终能看清中国这一战略对它们的好处。每个国家都有在各种战略构想之间比对利弊的能力，因为某种政治担心而放弃经济发展的重要机会，这不是21世纪的信条。

亚投行相对顺利地组建和发展，可以被看成是"一带一路"具有全局意义的"开门红"。中国今后就该这么干：立足现实，脚踏实地，不搞对抗，只求共赢。谁要想阻挡这样的战略，几乎无处下手。推进"一带一路"是一个进程，是对伙伴关系的不断积累，也是对人类合作潜力的不断挖掘。这种利人利己的事情从本质上说就是不可阻挡的。

中国的大国外交经验不算多，但中国这些年并没有严重的外交失误，原因就是我们心正，向外发展注重尊重他国利益和感受，懂得己所不欲勿施于人。中国向全球拓展利益的过程相当平稳，当中虽有曲折，但没有跌大跤。

美国对亚投行采取了偏执态度，但中国并没有以对抗回应，我们按部就班，不断做有助于解疑释惑的推广。中国的合作态度不是装出来的，也非厚此薄彼，这是一种很有力量的外交哲学。

围绕亚投行的格局性变化有可能提供全球社会进一步了解中国的机缘，也会让很多国家重新评估与中国合作的利弊。亚投行以及"一带一路"都不是零和机制，它们是高度开放的，各国利益可以在这当中开展多元的交叉及融合。历史将证明这就是21世纪的精神，这就是新世纪里生命力及活力之所在。

（2015.03.17）

亚投行，中国的"和"赢了美国的"斗"

中国发起成立亚洲基础设施投资银行，从一开始就遭到美国的抵制。要是倒退几年，中国大概不会下这个决心。

英国上周正式宣布作为意向创始成员国加入筹建中的亚投行，带动了多个欧洲主要国家和亚太国家立场的转变或松动，亚投行的前景变得相当晴朗。很多评论认为，当前的局面证明了美国压制中国崛起的能力捉襟见肘，中国在赢得围绕亚投行竞赛的同时，也赢得了未来的一些重要权利。

然而中国肯定不会主动把亚投行的事情变成中美之间的一场赌博。对于"一带一路"是对美国"亚太再平衡"战略的"反平衡"之说，中国也决不会接茬。以同美国对立的方式谋求"突围"，这有悖中国的传统哲学。

然而"一带一路"和与之相关的亚投行是中国走向世界的大战略，它们无疑属于中国"有所作为"的开创性之举。外界的各种议论和解读不可能都是妥帖的、促中美互信的，中国必将面临美国充满疑虑的审视，并遭遇它的挤压。

如果中国一切都听美国的，会换来更多的一时平静。但中国的发展要求我们在对外政策中坚持独立自主原则，包括采取一些可能受到尖锐解读的对策。

我们看到，亚投行构想推出至今，第一批意向创始成员国就有21个，后来各国以多种方式表达兴趣，直到出现英国申请加入及多个欧亚主要国家松动或转变立场。美国的态度依然如故，但亚投行事务带给中国外交的正面因素，远远多于负面因素。中国的这一"作为"并没有导致中美之间的特殊紧张，却通过获得越来越多欧亚国家的配合、理解，拓展了中国外交的积极面。

一个重要原因是亚投行这个项目中国选得准，它符合世界大多数国家的利益，美国想用地缘政治的方式遏制它，但美国的理由不接地气，无法有效实施。美国的"斗"与中国的"和"相遇，后者显示了特有的力量和优势。

有所作为既可以是一种原则，也是中国经济发展以越来越大规模与世界互动时的必然趋势。中国的作为是谋求共赢的，而不是冲着美国去的，我们坦坦荡荡地往前走，世界终将看懂中国并走向与我们的合作。

亚投行的利好消息让人看到"一带一路"战略的稳健步子，这一切是世界对中国外交"有所作为"的认可。中国社会必将从局面的不断向好转变中收获信心，也积累如何在复杂国际环境下发挥中国作用的经验。

很多人担心中国的外交环境很大程度上受到美国力量的操控或渗透，亚投行事务的进展则告诉我们，中国是本国命运和道路的真正掌控者。我们需要做的是在有所作为的同时，充分调动自己的智慧，让自己更有心胸，更富弹性。

如果亚投行的起步比较顺利，说不准美国有一天会改变态度，也愿意成为该行的一个成员国。只要中国继续发展，走得足够平稳，这种可能性可不是不着边际的。

（2015.03.18）

中国在美"枪杆子""笔杆子"间穿行

美国财长雅各布·卢 17 日呼吁国会尽快批准改革国际货币基金组织（IMF）的方案。该方案 2010 年 12 月就已达成，世界很多国家都已通过，但就是美国国会把它卡住了。这项改革据认为会动一些美国利益集团的奶酪。

英法德意等欧洲国家申请加入亚投行，雅克布·卢显然受到了刺激。如果美国的议员们面对美国这些盟国的坚定选择而转变思路，那对美国和对世界都是好事。亚投行还未成立，就能"迫使"美国更公平地对待世界，那将是富有戏剧性的一幕。

美国的强大有很多支柱，但最突出的还是"枪杆子"和"笔杆子"。其他的都有竞争空间，唯这两样，美国死保。

美国的"枪杆子"绝对领先于世界，除了庞大核武库，它的常规作战系统亦有面向全球的战略威慑力。光是其十余个先进的航母战斗群，就能当作撬动地区局势的杠杆。今天任何力量与美国直接军事对抗，都意味着冒险。

美国的"笔杆子"同样了得。它不光指帮美国向全球传播声音的媒体机构，事实上这是一个维护美国价值观的庞大系统，大体为把对当今世界各种事物的价值定性权攥在了手里。无论是谁，如今同美国进行争辩，尤其是搞政治争辩都很困难。

把自己看成世界的领导者，是美国社会一个根深蒂固的观念。美国的科技水准、经济竞争力在很长时间里也都跟得上，它已不习惯在任何一个主要方向遭遇挑战。

然而今天的美国毕竟不是人类发展的极致，三亿多美国人涵盖不了世界的多样性和创造力。试图超越美国并不意味着与它对抗，做得更好甚至最好是人类社会每一个群体的天赋权利。

美国将不得不接受一些令其很不舒服的体验历程，华盛顿会视其为挑战，不过，它的承受力是天然存在的。从美国抵制亚投行但并没有同中国尖锐冲突的情况看，它对经济竞争的容忍远好于它对军事竞争的态度。美国的"笔杆子"对待"意识形态斗争"也更刻薄，一副"寸土必争"的架势。

中国牵头组建亚投行，做了一件美国不喜欢，但绝大多数国家都欢迎的大事。这惹不着美国的"枪杆子"，同时会有西方阵营的大量声音帮着对付美国的"笔杆子"。事实证明这样的事情美国很难阻挡，它不喜欢，但不好意思大喊大叫。华盛顿最终要以某种方式接受这一新事物，这会成为让全世界眼前一亮的"先例"。

中美没有博弈是不现实的，但博弈完全可以积极、有趣，而非火药味十足。中美新型大国关系总要面对中国不断崛起的现实，它应是中美创造性处理各种竞争性事务的态度总汇。

中国大概要在美国的"枪杆子"和"笔杆子"之间做充满智慧的穿行。中国也在发展自己的军事实力，但那不是为了"中美决斗"。中国同样致力于发展自己的文化软实力，但中国的成功将更多取决于发展的别开生面，事实服人，而不能指望只靠"讲道理"就让世界"恍然大悟"。

亚投行迄今的进展已经显示出其具有的划时代深刻蕴涵，它检阅了中国这几年的发展积累，并把中国对外开放带向新的境界。它还为人们重新认识中美竞争与合作开辟了新空间。中国究竟是个什么样的国家，一带一路究竟是什么样的战略，亚投行都提供了重要参数。

（2015.03.19）

学运一周年,台湾只剩政治"更繁荣"

3月18日是台湾"太阳花学运"爆发一周年,岛内媒体就此大规模议论,态度分歧很大。这场学运无疑影响了岛内政治走向,对国民党在"九合一"选举中惨败提供了推力。一些分析认为,这场学运某种程度上代表了"台湾青年世代的总反叛",其对岛内政治生态的影响还将继续释放。

政治这些年在台湾很热,成了社会生活的主导层面。"太阳花学运"提供了新路数和新材料,因此对岛内"政治繁荣"做出新贡献。台湾人的注意力有了相当够格的着落,但这种过瘾究竟给台湾带来什么实际进步,却很难找出来。

"太阳花学运"提出"公民不服从"的口号,为选举体制下的台湾由学生带头上街解决问题添加了新注脚。这是民主观念的一种升级吗?全球政治学的主要版本都不会给予肯定回答。

台湾的经济发展和民生事业会因为学生占领"立法院"就变戏法一样获得突破吗?更不会。这场学运从反服贸协议开始,很冲动地要求减少与大陆经济合作。从外部看台湾,这无异于搞自我孤立和边缘化,很像是发泄恐慌的歇斯底里。

台湾经济、尤其是民生这些年遇到不少问题,由于初尝选举不久,台湾社会相当流行用政治手段来解决一切的幻想。这样的口号吸引眼球,激动人心,很容易就在舆论场和政坛占据上风,击败各种严肃的说教。

在过去的一年里,台湾的主要竞争对手之一韩国与中国大陆基本完成自贸协定谈判,韩国的对华贸易连年上台阶,而台湾作为更有优势的近水楼台却在退缩。再看北京推出亚投行构想后，有多少重要经济体突破政治障碍，展现出积极态度。经济融合是当今世界的潮流，中国大陆已是促进这一融合的超级中心之一。"太阳花学运"却鼓动台湾社会重新戴起政治眼镜看海峡对岸，严重的选配错误导致了一些人和群体的头昏眼花。

违背全球区域经济整合潮流的学运被当成社会进步的推动力量，那个社会一定有某种不成熟。这样的学运能对社会目标进行"精确制导"的概率极低，它通常只能破坏，却很难为建设贡献可用材料。在有充分表达机会和渠道、成年人平均受教育程度相当高的台湾社会，该做什么不该做什么要由一群学生冲进"立法院"告诉大家，并强令社会执行，这太萌、太小清新了。

台湾面临大陆崛起颇具压力的竞争，亚洲其他经济体也会与它争夺机会，它要想在新的亚太格局中实现新的自我发展，必须客观理性地正视大陆，并经过很艰苦的努力，抓住外部每一个机遇，开掘内部的各种潜力。这决不是像搞大派对一样搞几场街头政治运动，让选举来得更刺激更猛烈就能取而代之的。

"太阳花学运"给一些华人社会的年轻人造成误导，让后者以为这样才是"干正事"。靠街头政治运动来解决社会的深刻问题，这是个人投机取巧甚至不劳而获思想的社会群体性变种，在发达的互联网及全球化时代，尤其是这样。

台湾一些人标榜这个小岛已经成为华人社会中"最民主的"那一个，但它的经济发展水平却越比越低，这一强烈反差就是最大的事实。台湾明年就迎来新的"大选"，它足以让台湾社会再过一把更大的政治瘾。但亚洲会往前走，世界的脚步也不会停下。

（2015.03.19）

亚投行将倒逼中国更高水平开放

卢森堡官方证实该国已正式申请成为亚投行（AIIB）意向创始成员国，从而使申请加入这一中国主导的国际金融组织的国家达到32个。这一阵容已经大大超过创办国际金融组织的最低要求。舆论分析，到本月底提交申请结束之前，大概还有其他国家加入这个行列。

筹办亚投行取得国际热烈响应的关键成功，接下来制定规则、实际创办等工作将陆续跟上。中国作为发起者，如何扮演西方喜欢用"主导"一词所描述的那个角色，如何让该行成为当今世界超一流的国际多边金融机构，还将面临诸多挑战。

可以肯定，创办并经营好亚投行，必将带来中国进一步面向世界开放的过程。亚投行是中国全面提升自己国际金融能力的机会，它也是对中国与世界在更高层面"接轨""融合"的倒逼。我们对这些耳熟能详的词汇有可能形成更深的理解。

首先，亚投行不会是中国向国际多边金融机制进军的终点，而这样的创办和参与需要大量国际化的金融人才。把这个问题解决好，将对中国主流社会的人才观产生新触动，进而为中国的人才格局注入改革动力。

中国已是大国，但亚投行让我们第一次在世界级的金融大事中发挥所谓"领导作用"。迄今的意向创始成员国中已有"欧洲列强"，也有与中国存在领土纠纷的国家，中国将成为各种意见和诉求的主要交汇点，这将考验中国作为发起国的心胸，以及我们处理各种问题的智慧和弹性。

我们亲眼目睹了英国作为美国最重要的盟友之一如何"反水"申请入行，并会在今后通过更多切身感受，体会国际关系中那些决定变数和确定性的元素。亚投行注定要带给我们一些过去没经历过的遭遇和考验，中国社会围绕它不是在读一本书，我们将快速增加自己的阅历，朝着更成熟的大国迈进。

亚投行与美国主导的世行将形成既竞争又合作的关系，给中美互视增加新的活跃点。中国对外开放的内涵更加多元，挑战性和收益的方式都更趋复杂，它要求更高的设计能力和更强的执行力，它不再是出台个政策大笔一挥就可大功告成的事情。

站在经济、政治利益的高处和站在低处，连对"朋友""对手"的认识也会有角度上的微妙变化，与一些对立性力量打交道的轻重缓急原则也会有所不同。

总之亚投行需要学习世行等国际多边金融机构的成功经验，同时避免重蹈它们现有或曾经出现的问题，成为从管理到实际运行效果都最优秀的世界性同类银行。中国作为它的发起者和总部所在地，需要有一系列的自我提升对其进行支持，它不仅仅是局部小环境的跟进，而应是中国社会有全局意义的不断改善。

2001年中国加入世贸组织，关于它对中国开放及改革的拉动，舆论一直津津乐道。中国牵头创办亚投行对社会没有那么大的直接牵动面，但它对中国综合能力的提升要求却非常高。可以这么说，如果亚投行在中国"主导"下成为广受世界称赞的最高水平国际金融组织，AIIB 成为备受尊敬的标识，那时的中国就将成为名副其实的"世界大国"。

（2015.03.20）

中俄不同开放度对应各自国情

中国俄罗斯都是大国，都不属于西方体系，不时受西方舆论奚落。两国比邻，是全面战略协作伙伴，这些年越走越近。但仔细看，两国各有千秋，有非常不同的国家性格。在与西方复杂而曲折的关系中，中俄采取了差别较大的策略。

曾经高度封闭的中国自上世纪70年代末以来奉行对外开放战略，开放成为中国国策的最大标识之一。俄罗斯也曾全面向西方开放，但是后来它再次成为西方围堵的主要目标，其向西开放策略受挫，转为与西方对立直至对抗。对外强硬成为俄外交的主色调。

大量分析认为，中俄走上不同的对外战略之路有其必然性。

中俄两国的基本立国条件截然不同，两国社会发展的主要矛盾和可选择的解决办法亦有很大差异。俄罗斯的国土面积接近中国的两倍，资源总量前者高居世界第一，而俄人口只比中国的1/10多一点。俄的现代化早于中国，底子厚，中国为实现现代化所面对的挑战要比俄罗斯多得多。

俄也有对外开放的意愿，深知不开放就很难全面现代化。但它对外开放的紧迫性并非"生死攸关的"，如果开放搞得不痛快，它有退回来固守现有格局的资本。俄罗斯的主要资源品种齐全，自给自足绰绰有余，其国家任务的重要一条就是守护好本国资源，确保它们给自己带来最大利益。

中国的对外开放则属于"必由之路"。从改革开放之初起，中国缺技术，缺现代观念，而且越来越缺资源。中国如果不对外开放，别说"全面小康"，连可靠的温饱恐怕都实现不了。因此无论与外部世界打交道有多难，中国都没资本重新"闭关锁国"，对外开放注定是中国现代化进程的单程票。

俄罗斯为其国家利益不断对西方示强，摸索出了它的一些独特经验。普京打出的一些牌曾让华盛顿颇感无奈，俄近期因乌克兰危机与美全面角力，外交一时被动，但其长期战略效果还取决于事态的进一步走向。

中国则积累了与美国用合作冲淡矛盾，用巨额贸易抑制对抗冲动，用新型大国关系取代历史记忆和陷阱的经验。对其他西方大国，包括疑虑中国的力量，我们也尽最大努力扩大合作面。这样做很辛苦，有时还会事倍功半，但中国崛起在姿态并不完美的情况下逐渐成形。我们对开放的总体感受是正面、积极的。

发起建立亚投行，这是中国对外开放的一次高规格检阅。做这件事所要求的开放积累和进一步的开放加码都不能含糊，这再次证明中国在已走的大道上没有退路。

很难说中国这样做的政治风险有多高，但如果这是中国的唯一道路，那么谈如果不这样做风险会不会更小，是没有意义的。中国必须把对外开放作为自己的长处和优势，不断巩固全社会的自信，克服在开放路上迎面而来的问题，永不气馁，不用那些无聊的"假如"扰乱自己。

中国的正式说法是"改革开放"，但在很多时候，开放更像是"因"，改革是被拉动的"果"，因此叫"开放改革"也蛮贴切的。开放已成最近三十几年中国最重要的国家经验之一，它与改革的绝妙搭配也在释放出广泛的世界意义。只是中国发展的紧迫性从来没有松弛一下的时候，我们因此没有沾沾自喜的资本，我们总觉得自己做得还不够。

（2015.03.20）

"藏独"分子故技重施只会自讨没趣

所谓"175个西藏人权组织"联合致信国际奥委会主席巴赫，表示他们反对北京申办2022年冬奥会。国际奥委会评估委员会下周将对北京、张家口进行考察，由于2022年冬奥会的申办城市只有北京和阿拉木图，我们有一半成功率，这些"藏独"组织又抓住时机跳出来搅局。

这封长达12页的信件恶毒攻击2008年北京奥运会，并宣称北京奥运会之后西藏的人权"比以往任何时候都更糟"。他们还同时指责哈萨克斯坦的人权状况，要求"谨慎对待"阿拉木图的申办要求。

这封信散发着低素质的无理取闹，充满很不自尊的装腔作势。突然就冒出175个"西藏人权组织"，那些组织有几个人、甚至是否真的存在都令人怀疑。他们说的那些话一定会让国际奥委会的官员和专家们哭笑不得，暗自叹息碰上了由职业反对者和职业起哄者组成的闹事团伙。

2008年北京奥运会是奥运史上最辉煌的盛会之一。2010年国际奥委会作出的正式评价写道："与以往相比，北京奥运会从根本上保持了向善的力量，并成为了协作和改革的催化器。在不同国家、文化和团体之间架起了一座桥梁，用共同的价值观将他们团结起来。"

该正式评价还说："奥运会不只是展示世界上最精彩的体育比赛和最优秀的运动员，它们也帮助打破障碍，消除分歧，而这正是北京2008年奥运会取得的成就。"

"藏独"组织在2008年北京奥运会之前大闹在西方国家进行的圣火传递活动，现在又罔顾事实，攻击北京奥运会取得的成果。他们把国际社会都当成了瞎子和失忆者。

境外"藏独"组织欺负西方社会多数人不了解西藏，编织了一幅青藏高原政治上暗无天日的虚假画面。关于这一点，西方媒体也经常故意装糊涂，帮助传播境外"藏独"组织的声音，刻意忽略西藏宗教文化保护与经济社会发展的巨大成就。

这些闹事者显然影响不了国际奥委会的决策过程，而且他们大概就没做这种指望。很多分析人士相信，境外"藏独"组织知道自己"几斤几两"，他们就是想借北京联合张家口申冬奥之机闹出点动静，博西方社会的眼球，多挣一份自己的存在感。如今西方国家纷纷与中国加强合作，"藏独"势力自感生存空间受到威胁，他们不断寻找各种机会争取能在西方主流社会的视线里晃悠。

借北京申办奥运会闹一把，"藏独"势力练过一次，算得上"驾轻就熟"。但更重要的是，国际社会也通过2008年北京奥运会"认识了他们"，知道了这是一群什么样的货色。国际社会已经对借奥运在政治上捣乱非常厌倦，他们不是正经人，这是世界上绝大多数人心领神会的共识。

境外"藏独"分子已大致与西藏的发展和进步失去了利益联系，他们盼中国整体不好，盼西藏不好，骂中国政府和西藏既能让他们痛快，又能契合西方社会的某种需求，为他们赢得一些有助于在西方环境里自我谋生的资本。

然而世界在变，中国越来越强大，西藏的真相已越来越为天下所知。今后"藏独"势力在境外瞎折腾必将付出越来越高的成本，收益也会越来越青黄不接。他们休想再赚到2008年时那么多眼球。他们这次编撰一封抹黑中国的信件，一些西方媒体虽仍帮着炒作，但这股声音终归有气无力，不仅不会有结果，连他们期待的热闹也不会有。失落将是他们唯一的收获。

（2015.03.21）

美国反对亚投行难免致自我孤立

亚投行的事情仍在发酵，包括美国在内的西方舆论出现大量批评白宫"失策"的声音，认为美阻止盟国加入亚投行导致了自己的孤立，华盛顿应当从中汲取教训。

围绕亚投行之争的本质是，中国做了一件符合亚洲整体利益的好事，并向世界其他国家提供了参与和实现共同繁荣的良机，而美国却出于一己之私非要阻止亚投行的顺畅发展。而对美国的很多盟友来说，与中国合作参与到亚投行进程中来的好处，要多于拒绝参与向美国"表衷心"的利益预期，所以英法德等欧洲国家决定对华盛顿"反水"。

如果美国至今保持足以全面和绝对影响世界经济的实力地位，那么欧洲的"背叛"就不会发生。此外如果中国发起成立亚投行的确就是冲着美国去的，其主要目的就是要"夺取美国的领导权"，那么欧洲国家也会在评估利弊之后远离中国的倡议。

问题是，美国对亚投行的地缘政治审视仍沉浸在权力角逐旧思维窠臼里，把大多数国家"搞烦了"。华盛顿给人一个强烈印象，它的眼里只有地缘政治，拒绝承认地缘经济的合理因素。而对欧亚国家来说，发展是第一位的，连与中国有领土纠纷的越南、菲律宾等也不例外。美国要大家为配合它的对华战略而放弃发展机会，很不得人心。

华盛顿的确要吸取一个教训：它不能给一个广受欢迎的国际多边发展计划捣乱，即使这个计划的发起者是被美国保守主义势力视为"竞争对手"的中国。美国并没有"衰落"，它仍是"世界老大"，但它的力量的确已不足以任意支配盟国。它以损害盟友利益的方式强力维持其"领导权"，就会置自己于尴尬境地。

英国等欧洲主要国家加入亚投行，是中国倡导的合作共赢新型国际关系的一个里程碑。亚投行的这个方向如果得以巩固，有可能成为国际关系从旧时代向新时代历史性过渡的起点。

美国毕竟实力雄厚，拥有运用政策工具的足够空间，它如果能调整对华心态，不再眼里只有地缘政治博弈，大家今后都会好受些。顺势而为比逆水行舟更智慧，也更轻松，这个道理同样适用于美国。

我们很不希望华盛顿以钻牛角尖的方式看自己在亚投行问题上的挫折，为以后扳回"领导力"投更多的赌注。中国不会与美对抗，北京仍会以合作共赢原则设计今后的每一个计划和行动，如果美国未来坚持"抵制中国挑头的计划"，它实际选择的对立面也将是世界上的多数国家。

美国只要淡化一下自以为是的思维，就能像其盟友一样看清国际贸易与金融领域事态发展的来龙去脉。美国一直不肯对其主导的世行和国际货币基金组织进行改革，增加中国等新兴国家的投票权。它同时又不想接受中国倡议发起新的国际金融机构。美国想垄断世界的发展，它无力出资又不许别人干，天底下哪有这样的道理。

亚投行不是"美国领导力"的滑铁卢，也不是中国从此与美"平起平坐"的转折点。它就是美国一个错误逻辑的失败，也是对合作共赢原则的重要肯定。那个错误逻辑的确是美国的，但合作共赢原则决不为中国所专有。

所以，美国完全没必要因为眼前的挫折同中国过不去，因为那样的话，它将是与这个世界的公理过不去，与世界的潮流逆着来。

（2015.03.23）

办过一次奥运会，不能说"够了"

国际奥委会评估团 3 月 22 日至 29 日在华考察，这是 7 月 31 日该委员会决定 2022 年冬奥会举办城市前最后一次派考察团来中国。北京联合张家口于去年 7 月正式成为 2022 年第 24 届冬奥会的申办城市，这一次它们的唯一竞争对手是哈萨克斯坦的阿拉木图。

北京在成功举办 2008 年夏季奥运会之后再次申办冬奥会，展现了中国愿与国际社会密切交流的清晰姿态。中国的国家实力越来越强，政治结构有自己的鲜明特点，但中国不是个和世界疏离的大国，中国对与世界各个层面的互动及融合抱以很积极的态度。

北京第一次申奥失败是 1993 年，8 年后的 2001 年再次申办获得成功。今天的中国已经不可同日而语。以往围绕北京奥运会的申办及主办，西方舆论曾出现过不少微词，那样的局面今后大概很难再现。与二十几年前、十几年前甚至 7 年前相比，中国同西方的相互了解还是多了很多，对外交流的方式和结果也有了更多确定性。

回头看，2008 年奥运会既进一步刺激了中国的发展，也推动了中国的持续对外开放。那次奥运会还增加了中国全社会的见识，锻炼了我们对因与世界频繁打交道各种麻烦纷至沓来的承受力。2008 年是中国重要的"成年礼"。

今天北京联合张家口申办冬奥会，我们的心态可谓自信而从容，外部看这件事情，也大多把它当做一次普通的申奥。西方以偏执的政治方式对待中国举行大型国际活动，我们则对此很生气，这样的较劲似乎在逐渐淡化。这个进程告诉我们，外部世界对中国的态度并非一成不变，推动这种变化的主动权在我们自己手里，我们不能因为遇到一些困难就放弃尝试和坚持。

再看国内，互联网舆论场上对申办冬奥会有一些非议，但这不代表中国社会对举办奥运会的态度变消极了。环球时报舆情调查中心按照抽样调查的专业方式所获数据显示，中国民间对北京张家口申办冬奥会高度支持，网上的不同声音更多是中国舆论多元化的体现。中国现在随时都有舆论积极分子活跃在网上，他们喜欢"代表社会"，也喜欢与社会主流唱反调，用他们的个性化感受抓取注意力。正常社会大概都这样。

如果北京联合张家口申办成功，中国未来一些年的对外开放将得到新推力，这个崛起大国也会受到"国际规则"及各种外部元素的更多约束。无论是牵头创办亚投行，还是申办冬奥会，这既是中国扩大对外开放的主动行动，也是这个国家"与世界交融"的自我鞭策和加码。中国的这种出牌原则对自己、对世界都是好事。

中国带着这么大的体量逐渐走向世界舞台的中央，需要世界的熟悉和接受，也需要我们自己尽可能准确的认识力和把控力。办夏季奥运会和冬奥会，还有APEC、G20，不能说"够了"，中国的对外开放需要更多大的契机，触及更多领域，开掘新的深度。

到2022年之前，正是华北解决雾霾等污染的关键时期。一旦2022年冬奥会选定这里，它的筹办期将与华北污染治理高度同步，这样的相互借力无疑是对奥林匹克精神的发扬光大。

我们祝福北京和张家口申办冬奥会成功，也祝愿中国永葆对外开放的热情，通过我们的主动寻找和客观的倒逼，不断汲取国内改革的力量。我们不用担心会"自找麻烦"，克服并解决那些麻烦就是中国的成长过程，就是我们化解危机于未成形之时的过程。

（2015.03.23）

李光耀超越国小，中国有容乃大

李光耀23日凌晨辞世，包括中美元首在内的世界很多国家领导人在第一时间发去唁电，高度评价这位新加坡开国总理一生的多方面成就。新加坡是弹丸小国，却获得了超越地区的某种全球性角色，新加坡的成功和李光耀作为该国领导人的个人成功都不言而喻。

李光耀创造了"新加坡模式"，它既是这个小国重视学习西方、同时坚持亚洲价值观的发展模式，也是它在大国间寻求地缘政治平衡的模式。李是新加坡利益的坚定维护者，这一利益的核心是它在大力量环绕中的生存和发展。李和他的国家可以说是如愿以偿了。

李被称为"中国人民的老朋友"，这个尊称对他来说名副其实。同样视他为"老朋友"的还有华盛顿以及很多世界和地区性力量。李光耀与海峡两岸都保持了良好关系，"汪辜会谈"就是1993年在新加坡举行的。

中美关系复杂，两岸有过紧张，新加坡所在的东南亚地区不时有骚动，在马六甲边上做个富得流油的小国应当说挺难的。把视线拉得高些，会发现中国在太平洋西岸做一个改革开放、快速崛起的大国也挺难的。中新两国一大一小，看对方很容易戴上怀疑、警惕的眼镜。但是它们成为了两个相互理解的友好国家。

李光耀曾公开表示，希望美国在东南亚"平衡"中国的影响，这些话传到中国时，"平衡"一词被翻译成"制衡"，引起中国舆论一时的强烈反响。但那些不快迅速过去了。各种信息纷至沓来，中国社会不断成熟，我们对外部信息背后意义的识别和鉴定力都在增加。

视李光耀为"中国人民老朋友"，这是中国社会总体的真实态度，敬佩他，也是我们的由衷感受。他是一位伟人，在自己的一生中做了很了不起的事，这堪称是中国人对这位新加坡领袖的普遍认识。这些认知中，包含了中国社会视野的变化，我们对"友好""朋友"的标准更加现实。

与新加坡长期交好，高度肯定李光耀对中国改革开放所抱的善意和所起的积极作用，这对中国政府来说不难，但这些也成为中国主流社会的稳定态度，就更为可贵。新加坡左右逢源，大国和周围力量也一直在"争取它"，中国在这一系列错综交织的关系中保持了很好的仪态，不断开发了大国外交的内涵。

通过新加坡和李光耀，我们也不难悟出东南亚及中国周边其他国家外交政策的多重顾虑。新加坡的经济社会发展很成功，更容易吸引我们的关注，调动我们对其开展深入研究的积极性。其他有的国家相对落后，它们的外交政策背后藏着哪些必然性，我们该如何对待之，也容不得忽视。

李光耀并非中国的"铁哥们"，其实任何国家都会把它们自己的利益放在首位。把有各种"私心"、甚至有时有"小动作"的各方力量尽可能变成我们的朋友，这需要我们有真本事，此外要记住一句话：有容乃大。

因此昨天李光耀逝世的消息传来，中国舆论场上有那么多对他的赞扬和悼念，这既从中国社会的角度验证了这位 91 岁老人一生的辉煌，也是对中华社会在开放时代一些重要观念成熟度的检验。

（2015.03.24）

"人权组织"果然又来凑冬奥会热闹

所谓人权组织"人权观察"日前发表声明，呼吁国际奥委会"遵守其致力于推动改善人权的承诺"。国际奥委会评估委员会的成员近日正在北京评估北京联合张家口申办2022年冬奥会的工作，"人权观察"此时搅浑水，大概想捞点舆论的关注。

人权是中西之间的老话题，它总是在一些节骨眼上如期而至，搞出表面上一些花架子的东西。纵观中西关系的发展，人权话题有撒胡椒面式的广度，但在大多数时候并无实质性的深度。不扯扯它时，西方一些力量会感觉"亏了"。真就人权问题尖锐冲突，西方各国又不愿意，因为它们不想破坏同中国关系的基本面。

这当中有个重要原因，中西人权认识的差距并不像一些极端人士所嚷嚷的那么大。首先，西方对人权的大部分观念中国社会是接受了的。而中国在保障、发展人权领域所做的大量努力，西方不抱偏见的人也都看到了。说中国人权"不断恶化"，是无视中国现实的极端指控。

中国这些年为改善民生、扩大社会公平开展了改天换地般的奋斗，从2008年至今，这个国家的人民在这些他们最在意的领域几乎看到了"另一个中国"。医疗及养老保险的全民覆盖，消除社会福利领域不平等的各种双轨制，保障弱势群体的各种权利，厉行反腐败，全面推进依法治国等等，都是在这些年大规模启动或进入高潮的。

"人权观察"等力量把中西社会关于人权的正常分歧不断炒大。分歧无处不在，和而不同原本是人类社会的基本规律。但这些所谓人权组织总把事情往"有同才有和"的绝境逼，经常也把西方要对现实局面负责的力量搞得疲于奔命，不堪其累。

那些人基本把眼睛盯住因违反中国法律而坐牢的极少数人士，把他们是否受到法律追究作为衡量中国人权状况最突出的尺子。那些人谈的根本不是人权，而是在制造中西政治制度和法律体系的对立。多元本是人类社会的原生色，但他们不断调动、强化一些西方人唯我独尊的意念，试图把他们少数人的偏执变成整个西方社会的狭隘常态。

"人权观察"等组织曾在2008年前后掀起过波澜，以后他们也不会消停。但经过那一次北京奥运会前后风波的洗礼，中国与西方社会都多了几分成熟，极端人权组织捣乱的空间会逐渐收窄。中西摩擦仍会有，但双方都对它们经历得多了，了解了个中的复杂，对它们的一些表面性有了心领神会，对这种摩擦会有什么结果也大体能预期了。双方因此争归争，但动气少了。

虽然西方有的主流媒体报道了"人权观察"的最新声明，但我们不认为该组织的这次捣乱能搞出很大的动静。首先中国人不会再把这种力量太当回事，我们觉得在北京联合张家口申奥时有那些人凑过来发杂音是很正常的事，我们相信国际奥委会的鉴别力和定力。在这次申奥过程中，那些所谓人权组织不可能扮演主角。

建议境外关心中国人权的组织别太"脱离群众"，这些组织需要了解些大多数中国人对人权的看法。那些人反复操弄的话题和纠缠已经让中国人腻了，西方世界讨厌他们涉华表演的日子大概也不会太远了。

（2015.03.24）

亚投行之赢不是中美间的胜负

中国发起成立亚投行突破了美国设置的阻力，这令中国人的视野和自信都焕然一新。但是世界舆论出现一些很夸张的评论，称中国"击败"了美国，开创了自己有力量同美"分庭抗礼"的新纪元，有少数中国人也因这些评论的出现沾沾自喜，这就很荒唐了。

亚投行不是中国搭起的与美对抗的擂台，围绕它的创办聚集了亚欧很多国家的利益，形成了新的原则。美国视这种非它主导的利益安排为异类而反对之，导致它的一些盟国对其公然"反水"。这件事清晰展现了华盛顿力量的局限，它因想管住一切而不成，陷入尴尬。

中美这次是典型的"得道多助、失道寡助"，但这不是中美综合国力对比达到临界点的标志，它也不可能是中美博弈形势大逆转的开始。因为美国霸道过头而一时孤立就"看扁"这个超级大国，是很不明智的。

外部世界对美国遭此挫折的意义引申，远远大于美国因此实际感觉到的痛苦。外部的很多评论认为华盛顿"丢脸"了，但这对美国意味着什么，外界未必揣摩准确了。商业文化深厚的美国并不那么看重面子，因此不太在乎"丢脸"。它有较强面对现实而自我调整的能力，这通常也被看成是美国的承受力。

华盛顿23日提出，希望未来亚投行与世行、亚开行就同一个项目开展共同融资的合作，这被广泛认为是美国见"堵"亚投行不成，开始转变态度和策略，其调整之快，明显比东京一副纠结的样子要轻松得多。

我们经常通过美国对华抱怨越来越多的角度，捕捉到其自信心动摇的一些迹象。但客观说，美国社会整体上的自信还是蛮强的。原因是这个国家经过一个多世纪领先世界的发展，攒起支撑自信的丰富资源。美国至今在技术和文化上颇具创新力，这使得它应对危机的心态不那么紧促。

大国需避免大悲大喜，遇事平和就是一种力量。中国经历了漫长的积贫积弱，屡遭欺凌，因而渴望成功，也很看重每一次成功的意义。但我们必须知道，中国崛起是一次真正的"长征"，我们需要补足的短项很多，在未来很多年里，中国都成为不了全面的"超级大国"。

亚投行"挑战"了美国，这是舆论热衷于借题发挥的典型夸张。亚投行对应高度专业的金融事务，难免有点枯燥，而寻找其中的地缘政治元素，最简单也最刺激。21世纪地缘政治对现实的渗透被说成像过去的时代一样绝对，这很引人入胜，但却偏离了这个和平与发展世纪的主轨道。

中国不是怀抱阴谋要"重整世界"的国家，这个大国的社会发展任务极重，周边外交的历史包袱也很多，没有什么事情比和平发展对我们来说更重要。

发起创办亚投行是中国对外开放的升级性事件，它最终应促成中美的进一步理解和相互包容，而不是给两国关系打下永久楔子。如果这当中有什么输赢的话，那么是合作共赢原则赢了，零和博弈的原则输了，以此评论中美两个国家的胜负是肤浅的。

美国应当从中学会与天下共赢的重要性，而不是处处坚持美国利益优先。中国除了坚定信心，也应观察美国的承受力和灵活性。发展这种大国的特质，中国不断前进路上的续航能力将增添颇具价值的一部分。

（2015.03.25）

四大自贸区化改革决心为倒逼力量

中共中央政治局 3 月 24 日审议通过广东、天津、福建自由贸易试验区总体方案，和进一步深化上海自由贸易试验区改革开放方案。上海自贸区建立仅一年半就向全国三个重要区域推广，这一速度大大超过人们的预期。

中国目前除了加快国内的自由贸易试验区建设外，在国际上也正在积极地推进自贸区战略，中国去年已同韩国、澳大利亚完成了自由贸易协定谈判，今年将进入实施阶段，对外对内同时推动自贸区建设，决不是偶然的。中国的对外开放在形成越来越多的线索，它们相互呼应、支撑，不断释放倒逼改革的强大合力。

有人说，中国的改革开放路线实际遵循了"开放改革"的逻辑，这话应当说颇有道理。中国沿海地区在过去几十年里做了改革先锋，地域的开放便利不能不说起了关键作用。对外开放必然导致自我调整的跟进，而且自己的单方意志很难成为终止这些调整的充分条件，持续的改革的确需要这样的倒逼力量。

一种观点认为，看中国改革的决心是否真实，就看它是否把国门越开越大，是否在推动本国的经济运行方式与扩大对外开放衔接。这是一把非常务实的尺子，中国在主要方向上必须接受它的检验。

从上海自贸区扩展到从南到北的 4 个自贸区，很多人相信，自贸区试验的最终目标是要将成熟的经济和金融制度向全中国推广。目前中国沿海及内地的其他多个省份也在申请自贸区试验，这一次的"扩容"显然不是句号。

一些人顽固地认为中国在走一条与世界隔绝之路，他们因不喜欢中国政治上的自我探索而陷入将这个国家标签化的偏执。他们不想一想，一个世界上的第一大贸易国，每年出境人数已全球第一，怎么可能是文化观念上自闭的。中国这次扩大国内自贸区建设，是加快全面深化改革的又一自我鞭策。这一代中央领导集体的施政战略不断呈现越来越清晰的轮廓。

　　"倒逼"这个概念已经进入中国官方表述多年，它在中国民间的使用率也颇高。改革的这一动力机制已被全社会认识并接受，开放的纵深效应广受期待。因此昨天政治局关于自贸试验区的决定一公布，民间的感受就像听到了把全面深化改革落到实处的又一波冲锋号。

　　谈论改革开放令人骄傲，但它的真实过程却充满纠结、痛苦。这几代中国人注定要不断摸索，评估风险及得失，在学习外部经验和不自我迷失之间形成判断力。既然学习西方，为何又要走自己的路，这个最基本的问题会在不同时期变幻出种种方式，再考验中国社会几十年。

　　中国最早的4个经济特区有很成功的，也有不那么成功的，但总体上它们发挥了拉动中国改革的作用，鼓舞了当时的全国人民。如今4个自贸区的起点已不可同日而语，它们的雄心也更大。希望它们能不辱使命，通过高水平实践，为开创中国改革开放新局面奉献特殊建树，为全国各地升级发展模式提供可复制的经验。

　　亚投行，申冬奥，拓展国内自贸区，加快签署国际双边及多边自贸区，更有"一带一路"顶层战略，中国的对外开放不断开辟新的战场，渐成新的格局。未来一些年，很有事情可做。

（2015.03.25）

不理会出云号，日本将得寸进尺

以"出云"号命名的日本所谓"护卫舰"昨天正式服役，它的标准排水量1.95万吨，有长248米舰首至舰尾的甲板可供战斗机起降，连日本媒体都称它"外形看上去像航母"。而事实上，它就是航母。它目前搭载直升机，但很容易把它们换成攻击型F-35战斗机。

日本官方喜欢遮遮掩掩，打擦边球追逐它的真实目标。"出云"号原是日本一战时一艘巡洋舰的名字，该舰一直服役到二次大战，直至被美军炸沉。日本让一些旧舰名在自卫队"复活"，究竟是什么意思？这大概同把战犯牌位放进靖国神社供奉一样神秘，也一样放肆。

"出云"号之后，将很快有新的同级别隐蔽航母加入服役，或许用不了多久，日本就会出现这种隐蔽航母服役3艘、在建1艘的成熟格局。由于"出云"号载机数量有限，但设施先进，它们究竟能形成多大的战略威慑力，军事评论界存在分歧。

日本习惯上有对该国军费不超过GDP1%的限制，这意味着日本军费短期内无法超过600亿美元。但日本安倍政府一直致力于修宪建立国防军，这一限制能否长期管用，不确定性在增多。

日本迄今被和平宪法捆着手脚，也受到国际力量的压制。美国对东京发挥更大军事作用既挺又防，但近年为"平衡中国崛起"，放纵日本提升军力似乎成为美对日态度的主要方向。

最重要的是，重新成为军事大国的愿望贯穿日本朝野很多力量，它越来越像是有点"压不住"。周边曾受日本侵略的国家都对它能否永不再走军国主义邪路缺少信心，它被和平宪法及主要国际力量管着，尚不老实，一个劲往前拱。真不知国际社会如果"睁一只眼闭一只眼"，这个国家在右翼的绑架下都能干出些什么。

要知道，日本现政府对承认该国在二战中犯了侵略罪行惜字如金，恨不能要国际社会掰着其领导人的嘴一个字一个字抠。日本感觉自己更多是二战的"受害者"，而非加害者，这样的奇葩认识和情绪不断在日本社会蔓延。国际社会如今有些拿日本的顽固态度没招。

这个时候日本隐蔽航母打着"出云"号的惊人旗号正式列装，东北亚怎么可能很踏实？外部力量面临两难选择：围绕"出云"号与东京打一场外交战、舆论战，说实话挺累的。但不理睬它，又怕日本得寸进尺，今后搞出备战扩军的更激进动作。

日本社会必须很清楚，东京不断给东亚稳定制造的麻烦，到头来都会反射回去，成为日本实现国家"正常化"的障碍，而不是推力。无论是解禁集体自卫权，还是将"出云"号投入现役，都只会招来对日本的更多警惕和防范。日本在以很错误的方式就它最关心的问题与周围世界互动。

旧"出云"号在日本扩张的路上最终葬身大海，新"出云"号也不可能成为日本安全的决定性角色。日本明治维新以来把低头就能做的事都做得很好，它的最大悲剧就是抬头看路时犯下大错，导致上一轮崛起最终灰飞烟灭。21世纪，这个国家低头做事的能力仍很卓越，它的挑战也还是能否看准应走的路。为了亚洲更为了它自己，但愿它别再看错。

（2015.03.26）

拿布雷顿森林喻亚投行，恶意还是无知

一些境外媒体将筹建亚投行称为"中国的布雷顿森林时刻"，歪曲解读中国发起成立这一国际多边金融机构的意图。由于亚投行还未实际运行，人们通过现实表现认识它尚需时日，那些炒作中国谋求金融霸权的声音如果很高，就可能让不少人了解该行产生先入为主的印象。

布雷顿森林体系是指以美元为中心的战后西方金融秩序，它因二战结束前在美国新罕布什尔州布雷顿森林举行的一次国际金融会议而得名。1944年7月，这一体系确立了美元霸权，其代表性机构就是世界银行和国际货币基金组织。该体系的有形框架随着美元汇率与黄金脱钩而于1973年崩溃，但它所代表的金融秩序在很多方面保持了持久惯性。美元作为国际主导货币，美国以此获得特权的方式，都延续至今。

有的境外评论者宣称亚投行是中国谋求"人民币霸权"的开始，他们没有直接说出的弦外之音是：中国要当第二个美国。

这种用历史经验忽悠公众的说法属于闭着眼睛的高谈阔论，它既无视常识，也脱离时代，根本经不起推敲。

布雷顿森林体系奠定了二战后美国进入全盛时代的货币霸权，这一霸权成为美国全球战略的金融工具，以此对因战争创伤而千疮百孔的欧洲盟友们发号施令。

并不具备美国当时实力地位的中国倡议创办亚投行，30多个亚欧国家迅速聚拢过来，它们当中包括与中国有领土争议、或在政治上有体系分歧的国家。它们显然不是捧中国，更不想推动"人民币霸权"，它们追捧的是中国倡导的合作共赢原则，而在该原则之下，不存在任何国家将

本国利益凌驾于他国利益之上的机会和空间。

亚投行不是要与世行及国际货币基金组织作对，更不是要把美元霸权变成"人民币霸权"。亚投行的精神是多元、公正和共赢，它所尊崇的方向与垄断南辕北辙。宣称中国开始谋求"人民币霸权"，是很典型的"以小人之心度君子之腹"。

另一方面，人民币无疑会在国际金融体系中产生越来越大的影响，但这种影响只会是中国经济份额和世界市场对人民币的自然需求带来的。它决不会是中国以地缘政治博弈方式推动的结果。中国的人口规模这么大，靠控制钞票来搜刮别国的利益，既会让外部怨声载道，其所得拿到中国来也属杯水车薪。

国际关系终究在进入民主时代，这个时候再追求传统上的大国霸权，无论对现有国际秩序的"领导者"，还是对崛起大国来说，都不是正道。

不难发现，中国是世界大国中对展示力量最低调的国家，中国的公众舆论对"第一""超级大国"这类炒作相当抵触，普遍担心这些高帽是对自己国家的捧杀。中国社会希望将国家的绝大部分经济政治资源用于国内社会建设，人们支持政府在国际舞台上为这个国家争取发展的平等权利，但不会支持国家走谋求霸权的道路。

布雷顿森林体系是旧时代的产物。全球化时代活生生的新现实催生了亚投行，后者决不会走回头路，犯新瓶装旧酒的庸俗错误。一些西方媒体的恶意或无知的类比，都将被真实的事态击碎，这当中不会有什么悬念。

（2015.03.26）

亚洲是命运共同体，此乃大实话

博鳌亚洲论坛2015年年会26日至29日召开。今年年会主题是"亚洲新未来：迈向命运共同体"，莅临的各国领导人规模达到博鳌论坛创办以来之最。习近平主席将于明天参会，他的主旨演讲备受期待。

"亚洲命运共同体"，这是近两年的新提法，它凝聚了中国人对国家发展一些重大内外关系的新认识。中国说到底是亚洲国家，中国现代化的启动性因素来自欧美，但确保中国发展纵深的很多条件却在亚洲。这块大陆不可能上演中国"赢者通吃"的一幕，中国崛起能走多远，将在很大程度上取决于我们是否善于与亚洲国家分享发展的机会，拓展合作共赢的空间。

亚洲在历史上基本是个地理概念。纵观亚洲，它的复杂性大概超过了其他大洲复杂性的总和。亚洲同时拥有几大宗教，不同地区人们的价值观差异非常大，领土纠纷多，经济发展水平有巨大落差。亚洲如今有世界GDP的老二老三，有精致的经济发展"小龙"以及石油巨富，也有全球当下最战乱和最贫穷的地区。

在政治上，亚洲有社会主义国家，有按欧美制度发展的国家，也有被西式民主害得很惨的国家，还有走"中间道路"者。这尤其让亚洲看上去像"一盘散沙"。

就中国来说，近年来自周边问题的牵制似有增多之势，它们既有周边"内乱"或地区紧张的波及，也有因领土纠纷产生的中外双边争议。这些问题一定程度成了美国"亚太再平衡"战略的具体依托，进而成为中美大外交若隐若现的敏感点。

其他亚洲国家的外交消耗，更是集中在各自的周边地区。

亚洲需要共同发展、繁荣，需要团结，亚洲国家实为命运共同体，中国作为亚洲综合实力突出的国家，这一感受尤其强烈。强大不会赋予中国在亚洲的特权，它只会交给中国更多责任，要求中国为促进区域繁荣发展发挥更大作用。

亚洲合作和逐渐一体化应从经济入手，这样能绕开很多差异，扩大共同利益。政治纠纷越掰扯越尖锐，多搞经济合作，互利共赢，政治矛盾就能一定程度淡化。亚洲的多样性远远高于欧美，抱怨这里一体化的条件太差没用，把主要问题迅速解决根本不可能。但只要在经济一体化的方向多迈步子，走得远些，我们对政治分歧的感受有可能慢慢变化。

不是所有国家都像大国一样关注国际大战略和长远战略，国家越小越容易注重眼前的实际利益，因此亚洲命运共同体要成为区域内大多数国家的共识性认识，需要更多推动力。中国如果想提供这样的推力，它不仅是思想交流的问题，中国还需带头搭建合作共赢的平台，多为各国汇聚共同利益提供支点。

亚洲国家的现代化大多是把各自与西方的联系作为起点，现在它们彼此有了相互依托、创造本地区内生性发展动力的能力。这是亚洲走向未来强有力的崭新的"帆"，它今后所能给予亚洲的贡献怎么估计都不为过。

中国的"一带一路"战略契合了亚洲的这些需求，它的资金能力及项目创建能力都很优越，因而将成为亚洲命运共同体的一条重要线索和纽带。但亚洲国家不仅会听中国怎么说，还会看中国怎么做。实际情形一定是这样的：中国推行"一带一路"有多认真，很多沿线国家理解亚洲命运共同体就会有多真切。

（2015.03.27）

一旦"独狼"不是小混混，而会开客机

德国之翼坠毁的航班是被有患抑郁症传闻的副驾驶恶意操纵撞山的吗？法国警方披露了黑匣子内容的细节，令人惊悚的猜测随之充斥媒体。

恐怖袭击的可能性在迅速缩小，副驾驶员在机长离开驾驶舱后将之关在门外，独自一人制造空难的情形渐渐完整。如果最终结论就是这样，那么除了恐惧，我们能感受到的就是在现代社会里对"独狼"式袭击防不胜防的无奈。

"9·11"之后，民航飞机驾驶舱门全面加固，增强了安保功能。那次袭击导致人们把驾驶舱变成可以从里面完全反锁的"堡垒"。这一设计在特定条件下从最安全变成最不安全，颇具寓意。

这些年很多国家为防范恐怖袭击投入大量资源，与此同时，难以向恐怖袭击归类的"独狼"式袭击不时发生。它们的区别主要是：前者有意识形态的支配，并常伴随政治意图。后者则大多是激情式或情境式的，原有的心理隐患未及时排除，被某些偶然因素触发。

恐怖袭击除了直接损失，还会带来一定范围的政治震动。但恐怖袭击的线索相对容易发现，它们被提前制止的概率也比较高。"独狼"式的非恐怖袭击有逻辑，但缺少规律，它们发生的过程更加隐蔽，预防起来几乎无从下手。

比如要预防德国之翼的这起空难，航空公司就要提前发现那位副驾驶的心理异常，确认他不适合飞行。不难想见，要让这样的干预和排查机制做到严丝合缝，难度很高。这实际意味着大幅提高飞机驾驶员的心理强度标准，它必将以"错杀更多"作为"堵住个别"的代价。

我们处在现代化登峰造极的时代，速度和复杂渗透进生活的大多数层面，我们空前强大，也空前脆弱。如今一个人所能拥有的破坏性力量是过去不可同日而语的，可能产生犯罪冲动的不光是"小混混"，还有在重要岗位的人。自由的社会环境也使他们策划犯罪更容易。

媒体大规模报道"独狼"式袭击，扩大了它们的社会效应，同时可能会对其他潜在的犯罪分子形成刺激和启发。模仿既可以是技术上的，也可以是心理上的。互联网在无意间成为恶性犯罪传播、蔓延的媒介。

当然，正确的社会治理还是会对"独狼"式袭击产生抑制。增加社会关怀，让每一个想不开的人有更多释怀的机会，会让一些以极端方式报复社会的动机自我化解。同时，对特殊岗位的工作人员要建立常态化的心理辅导与干预机制。需要指出，由于这是一项需常备不懈，有广泛社会参与的工作，而且它们的效果常常是无形的，如何把这一工作坚持下来对很多社会都是挑战。

就中国的实际来说，前些年发生"独狼"式袭击时，互联网上出现同情袭击者、甚至为他们叫好的极端声音。这太不应该。对一些人悲惨境遇的同情决不能让我们对谴责极端报复社会的行为产生任何犹豫，二者必须分得一清二楚。

德国之翼的空难调查再向整个世界敲响了警钟。然而极端破坏很少有简单重复的，我们必须具备举一反三的认识及行动能力。

（2015.03.28）

"一带一路"的天时、地利、人和

中国是善于搞经济社会发展规划的国家，我们有年度计划，五年计划，乃至全面建成小康社会以及到本世纪中叶的长远规划。

"一带一路"是中国提出的第一个面向亚非欧等广大地区的发展战略，是一个地地道道的国际经济社会发展规划。它与中国的国内计划不同，具有多边性，不是中国单方面说了算的。因此它有不断展开的天然属性，其意义和效应将会一波一波地生成和释放。

"一带一路"迄今最清晰的信息是它的方向和原则，它至少在今天不是具体工程项目的总汇。但这个规划的务实性有其独特的支撑，它的有利因素有些是现成的，有些将是今后"滚雪团"越积越多的。

最重要的是，围绕"一带一路"已经形成天时地利人和的基本态势，它不是中国的心血来潮和逆水行舟，而是顺势而为借风扬帆之举。做这件事不会"费力不讨好"，合作共赢原则为它注入举重若轻的愉快因素。

今天从西方到中国等新兴国家积累了大量资本，"一带一路"堪称是一个超级发展计划，让所有潜在投资者都眼前一亮。在全球经济复苏普遍乏力的时候，"一带一路"来得恰逢其时，它对国际投资界的鼓舞刚开了个头，这一"天时"为成功打下了基础。

"一带一路"借古代丝绸之路和海上丝绸之路的启发，让现代人类社会发现了一个拥有无限发展潜力的地区，以及与此相关的更宽广的辐射面。"一带一路"把一些彼此有种种阻绝的地区连在一起，展示了它们在现代化路上的内在关系，这是一种全新意义的"地理大发现"，凝聚东方哲学特别看重的"地利"。

亚欧很多国家突破种种"不同"加入中国发起的亚投行，激发了它们参与"一带一路"的更多积极性。西方一些人曾以地缘政治论"一带一路"，如今沿线国家从各自角度评论对本国的好处成为主流。开始时中国需要动用外交资源帮助人们理解"一带一路"，今后"一带一路"本身将成为促进地区友好、和谐的杠杆，这是极其可贵的"人和"。

过去中国一些海外投资大项目受到当地政党政治的困扰，可以预期，随着亚投行及"一带一路"的不断推广，这种困扰将会逐渐失去"政治合理性"，中国与各国的合作将有更多稳定性。

亚投行、"一带一路"让人嗅到当今世界的某种新气息，它既非挑战，也不是煽动，它就是新元素在原有体系中的成长，预示了改良的顺理成章。中国远非世界最强大的国家，但中国倡导的合作共赢原则却最受欢迎，带来无限想象力。

然而，中国的信心多了，却也不必让已有的成绩成为负担。我们要把事情做得尽可能好些，但也要能平静对待今后的各种周折，不必把亚投行的"开门红"当成今后事事顺利的自我强迫。相信路线和大目标，对具体挫折能够承受，这才是大国自信的完整版。

各国参加"一带一路"，不是为了捧中国，而是为了实现各自利益。摩擦是合作中断难避免的因素，中国社会对此需要适应，切不可把对外合作看成我们的对外施舍，要求对方的投桃报李及时而绝对。"一带一路"是中国人国际观继续成长、成熟的过程，可以肯定的是，我们的心胸有多大，共赢的善意有多大，我们未来的空间就有多大。

（2015.03.30）

谁嫖娼被抓都得认栽,这里没有区分

据广东媒体报道,以监督公车私用出名的"广州区伯"区少坤于26日在长沙因嫖娼被抓,并被警方处以行政拘留5天。消息称,这位在互联网上有些名气的"区伯"当时在长沙的一所星级酒店客房内从事卖淫嫖娼活动,出价1200元,这一细节与他的"低保户"身份形成鲜明对照,引起更多议论。

这两年不断有各种名人因嫖娼、吸毒被抓,当他们是娱乐明星时,舆论通常对案情细节津津乐道,猜测事件对他们前途的打击。但当被抓者有较强政治标签尤其是经常"批评政府"时,就会引来争论,支持者们就会宣称对肇事者的抓捕是警方策划的"迫害行动"。

区伯事件再现了互联网舆论场的这一幕。一些人表示强烈质疑区伯嫖娼的真实性,宣称这是警方在报复他对公车私用的监督。与此对立的声音则强调,这件事是区伯道德水准的真实暴露,具有很强的象征意义。

我们认为,质疑警方为区伯"设套"是非常轻率甚至荒谬的,无论这种质疑有多少社会心理的线索,在全面强调法治的今天都不应被提倡。如果动不动就把"警方造假"的假设抬出来,依法治国就会陷入虚无主义,相关争论也会失去基础。

区伯之前就处在舆论的漩涡中,对他"骗取"低保、监督公车私用夹带"碰瓷"勒索等曝光不时出现,与此同时挺他的声音也很多,令旁观者真假难辨。值得注意的一点是,官方从未卷入这些争论。

热衷在社会公益领域表现的人意外出丑闻,在哪个社会都有。如果因嫖娼被抓的区伯就是普通人,没有因为参与公共事务而网上出名,那么这件事对他个人名声的伤害非常有限。但现在的情况就不同了。

是名人就要对自己有所约束,名气越大,自我约束就需越严格,这类代价已是当下中国各种名人共同的紧箍咒。过去人们认为娱乐明星可以"为所欲为",房祖名、黄海波、王全安、王学兵等先后栽了大跟头,证明影视大腕也没有"绝对自由"。因为投身政治或公益领域而成名的人,就更需小心谨慎。不仅中国大陆如此,世界各地也大多这样,东方各社会尤甚。

从道理上说,区伯监督公车私用与他嫖娼被抓一是一,二是二,分属两个完全不同的评价体系。对他的行政拘留只有5天,其获释后参与公共事务的政治权利不受任何影响,他是否继续对公车私用进行监督,首先取决于他个人。

但是这起丑闻必然会重挫区伯的个人公信力,从而影响他继续从事社会监督的效果。有他的支持者表示,自己对区伯嫖娼事不感兴趣,今后会一如既往地支持他曝光公车私用,但真能做到这一点的人恐怕并不多。在大多数情况下,一个人要在公共事务中保持活跃,其在守法方面不出问题是前提条件。

社会不会为维持一个人的现有角色而对其实施特殊保护。法律逐渐成为社会运行的主轴,社会的各种元素要围绕它自我或相互调节,而不能让法律反过来迁就它们。这些年很多高官和体制内名人因贪腐落马,带来种种冲击,但相关治理没有因此而退缩。体制外的名人必须从中看到,他们也不会以任何原因获得在违法时免受追究的特权。

中国警方今后敢碰任何人,舆论无法干扰他们执法,这是挡不住的大趋势。各类名人都比普通百姓承受着更多名誉风险,洁身自好是他们的必由及被迫选择,这是民主、开放时代的题中之义。与其抱怨这个逻辑,不如认真顺应它。

(2015.03.30)

中国人，让我们对历史悲情说再见

中国人，让我们对历史悲情说再见。我们真诚地发出这道呼吁，怎么想，就怎么说。

中国社会是存在一定历史悲情的，这无需否认。这种悲情有它的合理性：自近代以来中国积贫积弱，饱受侵略和欺凌。这个曾对人类文明做出卓越贡献的民族，后在列强的宰割下几近亡国亡种。近代的悲惨历史不可能像盲肠一样从民族记忆中剪去，屈辱感因此代代相传。

然而生活在继续，中国几经曲折，奇迹般走到民族伟大复兴的关键当口，回到世界舞台的中央。中国与外部世界互视的基础在变化，我们需要跟上这种变化。

我们须厘清一些基本事实，它们已从历史悲情的出发地向前走了很远。包括：中国已是世界第二大经济体，我们最终成为世界第一大经济体也非遥不可及。中国同时是世界第二大军费国，我们的整体军力以及国家综合竞争能力都已位居世界前列。任何外部力量想像19世纪下半叶或20世纪上半叶那样用实力威逼中国，都已是幻想。

但是中国的成长必然引发了世界的一些格局性变动。这会造成某种外部的不适应，我们也会从外部感受到难以区分临时性或者战略性的排斥和挤压。这必然让我们不快，刺激我们的诸多联想。但有一点我们需要搞清：这些外部压力的出现不是因为中国太弱了，而是因为我们在逐渐成为世界性力量。

外部干涉如今已无法直接影响中国，因此它的形式不再是传统帝国主义式的，而做了面向全球化及互联网时代的嬗变。更准确说，它变成了"渗透"。21世纪国际关系的总态势不是谁压倒谁,而是旧要素老化新要素勃兴的复杂状态。这时候每个国际行为体最需要的是能够提供清醒和定力的精神强大。

当我们仍然存有较浓厚的历史悲情时,很容易在自卑和自负,或者"失败主义"和"胜利主义"之间摆动,一些东西在我们眼里有可能变形。我们会发现外部的更多傲慢,更多遏制中国崛起的野心,也会对是否应进一步对外开放产生犹豫。

需要指出,当下世界各大国都有各自思想及意识形态的软肋,比如美国社会对西方中心主义不切实际的迷恋,日本社会对中国崛起的极度失落感,俄罗斯社会围绕大国情结的患得患失等等。在这个时代,哪个国家的主流社会善于反思,它就有可能在下一步的世界竞争中先行一步。

中国的对外社会心态一定要加快"正常化"。不能不说,这些年中国社会的心态已在逐渐平和,全民族意义的自我调整已经开始。然而已有的成果远远不够,中国的社会心理需要迅速与我们的大国地位形成对接,并且要尽可能走到国家实力进一步崛起的前头。中国这方面做得越好,国家对外战略的弹性就越大,中国崛起的前沿也更容易润滑。

今年是世界反法西斯战争胜利暨中国抗战胜利70周年,中国将举行包括阅兵在内的盛大纪念活动。忘记历史就意味着背叛,铭记历史是为了面向未来的超越。在这个时候同近代以来不断积累的历史悲情做告别最有意义,它将塑造中华民族新的自尊,向世界展现我们从内到外的自信。

中国发起创办亚投行,到昨天已有44个国家申请成为意向创始成员国,台湾地区也表态将申请入行。中国提出的"一带一路"发展战略赢得瞩目。从1840年以来,中国历尽苦难,沧海桑田,今日中国与一个半世纪前中国的对比令人感慨万千。最重要的是这个国家走过来了,我们告慰先人的最好方式就是继续向前走得更远。

中国必须有力量,同时豁达、宽厚,对新时代的国际纠纷及摩擦就事论事,既不轻视、也不夸大它们的实际意义。摆脱历史悲情的中国人会以平常心看待种种问题,这对整个地区平和处理纠纷将是重要引导。中国是什么样,我们周围的世界就可能是什么样,我们不妨这样走着试试看。

(2015.03.31)

对造谣诽谤决不能听之任之

近来互联网上不时出现针对具体人涉腐、涉黑及涉性的极端传闻，有时甚至是彼此攻讦，引发巨大轰动。这些激烈的信息有些登在正规媒体上，有些在微信群之间传来传去，真假难辨，对当事人造成严重名誉伤害。

我们强烈希望这种情况能得到有效抑制。有些受到传闻攻击的人选择报案和起诉，这样的依法维权应当受到支持。警方需及时立案，推动轰动性纠纷的依法处理。造谣诽谤者必须受到法律规定的惩处，这对清理舆论场，把相关互联网平台带出谣言的泥塘具有重要意义。

在大众媒体时代，似乎没什么信息比针对名人的"丑闻曝光"更具吸引力，这种信息一旦出现，就会在网上形成排浪式传播。即使最后证明是假的，对当事人的伤害也已实际发生，其影响很难彻底消除。

以往这种情况具有偶发性，但一个时期以来，这种做法在逐渐变成网上流行的"斗争手段"。这类信息有的尚有来源，有些连来源都模糊不清，还有些明显来自境外，形成越来越复杂的局面。

如果纵容这种现象自行扩散，将对中国的社会秩序造成越来越严重的干扰，毒化国人围绕道德及行为准则的诸多认识。呼吁人们不理会不传播这些传言相当程度上是徒劳的，民众不可能纷纷争做"模范网民"，围观最刺激的事情是互联网与生俱来的"俗态"。

因此推动对诽谤性传言的治理，主要还得依靠法治的力量。应针对传播最广的那些谣言下手，再多抓几个"秦火火"，把处理过程和结果及时公之于众。这样的依法精确打击最具有震慑力，公众也会从中汲取丰富营养。

必须指出，治理诽谤性传言是让所有人都多些安全的法治工程。因为如果"文革"中大字报式的人身攻击可以肆意转化到今天的互联网上横行，那是对法治的公然蔑视，是从与大众安全息息相关的方向挖社会秩序的墙脚。如果我们今天热衷于围观"莫须有"的丑闻，那么谁也不能打保票，下一个受害者不是他自己。

一些人出于舆论阵营或圈子的利益，当己方人士受诽谤时就强烈谴责，协助反击。对方人士有同样遭遇时就拍手叫好，鼓动围观。这种做法极不可取，很多公共恶习就是沿着社会群体的裂缝不断扩大根系，渐成危害的。

让各种"造谣有理"的诡辩都去见鬼。我们要一个讲理、守法的舆论场。我们呼吁越来越多受到诽谤的人站出来依法维权，我们尤其希望司法机关使出足够力量，打击形形色色的造谣者。

（2015.03.31）

中印从也门撤侨的差距不是偶然的

根据习近平主席和中央军委命令，中国海军舰艇编队赴也门执行撤离中国公民的任务，共接出 571 人。这是中国第一次动用武装军舰从国外撤侨，也是自 2011 年利比亚大撤侨之后的又一亮点。

中国在亚丁湾一带有舰艇编队执行常态化护航任务，是 2011 年及本次撤侨及时实现的前提。如果这次危机出现在其他地方，情况或许会多些周折。

但决不能因此而认为中国的本次成功撤侨是"撞上的"。中国可以被临时用于撤侨的装备在世界各地已有相当广的分布，应对重大突发任务，国家在大多数情况下都不需"从零做起"，做机动组织的选择并不缺少。

如果说那一次利比亚撤侨中国的动作比一些发达国家和附近国家还快，让不少人有震惊之感，那么这一次与中国同时撤侨的是印度，后者直到现在还没有把几千同胞撤出也门，中国的撤侨速度就更显突出了。

印度政府因撤侨不力受到国内舆论批评，其实新德里尽了力，但它可以就近动用的撤侨工具太少，国内力量又鞭长莫及。中印的差距不是偶然、一时的。

中国有一些人非常反对遇事同印度比，他们主张要比就比欧美。其实他们错了，印度的基本国情和发展起点都与中国最接近，它是中国现代化有价值的参照之一。

中国需要同时与欧美及印度比，与后者比，我们能够发现自己向前走了多远。与前者比，我们可以看到自己需要继续跨越的距离。还有些时候，印度与欧美各有所长，中国人不能以为我们今天对印度的领先都是天经地义的。

撤侨是对一个国家综合力量的考验，包括检验它正常状态下的力量水平，以及它为紧急情况调集资源的爆发力。中国近年多次成功实施撤侨，实为国家保护海外公民集体安全能力的厚积薄发。

当然，有比规模性撤侨更难的事，那就是为国外中国侨民个体提供更可靠的常态化安全保障，包括保护他们的财产安全。这需要中国有更强的政治影响力、综合威慑力以及更多的海外安保手段。此外也有赖海外侨民提高自我防护能力，与国家的安全措施正确互动。

保护海外个体中国人安全要难于保护海外侨民群体的安全，而后一项工作又比捍卫传统国家安全难。中国国家安全的含义在从领土领海这样的固定目标向海外移动的个体目标扩大，因此它是永无止境的任务。

也门撤侨是中国向新国家安全境界迈进的又一里程碑。我们做了很漂亮的事，但我们清楚，前面还有做不完的事。

（2015.04.01）

构建大国心态是中国的一场硬仗

中国传统文化是不缺大国情怀这个元素的。古代中国一直称自己为天下的中心，视周围世界为蛮夷。东亚地区围绕中国有时断时续的朝贡体系，万邦来朝是中国人心中"盛世"的标志性景象。

中国社会需要从历史悲情重回大国情怀，但不是要再次掉入封建式的帝国自大。我们需要有与中国作为现代崛起大国相称的国民心态，而这当中的最大障碍就是近代中国遭欺受辱留下的阴影，以及它与古代中国辉煌之间巨大反差带来的困惑。

中国崛起的速度太快，要让社会心态的调适追上这个速度不是件容易事。比如中国在不久前还是最大的净受援国，今天国家虽然强大了，但发展不均衡，一些省区仍有不少贫困现象。舆论对国家开展对外援助常有微词，致使政府在对外援助这种本该大力宣传的事情上被迫低调，有时"只做不说"。

再比如民众在对外摩擦问题上非常敏感，常常要求政府"只赢不输"，甚至"只进不退"，这极大限制了国家开展外交的灵活性。有时候一些小国领导人做针对中国的示强表演，也会让我们很生气。从官方到民间，有一句话过去的使用频率很高，那就是：外部的某个挑衅"伤害了中国人民的感情"。

走到世界舞台中央的中国，必须不断在精神上走向强大。这种强大决非仅仅来自领导层的意志，民间的心理成熟构成了它决定性的底蕴。

中国发起成立亚投行获得震动世界的初期成功，到昨晚有47个国家申请加入，这大大超过了美日主导的亚开行的起步。仅仅这一件事，就在把中国朝着"真正大国"的地位推。然而加入的国家越多，围绕亚投行今后的事务越"人多嘴杂"，中国赢得"一致掌声"越不现实。我们很快会感受到国际多边银行"主导者"的那把交椅多么"硌屁股"。

其实亚投行能够成立，这本身对中国就已是大好事。但当今世界的好事越大，注定麻烦越多，而且任何"领导者"都休想"赢者通吃"。越是大国，越遭埋怨，越干好事，越被挑剔。

中国社会曾长期处于国际主流事务的边缘位置，我们质朴、诚实，看重荣誉，也难免有时"认死理"。然而做大国是"复杂运动"，它要求我们要有韧性，敢进敢退，拿得起放得下，最终不在朝向四面八方的接触中消耗自己，而是赢得总得分的胜出。

中国必然要承担越来越多的国际责任，但这不等于"吃亏"。因为中国在世界上的份额持续增大，我们从世界健康秩序的获益面同步拓宽。中国今后不能在外援等方面算小账，我们的胸中应是一盘中国与外部世界共赢的大棋。

分享世界"领导力"有许多将要付出的代价。但中国发展是惯性的，我们既无缩小国家实力的退路、也无永远"韬光养晦"下去的逍遥选择。做大国很累，我们既要劝别人，更要劝自己，有时不得不"难得糊涂"。否则我们就会有较不完的真，生不完的气。

像中美俄这样的大国，实际已不存在可以扳倒它们的外部力量。它们真正的对手其实都是它们自己。国家与人一样，离不开精神的"修炼"，我们从外部很容易看到其他大国的弱点，而我们自己又岂能完美无缺。让公众的主流思想方式和集体视野与大国使命相匹配，这是中国社会必须打赢的一场硬仗。

（2015.04.01）

21世纪既非中国世纪，也非美国世纪

美国哈佛大学教授约瑟夫·奈不久前出版《美国世纪结束了吗》一书，受到国际战略学界的广泛关注。约瑟夫·奈本人近来多次谈及此书，为美国延续其面向全球的影响鼓与呼。他强调，世界变得更加复杂，美国虽然面临在经济总量上被中国超越的可能，但美国仍将保持政治、军事的强大，"美国世纪"至少还会持续数十年时间。

约瑟夫·奈的一些具体论述是清醒、可信的，但他对"美国世纪"这一概念的坚持与这些具体论述形成了矛盾。其实20世纪中叶以后的很多时间里，"美国世纪"的提法很难成立，比如当苏联发射第一颗人造卫星时，以及美苏地缘政治对抗十分尖锐的那些时刻。"美国世纪"作为世纪之交的一种总结，有这一时期的特定所指和说服力，但时过境迁，把这个提法固定下来，强行用它衡量日新月异的世界，必将非常勉强。

去年12月底美国经济学家斯蒂格利茨称2015年是"中国世纪的元年"，接着约瑟夫·奈强调"美国世纪"的延续。这两种说法都是夸张的，有零和思维的明显影子。从我们的角度看，21世纪不会是"中国世纪"。但当中国经济总量逐渐接近美国，华盛顿现在就不能在亚投行这种事上决定其盟国态度的时候，非说这个世纪仍是"美国世纪"，也会让人觉得掺了水分。

20世纪的很多旧概念很可能描述不了我们所处的21世纪，这一点值得约瑟夫·奈等美国精英思考。历史经验确立了一种思维方式，但该思维方式不能作为数理定律来坚持。世界的变化往往比从旧角度看到的更加深刻，拒绝从新角度看问题是危险的。

把 21 世纪同美国或中国等某个大国的名字捆绑在一起，这是硬要把全球化打上单一帝国式权力的烙印。世界战略学界需要冲破旧思想的桎梏，创造一些崭新的概念，把当今世界的大国一起带出历史记忆和经验为我们布下的天罗地网。

如果不出大的意外，美国仍将在很长时间里是全球综合实力最强的国家，但美国影响世界的方式，其全球角色的性质都将逐渐嬗变。未来不会再有国家取代美国全盛时代的位置，帝国的政治基因在过去的半个多世纪里不断式微，它今后不可能通过逆生长重新回来。

21 世纪中美将各有千秋，其他大国也未必就会成为冷战时期美苏卫星国那样的小兄弟。面积很小的新加坡都能扮演某种政治性的中心角色，未来更将如此。

中国的政治制度相对独特，但中国"和"的观念将随着它的强大影响全人类。中国的周边地缘政治环境比美国崛起时不知复杂多少倍，只有对"和"的坚持及弘扬才能把这个国家真正带向世界舞台的中心。"和"将融进整个舞台的结构。

"美国世纪"或"中国世纪"的概念简单明了，但它们会把原本复杂的世界强行标签化。世界如果围绕它们削足适履，那将是整个国际政治的悲剧。人类已经嗅到国家之间合作共赢的最初气息，那些旧概念有可能让我们粗暴地忽略这种气息，错误地走上回头路。

（2015.04.02）

反完服贸反亚投行，不毁台湾不过瘾

台湾"黑色岛国青年阵线"等"台独"组织3月31日晚冲击台北"总统府"，抗议当局申请加入亚投行，宣称这是"黑箱操作"，也是"矮化国格"之举。抗议活动持续到4月1日凌晨，成为全球范围内有关亚投行的第一起示威行动。

当世界各经济体"打破脑袋"一般往亚投行创始成员圈子里挤，美国的盟国们不惜为此对华盛顿"反水"，最后导致连美国也放软身段的时候，只有台湾街头上演了反其道而行之的对抗性一幕。台湾究竟在发生什么，它是当今世界一个什么性质的角落，外界难免会有些疑问。

大陆在忙于创办亚投行事务，根本没心情、也顾不上借此机会挤压台湾。台湾这时如果不提申请，不在这个节骨眼上额外增添两岸的敏感问题，而把自己是否加入的问题往后放一放，大陆恐怕不会有什么意见。大陆已经收到五十多个公开申请，这个数字对亚投行开门红来说足够了，台湾方面应当清楚自己在这件事情上有几成分量。

马英九当局赶在截止时间的最后时刻申请加入亚投行，说明他们清楚这件事对台湾有多重要。亚投行事务中没有折腾两岸关系的空间，大陆国台办1日表示欢迎台湾"以适当名义"加入，是一个完全可以预期的表态。加入亚投行对台湾意味着更多商业机会，是它在经济上不被边缘化的一项保障，其他都是台湾反对势力的臆想。

当越来越多的经济体同中国大陆签署自由贸易协定的时候，台湾"太阳花学运"搞黄了两岸服贸协议。现在几乎同一拨人又找理由要阻止台加入亚投行。如果说闹事团体真的代表台湾主流民意，会让全世界跌破眼镜，很多大陆分析人士相信，最新抗议是那些闹事团体不想被遗忘，欲在台"大选"到来之前再捞一把关注。

　　台湾民主很像是少数人绑架了多数人，使这个岛屿与时代发展的主题渐行渐远。它已经是当年亚洲"四小龙"的尾巴，并且在继续沉沦的同时，形成部分势力用反对与大陆各种联系来撒气的奇怪做派。

　　我们相信台湾最终还是会以"适当名义"加入亚投行的，这最符合台湾利益。但在这之前，台湾说不定会内部折腾一阵子。实话说，这种折腾完全是台湾的内耗，外部世界几乎无关痛痒。外部如果有什么兴趣，也就是看看热闹。

　　而且无论台湾加不加入亚投行，它都不是一个国家，全世界对此很清楚，台湾绝大多数人也心知肚明。台湾不能以国家的名义加入任何国际组织，台湾社会对此早已接受。一些势力反对"自我矮化"，那是他们在以自欺欺人的方式自娱自乐。

　　如果台湾内部就两岸问题不停折腾下去，这个岛屿将不会有前途。大陆虽会受些牵连，但后者的承受力是岛内想绑架大陆的人无法想象的。台湾千万别被少数极端势力毁了，它需要有能力避免是非被颠倒，确保岛内社会在众声喧哗中不失去重大判断力。

（2015.04.02）

亚投行可不是中国的"面子工程"

50余国家申请加入亚投行的惊人成绩震动了世界,但少数泼冷水的声音也随之而来,它们有一部分是国内舆论场的。有点冷风,未必是坏事,它有助于刺激人们在成功时刻的警觉,避免骄傲自大。

然而对那些很荒唐的说法,还是要予以说明,以正视听的。

比如有人从根本上否定中国发起成立亚投行,宣称这是"虚荣",对中国有害无益。一篇宣扬这种观点的网上文章认为,向第三世界国家投资建设的金融风险太大,中国应继续坚持把外汇盈余用于购买美国国债。文章大赞国际货币基金组织和世界银行的放贷原则,而且说中国帮第三世界国家发展是为自己的产品出口培养竞争者。

写这种文章的人似乎懂点金融的ABC,会用一些术语,但对涉及国际多边金融机构的竞争,以及大国的实际成长历程像是一无所知。世界经济总体上遵从的是"政治经济学",而不是普通经济学,对这点有关作者也像是懵懵懂懂。

亚投行是国际关系在秩序层面的重要突破,这一点全世界都看清了。尽管它的后续意义并非是现成的,但这是个对中国非常有利的起点,各国政界和学界对此几无疑义。

亚投行不是中国的国际开发银行,它是国际多边金融组织,有利益共享和风险共担机制。包括欧洲主要国家和韩澳都进来投钱,如果亚洲基础设施建设真是"烂生意",莫非那么多国家的决策者都是傻子不成?

所有大国都希望在国际货币基金组织和世界银行中有尽可能大的发言权,能够在亚投行这样的国际多边金融机构坐"第一把交椅",大家都梦寐以求。做这种"老大"当然意味着很多责任和麻烦,但收益也是成正比的,这是国际政治及经济领域的基础性逻辑。

许多中国人的对外心态通常来说自信不足,容易多疑,有时对成功也无所适从。一些人担心参加亚投行的国家太多,其中有些国际上的博弈老手,它们有可能忽悠我们,"宰"我们,由于我们缺乏经验,有这些忧虑应当说是正常的。

做大国需要学习,也要勇于实践。所有大国都交过"学费",但什么都跟着别人跑,"学费"是不是更高?一次大战后的巴黎和会上,美国因外交不太成熟,其威尔逊总统被欧洲人耍得晕头转向。但美国很快一步步成熟起来。

有意思的是,前些年中国出口盈余赚的绝大部分外汇买了美国国债,受到舆论批评。国家也意识到那样做的风险,努力把外汇多放几个不同篮子。现在有了向外国基础设施投资的新出路,这样的多元化又被质疑,而且这两拨批评者中,有一部分是同一批人。"为批评而批评",似乎成了挺正经的营生。

在亚洲有的国家,中日就高铁项目展开激烈竞争。中国在向世界各地推广高铁项目时,竞争者一直如影随形,没有一处中国能够"白捡"。如果说这些项目都是"乱撒钱""面子工程",如何讲得通?

中国为促进本国企业走出去,成立了国家开发银行和进出口银行。国家金融引领本国企业闯世界,这是全球大国的共同经验,也是唯一符合当今世情的金融现实。二十多年的国际实践证明,这是中国迄今走得很成功的路线。

然而最后还要再说一遍,亚投行不是中国的"国开行"或"进出口银行",它是政府间的多边金融机构,中国做它的"首席",与对"进出口银行"大幅增资,甚至再复制它一个,完全不是一回事。亚投行成功聚拢人气不是为了虚荣,它具有重大政治意义。今后围绕亚投行必将有诸多挑战,但现有的成功就是成功,未来的成功需要我们尽最大努力去争取。

(2015.04.03)

"港独党",以"臭"博眼捞钱的怪胎

"港独"分子近日跑到国外搞出"大动作"。据港媒报道,主张"城邦论"的岭南大学助理教授陈云的"门徒"已于2月底在英国注册成立"香港独立党",从此可以用它收取国外捐款。据称这一做法受到"藏独"组织筹款方式的启发,"港独党"下一步还计划在今年年中去美国注册,"大干一场"。

"港独党",好拗口的新名词。一些大的罪恶就是从类似"胡闹"开始的,"港独"分子无疑给香港社会出了道该怎么对待他们的难题。

"港独"明显与《基本法》的精神相抵触,也违反中国宪法。但由于涉及国家安全的23条至今仍未在香港立法,"港独"分子滥用法律的灰色地带,气焰嚣张。

他们是香港的极少数人,属于政治"小流氓""小混混"级别。没有正经人认为他们的主张有政治上的严肃性,有什么前景或前途。

然而香港已经形成政治反对派文化,任何给政府制造麻烦的人和事情,不管是不是荒唐的,都有可能得到部分力量的支持或暗助。很恶心的事,也不排除因这一逻辑受到部分人以欣赏的态度围观。"港独"是个怪胎,就这样迟迟不死,反而得到发育。

除非"港独"在法律上被禁止或严格限制,主流社会抨击它的效果将是复杂的,其中有一部分会提升"港独"的知名度,使它以"臭"的方式获取所需营养。

"港独"在现阶段的危害的确是有限的,但它有可能成为一颗罪恶的种子,留下面向历史的隐患。香港原本在"独"的问题上是干净的,"港独"分子制造了这个污点,他们希望通过与香港政治反对派的相互利用寻找异军突起的机会。

香港还是应考虑通过法治把"港独"彻底摘除,留着它并不是香港多元化的骄傲。它决不仅仅是对于香港当局的麻烦,它给香港社会的价值观层面提供了"假恶丑"的新示范,诱导人们审丑,突破社会应有的底线。

任何社会都须有神圣的东西,以及与此相关的敬畏感。对于回归祖国的香港社会来说,如果"港独"能够得到成长的合法空间,那么将无异于这个社会打开了一个"潘多拉盒子"。"港独"最初引来的或许是起哄及一时的气愤,但谁能保证围绕一个变态的东西,各种因素的排列方式会一直是有序的。

制约"港独"的最有效武器只能是法律,而不是舆论或其他别的力量。让法律来对付"港独"既是国家的利益所在,也是香港社会的最佳选择。别陪这个怪物玩了,它会搞脏我们的眼睛,让我们误解民主与法治的本意。香港有太多正事要做,别为它糟蹋了光阴。

(2015.04.03)

切莫跟着外界炒亚投行"政治胜利"

亚投行最初阶段大获成功,世界舆论从地缘政治解读它的不少,其中中国媒体跟着起哄的也挺多。必须指出,对亚投行的"地缘政治解读法"来自美国决策层和华盛顿的政治精英,这导致了美国相当程度的被动,同时也深刻误导了世界上很多人看这一新事物的角度。

申请加入亚投行的国家数量远超预期,而且这是在美国公开反对其盟国加入的情况下发生的,这些意外刺激了国际社会的政治想象力。从道理上说,世界上很多事情搞得很大很轰动时,都会有政治意义附加上来,亚投行也不例外。

亚投行是对国际金融秩序有所触动的事件,金融秩序又是国际秩序的基础框架之一,当美国力图固化原有金融秩序,而在一开始对亚投行采取抵制态度时,这件事的政治味道日渐浓厚和突出。结果是美国高估了自己的号召力,在亚投行问题上失了分。

在美国转变态度,表示愿意推动世行等与亚投行合作之后,相关"政治游戏"随之告一段落。这段"插曲"当然不会像一颗流星划过天际一样消失得无影无踪,它的余音会长期萦绕在国际政治领域,对人们今后的思考和行为产生影响。

但是这样的后续影响决不应被夸大。亚投行不能被看成是地缘政治的标志性事件,它也不是测量中美实力此消彼长的里程碑。它的确显示了美国霸权的局限性,但它决不是衰落的美国霸权可以逐渐被另一种霸权取而代之的象征。

中国能突破美国阻挠,把亚投行的朋友圈搞得这么大,是因为中国认真把这一多边金融机构当成合作共赢的事情来办，以高度开放姿态将地缘政治因素降到了最低。美国将一件大好事硬生生往地缘政治上硬扯很不得人心，因而"失道寡助"。

中国今后在"主导"亚投行的过程中，应当坚持就金融论金融，以贸易谈贸易，切实履行最初的承诺，致力于将亚投行办成超越任何单一国家利益的国际性机构。如果中国因为华盛顿"玩输了地缘政治"，自己"乘势扩大战果"，借亚投行大打地缘政治牌，那么我们不太可能会有新得分。情况很可能是相反的：我们会跌比美国更大的跤。

从一定意义上说，竞争是人的天性，中国这一次围绕亚投行做得很体面，成果显著，美国的捣乱最终让自己难堪，我们的舆论为此很高兴，一些人顺势揶揄美国几句，这些总体上不能算不正常。但是中国的学界应当高度清醒，不应在舆论的兴头上"顺势泼油"。

近日有媒体通过访谈节目得出结论：欧美板块正逐渐向欧亚板块漂移。对这种过于轻率的说法，学者在评论时应慎之又慎，避免误导中国公众，向外部舆论发出不正确的信号。

中国复兴是个漫长过程，中国主导的经济事件会不断受到来自外部的地缘政治审视，而且客观上说，它们的地缘政治意义在很多时候的确"不是零"。这种情况下，中国一定不能被外部牵了鼻子，把经济事件变成我们与外部的地缘政治互动和博弈。我们有必要淡化它们的地缘政治元素，坚持专注于经济本身。

经济是中国的优势，也是我们走向世界的主要抓手。地缘政治有时看上去像抓手，其实它往往是藩篱，也可能成为沼泽或陷阱。合作共赢从未收录到西方传统地缘政治概念的词典中，但它却漂亮地穿透了零和思维的固有阵地，预示了不同的未来。中国今后的成功或许就取决于我们能否把合作共赢这条路拓得更宽广，走得更通畅。

（2015.04.07）

漳州爆炸须严查，PX 建设应挺住

福建漳州市腾龙芳烃有限公司二甲苯装置 6 日傍晚发生严重事故，导致 3 个储罐爆裂燃烧。附近解放军防化部队出动协助处理事故，截至昨天上午的消息显示，共有 6 人因伤住院治疗，其中现场受伤 1 人，玻璃刮伤 5 人。这起 PX 爆炸事故目前尚无人员死亡报道。

PX 项目已属中国的"老大难"事务，很多地区的公众拒绝接受这种项目在附近落户，形成严重"邻避效应"。漳州 PX 事故有可能会进一步增加舆论的相关疑虑，导致 PX 及类似项目的立项面临更多困难。

这种时候保持冷静和理性很重要。中国需要更多 PX 生产基地，这是不争的事实。我们这么大的国家不可能把对上游化工材料的大量需求都托付给进口，让韩国、新加坡等国的 PX 工厂决定我国化工的未来。我们遇到什么问题，就认真解决什么问题好了。社会有各种愿望和要求，但最终应实事求是，采取客观现实的态度。

漳州这起事故须得到全面、严格、及时调查。有报道称这家工厂曾在两年前出过事故，为何现在又出更严重的爆炸，公众有知情权，调查机构有搞清情况并向社会及时通报的义务。尤其是须对这起事故依法追责。这一切做得越坚决、越透明，将越可能消除公众的疑虑，巩固社会对 PX 项目总体安全和可靠性的信心。

发生这起严重爆炸实在不应该，这件事的因果中估计有管理上的疏漏，对公众的这些看法，管理机构要敢于面对。此外漳州 PX 项目的上起事故据称无人伤亡，眼下这起新事故未造成污染，这与人们通常对化工事故的想象不太一样。官方如能坚持及时客观通报，将有助于获得公众的信任，也有助于公众建立既不大意、也不惧怕PX项目的科学精神。

目前围绕漳州事故存在各种传言，它们需要官方的及时解答和澄清。官方的权威声音对消除社会的焦虑和疑虑最有效果，以往的经验反复证明了这一点。

莫让漳州事故成为今后PX立项难以逾越的心理障碍，但愿这不仅是政府应急工作的目标之一，也是社会各界的共同努力方向。中国经受不起"邻避效应"的长期干扰，各类国计民生亟需的重化工项目耽误不起立项和建设，垃圾焚烧厂等民生工程更不能被踢来踢去，社会舆论应有担当。

不断有人在互联网上对PX项目冷嘲热讽，这次又有一些人借漳州事故挑拨民意，宣扬不在本地区接受重化工项目的"高明"。这种言论夹裹在普通人的牢骚中间，极不负责任，完全不顾社会发展的现实需求及长远利益。发表它们的动机很多都是畸形的。

漳州的事故必须严查，国家应建立更加严格、细致、科学的项目管理和风险控制机制，其结果应是PX生产能力的合理扩大，而不是越控越小。这一过程及目标系着全国人民的共同利益，彻底盘活这一局面或许面临一些挑战，但除了正视这些挑战，我们别无他择。

（2015.04.08）

刘翔有尊严退役，社会有尊严释怀

中国田径明星刘翔昨天正式宣布退役。在那些获得了奥运金牌等最高体育荣誉的中国人里，刘翔算得上是标志性人物之一。

中国以往的体育明星都与国家荣誉有一定联系，舆论不时把这种联系当做"问题"指出来，提出运动员就应为运动本身比赛，他们没理由背上国家荣誉的包袱。这是一些人很真切的想法和呼吁，它们在社会多数人欣赏竞技体育和爱国情怀的混合激流中沉浮。

中国社会还是很需要刘翔2004年所创造的那种胜利的。我们中的大多数人直到今天仍然渴望它们，尽管不断有人批评举国体制，主张李娜式的成功更应成为榜样，但这样的呼声从未压倒过奥运会中国运动员夺冠时雷鸣般的掌声和欢呼声。

如果奥运会男子110米栏金牌是今天被中国人摘取的，同样会很轰动。但我们仍要说，2004年中国人因此收获的快乐、振奋和自信比今天还是多一些。那时的中国加入世贸不太久，我们参与全球化的深度远不及今天。中国体育向外迈的步子总是最快的，刘翔夺冠成为雅典奥运会中国最突出的收获，它的热度持续燃烧了4年。随着时代的变迁，那样的激情井喷或许在中国今后的体育中不太容易再现了。

刘翔得到巨大的荣誉，也为延续辉煌承受了难以置信的压力。从这个意义上说，他在2008、2012两届奥运会上的表现是让个人非常困窘的，社会因此而出现多少嘘声和嘲弄可想而知。无论刘翔是出于什么原因两次带着伤还要出现在赛道上，他显然都是当时十几亿中国人中最难受的那个人。

有人说，刘翔的退役"拖拖拉拉了十多年"，这是中国最优秀运动员之一从巅峰最充满戏剧性的滑落。人们经常搞不清应当同情他还是质疑他，挽留他还是"劝他走"。

昨天刘翔宣布结束职业生涯，他自己和公众大概都松了一口气。由于这一天总是要来，舆论毫不吃惊。最重要的是，在有了种种曲折之后，昨天刘翔的退役最终成为很有尊严的告别。舆论昨天集体回忆了这位年轻人曾经带给国家的荣誉，以及带给我们大家的那份惊喜，重温了我们曾经受到的鼓舞。对于之后两届奥运会的不快记忆，人们很像是得到释怀，真正放下了。

刘翔带给我们的美好感受要比之后因他而生的复杂感觉分量重得多，这应算是公众回望刘翔十几年职业生涯的一份总结。他的成功来得正是时候，成为当时中国高歌猛进的一个激越音符。他的衰落则更多是个人悲剧，他已经献给社会的东西，并不会因为他之后的赛场表现而打折。

中国需要刘翔这样的青年，他们有天赋，而且能够经过努力，在社会的鼓励和帮助下把天赋释放出来，登上辉煌的顶点。无论他们在这个顶点上站立多久，把这些顶点连起来，就有可能形成中华民族的新高度。刘翔大概要算"被议论最多的"奥运冠军，但回头看，他仍是那样精彩、正面。

值得指出的是，刘翔的曲折经历表明，中国社会正变得越来越成熟，多了宽容，对失败的实际态度不再像过去那样反应激烈。宽容是真正的鼓励，也是社会最重要的尺度之一。刘翔在2008年失利后仍在跑道上撑了六七年，我们相信，社会对这种"撑"的评价也会越来越多份理解。这种理解其实代表了与改革有诸多联系的社会综合进步。希望刘翔未来人生仍有精彩。

（2015.04.08）

"1/3越共政治局"访中国吹来暖意

越共中央总书记阮富仲率4名政治局委员访问中国,越共中央政治局一共16人,来了近1/3,可见越南对这次访问的重视。习近平7日与阮富仲举行会谈,在官方发布的新闻稿中,双方领导人对两党两国关系使用了热情洋溢的语言。习近平强调中越拥有广泛共同利益,友好合作是主流。阮富仲还使用了"同志加兄弟"这一传统说法,这些给两国之间吹来暖意。

这种暖意很珍贵,尽管它的大背景仍是复杂的。它让人想到,中越关系除了地缘政治和经济互利的那些内容外,中越两党关系是联系彼此的特殊纽带。两国虽有海上纠纷,但彼此的相互审视永远比普通国家多一个视角和维度,两国有管控分歧的更优越条件。

中越关系朝哪个方向发展似乎都有理由,但做全面战略合作伙伴对双方都是最佳选择。对中国来说,维护有利于推进"一带一路"的战略大局、保持周边的和平大环境很重要,而越南是其中的关键一环。河内或许对具体利益比对"大局"更看重,然而中越关系的性质又是其许多重大国家利益无可取代的出发点。

越南一直看好中国的发展,不愿错过中国经济发展的快车,越南党报《人民报》的社论写道:10年来,中国一直是越南最大贸易伙伴,越南是中国在东南亚地区第二大贸易伙伴,2014年双边贸易额超过580亿美元。文化、教育、科学技术、旅游等领域的合作取得许多务实进展。

美国通过"亚太再平衡"战略影响南海,希望将越南作为该战略的一个支点实现其自己的国家利益。但对河内来说,美国这支"平衡力量"

是把双刃剑，华盛顿一直在支持越南国内的政治异动，这与中越两党的相互支持截然不同。

中越"共同利益"有着真实、丰富的所指。两国的经济改革路径很相似，都有着经济社会发展的紧迫任务，珍惜和平，不希望在走向现代化的路上节外生枝。此外两国的主要挑战都来自内部，中国在反腐败，促改革，越共面临2016年初的第十二届党代会，正处在国内政治的活跃期。

海上纠纷刺激了中越两国民间的情绪，使得两国舆论常常忽略彼此交好所意味的巨大益处。激烈的口号总能在两国各自的互联网上赢得追捧，但两国的实际利益却要求管控分歧，克制情绪。海上分歧远非两国繁密关系的全部。

南海决不应成为中越互视的起点或终点，外部力量希望把中越关系钉在南海上，两国如果真那样做了，弹冠相庆者都在远处。中越都需要有不被牵着走，也不受制于人的战略智慧。

"一带一路"和亚投行为中越加强合作提供了更多现实机遇，它们将有助于两国舆论摆正海上纠纷的位置，将彼此对本国实现国家发展战略的重要性看得更清楚。中国是谁，越南是谁，这个问题将因这些机遇得到更多正面的呈现。

中越舆论应当跟上两国关系的这股新牵引力，这将是在历史潮流中的顺势而为。

（2015.04.09）

维护女权不是随便上街抗议的理由

西方媒体近日越来越多报道一件事。据它们描述，有5名中国"女权人士"在上个月的两会期间被拘留，原因是她们"策划在三八节针对公共交通工具上的性骚扰搞抗议活动"。这5人至少有3人是非政府组织成员，她们之前还搞过"占领男厕所"等抗议活动。中国官方尚未公开发布相关信息，涉案人士的律师不断接受西方媒体采访。

希拉里·克林顿6日把这起事件当做"侵犯人权"来指责，要求"立即释放"那5个人。希拉里的干预调子在西方相关舆论中很典型，并且增加了这轮指责的热闹。

中国在全面推进依法治国，5名"女权人士"又有律师在维护她们的权益，我们认为这件事还是应交给法律来裁定。西方力量在相关司法程序还没有完全展开的时候，就急着搞"舆论审判"，这很不恰当，会给处理这件事增加很多扰乱性因素。

中国社会对街头抗议活动一直很敏感，在法律上，它们的一些情况适用于"寻衅滋事"罪名，普通公众对此已有大致了解。在两会期间，在公共场所搞非法抗议活动会面临更多被依法追究的风险，这更是普遍的认识。

女权在中国不是什么尖锐话题，中国的妇女地位在世界主要排名中很靠前，争取妇女权利决非禁忌。重要的是为维护女权采取什么方式，是就女权说女权，还是故意打擦边球，用非法抗议来挑战社会秩序，额外展示对抗现有法律体系的姿态。

这5人被拘留还算不上定性，然而西方势力迅速指责中国"侵犯人权""压制民主",它们在从舆论层面把这件事"政治化",强化对抗性。西方一些力量似乎要把所有因非法抗议被抓的人都归入一个"统一战线",也把对他们的依法追究贴上同一个标签。而那些人的实际情况很可能有不少差异,他们对法律的触犯程度也未必一样。

需要指出,中国推进依法治国是真诚的,同时中国的法律与西方比又是自成体系的。一些行为在西方不违法,但在中国就是违法的,反之亦然。比如中国法律对街头抗议的管理很严格,要经过特殊批准,未经许可搞非法街头抗议的人很清楚自己在冒险,而他们一旦被抓,西方立即将之炒作为"人权事件",这已成为中外之争的一种"定式"。西方只是占着嗓门大的便宜,生生把法治的黑白在它们主导的舆论场上给颠倒了。

那5名"女权人士"是否犯了罪,西方舆论显然说了不算,而只能中国法律说了算。尊重中国法律是西方人同中国打交道的起码态度,撤掉这个基础,双方根本无法对话。

由于这件事已经受到境外舆论的密集关注,相信有关部门在调查案情有进展后,会依法向外界做出通报。中外沟通的现实环境蛮差的,中方通报了也很可能被扭曲解读,增加办案的干扰。看来只能迎着这些问题上,让那些说三道四的声音被风带走。

(2015.04.09)

美防长来亚洲"大声咳嗽"秀军事存在

美国防长阿什顿·卡特昨天从日本抵韩国访问,舆论普遍预测双方将谈及美国在韩部署萨德反导系统问题。韩国方面坚称卡特的访问不涉萨德,美方在这次访问中将对萨德采取"三不"态度,也就是不要求,不商讨,不决定,这被认为是韩国顾忌中国感受的表现。

萨德是高空反导系统,美韩均称该系统在韩部署计划只针对朝鲜,不针对中国。但这被几乎所有中国军事分析人士当成是"哄小孩子的话"。可以肯定,如果该系统最终登陆韩国,将沉重打击中国舆论这些年积累的对韩国的好感,动摇两国关系的基础,首尔切莫对此存侥幸心理。

亚洲当前最热的话题是亚投行和"一带一路",卡特在这个时候过来,使劲咳嗽了几声,像要显示美国几个军事同盟的威严。卡特与日本方面共同表示加速修订美日防卫合作指针,进一步给日本自卫队松绑。双方谈话涉及钓鱼岛、南海,很多话或明或暗都是冲中国来的。

人们注意到,美日是亚太主要成员里仅有的两个没加入亚投行的国家,两国对提升军事同盟的威慑力倒是很麻利,这种"巧合"让人想到,这就是两国对以亚投行为重要象征的这个时代的回应。

韩国像是存了个心眼,它有挣脱美日路线的明显迹象,它在东北亚对平衡术的钻研最认真,它的未来倾向不太好说。

中国如今对军事谈得相对最少。尽管中国军费在增长,军力在提升,但"一带一路"、亚投行这些经济规划更被突出,它们对中国的符号代表性显然超过了新造的航母或者隐形战斗机。日本能不能告诉我们,它这几年除了闹解禁集体自卫权,调整美日防卫合作指针,还有闹参不参拜靖国神社，它给亚洲和世界带来了什么更刺激的经济发展计划？

如今日本很像完全钻进了地缘政治的牛角尖，眼里除了现实安全威胁和危机，就是潜在的威胁和危机。神经质的日本与忧心忡忡的美国一拍即合，双方在东京发出的地缘政治尖叫似乎要逼人们从亚投行的合作热情中"猛醒"。

然而美日的思路错了。亚洲没人想和它们打仗，它们自己也不真有勇气靠动武解决问题。美日防卫合作指针调来调去，也调不出能够补足两国对21世纪信心的药方。这是铸成两国对亚投行错误态度的同一战略思维在另一方向的表现。

美日在亚太所面临的问题都不是它们的安全体系出了多大漏洞，也许美国调遣军力、强化同盟做起来最容易、方便，日本搞政治突破也最容易找到抓手，所以两国不停地在这些领域折腾，以此"平衡"中国崛起。然而中国走了一条面向亚洲和世界的合作共赢之路，我们推出亚投行，使得传统地缘政治那一套使不上劲，找不到北。美日该认真反思了。

美国加强和扩大它在西太平洋的军事同盟关系是逆时代潮流而行，日韩澳等国在这方面有的跟美国紧些，有的松些，其中跟得最紧的日本把美国当成了"国际社会"，但东京的孤立性已经开始露出苗头。日本从加强美日同盟的所得越来越小于它与中国对立的损失，与韩澳比起来，它在显出某种"另类"。美国的"亚太再平衡"战略究竟会把日本等朝"孤僻"的方向带多远，这是个有趣的未知数。

（2015.04.10）

毕福剑风波验证互联网舆论的变迁

毕福剑昨天晚上就唱评《智取威虎山》的"不雅视频"公开道歉。他在个人微博上写道："我个人的言论在社会上造成了严重不良影响，我感到非常自责和痛心。我诚恳向社会公众致以深深的歉意。我作为公众人物，一定吸取教训，严格要求，严于律己。"

毕的这一公开态度汇入了公众这两天热烈讨论的大潮中，而且与这些讨论的总方向是一致的。这两天的舆论场充分展现了多元性，但主流价值取向的轮廓也较清晰。舆论的这一面貌与几年前相比有了显著变化。

这几天舆论最突出的焦点和态度是批评毕福剑唱评的内容，这与毕昨晚的道歉形成对接。其他讨论与这一主线比起来相对"外围"，这不能不说是中国主流价值观真实影响力的反映。如果事情发生在几年前，互联网舆论的主基调或许是另一个样子。

除了谴责毕的不雅唱评，舆论这几天还忙活了另外几件事。一是要查出当时与毕同席并"欣赏""为其鼓掌"的是些什么人。二是就上传视频者是否属于"不道德的告密者"展开针锋相对的辩论。可以看出，后一个问题是意见最多元的区域。

很多人既反感毕福剑不雅唱评的内容，也对这种把"饭桌谈话"曝光到网上的做法感到不舒服。但一些参与辩论最积极的人最后往往最看重的是立场，把捍卫立场的方式放到了第二位。他们像是"站队"了，反对的都是对己方队伍者"隐私"的曝光，而支持对对立方人士的无底线监督。

实际上这些年互联网对私域的深入几乎是全方位的，舆论对这一问题的态度模糊不清。当一位基层小官在饭桌上有不雅言论被曝光到网上，或者某个大学团委书记的婚外情被抖出来时，就会遭到网上舆论的穷追猛打。而一些反体制者出了丑闻时，又会有"捍卫隐私权"的声音为他们辩护。

很多人其实都在涉及隐私的公共事件中持"双重标准"，这表明价值判断在相当多时候仍是"至高无上的"。这好或不好要另说，但它是现实。

不管怎么说，毕福剑"不雅视频"风波是互联网舆论风向变迁的标志事件之一，它仍有不少难以看透的地方，但它与人们在生活中身处的道德和舆论真实环境有了更多契合。如今的网上舆论不再像是某种超然的存在。

然而舆论场总是因为一个名人的事情出现轩然大波，在短时间内吞噬掉社会的大量注意力，这正常吗？好吗？也是蛮有意思的问题。

中国有很多"正事"要做，而舆论场不断增添"野史"的鲜料，我们抓住由头，然后"狂欢"，嬉笑怒骂地开展一个个充满戏剧性的政治及道德项目。

说实话，我们也不知道这是互联网时代的"规律"，还是一种"跑偏"。或许时间会告诉我们一切。

（2015.04.10）

美国不来捣乱，南海会平静得多

美国总统奥巴马9日就中国在南沙岛礁的建设和维护工作说三道四，要求中国不要把越南、菲律宾"挤到一边"。美国国务院发言人使用了更夸张的语言，宣称中国在南沙的"填海造陆"可能使"南海有争议岛屿上的前哨军事化"。

越共中央总书记阮富仲刚率"1/3政治局"访问中国，巩固了两党两国关系，双方一致同意管控海上分歧。美国官方连续责难中国，明显与中越之间的这股暖流顶着来。

看看越菲之前在南海岛礁上做过多少基建、移民的事情吧，美国从未吭过一声。中国建设岛礁，美国马上以"严重事态"对待，给它未来是否会做更多干预设下悬念。全世界都对美国"拉偏架"看得一清二楚，华盛顿都不好意思再说自己"中立"和"公正"了。而且，它像是要以越来越公开的不公正实现对南海的"再平衡"。

中国建设南海岛礁与地区局势紧张之间没有必然的逻辑关系。新建的设施完全可以用于促进区域经济发展，做各种纽带性补缺。中国官方已经提到新设施将发挥避风、助航、搜救、海洋气象观测预报、渔业服务等功能，这个单子肯定还会更长。

南海各方存在一些相互疑虑实属正常，随着地区局势承受力的增强，域内国家之间驾驭疑虑和分歧的能力不断提高。时间在逐渐创造对复杂性的理解，提供彼此发现善意或并非就是敌意的视角，南海局势在磕磕绊绊中显示出向稳定方向前行的隐约趋势。

美国是个添乱的外力，它明显在破坏南海各方用相互对话与合作对冲、淡化分歧的进程，它所做的事都是制造和强化纠纷，诱导越菲走与中国对抗之路。华盛顿试图让南海上演由它做编导的地缘政治恶斗大戏，域内国家皆输，美国独赢。

然而美国在南海的得分远没它预期的那么高。东南亚国家大多都参加了亚投行，"一带一路"越来越受南海周边国家的欢迎，这些都说明地缘政治并没在南海压倒一切。南海虽有问题，但这里同时流动着多元、乐观和理性。美国只能与菲越等"相互利用"，但它主导不了南海的议题，更休想由它来设计南海未来的政治路线图和时间表。

中国在南海建设岛礁不会受奥巴马表态的影响，中国也有足够的能力管控与此相关的分歧。这些分歧不会成为本地区最突出的焦点，因为这不符合域内各国的利益。相关各方正逐渐悟出这一点。

华盛顿需明白，它如果口袋里空空的，只带着一张大嘴来南海，同时让舰队在这里晃悠，不断制造对立，为一己之利耍弄各方，它早晚是要讨人嫌的。搞尖锐的安全竞争不符合各方利益，大家还都有经济社会发展等诸多正事。谁也不想把后者同安全对立起来，美国一味挑唆到头来只会自讨没趣，亚投行就是这方面的一个教训。

南海将是和平的，因为中国有实力和智慧保持南海的和平。南海岛礁建设与中国的和平愿望一脉相承，时间将证明这一点，美国的卫星拍照和官员发难最终将被证明都是泡沫。

（2015.04.11）

布什、克林顿家族要垄断总统战吗

据美国媒体报道,希拉里·克林顿计划在美国时间12日中午正式宣布参加2016年总统大选。她目前的支持率很高,被普遍认为有可能最终赢得民主党的推举,迎战共和党对手。而在共和党内,目前呼声最高的是杰布·布什,他是老布什的儿子,小布什的弟弟。美国媒体纷纷预测,2016年总统大选上演克林顿家族2.0版VS布什家族3.0版的概率极高。

这将既是巧合,也有美国政治的"必然性"。美国许多政治学者很不情愿这种局面出现,认为这意味着政治排他性的增多,是民主质量的下降。

其实美国政治的"世袭色彩"由来已久,一个家族出两名总统或几代人"政治家辈出"的情况并不稀奇,由总统牵头的这种大家族美国至少有过5个。而美国参议员竞选连任的成功率高达90%左右,众议员约为60%。美国的"家族政治"只是这次因克林顿和布什两大家族同时发力而显得格外突出。

更准确说,这也是世界性问题。无论东亚的日韩还是东南亚国家,民主制度都与政治权力的"家族化"以不同方式在妥协。欧洲的这个问题要隐晦些,但只要查查那里大批议员、部长、市长等的家族背景,人们同样会"恍然大悟"。

对政治影响力的世代传递,学者、政治家以及舆论的看法在不同国家有不同程度的分歧,批评声音同理解甚至欢迎并存。这种现象总体上作为一种现实超越了各种政治体制的界限,对其未来趋势难以做逐渐强化或弱化的判断。

在多数国家里，舆论对这个问题的评议有一部分是"公平"问题，但更多是围绕政治效率展开的。美国的这一情况很典型。由于克林顿和布什家族出总统候选人的频率过高，以至于最近二十几年的绝大多数总统选举都有两个家族的人参加，从而形成对美国最高政治竞争力相当高的垄断，这让美国的很多学术精英颇感不安。

很多人相信，美国总统选举的这一趋势代表了政治智慧的贬值，一些大众娱乐界造星的浅薄因素发挥了越来越多的影响。此外以往总统竞选中的虚假承诺太多，使得候选人施政纲领的分量不断下降，人们更容易相信印象和直觉。家族威望本身因此变得越来越有力量，更容易凝聚社会各种资源。

家族成为政治影响力的重要单元，它的真实利弊恐怕要经过更漫长的时间和不同文化的历史经验来验证。但西方体制使这样的传递"合法化"了，甚至在很多国家变得也"合理化""合情化"了，这是非常有趣的。

政治是国家治理的最高层面，而政治学大概是人类社会最复杂但也最薄弱的学问之一，它的初级性很可能甚于人类对大到宇宙、小到原子核的认识的不足。迄今世界各地的政治模式都显露出各自的局限和弱点，然而眼看着问题存在，要修改它们，却往往比解决一个自然界提出的难题要费力得多。

政治家还是传统意义的政治家吗？连这个根本问题都在西式民主制度下逐渐动摇。那里的政治家们越来越依赖电视台及视频网站的镜头，小心谨慎说每一句话，很多时候他们不愿意承担责任，把最棘手的问题留给自己的后任。也因为这样，越是在西方，政治家这个职业越是像"只赚不赔"。

（2015.04.13）

毕福剑风波再接着炒就变味了

毕福剑"不雅视频"风波按说发酵得差不多了：事情的经过得到不少细节补充，比如那是一个"外事场合"，有白俄罗斯文化机构等外国人员参加。还有一种说法称，毕唱的是一个他从别处听来的段子，他的唱评是对两个角色的合成等。此外央视宣布对事件开展调查，并有"严肃处理"的表态。毕本人发表一份简短、但态度明确的致歉声明，他没有另做其他公开说明或辩护。

但事情很难就此画句号，央视如何"严肃处理"毕，变得高度敏感。原因是围绕这件事的部分网上辩论越来越尖锐，朝着不同方向越引申越远，从而使风波附加了人们在一开始未必能想到的意义。对毕做什么样的处罚，被这部分舆论当成"政治宣示"来说。

其中一些人宣称，是否对毕做法律追究之外的最高处罚，是相关方面政治立场坚定不坚定、对大是大非立场明确不明确的试金石。不能不说，这是一顶相当有压力的"帽子"。与他们相反、通常被称为"自由派"的一方则大谈"言论自由"，后者编出各种讽刺性段子，比如以后饭前饭后高唱"革命歌曲"，把毕唱评段子中评的嘲讽部分全换成肉麻吹捧等。

这似乎是中国舆论场颇为顽固的惯性：只要有一件轰动的事情出来，其政治意义就会放大到极致，很难以原来的规格落地。由于毕事件涉及毛泽东、解放军等核心政治元素，辩论的最激烈部分根本刹不住车，斗争的双方似乎一定要把对这件事上升为"两条路线的斗争"。

毕福剑风波当然很深地触及了政治及道德问题，但我们认为，舆论场上围过来的海量争论和斗争不应变成这一事件的重心，从而主导处理这件事的方法和原则。

大多数舆论都有其存在的理由，但谁也不能将自己的主张视为社会正义的标准。不断发现的新细节显示，前几天关于上传毕唱评视频是"告密"的说法越来越站不住脚，此外"言论自由说"也与这事情的场合及逻辑对不上号。

目前最激进的主张也没有要求对毕"法办"的，社会主流意见是认为毕的不雅唱评与他的身份和当时所处的场合完全不符，与社会主流价值观严重对立，即使普通人在一般场合那样做，也是让人很不愉快的。毕承担相应责任，天经地义。

至于毕究竟应承担什么样的责任，还是应由央视全面调查后，依据党纪法规、央视台规及有关原则合理决定。其实这也是依法治国涵义的一种引申。我们期待看到央视的原则性，以及该台管理层的大智慧。

可以预见，无论那个决定是什么，都会有一些人表达不满，并对它做新的"上纲上线"。但这样的后续炒作大概不会维持太久，其最初的高潮很难再现。因为公众不是傻瓜，大家出于各种原因感兴趣的内容基本都知道了，再要把轰动性拉起来，就与"毕福剑"没多少关系了。那样的炒作究竟有什么其他目的，将愈加明显。

（2015.04.13）

希拉里参选与躺枪的中国

希拉里·克林顿北京时间13日凌晨正式宣布参加2016年美国总统选举,她是目前民主、共和两党所有意向参选人中民调支持率最高的,因而看好她的人很多。假如希拉里最终当选会给美国对华政策带来什么变化,也迅速成为中美相关舆论探讨的热题之一。有人感慨,美国大选,中国必然躺枪。

希拉里是美"亚太再平衡"战略的"总设计师",她在奥巴马第一届任期担任国务卿时力促美国"重返亚洲",主张在中国周边搞"巧实力外交",创造美国对华博弈的更多抓手。毋庸讳言,中国舆论不太喜欢她。

一些人预测,如果希拉里得以入主白宫,美国"亚太再平衡"战略会得到进一步强化,中美发生新摩擦的概率会随之上升。

这种倾向和可能性都不应排除。然而我们必须看到中美关系的另一面,那就是两国力量的此消彼长保持了长时间的惯性,这不是华盛顿通过在中国周边搞些"小离间",派美国舰队多在这个地区晃一晃,就能"平衡"得了的。"亚太再平衡"有大量战术空间,可以满足部分美国政客的争强好胜及幸灾乐祸情绪,但它在大战略上是个自欺欺人的东西。

如果中国在周边真的很霸道,或者去太平洋上公然挑衅美国,甚至去加勒比海找个落脚点竖几枚瞄准美国的导弹,那么华盛顿的"强硬"就有了真正用武之地。

但问题是中国并无帝国主义野心。中国一门心思发展经济,并且在现有国际体系下行事,获得成功。然后我们搞"一带一路",发起成立亚投行,除非美国能"平衡"掉中国的这些活力,否则它"平衡"其他事情都没用。

领土纠纷是东亚局势的最大软肋，但围绕这个问题的争议虽然响亮，实际上这里没有一个国家希望通过武力解决问题。华盛顿的挑唆看来做不到让这一地区的任何一方彻底丧失理性，中越、中日等关系的改善证明了一些重要底线意识的存在。

希拉里如能如愿以偿当选，有可能促使"亚太再平衡"的思维方式更加活跃，相关小动作增多，但中国的实力，以及与此相关的承受力和驾驭力都已不可同日而语。亚洲地区对美国挑拨离间的态度也会不断变得复杂和多元。

还有一个鲜明的历史经验受到广泛注意，那就是美国总统易人对华盛顿中国战略的影响屡次在事前被夸大，而最后都实现了"软着陆"。等希拉里真有当上总统的那一天，她的前总统先生大概会告诉她"不能乱来"的重要性。俗话说"屁股决定脑袋"，届时她要为整个美国的国家利益负责，她要确保中美巨大贸易额不掉下来，不得罪美国对华投资者，还要在世界诸多热点问题上寻求中国的合作，中美健康稳定关系不是她想改就能改的。

当年的克林顿总统上台之前厉声指责中国，最后成为中国的"好朋友"，小布什经历了同样转变。势比人强，这个道理在中美关系中反复得到活生生的印证。

当然，个人因素在美国的对外政策制定中还是能留下烙印的，希拉里如果最终成为美国领导人，有可能增加中美建立互信的困难。但与此同时，她决跳不出美国利益的强大约束。中国应致力于扩大中美之间的共同利益，只要破坏这种共同利益的代价高于损人利己的所得，不管是希拉里还是杰布·布什，或者别的什么人上台，他们都挣脱不了把中美往一起拉的冥冥之中的那只手。我们可以将这只手戏称为"如来佛的掌心"。

（2015.04.14）

"无业"者飙豪车，富人形象集体埋单

一辆红色法拉利和一辆绿色兰博基尼 11 日夜间在北京朝阳区大屯路隧道内飙车出事，两车严重损毁。两名飙车男子分别 20 岁、21 岁，另据警方提供的信息，两人均"无业"。尽管警方以涉嫌危险驾驶罪将两名肇事者刑事拘留，但事情并未到此完结。

两名"无业"小青年能开豪车"撞着玩"，舆论场顷刻之间像是打翻了五味瓶。各种"仇富""厌富"的段子迅速冒出来，在互联网上"满天飞"。"我和无业人员的差距咋就那么大？"类似的自嘲表达了社会中下层乃至主流人群十分丰富的情绪。

事情还没有充分曝光，两名飙车青年是"富二代"还是"官二代"，人们不得而知，但事件的最初轮廓足以让普通人很不舒服。它像是畸形的镜子和尺子，让很多人以特殊方式看到了社会不公，也会让一些最基本的道德和价值观念一时扭曲、变形。

能买得起法拉利和兰博基尼的富人，在中国大概已经形成了一个阶层。有钱是对他们事业成功的回报，他们大多都对社会有所贡献。与此同时，中国富人整体上还没有处理好与迅速积攒起来的财富的关系，炫富性消费是不少富人的标志性表现之一。这部分人尚需像当初学习如何挣钱一样学会与财富及社会相处。

两名飙车青年的行为无疑损害了整个中国富人阶层的形象，而这个形象原本就是脆弱的。这样的损害如果不停地积累下去，就会对维护富人的正常权益产生负面影响。因此这件事应引起中国富人群体的特殊重视。

富人群体需要加快健康的文化建设，管好子女、不放纵他们应是其中的重要一环。富人们还应有更多尊重普通人、照顾他们感受的意识，并在自己高水平消费与尊重劳动阶层之间实现平衡。抵制极端炫富，营造以炫富为耻的氛围应是一个突破点。

我们相信，随着高速发展，中国亟需的文化建设领域有很多，苛求富人阶层在这方面有完美表现也非客观。但富人们应当意识到，自己因为有钱而对社会道德领域负有那些责任不是可以用钱赎买的，他们须对履责很认真，他们对这一道理的认识越深刻越坚决越好。

飙车并出车祸，在法律层面如何处理是清楚的。一些人或许认为只需依法办事，除此之外都属多余。然而舆论的联想和引申都是情不自禁的，它们同样是事件的一部分，对此需要正视。

中国已是非常多样化的社会，市场机制与国家政治制度不断深度融合，一些新的关系不断诞生出来。中国富人有权利选择跟财富相匹配的消费行为，它们是社会进步的拉动力之一。但这样的消费无论在意识形态层面，还是对照中国尚有的贫穷面，都会有些扎眼。

这种扎眼，显然应得到逐渐克服。为实现这种过渡，富人的集体修为是无可取代的。不能不说，中国富人群体并非像一些舆论所说的那样普遍"素质较低"，这是一种标签化的结论。"先做人后做事"的道理古已有之，富人中的道德楷模未必比其他群体里少。那么请莫让个别"富二代"的不雅言行为整个富人群体"代言"，别轻易破坏公众客观认识这个群体的那些机会和空间。

（2015.04.14）

菲律宾把美国当成了"国际社会"

据法新社 14 日报道，菲律宾总统阿基诺三世在接受专访时猛烈指责中国在南海岛礁上的工程建设，宣称这"会让世界其他国家感到恐惧"。他说，中国的行动"超出了所有人的控制"，而这"应该成为各国领导人最关心的事情"。

菲律宾外交部发言人、国防部长等也连续就中国的岛礁建设公开发难，人们很容易发现，菲官方的"集体行动"在时间上与美总统奥巴马抨击中国南海政策形成了呼应。

马尼拉就中国岛礁建设罗列了诸多罪名，如破坏生态、影响周边渔民生计等等。阿基诺及同僚向世界舆论摆出受气包的样子，试图唤起国际社会的支持与同情。

菲方没有对外界说它自己在非法占据的南沙岛礁上都做了些什么。据外国媒体报道，2012 年 4 月，菲一名地方官员透露将于当年 6 月在菲控制的中业岛上开设小学。2013 年菲官员还表示将升级中业岛上的机场跑道和海军设施。此外菲军方在南沙北子岛、司令礁、西月岛等多个岛礁上有小型军营或驻军点、观测站等设施。为搞这些项目，菲方干过炸礁、毁礁等严重破坏生态环境的勾当。

世界不会因为中国在南沙岛礁上的基建工程而"恐惧"，甚至菲律宾自己大概也不"恐惧"。连阿基诺都在上述专访中承认，他"不相信中国打算用军事手段解决与菲律宾和其他亚洲国家的领土争端"，菲防长加斯明 13 日也承认，"中国的行动不会构成对地区安全的威胁"，后者的狡辩是，中国岛礁建设"将影响导航、空域自由等方面"。

菲律宾像日本一样，显然是误把美国当成了"国际社会"，以为美国支持它了，就意味着整个世界都站到了它一边。其实马尼拉间歇性地向中国撒泼，在世界范围内是很不合潮流的孤立之举。

中国已经表明，在南海岛礁上搞基础设施建设是多用途的，建成后的岛礁也将为南海区域经济发展提供新的支点。对此，东南亚各国的态度总体是平静的，绝大多数国家未表态。世界舆论虽感兴趣，但以客观观察为主。美国与菲律宾变成了在这件事上责难中国的主轴。除了极个别国家官员偶以发言相助外，美菲的外部声援很少。它们的所谓声势是自我炒作出来的。

对抗并非南海的主导性基调，当这里出现摩擦并形成临时危机后，化解总是在不久之后出现，局势峰回路转。根本原因在于发展是整个地区的主旋律，而中国作为实力最强的域内国家，对和平与发展抱有"扭住不放松"的决心。在南海搞对抗和煽动对抗都属战术上的投机取巧，它们在战略上不得人心，找不到持久的动力。

一些分析人士提出，阿基诺高调批评中国，有很大一部分原因是他在国内打击南部恐怖主义分子受挫，经济上毫无建树，向舆论交不了差，于是又抓起民族主义这根稻草"鞭挞中国"。他们认为，与菲律宾打嘴仗，中国人既不能"骂不还口"，也不能"太认真了"。

（2015.04.15）

下行压力不小，信心决非空话

国家统计局 15 日公布，第一季度 GDP 增速回落至 7%，是 2009 年一季度 6.1% 后的最低。规模以上工业增加值、城镇固定资产投资、房地产开发投资、发电量等多个重要数据差于预期。

然而全国人均可支配收入同比实际增长 8.1%，跑赢了 GDP 增速。第三产业所占比重比上年同期增加 1.8 个百分点，社会消费品零售总额虽差于预期，但实际增长 10.8%。两相比照下来，我们是否可以看到调结构最初成果的一些影子呢？

一季度经济数据显示经济下行压力的确很大，但 7% 的 GDP 增速比人们最悲观的预测要好。之前舆论场上曾有一季度数据"不能看"的担心，但实际情况是，经济增速的回落处于国家的"掌控之中"。

中国现在最需要的是信心。GDP 增速这些年从两位数降到"保八"，现在看来要"保 7% 左右"了。经济增速下降一方面是客观趋势，一方面也是国家针对经济新常态的主动调整。"调结构"从上届政府一直喊到本届政府，社会舆论长期高调支持，但到调整结果逐渐显现时，不少人又发现自己一时难以适应，对速度怀有相当的留恋。

经济增速的下滑当然不能无限发展下去，所以中央提出"稳增长"的坚定口号。李克强总理在两会期间的记者会上已经表示，中国宏观调控"工具箱"里的工具比较多，这应被看作中国经济保持基本稳定的重要条件。

中国没有惊慌的理由。事实上，中国民间的消费很活跃，国内买不到好东西，就去国外大量采购，把日本商场里的马桶盖都"买光了"。消费信心是经济最基础、也最真实的信心。中国人相信未来，对收入增长、生活逐渐改善普遍抱有期望，社会信心的这一基本面貌是扎实、巩固的。

中国人现在更关心环保，以及医疗、教育和各种社会福利的改善，希望生活的内在质量不断提高，这些新增的内在需求正是经济增长的新动力源，与国家经济社会改革大方向有很高的一致性。因此短期经济数据虽然"不那么好看"，但它们对老百姓生活的影响远没有对舆论的波及那样强烈。舆论很容易就数据看数据，因而看到的只是下降。老百姓是在感受生活，他们要的是就业和收入增长，生活幸福。

看来真正适应经济新常态是一个充满纠结的过程。尤其是如果这一两年印度的GDP增速超过中国，美国的经济增长也进一步回暖，中国的社会心态将面临更多考验。

中国这么大的社会，改革如此艰巨复杂，看来把握平衡十分关键。今年稳增长的任务会变得相当繁重，但它再紧迫，也不能扭转了调结构的大方向，回到对粗放生产大放水的"饮鸩止渴"。中国的调结构好不容易动了真格的，民众也做了较充分的思想准备，大势渐成，且成果初现，我们需要坚持一下，把目前的阶段性困难闯过去。

应对经济下行压力是对中国社会的全方位考验，它是经济，也是政治。保持社会团结，让信心的传播战胜悲观及抱怨的扩散，像采取正确的经济调控措施一样重要。中国在致力于让市场杠杆发挥决定性作用，但切不要忘记，党的领导、政府的行动力是中国每一次面对困难时最可靠的优势。中国的出路一定是市场杠杆和党对国家领导同时高效化的创造性辩证统一。

（2015.04.16）

时间越久，对耀邦同志的评价越客观

今年是胡耀邦诞辰100周年。在4月15日耀邦同志26周年忌日前后，民间对他的谈论已经多起来。他的家人透露，中央今年将有纪念耀邦百年诞辰的"郑重安排"，舆论对此倍加关注。

由于全社会都了解的原因，中共官方正式谈及胡耀邦的时候不算多，但他的名字和形象每次出现，官方话语体系都对其给予了高度的尊敬。去年电视剧《历史转折中的邓小平》热播，耀邦同志的形象有了一次集中呈现。胡当年是带着争议离开总书记职位的，这些争议随着时间流逝不断受到官方的淡化，而且这种淡化本身渐渐形成了含义。

官方新闻网今年一月对胡耀邦有这样的描述：伟大的无产阶级革命家、政治家，我军杰出的政治工作者，长期担任党的重要领导职务的卓越领导人。胡90周年诞辰时中央对他的正式评价是：久经考验的忠诚的共产主义战士，伟大的无产阶级革命家、政治家。

可以预见，随着中国特色社会主义道路越走越宽，很多阶段性问题被克服或者超越，人们将越来越多记住早前领导者们为把中国带到今天所做的贡献，对过去的争议产生比当时人更多的理解与宽容。

隔着岁月看，耀邦同志积极推动的拨乱反正和真理标准大讨论等经受了历史的检验，他对形成中国特色社会主义道路所做的卓越贡献越来越清楚，这些主导了人们对他的记忆。当时历史条件下的具体政治元素在那个时候都是真实的，但它们在历史人物评价体系中的权重并非是固化的，人们大多不会回过头来重拾那些细节并且较真，而是让时代的发展自然去冲淡它们，留住历史人物身上最主要的东西。

在互联网舆论场上，经常有人把胡耀邦的功过作为热题争论，形成了两个意见高度对立的阵营，或者将他神化，或者污名化。在这种时候，胡实际上成了舆论场永无休止争论的一个题材，论辩双方显然是出于各自的价值观和现实利益，夸大引申耀邦同志身上的某个符号，来证明他们自己的正确。

这当中不断有人以纪念胡耀邦的名义，歪曲他当年的一些言行，以此表达对现实政策的不满。这是对耀邦同志最大的不敬。胡将一生贡献给了中国革命和建设，他是改革开放早期的主要旗手之一。请不要打着胡耀邦的名义来亵渎他所忠诚的事业，这应是敬仰他以及维护他声誉的一条底线。

我们高兴地看到，中国主流舆论对许多历史人物的看法和评价在慢慢变得平和，对他们的多元描述有了更多空间。客观性是历史的第一本色，即使中途会有曲折，但历史不会受制于任何主观的意愿，公正是它还原和总结每个人物和事件的最终原则。

耀邦同志为祖国奉献的一生是经得起拿到岁月中去评说的，他不是完人，在工作层面，比如民族政策等，围绕他的争论至今仍然有，但他对人民、对党和国家的那份忠诚，他面对挫折的态度都为全党、全国人民作出了表率。身后英名才是真正的英名，争议击不碎的英名更会不朽。相信未来中华儿女隔着时代点赞的伟大人物中，胡耀邦一定在列。

（2015.04.17）

中国富人移民美国多，肯定是坏事吗

美国最新财政年度EB-5投资移民的近万个指标被早早全部用尽，其中中国富人占了90%。去年的这些指标也大部分被中国人申请得到，给中美双方都留下深刻印象。

对这一现象的评论有不少都是嘲弄中国的，比如认为这展现了"美国的优越性"，它用事实证明了中国舆论"反美倾向的虚伪"，等等。还有人将之看成中国人对国家失去信心的信号，甚至宣称它是"中国即将崩溃"的征兆之一。

美国对很多中国人有吸引力，这无需置疑。美国把世界各地的移民吸引过去，自然有其过硬的条件。在公共环境、生态、教育等诸多当下中国人很在意的领域，美国都走在我们的前面。如果能享受到这些优越条件，会有不少国人愿意前往之。

然而今天的"移民"概念，同过去有了很大不同，对富人来说尤其如此。今天中国富人"移民美国"后，事业的根通常仍在中国。他们很多人是出于种种原因去寻求一个"美国身份"，有些是为了加强自身的安全，有些是为了生意的方便，还有很多人是为了让子女受到美式教育。成年移民者往往会在中美之间穿梭，或者取得在美居留权后，大部分时间仍住在中国。

这当然不是"中国比美国还好"的证明，不能不说，很多中国富人移民美国，测出了两个国家综合社会发展水平之间的差距。

但是富人移民的现象究竟有多严重，以及它同中国今后发展有着什么样的关系，是值得探讨的。

发展中国家的人向发达国家移民，这是全世界的现象。EB-5只是美国移民计划的种类之一，它的门槛并不算太高，中国很多中产阶级家庭都能承受。中国人占了其名额90%，并不反映中国人移民美国的整体面貌。

一些学者指出，就中国的庞大人口规模来说，在美的中国移民比例并不算高，各类中国人向发达国家多移民对中国长远好，还是少移民更符合中国利益，现在很难下定论。

部分富人通过合法途径向海外"转移"部分资产，分散家庭的经济风险，这通常不能看成特别的政治信号。一个家庭的资产达到一定数额后，产生这样的考虑是正常的。问题在于这种现象的发生保持着自然节奏，还是形成恐慌性的"一窝蜂"，下此结论需要严肃的社会调查和数据分析，不能仅凭单一数据或者大致的印象。

这几年中国企业的海外投资急剧变热，国家对此持鼓励态度，向美国等发达国家移民受到经济及其他需求的混合推动，目前显然缺少对它们可信的定量分析。

国外的优越生活条件具有吸引力，另一方面中国移民融入国外社会有很高难度，中国又是全球潜力最大的市场，这些因素不断从不同方向冲击有移民倾向的人家庭，如何做取舍对它们来说并不容易，犹豫摇摆、"脚踩两条船"的事情经常发生。

中国社会经历贫穷、落后的时间太久了，我们看向美国等发达国家移民的现象，还难有"平常心"。民族自尊等很容易参与进来，影响我们对这些事情的评价。当然这样的地域性情怀未必就值得指责。中国庞大而多元，各种现象不是齐刷刷的，对观念的评价更不能适用简单坐标。对外移民很活跃，说明它是通畅的。移民或被羡慕，或被怀疑、指责，这对他们来说算不上什么了不起的承受。

（2015.04.17）

泄国家机密判7年与"言论自由"无关

高瑜为境外机构非法提供国家机密案昨天做出一审宣判，高瑜被判处7年有期徒刑，剥夺政治权利一年。西方舆论从前天起就密集追踪宣判情况，并以"打击言论自由"等罪名对中国群起攻之。一些西方驻华外交官也为高瑜喊冤，形成了向中国发难的新波次。

高瑜案去年东窗事发，当时她70岁，早年曾是中新社记者，之前曾两次入狱，其中一次是1993年因泄露国家机密被判刑6年。她本次犯案是因向境外网站全文传送中央机密文件，那次泄密导致中方成立专案组开展侦查，高瑜落网是那次排查行动"大海捞针"的结果。

高瑜在中国没什么名气，西方舆论这样一发力，使她在国内外舆论场上有了名气。这几年攻击中国"打压言论自由"成了西方一个万能的筐子，中国发生什么事，他们都往这个筐里装。无论因为犯什么罪受到中国法律追究的人，只要被西方舆论相中，就都成了"人权斗士"或"言论自由斗士"。

这样的频率似乎在增加，西方支持中国"异见人士"的方式逐渐驾轻就熟，像是形成了"流水线"，各方的配合相当"自动化"。像高瑜这件事，把中央机密文件传送给境外网站，随便到大街上拉个中国人问违不违法，他们敢干不，回答肯定是违法，不敢干。但西方舆论齐声高喊这是"言论自由"，这看上去就像是电脑程序一样准。

中国有自己的法律体系，它与西方有不一样的地方，但也有相同处，那就是它必须得到执行。中国的保密法不是一个用来描着玩的字帖，有人因为触犯它而遭了牢狱之灾，其中被判重刑的不乏高官。高瑜没有任何权利可以特殊，她为境外新闻机构供稿，必须以合法途径做事，如果她对法律没有起码的敬畏感，视非法行事为儿戏，那么法律一定会在不远的地方等她。

西方一些势力用"人权"和"言论自由"反复围攻中国，证明了中西在这个老问题上很难调和，我们对此已彻底搞明白，就这一点不再抱什么幻想。我们知道，至少在可预见的未来，中西的这种对立将无休无止。

然而最重要的是，西方一些人对华的激进发难越来越成为他们的自娱自乐，那些表演能够对中国人产生的影响已经所剩无几，它们引起中国人的最多感受就是厌恶。西方舆论支持的中国人几乎无一例外是一些特殊的闹事者，甚至犯法的人，西方那些激进力量就盼着中国坏，并且不遗余力要给中国添乱，每次出高瑜这样的案子，都会加强一次中国人的这种认识。

极少数中国公民把西方力量当成一种依靠，以为有它们的支持，在中国干违法的事就能不被追究，中国法律对他们就会"高高举起，轻轻放下"。这是很幼稚的，在依法治国得到全面推进的时候，这样的处事态度将越来越危险。

高瑜已经年过70，她的人生有很多教训，其中很重要的一条是：西方靠不住。无论是西方的那套理念，还是它们的力量。中国公民和在华的外国人必须遵守中国法律，在涉及国家利益时信守一些最基本的伦理和常识，切不可被西方所宣扬的"普世"那一套忽悠了，以为自己加入了"世界主流"，变得胆大妄为。

（2015.04.18）

让"巴铁"因与中国"铁"而走向繁荣

习近平主席今天起出访巴基斯坦,并将去印尼出席万隆会议60周年纪念活动。据悉,习主席访巴期间双方将围绕中巴经济走廊签署一系列大单,而落实这一计划被中国外长王毅称为"一带一路"交响乐的"开场曲"。

习主席的巴基斯坦之行因此具有了更深远的意义,中巴全天候友好关系的示范效应也将更有价值。巴基斯坦被中国人广泛称为"巴铁",两国关系的模式及内涵与很多著名的双边关系都有所不同,它在世界上很可能是独一无二的。

中巴两国的综合国力相对一强一弱,但与美日、美韩、美菲等一比,巴基斯坦作为中国平等伙伴的特点就突出了出来。在与中国关系高度紧密的同时,巴基斯坦保持了完全的独立自主,其外交及内政都不受中国左右。中巴友好是巴基斯坦百分之百的正资产,没对巴的内外政策有任何牵制。

巴基斯坦并非中国的"小兄弟",更不会被中国"当枪使"。中国从没有利用巴基斯坦的"地缘政治软肋"逼它做什么,更没有试图把它变成维护中国国家利益的"地缘政治前哨"。中巴的所有合作都本着互利双赢原则,在这方面两国关系经得起最细致的挑剔。

"一带一路"一旦落地会是什么样子?中巴经济走廊将成为这一宏大构想的"样板间"。中方将为此在2030年前向巴投资约460亿美元,建设公路、铁路、能源管道、光纤、电力设施、经济开发区等诸多项目。如此大规模的投资几乎使巴基斯坦面临"重建"的机遇,它对巴基斯坦经济的拉动力难以估量。

当然中巴经济走廊建设也将使两国面临考验。对巴基斯坦来说，在全境范围内巩固和平，尤其是确保经济走廊沿线区域的局势稳定，是国家摆脱动荡、走向经济振兴的关键。对中国来说，中巴经济走廊搞得如何，全世界都看在眼里，这因而堪是"一带一路"对外"立木为信"的过程。如果巴基斯坦因为"一带一路"走向稳定和繁荣，中国的整体影响力将迈上新台阶。

为使中巴经济走廊成功，中国恐怕要为促进阿富汗实现政治和解付出更多努力。事实上，中国也的确在阿富汗和平进程中扮演了更重要的角色。

西方有一些戴着有色眼镜看中国的力量，在他们的眼里，连中巴经济走廊都是中国为瓦解某些大国影响力下的一步棋。其实中巴经济走廊向外辐射的都是正能量，它不仅为巴基斯坦创造大量就业，提供源源不断的经济推力，也将为整个地区的经济带来刺激，培育内生的活力。

21世纪初，巴基斯坦曾一度被国际看好是新兴市场的重要国家，但后受反恐战争和内乱所累，逐渐掉队。经济恶化与政治动荡相互作用，在巴形成恶性循环。但是最近几年巴局势呈现难得的平复趋势，与"一带一路"有可能形成新的合力。

巴基斯坦是中国的"铁哥们"，"巴铁"不应是动荡、贫穷的，它应当和平、小康，重走繁荣富强之路。那样的话，中巴友好才能真正作为世界性的佳话流传开来。而为了实现巴国经济社会发展的转折，巴国自己是决定性因素，"一带一路"将提供不可多得的帮助和休戚与共。

（2015.04.20）

美菲军演秀不吓人，倒有点滑稽

菲律宾和美国昨天开始"肩并肩"联合军事演习，今年演习人数"突然翻倍"，且演习地点最近离中国黄岩岛仅220公里。虽然菲律宾总统阿基诺三世一再强调军演"并非针对中国"，但没多少人认为他说的是心里话。

南海争端诸当事国中，菲律宾的动作可谓最多最花哨，但没一样管了用，毕竟小聪明从来都于大事无补。难道会有人真认为靠展示武力秀肌肉能"吓唬"住中国？会"逼"中国从既有利益和立场让步？想象菲律宾士兵踉踉跄跄跟在美国大兵后面演习的画面，我们只会觉得有点滑稽，决不会觉得"可怕"。

美菲军演搞了31次，一次也未能成为菲律宾在南海"牌局"中的有效筹码，倒是菲律宾渐渐成了别人的筹码。美军在世界有不少练兵场，恐怕只有菲律宾最以此为荣。当美军小跟班这么多年，除了偶尔得到些美国人不要了的二手武器，还有一点虚空的安全感，未见菲律宾军队的作战能力因此有什么提升，或者得到其他什么实际好处。最后它倒把自己"吓唬住了"，对美国的心理依赖越来越难以割舍。

南海格局说复杂也简单，无非是找出问题、讨论问题、解决问题。中国的利益诉求和底线都是明摆着的，对存在的分歧，中国一以贯之地坚持在谈判桌上双边磋商解决。可菲律宾非要走出一条"野路子"出来，撞了南墙又去撞北墙，我们真心希望菲律宾当局能在"黔驴技穷"之后更能智慧一些。

不得不说，美国人的算盘打得很精。美国的钱袋子这几年紧张，却能以很小的成本"重返亚太",动动嘴皮子就能在南海掀起波澜,通过炮制一个简单的"中国威胁论",拢住它在亚太的几个小伙伴,实现其在亚太的战略存在。

对美国来说,南海的水越浑,它的位置越有利。美菲军演在客观上起到了搅浑水的作用,但南海毕竟不是任由一个外来者随意拨弄的算盘珠子。亚太大势是合作共赢,南海岛礁之争在这个大势里属次要矛盾,种种事实表明,南海诸国有认清这一点的集体智慧。

如果美国不来,那么南海会平静得多;如果菲律宾不瞎搅和,那问题会简单得多……但现实容不得"如果",也没法"快刀斩乱麻"。所有南海声索国只能以极大的耐心接受现实。有一点可以确定,南海诸国合作共赢的盘子做得越大,越会稀释并最终化解岛礁之争。中国正在朝着这个方向带头努力。

印尼正在隆重举办万隆会议60周年庆,几乎所有南海声索国在内的100多个亚非国家政要参加了这一盛会。我们有必要再回味一下,由中国最早提出并写入60年前万隆会议宣言的"和平共处五项原则",它对今天的南海及东海岛礁之争仍具有鲜活的指导意义。

连菲律宾都第一时间加入了亚投行,"一带一路"在南海诸国受到大范围的积极响应,这足以让我们对南海维持和平感到乐观。美菲在南海上空演习的炮声,不合时宜但也没什么用处,让我们把它当"秀"看吧。

(2015.04.21)

言论自由与国家安全决不能对立

国家安全法二审稿草案 20 日提请人大常委会会议审议，这份草案新添了一些内容，其中引起人们最多关注的是关于文化安全的描述。据报道草案增加了"加强社会主义核心价值观教育和宣传"、"防范和抵御不良文化的渗透"的规定。此外二审稿还主张"建设国家网络与信息安全保障体系"，"维护国家网络空间主权"。

文化安全是国家安全的重要方面吗？一些互联网活跃人士迅速予以否定，但在专业安全学者的眼里，它当然是。

文化、包括意识形态是一个国家政治凝聚力的基础性构件，比如一个民族分离主义或民族沙文主义盛行的多民族社会，其国家结构不可能是稳定的。如果资本主义社会特有的价值系统对一个社会主义国家的意识形态做彻底改造，后者的国家安全就将面临严峻挑战。这些都是很基本的道理，任何群体恐怕都不难理解。

世界大国的国家安全法（或国土安全法）都会涉及文化领域，美国的国安法要求每任总统都必须出台国家安全战略报告。在 2010 年的国家安全战略报告中，明确将"在国内和全世界尊重普世价值"作为美国全球战略的主要目标之一。此外对于伊斯兰极端主义等在西方的渗透，美欧各国都予以严厉打击。

中国有人担心对文化安全的保护会对文化开放形成干扰，打击言论自由。这种担心有必要让立法者听到，但与此同时，它们不应成为阻止公众了解文化安全紧迫性的一道屏障。

中国既要文化安全，也要言论自由，当代和未来几代中国人应当有足够的能力和魄力建立二者之间的融合及平衡，而不是一再将它们对立起来，顾此失彼。

言论自由不能危害国家安全，人们对其他权利的行使同样不能危害国家安全，这是一条超越政治制度和国家治理模式的普遍底线。宣扬言论自由的至高无上，让它与国家安全PK，这违反基本的政治及司法逻辑。这样做只会撕裂国家的治理结构，增加内部的分歧和敏感，对言论自由的实际发展没有一点好处。

前两年中国互联网上危害国家安全并且产生了影响的言论相当多，近一个时期它们相对变少了，但支持那些违法行为的思想逻辑依然活着，一些人寄希望于有一天能借助它重新点燃互联网。

文化安全是国家安全极具现实意义的一个主题，也是国家踏实感的来源之一。文化安全牢固了，社会内部的百花齐放就多了信心元素，其对外交流的心态也更稳定，可以减少不必要的疑虑和犹豫。

不顾国家安全的言论自由是不可持续的，它或许会昙花一现，但它导致的严重后果不可能被社会长久承受。在大国围绕国家安全开展竞争的时代，言论自由尤其不可能成为社会运行的轴心，尽管一些知识分子视其为精神图腾，但现实世界的真实追求是多元的。言论自由必须促进国家和社会对其他主要目标的追求，而不能扮演破坏性角色。

人大常委会目前审议的国安法第二稿只是草案，是用来讨论的。很多表述都未必能是最后的成文。希望讨论是建设性的思想过程，不被一些激进观点引向岔道。目前有些人一提国家安全就反感，他们决不应成为这场讨论的主导者。

（2015.04.22）

中国社会的"仇富情结"真的很重吗

《福布斯》杂志中文版日前推出最新华人富豪榜，列出370人，其中中国内地富豪在几个主要项中都大约占了半壁江山。排前十的华人富豪中有5名出自内地，他们是王健林（第三）、马云（第四）、李河君（第五）、马化腾（第六）和李彦宏（第八）。

每次有富豪榜公布，中国舆论都会对相关消息趋之若鹜，这与世界上其他社会没什么两样。人们通常认为中国人比较"仇富"，这在互联网的"快闪"般舆论呈现中尤显突出。但仔细观察，中国社会的真实"仇富情结"并不像它所带来的表面印象那样强烈，它并没有超过这个问题在大多数社会里的"正常范围"。

比如看到富豪榜展示中国内地富豪的数量和实力都在增加，压过了港台富豪的风头，内地舆论场的感受应当说是"不错的"，妒忌和不满决非这时候的主导性情绪。大多数人为此高兴，甚至为内地涌现这么多商业巨子感到骄傲。对华人世界能有占全球大约20%的富豪人数和资本量，普通人也挺认可。

中国社会的上述态度不能不说是健康、积极的。尤其是，中国排名靠前的富豪大多都在社会上有很正面的形象，乃至成为年轻人共同仰慕的偶像。顶级富豪与舆论的成功互动为中国富豪形象提供了有力支点。

中国奉行社会主义制度，同时引入市场经济，而市场经济注定了财富在一定程度上的聚集效应。经过30多年改革开放，中国人不断探索、厘清社会公平与财富聚集之间的关系，对前一项的追求和对后一项的适应一直在同步发生，两者不是对立关系。比如支持马云等新经济领袖的国人中，很多都是自称"屌丝"的普通中下层网民，他们同时是社会公平的渴望者。

在世界各国，"仇富"往往都同其他广泛流行的社会思潮和情绪混杂在一起。比如历史上一些国家"仇富"带有种族主义色彩，中国当下泛泛的"仇富"与公众对腐败的不满彼此交织。事实上，"仇富"在每个社会的具体针对性是飘忽不定的。

中国舆论场的"仇富"还有一个突出"公敌"，那就是炫富。炫富未必是最有钱的一拨人，但他们或者其家人是最热衷展示财富的有钱人，毫不顾忌社会中下层的感受。少数人甚至是在刺激普通人，产生很坏的影响。

此外中国富豪从事社会公益的姿态还不够积极，中国大民企所附属的公益基金会几乎没有很有名的，公益还远不是富人形象中最令人津津乐道的元素之一，这也会潜在影响人们对资本的看法。

然而富豪作为改革开放催生的正能量，得到了中国社会的整体认同，他们对社会的贡献受到肯定。尽管人们对有的富豪财富原始积累过程有些议论，但主要富豪财富的合法性大多都不在舆论的争议范围，那些财富积累更多被看成中国体制真实弹性和空间的写照，也被当成对中国国力和竞争力的一种度量。

中国还需出现更多富豪，他们的数量和资产总规模与中国下一步发展和繁荣无疑是正向关系。如果未来全球富豪的前十名中一半是中国人，与此相对应的中国经济和社会成就也应当是举世一流的。

当然我们希望，富豪在中国的社会含义能够不断丰富，它们越来越不仅仅是钱多，而更加突出社会带动力。富豪代表了财富的聚集，也是社会责任的高度集中。富豪在后一种意义上的表现越好，他们在前一种意义上的空间就越大，整个社会也将越和谐，国家政治体制与市场经济的结合将越顺畅。这应当是中国市场经济的点睛之笔。

（2015.04.22）

香港政改面临高难度摊牌

香港特区政府 22 日正式向香港立法会提交 2017 年普选特首的政改方案。该方案建议由一个 1200 人的提名委员会推举特首候选人,由香港全体选民以"一人一票"的方式选出特首,这一方案公布前后,香港反对派议员做出激烈反应,宣称将在今年六七月份立法会表决时否决该方案。

由于通过政改方案需要有香港立法会 2/3 以上票数支持,而反对派议员共有 27 人,多于否决所需的 24 票,这意味着至少要有 4 至 5 名反对派议员投赞成票,对政改方案的否决计划才能被瓦解。

香港特区政府表示对通过政改方案"有信心",部分舆论认为,反对派议员的实际态度比他们向舆论表达出来的一致声音要"复杂",特区政府或有能力促成足够的温和反对派议员临阵"反水",对政改方案改投支持票。这将是一场高难度的博弈。

未来两个多月是建制派与反对派各自影响香港民意的关键时期。如果这期间有更多香港人支持通过政改方案,将会有助于促使部分反对派议员改变立场。如果激进派能够动员更多的人公开反对政改,就能从相反方向压制温和反对派议员的选择。

必须指出,所有立法会议员都是在为香港的未来投票,少数人将这次投票当成与中央政府的一场斗争是愚蠢的。有谁想搞斗争游戏,以后有的是机会,但请别在香港民主进程的重要关头胡来。

香港政改方案是严格按照《基本法》制定的,中央去年 8 月 31 日已经表明立场,现实主义者们都不会认为中央会改变决定。激进反对派实际对此也很清楚，但他们仍要把政改方案搅黄，其目的是要证明自己激进态度的"正确"，巩固自己在以后政治斗争中的地位。

香港的利益显然没被这些人放在首位，他们最关心的是个人和小团体的政治利益，并且不惜把香港大多数人的利益当做祭品。特首普选与之前的特首推选相比无疑是巨大进步，其意义是历史性的。激进派议员扬言要扼杀这一进程，他们的歇斯底里让人既厌恶，又有几分无奈。

说到底，激进反对派绑架不了中央政府，也绑架不了内地广大民众。祖国内地这些年全面崛起，香港在国家经济生活中的角色出现结构性的变化，反对派如果阻止政改方案通过，平静接受现有提名方式，也就罢了。如果他们进一步把香港搞乱，国家的承受力很强，对内地社会也没多少实际影响。但对香港广大市民来说，那些后果将是灾难性的。

香港越乱，政治上的戏剧化空间可能越多，但政治终究不能当饭吃，香港衰落最终将殃及反对派自身。正是出于这样的理性逻辑，我们寄希望于反对派阵营在强硬态度的表象之下，蕴藏着一些在关键时刻的妥协意愿和灵活性，希望有议员会不忍心香港被他们折腾得真的朝着"第三世界"一步步沦落。

民调显示一半以上的香港市民支持立法会通过政改方案，我们希望这样的民意在未来两个月充分活跃起来，影响更多的人，形成强大的正能量。香港是向前走还是原地打转，是要共识和稳定，还是让撕裂和冲突充斥这座城市，需要香港市民们以实际行动做出集体回答。

（2015.04.23）

亵渎英雄的活跃者应付出相应代价

昨天是天安门广场人民英雄纪念碑落成57周年,然而这些日子,互联网上围绕人民英雄的争论一直没有平息,邱少云、黄继光等英雄事迹的真实性一再受到诋毁。网上解构人民英雄的歪风几乎把共和国最著名的英雄奚落遍了。

这显然不是中国社会对人民英雄态度的真实面貌。互联网舆论场仍没有度过鼓励出其不意甚至另类、喜欢把边缘话题往中心拱的特殊兴奋期,它所呈现的对英雄事迹的"质疑"和由此引发的"斗争"都是夸大的。

中国社会对人民英雄的尊敬普遍而稳定,它是主流社会核心价值观最牢固的部分之一。随着时代变迁,公众的兴趣发生历史性转移,人们思想的维度更加丰富,对战争年代的看法也更客观,能够在一定程度上超越当时针锋相对的意识形态局限,但这些都构不成否定人民英雄的时代"动力"。

因为那些英雄都真实存在。共和国历史是连续的,那些英雄是帮助人们记住历史的精神坐标。英雄形象经过反复传播,或许有一些经过提炼的元素,对这一点社会是理解的。关于被传颂的英雄与原汁原味的英雄本人有没有细节上的差别,这个问题在哪个国家都可以被提起,但它成为一个"真正的问题",一定是奇怪的。

新中国树立的英雄形象多吗?解放战争最出名的要算董存瑞和刘胡兰,抗美援朝最著名的也只有黄继光、邱少云等几个人。可以想见,牺牲在鸭绿江那一边的志愿军哪一个不是英雄,把他们的事迹写下来,会形成多少感人肺腑的故事。对英雄见一个怀疑一个,坚持并炫耀这样的思维是十分荒诞的。

黄继光以血肉之躯堵机枪眼、董存瑞拿身体当支架炸碉堡，都被一些人宣称"不可思议"，对那些人来说，英雄们面对敌人的机枪扫射，眼看着前面的战友倒下去，自己继续冒死往前冲，这可以思议吗？十几万志愿军牺牲在朝鲜，无数解放军战士为新中国建立献出生命，如果那几位记录下来的英雄都是"假的"，那莫非解放战争和抗美援朝的胜利也是假的？

一个国家决不能没有英雄，世界上几乎就没有那样的国家。人民英雄永垂不朽，这也不仅仅是中国人的价值观，而且是全世界的。少数人专挑英雄的刺，不是英雄们朽了，而是他们自己的心朽了，出了毛病。

亵渎英雄，在每个社会都是最下作、也最边缘的事。当这种事情反复出现时，必有通常意义上的"坏人"作乱，但也会有多重其他原因参与促成，卷进一些易受不良影响、喜欢用博出位寻找存在感的网上发言迷。这使得主流社会纠正这种错误时有把握分寸的困难，话说太重或者太轻都难有到位感。

当下否定英雄的歪风频繁拿抗美援朝的牺牲者做靶子，这与一些人"崇美""媚美"显然有一定联系。一些思想的"软骨头"会刻意表现得张扬，掩饰自己的"自轻自贱"。

中国社会的边缘地带形成了一些臭烘烘的小圈子，他们通过互联网摇旗呐喊，搞出一些唬人的虚假声势，分散、消耗了社会大量注意力，这是当下的一个难题。

要解决这个问题，最重要的一条是主流社会必须态度坚决。博出位者中的很多人带有功利目的，想通过网上出名捞取实际利益。主流社会应当堵死那些人所看重的利益出口，让他们从获得好处变付出代价。

亵渎人民英雄的人就应当付出相应的代价，而不是受到任何形式的奖励。代价可以是多方面的，包括在现实中周围人对他的白眼。官方力量如果真想抑制那些亵渎的出现，就应推动主流社会把那些最活跃的亵渎者真正孤立起来，让他们从此有"不好混"的感觉。

（2015.04.23）

中日关系在不平静中走向改善

中国国家主席习近平 22 日在雅加达应约会见同来参加万隆会议的日本首相安倍晋三，这是两位领导人自去年 11 月北京 APEC 会议之后的第二次会见。舆论都注意到中日领导人这次会见的气氛较上次要好，这显示了双方都有继续改善中日关系的愿望。

中日之间的问题犹在，两国改善关系的基础仍较脆弱，今后一段时间大概会出现中日两国高层接触逐渐增多、历史和领土纠纷又不时冒出来的复杂交叉局面。

从雅加达会见的谈话内容看，中国领导人的战略视野和格局明显高出很多，谈话方式也主要是向对方讲道理。安倍的谈话更像是在做解释，稍显被动。这也是中日关系总态势的真实写照。

中日互信不足，按说中国作为历史上受害国家，更有理由对日本有较强烈的"怨气"。但实际情况是日本对中国的"怨气"更加严重。日本挑动历史问题，就是对中国高速崛起不适感的扭曲释放。中国一方面不得不回应日本的动作，一方面也在超越日本，将自己的目光投向全球。

中日友好对双方都有利，这种共识在两国关系最困难的时候也是存在的。但干扰这种共识的临时性因素太多，造成中日关系的剧烈动荡。

美国是影响中日关系的重要外部力量。很多人相信，美国的真实态度是：中日必须吵架，但不能打架。美国在日本的军事存在使它握有对日本态度做一定微调的杠杆，从而能很深地介入到中日关系中。

中国的总体战略能力不断提升，使我们拥有了更多对日关系的战略主动。这是大趋势。日本从亚洲第一大经济体的位置上跌下来，重回巅峰时期的影响力无望，只能在战术上不甘寂寞。它显得"大胆"而"灵活"，不时为了具体目的刺激中国一下，但它的这些动作反而让东京看上去像是亚太大格局中的小角色。

当前被全球热烈关注的"一带一路"和亚投行代表了中国构建与世界关系的大方向，中日关系的难点都没能绊住中国最关键的这几步，这或能促使日本重新评估它究竟能在多大程度上影响或干扰中国。

无论怎么说，把日本包容进中国的和平崛起进程中符合中国的根本利益。而日本与中国修好也符合它的根本利益。中日在21世纪交恶是战略逻辑上有些奇怪的事情，随着中国力量继续接近世界的顶级水平，那些原因对我们来说将越来越是战术性的，因而拆解它们会逐渐变得轻松些。

中日邦交正常化以后，两国关系紧张上浮源自小泉执政时期。自那时起，十多年过去，回头看，中国既赢了经济发展速度，也赢了国际地位的提升和战略空间的延伸。中国没有沉溺于中日纠葛，但这种纠葛像是成为日本外交的主题，历史问题刺激了中国，但被它绑架的是日本自己。

未来的中日关系是值得几分看好的。中国对日本的重视和释然都在巩固，日本也折腾得差不多了，改善关系有可能成为中日间今后的主要关切。如果这能成为趋势并得以保持，那于中国社会来说无疑是各种选择中一个较"好"的选项。

（2015.04.24）

苏联改革30年，无处纪念只有祭

4月23日是前苏联领导人戈尔巴乔夫发动改革30周年纪念日。全俄社会舆论研究中心公布的最新民调显示，多数俄罗斯人认为，戈氏改革对国家来说弊大于利，它造成了人们失去信心，带来混乱，最终成为国家的灾难。2010年有53%的受访者持这一立场，今年上升至55%。对这一最终导致苏联灭亡的改革，该中心主任费多洛夫表示，俄罗斯社会希望尽快忘掉它。

1985年4月23日，戈尔巴乔夫在苏共中央全会上提出"加速社会经济发展战略"，标志着苏联改革的开始。苏共中央要求"对计划工作采取新的态度，积极采用经济杠杆，为发挥劳动集体的主动性提供广阔天地"。

在改革反而造成经济停滞的情况下，戈氏提出应把政治体制改革放在首位的"新思维"。他推动民主化和公开性，降低苏共在国家运行中的作用，鼓励"全部权力归苏维埃"，最终导致国家混乱和失控。

如今30岁以下的俄罗斯人已对苏联没什么印象，普通俄罗斯人对谈论戈尔巴乔夫的兴趣越来越低。在俄罗斯和全球思想界，人们对戈氏的评价是分裂的，但有一点比较一致：他是一位失败的改革进程的控制者。无论他的改革初衷是什么，发动改革的必要性到底有多大，改革的最终结果都与发动那些改革时绝大多数苏联人的愿望南辕北辙。

中国是迄今为止研究戈氏改革最认真的国家之一，这是因为相比于世界其他国家，中国的情况与苏联的接近点相对较多。全球学界几乎一致认定邓小平的改革与戈氏改革是全人类成功和失败改革最突出的两个例子，尽管西方不少学者对中国的一些做法持保留意见。

中国互联网上前几年出现一些赞扬戈尔巴乔夫改革的声音，并以俄罗斯当时的繁荣作为主要论据。油价下跌造成俄经济困难，挺戈的人也变得不怎么吱声了。

回顾上世纪80年代后期，苏联改革新概念迭出，所提愿景振奋人心。而中国改革显得就事论事，冲击力不足。苏联有"500天计划"改革方案，而中国长期改革的目标也只是"小康"。当苏联人期待一步跨进西方式发达社会的时候，中国"慢腾腾"地提出改革要分三步走，继续强调自己是社会主义"初级阶段"。

尽管未来回顾中国和苏联改革还会有更长的历史镜头，但30年的不同变化已经足以影响两国各自一两代人的命运。就我们这一代人来说，结论的清晰度已经不容怀疑。

理想主义、低估改革的难度、过分重视西方的评价，这些都是戈氏留给世界的深刻教训。改革是有风险和误区的，综合控制力与改革实现突破同等重要。要让对改革的改革有机会发生，要让人民长期保持对改革的信心，这些不仅要想到，还要做到。

苏共领导力的削弱和瓦解是导致苏联改革陷入全面混乱的最大败笔。对苏联国家根基造成沉重打击的几大事件，发动者都是苏共高层官员。最早推动加盟共和国分离的基本都是苏共在当地的最高领导者。苏共当时的混乱和分裂令人难以置信。

全世界的现实告诉我们，大国成功改革是很不容易的，中国成功改革，或许至少有一部分是因为我们幸运。这个世界充满不改革和"不会改革"的教训，中国要想不成为后人的"新教训"，任重而道远。这当中，"蹄疾而步稳"将长期是一门关键性哲学。

最后我们想说，中国不断研究戈氏改革、汲取其教训，并对导致苏联解体的那些原因保持警惕十分必要。即使俄罗斯人逐渐淡忘它们，我们也不能忘。

（2015.04.25）

地震告诉我们尼泊尔有多近

尼泊尔25日发生里氏8.1级强烈地震，到昨天晚上已造成该国境内2500多人遇难。中国西藏受波及，到昨天亦有20人罹难。

国际舆论的关注集中到了尼泊尔境内，由于那里有很多中国游客，还有与尼机构直接联系前往、数目中方并不完全掌握的中国登山者，尼泊尔的救援工作同样牵动我国社会。

喜马拉雅山两侧的灾情都在考验中国的行动力。由于中国在境内开展地震救援几经洗礼，本次救援行动也在西藏迅速全面展开，与震灾有关的各项数据不断公布出来，救灾的大轮廓十分清晰。

中国运送本国游客回国的专机于25日地震发生的当晚最早出现在加德满都机场，中国救援队也成为第一支赶到尼泊尔的联合国认可的重型国际救援队。到昨天晚上，滞留尼泊尔的中国游客绝大部分已乘飞机回国，这些给中国和世界舆论都留下深刻印象。

在也门的国际撤侨行动中，中国令全球刮目相看，几乎得了"满分"。尼泊尔地震后中国第一时间的表现继续加深了世人对中国行动力的新印象。

从也门到尼泊尔，中国所做的都不是某种刻意表演，它们是中国近年调整意识和增强快速反应能力建设的自然结果。中国各级政府的施政越来越以人为本，以此为目的的能力建设被摆在优先位置。这些调整和建设都不乏沉重和艰难，但当突如其来的考验降临时，用世界标准衡量也堪称卓越的表现就成了厚积薄发。

昨天的中国互联网上出现大量人们对国家本次救援行动的由衷赞扬

声。出大事时舆论主流高度正面，挑剌找茬的声音很少，这种情形已经有段时间不那么容易见到了。

这些年中国加快发展，几次海外大型救援成为对国力增长的特殊检阅。今天的中国人如果在海外遭遇重大灾难，他们能够得到本国力量帮助的概率已经是这个世界上最高的之一。这是一种沧海桑田般的变化，它带给中国人的新感受正在与近代以来中国人对国家的长期感受强烈对冲。

国与家在中国人的观念中有着远高于世界平均认识的关联度，这不是偶然的，也非中国人自作多情。中国太大了，无论出于主动还是被动，我们与外国力量的接触在近代以来一直非常深入。中国人的足迹遍布全球，国家的命运总是以直接或曲折的方式影响着每一位中国人，甚至给很多已入外国籍华人的人生打下烙印。

这些年国家一直在各种抱怨声中前行，怀疑和批评围绕、针对了大多数推出的具体政策。如今要发现中国的进步常常需要回头看，找到可以精确对比的坐标。至于将好东西，比如高铁，也先当成坏事情拿来骂一顿，逼它们"凤凰涅槃"，这样做究竟利大还是弊大，值得深思，或许也需要更多的时间来验证。

尼泊尔是中国的重要邻国，中国除了在尼对本国游客施救，还需要为该国赈灾提供尽可能多的帮助。我们高兴地看到，中国舆论这一次对国家向尼提供紧急援助也持普遍支持态度，中国社会朝着健康的大国心态似乎又跨出一步。

尽管尼泊尔作为喜马拉雅山南麓国家有着特殊地缘政治意义，那里被达赖集团视为向西藏渗透影响的前哨地区，但尼国的友好和它对反华活动的抑制给中国公众的印象最为深刻。大难当前，中国社会对那里的关切都是围绕救人的，尼国伤亡人数不停在中国媒体上滚动刷新。这场地震大概是中国舆论近年关注度最高的境外震灾，喜马拉雅山两侧真正痛在了一起。

（2015.04.27）

安倍访美越热闹，日本越像小角色

日本首相安倍晋三26日起开始对美国为期8天的正式访问，安倍获得在美国会发表演讲等"高规格"的礼遇，日本舆论为此显得很兴奋。受到美国重视，越来越成为日本主流社会最大的自信心来源之一，美国对日本的意义显然大于除美国之外的整个世界。

美国民间甚至政坛对安倍还是颇有微词的，那些负面看法主要集中在安倍的历史认识上。美国多家大媒体在安倍访美前夕发社论要求安倍正视历史，此外安倍访美时间虽长，但奥巴马只陪他一天，反映出美国社会对这位日本鹰派领导人的真实态度"很复杂"。华盛顿最看重的恐怕只是他和日本的利用价值。

如今世界上最"忠于"美国的国家，大概就是日本了。被美国当地缘政治杠杆用得最顺手的国家，可能也是日本。考虑到日本是个颇具实力的国家，这种局面无论如何是不正常的。

亚洲地缘政治或许提供了日本加紧"巴结"美国的某些动力，但事实上每个国家都面临向某个外交方向倾斜的压力，而大多数国家都会更看重对外关系的平衡。比如美国和西方的压力促成了中俄走近，但中俄并没有让彼此的全面战略协作伙伴关系产生某种排他性。即使菲律宾这样力量小得多的国家，其外交的"独立性"看上去也要高于日本的自主能力。

日本与中国这些年的关系紧张有着内在原因，日本的方案是把加强美日同盟作为牵制中国的主要手段，其结果是它与中国的矛盾和它与美国同盟的升级相互刺激。这属于20世纪甚至更早的国际政治游戏，它在

21世纪的高强度运用难免会导致诸多问题，必将有些玩不转。

中美关系对华盛顿来说毕竟更重要，在中美之间失去平衡能力的日本，意味着不够格与中美共同组成一个"大三角"。它将逐渐坠落成美国对华战略的一个砝码。这时候的美国，无论怎么对待安倍来访，都非美日之间"大国外交"的结果，而更像是前者高高在上"调教"后者的一种方式。

日本一直致力于成为"正常国家"，但它的自身表现非常"不正常"。比如在对待历史问题上，它一直强调自己让外界普遍看不懂的"特殊性"。其经济现代化和国内强悍民族主义之间的反差也是发达国家里最突出的。日本似乎在用把美日同盟推向极致来弥补自己一些不寻常的缺陷。

安倍访美已经谈不上是什么"大事件"。东京大体失去了主动影响美日关系的能力，这次访问将是华盛顿单方面把握"赏赐"和"教育"日本的过程。此外，美国在不断努力把日本拉进TPP，华盛顿将借这个机会进一步要挟安倍政府。

美日关系的加强已经被打上"牵制中国"的烙印，这种牵制意味着中国的一定麻烦，但这不是亚太地缘政治的决定性方向。因为中美关系的直接性不可取代，任何"棋子"都只能是配角。

（2015.04.27）

菲律宾是年年想绑架东盟的搅局者

东盟首脑会议昨天开始在马来西亚首都吉隆坡举行。媒体传出消息，会议可能发一个声明，谈论南海海域的岛礁建设问题。消息说，菲律宾是该声明的主要推动者，马尼拉的攻击目标也对准了中国。消息同时提到马来西亚有顾虑，因此声明最终会不会发表，以及如果发表会直接谈论中国"扩大岛礁"，还是不点中国名泛泛谈论这个问题，到昨天晚上本报截稿时，没有准确的消息出来。

东盟每年都要举行首脑会议和外长会议，几乎每次菲律宾都要闹一场，试图把南海问题塞进会议议程中，努力把它与中国的岛礁争端"东盟化"，给外界制造东盟与中国有纠纷的假象。

由于东盟的轮值主席国一年一换，每年东盟会议东道主对如何应付菲律宾的要求有策略上的细微差别，以及当时处理该问题的不同难度，结果并不总是一样的。有时东盟的会议文件会谈到南海，有时就回避了它。

今年以来菲律宾对中国在南海的岛礁建设大放厥词，美国也做了异常活跃的帮腔，马尼拉或许觉得这是一个绑架东盟峰会的好机会。

然而众所周知，南海岛礁纠纷不是中国与东盟之间的问题。东盟共有10个国家，其中与中国经常陷入纠纷的只有极少数，而对中国建岛持反对态度最强烈的是菲律宾。无论菲怎么忽悠，美国从外部施加多大影响，某一项东盟文件怎样提到岛礁问题，宣称东盟有一个倾向菲律宾立场的整体态度，这无疑是谎言。大多数东盟国家都不愿意卷入南海纠纷，它们不希望岛礁问题扰乱整个地区合作发展的大局。

中国已连续多年是东盟的第一大贸易伙伴，中国推出的"一带一路"规划和亚投行在整个地区获得的关注度要远高于菲律宾提出的岛礁议题。菲律宾在骚扰大家，它要拉各国当垫背，它的这份"司马昭之心"在东盟早已路人皆知。

中国在南沙岛礁上搞建设是自己主权范围内的事，外部干扰休想影响我们，无论这些干扰来自何方。菲律宾搞舆论战只能是瞎折腾，帮它忙的美国代表不了国际社会，菲美长袖善舞制造不出针对中国的特殊舆论杀伤力。

我们理解东盟长期面对菲国胡搅蛮缠的这个难题，但我们希望，东盟各国应坚持主见，同马尼拉的偏执立场保持足够距离。地区的具体议题总会受到各种临时牵制，但中国与东盟的友好合作的意义却是根本性的，它也是整个地区无处不在的最大现实。东盟切不可在何为地区主题的问题上被菲律宾带偏。

菲律宾与中国打交道的方式预示了其在东南亚地区只能是"特立独行"的，更准确说，这是一种战略上自我孤立的选择。这决不是一个东盟与中国为任何原因相互对立的时代，双方的相互拥抱真实且动力充足。这与某个地区会议上的某个具体杂音无关，看不透这一点，无疑是一种战略上的愚蠢。

（2015.04.28）

滞留者登飞机该国家埋单吗

中国航空公司的客机急赴尼泊尔接回滞留的中国游客，获得舆论的一致赞扬。中国驻尼使馆人员在第一时间出现在加德满都机场，与及时赶来的中国客机共同带来祖国的救助，也展示了国家的力量。舆论对国家这次尼泊尔的成功撤侨给予了高度赞扬。

然而各种传言也赶过来凑热闹。最初的一种说法是，只要持中国护照的人，即使没有机票，也能免费上飞机回国。这一消息业内人士一看就会怀疑是虚构的，因为它不符合国际通例。但不明就里的网友们纷纷鼓起掌来，对很多人来说，国家如果能够多有些大包大揽的出手，总不是坏事。

这个消息很快被否认了。但是新的传言朝相反方向走得更远，新传言称，不仅所有人乘机回国要买票，而且航空公司乘人之危，向要求登机者卖起高价票。大难当前，国有的大航空公司不可能干这种事，官方的否认声音也很快发出，但是一些好事者揪着那个荒诞的说法不放，趁机把国家与航空公司合在一起"黑"了一通。

据业内消息说，中国各大航空公司在震区分配机票基本按照以下顺序：1）持有当天原定航班机票旅客；2）持有本公司其他航班的旅客，免费改期，但先保证1的旅客出行；3）持有中国其他公司机票旅客，免费改期，先保证1的旅客出行，要候补；4）没有票或持有其他外航机票的旅客，要改期或重新买票。应当说，这是一个比较合理的安排。

同时还须指出，类似的救援行动通常都由国家组织各方力量参与，被救援者理当积极配合。有的国家在派机救援时还包括了有偿救助。

世界上可以证明这一点的例子俯拾即是。2011年埃及动乱,加拿大派飞机撤退当地侨民时,通过签保证书要求每个人回国后归还政府400美元的机票费用。而英国公民为登上英国政府派来的飞机也需支付300英镑。美国则根据撤侨的就近原则,要求公民支付去欧洲的机票钱。日本撤侨通常也收费,1973年第四次中东战争时日本在中东撤侨就是收费的,如果日本侨民没钱,就先由政府借钱给其购买机票。

患难之中,"钱"的问题是应当淡化的,但从机场接走滞留者与灾难现场救助有性质上的差异,理解这一点大概并不难。绝大多数机场里的滞留者可能本就已买好了回程机票,事实上他们当中极少有人对所谓的"有偿回国"提出异议。个别支付机票困难的人,也应用通行的办法加以解决。

说航空公司要求震区滞留者买张机票就是一种"冷漠"的表现,甚至以此攻击国家撤侨的态度"不端正",在逻辑上是讲不通的。这样的伦理要求完全超越了现实,它只能扰乱人们的认识,分散、误导人们对国家从尼泊尔撤侨行动的注意力。

中国的尼泊尔撤侨非常成功,国家在海外侨民最需要的时候出现了,伸出强有力的救援之手。这是中国历史性进步的缩影,所有中国人都应珍视这些进步,舆论应当为它们鼓与呼,这时候打阴阳怪气的横炮决不是一种光荣。中国的大格局已成,我们每个人都是它的一个细节,决定着这个国家多一个积极的或消极的元素。

(2015.04.28)

美日才是"心存觊觎和幻想"的国家

新修订的《日美防卫合作指针》于美国时间27日公布,它不但重申钓鱼岛适用于美日安保条约,更明确双方将就东南亚的海上安全加强合作。新"指针"强调美日军事关系将是面向"全球"的"无缝"合作。克里在美日"2+2"会晤后的联合记者会上以"那些心存觊觎和幻想的大国"之说影射中国,口气颇具进攻性。

美日似乎在有些歇斯底里地想象来自中国的安全挑战,而中国不过是在南海搞了一些主权范围内的岛礁建设。中国既没有为此从菲律宾、越南的控制下夺取新的岛礁,也没向任何一方做要用武力解决争端的暗示。中国最着力宣传的是"一带一路"建设,大量外交精力投向了亚投行。中国没有谋求建立针对"潜在敌人"的军事同盟,中国军事影响力的增长显然远低于自己经济影响力在全球范围的快速增长。

假如中国公开在美日敏感的方向构建军事性对外关系,或者宣布有针对性的军事计划,那么美日将有什么样的感受呢?还是请它们好好想想自己正在干些什么。

美日更像是心存"觊觎和幻想的大国"。美日同盟如果无限制地强化,将成为东亚地缘政治极具战略挑衅的变量。重要的是,它不是经济发展的伴生物,没有促进经济繁荣的相应动力对其做冲淡和润滑。它所代表的就是赤裸裸的军事野心,它除了增加本地区的紧张,真看不出还有什么积极的东西。

南海的海上和空中通行都是自由的,但美国到南海炫耀武力不受欢迎,日本海上自卫队出现在南海更不被接受。如果日本仅仅想"防范中国"而加强美日同盟,那么劳其多虑了。中国不会干日美反复演练对付的"军事登岛"。但如果日本冒头替美国跑南海来向中国挑衅,那么它将遭到中方强有力的反制,就不是什么悬念。

日本如果以为有美国的支持和纵容,它就是得到国际社会的许可,从此在西太平洋当起警察和宪兵,那么它就走进了误区。美日同盟加强到突出进攻性的时候,日本大概不会因此而更加安全,相反,它将因为自己"狐假虎威"玩了一些"悬的"而承担额外风险。

中国没必要因为美日同盟的"历史性加强"而"惊慌"。正如前文所说,美日加强同盟是纯军事行为,与东亚区域以合作谋繁荣的时代潮流背道而驰,它能发挥的日常作用相当有限。而且美国提前放出日本这个"没改造好的二战元凶",也表明前者在东亚的确已经力不从心,不得不把日本往前推。

看来随着中国军事能力的自然增长,美国将有越来越多的军事布局围绕中国展开。我们需要看到,这时候外部的"布点活动"将很活跃,但只要中国是继续成长的,战略主动权就把握在我们的手里,中国和平崛起的战略机遇期也不会因为这些麻烦而结束。

中国应当有原则,敢斗争,但也需不急不躁,不被轻易激怒。针对美日同盟,看来中国需要研究一些有针对性的杠杆,与它打"太极拳"。这当中与之迎头对撞或者一味忍让也许都不是办法。

(2015.04.29)

土耳其，请与涉恐偷渡者拉开距离

据土耳其媒体报道，土耳其边防军近期先后逮捕上百名非法出入土叙边境的外籍人员，其中包括多名中国籍涉恐人员。这被理解为土耳其加大了对外籍涉恐人员非法出入境的打击力度，也是对国际社会长期呼吁的回应。

土耳其是中东大国，历来抱负不小。但这几年，其边境线却呈现让世人惊愕的"奇观"：数以千计的外籍涉恐人员在土耳其、叙利亚、伊拉克三国溜来窜去，边境线形同菜园门。据国际刑警组织的观察，土耳其已经成为外籍人员赴叙利亚、伊拉克参战的最主要中转国。而同样与叙、伊接壤的中东小国约旦，其边境线则"清静"得多。这显然有些反常。欧盟外交政策负责人莫盖里尼公开批评土耳其在土叙伊边境管控方面"做得很不够"。

有分析认为，这是土耳其影响中东政局的一种手段。如果真是这样，那这实在是一招臭棋，毕竟这种手段不光彩，且稍不留心就会伤着自己。恐怖分子已成全球众矢之的，一个国家行为体和恐怖组织沾上哪怕一丁点模糊关系，都是对这个国家形象的玷污。土耳其对此不会看不清楚。

土耳其对承担国际责任的公开表态并不含糊，也采取了一些相应的打击措施。但在土叙伊边境涉恐偷渡的状况始终没有实质性改变，这容易让人得出土耳其存在放任甚至暧昧的结论，给国际社会留下土耳其"说一套做一套"的不好记忆。土耳其需要做出更多具体努力，让国际社会看到更多实际效果，才能彻底摆脱负面影响。

中国是土耳其边境管控不力的直接受害者之一。另据土耳其媒体近日报道，IS组织在土耳其设有假护照制作中心，他们已制作了10万本土耳其假护照，其中至少5万本流到中国。这令人十分担心。

从去年起，不断爆出东南亚国家警方逮捕中国籍偷渡者的消息，很多偷渡者手里拿的是土耳其大使馆发放的护照，其目的地都是想从土耳其潜入叙利亚或伊拉克参加IS。这些偷渡者相当部分涉恐，流窜到哪儿都是祸水。如果这些涉恐分子接受IS训练并获得实战经验后，再原路返回，将对沿途东南亚各国公共安全构成更大威胁。

公开的案情显示，有土耳其公民直接参与、组织及策划了这些偷渡案，如近期发生在上海和广东的两起组织偷渡案件中，分别有10名和9名土耳其籍犯罪嫌疑人涉案，按中国刑法规定，这些人或将面临数年刑期。一些案子还有土耳其驻外使领馆的人出面，给偷渡者提供公开支持，如发生在中越边境地区的一起组织偷渡案件中，土驻越使馆直接插手对有关犯罪嫌疑人的处理；再如，在近期17名滞留泰国中国籍偷渡人员起诉泰移民部门的案件审理期间，土驻泰使馆为上述人员办理临时护照并派员旁听庭审，但泰国当地法庭对其的败诉判决，不仅让土方个别官员不光彩的行为暴露无遗，也无疑使土耳其护照的"含金量"大打折扣。中国籍涉恐分子偷渡活动屡禁不止，土耳其负有难以推卸的责任。过去一年，中国和土耳其加强了反恐磋商与合作，希望这会对涉恐偷渡起到越来越大的钳制作用。

土耳其一些人至今没有走出"泛突厥主义"的迷梦，他们的目光跨越好几个国家，投射到万里之外的中国新疆，与那里的民族分裂分子形成某种呼应。"东突"势力在土耳其经营长达数十年，在土耳其政界和民间都获得一些同情和支持，这让他们产生了幻觉，进而铤而走险，成为"分裂分子"、"恐怖分子"和"极端分子"的三合一。

无论从土耳其自身的利益讲，还是从中国等相关国家的利益讲，土耳其都不应为恐怖分子提供任何形式的庇护，而应采取更坚决的措施打击恐怖主义，不能让少数土耳其人的个人行为给整个国家脸上抹黑。

土耳其平时并不怎么出现在中国的舆论场上，偶尔出现的坏消息会占据中国人对土耳其的整体印象，这很令人遗憾。中国和土耳其互利共赢的潜力很大，它们等待被激活。我们不希望，它们被几个恐怖分子给搅黄了。

（2015.04.29）

美日新防卫指针是亚洲新危险源

美日新防卫指针在东亚造成的恶劣影响正逐渐扩散,它公然将钓鱼岛纳入日美安保的范围,并鼓励日本自卫队走向包括南海的"全球"。这一切有可能对亚太区域的政治现状形成根本性冲击。

中国是东亚发展最强劲的发动机,但美日新防卫指针以一套咄咄逼人的军事布局回应中国和平崛起的宣示。很显然,美日在对21世纪做一种危险的引导。

美日关系的军事要素得到前所未有的增强,军事还成为美国在西太、南太发展外交关系的轴心。美日同盟越来越不掩饰其遏制中国崛起的前哨作用,这对中美、中日本来就很脆弱的信任将形成新的动摇。

在中国一再倡导和平与发展主题的时候,美日如此固执、并大张旗鼓地在东亚围着中国"挖战壕",同时假惺惺地说这些"战壕"就是"随便挖挖","并不针对谁"。美日应当清楚其所作所为的挑衅性质,它们不应指望中国无动于衷。

华盛顿明明知道日本正在历史问题上倒退,政治右倾化十分嚣张,自卫队扩大行动区域很难被亚洲国家接受,但它对日本的纵容甚至超出了很多日本人的预料。看来美国很想把亚洲搅得更乱些,强化东北亚地区的内在矛盾,挑起中日之间更多的对立。

中国与周边的所有摩擦和纠纷都因美国的介入而趋复杂化,在这一轮的东亚事务变动中,美国基本没有为区域繁荣注入资源和动力,它搞"再平衡"的杠杆就是炮舰和陆战队员的晃悠,其结果也必然是增加地区的紧张局势。

钓鱼岛是中国固有领土，钓鱼岛之争是中日之间的事情，美日同盟再强化，也改变不了该地区的主权争端形势。中国人会把这看成是美国在怂恿日本采取更激进的政策，但美国大概忘了，钓鱼岛离中国大陆很近，那里不是美国军队可以恣意妄为、或者可以像大哥一样对其盟友拍胸脯的地方。

亚洲和平是中国的真实愿望，因为中国身在亚洲，而且这符合中国加快发展的战略需求。中国同时追求亚洲稳定，并高度重视稳定与和平的关系。但美日都把破坏中国和平发展作为它们战略目标的一部分，日本对亚洲稳定的欢迎并非绝对的，它更像在随时掂量稳定和不稳定对日本的利弊关系。美国把维持其霸权放在首位，亚洲稳定与否更不是它最看重的。

美日或许低估了它们这样做到头来对自己利益的伤害。尤其是日本，它决不会从与中国的相互消耗中占得便宜。日本从"小泉时代"开始与中国不时"恶斗"，但这些年正是中日实力发生历史性逆转的时期。如今中国的战略回旋空间大大超过日本。

必须指出，日本所面临的问题都不是中国强加给它的。它们有一些是发达国家的瓶颈效应，还有一些是日本面对中国崛起心理失衡，自己"作"出来的。它偏要折腾历史问题，主动挑起钓鱼岛争端，将自己置于匪夷所思的"悲情"之中。

美国以最容易做的加强军事同盟方式展现对华优势，这是它在掩盖竞争力下降的尴尬，是在经济全球化时代的自欺欺人。美国搞再多军事同盟也挡不住中国的发展，它应从其欧亚盟友纷纷"倒戈"加入中国倡导的亚投行一事中汲取教训。

美日加强军事同盟犹如把磨刀声用扩音器向亚太播放，它们在搅动人心，加剧西太平洋的风险积累。这不可能毫无后果，而对那些后果，美日是需要承担责任的。它们别以为亚洲人都那么好骗，把它们的军舰当成宣扬和平的彩船。

（2015.04.30）

再别让韩媒为我们讲中朝边境命案了

吉林省和龙市官方昨天对外通报，本月 24 日该市龙城镇发生一起命案，3 人死亡，案件正处于侦破之中。这一通报与前一天韩国媒体"朝鲜逃兵越界杀害 3 名中国人"的报道对上了号，但和龙市没有证实杀人者一定是朝鲜逃兵。

据了解，杀人者作案后在逃，因此中国警方无法确定其身份。媒体报道可以用信息源的描述做补充，假设作案者的身份。因此官方公布的细节通常比媒体报道的少，这一点可以理解。

然而中朝边界 24 日发生新的重大命案，这一基本事实一开始就很清楚。由于在过去 8 个月中至少发生过两起朝鲜士兵越界偷窃抢劫并致我边民死亡事件，新的命案必将受到舆论高度关注，这种判断当地政府想必很容易做出。之前的命案由韩国媒体率先爆出，中国媒体转引后造成巨大反响，这种反响不仅仅因为有朝鲜士兵越界杀人，还因为当地政府不及时通报案情，我们要通过韩媒知道中朝边界发生了什么，公众对此深感失望。

这次新命案发生，其对于舆论的敏感性一目了然，如果它再由韩媒报道出来，将意味着政府公信力的更大损失。令人遗憾的是，这一幕真的又发生了。当地两个派出所 28 日接听媒体电话时均表示对事情"不知情"，这有两种可能：一是他们真的对辖区和附近发生重大命案一无所知；二是这些派出所有意不向媒体通报此事。无论哪种情况，显然都不应该。

中朝边界一再出命案，朝鲜人越界作案是主要案发原因之一，沿中朝边界的中国各地方政府应当形成机制化的处理程序了。这当中很重要的一条原则是要及时依法公开信息，尊重中朝边境地区公众和全国人民的知情权。

一些地方机构认为中朝关系高度敏感，对通报涉嫌与朝鲜人有关的重大案件有顾虑，从而在遇事时的第一反应往往是要"保密"，尽量缩小知情范围，能不对外公开则不公开。这对一些基层官员来说已经成为习惯，一些人甚至认为这样做是守纪律，负责任，而不去想一旦事情被外媒"挖出来"再传回国内，将对官方的声誉和形象造成什么样的不良影响。

中国各地这些年反复出被舆论认为是"政府瞒报"的事件，这一标签所造成的轰动有时会超过事件本身。这样的教训一茬接一茬，几乎没有官员因此受到处分。

我们强烈希望这样的局面能够被终止。该对外通报的事情不通报，由此积聚的舆论风险往往比依法正常通报那些事情要高得多。关于这一点各地官员应形成深刻认识，国家也应制定推动基层政府在这个问题上彻底转变思路的政策。

《政府信息公开条例》已经施行多年，在全面推进依法治国的今天，政府严格依法公开信息是破解一些难题的必由之路。中朝边界发生命案的一部分"敏感"是人为形成的，它们在大多数时候就是普通刑事案件，不应受到特殊化对待。出了问题就公布，该怎么处理就怎么处理，所谓"敏感"就会逐渐淡去。

（2015.04.30）

安倍用向美谄媚逃避为侵略道歉

日本首相安倍晋三昨天结束为期8天的美国之行，这当中的高潮之一是他对美国国会两院发表演讲。这一演讲被视为美国给安倍的"特殊荣誉"，安倍将如何利用它，很多人之前就猜了个八九不离十。

第一，安倍不会就侵略战争做出道歉。第二，他会很肉麻地吹捧美国，以此在他不做道歉的情况下赢得掌声。他果然这样做了，美国议员们也果然给了他掌声。

安倍在这次讲话中把"领导"世界的美国捧上了天，没敢流露日本民族主义者对美国种种不满的一丝情绪。美国长期军事占领日本，看来的确把日本这个民族镇得服服帖帖的，安倍站在美国国会讲坛上时，成了这种驯服的活脱脱的呈现。

可以想见，美国议员们听着安倍的吹捧，是很舒服的。对他在讲话里耍了些什么滑头，也就没盯那么紧了。

其实安倍还是耍了很大滑头的。他对美国毕恭毕敬的表现下面，掩藏着其对亚洲国家要其就侵略战争道歉的强硬拒绝。通读他的整篇讲话，他至少缺了四个关键词：侵略、殖民统治、慰安妇、道歉。这些都是在他讲话时围在美国国会外面大批亚裔示威者强烈要求他必须说出口的。

安倍以讨美国议员的欢心来平衡亚洲舆论的强烈不满，对应着东京借加强美日同盟来冲破日本二战后所受种种限制的大战略。安倍吃准了一点：美国因国力不足，需要日本更积极地配合其全球战略，从而对东京的政治表现放宽标准，容忍日本的右倾化。

在美国国会的讲话被视为安倍"8·15"讲话的最大探风。这段时间，安倍在各个场合多次讲到二战，大体形成了个"三段式"。一是用表示同意"历任首相讲话"来回避重提"侵略""殖民统治"等关键表述，用"后悔""反省"等说法代替道歉。二是大谈日本战后以来"对世界和平的贡献"，把自我批评搞成变相的自我表扬。三是强调日本将在世界上发挥"更大作用"。

"4·29讲话"极具意识形态色彩，在显示对美"效忠"的同时，安倍不点名地表达了"联美制华"的愿望。民主、TPP都被他视为有特殊力量的地缘政治工具，美日同盟则是"希望同盟"。如何使用美日同盟，华盛顿像是想到了八分，而安倍想到了十二分。

安倍无论走到哪里，说什么话，舆论通常会与中国联系起来。安倍给了世人这样的联想，包括日本舆论也在不断甄别他的哪些话是针对中国的，哪些行为是为了对付中国积累外部资源的。安倍像是掉入了魔怔一样，他在把日本的成功与否同能在多大程度上压制中国崛起联系起来。

世界上好像没有第二个国家有这样的思维。日本的历任首相，也从没有人在"敌视"中国的道路上像安倍走得这样远。

看来亚洲国家很难在"8·15"讲话中听到安倍为日本当年的"侵略"行为正式"道歉"了，而只能看到他玩些文字游戏，长袖善舞。美国舆论批评安倍拒绝道歉态度的很多，但安倍通过向华盛顿的谄媚收买了那个国家的政坛。

中韩与日本就历史问题的斗争将长期持续下去，即使这当中表面上能被一眼认出的输赢不明显，但最终的输赢是会有的，那就是看谁的实力增长最终有更多收获。日本最感压抑的是其经济长期停滞，而中国却迅速在经济总量和国家综合实力上超越了它。中国继续朝前赶路，逐渐站到与美国实力的同一级别上，把日本越甩越远，将是对日本右翼势力的最沉重打击。

（2015.05.04）

铁腕镇压"骚乱"的美国何脸谈人权

美国马里兰州的巴尔的摩市发生严重骚乱，4月28日起实施宵禁。警方称到目前至少有144辆汽车在巴尔的摩被烧，15栋建筑被纵火，一些店铺成了打砸抢目标。美国国民警卫队已进入巴尔的摩市，数百名闹事者被逮捕。在刚刚过去的这个周末，巴尔的摩数千民众走上街头，抗议警方暴力执法及种族歧视。类似的声援集会还出现在纽约等其他美国城市。

骚乱源起一名25岁黑人青年遭警察逮捕后因脊椎严重受伤死亡。美国黑人社会对受到歧视等各种不公待遇的愤怒又一次被点燃。去年8月弗格森骚乱的起因有些相似，当时一名黑人在警方执法时被击毙。美国的黑人骚乱像连续剧一样上演了一幕又一幕，美国政府的应对办法则几十年"一贯制"：出动警察和军队，严厉镇压。

在美国媒体的报道中，巴尔的摩这座文化名城很像是一座失落的城市。那里的很多区域完全由黑人聚居，白人弃房而走。那些黑人区交织了贫困、教育落后、犯罪率高、毒品泛滥等多种问题，并经常弥漫着对美国社会的不满和怨恨。

美国社会没有解决巴尔的摩所面临严重问题的有效机制，因而对它们大体上放任自流。在奥巴马执政期间，巴尔的摩与贫困有关的大多数问题都进一步恶化了。

但面对骚乱，美国政府不会为使用武力犹豫，美国主流舆论对警察和军队"向人民施放催泪弹"甚至"开枪"也很宽容。这与美国对世界其他地区骚乱的评价完全不一样。

在美国，黑人反抗警方暴力无论有多少道理，只要出现打砸抢烧，都是铁定的"骚乱"。而在世界其他地方同样出现打砸抢烧，很容易被美国政府和舆论定性成"争取民主"或者"反抗压迫"。看着美国警察和军队对示威者铁腕镇压的样子，真不敢相信就是这个国家，每年都出《全球人权报告》，把除它以外世界大多数国家的人权状况"几乎骂遍"。

每个国家都有自己的难题，都有一些因协调失利而导致的民怨爆发，但从弗格森到巴尔的摩，美国给外界最强烈的印象是，不管这个国家自己露出多少丑，它都能端得住像圣人一样批评、教诲天下人的那股劲。

美国的人权肯定有很严重的软肋和缺陷，否则类似的骚乱为什么会"前赴后继"涌现，还有每年有难以计数的人死于形形色色的枪击案。在世界很多国家从自己的起点上认真发展人权事业的时候，美国政府是最毫无作为的政府之一。我们几乎怀疑美国的政治精英们是在通过引导本国舆论斥责他国人权，来冲淡、转移国民对本国重大人权问题的注意。

巴尔的摩骚乱像又一记响亮的耳光，抽在"世界人权卫士"美国的脸上。这张脸长期以来太会装了，而且好像很经抽，能瞬间从挨嘴巴的状态回复到高高在上的表情。加上美国的确有那么两下子，软实力"船破有底"，外人能拿美国怎么样？

如果巴尔的摩规模的骚乱发生在中俄等国家，西方舆论还不得闹翻了天！真不知道会有多少引申和上纲上线被制造出来。然而至少在这一刻我们清楚了，美国很可能是对示威者使用警力和军队最频繁的国家。从美国那里发出的罗织在他国头上的人权罪名大多都不合逻辑，美国严重缺少对他国人权肆意评判的资格。

我们知道巴尔的摩骚乱的成因和过程都很复杂，外人很难给美国警方控制局势的努力做简单定性。我们想说的是，美国应当有自知之明，今后它再对他国人权指手画脚之前，请先把巴尔的摩及弗格森骚乱当做镜子，好好照照自己。

（2015.05.04）

巴菲特盛赞中国经济有几分可信

美国著名投资人巴菲特和他的"黄金搭档"芒格2日盛赞中国经济取得的成就,并清晰表达了他们对中国经济前景的看好。巴菲特说,中国用四五十年的时间做了美国两百年的工作,是个"奇迹"。他认为中国"找到了释放自己潜力的道路"。

同是这段时间,唱衰中国经济或者对中国前景表达担忧的都大有人在,关于中国有可能掉入"中等收入陷阱"的看法颇有影响力。那么这两种论述哪种更有道理呢?

首先,巴菲特和芒格是在没有特意准备的情况下回答记者提问表达对中国经济信心的,这更像是他们对中国经济的长期印象,是他们没有掺入特定目的的直率表达。

中国最近几十年成就了人类历史上举世无双的发展壮举,对造就它的诸多原因,或许要过一段时间才能看得更清楚些。预测中国经济未来应当说比总结过去更困难,显然没有任何公式可以直接套用到中国头上,包括"中等收入陷阱"这样的描述。

巴菲特是从长期战略视角看中国的,而中国崛起的确是上世纪末以来的最大战略性事件。促使大国崛起的原因很难集成生效,它们一旦聚合在一起,就不那么容易溃散。这一经验或许也参与塑造了巴菲特对中国的直觉。

我们生活在中国经济的细节里,对它的每一个小变动都很敏感。而巴菲特不一样,他搞投资,更看重中国的"大局"和"趋势"。中国经济出现下行压力是事实,但它的涵义是什么很不清楚。中国国内正常的危机感,以及西方评论界因价值观导致的放大中国问题的嗜好,会从不同角度影响涉及中国经济的舆论面貌。

我们显然遇到了一些问题,然而恐怕既不能说现在是改革开放以来中国经济问题最多最严重的时候,也不能说中国遇到的问题在世界主要经济体里最突出。由于中国时下的经济改革无论与自己纵向比较还是与别国横向比较都是最强有力的之一,中国经济的未来表现继续优于大多数经济体,仍值得期待。

在现实生活中,绝大多数中国人对个人及家庭生活的长远设计都有逐渐向好的倾向,并且准备为此付出努力。更好的住房,更好的医疗,下一代更好的教育,以及各种更好的软福利,都在其列。这一切构成了中国经济的庞大潜在需求,以它们为基础形成经济升级的更多动力是可能的,改革的目的就在于此。

中国未必总能做得"最好",我们也不能指望自己总是"很幸运"。但中国老百姓很勤劳,政府对正确引导经济很下力气,这个国家至少没有理由在经济"火了一阵"之后迅速成为世界上"最大的倒霉蛋"。

中国政府对经济有很强调控能力,并且不断审视干预是否过分,有针对性地进行改革,发挥市场的主导作用。这些因素加在一起被事实证明是中国在经济全球化时代的优势,而不是我们羞于面对世人的短处。

"中等收入陷阱"是学术界对一些发展中国家所受挫折的总结,它在拉美表现得尤其明显。警惕中国是否也会掉入这个陷阱是非常必要的,汲取别人的教训是最廉价的学习。迄今对中国可能掉入"中等收入陷阱"的谈论都是担心及假说,提出它们的出发点很多时候是善意的。但值得指出的是,尚没有人能够给出中国"必然"掉入该陷阱的可信依据。

我们或许忘了中国经济连续两位数增长时舆论对"经济过热"的焦急讨论,那时国家曾为把GDP增长率"压下去"用尽杠杆。现在是反过来了,我们发现这时候的焦虑"更痛苦"。我们需要知道,中国从来都不曾"顺利"过,但重要的是,不顺利永远都不应成为我们对未来缺少信心的理由。

(2015.05.04)

没有"民共合作"的民进党以骂掩耻

中共中央总书记习近平与中国国民党主席朱立伦4日在北京会谈，从而实现了国共两党时隔6年的最高级别会晤。"习朱会"是亚太地区的大事，备受瞩目。只有岛内民进党对这次会晤发出即使不是"唯一"、也是当今世界极其另类的反对声。民进党主席蔡英文污称国共会谈是对两岸关系"黑箱作业"，还有民进党要员称朱立伦的大陆行是"投降之旅"，从世界范围看，不能不说这是些乌七八糟的言辞。

中共与台湾各政党关系的大门都是敞开的，台湾多个政党领导人都参访了大陆，并且与中共领导人举行过会晤。国民党对民进党反唇相讥，认为对方不应指责国共合作，而应反思为何没有"民共合作"。这一说法倒是蛮有意思。

北京是什么地方？它已成为全球政要最常光顾的政治中心之一。一个大型政治集团的领袖如果没来过北京，没成为过人民大会堂的座上宾，那么他本人或者他所统领的力量恐怕有"很严重的问题"，他和他的力量在世界上大概是"孤立的"。如果不致力于消除、淡化这种孤立，反而强化它，以此为荣，显然是偏执、愚蠢的。

台湾内部政治充满竞争，有其自身规律，但台湾的内斗如果外溢成与大陆的敌对，是很危险的。陈水扁时期我们见证了那种极端情况，知道了它对台湾人民福祉的侵害。连战10年前打破僵局率国民党代表团参访大陆，为两岸关系转危为安做出卓越贡献。国共合作为两岸关系起到某种"安全阀"的作用，没有它，台湾说不准当年就被陈水扁当局的"疯狂驾驶"甩向了绝境。

我们注意到,民进党的言论似乎比受陈水扁领导时多少温和了些,可能是它从两次选举失败中汲取了一些教训。但民进党至今仍未放弃"台独",它仍拒绝公开承认两岸的"九二共识",这使两岸长期关系继续面临相当大的不确定性。

由于台湾"总统选举"渐近,可以想见,民进党现在说的每句话大概都是其"选举策略"的一部分。蔡英文一定清楚,她如果像当年陈水扁那样公开高呼"台独",她就休想当选。台湾社会不想面临新的动荡,"台独"是死胡同,这已是一个不需再次证明的"定律"。

但民进党看来还是想在两岸问题上继续特立独行,从一些危险的"擦边球"中榨取短期政治利益。我们想在这里说,民进党在政治上操弄两岸议题的空间必将越收越窄,他们只要稍微抬起头看看亚太,就会知道自己正在多么可笑地瞎扑腾。

民进党在台湾政坛上发挥作用如果一定要以两岸关系倒退为代价,那么它决成不了台湾的"政治蓝筹股",它即使偶尔涨一涨,也将像烫手山芋一样,买来就得抛。因为它要裹挟台湾社会与身边的世界级超级力量对抗。这无异于它每向前走一步,都要给台湾2300万人民挖一个深坑。

国共合作作为国民党的正资产经历了考验,也必能经受未来风雨的洗礼。国民党去年九合一选举失利的根源不是两岸交流,它的原因只能到台湾这些年的经济社会政策中去找。无论国民党人还是民进党人,谁要看不懂这一点,那可真是不配再吃政治这碗饭。

(2015.05.05)

横比竖比今天的中国经济都非最难

改革开放以来中国经济一路上行，如今遭遇了明显的下行压力。这是个大问题吗？看来是的。但它是个"正常的"问题吗？同样是的。

中国经济在经历一个前所未有的"独特时期"，但纵观改革开放史，横看全球，这又是一个"普通的时期"。我们说它"普通"，是因为中国经济不断经历困难，哪一年过得都不容易。现在显然不是中国经济最近三十几年"最困难"的时期，与世界上其他主要经济体相比，我们更不是"最倒霉"的那一个。

还记得上世纪80年代后期"物价闯关"时的艰难和风险吗？还记得上世纪90年代国企改革时数以千万计职工下岗时的阵痛吗？本世纪前十年经济增速狂飙，但污染达到最高峰，食品安全和生产安全等重大责任事故频出，通货膨胀一再报警，那时候这个国家真的很好过吗？

回头看，我们常常忘记曾经走过的险境，记住的是不断累积的成果。现在遇到经济下行压力，一些人又觉得"受不了"了。他们相信这一次的困难"最严重"，"性质和以往不一样"。而事实上，这样的"危机感"在中国社会穿走了一次又一次，我们今天的"特殊沉重"一点也不特殊，它几乎伴随了这个国家改革开放的一路。

与世界横着一比，我们如果愁眉不展，尤其会令世界吃惊。因为中国直到今天是世界主要经济体增长最快的国家。我们自己的尺子是曾经有过的两位数增长，但这把尺子对世界来说几乎是"神界"的，它不太可能长存人间。

GDP总量已超过10万亿美元的国家全世界只有两个，即使7%左右这把尺子，对世界大多数国家来说仍属于"半人半仙"级别的。如果"更糟些"，经济增长回落到6%，中国每年也多创造一个欧洲中等国家的GDP。这样的增长率决不应是中国社会沮丧的理由。

中国做大了，"新常态"横亘在我们面前。这个国家的经济格局和经济体制都比以前复杂了，多重元素相互交织，塑造出一些我们不太熟悉的倾向。我们既兴奋，又难免困惑。把新环境搞清也是一种挑战，各种理论和假说扑朔迷离，在甄别它们的同时，我们一定要牢记常识，把握住最基本的判断。

这些判断应当包括：眼下是新中国开国以来最强大的时候，而且我们的强大程度已经进入世界前列。市场经济已在中国扎根，当前是中国经济运行漏洞最少的时候。目前还是中国经济改革最活跃的时期之一，也是法治建设最认真的时候。中国的经济潜力仍很巨大，沿海地区与发达国家之间以及中西部与沿海地区之间的差距都蕴藏着大量经济机会。

中国最大的问题看来不是经济下行压力，而是围绕社会信心以及承受力产生的争议。我们永远都会遇到"严重问题"，但只要社会能够承受它们，我们的抗压力大于压力本身，再严重的问题都将被迈过。上世纪80年代和90年代的那些困难就是出于这些原因没能打倒我们。

中国社会今天的韧性没有理由比过去更小。一些人受到互联网众声喧哗表象的影响，低估了这种韧性，而误以为今天的中国社会"很脆弱"。

今天无疑是中国人自近代以来物质生活最充裕、幸福感来源也最多元和丰富的时期。中国井喷般涌现的国内外旅游大军、雨后春笋般在全国快速增加的电影屏幕，更不要说人们迅速改变的居住和交通条件等等，这些都在为社会承受力提供强大的支撑。

我们在经历转型期的困难，关于这一点丝毫不必回避。同时这些困难真的没什么了不起，这份信心大概不是有没有的问题，而是我们是否能看见它，不低估它。

（2015.05.05）

十八大以来两年半，中国变化几许

十八大过去两年半了，中国社会有了一些显而易见的变化。如果以普通百姓的眼睛看这些变化，它们都是些什么呢？

这些变化大体处于政府呼应百姓关切的范围。十八大之前，舆论抨击最多的是腐败、房价高企、环境污染、食品安全事故和重大生产安全事故等等。很多人对国家解决这些问题很悲观，认为中国在很长时间里可能"就这样了"。

这些问题很多至今都还存在，但这两年多里，它们是"死结"的印象被打破了。如果说今天的中国同十八大以前相比"有些不同了"，这是个基本线索。

反腐败带来的变化最强烈，这方面的现象已经比比皆是。对于中国未来的官场能够清廉到什么程度，以及那样的清廉能够多稳定，人们尚无概念。但腐败是可以治的，胆大的官员可以肆无忌惮贪污索贿、将公权力大张旗鼓私用的时代结束了，这一信念正逐渐在中国社会确立起来。

房价稳定住了，也没有出现断崖式下跌，相对的稳定和小区间波动符合大多数人的利益。希望房子能保值的人和希望今后能买得起房的人各有期待。

我们依然在骂雾霾，骂问题食品，但雾霾最严重的华北地区居民仔细想想，这两年雾霾出现的频次是不是在逐渐减少，有点像个趋势呢？还有我们最痛恨的另一类事情，即"有毒食品"事件，是不是也比前些年少了一些呢？食品安全仍是重大挑战，但是为牟利而故意制造问题食品的犯罪行为受到沉重打击，法律的震慑力在起作用。

前些年重大生产责任事故频出，动辄几十人遇难。不知是国家的制度杠杆硬了起来，还是因为煤炭生产走低，或者就是因为这两年的运气好，总之近来我们听到的这类悲剧明显少多了。

中国这两年最突出的消费现象之一是出国游火爆起来。在国内，高铁从备受指责转眼间崛起为沿线人们出行的主力交通工具，这对很多人的生活及工作偏好产生了影响。再有就是看电影的人群迅速膨胀，中国人的"消费层级"似乎在悄然上升。

中国像是在朝着更现代、更规矩的社会前行，一些令人鼓舞的趋势有的已清晰可见，有的正隐约形成。比如全面依法治国是浩瀚、庞大的使命，但它不再是个口号，而转化成中国社会的坚决实践，以及可信的愿景。

当然，今天也有了几年前不曾想到或者不突出的问题，比如一些官员懒政怠政，经济下行压力严峻等等，它们实际都反映了这个社会的深层次问题。但我们看到，中国的问题是"流动的"，你来我往，都非固化的"不治之症"。当一个问题被全社会深恶痛绝时，它决不可能不被触动，国家形成解决它的决心和力量都不可避免。

客观说，虽有上述诸多好的变化，但人们的不满意依然存在。回顾改革开放史，我们发现，几乎每一段时间中国社会都有各种牢骚。也许沧海桑田的变化感只存在于回忆中，现实中人们最通常的感受就是好变化来得还不够快，不够立竿见影。

一个时代的成功在于它能朝着未来方向积攒下高于历史平均水平的变化量，并且能处置好有可能干扰社会正常进程的各种情绪，尽可能减少前进途中的各种代价。

历史评价一个时代通常首先注重它可被量化的经济社会发展成果，但那个时代里知识分子的感觉如何，往往会发挥微妙的作用。因为他们的"嘴"厉害，能把自己群体的感受在相当程度上扩大成整个社会的意见，并向后世传播。

知识分子的这种能力会部分转化成他们所处时代的压力。因此知识分子保持客观性和真正的公益心，以全社会的利益为自己利益，对每一个时代都至关重要。

（2015.05.06）

男子暴打女司机的三层"匪夷所思"

成都一开车男子将在路上驾车"别"他的女司机逼停后拉出来暴打一顿，发酵成舆论事件。几乎所有评论此事的媒体、网络意见领袖都把批评重点放在打人男子身上，但大部分网络留言的态度与之相反，很多人斥女司机"该打"。新浪网的一项调查显示，超过74%的投票人认为被打女司机应"负主要责任"。

一位接受环球时报采访的学者表示：女司机如此变道匪夷所思，男司机因为这件事将其暴打更匪夷所思，网络留言支持男司机暴打女司机尤其匪夷所思。这三个"匪夷所思"说出了时下一些让人层层递进的痛心之处。

女司机那样开车，显然不对。中国的道路上每天都跑着一些"马路杀手"，他们变道不打灯，强行抢路超车，拒绝排队，毫无谦让意识。有些人是开车技术欠佳，或者因为道路不熟，还有些人就是车德太差，太过自私，把平日里做人的种种缺陷都毫无顾忌地展现到大马路上。

被打女司机属于什么情况，我们不得而知。尽管她被"人肉"出过去有违反交规的记录，但这些还不足以作为她当时是故意"别"他人车辆的证据。

退一步说，就算她是故意"别"人，就算她错得让所有人一旦遇到都会很气愤，但被"别"男子出如此重手对她狂殴，也是决不能被原谅的。它不仅在法律上须被追究，在道德上也应受到这个社会的断然谴责。该男子的行为被叫好，这是舆论场的畸形反应，它不可能是中国社会对待这件事的真正态度。

从视频上看，打人男子数次将女子打倒在地，并对其面部等用力拳打脚踢，出手极重。这个世界上没有任何理由可以允许一个男人这样痛打比他弱小很多的女子，除非这是一场你死我活、男人被迫行之的搏斗。而打人男子当时的目的仅仅是为了"出气"，是为了所谓的"教训她"。

打人男子突破了道德的底线，这种道德应与人类的天性同在。该男子当着妻儿的面对一名"有错"女子施暴，他当时没有耻辱感，反而可能认为自己在行保护家人之责。这决不仅仅是一个人脾气有多暴躁的问题，它对我们社会问题的呈现是多义而深刻的。

网络上出现对打人男子的喝彩及同情声，这是是非观扭曲的表现。我们注意到，发出这种声音者几乎没有网络名人，连有公开实名认证的人都很少。这说明社会的基本价值观并未失守，支持打人更像是在可以不负责任情况下的情绪释放。

即使在现实生活中，或许也会有很多人看了女司机"别"车的视频后说上一句"这人真是欠揍"，但这不意味着他们真的支持痛殴女司机的行为在他们面前发生。在事件现场，打人男子受到谴责并被阻止离开，逐渐围拢者的这些表现更接近中国社会的真实态度。

在这件事上，事件周围几十米的小方圆大概比互联网无边无际的空间更真切。然而毕竟新浪网上到昨晚有四万多人投票为打人男子辩护，还有人通过"人肉"女司机的以往过错，来证明她为什么"该打"。尽管这些人的数量可能很少，但对我们这个社会来说，他们还是太多了。

我们毫无为成都女司机"不雅驾车"开脱的意思。但如果舆论场形不成对施暴男子的强大谴责声，那么这个舆论场一定是出了"匪夷所思"的差错。

（2015.05.06）

不应对楼继伟清华发言过度引申

财政部长楼继伟4月24日参加清华经管学院的一个论坛时讲了一番话，在互联网上激起轩然大波，直到现在未能平息。我们认为有必要就此谈一些看法。

楼继伟发言的基本内容是，如果中国下大力气进行结构改革和调整，中期增长有可能达到6.5%–7%。同时中国面临着另一种前景，即"今后的五年十年，滑入中等收入陷阱的可能性非常大，我甚至觉得是五五开"。他总结道，"三中全会、四中全会确定下来的决定性任务，如果到2020年我们按时完成了，我认为是可以跨越中等收入陷阱的。"

楼继伟似乎表达了一些可被一些人理解成"悲观的"看法，但他的核心意思更像是想强调改革的重要性，让听他发言的人支持三中、四中全会确定的改革目标。

中国该如何改革，楼继伟提了5个方面，其中一个中心意思是要抑制工业化过程中人员成本的过快增长。比如他提出不要总有"战争思维"，可以增加粮食进口，解放更多农民生产力。他还对《劳动合同法》的"超前"而带来的负面效果提出异议。这些也引起了巨大争议。

楼继伟的这些谈话较"官方正式观点"似乎"比较放得开"，"个人色彩"较浓。问题首先涉及，他有着很难淡化的身份，他"个人想法"和"官方想法"之间的区别对一些人来说可能是模糊的。这种情况下，他作为清华校友和该校兼职教授，是否还可以在该校的特定范围内说一些这样的话，做些有学术意义的讨论呢？

中国官员总体上都很低调、谨慎，公众对一些官员的"照本宣科"

通常不喜欢。但实际上，舆论对官员"张开嘴巴"也相当不适应，这些日子很多楼继伟讲话的支持者和反对者都不是就经济谈经济，而像是把这件事"政论化"了。

平等对话和讨论对于形成改革共识有重要意义。如果官员也能参与围绕中国经济的学术讨论，显然会提高这种讨论的质量。但现实总有很多"复杂性"，官员谈话很容易引起比普通学者谈话多得多的联想和引申。不仅仅中国这样，在西方官员们说话也会受到有形和无形的限制，只是各国的程度不同罢了。

中国的这种实际限制看来比我们通常认为的大得多。我们过去往往只注意官方的"僵化"，以现在的情形，很难说舆论场和官方哪一边的"敏感"更多。总体上说，中国现在就重大问题"深入讨论"的环境很不成熟，争论的方向很容易从命题本身转移到说话者的"身份""背景"以及"目的""用心"上。

就这种局面发哀叹是没用的，需要有一些艰难的磨合对情况做出改变。楼在清华的发言流传到网上不过一周时间，其对推动改革的利弊效果尚有待观察。就今天这个时间点来说，也许不急于做结论，给事情留一些自我证明恰当与否的空间，是更合适的选择。

中国面临经济下行压力，社会保持信心十分重要。但什么是真正的信心，应当如何支持、维护它，也是值得探讨的。只说经济好的方面，对问题尽可能淡化、回避，这样做在互联网时代能不能有好结果，目前的支持性论据并不多。

改革开放时代需要有大量措施出台，但解放思想、让社会保持正当争论的活跃度至关重要。如果一个人的出发点是建设性的，对国家有宪法意义上的忠诚，他表达观点时本不应有太多忌讳，社会也应给他阐述"个人看法"的空间。当然职位越高，受的限制难免自然增多，但对大多数官员来说，这样的空间至少不应是零。

理想归理想，现实难免很不规整，经常暗流涌动。但社会的主张还是应当朝向更加理想的方向，而不应下力气在非理想的方向构筑据点，与一些改革开放的基础性铺垫发生冲突。

（2015.05.07）

警察执法时开枪，让法律评判对错

5月2日黑龙江庆安火车站发生一中年男子抗拒警察执法、警察开枪致该男子死亡事件。据新华社和一些媒体报道，该男子与执法警察发生冲突，有抢夺警械行为和其他激动表现，当时有他的老母和三个孩子在场。事情报道出来后，互联网上出现不少对死亡男子的同情之声，并称警察开枪涉嫌"过度执法"。一些人将之上纲为警察对百姓生命的不尊重，态度激烈。

由于后来有死亡男子系"上访户"的消息流出，还有报道说当地政府给了死亡男子家庭"10万元至30万元之间"的救助金，网上舆论对官方"不硬气"的质疑点越来越多。

当地检察机关表示已对此事开展调查，因为现场有视频监控，对事件做细节还原并不难。在当前倡导依法治国的大环境下，人们有理由为等待调查结果保持耐心。相信检察机关的调查结果会比各种猜测都严肃和权威。

国家推行民警配枪上岗巡逻的时间还不太长，从全国的效果来看，总体上不能不说是好的。其对社会治安起了震慑性保障，而由此引发的对枪支不正当使用极少出现。

但长期说来，民警在全国范围内对配枪的所有使用都百分百准确，是很难做到的。个别差错、包括在没有充分必要性时将嫌疑人击伤击毙的情况也是有可能发生的。这是个全世界的问题，众所周知，美国警察不断遭到涉嫌过度使用枪支击毙嫌疑人的诉讼，而且法律在多数情况下都做了支持警察执法的判决。

在调查无正式结果之前,断言庆安警察使用枪支"正当"或"过度",都难以服人。庆安警方以对开枪警察有利的角度向媒体描述当时的情形,这是可以理解的。部分舆论对这些说法持怀疑态度,应当说也符合我们这个特殊多元化时代的逻辑。

但这是一个孤立事件是显而易见的。有少数网上大V借此事挑动民粹主义情绪,把它描述成"官民对立"的一个缩影,这样做是极不负责任的表现。

基层政府大多比较"怕事",遇事往往希望能早些平息,力争"大事化小",为此有时宁愿用"模糊性"代替"原则"。这与互联网上的较真往往不匹配。比如庆安警方既展示了民警当时开枪的"正当性",当地官方又向死者家属提供了"救助金",还对死者孩子和母亲都做了死者生前所期望的救助安排,这很像是当地不想把事情"闹大"、能平息就早些平息它的"实用主义"。

然而现实是,远处的"互联网社会"一旦介入进来,会比涉事亲属的要求更加复杂。这要求基层每发生一件事,既要就地处理好,做到各方都接受,其公平公正的标准也要经得起全社会"审查"。从积极角度看,这是基层贯彻依法治国的压力和动力来源之一。

这件事在庆安小范围内或许比较"敏感",但只要实事求是依法处理,其在全社会范围内就是一起民警用枪是否得当的普通争议。一些大V的装腔作势和借题发挥很容易被破解,当事情的细节被原原本本公布并据此做出正式裁决后,那些泡沫将很快消散。

基层的"怕事"经常使一些本来清楚的事情变得多一层神秘和敏感,解决这个问题对改善官方形象具有全局性意义。

(2015.05.07)

搞胜利日庆典的俄罗斯不会孤独

解放军出现在莫斯科红场"5·9"胜利日庆典的彩排上,引起中国公众的巨大兴趣。习近平主席将出席莫斯科的反法西斯战争胜利70周年阅兵活动,9月3日北京也将举行盛大阅兵,今年是充满纪念色彩的年份。

纪念就是纪念,莫斯科的"5·9"阅兵是从苏联时期延续至今的传统,逢5逢10的大纪念,俄还会邀请众多外国领导人莅临,西方的国家元首多有出席。然而今年,西方领导人把是否出席红场阅兵式搞成了地缘政治博弈,他们想用自己的缺席展示对俄罗斯的孤立,这很让人遗憾。

搞地缘政治,机会和平台有的是,干嘛非要毁了纪念二战胜利这一为数极少的世界性共同价值领地呢?当年大家一起打过法西斯,俄罗斯人的牺牲是那场战争胜利的决定性因素之一,莫斯科的纪念活动蜚声全球,已成全人类的一份精神财产。西方应当有胸怀把"5·9"纪念活动与现实政治区分开来。

西方习惯于动辄搞"抵制",这来源于西方精英们把他们的价值观看成人类文明的范本,把西方定义成国际社会本身。仿佛西方支持一件事,它就是"正义"和"圆满"的。西方反对一件事,这件事的发起者就陷入了"孤立"。

俄罗斯与西方掉入冷战结束后最严重的关系危机中,但它举办"5·9"70周年庆典这件事时决不是"孤立"的。西方领导人"一同缺席"的做法挺让人反感的,他们想以此传达的意思不适合在这个特殊时间点上张扬,我们觉得人类还是应当把二战反法西斯胜利70年大庆的日子过好了,其他所有议题的推进都不缺这一两天。

现代人类的不同群体之间哪有那么多深仇大恨，通过拉阵营强化对立不是对 21 世纪负责任的做派。二战时期人类流了那么多血，最大的教训就是少数国家和民族曾以为有值得打破和平去追求的"高尚目标"。和平和沟通弥足珍贵，谁也不要逼人太急，将自己的利益放在凌驾于他国利益的压倒性位置上。

"5·9"胜利日原本是个世界范围的"握手节"和"沟通节"，现在西方要把它搞成"地缘政治斗争日"，这挺没意思的，中国社会毫无兴趣跟着它们起哄。

有人说，西俄关系紧张，这对中国正好，"5·9"胜利日是西俄互斗，中国收获外交利益的大好机会。尽管从地缘政治学角度来看这种说法挺像回事的，但中国社会还真不像某些西方精英那样小肚鸡肠。毫不造作地说，中国人挺愿意看到俄罗斯这个节日能过得热闹和开心，我们很希望除了解放军方队，红场上还有世界很多国家军队的方队走过，这个时候地缘政治在我们心中没有位置。

世界有这么多分裂，这么多或明或暗的较劲，连个节日都被搞得如此复杂，挺让人不舒服的。尽管如此，我们还是相信整个人类在进步，尖锐的摩擦和冲突有多多，和解的愿望和机会几乎就有多多，后者的存在量是人类有史以来最大最普遍的。保持一份信心和乐观对每一个国家和民族都很重要。

（2015.05.08）

污蔑解放军的港中大学生会好不自重

百名驻港解放军官兵原定今天参观香港中文大学，开展相关讲座和球赛活动，并与校长餐叙。然而该校学生会出来反对，发声明抨击校方"向中共政权献媚"。声明还攻击解放军在"八九风波"中的作用，一些人威胁将在活动现场高举"八九"照片和反对标语。港中大校方前天表示鉴于部分人对活动有误会而无法达到活动原意，经与解放军协商后决定延迟举行该活动。

港中大学生会发出了极其刺耳的声音，如宣称解放军是"甘愿成为中国爪牙的国家机器"，解放军参观大学"象征政权打压院校自主"等等。而驻港部队此前至少与包括港大在内的7所香港大专院校联谊，从未有抗议发生。

港中大学生会以敌视的态度对待驻港部队，这很让内地人惊讶。他们的这一态度与国家宪法和香港基本法的精神都是对立的，这是一种荒唐、不知天高地厚的表现。

这件事让人看到香港教育存在深刻的问题，部分青年学生被灌输了某些反国家且歇斯底里的东西。他们因被洗脑而走到了时代的对立面，这对香港的未来是一种危险，对学生们自己也非常有害。

香港是中国的一部分，它的主权和管治权都在18年前回到中国，全世界所有大国都接受了这一事实。少数香港年轻人近年来却拒绝承认自己是中国人，搞"逢中必反"的把戏，他们都不知道自己的所作所为有多可笑。

少数香港学生对给八九政治风波搞"平反"十分热衷，有机会就彰显一下这种姿态。这帮小青年很多在那个年代还没生出来，他们对那个事件的了解完全是通过西方和极端者的描述得来的。他们根本不知道，当年参加广场活动的内地青年学生早已成长起来，汇入到后来中国高速发展的滚滚洪流中。后者绝大多数都是今天的坚定爱国者，阅历丰富，思想健全，他们已对当年的事情形成了集体性反思，完全用不着香港一些二十啷当岁的小青年为他们那代人经历的事情搞所谓"平反"。

解放军是中华人民共和国武装力量，也是人民子弟兵，它在中国境内的地位既是宪法赋予的，也是解放军自身历史塑造的。我们觉得港中大学生会在这支军队面前首先还是要谦逊些，这个世界上有很多需要他们虚心学习的东西，他们不应将自己视为可以挑战这个13亿人口大国任何价值、原则和道德的力量。

港英时期的香港人是挨过不少英国军警打的，解放军驻扎香港18年从未介入香港事务，与香港市民的所有接触都是友好联谊，未主动挑起任何冲突。但少数香港年轻人近年向解放军挑衅，发生了擅闯军营行动，港中大学生会现在又对解放军恶语相加，这种动向决非显示了闹事者的自尊，而是他们价值混乱、思想偏执且短视的表现。

年轻人是要逐渐成长的，每个人成熟后都会回头看青年时代的一些做法，产生别样的认识。我们相信，对解放军有严重不恭和冒犯行为的香港学生未来回首往事时，大多数人都会因此而了解到自己当年幼稚和"犯浑"的程度。如果他们没有因年轻时的胡来而遭遇人生曲折，他们应为生活在一个宽容的时代而庆幸。

（2015.05.08）

降息 0.25%，中国工具箱才刚打开

中国人民银行决定自 2015 年 5 月 11 日起下调人民币存贷款基准利率 0.25 个百分点，并将金融机构存款利率浮动区间的上限由存款基准利率的 1.3 倍调整为 1.5 倍。这是中国政府决心进一步促进实体经济活跃的明确信号。

中国经济正面临持续的下行压力，政府有所行动是当下社会信心最重要的来源。政府高官一再表示，国家宏观调控的篮子里尚有很多工具，那么把它们一一使出来，现在正是时候。

有专家测算，降息 0.25 个百分点，银行间市场加上项目配套，意味着大约 1 万亿以上资金的实际释放。由于人民币利率仍处于相对高位，今后仍有继续降息的空间，仅此一项就可能为经济运行不断注入活力。

2001 年至 2003 年，美联储曾连续 13 次降息。而眼下的降息是人民币本轮降息的第三次，这一对比让人看到中国宏观调控的工具箱实际上刚刚打开。

除此之外，这个工具箱里还有存款准备金率、庞大的外汇储备、存贷比等，最后还有国有股和国有土地、税收等可参与调节。如果经济下行压力被确定为这个国家的"头号敌人"，我们将它击退的能力是充裕的。

问题是中国不仅要经济增长，还要不断扩大、巩固调结构的成果。我们走在改革的路上，对发展的理解在一轮一轮地刷新。

降息将直接促进房地产市场的稳定，也会增加股市的信心。仅以房地产为例，这几年人们对它的反思都已沉淀下来，不可能被抹去，它未来的方向不是对旧有繁荣的简单"复辟"，而是在更高水平上的企稳。

中国经济这些年形成螺旋式上升的大格局，经济下行压力的实际社会含义与我们如果10年前遇到它肯定是不一样的。为刺激经济活跃央行实施降息，经济各个领域乃至普通民众都大多能够采取相应的配合性行动，全社会形成以货币及财政政策为杠杆的弹性体系，这样的体系不大可能被某个具体困难逼成死结。

绝大多数经济学家都认为中国仍有很大的发展潜力，问题在于如何通过市场的方式将这些潜力释放出来。每一个经济体都有自己的释放障碍，认为中国的这类障碍比其他经济体更多的说法很可能是夸张的。过去几十年的情况无法验证这种说法，中国银行降息为整个经济体系带来的回响也大体是正常的。在改革的帮助下，中国的市场化程度应能跟得上释放这个国家经济潜力的需要。

中国本轮"稳增长"一直没采取"四万亿"那样的强刺激，国家把它分散成了不断推出的各种财政和货币政策工具，使刺激不再集中到狭窄的方向上，而是扩散、渗透到经济的全领域。这是重要的机制性进步，其意义十分深远。

很多人相信2015年央行将继续降息，财政政策也将继续朝着有利于实体经济的方向变得积极。这方面今年头几个月的调整大多都被舆论提前预期到了，差别只是准确度的问题。这种契合反映出官民为应对经济下行压力开展的互动是顺畅的。

没有人能夺走中国经济的潜力，我们的体制为开发这些潜力正不断优化，这种优化的速度在紧紧咬住社会的期待和需求。因此我们认为，中国经济没有理由因一些具体困难而消沉下去。我们大概需要两种警惕，一是警惕问题自身的危害，二是警惕自己面对困难时陷入迷茫，自己吓唬自己。

（2015.05.11）

结伴不结盟，中俄关系应让西方开眼

中俄在地中海举行的联合军事演习昨天正式启动。此次由俄方牵头组织的联合军演共聚集9艘水面舰艇，主要课题是维护远海航行的安全。莫斯科胜利日大阅兵刚刚落幕，中俄走近备受关注。地中海的演习延续了世界舆论对中俄关系的聚焦，一些很不靠谱的评论在西方媒体里跃然纸上。

伦敦的《每日电讯报》说出了"俄中轴心再次成为西方和平繁荣国际关系愿景主要威胁"的极端话语，从中俄的角度看，这种评论背后的心态十分奇怪。中俄反复表示"结伴不结盟"，除了心智有问题者，西方人都应该听懂了。

中俄成为战略伙伴是这个时代的大势所趋，但它有别于美日同盟等当今世界的所有军事同盟，也是一目了然的。西方应当扪心自问是不是对中俄做了什么重要的亏心事，以至于它们看到中俄走近就如此不安。

中俄"结伴"符合两国的战略利益，它不仅推动了两国经济合作，还同时增加了中俄各自的安全感，有助于维护世界力量的平衡。但是中俄战略合作对两国复兴都构不成充分的外部环境条件，两国都不愿意因为"得到了对方"，而"失去了世界"。

此外中俄不具备结成盟国的一些基本条件。两个国家的文化特性差距很大，中国是亚洲国家，俄罗斯则是欧亚特性，而且是欧洲特性比较强的国家。中俄是完全平等的两个大国，不是美日那样的"主仆关系"，平等而差异很大的两个国家除非面临生死抉择，很难结盟。

中俄双方在地缘上相邻，历史告诉我们，两大强邻难免有一些自然的戒备，结盟不如结伴。中苏当年结过盟，但那次结盟的教训同后来两国敌对的教训一样深刻。纵观始于上世纪50年代北京莫斯科关系的风风雨雨，中国人真心认为今天的中俄关系是"两国历史上最好的关系"。我们相信俄罗斯人大概有同样的认识。

对中俄关系的复杂议论在两国内部也有。1991年俄罗斯就选择了西方式制度，虽然实际运行时权力中心比较突出，但制度上已经西化。中国已经市场化多年，社会也有多元意见。在中俄各自国内都能听到主张警惕对方的声音，构成了围绕中俄战略伙伴关系又一层舆论上的复杂性。

但必须指出，支持中俄全面战略协作伙伴关系是两国十分强大的主流意见，一些来自历史深处的担忧和以西方为源头的幻想根本动摇不了两国关系的稳定。自中俄关系正常化后，历代中俄领导人都高度重视发展两国关系，这超越了领导人的个人偏好和政治理念，也超越了两国各种局部和临时性利益带来的影响。

西方的国际关系学十分发达，但我们不能不说，过度自信和自我中心感限制了西方精英的视野，他们现在应该抬起头来好好看看世界了。

中俄的"结伴不结盟"打破了西方对大国关系的传统认识，是让西方人开眼的21世纪大国关系。以美国为中心的各种同盟正在这个时代变味发霉，一些西方人闻惯了那种臭气，不知道国际关系中还有清新存在。但我们希望，他们的这种政治嗅觉能够恢复。

（2015.05.12）

迫使女司机道歉，舆论的奇怪"胜利"

成都"别车"女司机遭暴打事件昨天有了新进展。被打女司机卢琴发表公开致歉信，就自己"行车中的鲁莽和不理智"道歉。她表示"认识到错误"，包括"违章驾驶、开斗气车"等。她同时恳求对她及其家人施以人肉搜索等网络暴力的人"到此为止"，表示自己已经"付出了惨痛的代价"。

女司机的最新声明比较契合互联网上的"危机公关"规律，而在此前她及家人的愤怒表态是老百姓缺少应对经验情况下的典型反应。这一家人觉得自己是受害者的事实非常清楚，他们不相信舆论会莫名其妙地支持施暴者。有人猜测，女司机的致歉信或许受到有互联网舆论经验者的指点。

女司机违章驾车显然"有错在先"，但她的错误是否应招致一位男子对她进行几乎是"往死里打"的狂殴，舆论分成截然对立的两种意见。一种观点认为，这个世界根本就不存在男人可以如此暴打一名女子的理由，无论该女子犯了什么错，对她进行如此施暴都是不可原谅的。但同时有大量网上声音主张这名女司机"该打"，后一种声音甚至在很多网上社区成为占上风的意见。

一些人怀疑为暴打女司机叫好的网上舆论"不够真实"，认为它对中国社会多数人的态度不具有代表性。理由之一是，网上大V几乎没什么人公开支持这种观点，喊"打得好"的人更多是匿名者，和少量被认证但不知名的人。

然而持续多日的舆论面貌显示，发出这种声音的不是一个小群体，这些声音的背后是一些逻辑虽未必清楚，但强烈程度却相当高的情绪。有舆情专家对环球时报说，舆论攻击的目标有偶然性，但舆论背后的情绪聚集却有必然性，这就是互联网。

专家分析说，参与声讨女司机的人可能有着不同的原因，其中会有相当一部分人是出于"从众"。这时候是非标准、因果关系都会变得模糊不清，基于理性的辩论因此而无法进行。专家还指出，不仅这件事是这样，其他围绕焦点事件的网上争论也大多"沦陷"了。因为大家不是看一个人说的是否合理，而是先看他以前说过什么，跟自己是不是一拨的。几乎所有网上活跃人士都有显著的标签，网上争论往往成为"标签之间的大战"。

因此剖析网上意见和情绪不能遵从普通逻辑，而要以特有的"互联网情商"把握网上激烈情绪乃至戾气的来龙去脉。越是表面上看"有些奇怪的"情绪聚集，越值得主流社会予以重视，因为它们本身或许"不合理"，但往往在一些逻辑中断的地方隐藏着这些情绪的出处。

一个应由交通法规予以处理的女司机遭到令人触目惊心的暴打，然后她向谴责她的公众求饶，恳请舆论放过自己。而打人者却受到更多同情。这无论如何在道德和伦理上都像是一种"突破"。也许我们不应仅仅抱怨舆论场上"出了问题"，还是让我们把更多精力用于反思吧：为什么那么多"网民"会选择为如此明显的暴力行为呐喊助威？

（2015.05.12）

兰普顿对中美关系的悲观值得重视

美国国务卿约翰·克里本周末访华的消息昨天正式公布，中美双方将就新一轮战略与经济对话以及习近平访美等事宜进行沟通。在中俄关系刚有过耀眼的呈现后，北京与华盛顿构筑互信的努力进入人们的视野。

然而中美关系或许不像这些日程所显示的那么令人鼓舞。美国霍普金斯大学著名学者兰普顿几天前的一个讲话引起中美战略学界的密集注意。兰普顿认为，尽管美中关系也有一些进展，但是整体上正在朝着一个不可取的方向发展。

他说："不幸的是，自从2010年左右开始，情况发生了急剧的变化。美中关系的临界点正在接近。我们各自的恐惧比关系正常化以来的任何时候都更接近于超越我们对双边关系寄予的希望。我们正在看到对以积极为主的美中关系的一些关键的根本性支持受到侵蚀。"

多名接受《环球时报》采访的学者认为，兰普顿对中美关系的悲观描述值得重视。

中美关系作为一个超级庞大的复杂系统，其近来的动向大概很难用"改善"或者"恶化"这样的简单词汇来概括。一些学者相信，中美关系围绕传统摩擦的"硬伤"诸如对台军售、人权这一类并未增加，但新涌现的第三方因素导致的"软伤"诸如南海问题等迅速增多。"软伤"未直接对中美关系的态势造成波动，但影响双方的战略心理，严重侵蚀战略互信。

他们指出，前些年中美虽有台海危机的严重困扰，但两国社会对中美"不可能开战"的信心相当坚实。现在的情况在微妙变化，尽管两国发生军事冲突的实际可能性没有增加,但双方都有人在认真思考这样一个问题:我们确实不想打仗,但现在看起来似乎必须为一旦发生的冲突进行准备。

中美开展更加有效的战略沟通十分必要。比如中国对美日加强军事同盟以及美国在亚太的其他军事部署疑虑很重。反过来,美国对中国在东海和南海的一些姿态也常常往"最坏的"方面想。美国常说它在西太平洋的布局"不针对中国",中国则强调我们做的事都是中国主权范围内的权利,而且是其他国家都做过的。中美的解释都说服不了对方,双方或许有必要把各自的战略意图做进一步阐述。

中美这些年积累了大量管控危机的渠道和经验,它们有效降低了中美发生摩擦的频率,这些正面资源转化成两国互信质的提升需要一个条件,那就是中美对战略利益交织的亚太地区要有一个共同的愿景。那样的愿景要给中国成长留足空间,彻底接受中国崛起,同时要确保美国国家力量与其对世界领导力之间的关系不受到中国崛起的致命冲击。

近来有美国学者提到美国应尊重中国增加军费的权利,同时希望中国军费有一个所占美国军费比例的"上限"。还有人探讨美国不应追求在第一岛链内的军事优势,这些话题都挺新鲜,毕竟,在美国围着中国海岸线不断搞抵近侦察的时候,让中国人"信任美国"实在是无稽之谈。

中国在未来很长时间里仍将是中美之间较弱的一方,中国发展经济以及解决国内问题的任务十分繁重,不可能将全面挑战美国定为国家目标,中国对美战略心态将长期是防御性的。美国如果现在就感受到紧迫的"中国威胁",无论有多少具体原因,总体上都很荒谬。它说明美国对国家安全的要求太过分甚至霸道,它很大程度上在"庸人自扰"。

"退一步海阔天空"是中国的一句古训,中华社会对它的主张是不问境遇顺利与否的。美国人也应当学习、接受这一观念,避免进攻性思维的过度放纵。

(2015.05.13)

庆安副县长该撤，但基层政权不应输

黑龙江庆安县副县长董国生12日被宣布停职，处罚原因是他存在户籍年龄、学历造假及妻子"吃空饷"等问题。本月初在庆安火车站，一中年男子因涉嫌对抗执法被民警开枪击毙，董国生在事发第二天代表官方看望受伤民警，肯定了他"在负伤情况下坚持与歹徒搏斗的行为"。董因此成为部分网民的攻击目标，遭到"人肉"，他的个人问题逐渐曝光。

网上对董被停职一片欢呼声。12日的相关消息说，被击毙者的家属已经拒绝之前的调解方案，多名外地赶来的律师站到他们的身后，帮助重新整理向官方提出的要求。

同在12日，庆安县一名检察官实名举报该县检察长"违规使用公车"，以及该县公安局一名副局长被举报涉嫌在一起交通事故中"玩忽职守"的事情在网络上走热，庆安县有面临"全面揭盖子"的迹象。这再次证明了，当全国的网络力量集中对付一个小地方涉官的争议事件时，基层政府很容易被"攻破"，或出现连锁反应。

中国社会的权利意识在迅速觉醒，这一表现在互联网上尤其突出。经过这些年的锤炼，中国高层管理机构的表现应当说越来越敏锐，逐渐适应了网络舆论的"挑剔"，应对能力渐趋匹配。但在基层，能力的缺陷相当普遍，而且基层面对事情时，往往不像高层有回旋空间，因此常以"大事化小"为第一目标。但很多小地方的"实际"一旦被网上舆论盯上，很难过得了关。

庆安县从一开始就肯定警察开枪的正当性，但据媒体披露又给被击毙者20万元"补偿金"，类似明显矛盾的做法过去在基层常有平息事态的"实际功效"。但网上舆论扣它一顶"不依法治国"的帽子，是有道理的。

法治建设需要一个过程，基层人才的培养就是不可绕过的浩大工程之一。而且法治的能力包括官民两个层面，各地基层都是一个有机整体，官民的相关能力往往是"统一的"和"互为条件的"，这种情况下也许很难要求一方单独向前走得很远。

出了事情后，那名副县长去看望受伤警察，显然是职务行为，他说的话基本属于这种场景下的一般性说法。但是他和该县都没意识到这件事的高度敏感性和巨大舆论风险，他们没有面对全国性网上力量拷问的任何思想准备。

因此他们一开始"想说什么说什么"，之后又吓得几乎"一句话都不敢说"。这个小县的警察机关和政府不仅自己一败涂地，还牵连了全国基层警方和政府的形象。

实际上，调查警察开枪是否正当是件很复杂的事，需要比普通人所认为的多得多的时间。看看美国出现这种争议时，调查往往一"拖"几个月甚至几年，就明白了。舆论一直质问为什么不公开车站的视频，而据了解，由于冲突双方不断移动位置，场景由多个不同位置的摄像头记录，如何整理并公布这些视频，存在巨大编辑空间，很容易引起额外争论。

也许我们还是应当相信官方正在进行中调查的严肃性，有推进依法治国的大环境，有舆论的强大压力，全面调查导致不准确结果的可能性，一定会大大小于各方具体利益相关者描述事件与事实存在差距的可能性。

那名副县长个人品行不过硬而落马，这是他的个人悲剧。但如果把他的代价当成对基层官员职务行为的报复，形成对他们的"恐吓"，这不符合全社会的利益。就像无论整个事件的最终结果是什么，都不应让全国基层警察今后该开枪时也不敢开枪一样，舆论应当从这件事中剥离出此归此、彼归彼的层次。

所有有错者都应承担相应责任，但基层政权不应成为输家。这就是我们对庆安警察开枪事件得到最终公正处理并引起各方反思的期待。

（2015.05.13）

美军若在南海挑衅中国必遭坚决反制

《华尔街日报》援引美国官员的话称,美国军方正考虑动用飞机和军舰,对中国正在南沙群岛扩建的岛屿采取激进行动,包括命令海军侦察机飞越这些岛屿上空,以及派遣美国军舰驶入距离这些岛礁12海里以内的水域。报道说,这一计划正在等待白宫的批准。

西方媒体在评述这一消息时,都意识到美国一旦这样做可能对南海地区稳定造成严重冲击,并将中美推向对抗。它们的这一嗅觉是靠谱的。

中国扩建岛礁的行动不仅发生在南海"九段线"之内,而且都是在中国现在实际控制的岛礁上进行的。菲越之前都在它们控制的岛礁上搞过人工建筑物,有些仍在继续,中国的岛礁建设在法理上挑不出一点毛病。

美国认为中国将把扩建后的岛礁用于军事以便控制南海,这只是华盛顿以己度人的猜测,中国已经表示岛屿建成后将用于和平目的,一旦发生台风等自然灾害时,它们将向包括美国在内的各国过往船只提供避风等人道主义服务。

美国如果采取《华尔街日报》所指的那些行动,将是对中国主权赤裸裸的侵犯,中国被迫采取强有力的反制是必须发生的举措。事情发展下去有可能将导致中美在南海的摊牌。

中国珍惜南海地区的和平与稳定,因为这符合中国作为域内最大国家的根本利益。中国与菲越等国虽有领土纠纷,但中国一直致力于不让这些纠纷成为这一地区的地缘主题,而是不断用发展的共同利益冲淡它们,为通过谈判解决问题创造条件。迄今为止,南海领土纠纷没有在声索国之间引发爆炸性冲突的迹象。

如果美国军机和军舰对中国控制的岛屿采取冒险行动,它们将成为南海局势下一步的真正危险源。鉴于中美双方在南海投入军事力量的能力都很庞大,南海或将因美军的挑衅而成为全世界 NO.1 的危险地区。

华盛顿如果以为它的军机军舰可以对中国控制的南沙岛屿"想做什么就做什么",中国政府和军队将忍气吞声,对它们采取避让态度,那就太天真了。事情不可能形成这样的局面。美国让中国多难受,它自己就会多难受。它让中国承受多大风险,它自己就会承担同样大的风险。要知道中国毕竟是大国,而且是核大国,南海就在中国大陆的边上,这里不是美国军队可以尽情撒泼的地方。

如果双方在南海进入军事对峙,美国军力的质量优势将被中国的数量优势及地理接近的优势抵消掉。双方的决心和意志也将发生对决,由于中国是在捍卫领土主权,美国是在谋求海洋霸权,是在挑衅中国,中国的牺牲精神决不会输给美国的贪婪,在双方进入漫长的战略消耗之后,美国不会有压倒中国的任何希望。

中美一旦在南海发生对抗,整个地区必将大乱,没有一家会是赢家,菲越也将是输家,东盟必将深受其害。久而久之,菲越及东盟的态度都将发生变化,美国将失去地区内个别国家对它采取冒险行动的支持及配合。

我们还是劝华盛顿在做出有可能颠覆中美关系以及亚太和平大局的决定前三思。中国没想挑战美国,不愿与美对抗,但如果美国一定要对中国的领土主权发出尖锐挑战,就是另一回事了。

(2015.05.14)

王健林的市场宣示但愿西媒听得懂

万达董事长王健林近日接受《新京报》采访,围绕公众关心的问题做了长篇回答。由于今年以来王健林先后摘得"中国首富"和"亚洲首富"头衔,舆论对他本人和其家人,以及对万达公司的关注不断攀升。个别有影响力的外媒以咄咄逼人的姿态解读王和万达的崛起,暗示是"与中国高层的关系起了决定性作用"。

王健林没有在最新专访中回应西媒的解读。他长期以来一直公开申明万达"亲近政府,远离政治"的信条,他在专访中强调,"这句话的核心就是要走市场,搞自己的商业模式"。他表示,自己的人生梦想就是"在世界上创造一个样子,成为让世界敬佩的企业"。

万达的标志性产业是遍布中国各地的万达广场,到目前共有109座,今明两年还将分别开业26座和50座。它们从一二线城市向三四线城市推进,从单独门店发展成综合商业地产,并继续向"万达城"升级。中国的商业地产模式近年发展迅速,但万达的规模和人气似乎最突出。万达借了中国城镇化的势,同时反过来成为促进城镇化的一股动力。

除此之外,万达同中国的"全国化"(对应"全球化")也形成了推动和被推动的关系。这或许是万达获超级成功的真正秘诀。

万达广场不断向二三四线城市推进,把新的消费理念带向全国,也把青年人和中产阶层非常看重的文化和时尚元素推广开来。万达在中国经济快速起飞的时代起到消费升级和文化引领的作用,打破了地域之间的隔阂,这为公司的主导性产业在全国遍地开花创造了条件。

中国有很多城市在人口数量上达到几十万级甚至上百万级,在世界上算得上是大城市了，但是它们却处在时尚文化的边缘地带。这对青年一代是很深刻的缺陷。对年轻人来说，这些城市"有点土"，生活在那里有"落伍感"，这种差距也是他们对社会"不平等感"的来源之一。

万达带着一线城市的时尚文化标准进入三四线城市，不仅形成了消费的号召力，而且带来了更多的满足感。它树立了很多城市的标志性建筑群，而且做了虽然隐约、但很重要的填补。对很多二三四线城市的人来说，走进万达既是物质消费，也隐含了融入中国主流的精神感受。

中国最成功的公司不仅要有能力释放社会已有的商业活力，还需诱导释放基层社会向往美好未来的更多愿望，参与社会建设。阿里巴巴如此，万达又何尝不是这样。一些人以为万达只是盖房子多一些，电影屏幕多一些，这就像有人认为阿里只是聚拢的商家多一些一样，都是把事情看得过于简单了。

王健林在接受采访时坦言，搞房地产"不理政府未免太假了"。而实际上，在哪个国家、哪个行业做到首富的规模能"不理政府"呢？我们知道，美国总统出访，也总要带上全美最有影响的那些商业领袖。政府和企业不能搞政商勾结来为企业图利，但两者可以实现良性互动、共同促进社会提升，这是全世界的通例。

中国公众应当支持本国有社会责任的民营企业，鼓励它们树立更大的雄心，参与全球竞争。华为、阿里、万达、腾讯等等都已成为中国的名片，它们如能走向全球商业之巅，将是整个中华民族的骄傲。曾有美国人说："对通用公司有利，就是对美国有利"。这种话或许有些绝对，但它所展示的思维方式很值得我们思考和玩味。

（2015.05.14）

用中国的两手对付美国的两手

美国国务院和国防部官员星期三参加国会参院听证会时，把对中国强硬的声调拨到新的高度。他们表示克里将在本周末的访华中表达美国维护南海"航行自由"的意志，让中国"毫无疑义"。为此美国将在南海地区维持"最强大、最醒目的存在"，以"确保美方能够做出必要的行动"。

在前一天，美国《华尔街日报》透露五角大楼正在制定派军机军舰直接闯中国南海岛礁领海领空的计划。

美国对华强硬的一面正越来越清晰地凸显出来，南海有可能成为中美较量的爆发点，看来现在到了中国对在该地区应对最坏情况做认真准备的时候。

美国之前一直通过语言攻势和挑拨、操纵菲越就南海问题向中国施压，总体来说那还属于间接干预。如果美军不再是来示威，而是直接闯中国控制岛礁的空域和12海里海域，性质就完全不一样了。中国政府和军队如果不做出反应，将意味着中国南海政策的坍塌。

五角大楼欲在南海采取激进行动，不意味着中美关系从此山穷水尽。美国的鹰派不接受中国崛起，但美国社会与日益强大中国的交往继续朝着纵深迈进，美国的对华关系存在明显的两张面孔。

中国也需要构筑两张面孔，准备出两手。两国的战略关系需要继续发展，交流与合作可以尽情发挥。与此同时，中国对美严厉的一面也必须建立起来。中国对美采取防守态势，但这种防守应是豁得出去的。美军如果在中国近海打破与中国军队"打交道"的现状，朝着挑衅中国的方向迈步、加码，中国军队就应坚决对其做出反制，对此我们也要让华盛顿"毫无疑义"。

中美军队有可能在南海发生某个时刻的对峙，甚至更严重的情况。如果避免这种情况的发生只是中国一方的愿望，那将是很糟糕的。中国必须努力让美国同时具有这样的愿望，而这很可能不是中国通过对美国讲理就能做到的。

在中国继续发展的路上，维持中美合作的局面必须以中国能在美对华冒险时让其付出相应代价为条件。如果美国一定要在南海验证中国的这种能力，那么中国就应毫不含糊地将这种能力展示给美国看。。

什么"航行自由"，中国对南海真正的航行自由从来就没反对过。但美国军机如果非要飞越中国岛礁的上空，其军舰非要进入中国岛礁的12海里海域，那么我们相信中国军队将证明，美国的这种强盗式行为选错了地点和对象。

中美和平共处看来是需要用软硬两手共同争取的，单一的示好和单一的强硬都不可能达成中美之间的战略稳定。这或许是中国做大国必须学习的一课。

（2015.05.15）

莫迪访华，中印掌声起西方冷水泼

印度总理莫迪14日从西安开始了直至16日的中国之行，习近平主席亲往这座古城，并在那里举行两国领导人的会晤。西安还为莫迪举行了盛大的唐代欢迎仪式，这一切都是中国给予这位印度领导人的特殊礼遇。

龙象共舞再次吸引了世界，但西方舆论浇过来的却是一桶又一桶的冷水。它们不约而同谈论中印关系"表面华丽下的真正困难"，宣扬中印无论搞多少合作，都注定要回到边界纠纷的原点。

看得出，很多西方精英不愿意看到中印走近，因为这种前景与他们对亚洲未来的设想是冲突的。中国崛起至今被一些西方人看成"意外"，如今印度崛起也渐成声势，中印这两大崛起未来相互消耗，还是彼此保持善意，甚至相互借力、促进，这对西方地缘政治利益有着截然不同的意义。

中印能否排除西方干扰，坚持从两国的根本利益出发把握双边关系，将是一项长期的考验。

中印关系出现波动的理由很多，两国边界虽然已近三十年未响一枪，但要想制造两国舆论的对立，从这条存在大面积争议区的边界每天都能找出或者编出点材料。个别不抓眼球不甘心的印度媒体似乎真的就在这样做。

而实际上，中印边界问题一时虽难解决，但两国社会已对这个问题的存在形成了适应性。人们希望它能解决，但也了解这个问题的难度，必须迅速以己方占尽上风的方式解决它并非两国任何一方的实际期待。

中印应在没解决边界问题的情况下发展友好合作关系，这样的思考和主张逐渐成为两国各自社会的主流意见。

中印仍互信不足，导致对对方行为的战略疑虑经常出现在媒体上。比如印度舆论经常怀疑中国与南亚其他国家发展关系是在"包围"印度，而中国舆论对印度与美日走近及与南海个别国家发展关系保持着警觉。

中印都应跳出"围棋思维"，在那样的思维中，中印怎么看怎么像在相互包围，两国各自的周边国家都像是可能被对方用来包围自己的潜在棋子。一旦这样，中印就无法在地区内放手开展合作，两国都会变得高度神经质，猜忌乃至敌意的来源会无穷无尽。

中印是相互为邻的两大力量，两国的发展潜力都处在世界最高级别，对两国竞争做展望是国际关系颇为新鲜的领域，这使得悲观描述中印关系的人总能滔滔不绝，还显得挺有学问。

然而这样的两大力量成为战略伙伴不易，但做对手实际更难。随着中印各自国力不断攀升，两国交恶将惊天动地，成为整个亚洲的不可承受之重。看两国边界谈判搞了18轮，仍无重大进展，挺难的。但如果两国重新在边界兵戎相见，两国社会的痛苦将比现在要严重千百倍。

中印的根本利益是和平、友好、合作，两国应当相互尊重和学习，而不是带着畸形的自尊相互较劲和轻视。两国都不应有靠拉山头、借外力压对方一头的任何幻想，中印有什么问题都必须在两国间认真解决，任何第三方所注入的力量在中印这个大系统中都属杯水车薪。

必须看到，中印社会对发展两国友好合作的愿望都是强烈的，两国舆论场上针对对方的激进声音有些是就事论事的临时发泄，有些是民粹主义的调味品，或者是国际关系领域形式陈旧的"八股文"。它们有自己的"消费"市场，但去也很快，像一阵风，注定不会在历史长河中留下更深的痕迹。

莫迪来访是继习近平访印之后对中印关系的又一次鼓劲。这样的鼓劲值得两国社会报以掌声，并且积极跟进。

（2015.05.15）

克里访华没出"对中国施压"的猛料

美国国务卿约翰·克里在刚刚过去的周末访问中国，习近平主席和李克强总理都会见了他，中美双方应当说实现了一次深度沟通。

中国官方新闻机构报道了习近平主席会见克里时的谈话。这些谈话显示了中国领导人的视野和战略高度，对如何看待处理两国分歧同构建中美新型大国关系之间的联系，也有重要启发意义。中国人重战略大局，这对战术上的坚持和灵活性构成了根本指导。

美国媒体大多抱怨克里此行没能促成中国在南海岛礁建设问题上的让步。在克里访华之前，美方释放了一连串对华强硬的信号。五角大楼放风有可能向正在扩建的中国南海岛礁派出军舰和军机，闯它们的空域和12海里海域。美官员还表示克里将向中国重申南海航行自由权，让中国"毫无疑义"。

然而这些在双方各自做的新闻通报中都没怎么提及。双方公之于众的谈话洋溢出积极的调子。克里在接受中国媒体采访时还表示"欢迎中国成为世界第一大经济体"，并强调认为美国反对亚投行是一种"误读"。

一些人相信，如果中美双方在闭门会议中谈了更多，克里在北京收到中方重视中美关系信号的同时，显然也更加清楚了中国不会在主权问题上做让步的坚定态度。美方对其一旦在南海直接挑衅将会遭到中国的坚决反制，大概也比过去更加"毫无疑义"了。

多数中国的战略研究者认为，中美关系当下仍可用"总体上稳定"来概括。两国并未掉入相互展示强硬姿态的螺旋下坠通道，用互说狠话测试对方意志并不合时宜。南海只是中美关系庞大内容的一小部分，两国都不想把有着广泛共同利益并且不断收获好处的这对大国关系搞砸。

中美下月将举行战略与经济对话，9月份习近平主席将对美做国事访问，接下来的中美关系有很多利好和动力，它们将对南海等问题的负面牵制产生抵消效应。

近来美国学界和商界泛起一些找中国茬、撺掇政府对华强硬的情绪。一些人希望政府通过施压迫使中国在从南海政策到营商环境做出一系列让步，这些主张一部分出于对中国崛起的泛泛担心，一部分出于为在中国获得更多商业利益的考虑。

美国媒体经常说这个国家的精英"在对中国失去耐心"，它们在发希望能被中国当真并影响中国做出改变的牢骚。

然而中国在成熟起来，北京非常重视让中美关系保持基本的健康发展，促使它走向新型大国关系。与此同时，中国对保护自己的核心利益表现出认真和坚决的态度，在维护中美关系平衡方面，中国更熟练也更自信了。

因此不存在美国高官来中国单方面展示强硬态度的可能性。无论谦和还是强硬，它们能从中方获得的回应都是可以预见的。中美互动的规则不由华盛顿单方面来定，美国舆论应在这方面采取现实主义的态度。

克里访华进行得"按部就班"，没出什么可供媒体高调炒作的"猛料"，这本身构成了重要信息。中美关系很难被一个局部的情况主导，大量信息和倾向在这个超级框架里相互对冲，让乐观和悲观都难以是彻底、绝对的。南海问题从根本上说不是中美之间的问题，其演变的逻辑主要由中国与那些直接当事国的互动来界定，美国的影响力是有限的。

（2015.05.18）

广安"保路"群体事件应能避免

四川广安市邻水县部分群众星期六走上街头，要求设计中的达渝城际铁路经过该县，示威者打出"百万邻水人民也要发展"等口号。网上传播的视频显示，一些情绪激动的群众与防暴警察发生了冲突，传闻称有人因此受伤甚至死亡，但官方没有证实这些消息。

据报道，达渝城际铁路存在东西线两套设计方案，东线方案经过邻水县，西线方案经过广安区。这两个行政区都隶属广安市，该市发改委日前通过互联网表示，他们支持经过广安区的西线方案，这一表态成为邻水县群众"保路运动"的导火索。

铁路与中国的地域发展和民众利益有着不容忽视的关系，通过以往一个世纪的实际情况，中国人大多看明白了这一点。铁路是大量机会的象征，通铁路被当成拿到未来的某种承诺。一个县是否通铁路，是其综合潜力的重要指标，如果高铁或动车能够穿越一个县的县境，它对该县的潜在价值是难以估量的。

在公众权利意识快速觉醒的时代，像达渝城际铁路穿越邻水县还是广安区这样的安排争议，的确涉及了两地民众的重大利益。最简单的例证是，两地民众房产的价值将受直接影响，他们强烈希望铁路穿越本地辖区，这种心情可以理解。

近些年来，湖南邵阳和娄底、河南新野和邓州先后发生激烈争夺高铁过境或设站的事件。往更远看，因各种原因围绕铁路发生的激烈运动在整个中国近代史上产生了回响。

广安市一时解决不了辖区内两个行政区的争执，说明了处理涉铁路地域性民众利益的敏感性。中国各地近年或是出现针对PX化工项目的邻避效应，或是爆发争抢高铁的街头表达，"好事""坏事"的处理都受到挑战，并颇有蔓延之势。

解决这些问题光靠"教育民众"恐难奏效，警力能起一些作用，但收服不了人心。根本出路大概还要从决策的方式和过程中去找。

比如达渝城际铁路究竟经过邻水还是广安，当两地都有强烈要求时，应当有一个广为服众的决策机制推出来，把两地的所有相关要素都考虑进去，进行甄别对比，最终由一个权威、有代表性的专家群体做出决策。

面对尖锐利益之争，只有科学民主的决策原则才能是强势的。其他任何强势都可能是一时和表面的。群众的压力在这几年曾迫使很多地方政府修改已经做出的决定，公众已经了解基层政府"怕事"的弱点，把上街抗议当成争取利益"一招制胜"的手段。

中国近年围绕利益发生的大型群体事件大多出在让人"意想不到"的地区。那些地方政府以往的决策能力较强，但长官意识也较突出，对民众诉求的反应不够及时。而恰是那些地区在迎来民众权利意识觉醒的新波次。

习惯于在有潜在争议问题上"为民做主"的基层官员要小心了。请这些官员尊重辖区民众的知情权、议事权，该麻烦做的事切莫简单做，这是决策一旦做出后遭遇反对时政府不做无原则妥协的基础。

"一闹就解决"以及"大闹大解决，小闹小解决"是依法治国的大忌，改变这种局面不是政府遇事时"强硬"就能做到的，最重要的是，政府届时要有广受社会支持的"不做妥协"的理由。

（2015.05.18）

西方质疑中拉大项目的调子太酸了

李克强总理于当地时间18日抵达巴西,开始对拉美四国的访问。这次访问将推动中拉经贸合作,促进人文交流,提升多个双边伙伴关系。其中最引人注目的是中巴届时将签署"两洋铁路"可行性研究合作文件,就启动这一研究做出安排。

"两洋铁路"是一条计划从巴西大西洋沿岸修建至秘鲁太平洋沿岸的铁路,总长约5000公里,由习近平主席去年访拉美时首次提出,中国、巴西、秘鲁三国政府就推进开展这一宏大的项目达成了共识。如果这条铁路有一天真能建成,南美大陆的交通面貌将得到改写,它会成为全球意义上的现代铁路建设奇迹。

"两洋铁路"的可行性研究尚待开启,一些美国和西方的精英人士已经坐不住了。他们对这条拟议中铁路的反对几乎是习惯性、不假思索的,支撑这种反对的背后心理大都是些摆不上台面的东西,因此它们经过了一些道德化的"装扮"。

不仅对中国可能参与建设的"两洋铁路",包括对中国公司已动工开掘的尼加拉瓜大运河,西方舆论都从"环保"的角度发动了一波又一波的质疑和攻击。环保似乎是永远都正确的理由,以它的名义即使扼杀了本该有的发展,搅局者也可以瞒天过海,继续唱他们的高调。

"两洋铁路"受到巴西和秘鲁政府的欢迎,两国社会也持大体积极的态度。当然拉美是多元化的,不同声音不可能是零。但那些激烈、传播也远的批评声大多发端于西方媒体,西方的精英们好像比巴西和秘鲁人对可能出现的"环境破坏"更着急。

然而美国人对拉美是其"后院"的实际坚持被普遍认为高于他们对拉美环境和生态的关注。对中国公司进入拉美开展重大合作，西方很多精英有抵触情绪。公开反对拉美同中国合作是站不住脚的，但西方的工具箱里有很多隐形的招数，比如通过操纵舆论，煽动一些当地人针对中拉合作项目闹事，大大增加这些项目的立项和建设成本等等。

中国是作为平等伙伴与拉美国家开展合作的，因而不可能存在当年西方殖民者曾经有过的强势。有西方舆论搅动，加上当地竞争激烈的政党政治，中拉大型合作将面临某些不确定性是可以预期的。

李克强总理此访将会促成中巴秘三国对"两洋铁路"建设的再确认，增强三国社会对在西方舆论干扰下开启这一历史性合作的信心。

拉美各国社会一定要从自己的利益出发，审视它们同中国开展广泛合作的利弊关系。中国的进入成为外部在拉美开展合作竞争的一个重要条件，这将会增加拉美在全球经济中的地位。中国向非洲的投资显然带动了西方对非洲市场的再审视，那块大陆因中国带来的变化而受益。

拉美大概还不曾见过中国这样大手笔并且高度尊重当地利益和感受的战略伙伴。中国以寻求多赢的诚恳态度来到这里，我们既不想"掠夺"拉美，也不想"挖美国的墙脚"。反过来，我们认为中国也不应受到法律和贸易规则之外的排斥。

拉美和中国同属发展中社会，我们都需要发展，也都需要在经济社会进步的种种指标之间寻求平衡。中拉经济的互补性很强，合作空间巨大，只要我们不被来自外部的价值观和利益观主导，保持思想方法上的独立和自主能力，中拉合作就一定能前景广阔，硕果丰富。

（2015.05.19）

律师南宁被打，庆安数千里外躺枪

一位名叫谢阳的律师被报道于18日凌晨时分在广西南宁一建材市场遭围殴致伤，一条腿骨折。据报道，谢阳是庆安火车站案件死者的代理律师之一，他当时正与合作律师在南宁因另一代理案件取证，包括随行人员共7人受伤。作案人员据称多达"20多人"。

殴打律师并致身体伤害是违法行为，必须予以谴责。人们希望南宁警方能够尽快侦破此案，严厉打击威胁法律工作者人身安全的恶劣行径。

然而一些媒体在报道律师南宁被打事件时，用了"庆安枪击案死者代理律师遭20多人围殴"这样的标题，很值得商榷。律师被打和庆安火车站案地理上相隔遥远，受害律师虽参与了庆安案的代理，但他在被打地从事的是另一起业务，他遭围殴与庆安火车站案有联系的可能性通常来说是很小的，至少要远远小于媒体标题让人一眼看去所产生的印象。

不知道做这种标题的媒体编辑仅仅是为了吸引眼球，还是对庆安火车站案的处理不满，故意要做律师在南宁被打与他代理庆安火车站案"有联系"的暗示。这样报道的实际效果是，南宁新案引来了关注，其中至少有部分关注者产生了"官方报复律师"的怀疑。

媒体以这种方式报道律师被打，突出他身上与其他案件相关的"敏感元素"，而淡化南宁案件的自身情节，这有悖于新闻的专业主义，在职业道德层面也令人困惑。

庆安火车站案的主要情节和因果关系已经得到还原，一名警察在当时情况下可否对袭警者开枪，从法律层面裁定这个问题的材料已经充足。一些律师和媒体人仍在提出种种"疑问"，但它们基本都已与上述核心问题无关，或者成为理想主义的假设和在这种假设基础上的"道德诘问"，或者是对被击毙者在火车站袭警之前的非理性表现提出"为什么"。

必须指出，这样的追问可以无穷无尽延续下去，要多少有多少。在当前的舆论环境下，再多的回答都不会被所有人认为是"足够的"，回答了新疑问，更新的就会生出来。而庆安火车站案终究要结案，国家公安和司法系统还有更多的公众利益需要去保卫。

但现在的确有一些人就是想把庆安案当成舆论甚至政治消费，变着法给它添枝加叶，扩大它与当下社会复杂性的交割面。南宁出了殴打律师案，它的挂钩一下子被从中国的最南端甩到最北端，一些力量在这样有意为之，还有一些人因为热衷起哄，帮着壮了前一拨少数人的声势。

中国一些本应很严肃、专业的领域如今渗入了些民粹主义的元素，律师业似乎未能幸免。一些律师声称甘愿为法治建设献身，但他们"为法死磕"的具体做法又总是在消解法律在基层社会的权威。比如庆安火车站这件事，一些律师的表现形同激进的舆论领袖，他们的较真方向与基层法治建设的当务之急南辕北辙。

舆论场上这段时间不断有人为各种暴力叫好，这一次也有叫好声针对殴打律师。所有这些叫好都是非理性的。法律高于一切，这个国家正致力于把这个原则推向社会生活的方方面面，对普通人来说，支持依法治国不能只是句空话，我们不妨就从尊重事实和反对任何非法暴力开始做起。

（2015.05.19）

澳拒美部署 B-1 轰炸机须是真的

澳大利亚总理阿博特 15 日表示,美国助理国防部长施大伟日前所说美将在澳部署包括 B-1 轰炸机在内的更多空军装备是"口误",他说美澳之间没有这样的计划。

施大伟是上星期在参院关于南海问题的听证会上声言美空军攻击力量将进澳大利亚的。很多人对这样一位高级官员能有如此"口误"感到怀疑。有中国分析人士认为,美澳很可能就 B-1 轰炸机和侦察机向达尔文基地部署进行过商讨,但也许尚未作出最后决定,或者澳军方同意了,不过未形成政治决策。总之美国对推动此事可能比较积极,澳方则是犹豫的。

中国是澳大利亚的第一大贸易伙伴,这在一定程度上决定了澳同中国关系的性质。如果澳不想偏离基于重大共同利益的中澳关系基本轨道,它就不应在帮助美国威慑中国的路上走得太远,尤其是不能把自己变成美军可以起飞战略轰炸机干预南海争端的基地。

堪培拉看来并不缺少这方面的警惕。澳是美盟国,又想在经济上融入亚太,与中国成为牢固的商业伙伴,它被认为在中美之间"拿捏平衡"。

一旦矛头指向南海的美国进攻性武器部署到澳大利亚,所谓"平衡"将不复存在,澳大利亚将失去在中美之间的"居中地位",它将"日本化",成为被美国完全操纵而毫无独立性的一枚棋子。澳将成为美在亚太地区针对中国的又一军事前哨,它必将承受由此而导致的战略安全后果。无论对澳大利亚的经济利益,还是对它的国家安全,美国远程轰炸机带来的都将是破坏性影响。

如果澳大利亚成为美国针对南海攻击性的支点，从长远看，为此而发生的战略反制必将对澳造成殃及。这是澳舆论界的普遍担心。澳大利亚人希望保持与美国的军事关系，但不想陷得太深，尤其不愿意被迫卷入大国关系恶化将导致的"军事上的最坏情况"。

中国从未对澳大利亚的安全构成过威胁，迄今为止中国对澳的主要国家目标一直扮演着积极角色。澳不处于亚太纠纷的核心区，把自己主动变成风险骤增的地缘政治焦点除非不得已而为之，没事找事通常不是澳大利亚这种实力规模国家的理性选择。

一旦让自己可以被用来对第三方发动战略攻击，这对澳所意味的潜在风险几乎"不言而喻"。澳大利亚决非"美军和美国武器部署越多越安全"，一旦过了线，澳大利亚只能是做得越多，代价越大。

南海本来挺和平的，领土争议军事化的风险程度很低，现在美军的动向成了对区域稳定最突出的挑战。无论谁做美国激进政策的支持方和配合者，都既不利于整个地区，也是在给自身安全增设变数。

中美关系并非围绕着南海问题旋转，很多人相信中美至今合作的动力仍大于相反因素的累积。这时候如果有哪支力量主动做中美之间问题的催化剂，它自身成为牺牲品的可能性将大大高于中美交恶的几率。

中国与澳大利亚的相互了解会受到很多外部因素的影响，两国应当为互信提供较为宽裕的环境，而不能让负面的东西挤占太多空间，指望对方对自己的理解"一点就透"。澳大利亚不能成为美国远程攻击力量的战略落脚点，现在不能，今后也不能。这是中国人对澳方严肃的期待，这里没有"理解万岁"的余地。

（2015.05.20）

日本投 1000 亿与亚投行斗，难

日媒称日本计划在今后 5 年投资大约 1000 亿美元，用于支持亚洲地区的基础设施建设，日本首相安倍晋三将在 21 日公布这一计划。日媒认为，日本此举意在与倡议设立亚投行的中国展开主导权之争，遏制中国影响力的快速增长。

中国学者听到这个消息后的第一反应大多是：如果日本遵循正常的投资规则向亚洲基建花这笔钱，将是一件挺好的事，对中国没什么负面影响。问题在于，如果日本把这些投资当成"地缘政治基金"来用，中国去哪它去哪，缠住中国或亚投行看中的项目，恶意竞争压价，就可能成为麻烦。

但即使在最糟糕的情况下，中国及亚投行不会被日本的竞争逼上"独木桥"，这首先是因为亚洲需要的基础建设资金是万亿美元规模的天文数字，日本即使想用那 1000 亿处处与中国或亚投行"狭路相逢"，也做不到。

亚投行的注册资金虽然也是 1000 亿美元，但如果它采取优惠贷款或贴息支持的方式运作，至少可以带动上万亿美元的投资项目，而且创始成员国已经有 57 个。日本要与中国较劲，面对的却是一个大集团，日本咄咄逼人将损害的不仅仅是中国利益。

安倍政府以近乎偏执的狂热与中国竞争，制造出日本有能力阻挠中国崛起的幻象，这将对日本形成持久的资源和心理消耗。中日实力规模逐渐拉开差距，10 年之内中国 GDP 总量将达到日本的 3 倍以上，那将大约是 2000 年时中国大陆与台湾经济总量之间的差距。台湾对大陆搞银弹外交，开始时雄心勃勃，逐渐力不从心，这样的一幕会慢慢在中日之间再现。

中国不会把注意力集中在与日本的竞争上,也不会接招,同日本打消耗战。中国有句话叫做"你打你的,我打我的",我们发起创办亚投行既非针对日本,也非针对美国,那是中国根据自身和亚洲需求所做的顺时应势之举,它因水到渠成而举重若轻。日本如果为了对付中国而拿出1000亿,恐怕就完全不同了。

日本虽然有在亚洲搞投资和援助的经验,但如果目标设置错了,它依然会在亚洲迷路。日本今天的势与中国已不可同日而语,其投资能力用于它们通常对应的目标,没有问题,一旦要用它们"压制中国影响力",日本累吐血也难如愿。

根据调查,不喜欢中国的日本人比例远远大于不喜欢日本的中国人,而中国并没做对日本造成实际损害的事,近代以来中日的每次全面冲突中,日本都是举世公认的加害者。日本人"恨中国"超过了中国人的"恨日本",这无论如何都是"搞错了"。

日本右翼搅乱了日本社会的心绪,日本对华外交的出发点就是扭曲的,其对华关系的偏差在有些领域已经大得惊人,像是彻底被情绪主导,严重背离了它自身的长远利益。

中国人赴日旅游人数不降反升,这是中国社会真实胸怀的写照。我们不再视日本为自己的主要对手,而是有意愿同它改善关系,或者彼此相安无事。日本总想同中国争夺在亚洲的主导权,中国人反过来毫无这方面的兴趣。我们不喜欢"主导权"这个词,同日本竞争"主导权"在我们看来尤其像是伪命题。

(2015.05.20)

期待天津大学就"间谍案"及时发声

美国司法机关以"钓鱼"方式诱捕天津大学教授张浩,同时宣布通缉其他5名包括高科技人员在内的中国人。美方指控他们涉嫌犯有"经济间谍罪",声称张浩及另一名天大教授庞慰盗取了他们曾经供职的美国公司的敏感技术。此案在留美中国学生和美高科技公司的华裔、尤其是中国籍雇员中引起强烈反响。

据美媒报道,张浩和庞慰都曾在美国留学,读至博士学位,后又分别在不同的美国公司里工作。他们于2009年辞去在美职位,回国担任天津大学教授,并与天大成立了一家合资企业,从事薄膜体声波谐振器(FBAR)技术研究。美方指控他们将原公司可用于军事目的的FBAR技术带回了中国,属于"间谍行为"。

张庞二人显然没有意识到自己"严重触犯"了美国法律。他们与天大的合资公司是公开的,美方"钓鱼"邀张浩赴美开国际学术会议,张毫无防范,刚下飞机就遭到联邦调查局逮捕。

美国的法律体系十分复杂,而"间谍"有着全球的统一标准,那就是行为的隐蔽性。张庞等人从辞职到回国组建公司所做的一切都没有偷偷摸摸,他们即使陷入官司,正常情况下也应是知识产权纠纷,怎么能突然就成了"间谍"?

美国是全球技术创新的中心,大批外国留学生赴美求学以及在美短期工作实践,目的就是学习美国的先进技术,并将它们有朝一日应用到祖国的发展中。必须指出,这是个互利的过程,美国吸引了全球人才,他们的贡献巩固了美国作为世界最大科研中心的地位。同时这些人也促进了现代科学技术的传播。

如果美国要抓张浩这样的"间谍",不知道一年能抓出多少。正因为这一显而易见的道理,美国"钓鱼"逮捕张浩令很多华人学者和工程师感到困惑。他们不禁担心,美国当局也许会滥用间谍罪名,谁能保证今后中国学者收到的美方开会邀请函不是"钓鱼"手段?

此外,以后中国学生还能去美国学习"敏感技术"吗?他们毕业并且在美国公司短期工作过之后,还能回中国发展吗?他们岂不随时都会成为 FBI 诱捕的目标!

美国近年揪出的"中国间谍"越来越多,他们的罪名在多数情况下都很勉强。去年 10 月 FBI 以涉嫌间谍罪逮捕雪莉·陈女士事件轰动一时,该女士出生在中国,早已成为美国公民,为美国气象局服务多年,很多人认为她被当成"间谍"就因为她长着华人的一张脸。陈女士在饱受困扰数月后被宣布取消所有指控,这是美国近年大量"中国间谍"冤案中较新的一起。

美国对中国的警惕似已风声鹤唳,从李文和开始 FBI 不断错抓"中国间谍",这种规模性犯错甚至也不能引起美国主流社会的反思,这既是美国国家路线的明显缺陷,也是美人权领域的严重悲哀。

美国历史上针对日本裔、俄裔美国公民和侨民都出现过因疑心而产生的迫害,"间谍罪"是被美国滥用最多的罪名。我们强烈希望,在美华人不会因为中国崛起而重蹈日裔、俄裔的覆辙。

我们同时希望中国政府和有关机构对美国涉华人间谍案做出及时、必要的反应。像张浩这起案子,天津大学方面应当迅速发声,这个时候沉默是万万要不得的。

如果抓"中国间谍"成为美对华博弈的一项经常性策略,中方就应做出系统性回应,为使美方在这方面采取克制态度对其施压。中美关系十分复杂,中方或许不得不多预备几手。

(2015.05.21)

马英九是台湾政治乱象的牺牲品

5月20日是马英九就职台湾"总统"7周年，马以"七年奋斗，台湾出头"为题发表演说，但他面临的舆论环境仍挺糟糕。民进党和绿营报以尖刻的嘲讽和倒彩，蓝营也不全是捧场的，马英九任期还剩1年，最新民调对他很不利。

马英九被普遍认为是"理想主义者"，工作很努力，时刻注意不沾贪腐，但他在台湾的"现世报"却不怎么的。台湾政坛批评他的人很多，他不断掉入一个又一个政治漩涡中难以自拔。他上台时的一些"优点"如今被当成了"短处"，关于他"不够老辣"，"太讲规矩"，"书生气浓"等等的抱怨相当流行。

马英九显然是台湾特殊政治环境的牺牲品，他的领导力和适应性匹配不了台湾政坛的高度复杂，关于这一点大概毋庸置疑。疑问是：台湾是否存在有能力驾驭这种政治爆炸的人物和力量呢？回答还真未必是肯定和乐观的。

马英九显然"生不逢时"，一上任就赶上了全球金融危机，他所提出的"633"计划（每年经济成长率平均超过6%、失业率降至3%之下，2016年人均GDP超过3万美元）泡汤了，这给他的任职造成沉重打击。举望世界，很多经济体的成绩单几乎"比着难看"，然而马英九能在台湾政治恶斗的情况下获得舆论同情的可能性是零。

马英九还是做了些事的，其最突出的成就就是开辟了两岸和平互动的新时期，这是对台湾方向性的扭转，使台湾不再为与亚太大势对抗而自我消耗。如果说在金融危机时期台经济难以独善其身的话，调整战略方向却是可为的，马英九成功做了后一件事。

很多岛外观察人士相信，马英九的在位表现经过一段时间的历史沉淀后，将站得住脚，或者至少不像现在台湾舆论骂的那样一团漆黑。如果说"旁观者清"是有道理的，那么当下的台湾舆论大概是"当局者迷"的不错例子。

马英九当然有不少失误，包括经济上和政治上。现在很难说清的是，7年来岛内舆论对他有这么大的评价落差，他个人的原因和台湾民粹主义的任性哪一项对此所做的"贡献"更大。

有人称现在更像是"舆论治台"，"名嘴治台"，民粹主义成为台湾政治的"第一指挥棒"。这种时候政治力量和人物在台湾只能追求"短线效应"，不可能施展长远打算，不提供立竿见影好处的改革毫无成功可能性，未来的台湾几乎只能靠"撞大运"。

和陈水扁那8年比起来，马英九至少实现了两岸直航，带动了陆客对台湾旅游市场的大规模补充，两岸交流前所未有活跃，台湾不再有被"边缘化"之虞。陈水扁干了什么正事呢？除了他挑动两岸对立和岛内族群冲突的那些疯狂表现，以及贪腐，人们还能记得他为台湾经济社会发展有过什么实实在在的建树吗？

骂马英九至少有一部分是岛内政党政治使然，如果真像一些人预测的那样，民进党一年后重新上台，它能守住马英九时期的两岸关系成果吗？万一守不住，它能变出什么新的法宝来弥补、平衡呢？马英九的厄运就是给未来台湾执政者提前准备好的一根"凶签"。

与大陆保持良好关系是台湾的根本利益所在，恶化两岸关系是台湾的死路。这一观念能否不受争议地成为台湾超越选举政治的强大信条，将是台湾是否拥有了"良性民主"的试金石。

（2015.05.21）

对付美南海挑衅，你打你的我打我的

美国一架侦察机 20 日突然飞越中国正在开展建设的南海岛礁上空，遭到中国海军的 8 次警告。美派出的是侦察机种，飞行高度约为 4500 米，如果换为作战型机种的飞机，飞行高度进一步降低，挑衅的程度将更恶劣。

五角大楼安排 CNN 记者随这架侦察机飞行采访，并公布中方警告美机和岛礁建设的音视频，显然是想把中国建岛的事尽可能炒大，强调美不承认中国对在建岛礁的领土主张，向中国施加心理压力。

华盛顿在制造南海紧张和中美有可能直接摩擦的气氛。美方的军事实力更强，驾驭军事风险更有把握，因此对与中国出现局部军事紧张不那么在乎。

中国面临考验。我们如何反应将对今后中美在南海的博弈形势有重要影响。

国人既要有勇气，也需冷静。我们首先要清楚自己在南海要什么，坚定自己的目标。同时我们还要搞清美国想在这里得到什么。

北京并不想在南海同美国搞一场战略摊牌，华盛顿恐怕也没跟中国在这里摊牌的意思。中国的战略目标是要南海的和平与稳定，同时维护我国的领土主权和海洋权益。我们当前的目标是要扩建岛礁，确保工程的完成。而美国南海政策的战略目标是要牵制中国，维持它的海洋霸权和在东南亚的影响力。它当前的具体目标是要骚扰中国的扩岛建设，搅乱中国的计划。

中美各自的南海战略并非绝对的对抗关系，需要两国长期磨合，权衡对策。就当前的目标来说，中国人必须看到，主动权在我们手里。只要我们能够顺利完成扩岛建设，美国的这轮干预计划就将流产。

只要中国实现对南海岛礁的综合扩建，我们执行自己的南海政策就有了崭新的条件。中国将有机会证明这些岛屿对稳定南海局势的建设性作用，通过我们使用这些岛屿的方式打消外界的疑虑，向外界展示中国在各种纷争面前的克制。南沙地区很可能因为中国兴建岛礁而形成前所未有的航运安全、防灾救灾及渔业服务中心，如果真是那样的话，南海的氛围或有重大改观。

中国不会把南海的每一张牌都当军事牌来打，那不符合中国的利益，大力推动"一带一路"的中国决不会那样干。中国更需要能撬动整个地区和平解决纷争的现实主义的杠杆。

美国从挑唆菲越同中国对着干，到走上前台，派侦察机来挑衅，它的招数用得差不多了。观察家们相信，美国没有实际阻止中国扩建岛礁的理由和手段，它断不敢将外围骚扰升级为直接拦挡、破坏中国工程建设的行动。我们坚决把岛礁建设进行到底，就是对美国最强有力的回应，中国的这种定力足以让五角大楼的那些强硬分子抓狂。

对美国我们还是要采取"你打你的，我打我的"这一基本策略，我们就是要实现自己的计划，不被美方牵着鼻子走，看看谁能笑到最后。

如果美方将挑衅继续升级，中方除了对其发无线电警告之外，还可对其飞机做启动火控雷达、发曳光弹等逐渐升级的警告驱离措施。美方若非要搅乱南海的基本规则，受影响的决不仅是中国一方，菲律宾等控制的南沙岛礁同样会因此面临不确定性。

美国不能有"一手遮天"和"一手遮海"的野心，它的巴掌没那么大。有太极文化传统的中国有足够的智慧和能力在南海对付它的那几条舰船和各种军机。它想用几个小动作就吓唬住中国，未免太幼稚、轻狂了。

（2015.05.22）

中美南海军事冲突的可能性有多大

美国派侦察机于上周飞临中国正在扩建的南沙岛礁上空，遭到中国海军的反复警告。美表示今后可能派出力量进入这些岛礁的12海里范围，从而引起战略界和舆论界对中美可能在南海爆发军事冲突的担心。

那么这种军事冲突实际发生的可能性有多大，以及它们会在什么样的情况下发生呢？还有，一旦发生，它们的烈度会有多高呢？

首先要看到，随着美军从间接支持菲越到直接向中国在建岛礁发出挑衅，中美两军发生冲突的可能性的确比过去大了。两国在战略上无法释怀，美军在战术上逐渐制造两军摩擦的临界点，除非中国无限退让，否则这种趋势的结果将是危险的。

中国不可能无限退让。那么就要看中美将如何设置各自在此轮南海博弈的底线，以及双方是否能够清楚、尊重对方的底线。

中国最重要的底线显然是要把岛礁建设继续下去，直到它们完工。如果美国的底线就是中国必须停工，那么中美南海一战将无可避免，而且冲突的烈度会高于人们通常理解的"摩擦"。

此外中国还有一个底线，那就是美国要尊重中国在南海的领土主权和海洋权益。美国这方面有一条公开的底线，即美在南海享有"航行自由"。中美的这两条底线对应了各自的原则，但实际操作中双方有一定回旋余地。中美是否会因此而冲突起来，既取决于一些战略考虑，也会受战术上的临时性因素影响。

如果美军是想"骚扰"一下中国，向地区展示美国力量在南海的存在，并因不想真打起来而对自己的挑衅行为保持一定克制的话，那么中方的反制也会大体有所克制，双方酿成实际军事冲突的可能性就不大。

一旦美军有"教训"一下中国的狂妄企图，其挑衅行为带有公开的羞辱性，并且为达此目的已经有在南海"打一仗"的腹稿，将意味着冲突很难避免。中国军队将会为尊严而战。

可以看出，中国完成岛礁扩建的决心非常清晰、坚定。美方的战略目标是什么相对模糊。南海是保持和平还是发生战斗，责任主要在美国一方。

美国需要给和平崛起的中国一些空间，我们也要对美方面对中国崛起重大影响而产生的严重心理不适应予以照顾。只要双方都没有在南海走向摊牌的意愿，尤其是美方保持战略上起码的分寸感，局势的危险度就将是有限的。

在这种情况下，中美军机或军舰即使发生了摩擦，两国和两军也会将它作为"意外事件"来处理，各种应急机制将会启动，如果美军就是要为南海局势的无底线恶化制造事端，就像美在当年越战全面爆发之前炮制出"北部湾事件"那样，情况将另当别论。

中国现在最需要的是战略定力和坦然。我们不希望与美军事冲突，但如果这一冲突必须要来，我们就应接受它。在保持对美外交稳定性的同时，我们需要对"有可能"突发的中美南海冲突做认真准备。中方的这种准备既不应高调，也不应低调，要防止华盛顿形成中国很可能不惜代价对美避战的误判。

南海问题毕竟不是中美关系的全部，中美合作的广阔领域不可避免地会对五角大楼在南海冒进形成牵制。美军在南海看似嚣张，但其背后的政治和社会支持肯定没有中方对其反制时背后的支持强大、持久。想必美军上下对此是清楚的，中国人常说"纸老虎"，其实指的就是这种情况。

（2015.05.25）

公务员每一两年调工资是大众速度

国务院关于"完善机关事业单位工作人员工资制度"的改革措施近日公布,据报道,除要求今年6月底前各地工资调整一定要落实到位外,这项改革还提出下一步要建立公务员基本工资标准正常调整机制,原则上今后公务员基本工资标准将每年或每两年调整一次。

公务员调整工资是这两年舆论场最热门的话题之一,它的每次露头几乎都遭到网上铺天盖地的反对声。如今明确公务员每一两年就调一次工资,虽然怎么调没有明说,但"网喷"像例行公事一样及时赶到。

现实生活中人们对公务员加薪的反应很平静,对近年来一些公务员灰色收入被基本打掉是认同的,对给他们增加合法收入已有较充分思想准备。但互联网对这个问题的意见高度民粹化,它所呈现的态度是情绪化的,不太讲道理的。

网上有些"高调"严重脱离实际,比如要求先大幅裁减公务员,然后再涨薪,并反复拿一些想象当中的西方发达国家的"小政府"说事。越来越多的学者近年逐渐认识到,中国对公务员队伍进行"革命性压缩"根本不可能,这在中国的现实国情下就是个伪命题。

无论这一情况是如何形成的,中国民间对政府应当"全心全意为人民服务"的理解已经浪漫化,政府对于解决各种问题被赋予几乎是"全能"的角色。社区警察类似帮助一名老人寻找丢失钥匙的细致工作往往受到鼓励,社会对政府能帮助民众提高"幸福感"充满期待。各级地方政府都实际承担着"无底限"的责任,减少经济审批所能裁掉的冗员与大面积的人手不足完全不成比例。

另一个突出声音是要求先财产公开，再给公务员涨薪。中国党政领导干部的个人事项申报正在实质推进，财产申报体系的完善速度与反腐败的推进是相向而行的，正在发挥显著的制度效用。有人要求能够随时上网查询所有公职人员的财产情况，需要说明的是这在全世界几乎都不可能做到，绝大多数有这一制度的国家里，"财产公开"指的主要就是"财产申报"，重要的是做实申报的质量和核检的规范。

从近年的现实情况看，公务员收入在同等教育水平和职业能力相当者中间仍属相对较低，这已是中国现实社会的共识。这一事实和以此为基础的认识成为给中国公务员逐年正常加薪的基础。

公务员今后每一两年调薪，这是中国社会这些年机关事业单位之外相当普遍的调薪速度，企业职工退休金甚至创造了"十一年连增"的记录。此外东南沿海不断发生的"民工荒"验证了一个动向，这段时间里体力劳动者逐渐摆脱了薪酬博弈的被动地位。宣称公务员薪酬调整机会使他们成为整个社会的特殊调薪群体，这不符合国家的真实情形。

大量基层公务员也是普通劳动者，人们印象中的"官员"只是公务员中的一小部分。善待公务员与管好公务员一样，都是一个国家基本理性的重要指标。公务员队伍是这几十年改革开放的核心推动力量之一，他们的积极性和打拼热情也是国家活力的重要源泉。

互联网上反对公务员调薪的大规模意见聚集很难说就是中国社会真实民意的反映，至少它对这种意见强烈度的呈现是不太靠谱的。在这个问题上没必要完全对照互联网舆论的脸色，决策者们应当在这些反对声面前有所担当。

（2015.05.25）

救人质很不简单，智慧比强硬重要

西方媒体公布了据称是巴基斯坦塔利班组织提供的一段视频，一名中国男子在视频中说，他是被塔利班抓的人质，要求中国政府向塔交赎金，否则塔利班将会杀死他。有人辨认，视频中男子很像去年5月在巴基斯坦西北部普什图省骑单车旅游失踪的中国湖北27岁男子洪旭东。

上述视频及相关报道受到中国社会的关注。网上除了正常的关切，还出现一些情绪化言论，如要求中国政府派军队前往营救，或嘲讽中国在救人质问题上"软弱"等等。另有一些人强调不应冒险前往动荡地区旅游，认为被绑架者既让自己陷入险境，也给国家添了麻烦。

随着中国出境人员大幅增多，涉及中国人的国际绑架事件也有明显增加之势。每逢出这种事情，中国政府大多在媒体上保持低调姿态，这被认为是中方营救人质的一种策略。从实际结果看，中国人质最终被救出的比例很高。日韩每有人质被绑时，往往举国上下迸发大争论，但日韩都经历了人质惨遭斩首的轰动悲剧。

营救人质是对一个国家综合外交能力和智慧的考验。动荡地区势力绑架人质通常有两类目标，一是为了要赎金，二是提政治条件。对前一种情况，国际上普遍反对被绑人质所属国政府交付赎金，因为那会鼓励绑匪通过抓更多人质谋财。即使有的国家私下支付了赎金，一般也不会公开承认。对第二种情况，形成妥协的余地更小。

国际上发生的政治性人质事件大多是针对西方国家或它们盟友的。中国没有奉行霸道性外交政策，主张和平共处，而且原则上不干涉任何国家内部事务，因而没有在世界上各动荡地区树敌。目前看不到为政治原因直接向中国打人质牌的某种普遍性理由，即使偶然冒出抓中国人质的政治动机，它们也往往是曲折和间接的，比如寄希望于中国政府向与中国保持友好关系的当地政府力量施压等。

无论绑架中国人质是出于经济原因，是错抓，或者出于间接政治原因，中国在一些动荡地区为营救人质可以利用的资源往往要比西方国家的多。动荡地区各派力量的关系错综复杂，可以对绑架者施加影响的渠道在外界看来也大多神秘，如何激活那些渠道需要平时的积淀和临时的恰当行动。

营救人质决非国家在公开层面用力越猛、越有声势就效果越好，这样做很可能把事情搞砸。事实证明，日韩等社会在本国人质危机中的上下激烈表现无助于救出人质，它们都导致了悲剧性结果。不能不说，危急关头一些力量向公众呈现的突出姿态不是为了救人质，而是在消费人质所处的危险。看上去所有力量在比着关心人质，实际上是大家在通过各色的姿态呈现宣泄情绪或实现"免责"，是一种集体不负责任。

再有能力的政府也很难做到每一次都将人质安全救出，这当中最有说服力的指标是成功营救比例。中国人应当通过同胞在海外遭绑后最终脱险的高比例得出一个信念，那就是每遇有中国人质被绑，我们的视野之外都有这个国家的力量"在行动"。让我们为这些行动点赞，并祝中国人质平安，得以最终脱险。

（2015.05.26）

境外势力试图煽动八零后九零后

十几名自称是"八零后和九零后"的在美"中国留学生"日前联署了一封致国内青年学生的公开信,就八九政治风波发表充满"民运味"、像是被手把手教着写出来的极端观点。它以十分凶悍的语言攻击中国现政权,照抄海外一些势力的话语歪曲讲述 26 年前发生的事情。通常来说,中国大陆赴美留学生即使思想发生一些变化,也写不出如此赤裸裸攻击祖国的文稿。

这封公开信宣称八零后九零后受了"欺骗",到国外留学得以无限制上网,才了解了 1989 年的"真相"。众所周知,网络屏蔽阻止不了人们接近海外网站的敏感信息,并非真能对人们看什么和不看什么做完整设计。写信者像是在把个人的闭塞当成整个社会的闭塞来抱怨,如果这封信真是个别大陆留学生写的,只能说这些人恰是在国外被洗了脑,成了留学生中思想和感情都很偏执的少数异类。

当年天安门广场上的那批青年学生今天大约 50 岁上下,他们是最有权利就那件事发言的群体。当这个群体仍活跃在中国社会的时候,现在的青年学生如果对当年的事情感兴趣,首先要搞清楚那个当事群体如今的态度,尊重他们的集体认识,而不应越俎代庖,冒失甚至狂妄地充当他们的代言人。

当年卷入这件事的人不少,他们中的绝大多数人都在风波之后投身到中国继续改革开放的大潮中,成为时至今日中国各领域的中坚力量。他们是中国制度、路线的活跃承载者,是国家巨大成就的创造者。这些年他们一直与祖国同呼吸共命运,26 年来亲身经历了中国的变化,他们为中国崛起贡献了力量。

对年轻时参与的那场风波,他们中的大多数人经历了深刻反思,产生了与当年相反的看法。中国的进步、苏联的解体以及很多国家的乱象一点点塑造、积累了他们的新认识。这种转变的发生如细雨润物,十分扎实。实践是检验真理的唯一标准,上述转变恰恰经过了中国乃至世界多国实践的反复洗礼、检验。

风波之后流亡到西方的民运人士和多数留在国内发展的人比起来,是很小的一部分。海外那些人的立场也发生了分化,其中大部分人后来随遇而安,淡出政治。死守当年立场的又是少数中的极少数。他们获得境外各种敌视中国力量的资助,逐渐完全堕落成后者向中国发难的工具。这些人早已跟中国的历史进程脱节,他们已经不在祖国的利益链上,如今他们靠着与祖国作对在西方社会里安身立命,讨些残羹剩饭。

中国社会对不就八九政治风波继续争论、让那一页翻过去逐渐形成了共识。当年的参与者们对国家在之后的淡化处理方式也很理解,也给予了实际上的配合。淡化处理不意味着原有的定性和结论出现动摇,它是中国社会"向前看"哲学的一种选择。

境外敌对势力近年把突破的重点放在了八零后九零后等没有见证历史现场的年轻人身上,并把香港、台湾当做特殊阵地。因此一个奇怪的现象不断出现:当过去事件的见证者们仍有充分辨别力和行动力的时候,一些从未经历过事件的年轻非当事者站出来要为他们"伸张正义"。不能不说这很滑稽。

需要指出的是,中国社会今天已经站在新的平台上,它在往前走。总有一些人想把中国拉回到历史的各种旧账里,用历史撕裂今天,这既没有可能也没有意义。

(2015.05.26)

中国公布军事战略，透明而非恐吓

中国政府 26 日首次发布《中国的军事战略》白皮书。白皮书对海洋、太空、网络空间、核力量这四个重大安全领域做出阐述，提出了中国"海外利益攸关区"的概念，强调了海上军事斗争准备的意义等。这是中国发布的第九个国防白皮书，可以看成是中国军事透明努力的一个"常态化行动"。但它的发表遇到中美就南海问题开展立场博弈的敏感时刻，国内外的解读都充满了兴奋点。

军事战略拔得再高，谈的也是军事，而军事的面孔总是严厉的。中国舆论从白皮书中找出"最提气"的那些表述，西方媒体则拿着"中国威胁论"的放大镜审视这份白皮书，这样的解读对中国"战略"来说都有挂一漏万之嫌。

中国军事战略是国家整体战略的一部分，是后一战略的保护层和针对最坏情况的方案设计。了解中国军事战略既要细致全面，又很忌讳专门从中发现"细节"，以战术性关注代替真正的战略把握。

中国的国家战略就是走和平发展道路，在传统地缘政治观依然盛行的现实国际环境下实现和平崛起。中国的军事战略是要对这一国家目标提供强大保障，中国国家总战略的和平本质决定了军事战略的基本防御性。

白皮书采纳了近年常用的"积极防御"表述，这是因为中国高速发展，利益圈在全球范围内扩大，中国的防御内容不断增多，防御线被迫前移。这与进攻性战略有着本质不同，它们的区别很容易从历史经验中得到验证。

中国是军事上谨慎、克制的大国。它过去一直全面重陆轻海,"重视海洋"的呼吁在30年前就开始引导中国的对外开放,带动这个民族的思想解放,但它成为军事战略的主题之一却是近年的事。

军费增长在中国的国家预算中这几年虽较突出,但中国的军事能力至今没有超过确保世界第二大经济体安全的最低需求。世界老二是地缘政治最敏感的位置,这一点全球战略界都很清楚,对于中国的风险,西方分析家们有目共睹。

近海对世界第一大贸易国有多重要,这是个常识性的命题。美国保持着在中国近海的霸道,对中国任何加强安全的措施都予以抵制,这简直不像是一种严肃的战略态度,是成心找不痛快。

崛起大国都需要战略空间,中国同以往大国的不同之处在于,我们努力避免自己崛起会带来零和的排他效应,把"共赢"这个通常是项目合作层面的概念扩大成中国战略的基本精神。我们意识到,如果中国扩大战略空间意味着必然压缩其他国家和力量的空间,那么中国和平崛起就很可能进行不下去,大国冲突必将出现,因此共赢主义是中国必须实现的战略突破。

美国愿意同中国"共赢"吗?还有日本愿意吗?它们是否会以现实主义的态度理解"共赢"呢?这些都很重要。

中国仅仅在南沙几个岛礁上搞了点建设,工程在进行中,还无任何将它们用于排挤美国力量的证据,华盛顿立刻针对中国这一法理上无可挑剔的行为跳了起来,要把中国"压回去"。这件事发生在远离美国本土的中国近海,如果美国以这样的战略思维看管中国崛起过程,那么中美21世纪的摩擦注定将没完没了。

军事战略白皮书使中国更加透明,希望这有助于中美及中西之间的沟通,而不成为彼此误读新的来源。美日等国要尊重中国作为和平崛起大国的主要权利,这是它们不把中国所有正面信息都反着读的心理基础。

(2015.05.27)

章家敦又觍脸赌中国"最多撑一年"

被称为"中国崩溃论专家"的美籍华人律师兼作家章家敦又出声了,他 25 日在美《福布斯》网站刊文,宣称中国应对经济下行的措施如果成功了,"最多撑一年","如果失败了,那么几乎所有的经济灾难都会降临,或许到今年第四季度之前就会发生"。

章家敦现年 64 岁,2001 年出版了《中国即将崩溃》一书,一举成名。章曾在香港、上海的美国花旗银行及法国东方汇理银行工作,但缺少经济学理的训练。由于他常在美国主流媒体上唱衰中国经济,而且敢于预测中国经济崩溃的"精确时间",却又总是说错,错了从不道歉,过段时间再用更激烈的预测覆盖前面的预测,因而是个广受争议的人物。

美国社会或许是出于立场和价值观的原因,总是一再原谅章家敦预测中国崩溃的落空,主流社会继续"带他玩"。中国从学界到舆论界则既不喜欢章,也对美主流媒体一再正儿八经地传播章的谬说感到不解。应当说章的雷人预测增加了整个"中国崩溃论"的荒诞感。

章断言中国的"第二轮四万亿"来了,认为中国上周宣布投资 1.13 万亿元人民币用于升级互联网基础设施,以及设立 1243 亿元专项资金用于支持保障房建设等是在走回"强刺激"的老路,而且规模和上一次"一样庞大"。

产生经济泡沫的重要原因是经济活动对应了虚假的需求,事实证明这个问题在大多数市场化经济体里都会一定程度上存在。然而中国新的投资计划是不顾泡沫的赌博吗?

升级互联网基础设施不是中国的虚假需求。中国已是世界互联网大国,"互联网+"的产业运动方兴未艾,这一领域的基础设施建设势在必行,它不是"量化宽松的配套工程"。这当中即使出现一定"泡沫",也不会是破坏性的。就像高铁,或许会在一个较短的时间段里显得"超前",但这个问题很快就被潮水般的需求增长冲掉了。

中国由国家主导的新投资有支持创新、面向未来的明确方向,它们不是在经济下行压力下政府为投资而投资的临时性举措。这些投资不是中国经济改革中断的信号,把坚持改革方向和扩大投资结合起来,这已是当下中国政府和社会的共识。

很多中国学者认为,由于外界不知道的原因,章家敦把一种对中国的"仇恨"带到了他的研究和评论中,这是学术研究的大忌。章家敦的对华预测有明显意识形态化和情绪化倾向,他不是在研究大量材料的基础上得出对事实负责的结论,而是先有能够满足价值观的大致结论,再去搜集材料,对结论作出验证和交待。他预测中国的这一方法论决定了他出谬论的高概率达到迄今惊人的100%。

他在中国舆论场上已威信扫地到这样一种程度:当听说他预测中国经济"最多撑一年"时,很多中国网民热捧的一个帖子说,本来还对中国经济有些担心,章家敦出来一说"明年就崩溃",我就放心了。

这样的网上留言或多或少是有些情绪化的,但美国主流媒体不顾章反复闹出的笑话,继续把他当预测中国经济首屈一指的人物来捧,也是一种价值观和情绪作祟的固执。在美国显然有一些人像章家敦一样,太盼着中国"崩溃"了。即使是一个错误的预测,他们也拿来消费一下,"先乐乐再说"。

中国是超复杂的,中国经济是全覆盖经济,高度变迁的经济。对中国经济搞预测,首先要有敬畏。动不动用"崩溃"这样的轻佻词汇来概述中国,这哪里是在预测,这分明是在搞舆论赌博。

(2015.05.27)

日本为什么对中国很重要，反之亦然

近一段时间中日关系出现进一步改善的诸多信号。习近平主席与安倍首相万隆会议期间举行了会晤，日本自民党总务会长二阶俊博率领日本各界人士3000人来华旅游交流，受到习近平主席的接见。

与此同时，中日关系的复杂性并未褪去。日本方面宣布在亚洲投资1100亿美元，并对中国恶语相向，这被海内外普遍解读成日本为平衡亚投行影响所采取的针锋相对行动。此外安倍夫人高调参拜靖国神社，这是在历史问题上的顽固姿态展示。

中日关系是中国最难处理的双边关系之一，由于日本是中国近邻，颇具实力，中日之争成为严重牵动中国国家利益的考验。有很多矛盾、包括外部因素在牵制中日关系的改善，实现真正的突破很不容易。在此，我们只想对中日关系的诸多要素做一番梳理，推动人们的更多思考。

首先，中日关系不是两国任何一方可以赌气放弃，任凭它跳水、恶化的双边关系。尽管中日民众对对方的好感度都大体处于上世纪70年代以来的最低点，但两国社会都保持着对彼此重要性的清醒认识。

中日谁对谁更重要些？这基本无法计算。中国在快速崛起，与中国长期战略对立是严重的自我消耗，必将逐渐成为日本的不可承受之重。对中国来说，日本同我越紧张，就越会主动强化日美同盟，而它在中美之间如何移动，会影响到亚太地缘政治竞争形势的性质，增加或减少中国在美国面前的战略主动性。

在中俄美大三角关系中，近年来发生了众所周知的变动。在中日美这个三角中，中日对立带给中国的后果，恰如美俄关系恶化带给美国的后果。

对中国来说，日本问题是当下的麻烦，中日美三角关系则事关中国亚太方向的战略环境面貌。但这两条线索彼此并非可以舍一个保一个的关系，它们孰轻孰重的逻辑即使理论上存在，但很难在实践中得到坚持。

北京和东京不是想好起来就能很快做到的，中国如果靠放弃原则实现妥协，恐怕也没用。坚持原则、在必要时敢于斗争，这被证明也是中日走向缓和的法宝之一。

中日心理上的对立要多于两国实际利益的分歧。在中日矛盾中，日本对华的意气之争成分很重，这刺激了中国社会反过来对日本的情绪性认识。当下形成了中日舆论相互刺激的情况，它看上去有点幼稚，但化解这个问题常常无从下手。

日本在二战中侵略中国，犯下滔天罪行。日本人民"受害"的一面主要来自其与美国的太平洋战场，尤其是它挨了美国的原子弹。但日本舆论更加"厌华"，这很值得思考，当然也意味着有改变的空间。

中日关系过去有"以经促政"、"以民促官"的大量经验，日本3000人代表团来华，似乎告诉我们，把日本人民同右翼势力区分开来，加以不同对待，仍有着一定的基础。

北京和东京都有避免发生军事冲突的强烈意愿，但这种愿望有时无法得到充分的呈现。两国社会中的民粹主义都有着蛮强大的影响力，喊打声在各自舆论场上不时出现。

不难看出，中日关系难点明显，但可用来实现突破的潜在途径也不缺乏。双方既然都实际认为对方重要，就不应在一些力量的压力下隐藏这种愿望。中国作为大国应保持认识上的豁达，相信对外展示善意在任何情况下都不是一件丢人的事，它只能让外界看清我们的实力和自信，对我们多一份敬意和尊重。

（2015.05.28）

中国出境旅游者丢了国家的脸吗

中国游客在境外不文明的行为屡遭曝光和诟病，成为中国舆论场上的一个心结。中国国家层面已经注意到这个问题，主张加强对出境游参团人员的教育和劝说，并要求旅行社承担一定的责任。

近日《纽约时报》援引一名中国游客的话，称一些外国旅游景点面临"中国入侵"。中国游客蜂拥而至的景象有时的确蛮突出的，引来人们多方面的感受和评论。

总体来说，中国社会对本国游客在外不文明之举的反思是及时和用心的，中国主流媒体和网站反复批评这种现象，有时某位国人在外的不文明表现遭到图片甚至视频曝光，能够在国内迅速成为舆论焦点，招来潮水般的谴责。这充分显示我们很在意自己国家的集体形象，勤于反思。

对外打交道时的这种状态是好的，严于律己是一个民族的美德。同时我们也想就文化交流的真实规律做些探讨，探究中国游客海外不文明表现的实际程度，让这个问题的整体呈现更加全面和客观。

应当说，舆论指出的那些问题有些可以坐实为不文明之举，如在古迹上刻字留念，乱扔垃圾，购物交费不排队，照相者攀爬雕塑等等。但也有一些属于文化习惯不同，比如说话声音大，就餐时互相敬酒造成喧哗，喜欢成群结队逛店，有时扫光小店的某种商品等。

前一类不文明行为在中国国内也被视为"公害"，不断成为整治行动的对象。从国内情况看，反对这类不文明行为已是舆论和绝大多数公众的共识。这样的表现如今在国内旅游点呈明显下降趋势，这是它们在国外出现率减少的基础。

加上旅游团的教育和提醒，大多数中国游客出国后有"要注意行为举止""别给中国人丢脸"的意识，旅游团成员这方面的相互影响也会起一些作用。因此出国旅游者的平均表现一般情况下会比他们在国内旅游时更加注意，很刺眼的、在国内也会被戳脊梁骨的不文明举止并不多，被国内互联网曝光并造成轰动的那些行为并非普遍现象。

至于那些"大声说话"、旅游团员之间喜欢热闹氛围等反映文化差异的行为，它们的"不文明性"更多是从欧美文化视角的定性。中国旅游者在一个小地方集中出现对当地生活带来的"困扰"，尤其有作多种评价的空间。人员交流的大幅增加会带来文化的摩擦和交集，接受大批中国旅游者的外部城市会有复杂的心情，但反感和拒绝决非其中的主导性情绪。

像香港少数极端者那样公开抵制内地游客的情况是很少见的。世界各城市对中国内地游客总体上持欢迎态度，它们对向中国内地做出境游推销非常积极。

文明不是一个标准，19世纪末20世纪初美国崛起时，美国人去欧洲也曾被嘲讽，马克·吐温描写欧洲的小说里曾感叹美国人"不文明"。国力强盛的民族更容易把自己的习惯作为"文明"加以推广，但这方面是会演变的。中国人在国内一些无害的风俗习惯会与外部文化元素不断碰撞，未来或许谁都不是"完全的自己"。

欧洲的商店过去周末通常是要关门的，现在受了中国和东方的影响，很多商店周末也开门迎客，餐饮业还出现了24小时店，这就是东方人勤劳的胜利，它为本地居民提供了更便捷的服务。

中国人需要就不文明举止反思，但我们也要知道，外部世界对中国旅游者并没有那么讨厌。对外来旅游者未能做到入乡随俗，甚至有些不文明举止，旅游热点地区都有一定承受力。我们应自我严格要求，鞭策自己进步，但不必因一时没做好而很不自在，甚至妄自菲薄。

（2015.05.28）

中国是和平国家,但不是"巨型宠物"

前往新加坡参加香格里拉对话会的美国防长阿什顿·卡特宣称,中国在南海的行动将促使区域国家以新的方式团结在一起,那些国家对美方介入亚太的要求更加高涨,"美国会满足它们的要求"。他说:"美国(舰机和军队)可以在国际法允许的任何地方飞越、航行和行动。这一点不要搞错了。"

中国显然将会以国际法为基础,抵制各种外部势力不利于中国在拥有主权岛礁上建设的活动。南海的航行自由不会包括美国军机和军舰直接对中国的合法工程项目发动挑衅,中国必将确保这些合法工程顺利完成。作为美国防长的卡特不应对中国社会向政府及军队的这一授权和要求有任何误读。

美国像是要在南海设计一场危险的赌局,美军的强势介入让世界开始对中美可能在这一地区爆发军事冲突议论纷纷。美国显然希望这一切能够转化成对中国的压力,它未必指望中国会在扩建岛礁等核心争议上让步,但或者会认为这样的压力能够消磨中国的意志,增加中国走向海洋的心理负担。

这是美国公开以军事挑衅制造纷争,同中国进行高风险博弈的开始吗?一些中国学者认为,美国眼下举动还具有试探性,它在测试中国反制其挑衅的决心和策略。美国军界和外交界的意见也可能尚不一致,美方将评估中方反应,再做定夺。

但美国对华展现强硬军事姿态的这一步已经迈出,它今后抛出更多的强硬军事姿态大概会是中美关系的一个趋势。如果中国将对外扩张设定为基本国策，华盛顿这样做无异于走向战争。然而中国的国家目标是发展，因此珍惜和平，美国的鹰派势力自以为可以通过压迫和恐吓让中国乖顺、屈从。

一些美国人对中国军事战略白皮书对海洋的侧重充满警惕，但他们最好对不安和忧虑保持克制。请问，中国作为世界第二大经济体、第一大贸易体能不重视海洋安全吗？中国能不把建设行动向离大陆较远的本国岛礁上推进，增强在远海开展经济活动及维护各种安全的能力吗？

中国已经宣布在建岛礁将成为南海区域和平发展与合作的立足点和支点，华盛顿不相信，担心它们可能成为中国的军事前哨，被北京用来对抗美国的海洋霸权，美国的这种担忧有能让人看懂的逻辑。但这些岛礁不仅是中国固有领土，而且处于中国实际控制之下，美国出于担心和想象就出手试图阻止中国的合法行为，这是对国际法、国际关系准则以及大国外交规则的悍然践踏。

中国不需要在国家发展和谋求"一带一路"对外合作最需协调互动的时候，营造一个吸附注意力的军事前哨。美国应当有观察中国实际行动的足够耐心。华盛顿如果根据最坏预期提前对中国发动危险的挑衅，是亲自动手把一个想象的危险垒砌成为现实冲突的愚蠢、野蛮的行动。

中国从未"逼"美国，中国的经济成长和崛起是一个自然过程，中国军力发展对应的是每一阶段保卫国家安全的最低要求。看看中国的核力量就清楚了。中国对强化、扩大核威慑一直是克制的。中国的军力增长与以经济增长为核心的国家实力增长相比，显然不处在超前的位置。

美国不断把它对中国的担心转化成行动，试图逼中国的成长出现异化，让这个庞大的经济体像大型宠物一样配合美国的利益，遵从华盛顿的每一个指令和脸色。但是对不起，中国不会那样做。

我们注意到，美白宫发言人使用了南海"商业通行自由"这个表述，与五角大楼的蛮横表态有些差异。我们相信中国的战略温和是不难看明白的，我们期待华盛顿作为一个整体，在对华问题上最终表现出应有的理性和务实。

（2015.05.29）

中国应义无反顾完成南海岛礁建设

在 5 月 31 日结束的香格里拉对话会上，中美军方的冲突没有像媒体预期的那样"爆炸"。中美都坚持了各自的立场，美国防长卡特继续要求南海"各方"、当然首先是中国停止岛礁建设，但他回避了如果中国继续扩建岛礁美国将怎么办的问题，没有发出进一步的威胁。

但是美国有可能采取进一步的挑衅行动，它或会派侦察机更靠近中国在建岛礁 12 海里的上空，或派军舰贴近 12 海里海域。中国应当对此有所准备。

无论美国做什么，中国都不应停止对那些岛礁的建设。这的确是中国主权范围内的事，如果美国一威胁，它纠集西方的和几个相关国家的舆论一抗议，中国就往后退，将会开一个恶劣的先例。这会鼓励以美国为中心的这些力量今后以更强硬的姿态对付中国。

中国需要做的是争取把扩建后的岛礁变成繁荣南海航运、促进区域经济发展及抗御灾害的支点。一旦形成这样的局面，当下的尖锐争执自会逐渐平息。

如果中国操作得当，这些扩建的岛礁不仅不会激化南海局势，反而可能开启建设性思维，提供打破局势恶性循环的契机。

扩建的岛礁会给中国实施自己的南海政策带来主动性。目前在战略上最在意南海和平的恰是中国，因为这是中国战略机遇期的重要条件之一。不能说其他方面愿意打仗，但美国显然最在意它对东南亚的"主导权"，菲律宾越南等对算计具体利益似乎更专注，这几方相互勾结增加了南海的复杂性，中国一旦在南沙有了稳定的立足点，必会把那个海域朝着和平稳定的正轨上扳。

今后一段时间最要防止美国采取更激进的干扰行动，中方需多做预案，予以及时回应和反制。

对中美有可能发生军事冲突的最坏情况，我们应做好充分的心理和现实准备。中国不想战是很清楚的，中国不惧战也要让美国不存疑义。中国对海上冲突的准备越充分，最终避免它发生的可能性就越高。

南海问题涉及中国核心利益，它对美国属于什么层级的利益不是很清楚，但较之中国显然不在同一个层面。中美这一轮的博弈是双方战略态度的一次对话。中美要通过这一对话建立起两大国在中国近海相互尊重的模式和原则。这里不是墨西哥湾和加勒比海，这个事实必须在中美关系中凸显出来，如果这意味着中国需要付出一些代价，我们也应义无反顾。

同时中国不能让美国有我们要把它从东南亚"赶走"的误读。中国不排斥美国在这一地区的存在，这一信息我们同样要向华盛顿传递清楚。

那么中国坚决把扩建岛礁的工程搞完，同时突出它的和平利用功能，避免它成为中美在南海相互军事威慑的突出部，应最终被各方接受。只要中国用力量＋意志＋智慧的公式推动这一结果的实现，我们能达此目标的概率将会很高。

（2015.06.01）

网警公开巡查，什么人才会不高兴

全国 50 个省市公安机关今天起在互联网上设立"网警巡查执法"统一公开标识，这标志着网警从幕后走向前台，成为维护网上秩序的公开执法力量。这是互联网上法治建设的一件大事。

网警已经存在十几年，北京市的网上警察多达近千，但他们一直在"潜水"工作。如今他们的网上巡查公开化，网上的"见警率"必随之大升，这将为网上秩序的面貌增添一个关键元素。

这一变化定将受到大多数网上公众的欢迎。警察力量的公开存在对犯罪势力是一种震慑，也是人们安全感的重要来源。长期以来一直有少数人把互联网当成"法外之地"，或者相信网上犯罪所面临的风险要比现实社会里低很多，网警公开巡查会让有犯罪动机的人多一分冷静。

过去一些人在网上受到侵犯时，会比在现实社会里有此遭遇时的应对态度更加消极，更容易放弃维权的努力。因为他们不知道去哪里找警察，也不知道警察是否会受理他们的投诉。现在他们只要打开"网警巡查执法"的公号，就形同走进公安机关的接待大厅。

网上最常见的犯罪是各种诈骗、盗取信息、侵犯名誉权等等。一些现实社会的作案人和犯罪团伙也会在网上留下蛛丝马迹。随着互联网与人们工作和生活的全面融合，网上秩序和安全已是中国社会治安重要且活跃的部分，网警成为公安机关的特殊前哨力量。

然而上述消息昨晚公布后，有少数人在第一时间提出"网上言论自由"可能受到损害的质疑，这显示了一个与众不同的看事物的出发点。

社会秩序都是系统性的，公安机关对社会的全面安全负有责任。绝大多数人看到警察都有一种安全感,只有极少数人在这种时候产生的是不安全感。个别网络活跃人士如果因为网警公开巡查而感觉到"不自由",或者额外的"风险",那么他们就有必要对自身言行和一些习以为常的认识做些认真反思了。

网警无义务和职责对网上任何不触犯法律的言论做道德或政治上的评价,并在此基础上追究发言者。网警只管违法、特别是严重违法的言论。对什么样的言论是违法的,普通人是能辨认出大致轮廓的。这当中有些模糊的边界,网警的公开存在会有助于厘清它们,帮助越界者不走得太远。

言论自由的边界在现实社会中就有争议,对解决这些争议的方式,少数人反对,但大多数人对它的形成、巩固给予了实际配合和支持。互联网上如何解决这个问题,最终取决于中国大多数人的认识和态度。

在现实社会里,警察机关进入一个地区几乎无一例外会被看成是该地区法治与文明的标志。这是现代世界的普遍经验。网警制度也在全球范围内得以确立。中国互联网不应成为一个例外区,少数网上舆论活跃人士不应让自己成为例外群体。我们都应为中国网警的公开巡查点赞,并让自己成为这一制度的受益者,而不做它的对立面。

(2015.06.01)

中韩签 FTA，韩国较日台先行一大步

中韩两国 6 月 1 日正式签署自由贸易协定，这是中国迄今对外签署的规模最大、含金量最高的 FTA。协议生效后，进入中韩贸易的超 90% 商品将享受零关税，有研究称，它将刺激两国的经济增长，有望直接拉动中国 0.3%、韩国 0.96% 的 GDP 增长。

这是东亚自由贸易的重大成果，必将造成广泛和多重的影响。中韩 FTA 研究和谈判持续 10 年，很多人一度不看好它。中日韩三国的自贸谈判相当曲折，政治因素带来了干扰。中韩也有意识形态差别，半岛局势跌宕而微妙，韩国又是美国的盟友，对加入美国主导的 TPP 态度积极。中韩自贸谈判如果今天仍在路上，是可以有充分理由的。

中韩终于签署 FTA，这是"只要意愿明确，困难都能克服"的成功范例和写照。韩国是中国的重要邻国，中韩 FTA 向世界宣示了北京对外开放的真实态度。它也在对世界说：如果韩国能同中国成为自由贸易伙伴，那么世界上的很多国家都应处在"也能"之列。

东北亚中日韩这三个主要经济体中，中韩签了 FTA，日本落了单，后者将因此受到一定压力。2014 年中韩贸易达 2905 亿美元，已经比中日的 3124.4 亿美元差得不多了。如果日本继续犹豫，中韩贸易用不了多久就将成为整个东亚最大的贸易，它也将成为整个地区的贸易重心，日本的经济影响力将会受到侵蚀。

台湾一段时间以来对与大陆开展自由贸易踯躅不前，服贸协议受到"太阳花"学运的打击。与韩国比起来，台湾的"闭关锁岛"一目了然。政治不能当饭吃，想必会有更多台湾人在中韩 FTA 的冲击下醒悟。

韩国既是美国盟友,又欢迎中国做它的绝对第一贸易伙伴,与中美同时保持良好关系,它的八面玲珑、避免极端在东亚显得十分突出。战略上的成熟、平衡正逐渐成为韩国作为亚太新兴发达国家的核心竞争力。

中国首先是经济高速发展的国家,是世界第一大贸易国,这是中国最本质的要素,是世界同中国打交道最实质的接触面,中韩FTA无声地向世人重申了这一点。所谓中国是咄咄逼人的大国,中国在向世界秩序发出挑战,这些是少数国家和力量从自私角度的主观臆断,是它们对地缘政治的放纵狂想。

在亚太搅动着各种胡思乱想的时候,中韩正有条理、耐心地清理自由贸易的新空间。韩国电子产品、汽车、化工产品等将在中国市场上卖得更便宜,这将考验日本、台湾相关产品的竞争力。与此同时,中国的服装、食品、手工艺品则将在韩国获得更大的价格优势。

韩国是同中国建立外交关系最晚的东亚国家,至今只有23年。但中韩贸易一路成长为世界级的大规模贸易之一,成为地区和平与繁荣的重要支柱,这值得亚太广大国家和经济体认真审鉴。

中国还会与更多国家和经济体寻求开展FTA合作,这是中国静悄悄迈出的脚步。南海和东海被扩音器放大的纷争吸引了大量注意力,造成了误导。中国对周边和世界究竟意味着什么,这不应是一个高度意识形态化、带着冷战味道的问题,而应是全球化时代面向未来的深刻思考。

(2015.06.02)

越南不可能全身心投入美国怀抱

美国防长阿什顿·卡特 31 日到访越南。他代表华盛顿承诺向越提供 1800 万美元，用于越购买美国制造的巡逻艇，提升防卫能力。他还参观了去年被中国船只撞坏的一艘越南巡逻艇。美越国防部长还签署一份《国防关系联合愿景声明》，该声明虽然象征意义更多些，但这一切对两个 40 年前的死敌来说显然比"翻篇"走得还更远些。

卡特同时要求越南也要停止在南海的填海造地行动，这被认为是唱给中国人听的一个平衡音符。

希拉里 2010 年访问河内，开启了美国拉拢越南、在中国周边搞"巧实力外交"的重要一环。在那之后河内要与华盛顿相互借力对付中国的说法扩散开来，成为不少人审视南海局势的一个新视角。

然而美国能把越南完全揽进怀里吗？怀疑这种前景的人远多于相信它将成为现实的人。

越南毕竟同美国打了十几年仗，双方都损失惨重。美军伤亡几十万人，越南军民更是付出了三百多万鲜活生命的代价。美军 B52 轰炸机、鬼怪式战斗机等带给越南人民的噩梦永世难忘，如今的越南仍是社会主义制度，美国却忽然凑上来又送武器又撑腰，越南社会不会连个问号都不打，它没那么天真。

华盛顿就是想利用越南，增强在南海地区对中国的制衡力，越南人对此一清二楚。美国人不喜欢越南政治制度，一大批当年南越陷落后跑到美国越南人的后裔对搞倒越共踌躇满志，"和平演变"的剑锋一刻也没从河内移开。越南如果投入美国的怀抱日后会发生什么，这个问题简直就是政治学里的 ABC。

河内对美有很深的警惕，它不是卡特往越南嘴里塞几个糖丸就能消除的。反过来，华盛顿也不相信河内会"忠诚"它，越南不是菲律宾，后者曾是美国殖民地，对美国人来说永远比前者亲切。

越南对中国的感情十分复杂，两国之间的记忆很难有一个简单的价值定性。越南在与中国开展海上领土纷争的同时，又很清楚北方社会主义大国是自己政治体制合法性的关键源泉。越南国内因领土之争激发的民族主义很容易朝着自伤的政治激进主义嬗变，要驾驭它，河内就需控制其与中国冲突的烈度。

越南面临与美、菲等发展关系的良机，但不断有人宣扬构建针对中国的"价值观同盟"，越南若加入一个反华同盟，很难避免伤及其国内民众的社会主义信念，这对越南是个特殊风险。

还有一个重要因素，那就是来自中国对维护中越友好关系大局的坚定态度和努力。中国对领土问题坚持原则，但中国从来不是越南的战略威胁，相反，越南走了同中国相近的革新开放之路，来自中国道路的启示与支持是越南在这个世界上不可多得的政治资源。

中越是搬不走的邻居，近代以来外部大国走近越南，总是伴随着这个国家的噩运。越南几经洗礼，对自主外交格外珍惜。

中越两国"山连山，江连江"，如今我们又意识到彼此是海上邻国。中越的海上纠纷需通过谈判协商，在两国之间和平解决。中越陆地边界最终就是通过谈判解决的。外部力量积极介入的目的不可能是为了中越两国人民的福祉，它们公开或拐弯抹角做的种种把戏都是在给中越之间打楔子，诱导我们对立。对此中越官方和民间都需要清醒认识，坚决不被一时一地的纷争扰乱。

（2015.06.02）

中美究竟谁在南海推胳膊肘

美国总统奥巴马1日对一个到访美国的东南亚青年领袖团体说，有可能对南海的一些领土声索是合理的，"但他们不应该为了确立那些声索而拳脚相向，把别人赶出去"。奥巴马在白宫说这番话时做了个胳膊肘向外推的姿势。

奥巴马说的这些话听上去蛮温和的。但他继续给中国做了一个因为有力量而霸道的形象定位，通过和风细雨的方式增加东南亚一些人对中国的不满。

中国是南沙主权声索国中最强大的力量，但是一些报道说今天越南占了29个南沙岛礁，菲律宾占了9个，中国大陆只实际控制了8个。越菲都在岛礁上搞了建设，越南有填海造地行为，这些数字已能说明中国不是南海争议中的激进国家。

在夺回越菲等非法侵占的岛礁和扩建中国现有实际控制的岛礁之间，我们选择了后者。这是在补偿中国南沙驻礁历史欠账的同时尽量不激化局势的善意举动。中国扩建了岛礁，我们在南沙有了落脚点，但这与奥巴马先生所说的"拳脚相向，把别人赶出去"是性质完全不同的两回事。

中国强调要通过谈判和平解决南海争议，中国的这一态度是南海虽有争端但和平仍得以持续的基石。北京已多次强调在建岛礁将主要扮演民用角色，服务于航运和区域经济发展。外界有中国可能把这些岛礁当作南海军事前哨的担心，这可以理解，但担心不能成为对中国采取行动的理由，处理担心的方式也应是沟通、商谈，消除战略猜忌，而不是通过威胁来逼迫中国。

菲律宾1999年5月趁中国驻前南使馆被炸之危，将一艘旧军舰故意在南沙仁爱礁坐滩，马尼拉承诺很快会将那艘旧军舰拖走。中国为避免局势升级迄今耐心等待了16年，没有对该船采取直接处置行动。我们一直允许菲方向该舰上的人员提供人道主义补给，将反制行动限定在阻止菲方对该船进行加固上，等着那艘破旧不堪的船只自行解体。

美国等其他方面是否也肯等上16年，看看中国在扩建岛礁上都干些什么，然后再下结论呢？

在奥巴马先生夸夸其谈、争取舆论支持的时候，美军侦察机已经飞临中国在建岛礁上空挑衅，这更像是美国在用胳膊肘往外顶中国，何谈中国用胳膊肘顶其他国家，又何谈中国对那些国家"拳脚相向"？

近代以来荷兰、美国、法国、英国等曾在东南亚进行殖民统治，上世纪日军的铁蹄曾践踏这里数年，美军曾狂轰滥炸，并建有多处军事基地。所有历史参照都告诉人们中国是温和、克制的大国，但美国几乎在以"海禁"的标准衡量中国，中国在海洋上的任何举动在它眼里都是离经叛道和具有攻击性的。

美国不仅在南海拉偏架，而且它在鼓动周边国家同中国的对立，刺激、强化一些力量对中国崛起的不适应和焦虑感，从而试图构建针对中国的战略围堵。由于中美关系还有各领域合作的庞大内容，后者一定程度上牵制了美在南海的对华态度，因而华盛顿经常红白脸相间，表现出对华政策的多面性。

中国不会受制于美国在南海的言行，针对具体争议，大多数中国人希望政府既不激进，也不退缩。美国搞美国的，我们干我们的，已有的建岛计划应当坚决、妥善完成。这应是我们对美国多重声音和姿态的统一回答，也应是我们以不变应万变的态度。

（2015.06.03）

省报官微不是沉船救援的调度中心

载有456人的"东方之星"号游轮1日晚9时许在长江湖北监利段倾覆,到昨晚报纸截稿时,已经获救的人不多,举国一片凝重。

这是长江航运史上罕见的大型客轮倾覆事件。官方消息称,监利江面上当时出现了强对流天气,有强降水。国家气象局将之称为"龙卷风"。然而极端天气与灾难发生是什么性质关系,这当中是否伴有人为责任,显然需要严肃的调查才能得出结论。

《湖北日报》官方微博于昨日上午宣称国务院把这次事故定性为"因大风大雨造成的'东方之星'沉船事件"。这一报道显然不够专业,重大事故的定性不可能如此快就做出。该官微于昨天晚些时候正式道歉,澄清所谓"定性"只是一次内部会上专家的分析。上述出错的报道遭到网上舆论炮轰,它似乎迅速被"消费"了。

救援到昨晚仍在进行,截至昨天夜里最不清楚也最关键的信息是:究竟有多少人能够最终生还,有多少人会成为遇难者。人们期待着更多生还奇迹的出现。

除了这一最大焦虑,人们还普遍存在一个困惑:大型游轮的设计都考虑到了极端天气,驾驶团队应当有对抗一般意义上严重风暴的处置能力。遇有不可抗拒的超级风暴,游轮应当能够收到预警并中断航行。如果长江上有难以预测的灾难性气象记录,这种情况也应纳入所有江轮的应急预案中。"东方之星"沉没之快,竟似乎连呼救的时间都没有,这不能不说是巨大的蹊跷。

那么这是否是无法预测的超级灾难性天气首次出现在监利江段,将对事故定性有重要影响。

值得注意的是，官方并没有想要"隐瞒事故真相"的迹象。在全力救援的同时，被救出的"东方之星"号船长和轮机长已被警方控制起来，这为下一步开展调查、追究可能的事故责任人提供了重要保障。

中国官方的应急反应这一次也称得上很快，习近平主席迅速做出批示，李克强总理在事故发生十几个小时后已经出现在沉船现场。国家的行动力和注意力都在第一时间集中到救援上，这是国家多年未遇的超大型江上游轮救援，这也是一份受到了全力应对的考验。

互联网时代突发大事，围观者永远比实际忙碌者多得多。大注意力集中，具体问题却难免分散，争论也会即时出现，沾边和不沾边的质疑都不乏有之。现在网上舆论很热衷发现人为责任事故，一些人似乎将这一视角赋予了"政治正确性"，天然地认为政府会把很多责任事故往自然灾难的方向淡化。

其实近年来的重大责任事故都受到了严厉的认定和追究，恐怕没有人能够举出一个重大人为事故被当成自然灾难处理的新近例子。网上舆论以怒相向的"政府官员瞒报事故"往往是基于过去记忆的想象，经过这几年的治理，那样的现象基本成为了过去。

对互联网上有些"杂音"，官方恐怕也应释然。它们对人们认识事件的实际影响或许并不像一些人担心的那样大，而且这种影响来去匆匆，官方的现有管控手段就能大体应对。随着事情的进展，每起事件的真相最终对塑造人们的看法有着决定性作用。

"东方之星"沉没究竟有多少人生还和遇难，事故是怎么发生的，当时的极端天气是什么样的，这些是中国公众关注的核心问题。至于《湖北日报》官微所引发的网上舆论骚动，只能是短时间的，它所触及的问题也是工作和技术层面的，它不处在这起沉船事故的中心位置。

（2015.06.03）

布拉特因疏远美国"不讲政治"丢官

国际足联主席塞普·布拉特 2 日宣布辞职,他 4 天前刚在 FIFA 大选中赢得第 5 届连任,但他现在成为美国 FBI 的调查对象。这位已执掌 FIFA 17 年的瑞士人在宣布辞职时说:"我的连任看起来并不是获得了所有人的支持"。

国际足联近日陷入腐败丑闻中,美国提供了南非足协对该组织官员行贿 1000 万美元的证据。FIFA 的多名官员已于一周前在瑞士被捕,并被要求引渡美国,舆论认为那是美国向布拉特发出的要其不再连任的明确信号。但布拉特蔑视了这个信号,他公开批评美国,认为美国司法系统只应在美领土之内行事。

华盛顿不喜欢布拉特,这是公开的秘密。2018 年和 2022 年世界杯主办权分别由俄罗斯和卡塔尔摘走,参与申办的英美落败。布拉特与普京关系不错,在西方谴责俄罗斯的舆论潮中基本听不到 FIFA 的声音。体育就是体育,布拉特对此似乎过于当真了。

但更让华盛顿不开心的,大概是布拉特和 FIFA "不听话"本身。重要国际组织的"一把手"如果拒绝接受美国"领导","不讲政治",往往是危险的。布拉特辞职以及被刑事调查让人立刻想到国际货币基金组织前总裁卡恩的下场。后者也被普遍认为不受美国欢迎,他 2011 年被控在纽约一家宾馆性侵一名非洲裔女服务员,被警方带走,在失去 IMF 总裁职位后,美检方又撤销了对他的全部指控。

人们还想起联合国两任来自发展中国家的秘书长加利和安南都与华盛顿多有龃龉,前者因美国否决未能连任,后者勉强完成任期,但儿子受到美国指控，自己一度站在悬崖边。

美国做"世界领导"已近一个世纪，手段很多。它很善于把政治问题"法律化"，这是美国人的国内政治传统，他们把这一套用到国际政治中也很熟练，从而把国内法律当"国际法"用。当然，美国完全是根据本国利益去国际上搞"精确打击"，对西方体系里有"背叛"倾向的人杀一儆百，戳宿敌的软肋。

这是美国作为唯一超级大国的独特优势。华盛顿对大多数有影响的国际组织都保持着某种威慑，促使很多高度国际化的精英们对美存有敬畏，忌惮于违背美国利益行事。

国际足联很可能真的存在腐败，世界其他领域也会存在问题，但每一次东窗事发的时机总是对应了美国利益的节奏。因此大量问题被纵容还是受追究，往往要取决于华盛顿想怎么做。

美国从未对在世界范围内清除腐败、推动廉政有过规划，有一些腐败透顶的国家控制者在今天和过去被美国选做了忠实朋友。但美国的一些出击也很有力。它看上去更像是以最省事、利润最高的方式在全球有选择性地打"小煤窑"，捞一把就走。

国际组织里不准备做美国朋友的人看来一定要屁股干净些，世界上不准备顺从美国的力量一定要很强大。这似乎是当今世界的游戏规则之一。

（2015.06.04）

立法管理 NGO 决非对外开放"急刹车"

今天是中国全国人大上月公布《境外非政府组织管理法（草案二次审议稿）》的公开征求意见截止日。非政府组织（NGO）成为近年来的一个热词，境外 NGO 在中国的活跃作用受到广泛关注。然而中国一直缺少管理境外 NGO 在华活动的法律文件，补上这一立法的缺失，加强对它们的依法管理，这成为中国全面推进依法治国建设的一个必由行动。

大概是由于过去放得过于宽松，这一立法行动招来了西方 NGO 和它们身后支持力量的不适应和抱怨。《纽约时报》等发表情绪激烈的文章，宣称草案的一些条文让人"不寒而栗"，表明"北京不再欢迎你"，中国对外文化、教育和技术交流"都将可能戛然而止"。英国《金融时报》也给这一法律草案扣上"恐外"的帽子。

而在中国，大多数了解 NGO 的人都对国家对它们进行立法管理不感到奇怪，法律将进入社会治理的所有领域，这是大家的共同预期。

按照《纽约时报》的说法，中国的改革开放将因针对 NGO 的立法而停滞，中国人的生活面貌会发生可怕的变化，但几乎没有中国人相信事情将会这样。

很多境外 NGO 伴随了中国这些年的改革开放，发挥了积极作用。与此同时也有一些境外 NGO 在华进行了一些有损中国国家安全的活动。NGO 的贡献不容否认，对其中的问题也不必讳言。为泼脏水把澡盆里的孩子也倒出去，中国才没这么傻。但因为 NGO 有正面贡献就不对它的问题进行管理，中国也没这么粗心。

西方舆论对《草案》要求境外 NGO 今后在华登记都要有一个"主管

单位"不满，不愿接受它们日后开展活动前要得到"审批"，认为这意味着要把境外 NGO "通通逼走"。这样的心态需要调整。境外 NGO 来到中国，不能指望特权，它们应当努力融入中国的环境，真正与中国社会"打成一片"。

主管和审批制度在中国非常广泛，比如中国的绝大多数教育和媒体机构都有"主管单位"，中国大地上每天开展的各种公共活动也大多经过了"审批"。但恰是这些机构和活动构成了中国社会面貌的多样性。境外 NGO 需要适应中国的这一基本国情，不同中国的主要规则较劲。

NGO 是现代西方社会的一个突出要素，它们同西方社会一起成长，在那个环境里如鱼得水。由于中国社会与西方社会存在较大差异，这决定了 NGO 来到中国时必然要同新的环境磨合，实现某种形式或程度上的"中国化"。如果西方 NGO 真想在中国有所作为，就必须吃透这个道理。

一些西方人想通过 NGO 向中国社会做价值观渗透，培育中国内部的对抗性因素，而且认为这样做是理直气壮的，中国不接受就意味着"关上了国门"，这样的态度有些无理，他们无须指望中国会做出让步。

中国宣布了"一带一路"规划，带头组建亚投行，中韩又刚刚签署了自由贸易协定，这个国家对外开放的热情就像潮水般涌出国门的旅游者那样一浪高出一浪。中国怎会有"停止开放"的念头？立法管理境外 NGO 又如何能成为对外开放的"急刹车"？

中国的对外开放今后需是高质量的，可持续的，这样就要将开放过程纳入法治轨道，而不能稀里糊涂的，忽略了国家应有的屏障。《草案》可以看成围绕境外 NGO 的阶段性总结，也是面向未来的务实整理。境外 NGO 是否配合中国的这次立法行动，或许也是它们对华真实态度的试金石。

（2015.06.04）

联日傍美攻中国，阿基诺忽悠菲律宾

菲律宾与日本4日签署一份加强双方战略合作伙伴关系的联合声明，菲总统阿基诺定于今天结束的对日本访问强化了日菲军事合作的动向。此前媒体报道说，日本将向菲提供10艘全新多用途巡逻船，以及P-3C反潜巡逻机等装备，帮助菲律宾在南海同中国角逐。

日菲都有一些人对此兴高采烈，他们认为这样做对中国形成新的战略挤压，东京和马尼拉都很看重它们彼此走近的地缘政治意义。

对中国来说，看到日菲这样捣鼓，肯定是不愉快的。但这种不愉快与中国捍卫主权和海上权益的决心相比，又是微不足道的。尤其是马尼拉一定要清楚，它这两年搞的所有把戏都是徒劳的，它可以做中国的朋友，也可以做中国准备好一套方式对付它的流氓，还可以做中美大国博弈中的廉价棋子和走卒，总之它的分量就那么多。

南海被周边国家环抱，这一地理环境是南海地缘政治所有要素之首。菲律宾与中国以海为邻，也是任何外来力量改变不了的。菲律宾试图通过傍美联日来解决它与中国之间的问题，这实在是它的幻觉。它因此所要付出的成本肯定比它直接与中国认真谈判协商要多得多。

阿基诺三世与安倍签个文件，菲从日本那里得到几艘巡逻艇，它们的价值主要都是舆论上的。阿基诺知道他从外部讨来的几件装备吓唬不了中国，如果南海真的紧张起来，它们只是一些漂亮的"玩具"。这位菲律宾总统大概是要用它们忽悠自己的国民，包装一下他这些年频频受挫的南海劣政。

阿基诺三世3日在东京把中国比作纳粹德国，他是世界上第一个这样抹黑中国的国家元首。菲律宾总统如此歇斯底里,让我们对那个国家是否有基本的外交文明产生了怀疑。看来同菲律宾打交道,是不能按常理及国家间的通常规则出牌的。

中菲在南沙存在岛礁之争,但它不像是简单的实力对抗,因为双方各有"得失"。以中菲力量之悬殊,完全不该是菲律宾占据的岛礁,比中国实际控制的还要多。中国的克制是马尼拉的幸运。中国从未侵略过菲律宾,而菲历史上曾是西班牙、美国殖民地,后遭到日本的野蛮侵略。

菲日的防务联手只是一出皮影戏,操纵手和光都来自美国。有人问为何中国周边几个国家投向了美国,难道中国不应反思吗?这话很可笑。中国同邻国的矛盾都源自领土纠纷,中国也是世界上通过谈判划定同邻国边界最成功的国家。美国来中国边上捣鬼有天然优势,日菲等"倒向美国"根本不能做评判中美道德高下的标准。

在世界范围内美国树了很多敌人,美国驻世界各地的外交机构很多壁垒森严,就像是碉堡。而中国在全球没有一个公开的敌国,中国驻世界各地的使领馆大多非常开放。中国已二十几年没对外发生任何战争,用不着别人来告诉我们怎样做一个"和平的国家"。

菲律宾是个实力不强、却在挑衅中国方面跳得很高的国家。按照中国的俗语,属于典型的"找抽型"。然而中国致力于国家发展和复兴,心向全世界,不能陷入与菲律宾无穷无尽的缠斗。菲律宾做朋友,我们欢迎。它耍无赖,我们唾弃。当它像是美国在我们门前挖的一个坑时,我们未必要赌气试着踩它。我们应给菲律宾画出底线,然后赶我们的路。

阿基诺三世在日本的表现让人想到,有时候"小恩小惠"在国际政治中也是蛮有作用的。菲律宾很容易被收买,中国或许不难在未来某个时刻也"恩威并施",让菲迷途知返。

(2015.06.05)

安慰不幸者亲属,莫向伤口撒盐

"东方之星"翻沉事件前方指挥部决定,从昨晚20时起实施沉船扶正打捞方案。这似乎标志着整个救援工作来到了一个转折点。

到昨天夜间,"东方之星"翻沉已逾72小时,发现新生还者的希望逐渐变得渺茫。3天以来,中国全社会从上到下都对救援工作倾注关注,救援本身的效率在世界范围内得到肯定。国人在这一突然降临的灾难中保持了难得的团结。

随着大批船上人员家属赶赴事故现场,也随着黄金救助时间的流逝,一些亲属难抑悲恸情绪。对他们的心情国人都有深切的理解,现场接触他们的人和从媒体了解他们情况的人都忍不住同他们一起悲伤,这份同情既是人类共通的,也是中国文化的一份特别沉淀。

然而一些外国媒体开始找救援及善后工作的茬,拼凑具体的失望和抱怨,编织围绕事件的矛盾和冲突。有的外媒急不可耐地消费家属的痛苦,在他们的伤口上撒盐,引导事件中心及外围的对立,这样做真是很不厚道。

死者为大,亲属为尊,中国社会既急着救人,也深知抚慰亲属们的重要。过去有国内媒体在灾难之初就去消费遇难人员家属的痛苦,几乎都遭到舆论的谴责。很快大家就对这方面的底线有了敬畏。

外媒是用不着与中国社会同呼吸共命运的。它们不用想着帮助解决问题,而是热衷于展示中国社会的碰撞和伤疤,它们的心态很多时候就是对抗性的。所以它们并不关心整个过程的前因后果和顺序,而是去抓最便于炒作也最可能带来刺激的局部。

我们或许不应为此迁怒于外媒，这是它们自己的规则，对应了它们自己的利益。但我们对此需能清楚辨别，坚决不简单模仿外媒，守护好自己的原则。

这起沉船事件有可能成为中国几十年来最大规模的江难，它极其令人悲伤，也必将导致从救援到善后的大量困难。另一方面救援现场的工作又倾注了全国上下的关切和责任感，而且不仅是尽了力的，在技术上也是有效的。这两个事实相互交织，对我们做着复杂的冲刷，令我们在情感上无处逃遁。

与"7·23"动车事故比起来，今天的中国社会面对灾难毕竟多了一份成熟。官方提供信息的速度更快了，回应公众的关切更主动了，公众对救援及善后的难度也有了更多理解。有少数人认为这样的成熟是一种"倒退"，但大多数中国人欢迎这样的进步，并希望官民在危机面前的互动能够继续成熟、进步。

中国如果能够不出这样的特大灾难该多好，我们的这一愿望和努力在与现实做不屈的博斗，中国人不会满足于有所进展，我们不断以更高的要求自我鞭策。我们痛苦，反思，发狠，有时内部争吵，但我们的目标就是要实现更安全的现代化，要让每一个人更幸福，也更平安。

长江湖北监利段这几天汇集了中国人的担心、祈望和万千感慨。在监利现场呼唤亲人名字的人，他们决不孤独。中国社会之大，一个突出的痛苦意味着13亿人的共同分担，希望这是一份能够带来些许慰藉的温暖。

（2015.06.05）

G7 若陪日美干预南海将是邪路

据日本媒体报道，该国首相安倍晋三将致力于推动昨天和今天在德国举行的七国集团首脑会议讨论南海问题，形成 G7 的统一立场。由于 G7 峰会肯定要谈乌克兰问题和对俄制裁问题，如果它同时对中国"开火"，将是很有趣的。

同时对中俄强硬，这似乎是七国集团的不可承受之重。G7 峰会虽然每次都要"总揽全球事务"，但大多也是蜻蜓点水。G7 早已失去上世纪 90 年代高峰时的影响力，那时它简直把自己当成了世界的"政治局"。而现在随着 G7 占全球经济比重的缩水，它对世界的实际干预力也已今非昔比。

另一点同样很重要，今天的欧洲离南海地理和心理上都很远，美日介入南海问题的动机引不起英法德意的兴趣。相反它们都成为亚投行的意向创始成员国，热衷于支持人民币成为国际货币基金组织特别提款权的一揽子货币之一。

此次 G7 东道国德国的舆论还有一些其他诉求，比如希望更温和地对待莫斯科，重新接纳俄罗斯，恢复 G8，甚至也请中国进来，形成确能影响世界的 G9 格局等等。G7 去年的会后声明温和地提到了南海，安倍关于突出南海议题的要求很不主流，他将面临与欧洲国家围绕对华态度激烈的讨价还价。

没有中国参加捧场，又与俄罗斯搞翻，是 G7 一目了然的缺陷。G7 如果想让自己的影响力大一些，就要多寻找同外部世界的最大公约数，从善如流。如果它四处制造对立，就会让自己的影响力在已打折扣的基础上再打"折上折"。

乌克兰危机后，G7像是成了帮助美国压制俄罗斯的附庸性组织，因此而强化的政治面相进一步淡化了它的经济功能。如果G7今后也变成西方向中国施压的政治话筒，这显然是该组织的"邪路"。

这严重不符合欧洲国家的利益。冷战结束后，曾经作为地缘政治前沿的欧洲本应受益巨大，但大多数好处都让美国掠走了。欧洲发生了南斯拉夫战争，现在又出乌克兰危机，欧洲成了世界格局变化的输家，一些欧洲国家在经济上被边缘化的程度要高于其他西方世界。

欧洲国家对亚投行态度积极，这似乎反映了它们自己国家利益的再觉醒。当前西方世界的重大问题是如何认识俄罗斯，以及如何认识中国。在对待中国问题上，意识形态之争很普遍，然而欧中之间的共同利益在冲淡彼此的争议。美日的对华地缘政治竞争则凸显出来，与意识形态分歧形成叠加。

欧洲国家有可能被美国甚至美日的利益拖住，继续输下去。它们同时面临在战略上实现突破、走出欧洲21世纪繁荣新路的机遇。伦敦在力争成为人民币离岸中心，这有可能使它获得东京甚至纽约所不具备的特殊金融优势。

安倍如果想把七国集团变成攻击中国的战略新据点，即使美国不反对，也很难奏效。南海问题由于中国的克制并无实质升级，它无碍欧洲的利益，不可能进入欧洲国家最高一级的关切。连日本也属于南海问题的域外力量，它该反思自己的干预冲动，而不是试图劝说他人与自己一起抓狂。

（2015.06.08）

江难七日，想要总结却一言难尽

昨天是"东方之星"号客轮翻沉灾难"头七"祭奠日，致哀的笛声回旋在长江的监利江段，全国各地电视台以两天黄金时间停播娱乐节目表达中国人民的哀悼之情。到昨晚已确定灾难造成 432 人遇难，另有 10 人失踪。这起新中国建立以来长江上最严重的江难将载入史册。

大难突然降临，强烈刺激了整个国家。国家的应急救援能力爆发出来，监利江段上形成了中国顶级水上救援队伍和技术装备的紧急汇集。全国投来的注意力几乎是"屏住呼吸"级别的，人们期待着多一些生还奇迹的发生。

然而据有的生还者描述，轮船以难以置信的速度倾覆，那个悲剧过程在他的记忆中只是"一分钟"的事情。由此人们想到，船上的绝大部分人有可能在事故发生的最初几分钟里就已经遇难了。

如此强大的救援，实际只从水下救出很少的幸存者，无法挽回大多数生命的逝去。这让人对现代救援文明与自然力某个致命袭击进行决斗的实际情形颇感震撼和无奈。如果灾难的原因中确有人为差错，我们知道了要修正它是多么艰难。

国家对救援倾力投入，只要救出一个人，就是值得的。对于那些我们最终不得不面对的状况，这样的救援也是给予逝者的应有尊严。

为了帮助救援，三峡大坝甚至控制了放水。对于国家做的这一切，或许永远都要慎用人们"满意"的说法，但民众的确看到了它们，大部分人也理解了它们。与死亡战斗的时候，我们不是无所不能，现代化有它的脆弱和局限，这是一次残酷的展示。

有少数人表达了不同意见，用挑剔的眼光检阅搜救，发出一些抱怨。一方面这些声音的存在对一个多元社会来说很正常，一方面必须指出，它们不是此次江难后的社会主流情绪。对社会意见的面貌不具代表性。中国社会过去7天的真实表情是悲伤的，同时也是坚强的。

外媒的立场和出发点与中国社会有一定天然偏差，它们更倾向于报道能被理解为中国社会"对立"的元素，有些媒体发自监利的报道的确就是那样做的。然而受救援本身快速而高效的影响，这次不少外媒也在消费中国伤痛方面有所克制，这种情况在近年是不多见的。

接下来彻底查清此次江难原因的工作将会展开，与家属有关的善后也会成为重点。从舆论看，公众对政府严格依法依规推动它们公平公正地进行是有信心的。而且值得强调的是，救援对国家的硬实力依赖度高，而善后考验的是社会"软水平"。

国家在救援阶段是主导性角色，但善后不可能是国家继续大包大揽的过程，而应依靠社会和国家的共同努力。如果中国社会能够逐渐突出依法善后的概念，让法律法规来决定善后的种种细节，那将是我们朝着全面现代化方向的再迈步。

灾难总是在意想不到的地方伏击人类，人类同灾难的搏斗是永恒的，而且我们有时相信它应当是不计成本的。现实有冷峻的一面，这种冷峻有一部分藏在我们心中，我们不忍讲出它们，而是主动或被迫做出一些艰难的选择，默默地把握平衡。人类有时像是这个星球的主宰，有时我们又深知自己不是，我们搞不太清楚自己究竟是有条不紊，还是跟跟跄跄地走向未来。

想到"东方之星"号上遇难的大多数都是老人，就让我们额外多了一分伤心。我们将带着这份伤心和愧疚继续自己的生活。

（2015.06.08）

日本何必因亚投行矫情自辱

日本外务省发言人在七国集团峰会期间宣称，日本目前不会决定是否加入亚投行，除非中国先解决外界对中国人权、债务以及环境保护等问题的担忧。他还说，日本首相安倍晋三特别重视中国对腐败问题的应对，东京方面要求中国当局对这些问题予以澄清。

日方的上述表态是世界所有经济体迄今围绕亚投行表态中唯一的，它显得怪怪的，很像是表态者受了什么刺激，想说些话故作镇静，但反而更加暴露了内心的烦乱。

如果日方的这番话在三个月以前说，还有点意思。尽管把参与亚投行与中国的人权、环保等问题联系起来本身风马牛不相及，但那时候这样做毕竟能显示一下日本的派头，端端架子。

然而现在这样做还能让人觉得日本"很牛"吗？如今亚投行已经有了57个意向创始会员国，光是G7就进来4个！中国作为首倡者还需要日本进来向世界"示范"，给这件事"捧场"吗？难怪中国网友们昨天看到这个消息特有底气、几乎是异口同声回了一句话：爱来不来！

这句话的意思是：日本什么时候来我们都欢迎，你如果不来，随你的便，亚投行不缺你一个！

说实话，本来更痛快把日本"顶回去"的说法应该是"最好你永远也别来"，甚至是"你想来我们都不要"。因为亚投行没日本参与，的确能够健全地运转。

但中国人比过去自信多了，并因此豁达多了。我们同日本置气的兴趣越来越少，有时候东京主动"矫情"，我们的生气程度不再像过去那样高。

在很多中国人看来，日本似乎"中邪了"，喜欢找茬同中国"死磕"。中日曾很友好，这些年"掰了"，中国的意思是"咱俩恢复正常"，然后"各寻所爱"。日本则像是"不爱就得恨"，天天盯着中国死缠烂打。

这让我们有点为难。中国没做什么对不起日本的事情呀，历史上都是你害我，这些年我就是进步了些，也没特别"高富帅"，就是好了些，你就这么受不了？非要砸场踢馆，看不得我出头？

日本真的不该这么没出息。它这一点不妨学学美国。华盛顿也没参加亚投行，而且劝盟友与它保持一致，没想到英法德意"反水"让它丢了脸。但华盛顿至今保持了风度，没公开说亚投行坏话，反而支持世行与亚投行合作（虽然可能是违心话）。不能不说在同样被动的处境中，华盛顿的表现比东京有尊严得多。

今天的日本人和中国人分别是当年侵略者和被侵略者的后裔，那段历史双方都难以释怀，但我们的确搞不懂，一些日本人凭什么对中国的憎恨比一些中国人对日本的憎恨看上去还要强烈。当年向日本扔原子弹的可是美国！瞧一些日本右翼在美国面前的那副谄媚劲。

好了，中国还是很愿意同日本保持正常乃至友好关系的。日本社会因为中国发展很快而有些失落，我们对此能够理解，因此也不会与日本的某些"撒娇"行为过多纠缠。高速成长的中国正是最忙碌的时候，一个邻居如果得了抑郁症，我们可以不同它一般见识，但我们陪不起它。

日本如今对华的很多表现都很反常，根源都是它面对中国崛起的强烈危机感。其实日本仍保持着难得的技术先进，在未来很长时间里它都将在现代化领域继续走在中国前面。稍安勿躁，自信些，这是我们对日本社会的忠告。

（2015.06.09）

啥眼神，能把江难救援看成"办喜事"

"东方之星"号6月1日出事后，中国社会的注意力高度集中在能有多少人被救出，以及什么具体原因导致了这一重大灾难等核心问题上。对第一个问题，其实人们从一开始在心底深处就是悲观的，但大家都不愿意说出来，而是支持国家尽全力开展救援，这既是对可能幸存生命的负责态度，也是给予遇难者应有的尊严。对第二个问题，人们支持国家开展严肃调查，同时知道这样的调查需要时间。

事故现场在大部分时间里是中国人注意力的中心，电视台等媒体展现了真实场景，回答了公众的绝大部分关切。我们知道了很多坏消息，并为之伤感。我们也看到直到最后时刻也未放弃的现场倾力救援，了解了国家从三峡控制放水到长江入海口搜寻遇难者遗体的大范围努力，在难过的同时，我们还看到这个国家的力量。

但是在中国这么大的社会里，也有少数的眼睛不是带着常人的视角在看这场灾难的现场。他们随时准备在这一紧急动员、组织起来的大型救援行动中发现纰漏，或者发现可以被描述成纰漏的疑似细节，并通过互联网向社会广播。他们觉得自己这样做很神圣，比现场救援的那些战士还要"战士"，他们视自己为确保这场救援保持健康"谁都可以缺就他们不可少"的监督者。

这些人宣称自己有一个重大发现：官方在把这场死亡400多人的巨大灾难"当喜事办"。他们的根据是：有的媒体以表扬的口吻谈到救援队伍，或者突出了某个救援者。此外媒体还提到政府官员对救援行动的参与或支持。

我们能跟这些自以为是的"监督志愿者"生气计较吗？大概不能。总的来说，主流社会需要有胸怀包容各种各样的声音，并且要劝说自己相信：即使是最极端的批评者，他们对社会的实际建设性也不是零。

但是该讲的理还是要讲清的。对这场灾难的救援咋就办成"喜事"了？七八天时间，有噩耗也有希望，有极度悲伤也有不放弃的坚持，中国社会的真实感受就是百感交集，那种只许哭不许坚强，只许绝望不许希冀是正常中国人的感情吗？这样的人莫说在中国，去世界哪个地方能不算是"各色""另类"的？

美国14年前发生惊天动地的"9·11"恐怖袭击，世贸中心双子大楼倒塌，五角大楼被撞了一角。在那场灾难的报道中，美国社会的力量和决心迅速被突出出来，即使大楼倒塌现场的报道，也不是仅仅围绕死者展开的，而是同时展示了冒死救援的奉献者，释放他们身上的"美国精神"。世界上恐怕没有一个国家会鼓励国民以恐惧和绝望的态度面对灾难，即使一个家庭，一个普通人，也不会允许自己因为灾难而消沉下去。

著名的葬礼进行曲在沉痛的音调中也会加上昂扬的音符，人类之所以生生不息，就是因为我们不放弃，不气馁，大自然严厉的进化法则教会了我们如何面对灾难和死亡。

在把该讲的理讲出来之后，我们还是要说，那些没事做就把在网上挑刺发牢骚当"正事"的人，他们如果特别想这样干就干吧。好在这样的人并不多，互联网的特殊虚拟性把这类人聚在一起。他们给社会贡献了一面哈哈镜，但我们有时会想：哈哈镜再哈哈，它也是一面镜子。

但那些人应该知道，他们作为"键盘侠"真的没有在长江中潜水施救的那些战士更值得为自己骄傲。他们或许有必要不时走出网上虚拟社区，多看几眼真实的世界。

（2015.06.09）

下周决定性投票，香港泛民切莫赌气

香港特区政府下星期三将提交根据人大"8·31"决定拟定的政改方案，由香港立法会进行表决。剩下整整一周时间，在有过激烈的宣传运动之后，人们不妨静下心来，做些实事求是的思考。

泛民派议员表示他们将集体对政改方案行使否决权，情绪十分激动。那么不妨思考一下，否决政改方案对香港有什么好处？对泛民派又有什么好处？

政改方案显然没有达到泛民派的要求，然而提名委员会的人数和组成与之前的选举委员会一致，特首却由原来的选举委员会投票改为经香港社会500万选民一人一票选举产生，这是否的确已是很大的进步呢？如果政改方案被否决，香港政治体制将停滞在目前状态下，两相比较，香港民主的得失是不是很清楚呢？

泛民如果否决政改方案，能换来中央的让步吗？显然不能。那么泛民虽可通过否决政改制造危机和难堪，但这些不会成为香港社会的好处，甚至给泛民也带不来利益。一旦政改遭否决必将意味着香港一段时间的政治紧张，香港内部的信心和外部对香港的信心都将受到打击，那种局面将是香港社会的不该承受之重。

香港泛民派一定要把香港和他们自己的真实政治定位搞清楚。香港是中国的一个特别行政区，高度自治，但不是独立实体。香港同内地及中央的关系是它发展和繁荣的生命线，随着祖国不断强大，这一核心关系越来越不以香港具体力量的意志为转移。

香港特首应当同时被香港社会和中央接受，如果只受到一方的欢迎，其施政就将是困难的。由提名委员会决定特首候选人名单，经香港人一人一票选举，最后由中央任命，这一机制是对上述现实和道理的契合。如果顺从泛民的意志，谁当特首完全由香港社会说了算，那就是破坏基本法的行为，香港也会面临非常严重的不确定性。

香港是多元社会，有不同的政治主张和诉求实属正常，但不能让对立和斗争造成严重社会撕裂。维护香港社会基本稳定和团结、保持香港在全球经济中的竞争力这一共同利益应当成为政治竞争"斗而不破"的边界。

香港泛民派的激烈要求香港社会以及中央都听到了，它们不会"像风一样吹过去"，什么都留不下。香港需要时间来消化更多的诉求，现在最重要的是让政改方案启航，走向未来，而不是让它尚未出发就胎死腹中。

中央一直在劝说泛民派接受政改方案，而不是借着泛民反对政改方案就顺势将之抛弃，维持香港的政治现状，这是中央推动香港民主发展有诚意的表现。现在出现了奇怪的情形，泛民派说：我不改了，我宁肯什么进步也不要了，香港不好我受着，我只要你中央负责。这是不是在撒娇赌气呢？

民主政治需要理性，而它最深刻的原则是现实主义。香港泛民派不能将自己的意志放到至高无上的位置，要香港和整个国家都围着它转。这是严重的政治误判＋激进主义，是幼稚和鲁莽。如果泛民派最终以这样的态度走向6月17日的立法会投票，全体香港社会将被迫为他们的任性埋单。

我们强烈希望理性和担当精神在最后时刻崛起并释放出力量，帮助泛民议员做出对历史负责的选择。希望在这最后一周，那些议员能够听到来自香港利益深处和来自他们良心深处的呼唤。

（2015.06.10）

又有2名警察牺牲，恶语应当远去

河北肃宁9日发生特大枪击案，造成除肇事者外的4死5伤，两名干警牺牲。肇事者是一当地村民，据说患有精神疾病，他用双管猎枪袭击周边群众，后在围捕行动中被当场击毙。

这起恶劣的枪击案再次震动了社会。它让人想到了庆安事件，一些人直到今天仍在指责警察"滥杀无辜"，宣称如果你不出来反对，下一个被警察击毙的"可能就是你"。然而肃宁枪击案让人看到更贴近现实真相的角度：在一些对峙中很难说更危险的是警察，还是犯罪嫌疑人。

中国这些年不断治爆缉枪，取得重大进展，光去年就收缴各类枪支及仿真枪、猎枪15万支，实质性降低了民间涉枪犯罪的几率。中国现在每年只有约200起涉枪犯罪，这与涉枪犯罪大国美国相比算得上是"九牛一毛"。但非法持枪毕竟难以杜绝，不断有枪支从边境地区流入，自制土枪的窝点也有漏网的，缉枪总会有未被触及的死角。

除了这起肃宁枪击案，近来还发生了其他致命的袭警事件，这些极端情况与庆安那样的情形构成了中国警察执法面对的超级复杂环境。警察除了制止犯罪，还担负着大量治安乃至社会工作，他们既要直面穷凶极恶之徒，也要面对一时难以判断该施以多高强度制服力的违法者。他们是"人民警察"，公众对他们道德及处置准确的要求极高。

这是一份沉甸甸的责任。每年牺牲的中国警察里有一半是过劳死，这是一支并非体弱多病的队伍，但其成员过劳死的频率却是中国所有职业里最高的之一。这么大的国家，警察一共约200万人，中国每10万人口拥有的警察人数远远低于世界平均水平的300名，但中国的杀人案比例是世界上最低的之一，社会治安水平大大好于许多普通发展中国家，我们要拍着良心说一句：这与警察的牺牲与奉献分不开。

中国社会总体上不鼓励警察使用枪支，虽然一线执勤警察大多配了枪，但庆安事件显示了一旦警察开枪出现争议，舆论将会施加多么大的压力。由于大部分中国警察日常忙碌的程度难以思议，他们接受使用枪支的训练并不充分，这造成了一个局面：社会在拼命使用警察，同时舆论不仅以理想主义的标准要求他们，而且常常把社会从其他方向积累的怨气撒向他们，拿这个群体当"出气筒"。

你遭到过抢劫吗？如果你是女生，晚上敢出门与朋友们聚会吗？你可能觉得这些问题很傻，但国际上的实际情况是，这些问题在大部分发展中国家里都是极其现实的。中国人今天享有的社会治安层面的安全感是一种宝贵的资源，很多情况下，它只属于发达社会，和少数规模不大、社会治理取得卓越成绩的新兴社会。

中国舆论需要对警察好一点。警察这支队伍并不存在于真空中，社会的大多数问题都会在这支队伍里有所反映，200万人的队伍，也难免有个别害群之马。但请相信，整个警察队伍不是为消费中国各种问题而生的，而是社会解决问题最可依靠的力量之一。无论出了什么涉警公共舆论事件，我们都不应堕入泛泛置疑警察队伍对人民忠诚，不荒唐地把警察置于依法治国的对立面，这是最起码的理性。

两名肃宁干警牺牲，让人想到继续治爆缉枪的紧迫。然而真实的情形或许是，这样的治安行动永远都在路上，我们普通人能够做的就是多支持、信任警察，在少数人煽动舆论仇警时，坚决与他们划清界限。

（2015.06.10）

中国人,让我们不再"恨"任何国家

中国显然在经历一段周边困扰多发的时期,日本、菲律宾频繁主动挑衅,来自越南方向的摩擦有时也蛮严重。所有这些问题都指向一个外部的深层原因,那就是美国的鼓动和怂恿。但是如果继续深究,中国崛起的自然能量释放似乎又影响了上述各方对华心态变化的根源。清理这些重要的关系需要中国人能跳出自我价值系统,实事求是看待周围世界。

日菲美等无疑在损害中国利益,这成为一些中国人憎恶那些国家的理由。本文想讨论的是,在中国迅速朝着世界级大国成长的时候,也许我们需要做些心理调适,让自己更容易看懂少数国家同我们作对的地缘政治逻辑,少对外部挑衅做情绪性反应,而是从容地组织基于理性的反制。

换句话说,无论日菲美等有"多坏",我们都不必"恨"它们。我们需要搞清它们对中国"坏"的原因,除了在战术上直接回应外,还需致力于在战略上逐渐清除那些原因。当然对于成长社会来说,做到这一点是个挑战。

亚洲所有国家都回荡着爱国主义,它们在程度上其实差不太多。在当前世界格局下,国家利益是各国对外政策的出发点,国际行为的对错标准有时不是由国际法决定的,而是由最有力量的一方来决定。但在一国内部,对错标准首先来源于本国的利益,国家冲突实为利益冲突。

中国遭到挑衅,根本原因是我们的力量成长受到妒忌,引起恐慌,但又没强大到让日菲等像尊重美国那样尊重我们的程度。它们对岛礁摩擦的感受角度与中国人正相反,而且缺少与强大且同它们有领土争端的中国和平相处的经验，它们因此有些抓狂。

中国与日菲相互"怨恨"从各自的国内看都有充足理由，但如果把问题摊开，彼此的冲突又有明显的局部性，日菲因此而生的战略狂想有很大一部分受到情绪的左右，其实际内涵非常单薄。不少中国人也产生了对抗性情绪，主张强硬对外。

不能不说，国际关系是非常容易动气的领域，而历史经验告诉我们，发怒或为"恨"出牌的一方，往往都要吃亏。因为愤怒和仇恨会扰乱认识，诱发或扩大战略误判，将自己推入一时痛快但却往往是错误的路线。

美国2001年发动阿富汗战争，2003年发动伊拉克战争，应当说都不够冷静。前一场战争明显是为了报复，为美国人出遭到"9·11"恐怖袭击这口气。后一场战争还加入了布什家族与萨达姆的"私仇"，总体上也是要惩罚萨达姆围绕"9·11"的嚣张态度。结果全世界都看到了，美国人为"出气"付出了代价。

中国外交保持了应有的统筹能力和理性，同时显示了原则和弹性。但是中国民间的怨气不小，一些人掉入各国都很常见的对外部不友好力量的仇恨情结，一旦这种情结在舆论中过于膨胀，就有可能对政府从国家利益的角度开展外交造成牵制。

中国崛起带来前所未有的对外接触面，我们在力量竞逐的舞台上逐渐成为主角，受到仰视，也受到空前的防备和各种紧盯。中国人的心理一定要跟上这种变化，我们需适应越来越多的外部批评和挑剔，不那么在乎一些力量在针对我们窃窃私语，或展示它们的"团结"。我们所说的"不在乎"是指不会因此而"生气"或"动怒"，如果我们在乎的话，就应在政策层面设计对策，促使局势的变化。

中国需要学习做大国，了解力量的意义，也了解国际政治的深刻根源。我们应看到，现在日本经常"生气"，而且像是"气得不轻"，因此它在做些显而易见的战略蠢事。

（2015.06.11）

香港民主给内地做了糟糕示范

香港政坛围绕政改出现严重的对立,泛民派议员宣称定会在下周的立法会投票中集体否决特区政府的政改方案。部分反对派的积极分子表示将在投票时包围立法会,制造压力。有人将之称为新的"占中"行动。

对内地绝大多数人来说,香港民主带给他们的观感真可谓越来越糟。内地除了少数与香港事务有联系的官员和学者外,多数人是大体带着"旁观者"的心态看香港政改争议的。香港通不通过政改方案,对他们的生活没什么直接影响,很多人甚至连香港政改是怎么回事也不太清楚。

但是稍有了解的人都会觉得政改方案与原来的机制相比的确是"进步了",香港反对派要求更激进的政改,这种诉求如果换位到反对派的利益去思考,可以理解。但政治是妥协的艺术,反对派要求什么就有什么,这显然不现实。

因为达不到最高要求,反对派就要掀桌子砸场子,大家都别过了。而且他们能动员起相当一批社会力量支持他们明显非理性的主张,搞得香港越来越像"第三世界",像是要"破罐子破摔",这让内地人很难理解。

这就是"民主"吗?可是怎么看怎么像狂热的群众性政治运动。在我们的理解中,民主是理性的,有力争亦有妥协,它要制造双赢,而不是双输。政改方案的目标是国家治理和香港民主发展的双赢,而否决政改对谁能有好处呢?泛民的政治空间不会因此而扩大,香港乱了,衰落了,泛民今天的支持者会有很多人反过来怨恨他们,国家治理也将蒙受损失,这即是双输,而且首先是香港输,因为国家的回旋空间毕竟大得多。那么泛民为何还要否决政改呢?

这大概就是民主的尴尬。香港民主像是民粹化了，发酵出一些冲动、不计后果的能量。它在撕裂香港社会，让香港什么事都干不成。一些人陶醉在煽情的口号中，一边在毁香港繁荣的基础，一边为自己的"勇敢"和"坚持"感动着，觉得自己很高尚。

香港极端反对派要和中央对抗，这现实吗？内地人实在搞不懂这种毫无希望的事情为什么会有少数港人挺着迷，而且能忽悠来不少同情者。连"大英帝国"二三十年前都知道在原则问题上与北京对抗不可能胜利，为什么现在有些香港反对派会以为他们能获胜呢？

民主不该是这样，香港当下的面貌不是一个有活力社会的应有状态。香港回归祖国以来，内地社会关心、支持香港的发展，给予了力所能及的政策倾斜。中央没有让香港不好的动机，内地社会也没有让香港在大中华繁荣圈里逐渐边缘化的意愿。香港反对派如果尚存一丝理性，就应把握政治斗争的分寸，不把事情做绝，而是留下必要的回旋余地。

有人说，如果立法会是"不记名投票"，政改方案定能通过。因为一些反对派议员也知道政改方案应当通过，但是他们被由极端势力把控、其中他们自己也添了一把柴的激进舆论绑架了。一些分析人士相信，如果反对派议员集体否决政改方案，至少会有一部分人是"违心投票"。

离投票只剩下几天了，我们非常希望自己的一些观察是错的，泛民派议员会在"尽了反对之力"后，在最后关头拿出理性和政治勇气，对政改方案投出赞成票，促成香港局势的戏剧性转折。那将是他们面对历史的一份卓越表现，是对香港民主一次身体力行的塑造。那一幕会发生吗？人们拭目以待。

（2015.06.12）

四小兄妹服农药死亡痛彻中国社会

贵州毕节市田坎乡4名儿童因服农药中毒死亡,他们是同一家庭的留守儿童,母亲出走,父亲外出打工,爷爷奶奶去世,他们独自生活,最大的是一13岁男孩,其余是他的3个妹妹,最小的年仅5岁。他们临死前有烧毁作业本和文具的行为,"自杀"是对他们死因的推测之一。

无论这4个孩子是不是自杀,他们的死都令中国社会十分震撼。高速发展的中国至今仍有不知道是不是个别的角落,那里有非常可怜的、有可能是绝望的孩子,而社会的救助力量没能温暖到他们。相信看到这个消息的所有国人都很难过,甚至感到一点愧疚。

毕节是贵州最贫困的地区之一,2012年那里5名流浪男孩在垃圾箱内生火避寒,导致一氧化碳中毒死亡。在那之后毕节市对辖区内留守儿童逐一排查,设立了留守儿童专项救助基金,并采取一对一帮扶等措施,应当说做了一些工作。然而这个800多万人口的多山地区还是再次上演了悲剧。

新悲剧的基本线索是清晰的:父母外出打工或离家出走,4个年幼的孩子处于无大人日常照顾艰难境地。这种情况在发达社会法律健全严明的情况下是绝对禁止的,它们在中国也并非常见,但显然还存在着。毕节基层的社会帮扶系统没达到对极端情况的全覆盖,或者有些触及是不扎实的,这导致了让人痛心一幕的发生。

孩子的父母、亲属、邻里、学校、基层政府和毕节市民政系统都对这一悲剧负有部分责任。我们国家还没有形成普遍的、真正能够托底的基层救助网络,这一现实也深深令人遗憾。

这显然是个极端事件，我们不能认为它带有某种普遍性。然而中国到了要努力排除发生这种极端悲惨个例的时候。社会已经有了较为充裕的资源，善良的中国人民也愿意为帮助那些极度困难、孤独的孩子支付必要的成本，重要的是要把基层救助网络逐渐夯实织密。

我们知道这不是件容易的事。据了解基层情况的人介绍，在偏僻贫困的山区乡村，几乎所有青壮年都外出了，有的地方连基层干部都找不到人做。基层干部的年收入远低于外出打工，发展保障性网络困难重重。留守儿童的生活、教育牵涉很多政府和社会机构工作，他们所处的现实环境缺少了父母这一核心要素，社会人员构成是以老人和孩子为主的畸形状态，这时候要让他们心理成长的小环境朝正常修复是很困难的。

然而再困难我们也不能放弃。中国社会应当为帮助那些贫困地区的留守儿童做出虔诚的努力，它应是相关地区基层政府的主要职责之一，也应是社会福利工作的一个重要方向，是致力于社会公益的志愿者们的重点关注领域。

随着全面依法治国的推进，父母外出打工前必须对未成年子女的看护做出可靠的安排，确有困难的家庭应当由政府或社会福利机构托底，这两种安排需要衔接起来。未形成衔接的情况须受到处罚，一旦造成悲剧就应严厉追责。

4个可怜的兄妹牵手离开人间令全社会为之动容。我们需要行动起来，政府尽责，社会尽力，发现、排除存在悲剧隐患的死角。与发达社会相比，中国社会在扶困方面的落后还属于体系性的，让我们少抱怨，多做实事，每一个人出一点力，多给一点关注和对进展的鼓励，爱的网络就会逐渐无处不在，阳光就会照进那些因种种缘由堕入绝望的心田。

（2015.06.12）

搞民意造假，香港反对派有些心虚

星期天下午香港反对派组织了反对政改方案的示威游行，为鼓动泛民议员本周三在立法会上否决该政改方案做街头造势。该集会参加人数不多，草草收场。此外港大等三家大学的联合民调也一直在做相同的造势，该民调组织者宣称，反对政改方案的民众上周末首次超过政改的支持者，但这一民调受到多方质疑，被指"造假"嫌疑严重。

该民调组织者钟庭耀是泛民阵营的积极分子，对他"造假"的质疑包括两方面。一是问题的设置是"对政改方案是否满意"，而不是问"政改方案是否应当通过"。希望政改方案更激进些的港人显然比认为政改方案"达不到要求宁肯不要"的人要多，香港有大量虽有不满意但支持以现实态度通过政改方案、认为一人一票毕竟是重大进步的人。而三大学民调把这部分民意吞没了。此外，三大学民调结果变化太快，数据本身的波动也违背了民意变化规律。

以多种手段造势，说明香港极端反对派现在有些"心虚"，他们似乎需要这些造势为自己"壮胆"，就像吸食鸦片一样寻找兴奋和麻醉感。

因为他们知道否决政改方案必将给香港带来伤害，香港民主进程会因此停滞，政治动荡很可能加剧，他们须为此承担历史责任，香港社会未来一定会唾弃扼杀本次政改的人。因此他们需要通过造势来伪证"这是香港人民的选择"，显示这不是他们的固执，是香港社会要求他们这样做。

他们还有另一种不自信，即他们知道二十几名泛民议员中，有一些人尚存理性，希望妥协，不希望自己做"历史的罪人"。他们担心这些人会"临阵反水",对政改方案投出赞成票,因此用造势来向这些人施压,逼他们"捆绑投反对票"。

极端反对派很清楚香港多数选民希望政改获得通过,泛民阵营只是有能力阻止香港政制发展的少数派。少数派毁掉多数人的希望,道义上的责任风险不言而喻。如果香港反对派最终否决政改,他们就须敢作敢当,直面历史的拷问。

泛民打花里胡哨的民意牌,不断把街头当成政治斗争的主阵地,这些表现给香港的民主政治水平严重降了格,让香港看上去的确像是在朝着"发展中社会"堕落。极端反对派将否决政改方案鼓吹成"香港的胜利",真是既滑稽又可悲:一旦民主进程中断,何来香港胜利,香港各派中又安有胜利者?

基本法要求香港政改方案要立法会2/3高票通过,这是很高水平的民主规则,因为如果要求半数通过,也符合"民主是多数人决定"的要义。香港反对派将在本周向世人证明,基本法是否高估了他们的道德水准和政治素养。

由少数人决定一个社会的命运,这是民主规则有时会导致的特殊情况。这是民主的风险,也是对社会总体民主能力的检阅。现在香港的民主进程能否进行下去,就掌握在那二十几名泛民议员的手里。喧哗的众生、真真假假的民调,还有激烈的街头运动在把他们团团围住,试图左右他们的投票。

需要指出,这些反对派议员攥着香港人一百几十年来分量最重的几张票,这是香港回归和基本法赋予他们的,是政改的重大含义带给他们的。他们将如何对待这份沉甸甸的托付,他们能否超越小圈子的利益为整个香港社会的福祉负责,回答就在本周。

(2015.06.15)

洪秀柱异军突起证明了什么

有"小辣椒"之称的洪秀柱女士在国民党"总统候选人"初选民调中过关,大体确定了明年台"总统"选战她与蔡英文"淑女之争"的格局。虽然最终由谁代表国民党竞选"总统"理论上说仍可能有变数,但台湾舆论已经在把洪秀柱当成国民党的"旗帜",并在这两天给了一个欢迎并鼓励她的高潮。

洪秀柱原本与蔡英文"不在一个级别",甚至有人用"名不见经传"来描述她。她曾做过国民党副主席,目前为"立法院"副院长,一直当的都是配角。她是在国民党有影响的"A咖"们纷纷"怯战"之际挺身而出,以自己勇气和担当精神感动了舆论的人。

出身贫寒、刻苦努力并且从不放弃是洪秀柱个人形象的底色。此外她敢于直言,未染政坛虚伪和滑头之风也让公众感到清新。然而她毕竟资历浅,能在多大程度上调动国民党内部各路力量的支持有待检验,许多她的支持者实际上也在捏着一把汗。

比如有人担心洪秀柱的支持率迅速攀升至蔡英文的同水平线甚至更高"不够扎实",怀疑蔡英文阵营乐见洪代表国民党出战,尚未从舆论上对其下手。等到洪蔡对抗成为定局后,各种凶险有可能浮上水面。

但是也有人认为洪秀柱确为帮助国民党在"九合一"选举惨败后走出困境的新锐力量,她以勇气和真诚开创的角色无可取代。她能够有效抵制国民党代表"台湾权贵"的说法,而且她比"A咖"们更接台湾年轻人这一"关键地气"。

选战的事波诡云谲,量化的预测通常是哗众取宠,如果台明年真出现"辣(洪)炒空心菜(蔡)",鹿死谁手岂是今日可破之谜。

但洪的异军突起决非偶然现象,它已经提供了针对台湾政治的一些关键证明。它们包括:

台湾基层社会和舆论欢迎政治新风,这对国民党和民进党都有效。

政治人物通常相信言多必失,很多人或者遵循"沉默是金",或者说话含糊其辞,对敏感问题采取回避或模糊战术。但民众对政治人物"诚实"的要求在提升,哄骗舆论的难度越来越大。洪秀柱是第一个提出应放弃"一中各表"、改为"一中同表"的台湾重量级竞选者,这种敢说真话的态度迄今并没有损害她的支持率,因为"一中"是天大的事实,洪是彻底捅破窗户纸的人。

洪秀柱公开主张"一中同表",蔡英文在"台独"的问题上则放软了身段,当年陈水扁在"台独"问题上嚣张表演,以操弄两岸冲突为主要竞争手段,而国民党则在两岸政策上嗫嚅气短。此时比之彼时,已是巨大变化。选战比"太阳花学运"更能准确反映两岸关系的趋势,台湾如果哪支政治力量看不清这一点,逆这一大势而行,它的被动就将是战略性的。

民进党一直认为自己来自台湾草根,因而代表台湾政治的未来。但如果它不根本抛弃"台独"主张,将会不断自我绊倒。就像一盘棋还没开始下,它就先输了一个车,丢了一个马。

国民党和民进党比具体施政本领,从长远看将会各有千秋,难评高下。但是国民党在大格局上比民进党清醒,更具实事求是的能力,这将成为两党长期胶着竞争之外国民党的一项战略优势。如果两党的政治路线都大体延续今天的样子,完全可以预期,自台湾开始政党轮替后,国民党在台湾执政的总时间一定会长于民进党。

洪蔡是否会最终对决以及谁输谁赢都将由时间来决定,但我们今天就不难把这场"淑女之争"看懂。结果很重要,但这场选战所呈现的道理同样重要。

(2015.06.15)

西方"政治渗透",中国开放与安全同重

西方是否在威胁中国?中国在意识形态领域对西方渗透的抵制是否真的很必要?这些经常在中西舆论场响起的问题有些问得准确,有些则问得不太准确。一段时间以来西方媒体上多有中国在"收紧"的指责,宣称对外开放的中国正在"逐渐关上大门"。

"西方在威胁中国",这是个很不准确的描述。中国从上到下都不认为西方是"敌人",中国同西方在全球化时代的高度融合前所未有。中西在经济上尤其你中有我,我中有你,同西方开展合作是中国现代化的重要推力。泛称西方对中国构成整体性威胁,既不符合中国改革开放三十几年的现实,也与中国社会的实际认识对不上号。

中西放到一起时,中国人最强烈的感受是差异。这种差异导致的中西关系的长期复杂性远远超过了人们的朴素分析。这种复杂性包括西方对中国国家安全的某些实际"威胁",它们与来自西方的建设性因素不断交织、对冲,涤荡着中国人对西方一言难尽的感受。

随着中国硬实力的不断发展,传统领域的中国国家安全持续得到巩固。然而全球化是中国内部对外洞开的过程,它比通常意义的"对外开放"更加深刻。西方政治价值观有在中国社会长驱直入之势,它带来以西方历史经验、甚至西方政治利益为出发点审视中国政治制度的视角,对部分中国人围绕国家道路的信心造成侵蚀。

西方处在全球政治软实力的上游,在西方主导的全球化条件下,这一优势自然形成对下游国家的冲击力,引导西方的制度和价值体系在后发国家复制。关于这一点,西方早于发展中国家形成了认识,中国是在

改革开放进程中逐渐搞清楚其中奥秘的。

在国门洞开的情况下巩固社会的政治凝聚力,这是中国未来国家安全的重大课题,如果不是"头等重要"的话。而西方的意识形态力量恰恰在这个领域扰乱中国最为方便。我们不认为西方对华的"政治渗透"全都是国家行为,也不认为来自西方的所有这些行动从属于一个完整、连续的计划。它们有些是有财政支持的"颠覆活动",有些是西方体制在与中国交叉时的"自然"表现和反应。

然而西方在身为中国合作伙伴的同时,释放了一些有损中国国家政治稳定的因素,这种判断是真实客观的。我们需要抑制这些因素对中国的实际破坏力,这种防范的动机也是正当、清醒的。

中国看到了问题,但并没有因此而"怨恨"西方。反过来西方也不应为了中国采取一些针对性措施就大喊大叫,它们的大惊小怪至少有一部分是不真诚的。

诚然,抵制西方的对华政治渗透是高度复杂、困难的工作。世界上大量发展中国家在这方面都不够成功,或者国家放弃抵制而走向动荡,或者采取简单、极端的做法,导致与西方关系紧张。

由于西方的"渗透"往往与它们的对华交流混合在一起,或者是同一个行为的正反两面,这对精确抵制这些渗透行为、避免负面的连带效应提出了挑战。客观说,完全的"精确抵制"是做不到的,在有些时候,我们不得不选择负效果相对最小的那个方案。

中国各领域存在不同程度的官僚主义,这会导致一些抵制行动的精细化水平不足,操作者只注意"政治正确",轻视了实际效果。这种情况有可能加重中方所受到的压力和损害,需要特别注意。

中国将国家政治稳定放在重中之重的位置,这种态度是务实、理性的。不希望国家"乱"也是全社会的最大共识。在这方面我们决不能屈服于西方舆论的攻击。与此同时,西方是多元的,我们对其负能量的规避手段也应是灵活多元的。效果和立场同样重要,这应是我们对待中西"博弈"的坚定原则。

(2015.06.16)

"港独"滑向暴力，香港让人心疼

香港警方15日宣布抓获了一个非法制造爆炸物的犯罪团伙，有5男4女在试爆现场被逮捕，他们最小的21岁，最大的34岁，身份有学生、助教和工人等。香港多家媒体援引警方的消息说，这9人都是香港本土派激进组织成员，并认为他们试图在本周立法会表决政改方案期间引爆炸弹。

这是1997年回归之后香港社会首次查出有人为政治原因制造爆炸物，舆论不约而同想到"恐怖主义"。昨天香港街头巷尾都在议论这起惊人案件，很多人不敢相信一向以法治著称的港岛居然会内生出很符合"恐怖活动"特征的大动静：土制炸弹，激进政治主张，冲动的年轻人等等。

很多人虽然吃惊，但并不感到这起事件"很偶然"。近一年来，香港法治受到前所未有的冲击，造反有理，"占中"当道，很多传统政治价值被颠覆，连"港独"这种异端邪说也招摇过市。9名被捕者据媒体分析就是"港独"人士，他们从喊口号壮声势迅速发展到制造爆炸物的"武装行动阶段"。除此之外，关于本周反对派大示威有可能夹杂暴力行为，一些抗议者帐篷里被发现刀具石块的消息也曾令人不安。

听到这些消息的一些内地人会以为香港"天下大乱"了，世界上也会有很多人因这件事不自觉地修改他们对香港的认识。尽管香港的实际情况未必就会那么糟。

然而外界对香港正"越来越乱"的印象大概值得港人的重视。这关系到世界对香港的信心。

很多港人或许没注意到，过去作为东方金融中心和时尚之都的香港，如今出现在世界媒体上的形象伴随了太多的政治激烈。"占中",两派对立,"港独",还有这次的"疑似恐怖活动",这些信息之间几乎不再有以往繁荣香港的影子。

现在一些激进人士在等着立法会否决香港政改方案,他们期待着"欢庆胜利"的那一刻。政改一旦中断的香港有可能陷入长时间的政治动荡,那些人全然不顾深浅,好像香港如果乱了只是大年除夕的地上撒些鞭炮的碎屑,几个清洁工就能还回香港的整洁一样。

内地一些人以事不关己的态度看香港"热闹",互联网上不断有香港乱了"活该"的声音。但更多的内地人为香港在动荡的通道上不断下坠而心疼。他们觉得香港像是在搞"文化大革命",尽管没那么厉害,但怎么看怎么有几分形似。内地人吃够了动荡的苦头,他们不希望自己喜爱的"东方之珠"重蹈自己踏过的覆辙。

暴力必被千夫所指,我们相信警方打掉制爆窝点必会得到香港公众的拥护。然而那些人不是来自恐怖主义多发地的移民,甚至不是那类移民的后裔,他们都是香港居民,有些有"学生"和"老师"的身份。我们不能不让思绪走得远些,想想他们走上此路与香港持续动荡可能相关的前因后果。

香港政治再活跃,一定要有保持社会良序的定力。为政治原因走向暴力如果获得同情,香港就如同打开潘多拉的盒子,必将万劫不复。滋生暴力的政治情绪等外围因素也应受到抑制,堵住这些大的诱因,才能防止暴力活动在今后的复制。

无论立法会就政改方案的投票是什么结果,我们都期待香港社会平静接受它,并在法律框架内处理后续的争议。内地社会对香港的最大期望就是那座城市好,民众安居乐业,并且幸福。其他的都在其次。

(2015.06.16)

永暑礁等将完成陆域吹填可喜可贺

中国外交部16日应询表示，根据既定作业计划，中国在南沙群岛部分驻守岛礁上的建设将于近期完成陆域吹填工程，新华社发布了永暑礁新的卫星照片。尽管后期建设仍有大量工作，但建成后的永暑礁等有多大面积，已经形成轮廓。

中方没有公布永暑礁等新的面积数据，但这是可以通过卫星图片进行测算分析的。有外媒提到"800公顷"，由于外媒倾向于说大中国吹填工程的面积，它的可信度无法确定。北京清华大学的本部校区占地面积约为404公顷。

北京顶住各方压力推进陆域吹填工程，显示了中国在复杂环境下按计划完工的坚定毅力和能力，显示了中国维护领土主权和海洋权益以及向国际社会提供公益性服务的坚定决心。

最近一段时间美国方面对中国南沙工程的指责很多，而且有美军用侦察机抵近作业岛礁挑衅，菲律宾、日本等个别国家也挨个粉墨登场，指责北京的"霸道"和"一意孤行"。如今，面貌一新的永暑礁等静静躺在南海之上，这就是中国对外界各种鼓噪和压力的回答。

当然中国的岛礁吹填工程不会一直继续下去，中国有能力在华盛顿刚开始组织外交及军事压力不久就完成这一工程，这一节奏近乎"完美"，它比中国顶着美国的海空挑衅开展作业更显示出中国做事的游刃有余。

建成后的岛礁不是要充当中国在南沙地区的军事前哨，中方16日列出"除满足必要的军事防卫需求外"，这些岛礁未来从事各类民事需求服务的长长单子。中国社会没有人希望永暑礁等从此成为南海地缘政治冲突的风暴眼,不愿意它们不仅增加不了和平的保障,反而把国家拖入愈演愈烈的实力和军事对抗。

在菲越等围绕它们所占岛礁搞了大量工程之后,中国此轮作业算是我们的一种"补课"。希望各方能从中真正看懂中国,既了解中国维护自己权益的决心,也看清中国珍惜南海和平局面的善意。中国以及各方在南海问题上都不断重申自己的立场,这些立场虽有不同,但邻居总要相处,那么大家就要在复杂局势中把握各自行动的分寸。

永暑礁等将成为中国在南沙的重要立足点,中国使用它们的方式决不会像一些外部观察家宣称的那样咄咄逼人。我们真诚希望围绕那些岛礁将出现南沙地区最大、最活跃的服务中心,当然,那些岛礁都应是安全的,对中国保护它们安全的权利,外界应予以充分尊重。

南海上的纷争一时恐难平息,但矛盾集中爆发的这些年并没有出现军事冲突,这一迄今的结果终究令人欣慰。本轮岛建争议如能逐渐平息,将再次成为本地区的福音。各方要喊的喊了,要作秀的作了,但只要结局是稳妥的,就意味着整个地区的一种成长。

南海保持和平符合东亚各国的根本利益,在民族主义有活跃表现的这个地区,看来人们对这个道理的认识还是蛮深刻的。对中国人来说,它尤其是帮我们认识南海的思想大厦的钢筋水泥。用和平方式解决所有争议,只要外部力量不来搅浑水,这样的决心最终会变成地区内的政治习惯。

(2015.06.17)

9 家大型国企的腐败记录令人痛心

中纪委网站昨天晚上公布了对中石油等 9 家大型国企的巡视清单，其查出的问题包括围绕少数企业领导人员形成寄生性家族式利益共同体、恶意提高分成比例向合作方输送利益、严重顶风违纪、违规提拔干部等严重现象，读起来令人触目惊心。

大型国企是中国国民经济的支柱性力量，也是中国社会制度的根基性资源。大型国企出现较为严重的腐败，会产生扩散效应，侵蚀官员层面的治理，也会影响民企的经营文化。向大型国企的腐败开刀，是击中了问题的要害处。

社会能听到"腐败是一种润滑剂"的说法，好像不让有权力的人腐败，他们做事就会无精打采。按照这个逻辑，通常有着某种特殊资源的大型国企或者要给管理者们与私营企业同等级别的工资待遇，或者就要允许他们尽情腐败。这样的认识必须彻底铲除，国企须跳出这两种社会不可能允许的极端选择，另寻发展的动力。

大型国企的超级经济规模决定了它们对大量权力的集中。这些权力都是与经济利益直接相关的"实权"，有时一个分公司就像是一个"王国"。随着中国不断崛起，如果国企保持与今天大体相当的国内经济比例，那么它们很可能还将扩大，形成更多的权力积累。

国企正了，国家权力体系的廉洁就有了坚实基础。国企不正，官员的廉洁就会像是浮萍。由于中国的国企干部和官员之间有交流机制，国企的情况尤其会和官场相互影响，形成难以区分的因果关系。

然而一些大型国企的反腐败比官场反腐败有更多复杂性，这不仅因为国企内部的绝大多数关系都连接着经济利益，还因为国企既是"国家单位"，又是企业实体，它们的市场属性至今有些模糊，有些人员的认识容易飘移，比公务员统一思想要难得多。

有的国企管理人员自视功高才厚，与民营企业高管攀比收入，觉得腐败一点是"对合法收入不足的补偿"，因而更容易产生腐败动机。

国企反腐败再有难度也要坚决推进。与此同时，也要积极探索国企内部激励机制的创新。后一点的重要性或许值得在今天特别强调。中国如果能有效治理大型国企人员的腐败，通过改革恢复国企的活力，真正使党对国企的领导与它们闯市场、创效益形成高度的统一，中国的政治和社会建设就站在了一个新的出发点上。

国企对反腐败的配合不仅体现在清除腐败分子上，还要有它们的成功改革和进一步良好的市场表现来佐证。国家必须有这样的高要求，因为国民经济不能停顿，每一个大型国企都有促进国家经济转型和繁荣的责任。

中纪委网站披露的9家大型国企腐败现象令人痛心。与此同时我们想说，国企里大多数干部和职工都是好的、遵纪守法的，这也决不是一句空话。大型国企对国家崛起以及国计民生的巨大贡献人民看在眼里，不会因它们的问题而被泯灭。

国企有问题就解决问题，是谁的问题就解决谁的问题，国企本身终将是"铁打的营盘"。民众期待大型国企早日在反腐败方面获突破性进展，不带包袱走向未来。国企自新中国成立以来屡建功勋，与国家风雨同舟至今，相信它们在未来仍会是好样的。

（2015.06.17）

中澳签 FTA，美亚太三大盟友已签俩

中国与澳大利亚 17 日在堪培拉正式签署中澳自贸协定（FTA），这是今年 6 月 1 日中韩签 FTA 之后的又一重大事件。中澳 FTA 谈判持续十年，终结正果，其意义将波及很多国家和地区。

根据中澳自贸协定，两国 85.4% 的货物进出口将在协定生效后立即实行零关税，今后这一比例还将高达 97%-100%。澳大利亚的能源、矿产、农产品、乳制品的对华出口将直接受益，中国的机械、电子产品、服装和皮革、化工产品等将在澳更具竞争力。

澳是南太最大国家，也被视为"西方中等强国"，人口近 2400 万，是迄今与中国签 FTA 最有影响力的西方典型成员。中澳 FTA 与中韩 FTA 构成了一种声势，使得一个大趋势呼之欲出。这两个 FTA 分别为中国周边国家和亚洲之外国家树立了样板，它们有可能开启一个与中国谈判、签署 FTA 的潮流。

中澳签 FTA 强化了人们的一个印象：21 世纪不是国家安全需求不断膨胀的时代，经济繁荣的需求则越来越突出。澳和韩国一样是美国的盟友，安全上与美国走得很近，但这挡不住堪培拉在经济上不断靠近北京的愿望。澳是中国第八大贸易伙伴，中国自 2010 年起成为澳稳定的第一大贸易伙伴。澳国内一直有要求在政治和安全上"对华强硬"的声音，但中澳经济合作的动能不断抑制它们。

澳大利亚像是成了"两面派"，安全上依靠美国，经济上依赖同中国的关系。这样的"两面派"做法在亚太的美国盟友间蔓延。这些盟友同中美的距离越来越恍惚，这样的平衡属于什么性质，人们的感受也在逐

渐变化。

世界上发生安全冲突的危险总的来说在下降，经济竞争的意义逐渐压倒了其他。很多人相信，一旦亚太出现极端地缘政治事件，堪培拉会立刻倒向华盛顿。但如果澳大利亚在其他漫长时间里越来越和中国"穿同一条经济的裤子"，局面的变化也将是实质性的。

中澳 FTA 谈判经历了多届澳大利亚政府，它成为不以具体领导人意志为转移的进程。这十年里中澳政治及意识形态的龃龉时有发生，有的当时在两国舆论场上还蛮热闹。今天回过头看，它们大多又都像是"鸡毛蒜皮"级别的，中澳 FTA 成了两国关系最华丽的"凯旋门"。说真的，中澳贸易额从 2000 年的 80 多亿美元蹿升到如今的 1300 多亿美元，较之美国向澳派驻 1200 名士兵，这两件事哪一个更加震撼？

中澳、中韩 FTA，以及英法德意等加入亚投行告诉人们，世界的焦点朝着经济领域转移的速度比我们预想的还要快。顽固地用地缘政治尺子衡量一切，这是把今天还当成上个世纪过的执迷不悟。

美国的 3 个亚太主要盟友中，已有韩国和澳大利亚两个与中国签了 FTA，剩下日本一个在变本加厉地"政治挂帅"。在外交上坚持错误立场，有时就像熊市里股票跌了下不了决心抛掉，攥在手里越亏越多一样。日本在对华关系上与韩澳相比已经露出了高下之分的明显迹象，但让日本下决心采取断然措施"止损"又谈何容易。

韩国和澳大利亚都对加入美国主导的 TPP 协议态度积极，如今它们又与中国签了 FTA，这是世界贸易体系不必彼此排斥的鲜明证据。此外韩澳都与中国大陆签 FTA 了，台湾却踯躅不前。一些台湾年轻人从两岸 ECFA 中居然发现了太多政治，他们需要想想自己的眼神出了什么问题。

（2015.06.18）

香港站在严峻的十字路口上

香港立法会 17 日开始审议有关 2017 年行政长官普选方案的决议案，决定性的投票有可能今天或明天举行。昨天的立法会里充斥了激烈的辩论，立法会外建制派和泛民派的支持者们强硬对峙，整体氛围是撕裂的，妥协难觅踪迹。

香港处在真正的十字路口上，但泛民派和他们的一些支持者似乎并未领会这个路口的含义。一些人可能仅仅为了"出口气"，或者为了小团体的面子和短期利益而支持否决政改方案，顾不上深思这样做的严重后果，无心了解一旦错过了本次政改窗口，将不仅仅是机会的失去，它的连带损失、包括社会信心的损失将难以估量。

香港反对派的责任意识看上去大大低于西方社会里的反对派，他们给自己设定一个很高的目标，然后就使劲闹，用尽所有手段，甚至借助非法行动所能产生的能量，完全不考虑为避免香港动荡而应在某个节点上妥协。他们似乎没有这样的意识：对整个香港负责。

在美国等西方发达国家，政治团体在议会里激烈争斗，一旦社会上出现影响到社会甚至国家利益的严重骚动，议会反对派会非常谨慎，而且多数时候会与执政党一起谴责破坏性抗议活动。而在香港，立法会中的极端反对派同街头政治积极分子成了"一伙人"，这让人担心，少数议员是不是街头民粹主义的代表？

其实我们相信，即使在香港"闹事"的人，也大多不希望香港真的乱。但他们的行为的确很出格，"占中"一度搞得香港面目全非。一些泛民议员发誓要否决政改方案，要让不接受他们意见的香港"什么都搞不成"。

这不仅"挺狠的",而且动机和行为像是有些矛盾。

之所以为数不少的人敢这样"折腾"香港,大概是因为他们相信中央政府不会任由香港乱,他们拒绝承担的那部分责任也有香港其他力量和中央帮着承担。他们可以举着民主的大旗纵情表演,可以撒娇、耍赖,到头来国家总会花费资源和力量帮他们擦屁股。

如果香港因为政改危机真的经济凋敝,乱象丛生,社会治理完全失控,反对派的多数人恐怕不会愿意。问题是他们觉得自己站在楼顶往下跳时,国家一定会苦口婆心阻拦他们,或者在楼底下摆好准备接住他们的充气垫子。

香港反对派这么激烈,已经不像是民主制度下的反对派,倒是有点像是"革命运动"的鼓吹者。国家对香港潜在的"兜底承诺"可能让他们觉得即使那样干,香港也会安全。

然而现在的事实是,如果反对派执意否决政改方案,政改就将在较长时间内停滞,反对派再接着闹,香港的动荡有可能"变假成真"。一些年轻人现在觉得"挺刺激"的示威场景会成为香港非常疼痛的伤口,一些亲人和同学为政见不同反目如今被当笑话传,今后也可能成为香港社会极其痛苦的记忆。

政治往往是不能重来的单程票,明显是重大进步的一人一票因为香港反对派觉得"不过瘾"就随手扔掉了,就是为了让中央"尴尬"一下,这样的游戏实在是玩大了。如果整个香港社会需要陪着一起吃一茬苦,才能让未来反对派的态度严肃起来,那这将是这座城市的莫大悲哀。

泛民议员和他们的支持者们大概还有最后一天时间清理自己的思绪。他们早晚会知道,由于他们的不冷静,香港这座美丽的城市正站在严峻的十字路口上。他们怎么做很可能将深刻影响香港未来很多年的命运。如果他们能在最后的这些小时里明白这一点,而不是在许多年后回首时恍然大悟,那么这将是香港的造化。

(2015.06.18)

法国出租与专车司机冲突的启示

法国巴黎的出租车司机与优步（Uber）专车司机16日发生冲突，出租车司机向专车投掷石块，最后防暴警察出动才得以制止事端。

这是世界范围内出租车与专车司机因利益发生纠纷的最新例子。优步公司2010年在美国旧金山成立，如今它的经营扩展到世界上百个城市。然而它每到一地，都会与当地出租车行业冲突，欧美大城市不断出现出租车司机的抗议活动。优步带来的"专车现象"合法吗？应当禁止还是放开，成了全球性难题。

优步技术已经不再是唯一的。中国近几年演化出各种打车软件，但引发最大争议的也是专车。整体看，专车是互联网技术对人们出行需求的"黑马"式介入，是互联网技术全面影响现代生活的新标志。它带来的方便和好处显然受到普通消费者欢迎，同时它自身的管理漏洞，以及它对传统出租车行业的冲击也是明显的。

专车与出租车之争让各国的管理机构头痛，一些国家和城市采取了禁止专车发展的断然措施，但也有很多国家和城市表现出犹豫，把防止出租司机和专车司机直接冲突作为管理重点，采取了模糊政策。

中国是互联网大国，智能手机拥有量全球第一。中国同时是出租车大国，由于打车相对便宜，普通人使用出租车的活跃度也属世界上比较高的。这样一来，中国肯定绕不过专车带来的这轮冲击。

首先要看到，这决非政治问题，而是互联网冲击传统行业的一部分。互联网冲击了传统媒体业、传统零售业、传统出版业，甚至传统银行业等等，几乎没有它不"搅和"的地方。现在它又来让"的哥"们烦恼了，互联网的发力走到了这一步。

互联网造成了利益的重新洗牌,这就是问题的实质。出租车司机及出租公司牌照拥有者利益受到冲击,采取了与其他受损行业相比较为激烈的反应,对此社会管理机构大概不需有"重大维稳"那样的紧张,而应在技术层面认真研究对策,慢慢加以解决。

现在全球都没有好的办法,默许专车和禁专车的西方城市遭遇到来自不同方向的压力,对这一现实我们一定要予以正视。当前情况下,中国各地管理者或许应首先致力于缓和两类车的矛盾,为最终的彻底解决积累经验,争取时间。

比如,专车的发展速度至少不应太快,避免出租车行业受到无法承受的冲击。此外要加快研究出租车司机们感到相对于专车"不公平"的那些问题,比如出租车承受的社会管理成本一直被认为"比较高"等等。

出租车行业在全世界都大多实行了准入制,这有它的道理。专车实际上打破了准入制,使得准入制下成本换来的利益贬值,因而专车与出租车的统筹管理恐怕不可回避。不能因为专车还没有最终定性,它们就成为管理的盲区,那只能是一种鸵鸟政策。

由于这是全球性管理难题,中国社会应以世界上正常的整体心态来对待它。政府和公众都不应对这一领域的摩擦大惊小怪,我们要认真化解它,也要有能力承受它。

互联网的优势就是技术先进,使用成本极低,它对所有行业的冲击从本质说都是社会前进中的问题。专车问题迄今为止主要是"发达社会病",在欧美和亚洲现代化城市里比较突出。中国是最早受其所困的发展中国家之一。我们跑得快,烦恼就多。有什么办法,这就是生活的规律。

(2015.06.19)

中美战略对话应达到四个目标

第七轮中美战略与经济对话和第六轮中美人文交流高层磋商定于美国时间23日至24日在华盛顿举行。此轮对话的背景比以往要复杂、紧迫些,因而它们的意义被普遍认为更为重要。在我们看来,中美双方应通过这次对话实现以下四个目标。

一是这次对话要为习近平9月份访问美国做好铺垫。该访问是中美关系的大事,也将是奥巴马任内中美元首最后一次在正式国事访问中进行交流。它将会影响下一阶段中美关系的基调,塑造后奥巴马时代中美关系的基础。

而要做好这种铺垫,中美两国就需通过这次高级别的全面对话给两大国之间的热点问题降温。它们首先是南海问题,还有被热炒的网络安全问题。围绕南海中美官员和媒体前段时间有针锋相对的表态,美国有挑衅性动作,中国也不示弱。现在中国宣布南沙岛礁陆域吹填即将完成,双方降低调门有了更多条件。美国助理国务卿拉塞尔近日表示,美国有坚定决心避免与包括中国在内的各方发生军事冲突,这与华盛顿前段时间的强硬姿态有很大不同。

第三是要利用这次对话的机会缓解中美战略互疑,中方需把美方所关心的一些中国涉外调整对美解释清楚,比如中国就管理境外NGO立法,将意识形态安全写入国家安全法不意味着中国要关上大门。中国也不会从一个安全上的防御型国家变成扩张型国家等。不断发展的中国需要更多政治经济空间,但这与美国国家利益完全可以不是对立的关系,只要美国不是以霸权思维看待21世纪的世界。

美方也需针对中方的关切和担心进行解释，它们包括在中国人看来"亚太再平衡"战略就是针对北京的，华盛顿明显在周边与中国的摩擦中煽风点火、拉偏架等等。中国并没有"逢美必反"，但美国在涉华问题上越来越"逢中必反"。中国社会对美国口头上说一套，而实际行动却逐渐滑向"遏制中国"的感受颇为强烈。

第四是中美应力争在经济合作的规则上获得新突破，尤其是把双边投资协定谈判继续向前推进，并使人民币进入IMF特别提款权一篮子货币。这些都是中美经济对话的实质内容，也是影响两国社会对中美新型大国关系看法的重要砝码。

中美关系的宽松感在减少，促使"小事"变成"大事"的氛围在增加，根本原因是中国崛起达到了令美国警惕的水平，引发了美国社会、特别是精英层的严重不安。一些中国正常的权利和举动被美方上纲上线，当成中国测试美方底线的行动，中国同周边国家有摩擦，或对第三方事件的任何姿态，都被看成是对美态度的迂回展示。

对中国来说，这是我们第一次与世界第一大力量处理"两强的关系"，我们不太确定来自对方的防范和所谓"遏制"对中国的潜在伤害究竟能有多大。我们也不太清楚，目前中美的不信任究竟是可以解决的，还是大国之间注定存在的、需要接受并加以管理的。我们甚至也不肯定，美国对中国崛起的非理性反应是可以理化解的，抑或只能通过力量的博弈来处理。

中国提出建立中美新型大国关系，实际上是主张中美以建设性的态度对待两国关系中的现实困难和重重疑问，确保任何问题都不对两国关系造成全局性冲击，避免不可收拾后果的出现。

现在看来这样的战略意愿中美主流社会似乎都有，但它不断遭到临时性因素的干扰，中美之间的一些具体冲突常常变成两国关系的"主题"，使两国互视的战略定力发生动摇。这些或许不是一次战略对话就能彻底解决的，但中美战略对话应是对这些倾向的强有力对冲，它们能为避免恶性循环做出决定性贡献。

（2015.06.23）

香港泛民议员退党退会的启示

香港公民党创党大佬之一汤家骅22日宣布退党，并辞去立法会议员，理由是公民党日益偏离它的创党理念。公民党是香港泛民阵营的主要力量之一，汤家骅昨天在记者会一度哽咽，他在上午发表的公开信中说，他原本希望公民党"成为与中央建立关系较为正面的首个民主党派"，可惜他发现这一目标无法实现。

汤家骅18日与泛民议员在立法会对政改方案捆绑投了反对票，他在投票之后迅速退党退会，是对自己真实态度的表达。他的个例告诉人们，泛民的捆绑投票形成了一种压力，迫使一些温和反对派议员支持了否决政改的极端行动。

香港立法会就政改方案投票前，极端反对派不断通过各种方式制造声势，形成强制所有泛民议员投反对票的舆论氛围。本来很多人认为，特区政府是有可能在泛民议员中争取到一些支持票的，然而到了投票前夕，所有泛民议员捆绑投反对票看上去"大局已定"，原因就是反对派制造的压力超过了正常状态，使得温和的泛民议员必须跟着走，没有别的选择。

当有议员被迫违心投票，只能在投票后倾诉自己的真实想法时，民主就出了问题。香港立法会否决政改方案是非理性的，支撑这种非理性的是一系列恶劣的政治操作，包括用"占中"营造民意假象，通过泛民控制的媒体与西方舆论合作，为同中央对抗打气等等。

人们相信汤家骅违心投反对票的情况不是唯一的。如果今后一段时间有其他泛民议员做出类似汤家骅的举动，恐怕不值得惊讶。

只可惜，好端端的"一人一票"政改方案已被否决，它对香港政治进程的伤害难以弥补。但是香港的日子还要过下去，反对派处理好同中央的关系仍是香港政治生态的重大课题。汤家骅22日的行动因此依然很有意义，它值得泛民派认真反思，对他们之前的激进做法进行清理。

香港不是独立政治实体，"一国两制"的基础是"一国"，香港反对派同中央的关系必须是建设性的，而不能搞成"逢中必反"的对抗。泛民派需要在《基本法》的大框架下寻找自己发挥政治影响的空间，而决不能把自己变成"倒中势力"，让自己凌驾于《基本法》和中国宪法之上。

在香港政改方案被否决后，泛民派应当接受当前的政治机制继续发挥作用，与其他力量一起帮助香港社会将注意力转移到民生建设等社会经济发展上来。特首梁振英19日提出11项与民生和经济有关的拨款申请，这符合香港广大市民的利益，应当受到包括泛民在内的香港所有政治力量支持。

世界各地的情况表明，少数人激烈的政治主张往往不难包装成社会更大群体的要求，泛民派否决政改方案就是这样的典型情况。香港多数人支持通过政改方案，最后却屈从于少数人的意见。这是一个深刻的教训。

不管怎么说，过去的一页应当翻过去，我们只需戳破必须戳破的谎言，清楚香港广大民众对发展民生的热切愿望，以及他们对无休止政治对抗的厌倦。泛民派尤其应从汤家骅的例子中看清这一点。我们愿意相信香港终能在内地的支持下走出眼下的困局，重拾令整个亚洲艳羡的发展和繁荣。

（2015.06.23）

中国"9·3"阅兵为什么一定会成功

中国官方昨天介绍纪念抗日战争暨世界反法西斯战争胜利70周年专题阅兵的情况,透露了这次阅兵的几个特点,如首次设计八路军、新四军、东北抗联、华南游击队等英雄部队代表编组受阅,首次安排将军领队参阅,首次邀请外国军队代表参加等等。中国军方表示,这是一次传承历史与未来、沟通中国与世界、传递和平与发展的阅兵庆典。

离9月3日还有两个多月,阅兵准备工作紧锣密鼓,这一庆典颇受期待。与之前新中国的14次国庆首都阅兵相比,本次阅兵是"国际化"程度最高的,这恐怕是它的"最新之处"。

搞"国际化"阅兵,比什么?一些人认为,首先要比外国来客的阵容,然后比的是现代装备水平,再有就是比阅兵本身的创意。然而这些对中国或许都不是最重要的,我们甚至不需要与谁比,我们更需要对二战的东方战场给予应有纪念,让世界记住中国人在那场战争中有过的苦难和贡献。

东方战场比欧洲战场开始得早、拖的时间也长,死亡的军民人数甚至更多,但世界历史此前的主流描述大多对东方战场的记述非常简略,一些欧美人对当时的中国发生了什么都不太清楚,这是不公平的。本次中国阅兵将让世界的注意力关注到东方的那段历史上,这是欧美对东方的应有尊重,也是对七十多年前浴血奋战的中国军民的最好缅怀。

二战时的中国差不多处在其历史上最孱弱的时期,它几乎不堪一击,抵御一个相对小民族的侵略也进行得艰苦卓绝。70年后中国奇迹般成长为有世界影响的强大国家,两相对照,这也是中国人心理上的一次告别。

历史的一页翻过去了，中华民族的自信如今有了坚实基础。

中国人不是对过去耿耿于怀的民族，中国哲学主张铭记过去是为了面向未来。中国社会的博大决定了它要把关心未来放在阐释过去之上，因为我们的任务都与未来有关，我们必须从缅怀中汲取前进的力量。

中国社会越来越关心世界和平，相信中国的发展与繁荣无法孤立存在，中国崛起不可能是世界混乱局面下的一枝独秀，成为中国对外部世界的单赢。中国越往前走，就越须分担全人类的命运，而今天的中国逐渐具备了为世界和平作出积极贡献的能力。

这些决非中国面对世界的外交辞令。在这个世界上，有的国家或许可以说一套做一套，从国际政治的缝隙中套取利益，但中国这么大的规模及长远发展愿景，要求我们必须在重大问题上表里如一，正视并努力解决各种问题，将中国的"多赢"理念推向国际世界。

中国带着这份坦诚搞抗战胜利阅兵，定能获得成功。因为中国要的不是"面子"，不为了把这次阅兵兑换成具体的现实利益，我们表达自己的真实意愿，呈现曾经发生的史实，同时向世界展现我们的善意，帮助世界如实了解我们的力量。这样的阅兵没有不成功的理由。

通过主题阅兵与外部世界交流，这是世界外交的特殊形式。围绕二战世界各地有很多阅兵，中国的阅兵将汇入它们的阵列。我们相信，中国的"9·3"阅兵会成为其中观赏价值和政治、文化意义都很突出的之一，它会被世界公众带着美好的感情记住。

（2015.06.24）

香港泛民或分裂，中央定力坚如磐石

香港公民党建党大佬之一汤家骅22日宣布退党，理由是公民党背离了其创立时的宗旨，走极端路线，这激起香港政坛的轩然大波，被看成是泛民阵营分裂的先兆。但它是否意味着形势将很快朝着抵制激进路线的方向调整，尚难看清。

激进反对派近日提出重启政改甚至修改基本法的"狂妄要求"，遭到断然拒绝。出于对少数反对派人士变本加厉行为的观察，也有人担心，香港反对派会随着汤家骅这样的温和人士离开变得更加极端，香港未来局势也因此有更多变数。

泛民阵营分裂出一支更极端的力量，完全是可能的。但我们相信，泛民的许多支持者不会跟着不断激进下去，务实会逐渐成为更多人的选择。反对派政治喧嚣的空间或许已经用得差不多了，香港目前处于政治相持阶段，会逐渐接近"由乱到治"的拐点。

反对派否决政改方案，以为自己赢了，其实这场斗争中让人印象最深刻的不是他们集合了立法会的超1/3否决票，而是中央对基本法和政改方案的坚持。不少极端泛民派人士和支持者们曾经幻想中央会在他们的压力下让步，但是他们现在开始看到，中央在原则问题上的定力是不可撼动的。

香港反对派曾经通过大型示威活动推迟了23条立法，并在国民教育等领域实现了自己的部分目的。他们尝过甜头，以为港府和整个国家都拿他们"没招"，他们一哭闹，一搞对抗，动员几十万人上街，国家就得向他们屈从让步。

但是这一次他们看清楚了自己能量的"上限",也搞懂了"中央就是中央"。他们表面上踌躇满志,其实蛮心虚的。

全香港也都看清了这一点:基本法不可变,政改方案不可变。"占中"闹得那么凶,反对派否决了政改方案,但他们的实际政治收获是零。他们唯一带给香港的就是失序和动荡。

香港广大市民不是傻子。极端反对派漂亮的政治口号不可能成为现实,那么他们的这些口号就是政治毒品。随着几轮验证,香港将有越来越多的公众悟出这个道理,看清极端反对派的自私和虚伪。

国家只要坚定地恪守基本法,对"8·31"政改方案不动摇,香港政治氛围就一定会逐渐朝着不利于极端反对派的方向发展。因为他们在欺骗自己的支持者,他们根本没有同中央对抗的力量,却把自己装扮得无所不能,跟他们走香港只能在不断折腾中迷失自我。

"一国两制"治下,国家不会对香港的运行状况承担无限责任,香港是否继续繁荣的大部分责任属于香港人自己。一部分政客在"乱港",但通常情况下,制止他们要通过香港的法律和社会机制来实现。这个过程或许有点慢,但国家有耐心,也愿意等。

香港极端反对派一直要以香港的"乱"来要挟中央,他们大概觉得国家输不起"面子"。这真是太小看了国家的见识和承受力。实际情况是,他们打过来的球全都会撞到墙上再反弹到他们自己的身上。国家相信他们搞不乱香港,因为香港社会不会答应。而且或者要香港社会的稳定或者要基本法是个伪命题,对这个国家根本就不存在对它们进行二选一的逻辑。

"一国两制"顺利推行是大好事。如果这期间出了意想不到的曲折,这点"脸上不好看"又何足惧哉?香港"占中"了,政改被否了,内地社会为香港惋惜,但内地人的痛不是直接的。香港社会需要奋起,亲手捍卫自己的权利。用民主方式迫使极端泛民放弃激进路线,这应是香港的上上策。

(2015.06.24)

中美"互诉衷肠"比互示强硬好

中美第7轮战略与经济对话23日在华盛顿拉开帷幕，作为东道主的美国副总统拜登致开幕词。拜登称欢迎公平和健康的竞争，强调美不惧中国崛起，认为中国和平崛起有利于全世界。中国财政部长楼继伟在会议期间表示，美国应当对全球经济复苏承担更大责任。目前中美两国贡献了全球增长的40%，根据他的统计，其中中国贡献了约30%，美国贡献了约10%。

拜登"欢迎中国和平崛起"的表述在很多中国人听来像是半真半假，但是即使这话有不真诚的成分，美国高官经常这样说话，总比对中美关系说狠话要好得多。就在对话举行时，美国国防部副部长罗伯特·沃克强调"中国正在努力挑战美国的空天优势"，拜登的话和沃克的话放在一起，还是拜登的话更有利于中美增加善意互动的。

中国呼吁美国多增长，要更像世界第一大经济体的样子，为世界经济承担多一些责任，这是一种善意的抱怨甚至批评。但一些美国人相信中国人巴不得美国经济垮掉，北京希望美国在经济上"影响第一"或许有助于消除后者担心。

中美保持了迄今为止人类历史上大国崛起和守成之间相对最文明的博弈关系，但是双方都不踏实，中美都在对两国关系的更坏情况做预防性准备。此外两国都经常有人因为彼此的某个具体摩擦或冲突情绪冲动，美方尤其不断有针对中美关系的激烈言辞出笼，这加剧了双方对未来中美关系的不确定感。

然而中美战略互信难，但真要"决裂"，似乎更难。与冷战时期相比，全球化给大国关系带来的变化相当深刻，中美作为战略信任稀缺的两个大国有如此紧密的经济利益联系，形成所谓"你中有我，我中有你"的局面，这是主张以传统强硬姿态处理中美关系的人始料不及的。

冷战时期东西方可以是大体隔绝的，西方在它们的圈子里繁荣，以苏联为中心的东方在自己的圈子里"经济互助"。中国当时甚至可以一度同它们两头都不相往来。

如今这样的格局完全垮掉了，就亚太来说，美国与澳大利亚是重要盟友，但美中经济合作规模十余倍于美澳。作为一个假设，美国更容易同澳大利亚"翻脸"还是同中国"翻脸"呢？这是个颇为有趣的问题。

形势比人强，一些美国鹰派可能挺烦在经济上同中国"纠缠不清"，但让美国经济同中国"一刀两断"，恐怕连他们都不敢想象。

中美关系很可能没有第二条路，只能在磕磕绊绊的同时不断扩大并稳固双方的合作，摸索21世纪的新型大国关系。随着两国就中美关系犯重大错误的代价越来越高，出现那种错误的可能性也将逐渐变小，中美对各自战略安全的认识将随着现实不断修正，今天两国安全所必须倚赖的那些条件也将不再那么绝对。

中美两大国如今仍需要不断坐下来"互诉衷肠"，告诉对方"我没想把你怎么样""我们可以成为朋友"，许多年以后回头看，这也许是挺滑稽的一幕。然而这却是人类历史在关键时刻的关键场景。中美现阶段闹矛盾的机会太多了，虽说合作像是大趋势，但很多人对这种趋势的真实性将信将疑。这个时候对信心的每一份增添都非常可贵。

最后我们想说，美国经济总量仍比中国高出一截，质量遥遥领先。从中国的角度看，美国社会自信的流失似乎过快了。中国全面赶超美国谈何容易，它甚至根本不是中国社会的一个成形目标。中美各自都应专注于发展，针对对方搞"小动作"对中美这样量级的国家而言不会有什么作用，除了制造一些泡沫般的烦恼或沾沾自喜外，带不来什么实际的影响。

（2015.06.25）

中国投十倍于"4万亿"的钱减排,为何

中国气候变化事务特别代表解振华23日在中美战略与经济对话期间透露,中国本月末将提交总耗资41万亿人民币的温室气体减排承诺。他说为实现该目标,中国将调整依赖煤炭的能源结构,开发新能源等。

解振华没有提供关于减排计划的更多细节,但他称即将出台的规划"相当宏大"。41万亿元人民币这个数字的确极具冲击力,为了帮助人们了解该数字的含义,我们不妨回顾一下中国上一轮刺激计划的4万亿规模,而减排的总投资是该计划的10倍。

可以肯定,中国不可能仅靠花费公共财政资金来推动这一史无前例的壮举,社会资本通过市场方式参与到减排中来受到广泛预期,外资的进入也将受到欢迎。

去年11月中美在奥巴马访华期间达成气候协议,中方承诺在2030年之前尽早达到碳排放峰值,中国成为率先做出排放峰值具体时间承诺的发展中大国。联合国计划今年12月在巴黎大会上通过2020年全球气候协议,目前已有十几个国家提交了计划书,中国方面今年3月承诺将在上半年提交减排计划。

无论如何41万亿的数字都十分令人震撼。由于减排问题既是人类的共同事业,其中又包含着发达国家与发展中国家的复杂利益纠葛,中国不可能仅仅迫于西方压力就无限让步,把不该承担的义务硬扛在自己肩上。

中国下大决心推动减排,根本原因还在于减排肯定不是40万亿的唯一目的,它同中国治理大气污染、消除雾霾、实现常态蓝计划和行动高

度契合。41万亿不应都是新计划，中国目前已经在做的大量治污工作同样也是减排任务的组成部分，也应纳入其中。

更为重要的，减排与中国的产业转型和升级过程同样是高度契合关系。中国以往粗放发展的一个主要特征就是高能耗、高污染、高排放的"三高"，不仅造成资源能源大量浪费，也对环境与生态造成多方面破坏。有些地方只拼增长和GDP，这个问题给全社会带来危机感，但却久治不愈。国际减排压力倒逼我们产业转型的正面作用已经凸显出来并在持续增强。

中国经济过度依赖煤电，浪费大，很多地方从天空到地面和水域都达不到人们期望的干净。彻底改变这种局面，使中国经济变得高效、低碳、洁净，其实这就是中国现代化的核心任务之一。用41万亿干这件大事，更多可能是够不够，而非多不多的问题。

41万亿的大头肯定不是政府财政支出，政府的有限投资应当以调动社会资本积极性为目的，推动形成市场对这方面投资的实际回报机制。如果减排是花钱的无底洞，挣不到钱，以至于"谁投入谁死"，那么这项事业就不会持久与长效，它最终只会是中国应付世界关切的"面子工程"。

因此41万亿不仅是"规划"，它还必须是中国在减排领域全面撬动市场要素的过程和结果。可以说，它的成功与否同中国社会当下及今后几项重大改革的成败很可能是一回事。

在减排问题上，中国似乎在与欧美发达社会"殊途同归"。它带来一个启示：随着中国社会的前进，我们与欧美社会对一些重大问题的认识和态度大概会逐渐接近。

中国应会在气候问题上继续维护自己的国家利益，欧美也会这样。然而这不全是合作的障碍。与气候问题的难度比起来，当今世界的很多争吵显得相当皮毛。因此气候谈判柳暗花明的意义可能远远超越了这个领域：它显示的是世界解决重大分歧的能力。

（2015.06.25）

法院为何对方崔"各打50大板"

方舟子（方是民）和崔永元互诉名誉侵权案，昨天有了结果。海淀区法院大体上"各打五十大板"，认为双方举证的对方侵权言论都有一部分不构成侵权，也都有一部分构成对对方名誉的主观故意损害。法院判处崔永元和方舟子各赔偿对方3万元和2.5万元，分别承担1.5万元和2万元诉讼费，双方的实际支出都是4.5万元。

方崔这场名誉官司最早是由方舟子发起的，他指责崔对其名誉侵权，要求对方道歉并作出精神赔偿。后崔永元针锋相对进行反诉，要求方道歉并赔偿。给公众的印象是，崔的言语更激烈些，可以被认为是"骂人"的话也相对多些。但是法院指出双方都有互指对方"骗子"等实质性的侵权言论，看来这不是对方崔谁"骂"对方更多的裁决。

法院判决书指出，方崔之争原本是针对转基因等科学议题的讨论，之后双方的争议升级，演变为人身攻击。法院这一大的定性符合事实，也符合公众的总体印象。

方崔二人一位是理工科出身，热衷于反伪科学；一位是电视主持人出身，言语犀利。双方无法理性争论一个备受关注的公共议题，无论是谁的责任多一些，后来双方对对方人格的批判取代了科学探讨，这是非常令人遗憾的。双方互争转为互斗对中国舆论场的面貌有一定代表性，也损害了公共知识分子在公众中的形象。

当下的情形是只要有人在互联网舆论场争论起来，该争论成为焦点，争论者双方的粉丝就会激动起来。只要有一方开始"骂人"，攻击对方人格，另一方就很难"洁身自好"，自始至终坚持用理性语言回应。"骂战"

即使由一方挑起，或一方比较主动，另一方也往往会被卷进去，最后都是"一锅粥"。

法院如今最难审理的恐怕就是网络名誉侵权案。互联网上骂人成风，攻击人格相当普遍。互联网舆论场还是严重分裂的，意见领袖常常分属于不同的意识形态圈子，法院审理名誉侵权案时，往往"案子不大"，但"社会动静不小"，法院动不动就会掉入互联网舆论的漩涡之中。

互联网上的说话方式远不如现实社会守规矩，共识又严重缺少，对什么是侵权什么不是侵权，公众的态度相当混乱。客观说，目前中国法律的权威对付网上的这些乱象挺吃力的，很多人看网上名誉官司，不是把它们看成法律的判例，从中甄别对错，而是直接解读成法院"支持谁"。对法院判决的这种态度就是与法律的精神是背离的。

解决网上人身攻击的恶习，恐怕很大一部分要靠网上理性力量的逐渐崛起。完全指望法院帮助规范网上舆论场是不现实的。当大家的法律意识和守法愿望都提高了，法律干预的效果才能好起来，这恐怕是一个挺基本的道理。方崔这件事法院恐怕也只能"各打五十大板"，但法院反对人身攻击和名誉侵权的态度是坚决的。如果公众能够以实际行动支持法院的这一态度，那么这场耗时不算短的名誉官司也算没白折腾。

（2015.06.26）

美国同性婚姻合法化该不该欢呼

美国最高法院 26 日以 5 票对 4 票通过了同性婚姻在美国全境合法的裁定，这是美国的轰动性事件，也将不可避免地产生全球影响。美国是世界上第 21 个承认同性婚姻合法的国家，其他或是欧美发达国家，或为拉丁美洲国家。此外新西兰和南非也在其列。亚洲则无一国承认同性婚姻合法。

从同性恋被歧视到同性婚姻合法，这是一个人权逐渐进步的过程，这样的总结很流行，也应当说是贴切的。亚洲国家、包括中国会受这一演进的影响，但亚洲的跟进不那么快，我们大概也不必因此而自责。应当让同性恋的问题自然发酵，社会需要越来越宽容同性恋现象，但没必要学习欧美的样子，把同性恋问题搞得很热，刺激或诱导潜在的同性恋者。

需要看到，美国反对同性婚姻合法的力量至今仍很强大，最高法院 5:4 的投票险胜说明了问题。首席大法官罗伯茨投的就是反对票，并写了 29 页的长文诉说反对的理由。

毫无疑问，异性婚姻更契合自然规律和婚姻的本意，它是满足人类性需求和繁衍后代需求历尽洗礼后的安排，在人类发展的关键时期成为家庭单元的基础，对推动文明的形成和进步功不可没。保护异性婚姻在人类组织最基层社会单元中的作用，将被继续证明是有远见的选择。

同性恋者的交往权利应当受到尊重，这一观念已广受传播，支持者日众。但是同性婚姻与异性婚姻具有同样的法律意义和权利，这触及很多人对现有"正常婚姻"的认识和感受，他们转不过弯来，这也应被视为正当的"保守主义"。

同性婚姻的最大意义今天看来是"自由",是对少数人权利的保护。现在不能确定,如果同性婚姻多了,会不会进一步削弱异性婚姻的吸引力。我们知道,异性婚姻穿越人类文明的各个时代,它依然会是婚姻的主流,但现代社会的多种因素在向它发出挑战,我们不知道同性婚姻是否会成为最新的那一个。

人类的自由越来越多,技术进步和社会发展共同促进了这一局面。同性婚姻提供的新自由是在自然规律层面又挤出一块空间,它带来关于自由的更多启示,对它的观察和思考应当重于对它的模仿。

中国历史上一直不乏同性恋者,但现代同性恋观是从西方传入的。中国等东方社会在这方面一直慢西方一两拍,最终会否在这方面同西方"变得一样"很难说。重要的是,中国当下针对同性恋的道德观念和法律状态对应了同性恋在中国的实际情形,因此不能就这方面对中国与西方或东方与西方的做法做"好"或"不好"的简单价值评价。

美国宣布同性婚姻合法有其道理,约一半的人反对也有他们的道理。在世界范围内,反对同性婚姻的人大概仍占大多数。了解这些基本事实后,我们对待同性恋就会有更客观的出发点,同时鼓励人类社会的主流传统能够正常延续下去,实现多元之间的和谐。

(2015.06.29)

北大清华竞争生源必须保持斯文

北大、清华四川招生组的官微昨天上午公开抨击对方以不正当手段争抢生源，引发互联网舆论的普遍反感。两个官微后来删掉被认为是明显"互掐"的帖子，但仍有表达"余怒"的微博留在网上。到了昨晚，北大清华校方分别出面表态，北大表示"坚决反对个别招生人员招生中不文明行为"。清华也表示"重申招生相关纪律"，要求有关人员删除微博。

两个四川招生组的官微显然代表不了中国这两所顶级大学的道德全貌，但它们可以被看成是两所名校的道德短板，拉低人们对北大清华的整体感受。当高校形象不断在互联网遭到突袭和解构的时候，这实在不是什么好事。北大清华昨晚较快做出反应值得欢迎，相信两校会不止于此，加大反思和相关管理调整的深度。

高校竞争优秀生源由来已久，手段有"高"有"低"可想而知。香港高校这些年来内地"掐尖"，用高额奖学金方式"掠走"原本报考内地一流大学的学生，就被认为是"低"的手段之一。

然而大学都是知识殿堂，高校之间再怎么竞争，不能公开撕破脸。市井之争可以开骂，有的甚至上手，动刀子，但北大清华之争必须保持表面的斯文。这两所高校的斯文同时几乎是中国所有高校共同的面子，它是输不起的。公众的严厉要求实际包含了对名校的特殊关爱。

当然了，如今的北大清华都各自成为"庞大的社会"，教职工加上学生，这些学校都达到几万人的规模。它们的"精英度"会因此受到挑战，成为某种相对的东西。可以想见，两所高校四川招生组一共没几个人，官微的管理者很可能就是一个小青年,他(她)与两所大学核心传统及精神的关系必有一定不确定性。

即使这样,舆论把这两个官微的表现扩大成北大清华的标签,算不上是冤枉。学校扩得大了,就得撑得住这个大,确保所有人坚持主流价值。当前高校之间各种竞争十分激烈,市场化因素有时难以抵挡。学校要随时防止出现可以被当成整个学校道德标签的"基层丑闻",这个任务很重。

北大清华所有教职工乃至学生都有一份延续学校特有传统价值的神圣义务。这不仅需要通过严格管理得到保障,还应是北大清华教育的自然结果,成为所有北大清华人为之骄傲或者敬畏的一部分。

国家显然有必要对高校的生源竞争进行规范,决不可让它们恶性化,沦落为普通市场竞争。名校的生源质量和教育质量往往是相互推动的关系,然而如果有些高校的生源质量成了它们维持声望和地位的最大保障,那么它们的优秀就不再那么真实,抓住高考的前几名就成了它们的"决定性战役"。

高考的过来人都有一种感悟,考好点除了的确很重要,还有一部分属于"家庭及学校的荣誉"。高考"状元"的荣誉成分尤其大。这属于民间老百姓暖洋洋的"虚荣心",它出现在中国名校层面也是合理的,但也应当是克制的。中国的大学各有千秋,各地高考的前十绝大部分被北大清华以及香港几所顶尖大学瓜分是不正常的。大学说到底不该比它们有多少高考"状元",而应该比学生日后的成就。

北大清华四川招生组官微"互掐",反映出市井之风对中国顶级高校也有所侵蚀。两校昨晚公开制止了基层的不文明之举,这会在两校内部以及更广泛的高校里产生深刻触动吗?希望是的。

(2015.06.29)

领导亚投行，中国需学会挨骂和妥协

亚投行协定 29 日上午在北京正式签署，57 个意向创始成员国中已完成国内审批的 50 个国家在协议上签字。中国作为第一大股东，认缴股本占总数 30.34%，投票权占 26.06%，中国在选举行长等重大事项决策上拥有了实际上的否决权。无论我们自己，还是外部世界，倒退十年，昨天都是无法想象的"中国时刻"。

昨天的中国股市继续暴跌，亚投行"相当于成立"的消息与人们当下的股市信心似乎没什么关系，中国市场在一片"止损"的忙碌中度过了这个国家标志性的日子。

但中国社会的基础性信心却站在了新的台阶上。中国历史上第一次成为世界多边银行的领导者，它的意义有些现在就看到了，有些则是潜在的、延展的、外溢的。它与中国热热闹闹办成一届奥运会是不一样的。

中国用了不到半年就领导完成了核心章程亚投行协定的签署，这一效率再令世界震动。中国是第一次做这件事，几乎毫无经验，但事实证明我们的学习能力很强，对公平公正极具诚意，被很多人认为困难重重的协定章程谈判因此一气呵成。50 个国家成为首批签字的创始成员国，这比美日联合主导的亚洲开发银行创始时的国家多了 10 多个。

成立亚投行或者可以看作中国真正的"成年礼"。我们过去抱怨不公平，诉说委屈，有时还难抑悲情。今天中国第一次成为国际大型金融机构的领导者，开始涉足当今世界的"领导岗位"。也许我们是因为在 IMF 和世行里受了气被迫这样做，也许我们只是想拿亚投行"试试手"，我们坚信自己仍是一个发展中国家。但开弓很可能真的没有回头箭，我们愿意不愿意都要承担一部分过去很不熟悉的"领导责任"。

这种"责任"意味着什么呢?首先是挨骂。西方舆论昨天没说太多风凉话,但它们都憋着呢。亚投行今年底开张,麻烦事少不了。不知有多少美日欧观察家及写手等着找茬说那句话:瞧,中国就是不行吧。

他们说中国不行,我们就真的不行了?当然不是。今后的情形将是:他们说不行他们的,我们行我们的。许多中国人过去最软的是耳根子,最怕的是别人骂我们。今后中国将被迫在精神上强大起来,真正做到我们自己好好做事,让别人说去吧。

中国还要习惯于妥协。大的原则必须坚持,然而"难得糊涂"或许又是高处不胜寒时"原则之上的原则"。中国操的盘越大,越需要升华对"赢"的理解。我们不能怕具体的"输",不能为某些事情"只赢了一部分"遗憾。当"领导"难,当"实力将强未强的新领导"更难,算得特精的新老领导都不会受欢迎。

为什么英法德意和韩澳等美国盟友都"跟着中国走了"?它们可不是想给中国捧场,而是因为亚投行能够给它们带来利益,这些利益重于它们同美国的"交情"。中国已然站在 GDP 10 万多亿美元的超级位置上,我们能不能在今后打造更多的"共同利益平台",能不能让外界相信同中国打交道就意味着双赢和多赢,这是中国进一步崛起能否不受到强烈抵制的关键。

IMF 和世界银行实为二战的产物,亚开行是美国定政策日本花钱执行的机构。亚投行的成立反映出,中国崛起的环境或许不像我们自己想象的那么糟。把握好机会,这是历史给中国人的耳语。

(2015.06.30)

希腊，拒绝紧缩最坚决的钉子户

希腊总理齐普拉斯 28 日晚宣布将银行和股市关闭一周，在 7 月 5 日公投决定是否接受国际债主"紧缩换援助"之前，希腊公民每人每天最多只能从 ATM 机上取 60 欧元。不仅欧元区，全球市场一片震动。

希腊政府这一次祭出狠招。它让不太可能支持紧缩的全国公民代替政府来决定，几乎是提前判了紧缩计划的死刑。欧盟如果因此将希腊踢出欧元区，将意味着希腊国家破产，所有债务将打水漂，或者通过希腊货币贬值而大部分赖掉。欧元将受重挫，欧元区股市汇市都将剧烈震荡，损失将很严重。

现在希腊把银行和股市都关了，这是在展示决心，要和欧盟比"谁先眨眼"。欧盟昨天像是先有些软了，德国总理默克尔与美国总统奥巴马就此事通电话，双方皆认为让希腊重回改革道路且留在欧元区"至关重要"。默克尔说："如果欧元失败，欧洲就失败了。"

削减福利让整个欧洲很不自在，希腊成了最坚决的"钉子户"。希腊只有 1100 万人口，经济发展水平又是欧盟的末流，但它的福利政策却很激进。希腊的民粹主义成为不合理福利政策风吹不进、水泼不入的保护伞。谁敢让人民受委屈？老百姓会毫不客气地把他们选下去。

我们就是要少干活、多花钱，德国法国你们就应借钱给我们花，希腊人在利用欧盟的规则以及该国的民主体制做坚决博弈。既然制度设计允许希腊人这样做，就不能简单说他们这是"赖"。所有人都会利用规则追求自己的利益最大化，从这个意义上说，希腊人搞这一套也是他们的"权利"。

在一个国家里，通常会有"吃救济"的落后地区。欧盟把一些发展较差的南欧国家圈进来，还发行欧元，搞得欧盟就像是个"国家"，法德这个轴心挺风光的。那么它们只好为欧盟的团结出点血，对希腊等敲一敲，哄一哄，避免分裂。

去年苏格兰因为觉得留在英国里"吃亏"，差一点独立。伦敦吓得忙不迭许出一堆诺，总算把苏格兰留下。为什么欧盟怕希腊闹事？逻辑都差不多。

欧盟的一体化进程前些年高歌猛进，但现在看来它并不扎实。欧盟有福同享相对容易，有难同当却困难得多。希腊"耍赖"成了一个先例，不管结局如何，后果都是长期的。

不过话说回来，希腊寅吃卯粮借债享福总非长久之计。想必希腊政府和有识之士也想发动改革，但他们一定很清楚，这个国家根本改不动。希腊的民粹主义太厉害了，它就像是一锅硫酸，削减福利的任何钢铁意志都会被它熔化成一缕青烟，消失得无影无踪。

（2015.06.30）

环球时报社◎著

真话中国
A TRUTH-SPEAKING CHINA

环球时报社评 2015（下）

人民日报出版社

目录 CONTENTS

001／欧洲正成为西方对华友好的先导
003／中共94年，中国人和世界几多感慨
005／宪法宣誓好示范，违宪言行要不得
007／香港"七一"游行口号不知天高地厚
009／天然抵触新国安法的人需自我反思
011／莫因股市暴跌轻易掉入"阴谋论"
013／希拉里向中国开火理应遭回敬
015／支持政府稳定股市，争论或应暂息
017／欧盟处理希腊之乱同中国有关吗
019／"救市"第一天，信心离我们有多远
021／越南不可能像孩子一样扑进美国怀抱
023／应对不测和争议，承受力至关重要
025／金砖和上合，西方别看啥都像对抗
027／"国家队"一定能赢，也必须赢
029／继续稳定股市，要调查要追究要反思
031／网络安全法，"自由"不是它的假想敌
033／安倍9月3日或4日"访华"意义不同
035／个别"死磕派"颠覆了律师职业的含义
037／拘留滋事律师，美国反应可以貌视
039／中国经济企稳迹象拉升社会信心
041／伊核危机突破，中东一大战争引信拆除
043／骂计生者比当年批马寅初还疯狂
045／安倍被自己的"理想"灌醉了
047／中国经济下行似在围绕7%筑底

049／指责 7.0% 是造假的西方媒体太轻佻

051／美休想再从中国监狱"捞"出一个罪犯

053／九二共识的重要性胜过洪蔡谁赢

055／从木兰从军到道士下山，亵渎几多有

057／美司令"视察"南海只能忽悠菲律宾

059／野心和私欲极度膨胀断送了令计划

061／5.5 亿军费的菲律宾为何能坏中国

063／王林案如"逆转"将是戏剧性考验

065／中国在缅伐木工人不该被判那么重

067／更多国企进世界 500 强，可喜可贺

069／"爱国青年被围殴"，情感比事实清楚

071／真诚欢迎 NGO，中国有容乃大

073／FBI 缺钱花请直说，别乱踩中国

075／向动荡国度里的中国外交团队致敬

077／奥巴马在非洲调门挺高心胸挺小

079／别想拿 TPP 对付中国，也做不到

081／土总统斥责"东伊运"成他访华亮点

083／人民币冲击 SDR 应积极 + 顺其自然

085／155 名被释回国伐木者不是英雄

087／郭伯雄，又一个没控制住私欲的悲剧

089／热情节俭办冬奥，4 分就行不必 5+

091／皇民史观骂不倒，唯有中国复兴胜之

093／美放风攻防火墙报复中国，太过分了

095／香港"胸罩示威"极尽对法律的羞辱

097／美菲休想拽上整个东盟"批斗"中国

099／莫误读温州对违建教堂十字架的处理

101／广岛原子弹的祸因，日本需要铭记

103／申奥歌"冰雪舞动"是恶意抄袭之作吗

105／互联网是街道广场，要自由也要安全

107／愿省市领导大学讲课带来多重突破

109／对"9·3"谁来华，日本比中国还操心

111／带薪休假，政府强制推行应予鼓励

113／安倍对亚洲说"道歉"究竟有多难

115／朴槿惠出席9月3日活动在情在理

117／"境外势力""媒体炒作"莫成万能借口

119／人民币新汇率是市场价，也是良心价

121／鸠山下跪是日本最有尊严的瞬间

123／缅甸"枪指挥党"，而非"党指挥枪"

125／大难之初拷问天津市，这合适吗

127／天津前几天的记者会为何质量低

129／恐袭将严重冲击中国人的泰国游

131／纽约时报别打岔，"猎狐"扯不上特工

133／请别在中国痛苦时诅咒我们

135／9·3临近，以平常心迎接大阅兵

137／联合军演是亚太纵横捭阖游戏吗

139／黄兴国一句"我有责任"带来几多安慰

141／朴槿惠出席9·3活动是正确决定

143／马英九是被大陆网上公知耍了吗

145／大阅兵必会提升中国社会的凝聚力

147／中国关注半岛纠纷，但不会被它绑架

149／安倍9·3不来中国一点也不意外

151／从中国经济飘走的信心无处安放

153／股市暴跌应不至于将中国经济拖下

155／股灾必有隐症，但决非中国模式之癌

157／阅兵方队整齐威武，掌声必压倒调侃

159／中国须有对付美国"床破"们的"鹰"

161／阅兵不针对日本，东京莫频频自黑

163／与连战比，郝柏村更像怯懦者

165／百万抗议者证明：日本站在十字路口

167／哄抢时警察在哪，这个问题该问谁

169 / 中国阅兵的外交得分明显且扎实

171 / 巴希尔被指战争罪，中国无义务理睬

173 / 中国承受着并且追求着

175 / 中国裁军 30 万没期待外部感动落泪

177 / 安倍缺席与菅义伟说三道四

179 / 美欧启动颜色革命就应善后

181 / 一个藏族男孩受达赖集团迫害 20 年

183 / 外界想拆散中朝友好，这须被注意到

185 / 达赖实为西方捧出来的"国际王林"

187 / 美国坑惨了为中东战乱接盘的欧洲

189 / 安倍连任总裁或显当下日本"无人"

191 / 美政客谈中美大事要反着听侧着听

193 / 毛泽东是伟大的人，不是伟大的神

195 / 莫将美国对难民的义务抛给中国

197 / 败亡于解放军是张灵甫一生突出句号

199 / 李光耀之后新加坡执政党稳住阵脚

201 / 又出假中国间谍，美国人该反思了

203 / 特首就应代表全香港对中央负责

205 / 澳总理突然易人会影响中澳关系吗

207 / 叙利亚战火在向欧洲大陆"蔓延"

209 / 朝鲜发卫星恢复核设施是恶性循环

211 / 查理周刊让欧洲良心折损一半

213 / 马来西亚 9·16 集会有"排华"意思吗

215 / 中美关系离开旧时代向前走了很远

217 / 美国舆论瞎炒时，奥巴马需有定力

219 / 安保法案是日本迈向"正常国家"宣言

221 / 中美诸大国，谁对未来更有信心

223 / 联合国不认台湾"护照"，这就是现实

225 / 中美"网络军控协议"之说有些突兀

227 / 日媒设想自卫队开战是恐吓中国吗

229 / 期待习近平访美突破中美关系困惑

231 / 中国一箭发 20 星与"上帝之杖"无关

233 / 习奥会离中美老百姓很近

235 / 共产主义理想没有欺骗中国

237 / "上访"般泡沫干扰不了习近平访美

239 / "异见人士"在统战对象里吗

241 / 英国财相现实了,西媒继续装腔作势

243 / 让蒙面罩袍远离新疆,这没错

245 / 拒绝"修昔底德陷阱",习奥共划底线

247 / 中国固燃火箭全面成熟意义重大

249 / 希拉里学"大嘴"秀生猛让自己很 LOW

251 / 对外援助的重要性不须"讲透"

253 / 习近平联大讲话为何收获大量掌声

255 / 不建内陆核电站,中国恐无未来

257 / 中国应为人类好奇设立"太空探索局"

259 / 内地舆论对李嘉诚去神化,但无敌视

261 / 北约若同俄在叙军事对抗将很荒唐

263 / 妥处换柱风波有利国民党"止血"

265 / 中朝友好是河床,问题随河水流过

267 / 俄用 26 枚巡航导弹与美特殊对话

269 / 和平奖与不堪回首的"阿拉伯之春"

271 / 让大家玩好,中国将再上大台阶

273 / 谴责安卡拉恐袭,同时劝土耳其反思

275 / 嘲弄朝鲜不是某些国人自尊的表现

277 / 西方骂的白俄"独裁者"何以高票连任

279 / 与日本敞开斗对中国战略上不值

281 / 中国军事干预叙利亚应为无稽之谈

283 / 美军舰若闯南沙 12 海里,中国必反制

285 / 中国"全球第二富",不惊不喜不骂

287 / 中英"黄金时代"是中西框架的冲高

289／骂伦敦向中国磕头的美媒一肚子酸葡萄

291／富豪是经济引擎，也应是社会楷模

293／解放军的威慑力无需强硬话衬托

295／美国出版界对华激进态度是大倒退

297／习近平访英是牵动全球的大外交

299／6.9%不意味中国经济引擎的熄火

301／中英合作大丰收，西媒郁郁寡欢拾穗

303／内地客被打死重创香港旅游形象

305／普京巴沙尔像胜利者一样冲西方笑

307／西方"元老"同中国热烈拥抱的启示

309／"妄议大政方针"应坚决管，准确管

311／美军救出70人质源于俄罗斯倒逼

313／何必用成心曲解"妄议"来搅浑水

315／盼十三五规划有带来兴奋的突出亮点

317／光复70年的台湾决不会再丢掉

319／英法德相继示好，中国投桃报李

321／扬州炒饭攀吉尼斯高枝被拒，真是羞

323／要把咋咋呼呼的美军舰看成"纸老虎"

325／"孔子和平奖"并非中国主流社会之声

327／美莫逼中国发力军事建设南沙岛礁

329／逼默克尔教训中国的人活在上世纪

331／中国建岛美国巡航，谁会气着谁

333／计生主阵地"独生子女"画上历史句号

335／海牙的仲裁庭管不着南海领土争端

337／全面二孩必带动中国社会"配套"嬗变

339／中日韩站在走出负面议题转折点上

341／客机坠毁无论何因，俄都面临挑战

343／对C919即使不鼓掌，也莫喝倒彩

345／新疆处理"妄议首案"，这样说太简单

347／美在南海的色厉内荏逐渐清晰

349／西方竟防上"中国意识形态渗透"了
351／没联合宣言，比有乱谈南海的宣言好
353／世界将为"习马会"历史性突破鼓掌
355／中越是适应了纠纷的"同志加兄弟"
357／莫用翻旧账否定今天的中俄关系
359／"习马会"凸显新加坡"小国大角色"
361／宣称台湾遭"矮化"者气度太小
363／缅甸和中国谁有能力影响谁
365／蔡英文的声明一如周玉蔻的尖叫
367／缅甸政党轮替不会损害中缅关系
369／厘清"言论自由"的内在逻辑和边界
372／把美国就南海说的重话当耳旁风
374／"双11"凸显了社会动力机制的嬗变
376／不搅和南海问题将考验马尼拉APEC
378／体制应引入BAT的时代活力
380／龙象没必要争，更不需去英国争
382／中国的民主决不能从外山寨
385／用"五不怕"对付美国在南海挑衅
387／"大赦国际"控诉中国的报告需打问号
389／欧洲反恐要避免意识形态的激烈
391／力挺法国不等于中国人没有心结
393／邪恶的恐怖主义不是无根的浮萍
395／美国想把南海当马蜂窝试着捅
397／历史沉淀之后，留下对耀邦的敬意
399／美国来亚洲挑事最容易感受"衰落"
401／俄法美联手打IS或许事好难圆
403／保出境者平安，国家个人需共同努力
405／法国《新观察家》，请你有点底线
407／叙利亚人权决议，中国就该投反对票
409／西方撺掇中国打IS，我们需很谨慎

411 / 日本一些人想"对华包围圈"想痴了

413 / 港区议会选举验证"8·31"决定正确

415 / 三名殉职高管是不应被冷淡的英雄

417 / 俄罗斯很难服软，普京面临抉择

419 / 美为何对"中国间谍"冤案从不追责

421 / 俄会报复土耳其吗？将如何报复？

423 / IS点名大陆和台湾蛮滑稽的

425 / 俄罗斯"怂了"，还是游戏在继续？

427 / 军改将积极影响世界评估中国力量

429 / 拒称吉布提军事基地，是事实也是态度

431 / 期待巴黎气变大会获历史性突破

433 / 俄空军炸了"东伊运"，但它一时死不了

435 / 希望两岸"互换被俘情报员"是真的

437 / 人民币入篮是中国水到渠成的胜利

439 / 要发展也要蓝天，政府民间都"急死了"

441 / 好好珍惜令西方"眼红"的中非合作

443 / 扎克伯格该是抽打中国富人的鞭子吗

445 / 加州式"本土恐袭"更危险更难防范

447 / 美或用10亿对台军售买个大麻烦

449 / 美媒莫做美国横行网上的拉拉队

451 / 反腐败向招生办等社会权力延伸

453 / 土在中东"任性"，中等强国趋于活跃

455 / 百人蒙面袭击执法站，还有法治吗

457 / 委内瑞拉很难回到"传统资本主义"

459 / 从抵触PM2.5到红色预警的变化

461 / 中韩友好，韩军却出了个糊涂指挥官

463 / 特朗普们越激进越可能成全IS

465 / 美反潜机部署新加坡对东南亚不利

467 / 互联网开放促进了中国社会免疫力

469 / 中朝友好逐渐适应分歧，走向新稳定

471 / 巴黎若错失签约机会，怨谁也没用
473 / 巴黎协定吹响中国能源革命新号角
475 / 朝鲜演出取消挺离奇但负影响有限
477 / 阿里收南华早报，香港舆论何需紧张
479 / 美舰缓来南海，澳机嘚瑟什么
481 / 乌镇盛况空前，唱衰者顾影自怜
483 / 纽约的委员会难道想讨好中国记者？
485 / 围绕"文革"网上争论是泡沫化的
487 / 美对台军售意在给两岸和平搅局
489 / 如何看发改委缓降油价风波
491 / 朝鲜人权决议，中国投反对票合理
493 / 中国不妨加速向南海岛礁部署战机
495 / 万科与宝能，谁代表市场法则的正义
497 / 中国经济，信心比怀疑更强大真实
499 / 滑坡事故让深圳的光鲜打折扣
501 / 搞对华"菱形包围圈"，日本真敢做梦
503 / 浦志强判三缓三体现中国法律尊严
505 / 自私的美国看中国《反恐法》不顺眼
507 / 香港极端反对派亟需搞清自己"是谁"
509 / 《新观察家》文章既很偏激，又不专业
511 / 中日海巡船上都有火炮，日本叫什么
513 / 蔡英文不太可能主动接受"九二共识"
515 / 西方莫把自由描绘成中国的敌人
517 / "韩日和解"增加不了日本对华筹码
519 / 华盛顿挤兑中国，欧盟无义务站台
521 / 从世界的视角回望中国2015
523 / 2016将是"相持之年"，大国竞赛耐力
525 / 菲签亚投行协议就像是"好事多磨"

欧洲正成为西方对华友好的先导

中国国务院总理李克强对欧洲的访问正在进行中，李克强已在比利时签署180亿、并将在法国签订数百亿欧元的合作大单，中欧峰会取得合作战略上的重要成果。李克强还提出中欧成立共同投资基金等重大建议，有人称当前的中欧关系处于"黄金期"。

尽管欧洲一些媒体仍热衷于炒作"人权"等争议，但那些报道更像是染上了"小报病"。李克强在法国受到十分显著的热情接待，这不仅是官方礼遇，也是欧洲社会对中国态度的折射。

中欧关系这几年在平稳的基础上发展很快，成为中国同西方关系最成功的一页。中欧经贸合作十分活跃，与此同时双方在地缘政治上没有利害冲突，意识形态摩擦有一定克制，中国对达赖等老问题的制衡发挥了一定作用。

英国等欧洲强国带头打破西方国家在加入亚投行问题上的犹豫，日前签署亚投行协定的50个国家中欧洲国家占了18个，这让中国社会印象深刻，成为修正中国人对欧洲认识的一个因素。

现在有更多中国人倾向于相信，欧洲完全可能成为西方世界持续发展同中国友好关系的先导，这将改变整个西方同中国关系的格局，使中国同美日关系的外部环境在很大程度上得以重塑。

诚然，欧洲很难成为中国人那种志同道合的"朋友"，中欧意识形态分歧还将长期存在，今后因达赖等问题爆发新冲突的可能仍难排除。但中欧的共同利益显然在成为双方关系的主导面。中欧恐怕都需准确定位双方关系，对扩大、深化双方合作足够积极，也要对双方之间的问题给予足够的包容。

欧洲最着急的是经济,英法德意等不顾美国的脸色加入亚投行,说明欧洲从中欧关系获得经济推力的愿望压过了它们对政治问题的考量。中国需要用心回应欧洲的关切,让欧洲在现实中确信中国是它们经济增长的伙伴。

中欧共同开发第三方市场,比如中法联手拿下其他国家的核电项目,中西合作向拉美投资,此外如果中欧共同投资基金得以设立,双方将向欧洲,甚至未来对非洲的投资就可能从竞争关系变为合作关系,这一切终将带来中欧关系的结构性改变。

欧洲很多国家同美国是传统盟友,如果未来欧洲从中国得到的经济好处能比它们从美国得到的多出明显一块,那么一种持续的平衡力就将形成。欧洲在安全上依赖美国,但在涉及中国时,它们比澳大利亚更容易超脱。欧洲在西方世界里"理解中国"的障碍最少,那里有可能成为突破中西互视僵局的关键地带。

中日经贸扩大没能消除两国政治关系的紧张,中美经贸合作没能解决两国的战略互疑,中欧经贸关系发挥的作用最充分。日美澳同中国的地缘政治交集各不相同,地缘政治利益在经济利益面前似乎更强势,但它又非绝对和不顾一切的。中欧关系或许没有为21世纪国际政治定性的力量,但它将带来至关重要的启示,影响不同文明相处的标准。

欧洲国家似乎度过了针对中国崛起的心态调整,只要把它们同日本稍稍一比就清楚了。但是随着中国制造业提升,中欧、比如中德制造业有可能还有一轮新的竞争。一旦我们全面知道中欧关系,我们看待双方未来各种摩擦时就能像站到了山巅,俯瞰曲折奔向大海的江河。

(2015.07.01)

中共94年，中国人和世界几多感慨

今天是中国共产党94岁生日，前些天没什么庆祝活动的预告，因此今天很可能是平实的一天。

然而很多中国人都记得今天是党的生日，互联网上一定会有人提到它，议论它。毕竟今天几乎中国的一切都与这个党的执政有关，七一庆不庆祝，都是中国最重要的纪念日之一。

有人说，中共威望最高的时期是新中国建国之初的那几年，如今出现了负面议论，党的威信遇到"危机"。怎么看这样的评论呢？

中共经过28年的浴血奋战建立了新中国，那是中共的第一个历史性、且几近完美的成就。从那时起，中共进入领导国家的漫长考验。由于新中国的社会发展起点极低，中国该如何实现发展，以及发展什么，今天回头看当时都不是十分清楚。世界的两极阵营将中国卷入，对中国社会的认识产生复杂影响。

六十几年后，中共的声望在世界范围内形成全新格局。中国社会的多元化导致批评声音的出现，但在世界上中共成为最受瞩目的执政力量。中共的执政能力和业绩得到全球性承认，西方从防范中共影响力向周边的扩散变为与中国做社会发展模式的竞争。

中共如今是全球最大、行动力最强的政治组织，与当年的苏共相比，中共的联系群众能力、自我修正和改革能力都明显胜出一筹，这使得中共总能克服党建和国家发展面临的困难，带领国家前进。

今天中共的党建和国家改革都像是处在少有的紧迫期，但无论纵观历史还是横看世界，这样的紧迫都有相当一部分来自中共面向未来的危机意识。中共和国家受到的外部威胁在很长时间里非常突出,而当下是新中国应对外部威胁最有把握、力量最充裕的时期,中共和国家因此可以更集中地应对国内问题。

国内舆论多元化打破了中共形象在中国社会的完美局面,谈论执政党的问题不再是禁忌,但人们评价执政党的尺子也不再是简单的。人们会把中国的成就与其他发展中国家的成就默默对比,把中共对待问题的态度与世界上其他政党对照,从而在新的基础上建立对中共的信任。

中国肯定不是世界上腐败最严重的国家,但中国肯定是最近这些年全球反腐败最为坚决、猛烈的国家。还有一点也是确定无疑的:那就是中共在危机离临界点还有一定距离的时候就敲响了"腐败可致亡党亡国"的警钟。

中共是现代世界最积极、勤奋的执政力量,它对自身和所领导国家的每一个现实及潜在问题都很敏感。苏共的前车之鉴,西方舆论的一些恶意预言,以及国内多元化所释放出的批评都客观上增加了中共的清醒,这个党不仅在忙今天,也从来没停止过筹划未来。

新中国有过一些错误,中共未辞其咎,也勇于直接面对。所有错误都有无可挽回的一面,但历史最清楚每一个时代错误的来龙去脉。历史的眼光比具体人的眼光和感受要宽阔得多,历史选择了中共,并且继续支持中共带领中华民族实现伟大复兴的梦想,大历史的这一态度正变得越来越坚定,而不是相反。

一个陷入争议漩涡的党员干部是代表不了中共的,中共形象是一代代全体党员前赴后继在人心中的总折射。中国从1949年连汽车都生产不了的国家成为今天的世界第二大经济体,中国人物质和精神生活面貌发生天翻地覆的变化,这些都已化成中共永恒的勋章。然而这些不是句号,中华民族对中共还有更高的期待,中共对实现世界永久和平等全人类层面的使命也才刚刚开始。

(2015.07.01)

宪法宣誓好示范，违宪言行要不得

全国人大常委会1日审议通过了《关于实行宪法宣誓制度的决定》。今后各级人民代表大会及县级以上人大常务会选举或者决定任命的国家工作人员，以及各级政府、法院、检察院任命的国家工作人员，在就职时应当公开进行宪法宣誓。对普通人来说，这一改革很新鲜，而且带来庄重的感觉。我们能感受到有一种意义扑面而来，宪法宣誓决不仅仅是形式。

从宪法宣誓的改革酝酿以来，一直受到舆论的关注。中国政府各级官员忠于宪法的意识在不断强化，党公开表示要在宪法的框架内开展活动，依宪治国的推进形势令人鼓舞。现在恐怕是中国历史上谈论"宪法"最多的时代，它对应了社会的真实愿望和决心，对中国上下都形成鞭策。

然而也有对宪法宣誓说风凉话的，认为它仅仅是走过场，不会有任何实际意义。这部分声音的发出者平时喜欢把宪法挂在嘴上，但他们对依宪治国的认识却同主流社会的认识南辕北辙，他们所希望的"意义"也完全不切中国的实际。

宪法好，如今已无人反对，或无人敢公开反对。但宪法"是什么"，最危险的违宪表现有哪些，在一些人那里却存在争议。

一些人认为保护言论自由是落实宪法的当务之急，而且在他们眼里，这个问题的责任完全在于官方。实际情形是，中国改革开放以来出现一轮接一轮放宽舆论尺度的尝试和努力，技术进步带来的推动力从未被拒绝。但每一次这样的政策都有某些极端力量试图滥用，从中塞政治私货，影响了舆论开放的效果。推进言论自由、出版自由等是中国这几十年历程的主线之一，在这个过程中确保国家的稳定和凝聚力又是中国大社会必须攻克的课题。

究竟该如何把握这当中的关系，塑造结构，中国全社会应当说仍经验不足，需长期摸索。这是中国各界以及从上到下的共同事业，各种力量都有义务为实现这一领域更成功的体系性互动做出贡献。光发牢骚、提极端要求常常是非建设性的表现。

推进依宪治国的最大障碍和风险其实是一些人反对党的领导，表面上拥护宪法，实则反宪法。宪法规定中共是国家的领导力量，规定了国家的根本政治制度，但一些力量呼应西方意识形态，把取缔中共的领导作为行动的总目标。他们的大量言行都构成违宪，扰乱了公众对宪法和依宪治国的认识，破坏了国家有条不紊开展法治建设的环境。

官员宪法宣誓制度明年1月1日就将实施，这应同时视为对全社会的一种示范。一些政治激进人士恐怕也应该扪心自问，他们忠于明确规定中共是国家领导力量的中国宪法了吗？他们是否应在今后对自己的违宪言行有所收敛呢？

在任何国家，宪法所展示的社会应有面貌都比社会的实际面貌更为理想一些，缩小二者的差距是代际之间的递进使命。当下中国正朝着越来越严谨的法治社会前进，而中共是实现这一进程的历史性推动者。中国现代化离不开法治化，而法治必然要打击贪官污吏，也会坚决制约从其他角度挖中国宪法墙脚的人和力量。

（2015.07.02）

香港"七一"游行口号不知天高地厚

香港反对派组织的"七一游行"昨天再度上演，参加人数远没有去年多，但喊出的口号却包括"修改基本法"，是这些年最激进的。此外反对派的游行还要求特首梁振英下台，撤回"8·31决定"等等。

喊这些口号一定很刺激，但这样做同站在广场上使劲干嚎几声，或者高喊"要求1港币兑换100美元"，性质是一样的。反正都是些烂口号，对那些游行队伍里最激进的人来说不喊白不喊，而且喊了也白喊，就算香港多了些城市噪音。

修改基本法？这样的可能性理论上当然存在，但就今天的现实来说，它的可能性是零。香港激进反对派真是没出息的一群人，他们完全没搞懂香港的高度自治是怎么回事，就开始赶世界的时髦狂赌。在西方搅动的世界"民主"大盘中，他们就像是几个初来乍到一股劲追涨的散户。

很多智者在警告他们要克制，"差不多就行了"，极端反对派搞的"民主指数"已经严重脱离香港的实体现状，比如连今天参加游行的许多港人也表示不认同"修改基本法"。但他们就是不听，不仅追，还做新的补仓，这帮人真就傻到这个份上，完全不知天高地厚了。

问题是，个人冒险炒股，炒赔了自己担着，不是有跳楼的吗？但香港反对派这帮"散户"却盗用了香港社会的福祉和未来做股本，炒赢了是他们赚，炒亏了，搞崩盘了，却要由香港全社会为他们这帮人埋单。他们狠就狠在这了。

"修改基本法"二流子可以喊，但严肃的政治人物决不应该喊。基本法是香港与内地实行"一国两制"的根本大法，要修改须香港和内地社会共同支持。如果香港哪支政治力量以"修改基本法"作为政治纲领，并以动员香港社会采取游行示威及各种不合作运动作为实现这一目标的手段，那么这支政治力量就将失去与之对话的价值，他们将逐渐沦为只能由法律来管束和对付。

眼看着香港反对派一天天变本加厉，内地社会既为香港担心，很多人又颇感无奈。我们能看到，反对派在折腾、消耗香港长期积累下的那点老本。根据"一国两制"的规定，香港内部的秩序要通过港人自治来实现，中央不能做事无巨细的干预。因此如果香港社会在现有体制下无法抑制反对派胡闹的话，那么这座城市的未来真的堪忧了。

反对派宣称香港一旦衰落，责任在北京。他们不断宣扬只要允许他们为所欲为，香港的未来就将是繁荣的。与一群不讲道理的人辩论"责任"问题已经无益，事实是，如果香港就这么分裂、对抗下去，国家会很遗憾，但直接蒙受损失的只能是全体港人。

反对派曾经狡辩他们要求的所谓"真普选"最符合基本法，现在他们中的激进派终于忍不住改口了，直接对基本法亮出"修改"的刀子，有些狂热分子甚至焚烧《基本法》。现在清楚了，国家落实"一国两制"的进程碰到了一群政治流氓，他们混淆是非，指鹿为马，欺骗了部分香港市民。

也许香港注定要动荡一阵，最终由动荡的后果作为苦药，逐步为香港社会的更多人群注入理性。如果是这样的话，我们希望香港动荡的过程能够坚守普通百姓安居乐业必须倚赖的一些底线，金融和时尚之都变成"政治狂热之都"可以，但千万别变成亚洲的"乱都"。

（2015.07.02）

天然抵触新国安法的人需自我反思

中国新的国家安全法 7 月 1 日起实施，新国安法涵盖从经济、社会、文化安全直到网络安全的 11 个领域，其全面性十分突出。西方舆论在新国安法草案讨论的过程中就提出不少批评，认为它对"国家安全"含义的阐述"模糊不清"，有可能损害西方互联网公司的利益，被用来限制公民自由等等。西方舆论的最新反应延续了类似的误读与偏见。

国家安全不是绝对概念，而是相对概念，不同国家以及同一个国家在不同时期对它的认识很难完全一致。但维护国家安全的正当性比围绕它的各种争议更加重要，每个国家所面临的安全挑战或隐患都是些什么，最终要由各个国家自己来判断，没有一个国家会乐于接受外部强加的定义。

虽然在国际法层面上，各国会围绕国家安全有一些共识，但相互不了解彼此想法的状况也是经常性的。比如美国对自己国家安全的定义就很难让外部世界全面认同，美将国家安全的前沿远远推到了国境之外，经常到别国境内维护自己的安全。此外美国掌握着全球互联网的根域命脉，技术上无比强大，但它却经常宣称自己的网络安全遭到侵蚀。在外部世界看来，美无疑是全球最安全的国家，但华盛顿仍不满足，它对本国安全设定的标准实在太高了。

此外在与一些国家的交流中，我们能明显感觉到它们的防范心过重，给人员交往和经济合作设置了多重障碍。比如很多中国人都有办印度签证很难的经历，一些中国公司在印开展业务也受到源头是印度国安部门的限制。

中国是超大型国家，政治制度与西方不同，社会处于快速改革和转型中，我们今天对国家安全的认识既有时代特点，也有历史上一脉相承的东西。我们需要加强的国家安全措施肯定有一部分有较明显的中国特色和时代烙印，这一点都不奇怪。

国家安全理念不同，那么我的国家安全我说了算，各国法律管辖边界就是国家安全的延伸边界，这应是现代国际关系的基础性法则。由于全球化带来交往的深入，国家间交往在一定程度上变得"你中有我我中有你"，国家安全因此出现"交叉"，但一国领土上的本国核心安全是联合国宪章所全力保护的，这应当受到确认和尊重。

一段时间以来西方针对中国的具体制度性批评大多是为了其在华公司利益的最大化，以及为西方非政府组织争取更多活动空间，再就是为了关照中国亲西方异见人士的利益。西方这样要求自己的利益放到中国国家安全之上是不对的，它们颠倒了原本应有的顺序。

新国安法提及港澳，这是合理的。港澳地区不仅早已进入中国国家安全的涵盖范围，而且那里的情况已经能够对中国内地的安全产生影响。新国安法暂且不在港澳施行，但港澳地区不可能永远是这方面立法的真空。

中国是当今世界经济社会发展最快、全面进步得分应当最高的国家之一，这样的国家辟出一部分精力来加强国家安全，是历史正义、和平之福。中国国内少数人一遇开展国家安全建设，就担心自己的安全和自由受损，他们应当反思，为什么自己会掉入如此奇怪的逻辑。

主动把自己推向中国国家安全的对立面，无论这样做的是一个国家，还是个人，或者某种社会性力量，都是不够理性的。如果有人对这一告诫不喜欢，就权当是忠言逆耳吧。

（2015.07.03）

莫因股市暴跌轻易掉入"阴谋论"

中国证监会1日深夜推出的救市措施没能挽住股市的颓势,A股昨天再次大跌3.48%。互联网上昨天广为流传的一篇文章称,这已是一场"金融战争",本轮做空中国股市的外部资金经验丰富、实力强大且准备充分,对政府的强力反击毫不手软。文章将当前股市的情况和香港金融保卫战进行类比。

中国股市暴跌是否是由外部资金的"恶意突袭"导致的?这个问题不应成为审视本轮股市暴跌的首要角度。中国内地股市不是港股,也非泰股,可以轻易被外部的几只金融大鳄玩弄于掌股之间。中国股市的跌涨是多方面力量复杂博弈的结果,并不存在单独一支或几支可以随意呼风唤雨的力量,这一判断应当是我们认识中国股市的基础。

股市暴跌的基本原因是它之前的暴涨,从暴涨转入暴跌是一个风险不断积累的过程,这当中或许会有激发暴跌的"最后一根稻草"。技术人士会热衷于找出这个骆驼被最终压垮的具体因素,甚至称之为"罪魁"。但是作为全社会的一种总结,揪出这个"罪魁"的意义并不大。

股市里充满投机,这些投机有些是合法的,也有一些是非法的。监管股市的意义在于打击那些非法行为,使得所有股民实现真正的风险和机会均等。对于那些合法的投机行为,需要通过调控手段来限制它们的力度,但必须承认,这是很难精准做到的。股市总会有一些投机空间,也是股市存在的意义之一。

境外资本在中国股市所占比例很小,A股沪港通的每日资金额度仅为130亿元,尽管还有部分外资通过隐蔽渠道流了进来,但它们有能力袭击个股，对整个A股的影响却相当有限。外资采取联合行动并不比内资联合出手更容易，它们是否会扮演"最后一根稻草"的角色也是不确定的，但它们肯定不是中国股市跌涨走向的主宰。

不让自己轻易掉入阴谋论，会有助于我们客观分析股市暴跌的成因。即使一时无法清理出它们的脉络，我们也会对其中深刻的复杂性有所认识，不强行找出一两个所谓的"主因"向自己交差，误导我们的后续认识。

中国的金融逐渐开放，股市是最大的"豁口"。外部风险会逐渐增加，它们首先是外部资本凭借其更丰富的经验从中国股市上套利，揩中国股民的油。这可能是我们在一定程度上开放金融不得不付出的一些代价。然而中国的金融机构会很快在博弈中成长起来。外国资本像洪水一样席卷中国股市，毁掉我们的大多数家园，这种情况至少迄今从未出现，今后也未必会出现。

说到外国资本，人们想到的主要是美国的金融大鳄们。然而美国金融优势的支柱是美元体系，而非由那些大鳄组成的"金融军队"。美国资本通过全球股市榨干各国的血汗钱，这或许是美国人的愿望，但它决非世界上、尤其是美国与其他主要经济体之间金融关系的真实情形。

中国股市一定要对外部资本保持警惕，同时这种警惕也应是克制的，不可变成由意识形态驱动的狂想。中国股市的核心问题是内因，内部体系的缺陷使得投机而非正常投资在有些时候成为股市的主旋律。想象一下，大量投资者在缺少底线保障的情况下摸索开展惊心动魄的互动，要形成具有稳定性的规律有多难！真相或许就这么让人无奈。

（2015.07.03）

希拉里向中国开火理应遭回敬

美国民主党总统候选人希拉里·克林顿星期六向中国开火,她在新罕布什尔州的一场竞选活动上宣称中国"试图黑进美国国内一切不能动的东西",并说中国军事"扩张得非常快",威胁到菲律宾等美国盟国。

一到美国大选,中国必然躺枪,现在躺枪的季节又来了。美国总统候选人骂中国通常有两个规律,一是他们对选情感到担忧的时候,就会骂中国。二是大选临近的时候,他们会骂得更多。原因是骂中国这一招在美国既雷人又比较保险,候选人往往觉得"不用白不用"。

今年4月到6月,希拉里没拿中国说事。现在她"开骂"中国,很可能是杰布·布什出来影响了她的自信,促使她早早带头树起了中国靶子。

美国选民大多对外交事务了解得很少,用拿中俄等开涮来蒙选民、骗选票,对当过国务卿的希拉里来说尤其是长项。几乎可以肯定,希拉里现在怎么说中国,与她一旦当上总统后怎么对待中国,没多少直接关系。希拉里的丈夫比尔·克林顿当年竞选时骂中国很不客气,但他在总统任上和卸任之后都成了中国的"好朋友"。

美国选民还是挺容易忽悠的,他们似乎不太追究候选人当选总统前后对中国态度的差异。当然了,也可能候选人对他们的哄骗太多了,在中国问题上前后不一还算是轻的。

希拉里星期六选择网络和南海这两个点攻击中国,不像她8年前竞选时就人民币汇率发难,说明她还挺"与时俱进"的,找了中美之间当下最热的两个话题。由于她现在眼睛里只有选票,别的什么都顾不上,也印证了这是两个能在美国公众中引起共鸣的话题。今后其他候选人要想从中国身上揩油，大概同样会从这两点下手。

美国总统候选人们要想以此影响中国的政策是妄想，但他们能够给美国的对华舆论增加波澜。中国舆论对他们不必客气，对有可能胜选者用不着给他们"礼让三分"的待遇。他们知道自己现在说中国的很多话有多么不靠谱，因此也不应有不遭到中国舆论回敬的指望。

希拉里奚落中国是竞选术，不是中美关系正儿八经的一角。中国舆论扔回她几句，也跟当下或未来的中美关系扯不上多少联系。她今天就是为了选票什么都肯干的一个竞选政客，如果她有一天成了总统，相信她会更自尊，那时中国舆论再更尊敬她不迟。

至于中美在网络安全上的纠纷究竟是怎么回事，两国政府应当加紧协调，建立相互尊重核心利益的规则。不能一个担心航母的指挥系统遭入侵，另一个担心三峡大坝的闸门被对方控制。中美两大国在现实中发生冲突难以思议，在网上如果恶斗起来，这两个国家和整个世界恐怕同样受不了。

（2015.07.06）

支持政府稳定股市，争论或应暂息

政府方面星期天再出稳定股市的重大行动，证监会宣布央行将向证金公司提供流动性支持，中央汇金公司宣布已在二级市场买入交易型开放式指数基金（ETF）。此前21家证券公司和25家公募基金公司分别在星期六宣布了稳定股市的集体决定，至少有1200亿的资金将直接注入股市，券商将不在4500点以下对自营股票盘做新的减持。此外新的IPO将暂停。这一切被广泛解读为中国大规模"救市"拉开了帷幕。

股市近来的暴跌严重动摇了市场的信心，对于政府该不该出手，众说纷纭。由于中国股市的结构与西方股市不尽一致，又头一回遇到如此猛烈的暴跌，我们的认识缺少经验参照，民间和专业力量都有不同看法是正常的。

但是政府下决心出面干预，表明对稳定当前股市重要性的认识在管理层面已经占了上风，这种认识虽然仍谈不上是社会共识，但它显然不是政府独有的，它在市场上和专业理论界都有很大支持面。

股市如此动荡非常有害，它如果继续发展有可能导致系统性或区域性金融风险，现在政府出手组织大规模稳定市场行动，它如果能够成功，肯定比不成功对中国经济更为有利。

有鉴于此，我们呼吁各界人士停止"该不该救市"的争论，对政府稳定市场的努力采取整体上支持的态度，为恢复市场信心作出各自的努力。

需要指出的是，恢复市场稳定符合绝大多数人的利益，过于动荡的市场将吓跑很多投资者，使中国股市变得十分贫瘠，到头来成为只有"盗匪"才敢进出的地方。股市需要建立良序，而信心是任何良序的基础。

在中国股市尚不成熟、问题大爆发的逻辑也并非十分清晰的时候，谁都不应认为自己绝对高明，能一眼看准这场超级复杂博弈的核心机关。政府掌握的信息毕竟最多，稳定市场是其行动的根本指向，这个时候与政府行动做配合，比唱反调是更值得市场及舆论各种力量积极去做的。

稳定市场与"救市"还是有所区别的。"救市"在人们的理解中是要挽回跌下去的股指，但稳定市场的重点是稳定人心，防止新的断崖式暴跌，排除系统性或区域性金融风险。稳定市场可以为解决股市的固有问题赢得时间，为对它们动手术创造环境。

这两天下的猛药当然不能根治中国股市之病，政府也不会幼稚到认为几个出招就能像点穴一样让股市焕然一新。政府发出的信号是，放任股市当前的情况已经是危险的，市场心理必须有一个止点和拐点，后续的解决才有机会跟上。

股市暴涨暴跌的原因还需进一步查明，市场投机的合法和非法界线需更明确厘清，监管也要更加有力。很多人高度怀疑此轮股市暴跌的背后有非法做空者，这需要通过严厉、深入的调查做出结论。在信息社会，我们需要理性且专业的质疑精神，但疑神疑鬼的思维往往给以假乱真者可乘之机。如果确有非法做空者，就须将他们绳之以法，以此为依法治市祭旗。

股市是市场，政府如何监管这个市场，使之既保持活力又不过度疯狂，这对快速发展的中国来说是个严峻课题。中国市民社会的管理已经积累了大量经验，但股市管理似乎更难。中国股市出问题对现实社会的影响会有多深，破坏力有多大，还不是个很有把握的问题。相应的防范力度应当有多大，只能在摸索中尝试。

最近两天出台的稳定股市措施对中国来说都是前所未有的。我们期望它们的效果立竿见影，并产生良好的后续影响。

（2015.07.06）

欧盟处理希腊之乱同中国有关吗

当中国拯救股市的大规模行动拉开帷幕的时候，欧洲的金融秩序遭到来自希腊的严峻挑战。希腊星期天举行的全民公决拒绝了国际债权人对其改革提出的要求，这是欧元区自建立以来从未有过的僵局。希腊已经对 IMF 的贷款还息违约，本月很可能继续对欧盟债务违约。希腊银行关闭已经一周多，这个国家处在破产边缘。

在希腊全民公决说"不"的情况下，一些人对中国的动向十分关心。中国会援助希腊吗？以及中国会在欧盟的内部纠纷中扮演什么有趣的角色吗？

这样的好奇心情有可原。中国有雄厚的外汇储备，希腊又是中国"一带一路"建设方向上的重点国家之一。中国显然愿意成为希腊解决经济社会发展问题的一个伙伴。

然而中国对希腊摆脱困境的帮助一定会追求全面的建设性，这意味着中国会希望自己的参与既有利于希腊，也有利于欧盟。这是中国对外关系的基础性价值观，可谓根深蒂固。

中国总理李克强等人多次表示愿意希望看到希腊留在欧元区，这可不是冠冕堂皇的外交辞令。中国清楚，希腊问题事关欧元区治理及欧盟一体化全局。中国恐怕是欧盟之外最真心希望欧盟向好的国家之一，欧盟是中国第一大贸易伙伴，双方没有地缘政治纠葛，欧盟强大了，受到最多牵制的是美国，中国什么损失都没有。

中国民间当然也有一些对希腊向欧盟"造反"幸灾乐祸看热闹的人，但那是市井情绪，那些人世界上哪里出事都高兴，中国自己出事，只要直接意义上事不关己，他们也挺乐呵。这样的情绪经常会流向互联网上，看上去像是"舆论"一样。

另外希腊的事情毕竟离得远，再怎么着也疼不到中国人自己身上。中国天灾人祸多发，社会争议重重，外界发生矛盾和冲突，也会让一些人相信我们不是这个世界上最倒霉的。但这样的想法和它们的外露都会非常克制。

稍稍严肃一些观察欧盟，中国人就会很快发现或者悟出，如今的欧亚大陆西端汇聚着一批最有可能成为中国好朋友的西方发达国家。对它们和中国都有利的事情，我们应积极去做。对它们有利又对中国无害的事情，我们顺手做了也无妨。对欧盟有害的事情，或者对其中个别国家有利而对其他国家有害的事情，中国不能做。

中国与希腊前几年发展关系很快，2014年习近平李克强都访问了希腊，两国签了大单。中国还通过多边机构如IMF等参与了对希腊的资金援助，中国公司是希腊大型工程的积极参与者。中国不仅没有在希腊危机期间抛售欧债，还视情有所增持，这都极大地稳定了市场对欧债的信心。这些在希腊和整个欧盟受到同等的欢迎。

希腊虽然否决了欧盟的要求，但它继续留在欧元区仍是高概率事件。欧盟是援助希腊的主体，中国应当把帮助欧盟找到解决希腊主权债务危机作为主要方向。落井下石、趁火打劫从来都不是中国外交的风格。

希腊全民公投酿成轰动全球的新闻，但欧洲以外能搞明白希欧矛盾细节的人实在不多。中国有相当一部分人在从民主和民粹的角度看希腊之"乱"，认为这些因素瘫痪了希腊改革的能力。德国总理默克尔6日表示"尊重希腊人民的选择"，这倒更像是外交辞令，因为她没有同时承诺德国准备给希腊更多资金援助。

欧盟必须应对解决希腊说"No"的危机，中国首先应是认真的观众。希腊搅乱了欧元区，欧元区如何治这一乱，后者的承受力究竟有多强，以及是什么原因，这一切都很值得观察、研究。

（2015.07.07）

"救市"第一天,信心离我们有多远

昨天是周末出台系列"救市"政策后的第一个交易日。两市经历了大幅震荡,最终沪市涨 2.41%,创业板跌 4.28%。沪市从高开涨逾 7% 到盘中翻绿,再翻红,没有出现有些人预期救市政策带来的大涨,也没有出现令一些人担心的继续暴跌。

市场的信心仍显不足,由于两市个股跌停的仍有近千只,对市场氛围继续造成一定压力,恢复市场信心看来需要时间。政府大规模"救市"初始阶段的这一局面应当算是平稳的。

信心是黄金,但什么是信心,一定要搞清楚。信心不仅是投资者对市场向好的集体判断,它还包括投资者对市场遇到困难时的承受力。此外信心的载体既包括投资者,也包括场外的管理者和社会群体。

从当前情况看,牛市经历大调整后是否会回来,大多数投资者的真实感觉是看不清。但是股民中下决心彻底离场的人并不多,更为普遍的心态是这一轮跑出来止损,看准机会再进去。把身家性命都搭进去"成功成仁"不是中国股民的大众玩法,中国股市上因而天然蕴藏了很大一部分承受力。

"救市"已然开始,但对暴跌和救市,全社会应当抱以更坦然的态度。首先,它们都是经济,不需往政治方向引申。如果说经济搞大了都是政治的话,那么它们在中国的政治含量并不比在世界其他国家更多。换句话说,这样的事情在全世界都会发生,中国政府做出的是任何国家政府这种时候都会有的反应。我们用出的手段可能多点或少点,效果可能快点或慢点,这大概是中国全面成长中必须经历的挑战,我们躲不过,就兵来将挡，水来土掩。

除股市出现暴跌外，中国的所有其他金融系统都在正常运转，人们没有看到有风险不可控的严重迹象。中国稳定股市的整体大环境是有利的，资源也很充裕，社会的心态也完全可以更从容些，用不着过度急躁和担心。

再波诡云谲的股市也有规律。股市之前暴跌，同时也释放了不少泡沫和风险，不管"底"在哪里，当下的沪市离它都更近了。国家上周末出台大量措施，即使一些人惊魂未定，继续出逃，但股市重建信心毕竟有了新的重要支柱。这一切会逐渐发生作用，是股市的基本规律。现在政府做出了应尽的努力，管理者和社会层面需要把心放宽，相信股市的内在规律会渐渐冒出头来，重新运转。

中国是个对各种问题都抱有较高警惕的国家，我们的防范工作常常走在前面，留下较宽裕的余量。这次暴跌和救市也对应了中国的这一普遍逻辑，眼下预测救市效果的人很多，但几乎没有人认为这个国家的经济因为股市问题到了危急边缘。

股市信心的小齿轮实际上挂着社会信心的大齿轮，前者即使一时跑偏，也会重新回来。中国目前根本没有股市信心崩盘的社会基础，股市信心动摇实为股市挤压泡沫过程与短线操作和投机心理互搏的特殊曲线。如果看仔细了，它并非是真正的"逃跑线"。在政府坚决的救市行动面前，它大概更不会无动于衷，只认"三十六计走为上"。

（2015.07.07）

越南不可能像孩子一样扑进美国怀抱

越南共产党总书记阮富仲6日至10日访问美国,受到美国和西方舆论从地缘政治角度的大量解读。这些舆论将此次访问看做美越联手对抗中国的外交典礼,也当成是美国在战略上围堵中国胜利的又一标志。

让越南成为支持美国对华战略阵营的铁杆成员,这很可能是美部分战略学者和舆论领袖的愿望。这个目标或许是他们眼前看似不远处的地平线,但无论怎么走,它离他们总是不远不近的样子。

美越的相互吸引力是显而易见的:华盛顿希望河内与自己的亚太再平衡战略高度配合,增加对华施压的筹码,后者也希望同华盛顿走近有助于其同北京在南海问题上周旋。这是地缘政治最初级的公式,但它决非美越关系的全部。

越南革新开放后承受了以美国为源头越来越大的政治压力,这是越南国家稳定的长期挑战。越南对美既靠近又防范的内在纠结根深蒂固,越南不可能学菲律宾像孩子一样扑进美国的怀抱。河内不得不担心,华盛顿给了它一颗糖果,实际可能是一丸"毒药"。

同美国发展关系是越南外交的正常需求。美在东南亚有着广泛影响力,又是越南的最大出口市场之一,加上要处理西方对本国做政治渗透这个大麻烦,发展同美的良好关系符合越南的国家利益。南海问题会进一步加强河内的这一愿望。

然而中国是从越南身边搬不走的。越南既把这当成其国家安全的挑战,也在实际享受中国输送来的经济增长推力,以及中国社会主义制度对越南体制的支撑。越南同中国一样,实现经济社会发展是国家战略的根本主题，如能避免南海问题与该主题的对立，对河内是上上策。

就像美国的军舰绝对不会被河内"呼之即来"，在它最需要的时候出现在南海上一样，越南也不可能不顾自己利益、不分轻重地做美国亚太再平衡战略的棋子。美越相互利用是比越南处理好对华关系更捉摸不透的迷思游戏。

中国人大可不必对越南同美国发展正常关系大惊小怪，这种态度体现的是我们的气量。中国周边任何国家同美发展关系我们都没有理由不高兴。这就好比中国与加勒比和南美国家发展关系，美国也不应过度敏感。全球化时代，双边关系都不具有排他性。中国周边国家与美发展关系分别代表了战略上美国得分，中国失分，这种解读至少有相当一部分是夸大的。

当然，美越走近确有一些因素是针对中国的。这些因素肯定不好，需要中国通过博弈加以抑制。总体看，这种博弈对中美越三方都有压力，今天说来，美国承受的压力可能相对小些，中国相对大些，但如果这种博弈发展下去，最难受的却是越南。

个别国家想借助美国的力量来平衡它同中国的纠纷，但迄今没有谁从这一战略中真正得了便宜。中国既有通过沟通和谈判解决争议的诚意，又是个面对外来压力坚持原则的有实力的大国，上述针对中国的战略注定是失败的。

（2015.07.08）

应对不测和争议，承受力至关重要

中国股市前两周不断暴跌，政府在上周末推出大规模救市措施，从本周前两天的情况看，A股大盘的狂跌之势似乎有所放缓，但创业板跌势仍猛，沪市中也有不少个股继续陷在跌潮中寻求突围。股市的严重局面确为中国重新开市以来所少见。

股市非正常暴跌必有原因，查清它们并做有针对性的改革和调整非常重要。然而从另一方面说，出现"股灾"又是金融市场成长路上很难避免的一幕。不断完善的监管并非总能跑赢风险的积累，历史显示，任何社会总会阴差阳错导致各种危机的出现。而一个社会能否前进得平稳，一方面取决于它避免和修正错误的能力，一方面取决于它遭遇大小问题和危机时的承受力。

总体来看，中国比较重视避免危机，对发现问题、将问题控制在爆发之前或者爆发早期很下工夫。这显然是对的，这种思维对中国社会这些年保持大的稳定做出了贡献。

与此同时，我们需要注意，当一个社会相对平静的时间久了，"不出问题"广泛成为社会治理目标之后，这个社会的承受力就会相应逐渐减弱，管理者和民众就会对具体问题变得敏感。从更宏观的角度看，这也许是另外一种"风险"的积累。

中国是复杂的大社会，国际上以及内部有可能脱离国家调控机制的因素很多，这些年的总体形势是稳定的，但具体问题乃至危机实际上层出不穷。仅2008年以来，中国经历了西藏和新疆大的暴力恐怖事件，奥运会圣火传递遭到罕见破坏，互联网舆论集中导致了一批公共事件，此外出了一批过去不可思议的高级别贪官等等。

在这些事情爆发之前，都会有人认为它们一旦出现带给中国社会的冲击是很难承受的。但现实是，它们来了，造成了局部和一时较严重的麻烦，但中国社会大的稳定岿然不动。事实上每一个较严重问题的爆发在带来冲击的同时，也锻炼、洗礼了中国社会的承受力。中国强大有一部分是因为我们穿越了这二十几年从苏联解体开始的国际大动荡，也经历了国内一次又一次的"意外事件"，中国是什么都见识了的、也什么都应对了的国家。

中国社会的承受力有可能在一定程度上被低估了。这种低估在民间和政府层面都有。它的表现是，一旦出了某个问题，一些舆论就嗷嗷叫，普通事被喊成大事，大事被说成"天要塌了"。官方应对手段其实挺多的，但应对方式有时显得紧张，从而又导致官方应对是否"正确"和"过度"的争论。由于中国互联网舆论场是分裂的，官方挺想让大家都满意的，但又不可能做到。

社会的承受力问题和国家治理理念紧密相关，首先国家的治理理念应当越发清晰，其次具体措施应建立在对社会、人心深刻的理解基础上。比如，社会对这一次股市暴跌的承受力到底如何，与政府出什么样的救市措施，以及管理金融市场的理念、政策是否得当有密切关系。居安思危并不是一句过时的话。

中国具有防范和解决危机的强大能力，我们还需让自己和世人都相信，中国同样能承受终归要漏网跑出来的各种不测事件。这样的中国不仅稳在当下，而且为稳在长远储存了宝贵的信心。

（2015.07.08）

金砖和上合，西方别看啥都像对抗

金砖国家和上合组织双峰会 8 日至 10 日在俄罗斯乌法举行。今年的金砖峰会将通过金砖国家经济合作伙伴战略，落实金砖银行和组建 1000 亿美元的金砖应急外汇储备库，这一组织将具有一些连西方七国集团也没有的行动能力。由于没有一名西方国家元首参加金砖和上合双峰会，西方的警觉又一次忍不住飘了出来。

那些担心的议论都是很老套的，比如认为双峰会意味着与西方的对抗，把中俄战略合作看成"联盟"或"轴心"等。只是随着中俄及金砖国家在世界上所占经济份额不断上升，这些担心显得更加强烈，用词更为明确。

无论是金砖还是上合国家，恐怕没有一个认为它们加入了这个或这两个组织，与西方的关系就可以"好坏都无所谓了"。金砖和上合都不以对抗西方为目的，这是成员国的基本外交利益决定的。关于这一点，中俄一直在带头说。

然而如果华盛顿认为，只要有中俄在而它又插不上话的组织都有"反西方"的嫌疑，事情就很难办了。这是一种"不受美国领导就是反西方"的逻辑。

西方、或者说美国需要大度些。我们今天所处的已经不再是安全利益竞争无处不在的世界，经济竞争的方式也因全球化及力量格局的变化发生深刻调整。旧的思维无法解读当今世界的多样性，中俄是什么性质的关系，以及金砖国家组织又有什么性质，人类社会的以往经验无法定义它们。

金砖国家没有彻底改变现有国际秩序野心，它们不具有这样的实力，而且现有秩序崩溃对它们的风险未必就比对西方小。这些国家希望改善自己在现有秩序里的位置和待遇，实现更好的发展，彼此给予一些支持，西方发达国家应对此予以体谅。

如今国际组织的成员交叉越来越普遍，新成立的大多是发展组织，而非有强烈针对性的、带有零和色彩的国家集团。冷战那样的政治驱动力不复存在，国家都变得很实际，横贯政治经济军事的利益集团往往被具体的、甚至临时的利益共同体分化了，这是真实的趋势。

美国、乃至西方加在一起也捂不住整个世界，新兴国家需要发展空间。中俄分别提出"一带一路"和欧亚经济联盟计划，这两个计划在中亚地区明显重叠，但中俄没有因此而相互警惕，公开表示要让两个计划相互对接。而美国和西方的一些人却忧心忡忡，不能不说，他们不开心的最大原因就是他们的心眼太小。

中俄合作增加了彼此的安全感，它填补了因西方政治冷落而在两国心理层面造成的真空。但中俄合作是内敛的，从不拿到地缘政治竞争的舞台上张扬。看看美日澳是怎么故意凸显它们同盟关系针对性的吧，它们应当清楚中俄合作的确不是为了对付谁而刻意设计的。

美国和西方对双峰会召开多少有点焦虑，这或许也没什么坏处。它们需要适应世界的变化，尊重其他国家的正当外交权利。如今的新兴国家整体上是人类历史上最温和的，发达国家不需过度疑神疑鬼，它们应当有把新兴国家看得和自己一样正常、甚至在某些方面做得比自己更好的心胸。

华盛顿和它的少数追随者别看什么都像对抗。新兴国家都在忙发展，这个世界哪有那么多对抗。利益纠纷是正常的，不要因为别人的利益与自己的利益稍有冲突，马上就上纲上线说成是对抗。有了20世纪的那么多教训，21世纪的大国之间该学会更聪明地相处了。双赢和多赢应当成为21世纪的政治新公式。

（2015.07.09）

"国家队"一定能赢，也必须赢

中国股市再次经历了重挫的一天。沪指大跌 5.90% 险守 3500 点，盘面上千股跌停，另外两市已有接近一半的股票停牌。美国 CNN 网站一篇文章的标题是：忘了希腊吧，来看中国。

然而中国除了股市盘面上"哀鸿遍野"，另一个景象是"国家队"真正行动了起来。央行昨天上午发表声明，表示将积极协助中国证券金融股份有限公司获得充足的流动性，支持中证金维护股票市场稳定。国资委要求央企在股市异常波动期间不得减持所控股上市公司股票。证监会昨天中午喊话，呼吁上市公司董监高增持本公司股票。

中证金以对股市发挥平准作用为目的，它获得央行"充足的流动性支持"，十分关键。上市公司高管在特殊时期增持本公司股票，央企不减持，这些既是救急之举，也是对股市上各方利益关系合理化的重大探索，相当于对稳定人心打下几根关键的桩子。

股市昨天再跌后，继续下坠的势能又少了一截。底部的接近和"国家队"的行动从两个方向安抚市场情绪，利好因素的最终合龙并非遥不可及。

然而人心仍然惊慌，出逃仍被多数股民当成"上策"。这让我们相信，时间也是救市的关键材料之一。在昨天这个时间点上我们能够看到的是，市场信心已经开始清理瓦砾，建立自己的全新阵地。"国家队最终一定会赢"，一些坚守市场的人这样鼓舞自己，很多出逃者也在喘息之间思考这句话的深意。

这是"国家队"第一次如此大规模救市，每一个动作在"股灾"环境下能够产生什么效果，政府和股民们都不熟悉。此外，救市该如何出手，人们各抒己见。这三天的情况该如何评价，看法也有分歧。

中国的情况是，政府承担责任的整体信用很高，但具体部门做事的方式经常受到质疑。"政府肯定能把股市救起来"的信念和"证监会做什么都是错的"也因此成为当前议论的两个方向。对当前救市方法的争论会一直持续到股市恢复正常，最重要的是救市行动要积极运转起来。

现在再谈论股市"该不该救"已经毫无意义，这个问题留待历史去做结论吧。当前的现实是政府已经树起救市的大旗，而且当前的股市要恢复信心，离开政府的组织已无可能。

中国股市此次暴跌并非国家经济或政治宏观危机引起的，相对来说，它和世界其他主要股票市场的历次"股灾"相比是比较内向、单纯的，它迄今对社会的外延面相对比较小。股市上现在唯一缺的是信心，尽管股市的长期信心有些复杂，但聚拢止跌的信心对中国这样的国家不应是很难的事情。

"国家队"实力雄厚，政府维护金融稳定的决心十分坚定，现在要做的是把股市上的人心摸准猜透，让"国家队"的出招尽可能准确到位。

民间已经相信了政府在救市，大多数人也相信眼前的局面不会持续很久。但人们还是有一些困惑，包括政府救市的"目的"是什么，是否是"有侧重"的救？此外救市的资金有保障吗？散户跟进会不会当了救市的"炮灰"等等。

股市跌得越深，整个社会的共同利益就会越发凸显出来，"国家队"每一项出手的全局意义也将更明显，猜疑会逐渐融化。尽管这个国家严重缺少"股市保卫战"的经验，国家的决心和市场的信心一时出现寻找接口的困难，但随着时间一天天过去，这一决心和信心一定会越来越靠近，最终实现坚实的对接。

有人开玩笑说，中国有8000多万党员，如果需要的话，每人买点股票，股市上什么样的信心没有？这个玩笑很夸张，但它预示了一个道理，让人想到中国国家的动员力实际上是多么后劲充足，绵延不绝。

中国社会的信心一直比较齐整，突出集体性。股市上的信心游离性很强，有一定的自我聚合规律。这次救市也是国家信心向股市信心紧急转换、输送的一次实战。它看来有一定技术含量，不是随便切一块就能贴过去的。但这项工作决不是无法实现的。

（2015.07.09）

继续稳定股市，要调查要追究要反思

中国股市昨天全面翻红，打了一场漂亮的反击战。"国家队"的实力和它们出手的能力都得到了验证，政府救市的信誉得以初步确立，市场信心由此得到了重要支撑。接下来股市的具体表现难以预测，但有了这次经验，今后人们对股市的"最坏情况"有了新认识，判断力有了重要参数。

稳定股市的工作远未结束，今后几天的股指走向仍很重要。但是要让股市稳定得以持续，除了"救"，"查"和"改"才是关键。

中国股市上的投机氛围与成熟股市相比是比较突出的，它对健康的投资意愿造成了侵蚀甚至绞杀。而现有法律和规则以及它们的执行力度约束不了投机的恶性膨胀，这恐怕是股市的真正乱因。

这次股市暴跌被普遍相信受到"恶意做空"者的影响。一些人误以为法律对"恶意做空"没有办法，实际上刑法对操纵证券、期货市场罪有明确界定，它们不但针对恶意做空，也针对恶意做多。最重要的是查找明确的证据。过去中国很少有这方面的司法案例，人们希望这一次能有所突破。当然，这样做需十分谨慎，它的目的不是为了就这次股灾进行报复，而是为了维护股票市场的正常秩序。

还有一些上市公司的股东和高管在本轮股市中套取了巨额利益，与那些公司和个人的贡献严重不成比例，这当中的最突出者应当受到谴责。正常的股市套利合法合规，它是股市存在的意义之一，但在"正常"和"不正常"之间，过去的法律区分和道德区分都很少受到关注和讨论。这次股灾之后，相关的规则和舆论制约都应得到强化。

公安部副部长孟庆丰昨天率队前往证监会，排查近期恶意卖空股票和股指的线索。这除了打击这一轮股市中的违法违规行为，也对未来股市的健康发展具有正面的威慑意义。

证监会8日要求上市公司董监高增持本公司股票，之后迅速有浙江、湖南等地的企业积极回应此倡议，这些对股市上道德建设显然是积极的。

除了打击违法违规行为和做道德上的反思，股市自身的风险控制机制值得认真巩固。股市暴跌的最大成因还是之前的暴涨，而大涨大跌似乎是中国股市难以摆脱的恶性循环。中国二级市场上的散户太多，机构和散户都热衷做短线，这样的"炒股"与股市动荡相互刺激。

一段时间以来不断有学者呼吁建立强大的平准基金，这一方向的建设将有助于股市的长期稳定。我们必须培育理性投资、价值投资的股市文化，而这需要股市摆脱动辄暴涨暴跌作为基础性条件。

"国家队"的实力很充足，救市的能力也得到初步验证，但股市的平稳不能总靠"救"，它应当是各种力量博弈以及规则约束的自然结果。昨天股市的全面飘红很可能成为这一轮市场信心的转折点，接下来除了救市工具继续发挥作用，长期让股民安心的规则和工具建设必须抓紧时间进行。

现代意义上的金融走近中国千家万户是近些年的事情，中国正前所未有地成为"金融中国"。这是一次历史性的构建，法律、道德、人心都面临新的洗礼。成熟的"金融中国"才能具有当今世界的顶级竞争力。中国的股市迄今还是比较封闭的，想想看，如果它是完全对外开放的，国际炒家都杀进来，这轮股灾又会是什么情景？只有内部健康强大了，中国股市才有能力迎接未来进一步国际化的挑战。

（2015.07.10）

网络安全法,"自由"不是它的假想敌

《网络安全法》草案日前公布,向社会公开征求意见。草案的内容相当全面,涉及到网络的运行安全、信息安全、监测预警及应急处置等诸多领域。各国都重视网络安全,它已是国家安全的一个组成部分。美国的《爱国者法》等法案恐怕是这方面最激进的。但中国制定网络安全法似乎注定要引来相当多的关注和议论。

西方一些人只要从中国方向听到"网络安全"这个词,就会天然想到这是中国要干一些抵制西方影响、打击言论自由的事。中国国内也有一个人数不多、但在网上较有影响的小圈子这样认为。这样一来,草案允许国家在特殊关头采取断网措施很容易被他们赋予种种联想。

此外美欧的一些利益集团担心它们的厂商受到网络安全法的影响,因此它们对该法草案要求储存中国公民个人信息等重要数据的服务器要设在中国境内很敏感。

《网络安全法》草案既然公布出来征求意见,那么提意见就有正当性。即使是一些尖锐的看法,包括可能是"故意找茬"的,有"提意见之外"目的的,也不妨听听。

由于中国是网民人数全球第一的国家,互联网既与中国社会高度融合,又至今面临它作为西方舶来品与中国社会彼此适应的问题,而且互联网根域中心及网络技术的上游都不在我们这里,中国制定网络安全法的复杂性至少比主要西方国家要多一些。

为了客观面对争议,我们首先应承认中国制定网络安全法的绝对必要性,国内外谁对此抱有抵触情绪都是他们自己的问题。认为中国制定该法有与世界其他国家不一样且非正常的目的，是一种偏见或者小肚鸡肠的认识。这么大的中国，网络对社会生活的渗透已如此之深之广，没有一部专门的安全法怎么行！

网络上的"自由"是一个老争议。客观说，互联网是网络时代中国"全社会"限制最少的一角，对普通人来说，它很自由，它的限制针对了对中国社会有危害作用的信息发出者。这样的限制在各国都有，一方面是西方社会和中国识别"危害"的原则不一样，这与各国不同的政治制度和法律体系有关。另一方面，西方有些国家好搞双重标准，喜欢"只许州官放火，不许百姓点灯"。

对具体区域采取"断网"措施，各国如果遇到为维护国家安全不得不采取的情况，大概都会下决心去做。这种情况肯定是极个别的，所以草案规定各地如要采取这一极端措施，须得到国务院的同意。也就是说，只有国务院才具有下令对具体地区"断网"的权力。它针对的显然是社会动荡，希望绝大多数中国人一辈子都别碰到这种事。

中国互联网确实在规范管控，这该如何理解呢？应当说，互联网含有"自由"的本义，中国对推动互联网发展的态度一直非常积极，这成就了中国互联网令全球侧目的繁荣。同时中国在非常认真处理网络自由同保持社会良序之间的关系，这种处理的方向是用法律规范自由，而非将之扼杀。

让互联网又有良序、又自由，这需要官方和网上各种群体的共同努力。这需要有对自由符合实际的共识，它不能是"绝对听话的自由"，也不能是可以随意"用谣言倒逼真相"，甚至把网络变成"谣言共和国"、诽谤他人可以不负任何责任的绝对自由。

《网络安全法》草案针对的是国家和社会安全，但像《国家安全法》的情况一样，国内外的一些人又把"人权"老话题带进来，这确是偏见的反应。它的实际效果是分散讨论的注意力，把已经泡沫化的争议再搅上一遍。

（2015.07.10）

安倍9月3日或4日"访华"意义不同

中国外交部副部长程国平10日透露,中方已邀请日本首相安倍晋三参加9月3日纪念抗战胜利暨反法西斯胜利70周年大阅兵等活动,日本官方尚未通过媒体公开回应安倍是否接受邀请,日本媒体分析说,安倍大概不会来出席9月3日的阅兵活动,但他会愿意参照默克尔在俄罗斯"5·9"胜利纪念日的次日访俄的做法,于9月3日之前或之后"访问中国"。这像是日方向中国发出的探测气球。

中国这次阅兵邀请了与二战有关的很多国家领导人,如果单独漏掉安倍,不邀请他,是中方的"小气"。中方邀请了,安倍如何反应,是日本的气量问题。

安倍没有公开拒绝邀请,但试探抛出9月3日前后"访华"的方案,这是一种很"外交"的回应,像是又把球踢回了中方。

中方本意是邀请安倍出席阅兵式,安倍一直希望受邀访问中国。如果两件事合二为一,中日关系就有了突破。日本官方尚无正式说法,但从日本媒体的报道看,安倍政府没有促成这种突破的意思。安倍更希望中日缓和能够对应让日方更感舒服的方式。

值得一提的是,德国总理默克尔和她的前任施罗德都曾参加过莫斯科纪念二战的阅兵式。默克尔今年回避"5·9"阅兵而选在第二天访俄,是因为出了乌克兰问题,俄美关系高度紧张,默克尔以此在俄美之间搞平衡。安倍如果这样做,意义完全不同。

当然在9月3日之前,还有"8·15"安倍发表讲话等有影响的节点,安倍七八月份怎么做,会影响人们对9月份和之后的中日关系的预期。

总之如果安倍9月3日出席天安门阅兵式的可能性不大，那么他在这个日子前后访问中国的可能性不会更大。这显然不是个简单的日子变动。如果这件事不了了之，安倍既不来出席阅兵式，也未实现9月初访华，北京和东京的表态大概会是低调的，双方应不致为此公开争吵，而会淡化这当中的分歧和曲折。

中日关系总体上处于改善过程中，今年9月份习近平主席还将访问美国，而且搞抗战和反法西斯胜利阅兵是庆祝活动，高兴的事，这些因素都会影响中日相互沟通的姿态。

今年中国第一次搞抗战暨反法西斯胜利大型阅兵活动，它将吸引世界回望二战中东方战场和中国军民所做的贡献，调整人们认识、纪念那场战争的格局。受邀国家领导人来不来出席，由多重因素促成，那些因素一直环绕着中国，它们不会影响中国人民在这个特殊日子里的兴致。

如果中日领导人一起出现在"9·3"阅兵式上，将是中日和解的重要信号。如果这一幕出现不了，证明两国关系的改善情况，尤其是日本社会对侵略战争的反思程度还支持不了这样的信号。这个遗憾是中日双方的，而非中国单方面的，顺其自然应是我们面对这一变数的基本态度。

（2015.07.13）

个别"死磕派"颠覆了律师职业的含义

据公安部发布的消息,北京锋锐律师事务所的多名自称"维权律师"的人士近日被警方带走,另有一些相关律师和人士受到警方调查。消息揭示这些人涉嫌参与"重大犯罪团伙"。这对于中国律师界而言,不可谓小事,它很可能对中国律师队伍建设和整个法治建设产生长远影响。

被调查的这些律师通常被称为"死磕派",公安部披露的消息显示,他们在黑龙江庆安事件等几十起大型舆论事件中扮演了与律师身份不相符的角色。他们的行为严重冲击了对具体案件依法处理的进程,还造成了局部地区的社会撕裂。

"死磕派"律师成为一个特殊的"维权群体"是近年的事,对于他们所发挥的作用存在广泛争议。在民间,"死磕派"被有些人当成褒义词使用,也有一些人把它看成完全的贬义词。

从道理上说,律师这个行业崇尚坚持法治理念是对的。但是,如果把有原则地坚持变成不择手段地死磕,就有了一种"市侩"或"无赖"的味道。现实中的"死磕派",就是很复杂的。

中国的法治体系尚有不健全之处,民间一些人有"靠法律办不成事"的看法,信奉"大闹大解决,小闹小解决,不闹不解决,一闹就解决"。一些"死磕派"律师身为法律工作者,熟知法律条文和程序,但似乎有时更相信江湖上的那一套。

因此对于死磕,或许不能一概而论。如果律师要求政府、公安机关和法院严格遵守法律条文,如主张程序正义等,这样的死磕,即使让各地公职人员有点"难受",也应当包容。但如果是用"流氓无产者"的手段办案，为将案件审理结果引向自己希望的方向而"什么招都用"，连违法也在所不惜，这样的死磕我们就应坚决反对。

一些人宣称，他们所面对的法律是"恶法"，因此采取极端手段"反抗"在道义上也是正当的，那么这样的人就完全不适合从事法律职业，他们只适合去做"职业造反派"。法律既具有总体的正义性，也是逐渐完善的。对具体法律条文有意见，可以通过合法途径表达，包括在正常情况下通过舆论场以及在立法过程中反映。但是，第一，这种态度不能带入到具体案件的审理过程中，这些过程必须由已有法律主导。第二，这种表达不能够违宪。

被抓的"维权"律师是否确实构成违法犯罪，以及违法罪行有多严重，要等待诉讼展开后法庭的最终裁决。但从公安部公布的材料看，锋锐律所的那些人的最大特点是"胆子大"，敢于"创新"手段，他们把一个个具体案件搞成轰动性的舆论事件，调动各种资源向政府和法院施压，他们更像是抵制运动的策划师和组织者，而不像律师。不能不说，很多时候这些人颠覆了律师职业的传统含义。

客观而言，"死磕派"律师里的极端派在思想层面出了大问题。他们不认同中国根本政治制度，以同政府对着干为荣。他们对政治的兴趣似乎高于对法律本身的热衷。他们对国家形势和世界大势的判断有误，因为有西方舆论和国内网上激进舆论的支持，就认为反体制颇有前途，于是他们不太在意所采取的手段是否合法，只要这种手段有利于自我炒作，有利于被西方注意到，他们就乐此不疲。

无视中国法治的进步，以为只有自己才代表正义和良心，这是一种可悲的狂妄。律师是推动中国依法治国建设的力量之一，但显然不是这支力量的全部，"死磕派"律师更不是。绝大多数律师是能够遵循法治理念、法律制度和职业操守履行职责的，锋锐律所栽大跟头决非律师界之劫，而是极少数人挑战中国现行法律体系招致的恶果。这个案例值得认真跟踪观察，它对人们厘清律师死磕所不能逾越的法律和职业伦理边界有重要意义。

（2015.07.13）

拘留滋事律师，美国反应可以藐视

美国国务院 12 日高调介入中国警方拘留涉嫌犯罪的"维权律师"一事，指责中方"有组织扣留"一些"和平捍卫他人权益"的人士。美方的这一"定性"与其以往在人权领域向中国发难一脉相承。

然而区别是，过去中国比较弱时，美方的指责像是"人权大棒"，如今它的指责像是粘在中国人脚底的一块泡泡糖。不会有人认为美国务院的这番话有什么实际作用，它只会让中国多少有点不舒服，其程度同鞋被脏东西粘在地板上差不多。

这件事是中国的内部事务。这句话的含义之一是，让对锋锐律所涉案律师的抓捕得到中国律师界更广泛的理解，让此事最大限度地促进中国民主法治建设，比我们思考如何回击美方的指责或许更重要。

毋庸讳言，律师界内有人对警方的这次行动存在困惑，这或许有一部分来自于行业内部的"同病相怜"，就像有记者犯案被抓时，新闻圈内会天然多一些人觉得有必要帮着说几句话。还有一部分来自对民主和法治边界的长期争议，不能不说，西方价值观近年来对这个领域渗透了大量影响，使得一些相当重要的基础性共识遭到了破坏。

少数死磕派律师的行为违反了法律，这需要通过法庭的审理最终确认。如果最终裁决支持警方行动，还需要通过有说服力的传播，让一些存在困惑的律师看到相关证据。整个过程的公开透明十分重要，因为此次行动的意义不仅是打掉一个"严重犯罪团伙"，它还要帮助其他死磕派律师和公众共同厘清正当维权与违法滋事之间的界线。

美国务院宣称被抓律师是在"合法地挑战政府政策"，这种主张是西方势力与中国死磕派律师和他们支持者彼此呼应的支撑点之一。必须要摧毁这样的支撑点，但摧毁它们的方式不能是大批判，而只能通过对被抓者依法进行公开、公正的审理来实现。

由于深受西方影响，中国国内会有少数人对抓捕犯案死磕派律师一直抵触到底，但大多数人会接受法庭审理传递出的信息，因此这是中国社会通过具体案例就何为法治形成和扩大共识的一个机会。

除了美国务院，台湾、香港一些极端力量也出面指责内地公安的抓捕行动，客观说，它们的表现令内地公众反感，民间会有一些人认为，被这些外部势力支持，说明被抓者的确不是什么"好人"。

然而国家的处理要跳出外部因素的干扰，要坚守事实，坚守法律程序。全球化环境下，中国内部的反体制因素有可能与外部因素产生相当错综的勾连，它们哪些是对此案有定性意义的，哪些是普通意义上的，一定要区别开。

打掉一个有"维权律师"涉嫌参与的犯罪团伙，不仅要实现中国社会治安的进一步平稳，还要力促国人在中西意识形态的争议点上更加自信和团结，这既是法律和治安之战，也是人心争夺战。而我们向后一场战役的投入程度，一点也不应当比对待前一场战役的认真程度低。

法律面前人人平等，所有违法犯罪者都须受到惩处，哪怕这当中有一些人是律师。让接下来无可挑剔的司法办案过程来证明这个道理。

（2015.07.14）

中国经济企稳迹象拉升社会信心

中国昨天公布了6月份的进出口数据,它传递出的总信息是中国经济呈现企稳迹象。其中出口增长2.1%,是4个月来的首次正增长。进口下降6.7%,下降幅度收窄。外需有好转,内需有改善,进出口形势整体上好于预期。

昨天的股市保持了上星期四以来的反弹趋势,沪市涨2.39%,沪深两市1500多只个股涨停,股市承受住了第一批359只停牌股票复盘的考验。在经历了短时间的暴跌之后,股市正在逐渐恢复信心。

一段时间以来,一些人之间流传着对中国经济相当悲观的看法,股市暴跌期间这样的情绪达到高潮。未来的中国经济和股市都仍有不确定性,但是在今天这个节点上,人们有一种这样的信念:过度的恐慌是不必要的。中国的长期信心会这样不断历练、积累。

中国暴露了不少问题,但国家改革的战略主动性犹在。中国经济仍处在积极调整的进程中,而并非一个疲于应付、听天由命的局面。中国经济下行压力不全是经济节奏性波动的结果,其中至少有一部分是改革的自我倒逼。这样的经济"低谷"仍比其他多数经济体刺激出来的增长"高峰"要好得多。世界上所有国家都有忧患,我们知道了自己不是例外,但也了解了与其他经济体相比"中国不更糟糕"的真正价值。

中国经济前些年证明了它的快速增长能力,眼下它必须证明自我调整和防控危机的能力。一个国家经济长期发展的"大牛市"必须来源于上述双重能力的交叉推动。

回过头来看,中国政府和主流经济学界这些年对经济形势的评估大体是客观、准确的，政府说的基本都做到了。严重看衰中国经济的人都在声誉上跌了跟头，由此主导的投资策略也大多是失败的。中共定义了"新常态"经济，以中共定义为基础开展相关经济活动，总体上会比相信中国行将"崩溃"来制定投资计划，大概要稳妥得多。

一个令人欣慰的情况是，中国的社会心理正在快速适应经济新常态，对未来的预期乐观而实际。对于经济下行压力的种种表现，人们总的来说接受了，并且相信中国这样走下去，个人生活和国家实力都会不断改善。社会心理的这种调适对国家长期稳定至关重要。

中国太大，它的今后无法上保险，不确定性还会接踵而至。然而中国在世界同等条件下会是做得最好的国家之一，这一点经历了一轮又一轮的验证。作为预判中国未来的基础，它或可成为帮助我们验算这种预判对错程度的一个"定律"。

（2015.07.14）

伊核危机突破，中东一大战争引信拆除

在经过马拉松式的谈判后，伊朗与六大国昨天正式签署了解决核问题的协议。伊朗从此限制核活动，确保不发展核武，联合国逐渐取消对伊朗的制裁。这一协议至少在一段时间内拆除了中东最大的战争风险引信，标志着伊朗在被西方舆论长期描述成极端、古怪的国家之后，将重回国际社会。

美国与伊朗的对立穿越了过去几十年的国际政治变迁，最后在核问题上拴成了死结。在中东旧格局的废墟上，伊朗成为美国最持久、也最公开的敌对国家。伊朗核问题长期埋藏着中东是否会再爆发一场较大规模战争的悬念。

美伊对立导致的安全危机通过种种形式扩散到了广阔的周边地区，它在中东成员之间造成了大量警惕和不信任，推动了公开或隐形阵营的出现。地区内部的极端主义势力也因此有了更多生存缝隙。

事实证明，美伊尖锐对立是一场对双方都是输大于赢的游戏。联合国在美国推动下对伊朗实施了4轮制裁，但没能摧毁伊朗经济，美国这么多年也因此没睡一个安稳觉。伊朗声称它从没想造核武器，而且到头来它也确实没搞核试验，但这10年它蒙受了巨大经济损失，而且经历了国家安全严重缺少保障的时期。

伊核危机让美国和伊朗都吃了苦头，美国大概了解了逼人太甚不是好办法，伊朗也清楚了国际社会一旦在反对它的核活动上形成团结，它终究"胳膊拧不过大腿"。

伊朗的遭遇对朝鲜等其他有核抱负的国家大概有一定借鉴意义。在这个有着惊人牵动力、中小国家很难按自己意志把控的问题上，审时度势或许是国家利益的真正生命线。

今天的协议带来的和平意义让六大国所代表的全球力量都舒了一口气。中国作为与伊朗一直保持合作关系的国家尤其会感到高兴。在这之前不断有西方舆论找中伊合作的茬，随着联合国制裁的失效，中伊友好关系的前景十分广阔。

美伊缓和关系将会影响中东内部的地缘政治结构，带来最初的一些不适感。但因此导致的地区内部痛苦会随着时间被消化，应不至于演化成新的重大风险。

伊核危机期间，不断有传闻称美国或以色列可能对伊朗核设施发动空袭，中国是谈判解决伊核危机的坚决主张者。事实证明这一主张是对的。一场有全球影响力的危机最终通过谈判获得化解，这是最明确的范例之一。

奥巴马政府不久前刚与古巴政府建交，现在又突破了伊核危机，他的这些作为应当会被历史记住。希望奥巴马这样做是为了推动世界范围内的和平与繁荣，而不是为美国开展更大的地缘政治赌博而做收缩准备。奥巴马任期所剩时间不多，但他有可能为今后的美国外交战略打造不同的接口。

（2015.07.15）

骂计生者比当年批马寅初还疯狂

国家卫计委近日表示，当前主要任务是要继续组织实施好单独二孩政策，也要积极做好进一步调整完善生育政策的研究论证工作。一些媒体解读认为，计生委所说的"进一步调整完善"指的是全面放开二孩政策，而不少人相信，中国全面放开二孩生育是大势所趋。

一段时间以来，舆论围绕计生的讨论很多，抱怨也很多。而国家政策调整保持着稳扎稳打的节奏，我们认为这是有必要的。

中国人口政策到了需要调整之时，而调整也的确在发生。舆论不断指出问题，政府的政策调整随之跟进，社会意见和行动之间并没有出现断裂。

有少数人对计划生育这一过去几十年的国策做"反攻倒算"式的批评，这是一种极端声音。这种声音在互联网上有时形成汇合，像是有点声势，但这是一种假象。中国社会并不存在对计划生育政策的真实痛恨。

几十年的计划生育政策执行中，各地不时有不规范的强制性个案被报道出来，它们受到批评和谴责，但那些事件大多在改善官员工作作风的层面消化了，对全社会来说，它们并没有被记到整个计划生育的账上。

世易时移，中国的人口计划需要与时俱进，即使将来全面放开二孩，甚至允许三孩，也不代表过去40年中国计划生育搞错了。一些人因为现在的人口结构出现了一点问题就全盘否定国家计生走过的路，这是随便拿过去撒气、缺少历史涵养的表现。

世上的事有一利则有一弊，计划生育如此庞大的社会政策更是如此，关键要看它利大还是弊大。中国从上世纪70年代末开始计划生育，累积少生了几亿人。想想看，今天的中国有可能是 18 亿人，甚至 20 亿人，而我们今天实际 13 亿多人。中国没有其他差别会比这两个数字之间的差别更大、更深刻。

我们今天提前进入了老龄化社会，人口红利少了。但假如在今天的经济发展水平甚至更低水平上拥有 18 亿人口，这个国家将会遇到的问题不知要糟糕多少倍。常听人谈印度的"人口红利"，挺让人羡慕，但所谓"人口红利"只有在经济学上才是正面意义的，当它分散成一个个具体的人生时，它的实际表现往往是极度贫困、劳动者缺少权利、社会极端的两极分化等等。

现在有少数人批评计生政策，动辄说中国可以养育二十几亿人口，这种声音比当年对马寅初人口学的批判还要疯狂。我们可以让经济发展少一点人口动力，但我们不希望中国变成有二十几亿人口的国家。世界上有老龄化问题的国家有的是，那样的社会有多可怕可以看见，但二十几亿人口的国家会是什么样难以想象。那很可能是一个超级的"蚁族国家"，谁也别试图哄骗我们那样的中国有多美好。

中国已经是超级人口大国，计划生育需要针对现实问题进行调整，避免出现经济发展难以承受的断崖式劳动力减少。相信国家对人口动向的监测和统计是缜密、全面的，社会的具体意见会在国家层面得到汇集整理，国家的人口政策会在这些意见的碰撞中实现稳健。

危言耸听的人口意见注定是会被"削峰"的，想生多少就生多少，甚至国家对多生者给予奖励，这样的鼓励生育政策短时间内肯定不会在中国出现。去中国农村基层看一看，了解一下更广范围的生育情况，就知道这是为什么了。

（2015.07.15）

安倍被自己的"理想"灌醉了

日本众院和平安全法制特别委员会 15 日凭借自民、公明两党的赞成票，强行通过以解禁集体自卫权为核心的安全保障相关法案。该法案将在今天送众院全体会议表决，然后再经参院审议，最后正式通过。

BBC 评论说，立法改变日本战后专守防卫的体制是安倍政权的最大目标，昨天该目标完成了第一步。

通过新安保法案受到日本民主党等在野党、日本大批知识分子的强烈抵制，安倍的支持率因此大幅下降。这样充满争议的立法得到强制推进，在西方体制的社会里也十分罕见。

不仅缺少人和，安倍推动此法的天时地利也十分勉强。安倍的本意是要通过争得日本自卫队向海外作战的权利而使这个国家"正常化"，但日本获得这一权利只能是名义上的，它的假想敌是中国，但同中国开战是其难以承受的风险。中国再不是可以被日本随意攻击的国家，中国有能力对它做致命还击。战后格局已经牢不可破，日本通过发展军事力量打破这一格局属难上之难。

日本主权的制约者不是中国，而是对它至今实行军事占领的美国。安倍政府朝中国发狠，除了日本右翼的"仇华"情结，还因为这也是安倍战略上的声东击西，他想借帮助美国制华来曲线实现对美国控制的摆脱。

然而华盛顿的外交经验比东京多得多，在日本自卫队不断走向海外的路上，美国只会允许日本做它的附庸，美决不会允许日本借机扩大自己的战略空间，最终甩掉它这个主人。

如果日本武装自己的步伐太快，行动过于咄咄逼人，中国完全有能力采取抵消其努力的反制性行动。从长远看，中国自身实力增长的潜力，以及我们捍卫国家安全的长期决心都不会低于日本。

安倍上台后把修改安保法作为自己的一项使命，为此不惜撕裂日本社会，这是一项错误的战略规划。日本的影响力不断下沉，这不是因为它的军事行动力不完整，而是因为它在政治上做了错误的自我定位，不断与周边冲突，从而被迫进一步屈从于美国。加上它的经济实力相对衰落，它几乎迷失了自我，完全成了美国在东亚的一个影子。由于它自信全无，对被美国当枪使竟然沾沾自喜。

新安保法很可能最终获得通过，但它对日本到底有什么用处，日本精英层实际上稀里糊涂的。安倍是带着情绪做此赌博的，他被自己的"理想"灌醉了，通过此法本身似乎成了最重要的。由于有"力排众议"的高潮戏，他真的以为自己是一位悲壮的大政治家。

（2015.07.16）

中国经济下行似在围绕 7% 筑底

国家统计局昨天上午公布最新经济数据，二季度 GDP 增长 7.0%，上半年增长 7.0%，这一数据高于相关国际著名机构预测的二季度 6.8% 或 6.9% 的增幅预测，也高于国内一些经济学家的预期。二季度数据显示，中国经济出现企稳回暖的重要迹象，这是在世界经济不确定性增加背景下的一个积极信号。

支撑二季度 7.0% 增长的内在结构比较扎实，投资、消费、进出口三驾马车都有触底反弹的态势。其中，消费对经济增长的贡献上升到 60%，比去年同期增长 5 个多百分点，尤其令人鼓舞。此外第三产业占比继续上升，私营经济增长活跃，"互联网+"的模式快速成长，小微企业创业踊跃，这一切都在说明调结构的效果正逐渐显现，稳增长的措施也已发挥作用。

7% 是否就是中国经济此轮调整的谷底呢？这样预言显然太早了。但这种猜测有了第一批经济面具体表现的支持。中国经济今年下半年的表现好于上半年的概率更大，现在看来全年增速有望站到 7.0% 之上，那样的话，将大大高于国际机构年初对中国全年 6.5% 上下增速的预测。

中国经济增速下行的谷底在哪里？从经济学上说，它的下限多低都有可能。如果政府、企业等经济主体任凭各种问题裹挟着中国经济随波逐流，那么情况很可能非常糟糕。但是，我们看到，中国举国上下都在努力，各类有针对性的经济政策或举措被不断释放。中国人民不希望停滞，社会保持着积极向上往前奔的那股劲头，政府的政策调整不是被动的，而是主动引领克服困难。这一切应能保障中国经济有一个更加乐观的"谷底"。

如果GDP增速在一定时间内实现企稳，7%左右的"底部"能够筑牢，那么就意味着中国经济"新常态"将大致成形。"中高速"的含义和调结构的方向都变得明确，经济可持续增长的态势得到进一步巩固。

最重要的是，中国的人心围绕经济新常态安定了下来，中国人的生活在新常态下找到继续改善的空间。多数中国人的收入在原有水平上仍在增加，去年今年的就业形势都很不错，经济换挡基本上没有带来过高的社会代价，由于能耗下降，治理加码，雾霾等环保难题正在得以缓解，经济新常态在逐渐赢得社会的真实欢迎和支持。这是中国经济社会综合发展可持续的根。

多年来西方一些人交替炒作中国威胁论与中国崩溃论，近年来预言中国经济行将崩溃在西方盛行，其实并没有一个数字可以作为"经济崩溃"的标准临界点。西方有过零增长和负增长，但也不能说西方经济"崩溃了"。真正的崩溃是人心的崩溃，倘若能积极回应经济的波动，使社会信心始终处于高位，一个国家就将生生不息。

中国经济有可能还会经历新的困难潮，但在此轮顶着下行压力坚持调整之后，经济结构的内在承受力明显加强，社会心理得到了历练。外界总说中国最怕经济下滑，似乎8%的增长就是中国社会的稳定线。我们现在相信了，为调整结构而放慢经济增长并不可怕，中国社会实事求是认识这个国家和世界的能力被大大低估了。

7.0%是近年中国经济最低的季度增长数，但今天是中国社会对经济形势最乐观的时刻之一。这或许从侧面证明了，这个国家的全面深化改革已经打开了新局面，不知不觉中，我们向前跨了一大步。

（2015.07.16）

指责7.0%是造假的西方媒体太轻佻

多家西方主流新闻机构质疑中国二季度GDP增长7.0%数据的真实性,并且怀疑中国国家统计局故意"造假账",目的是为了提升投资者的信心。它们的理由几乎只有一个,那就是中国二季度和一季度的增长率完全一样,都是7.0%。而中国今年的增长目标又是7%,"这太巧了"。

因为"巧"而质疑中国"造假账",这一逻辑太不严谨,简直可以称之为轻佻。而且直接指着中国的鼻子表达对这一数据的不悦,都不掩饰很希望中国的经济增长更低些,西方大媒体的这种表现让人失望。

统计中国的经济数据是一项挑战性蛮大的工作,做到十分精准的确挺难的,一些西方人士如果对中国的统计方法存有争议,也不奇怪。但中国的统计是连续性的,方法之争并不影响中方数据的权威性。

让国家统计局的数字"配合"政府的工作,这样的诱惑恐怕从来都存在。同样的诱惑存在于世界各地。然而中国在中央层面早就战胜了这种诱惑,国家统计局如实、客观开展工作已经由《统计法》做出保障,任何人指使统计局造假,或者统计局为迎合权力的意愿故意制造虚假数字,都是犯罪行为。

外界一些人以为中国政府有影响国家统计局工作的强烈愿望,并且能够很轻易地施加这种影响,这是对中国政府内部运行实际情形的误解。

此外,虽说中国GDP增速降到了近年来的最低点,但现在不能说是整个经济形势最困难的时候。一是因为增速的降幅已经缩得很小,企稳回暖的迹象已经出现。二是社会和舆论已经适应了当前的GDP增速水平,对更低一些的增速,比如说六点几个百分点也是能够承受的。一个低于

7.0%的数据和一个为了7.0%的造假行为，后者的社会风险现在要明显大得多，中国没有承担这种风险的动机。

国家统计局这些年公布过无数对当时中国"理想的"或者"不理想的"经济数据，国家统计局所处的政治环境一直差不多，如果说现在有什么变化，那就是反腐败增加了所有官员的责任意识，只要做了坏事，"不是不报，时候未到"。断言今天国家统计局比在这之前更容易走向数据造假，这种结论是缺乏基础的。

给"巧合的数字"扣"造假"的帽子，这是很不专业的质疑，其所对应的水平几乎同网络愤青无异。"国家说7%，统计局出来的就是7.0%"，这多像互联网上的牢骚话。国家提出的目标不是7.0%，而是"7%左右"。由于第三第四季度的趋势被预估高于7.0%，这意味着全年的数据很有可能也非7.0%，而是会高于它。

当然，外界因为数据稍有巧合就对中国官方的诚信产生怀疑，这也说明中国官方的公信力不够牢固，它在一些本不该发生诚信质疑的地方仍面临着自证清白的压力。

然而需要指出，西方舆论同中国政府经常在描述中国经济时发生分歧，但回顾这些年的情况，不能不说，西方舆论看错、误读中国经济形势的情况占了绝大多数。那些喜欢对中国经济乱下结论，尤其是动不动就怀疑中国经济数据"造假"的西方人士该长些记性了。

（2015.07.17）

美休想再从中国监狱"捞"出一个罪犯

在狱中服刑的罪犯丹增德勒日前病亡,境外藏独组织借机对四川个别藏区的群众进行煽动。美国国务院发表推波助澜的声明,对处理丹增德勒的遗体提出具体要求。美国国会及行政当局中国委员会(CECC)针对此事和近日少数滋事"维权律师"被拘留猛烈指责中国"破坏人权",并威胁说这些事件将影响中美关系。欧盟和加拿大呼应美国之举,分别就这两件事或其中的一件向中国提要求。美国带头搞的这轮对华人权攻击看上去咄咄逼人。

丹增德勒因伙同另一名罪犯制造 2002 年四川成都天府广场爆炸案而被判处死缓,从那时起一直在狱中服刑。他虽有藏传佛教僧人的身份,但他的犯罪事实十分清楚,对他的制裁与宗教无关,而是任何重犯都必须接受的依法严惩。而长刑期囚犯病亡狱中在全世界都是经常发生的。

丹增德勒多次上了美国所罗列的中国"政治犯"名单,是美方在人权领域找中国茬经常揭起的人名之一。然而美官方清楚丹增德勒的犯罪事实,因此提到他时大多是应景。CECC 是 2000 年成立的专门"监督中国人权"的美官方机构,它代表了美国看待中国人权较为激进的态度,但它说话不起什么作用已被很多美国人习惯,中方当然用不着搭理它。

美方对中国的人权指责几乎从不探讨中国人最关心的民生领域,它的大多数攻击都针对了挑战中国国家安全和破坏社会稳定的那些案件,以及发生在民族地区的暴恐案件等。它保护的差不多是仇恨中国政治制度的同一类极少数人,它对华使用"人权"这个词时实际上是指那些反体制者的犯罪豁免权,是要求中国法律对那些人网开一面。

早年有过中国为了推动中美关系进展,把个别这类罪犯提前释放并允许他们出境的情况,但随着法治建设不断强化,中国已有很多年不再理会美方的要求,美国人权组织这些年再没从中国狱中"捞"出一个他们所宣称的"政治犯"。美方似乎也已在这方面死心,他们再向中国提交要求释放的名单时,更多是展现一种姿态。

改革开放以来美方不断对华进行人权交涉,应当说并非毫无正面作用。中国在对美斗争的同时,处理敏感案件变得更为谨慎,更加注重厘清一般反体制言行与犯罪行为的法律界限。

中国社会是清醒的,这种清醒的重要结果是,我们对美方人权干预的恶意一面的认识不断因各方面无可争议的事实得到加强。近些年中国人权事业加速度发展,美方的干预和指责反而越发频密、猖獗。人权问题几乎完全变成了美对华博弈的一个杠杆,成为美虽然说了也白说,但可以骚扰中国、掩护美其他对华要求的砝码和烟雾弹。

此外与中国谈人权似乎成为美面对中国崛起保持自信的方式之一,美国官方每次与中国打交道都对外宣传谈了人权,算是对美国舆论的交代和对这种自信的鼓励。

在国际事务中自私的美国政府真会比中国政府还关心中国的人权吗?如果美国政府真那么好,就该多做些实事,比如当初在气候谈判中把美国的碳排放指标多拨给中国一些,因为中国的广大南方地区冬天多数家庭还用不上暖气,让他们烧上暖气需要新的更多排放指标。另外美国还可对中国的减贫努力提供技术和资金支持,取消一些关键药物的专利限制,帮助中国患有重症的穷人延长生命。

美国现在做的都是动动嘴皮子,又很适合向舆论邀功的事情,它对中国谈的那些人权已经剑走偏锋,变成了赤裸裸的干涉主义人权外交。欧盟和加拿大总是在这方面跟美国比较紧的,欧盟比较虚,加拿大是西方七国的末流,对中国来说,它们的声音与我们发展人权的真实努力相比都是些廉价的泡沫。

(2015.07.17)

九二共识的重要性胜过洪蔡谁赢

国民党全代会19日正式推举洪秀柱为2016年"总统"候选人，由于多数分析认为民进党候选人蔡英文的实力强于洪秀柱，国民党和洪本人看来都面临一场艰苦的选战。

宋楚瑜是否参选尚未确定，这将是整个选情、尤其是蓝营选票能否集中到洪秀柱名下的重大变数。

台湾选举有两大议题，一是政府治理，二是两岸关系。8年前和4年前，民进党都主要输在后一个议题上。目前蔡英文采取模糊战略，表示一旦当选将"维持两岸现状"，但回避就"九二共识"表态。洪秀柱前段时间提出"一中同表"，现在又退了回去，回到马英九政府当下的两岸立场上。总体看，两岸关系仍不失为国民党的强项和民进党的软肋。

一方面，民进党的呼声和士气都处在高潮，国民党的士气仍未得到全面提振。另一方面，台湾蓝绿阵营的基本盘相对稳定，"九合一"是基层选举，选民投票的心态与面对全台选举时不同，因而国民党的惨败不代表台湾蓝绿盘出现了颠覆。所以如果现在说蔡英文胜选"已成定局"恐为时尚早，民进党自己也不敢大意。

大陆方面这些年每遇台湾选举都从不表态。从心态上说，大陆公众多数人希望国民党赢，但这仅仅是因为国民党不支持"台独"，其胜选可以避免两岸再现严重对立的风险。国民党的意识形态与大陆严重分歧，马英九多次就敏感议题的表态让大陆很多人非常失望。

台湾选举的不确定因素很多，但大陆两岸政策的核心原则却十分牢固，那就是坚决反对"台独"，两岸合作必须以"九二共识"为基础。

经过这些年的反复斗争，大陆的这一核心态度已被台湾全社会清楚了解，民进党为赢得选举被迫做了策略性调整。蔡英文现在谈两岸关系比她4年前的表述有所不同，比当年陈水扁对"台独"的公开叫嚣更为隐蔽，这实际构成了台湾政治这些年最重要的动向。

大陆舆论也在猜测洪秀柱和蔡英文谁赢，但真正牵动大陆人心的是她们的输赢对两岸关系将产生什么影响。从长远看，台湾的政党轮替难免将反复发生，因此如何让"九二共识"能够在每一次选举中软着陆，最终使两岸关系的稳定发展超越台湾政党政治的动荡，这才是问题的真正重心。

因此台湾的选情越是波诡云谲，大陆方面越需表现出定力。我们只要"九二共识"，这是两岸和平、合作的基础。我们希望两岸关系继续向好发展，但也决不会放松对"台独"任何表现的斗争。未来的两岸关系是好是坏，台湾选民也实际承担了部分责任。

相信台湾选民的理性这些年更多了，而不是更少了。这种理性会通过他们的投票传达出来，对当选者形成制约。即使这样的制约一时出现偏差，也不会长期允许两岸关系的破坏者为所欲为。

（2015.07.20）

从木兰从军到道士下山，亵渎几多有

喜剧演员贾玲星期六晚上通过微博就其演绎花木兰的喜剧表演向公众道歉，上海东方卫视"欢乐喜剧人"节目组亦表示暂停一期节目，待改进提升质量后再播出。贾玲道歉声明的题目就是："辜负大家，对不起！"

6月27日贾玲及其团队通过"欢乐喜剧人"演出了名为《木兰从军》的剧目，引来巨大争议。很多人指责该剧目对木兰形象的表现属于"恶搞"，因为中国人熟知的巾帼英雄木兰在该剧中成了"贪吃、不孝、花痴，且贪生怕死的傻大姐"。但也有人认为这是一幕"励志剧"，反映了"傻大姐木兰"成长为将军的过程。

贾玲星期六晚间致歉后，为其辩护的声音骤然增多，这些声音对"舆论迫使一个喜剧演员道歉"表示不满。

一波未平，另一波又起。来自微信的消息说，中国道教协会权益保护委员会主任孟崇然道长星期天发表声明，谴责陈凯歌拍摄的《道士下山》"肆意丑化道教、道士形象"，要求该片立即停映，陈凯歌及制片方做出公开道歉。互联网舆论迅速哗然，反对"道教界"这一要求的声音连成一片。中国道教协会随后发表声明，否认该协会曾要求过陈凯歌就《道士下山》道歉。

我们注意到，公开谴责贾玲的声音都是民间发出的，其中以木兰家乡和木兰文化研究者的态度最为激烈。客观说，在中国大众文化的现实环境下，能够把贾玲表演当成"幽默"理解的人不多，很多人的第一感受是不舒服，认为该剧是在"恶搞"木兰，这种反应不应被看成意外。

至于《道士下山》是否触碰了宗教的禁忌，是个比较专业的问题。之前"道教协会权益保护委员会"的声音与之后道教协会的正式声明明显矛盾，而后者的态度显然更加权威。

其实公众中"懂道教"的人并不多，看过《道士下山》的同样不多，该片的市场反应挺差的。但人们在意贾玲和陈凯歌先后被要求道歉所反映出的某种倾向。

转型中的中国社会不断面临内部文化冲突。一方面，大部分中国人的文化记忆牢固而敏感，有着很强的自我保护意识。另一方面，现代化带来部分人将传统与世界潮流对接的强烈愿望。这两种文化意愿不断摩擦，形成中国现代文化现象的千姿百态。

应当说，保护传统文化和崇尚现代观念有着各自的合理性，社会心理在这两个方向上都非对立、僵化的。因此具体文化突破是否成功，很大程度上取决于其突破角度和程度是否恰当，能否对应社会多元态度的内在张力，而不是冒失地制造断裂。

《木兰从军》的表现形式对多数人来说有些突兀，但把它"一棍子打死"又让一些人感到另一种不舒服和警惕。这两种感受在今天的中国都相当真实，当《道士下山》也似被"乘势"要求道歉时，后一种情绪受到连续刺激，形成爆发。

总体看来，中国社会里敏感因素无处不在，这些因素有时会自我克制些，有时会自我放纵些，而现在，后一种倾向似乎有所抬头。如何评价这种倾向另说，但它显然让文艺创作者面临更多压力。它意味着更高的要求：文艺创作者需更加睿智，有宽阔视野和敏锐洞察力。他们既不能为了创新就不顾分寸，用创新的合理性代替一切，也不能从此变得因循守旧，不思进取。

围绕《道士下山》看来出现了信息混乱，但有关《木兰从军》的大量争论大概还是有价值的，它们有助于公众思考应当坚守什么，如何创新，以及怎样体现对艺术创作的宽容。

争论总是非黑即白的，但正当性往往存在于黑白之间。绝对的阐述最痛快，让人印象深刻，但最合理的东西却很可能存在于比最激烈态度低一两格的位置。别轻易把那等同于和稀泥，没有个性。

（2015.07.20）

美司令"视察"南海只能忽悠菲律宾

美国太平洋舰队司令斯考特·斯威夫特上星期六在访菲律宾期间,登上先进的P-8A海神反潜侦察机,与机组成员一起在南海上完成了一次历时7小时的海上侦察行动,"了解飞机的性能"。美国海军方面公布了斯威夫特通过机窗眺望南海的照片,但没有提及飞机是否飞越了争议地区。

菲律宾方面迅速对斯威夫特此举表示欢迎,认为这显示美国致力于帮助同中国存在领土争端的盟友。

斯威夫特的感觉大概挺不错的:他只是坐飞机在南海上空兜了一圈,做了个姿态,就获得菲方以及舆论界的大量解读。美国像不像南海地区的"太上皇"?

美国少数人和菲律宾似乎有这样的幻觉,这使得美菲的一些言行建立在虚假的基础上。美国说到底是南海域外国家,它对南海局势做"离岸平衡"的能量是有限的。如果有谁以为斯威夫特通过"视察"南海,就能从空中洒下美国的足够威严,这是太把华盛顿当"神"供了。

不知道斯威夫特的座机是否靠近了中国建设中的南沙岛礁,如果是的话,那么中方肯定发出了驱离信号,才不会管飞机上坐的是谁。

我们注意到,美国海军这次发布的消息比两个月前公布美侦察机抵近中国在建岛礁要低调些。有人分析美军到9月份两国首脑会晤之前或许不会在南海有太大动作,但从长远看,它在该地区同中国的博弈不可避免。

中国已经适应了美方在南海"小动作不断",对由于美国因素致使南海无法平静有充分思想准备，中国的应对能力也在不断增加。

迄今为止美方的行动让多数观察家认为，它一方面希望安抚盟友，巩固一些国家对美国的信任，另一方面它既没有理由，也没有决心同中国在南海摊牌。因此美军就不断在南海"摆姿态"，传递它自己就很矛盾、外界解读起来也很混乱的信息。

最重要的是华盛顿不够"实事求是"。中国在南海挺克制的，中国扩建岛礁合理合法，外界根本阻止不了，美却拿出"一定要管"的架势，同时又不可能有实质性动作，因此显得进退失据。

菲律宾更不"实事求是"。它同中国之间的问题怎么可能让美国帮着解决？斯威夫特坐飞机转一圈，或者未来美国多派几艘舰艇过来，菲律宾的无理领土主张中国就会认了？它再挑衅中国就会装着没看见？这未免太天真了。

前几天中国微信圈里出了一个传闻，说中菲在仁爱礁附近发生军事冲突，菲海军率先向中国渔政巡逻船开火，中国军舰赶到后将菲舰击沉，并欲给菲更多惩罚，美要求中国住手，中方坚决拒绝。这个段子完全是民间杜撰，并在互联网上流传的，它反映了中国社会的一种真实心态：不主动与菲冲突，但如果菲无论出于什么原因先破底线，中方就应猛烈反击，才不管美国是什么态度。

我们理解美国希望保持在南海地区的影响力，也理解菲律宾想拉美国"制衡中国"。南海地区缺少信任，磕磕碰碰难免发生。但美菲都需有分寸感，尤其是菲律宾，在任何情况下都不应忘乎所以。为维护南海和平稳定，中国一直不遗余力、如履薄冰，菲律宾更应如此。

（2015.07.21）

野心和私欲极度膨胀断送了令计划

中共中央政治局在 20 日的会议上审议并通过中纪委《关于令计划严重违纪案的审查报告》，决定给予令计划开除党籍、开除公职处分，对其涉嫌犯罪问题及线索移送司法机关依法处理。新华社的消息同时公布了迄今已查明的令案的一些情况，它们令人触目惊心。

新华社的消息显示，令的违纪违法广泛涉及政治纪律和规矩、国家安全，以及经济和道德领域。他不像是一般的违法乱纪，而更像是一个位高权重者的野心和私欲严重膨胀，导致他围绕"自我"的行为体系扭曲、变形。

做人要有底线，要有敬畏之心，一个人无论有多少权力，都不能忘乎所以。然而令计划显然突破了做人做官的基本底线，对党纪国法给予了令人难以置信的藐视。这样的人栽大跟头决非历史的意外。

令计划身居高位，拥有的权力和接触的信息比常人多得多，本应有更广阔的视野和胸怀。但他显示的却是对权力很低俗的迷恋和迷信。他像是完全忘记了权力是党和人民赋予的，是要他用以服务于这个国家的。他显然把权力当成了个人财富，当成了他个人奋斗的应有回报。

这样的膨胀不仅毁掉了令的理性，也毁了他在破坏政治纪律和规矩、踩到党纪国法红线时的最后警觉。他似乎很相信权力可以让他一手遮天，却不知自己身处什么丑事都包不住的互联网时代，处在作恶"不是不报，时候未到"的天网恢恢之中。

尤其是，在他严重破坏政治、组织、保密和廉洁纪律，触犯国法的高峰期，薄熙来刚出事不久，前车之鉴何其昭昭，但他却糊涂到继续我行我素。他让中国全社会看到了，一个人如果无限膨胀下去，会有什么样的表现和结局。

党员干部必须在言行上同党中央保持一致，遵党纪守国法，职位越高越要克制私欲和野心。社会上有影响力的人同样如此。人一旦自我放纵，权力越大破坏力越强，当时或洋洋自得，不可一世，但时间一定会忠实验证"跳得越高，摔得越重"，周永康、令计划都是权倾一时的人，他们对这个道理的验证也最彻底。

令计划的几个近亲也都在令的权力高峰期跟着膨胀了，涉嫌经济等各种违法犯罪行为。他们如今都付出了代价。近权者要格外小心，这是中国乃至世界历史反反复复发出的告诫，但它总是被一些"正逢大顺"的人忽视、忘记，这使得同样的悲剧总能在历史上连成串。

中国的改革开放浩浩荡荡，每个人都身处洪流之中，其间总有人因为努力或者幸运站到潮头之上。看未来永远不如看过去那么清楚，激昂和困惑交织在很多人的心中。无论逆风顺风，请留一份敬畏在自己的心中，看别的或许模糊，但看底线一定要清楚。坚定跟党走，不与法律作对，无论为官为民，都活得踏实，过得安心。有道是：好人一生平安。

（2015.07.21）

5.5 亿军费的菲律宾为何能坏中国

菲律宾总统阿基诺三世定于下周向议会递交 2016 年度国家财政预算，其中的国防预算总额为 5.52 亿美元，这个数字不到中国 2015 年度军费的 1/200。菲律宾军费的这个规模，大概会让很多中国人感到意外。

越南军费比菲律宾的高很多，2014 年达到 40 多亿美元，但量级也与中国没法比。越南的 GDP 总额不到 2000 亿美元，比中国的广西壮族自治区还要少，这会限制它军费的总规模。

了解了菲越的军费情况，我们能大致想到，这两个国家在南海构不成对中国的"严重军事威胁"，但它们却有可能耍赖，搅和，拉外部势力当靠山，侵蚀中国在南海的主权和利益。

我们也能想到，菲律宾面对海军实力越来越强大的中国会"有些担心"，但在领土主张上又挺贪婪，它的对华心态复杂而敏感。

域外力量与南海的利益关系非常不同，但"中国欺负南海小国"的宣传很容易扩散开来，尤其是当美国、日本成为这种宣传不遗余力的推手时。关于"九段线"的来龙去脉，中国拥有南沙群岛等主权的那些历史事实要让人们听懂需要做大量工作，而构陷中国在南海"搞霸权主义"却相对简单。

中国既要同菲越耐心周旋，又要对付美日等对中国建设岛礁的歪曲解读。中国在南海的日常麻烦大多是与菲越之间的，但战略性压力主要来自美国。中国既要在南海维权，又面临同美日及其他一些西方力量之间的舆论战。如今美日同菲律宾的唱和已经很熟练，中国面对的决不仅仅是菲律宾的几艘军舰和海警船，我们最难的是在如此复杂的环境下处理好自己几个目标的彼此关系，厘清底线、以及我们为这些目标准备付出的代价。

比如中国显然不想背上"欺负小国"和在南海"搞霸权主义"的名声，因为保持和平崛起的形象有利于中国的全球战略大局。但是如果菲越在美日怂恿下过度耍赖，踩了中国的红线，我们就不能为了国家形象而继续克制。其实菲越对此也是清楚的，随着中国在南海行动能力的不断加强，它们叫得凶，但行动上有可能会变得谨慎些。

南海面临技术含量极高的外交游戏和战略博弈。中国舆论是不可缺少的拉拉队，但中方出牌的决策者一定应是高度专业的外交当局和战略机构。为此中国公众要了解南海的真实力量格局，清楚中方对菲越相当宽裕的战略主动性。比如菲律宾现在是欺负不了我们的，它的招数是向全世界叫嚷受到中国欺负，以此增加中国推行全球战略的成本，它与美日就此形成了默契。

中国在南沙建设岛礁的行动非常成功，它就是中国外交战略专业化操作的杰作。它合理合法，美菲等强烈反对，却无可奈何，它们能够动员起来抵制中国这一行动的国家和力量都很少。

南海应是中国社会在经历长期屈辱和挫折后找回"大国心态"的地方。它的最重要表现是自信，能够放眼全局，从容行动。大国不仅拥有力量，而且拥有时间，拥有计算得失的特殊胸怀和智谋。

（2015.07.22）

王林案如"逆转"将是戏剧性考验

王林的律师 21 日会见关在看守所的王林后对记者说,案情可能会有"重大逆转",为不影响公安侦查,现在不便披露。"重大逆转"指的是什么?律师突如其来说的这句话可谓吊尽了舆论的胃口。

王林"进去"后,媒体上出现关于他违法线索的新一波搜集,人们对他的印象更坏了。但是那些线索有哪个能帮着给他定罪,普通人难以分辨。比如他疑似与策划绑架邹勇者打过电话,留下过承诺给能帮助把邹勇"抓起来"的人巨资的字条,这些属于犯罪吗?

最新披露的录音显示,王林好像对邹勇被杀"不知情",这对案情定性又意味着什么?

还有王林与前官员、影视明星的大量照片再被集中曝光,王林显然很会"营销自己",应算是与"骗"沾上了。但这是否属于"诈骗",还须司法机关认定。

大部分舆论现在很希望王林能被定罪,如果他被裁定是杀邹勇的同案犯,被判以重刑,似乎最能"平民愤"。这么一个"伪大师",捞了那么多钱,被政商艺名流环绕,还有漂亮的"女弟子",他有一个长期关大牢的结局,大概才算圆满的句号。

现在王林的律师突然说案情将有"重大逆转",会不会是他又要"金蝉脱壳"了,或者只是判个"象征性的"轻罪?

昨天王林律师的表态刚被媒体捕捉到,互联网上立刻出现政商旧友已出手"捞"王林的猜测,并有强烈不满伴随。对舆论来说,王林已不再是"嫌犯",他就是"罪犯",判他多重都行,如果他得以脱罪,就是"法律不公"。

在这种情况下，如果王林确实有罪，是杀人案的共谋，那么这个案子会好处理一些。如果真像其律师所言，各种证据支持案情"逆转"，从舆论上讲那就糟了。那样的话，司法机关能不能做到严格依法断案，将面临考验。

如果案件真"逆转"到王林"无罪"走出看守所，或者只够短期拘留、罚点款，很快就能回到公众面前，那将是非常戏剧性的一幕。

事情的核心问题是，王林作为公众认为的"恶人"，他的"恶"究竟是道德之恶，还是法律之恶。当传出他的案情可能"重大逆转"时，我们是否愿意让法律来决定一切，相信法律裁决会比我们的道德直觉更加准确。

也许中国社会早晚要经历一些"极端案件"的洗礼，绝大多数公众都认为一个人犯有重罪，但法庭就是判他无罪或者轻罪。这种情形未必会落到眼前这个王林身上，但它有可能落到下一个"李天一"或者下一个"王林"身上。

中国司法机关的权威还明显不够，舆论的意见如今很强势。舆论的影响力利弊参半，当法律严重不彰时，舆论强则利大。当法治建设逐渐走上轨道时，它就可能弊大。中国的法治建设如今究竟什么状态，人们见仁见智。

法律面前人人平等，既意味着所有人面对追究的平等，也意味着各种人享受保护的平等。舆论正义与司法正义有时是重合的，有时只有部分重合。在互联网时代，司法正义的内涵之一就是它能够在任何情况下都做到独立于舆论的强大意见。

我们决没有对王林的什么好感，在我们看来，他就是个伪大师，若给他戴"骗子"的帽子我们不会反对。问题是我们并不清楚他在邹勇被杀案之前的那些骗术是否构成犯罪，也搞不太清他与这起杀人案的关系是否意味着严重的刑责。因此我们选择相信司法的甄别和裁定会比我们的主张更加准确、公正。

相信司法，我们认为这也应是中国社会面对热点或争议案件时越来越普遍的态度。

（2015.07.22）

中国在缅伐木工人不该被判那么重

缅甸密支那法院22日对155名被捕中国伐木工人判处重刑，据缅甸媒体报道，其中有153人被判处终身监禁，两名17岁的未成年人被判10年监禁。中国驻缅使馆随后向媒体表示，使馆方面初步了解的情况是152人被判20年监禁，1人被判35年监禁，两名未成年人被判10年监禁。有关实际情形还需要看到判决书后才能确认。使馆表示已同缅方开展严正交涉，领保官员已前往密支那县。

对150多人因同一件事共判如此重的刑罚，恐怕举世罕见。即使这些不明就里的伐木工人有错在身，他们的错误程度和所应承担的责任也不太可能是一样的，对他们"一刀切"的惩罚显然有悖法律精神。

中国工人被中介公司带到缅北伐木，这样的事情过去就有。在东南亚国家，跨境采伐的事情时有发生，各国的管理有紧有松，被抓的所受惩罚大多较轻。中国工人在缅北采伐有些有当地的合法手续，但由于缅北的控制者与缅甸政府关系复杂，这些合法手续会受到不被缅政府承认的对待。当然，过去也有中国工人完全被骗进入缅甸采伐的情况。

中国政府从来不支持中方人员在缅甸从事任何非法经营活动，这一态度缅甸政府是清楚的。过去中国工人在缅北被抓，具体的复杂情况得到实事求是的分析，被抓者大多最终得以被释放，回到中国。

我们不知道此次判决的真实原因是什么，这当中是否有缅北今年以来局势恶化、民地武与政府军发生多轮军事冲突的原因。

由于密支那法院判决后，中国工人还有向省法院上诉的机会，此案目前的情况还不能算画上句号。中国驻缅使馆已经开始介入，我们期待政府的努力能为这些中国工人的命运带来转机。

中缅是友好国家，如今美国等西方国家的舆论不断挑拨，宣称中国在"掠夺"缅甸的资源，煽动一些缅甸人的情绪。由于有少数中国人在缅从事了非法经营，个别事例被那些舆论放大，说成是中国对缅进行"经济侵略"的缩影。

我们强烈希望缅甸公众能够识破西方这些宣传的用心，以积极、建设性的心态看待中缅贸易中存在的问题。中缅需要合作管控中方人员在缅北的经营活动，联合打击其中的不法行为。对于缅甸局势动荡带来的负面影响，双方应努力克服，要避免具体困难恶化成双方的严重误解和摩擦。

缅甸方面应充分考虑此次被判中国工人了解缅甸国内局势以及他们采木是否合法的难度，充分考虑缅甸局势动荡可能造成的认识误区。主观动机是犯罪的一大要素，这么多中国工人集体为了一点收入而去冒20年监禁以上的重罪风险，这显然不可信。

中国社会尊重缅甸的法律，对缅甸方面依法惩处在缅违法的中国人也是支持的。我们并不认为中国人无论在缅犯了多大罪行都应被赦免，真正有罪的人就应付出代价，我们不会护着他们。

然而判150多名中国工人重罪，我们的理性分析是这样做不公平。我们猜测这当中大概出了什么差错，并寄希望于中缅政府通过接洽促进事情的公正解决。

要知道那些中国工人都是老百姓，他们绝大多数都是善良的人，都是受雇于人，很难准确了解自己在缅伐木这一行为的性质。我们希望中缅社会能在对待他们的问题上形成人道主义的共鸣，并用这种共鸣来指导事情的依法妥善解决。我们愿意相信中缅友谊能把我们带往这个方向。

（2015.07.23）

更多国企进世界 500 强，可喜可贺

美国《财富》杂志 22 日发布了 2015 年世界 500 强企业名单，中国上榜企业数量继前年增 16 家、去年增 5 家之后，今年再增 6 家，达到 106 家，仅次于美国的 128 家。在营业收入前十大企业中，中国共有中石化、中石油、国家电网 3 家，分别排第 2、第 4、第 7 名。利润最高的前三甲企业为中国工商银行、苹果、中国建设银行。

中国越来越多的企业进入世界 500 强显然是好事，国企的主要数据能够不逊于世界顶尖企业也是好事，这反映了中国经济的逐渐强壮，也表明中国大型国企已有能力参与全球竞争。

要是在过去，有中国企业进入世界前十强，尤其是进入前三强，别管是国企还是民企，舆论都会十分开心。然而这几年，情况发生了微妙变化。对民企上 500 强榜，国内舆论大多会一致称赞。而国企在榜单上排位前行，舆论、尤其是互联网舆论变得复杂了。一些人会发出嘲讽之声，宣称国企"搜刮了老百姓的钱财"，或者认为国企做大做强反映的只是"垄断程度"，指责国企进 500 强的多了，对中国经济"没什么好处"。

其实，国企上 500 强榜的多了这些人会批评，如果变少了这部分人恐怕也会批评，说国企"低效"、"无能"等等。总之如今对一些人来说国企已经有了"原罪"，他们对国企的这一态度在相当程度上影响了网上舆论的面貌。

网上舆论这种氛围的形成有深刻复杂的原因，但原因再多，最终形成这样对待国企的态度也是不公正的。国企以约 30% 的 GDP 总值贡献了国家税收的 70% 左右，就凭这一条，这个群体也值得中国社会的肯定

和尊敬。

不少国企出了腐败，这很让人遗憾。但那些腐败分子并不能等同于为国为民效力的国企本身，也代表不了成千上万的普通国企劳动者。在当下的中国，恐怕各种所有制企业群体都有自己深层次的管理及道德问题，只不过现阶段舆论的焦点落到了国企上。

国企除了问题，还有很多常识层面的优点。比如国企承担了更多的社会责任，各种调查无不指向这一结论。与私资外资企业相比，国企内部的收入相对平等些，差距的悬殊度有限。国企的领导是有制约的，他们乱来就会受到处罚，至少员工们申诉有门，因此下级在上级面前的尊严是有底线的。

有的央企利润较高，公众有意见，国家就可以敦促它们做出调整，或者向消费者直接让利，或者把更多利润用于公共事业。国家能够做到不让这些利润被国企职工瓜分，让它们成为全民财富的蓄水池。因此这些利润与公共福利的关系要比私企利润同公共福利的关系紧密得多。

中国国企的成长之路与西方国家国企完全不同。中国的国企从一开始就是国民经济的骨干企业，直到改革开放、所有制结构调整以后，它们继续扮演支撑国家发展和稳定的关键角色。国企的身份是双重的，它们走向市场，但又不能仅仅"按市场规律做事"，必须同时服从国家和人民的总要求。它们必须以自己的方式解决市场化路上的种种矛盾。

国企受到国家的支持，它们反过来也支撑了国家和社会，很难说国企受到的"荫庇"比它们做出的贡献更多。有一句话说，国企是中国社会主义制度的基础，其实，它们也是中国社会公平和公平主义思想的基础。

国企被"污名化"，肯定有它们自身的原因，但这个问题更多是大的社会思潮中的一个漩涡。国企是应当批评的，民企的很多优点值得它们学习，但批评不能脱离实事求是的基本轨道。中国的国企站立着、发展着，这是中国公众之福，而决非中国人民之不幸。

（2015.07.24）

"爱国青年被围殴",情感比事实清楚

威海文登18岁青年侯聚森22日与至少4名青年发生冲突,侯聚森受伤,据他本人对记者说头缝两针,背部肿起来。至于冲突的原因和性质,侯对记者说,他在网上发了一些爱国言论,对方因此对他群殴。

22日下午起互联网上出现"爱国青年被网络暴民群殴"的报道,随即有大量支持被打青年的声音跟进。最引人注目的是,山东共青团等一些各地共青团的官微出面表态支持爱国青年,写出"侯聚森,你不孤单,我们都在你的身旁"等,此事得以在互联网较大范围内发酵。

到23日晚,网上也有一些人质疑"爱国青年遭围殴"的定性,认为这件事只是"小孩子打架"。

与侯聚森冲突的4名青年到昨晚被警方抓获,但是警方还没有对外公布事情的来龙去脉。

看来这件事的事实到23日晚上还不是很清楚,"爱国"与这起冲突是一种什么样的关系,该关系是否具有法律意义,都需等待警方查明后向社会公布。

互联网上一些共青团公号迅速表达支持爱国青年,这种情绪可以理解。这几年爱国言行在社交网站上经常遭到围攻,这让很多人颇为气愤。当有人表示因为在网上"发爱国言论被围殴"时,认为有义务支持爱国的人会天然萌生同情。各地共青团官微的实际操作者都是很年轻的人,官微的发声在一定程度上展现了那些年轻人的个人反应。

那些公开批评共青团公号的人,有些平时也对"爱国"发些微词。看起来22日文登师范学校门口的这起冲突有可能相对简单些,因为双方毕竟都非常年轻，容易冲动。而由它引申出来的争论有更强烈的意识形态味道，互联网上这些年的公共舆论事件大多都有这样的逻辑。

当事情的原委尚需澄清时，支持尊重事实和依法依规处理此事显然是最重要的。除此之外，与社会主流价值观相一致的社会态度也值得保护，这样的态度是社会正能量的资源，它们通常包含了配合社会治理的理性和主动性，也会珍惜与事实对接的机会。

让人担心的是，一旦一种立场形成，就会不顾事实地自我坚持。互联网上的这种情况很多，它们不断侵蚀正常争论赖以存在的环境。

文登的这起冲突应不是什么大事，它之所以汇集了较多关注，一是因为这个话题比较敏感。二是因为舆论场上一直有些紧张，各种对立的警惕不断相互激发。我们想说，爱国的确是应予鼓励的情怀，网上这种共识越多越坚实，文登这样的冲突就越少，即使出了也不会贸然成为焦点。互联网上围绕"该不该爱国"的一些奇怪争论该结束了。

（2015.07.24）

真诚欢迎NGO，中国有容乃大

外交部、公安部、民政部星期六在上海共同召开境外非政府组织座谈会，了解情况，听取意见和建议。国务委员、公安部部长郭声琨在会上强调，中国政府高度赞赏境外非政府组织的积极作用，欢迎和支持它们来华开展友好交流与合作，将进一步做好服务管理工作，努力为它们提供更多的便利和服务、更好的环境和保障。

备受关注的《境外非政府组织管理法》正在制定当中，草案二审稿已在上月结束意见征集。西方舆论对此法做出较大反应，一些批评声音将它看成"中国不再对外开放"的信号之一。这部法律草案同《国家安全法》成为近来中西摩擦的活跃焦点。

中国政府25日的姿态显示出至关重要的大度。当中西摩擦趋于频繁的时候，双方很容易被这些摩擦相互逼得越来越强硬。你不愿意让我这么想，我偏这么想；你不愿意让我这么做，我偏这么做，你爱怎么认为就怎么认为。这是世界上缺少互信时不同力量经常掉入的逻辑和困境。

但是中国政府的做法是，把不理解的外方代表请过来，由中方的权威官员和人士针对他们最关心的问题解疑释惑，充分表达中国继续欢迎境外NGO的善意，避免各种担心发展成对抗性情绪。相信25日的座谈会将对外方理解新管理法产生积极影响。

中国应当坚持在对外发生摩擦时把化解作为首要选项。中国在全面崛起，与外部世界面临各个维度的磨合，可能不时遭遇外界的激烈情绪，有很多摩擦处于相互不解或彼此对抗的临界点。中外激化矛盾和化解互疑都有重重理由，有时就取决于双方操作层面的力量往哪个方向偏一偏。

中外如果都放纵冲动，和我们如果都克制一点，这个世界将会是不一样的。而这种不一样对处于21世纪世界变动中心的中国来说，可能比对其他国家的意义更大一些。

25日的座谈会同时展示了中方的自信。中国对境外NGO进行依法管理恐怕是必须做的，但中国接下来的改革开放继续需要它们相伴，它们过去为中国做出了贡献，今后也应能做出更多贡献，这个态度不是中国装的，这就是中国社会对境外NGO的真实认识。

崛起的中国必须是开放和包容的，否则我们无论往哪里走，看到的都是墙。让误解能消除的消除，实在消除不了的，也要尽可能把它们的负面影响压到最低。我们无需追求痛快的一时之逞，一些时候的"委曲求全"同样是有力量的表现。这应同我们坚持原则浑然一体。这或许是一种高难度的平衡，但唯其难，才能带我们走得更远。

（2015.07.27）

FBI 缺钱花请直说，别乱踩中国

美国 FBI 23 日举行活动并播放了一部名为"公司人"的反谍"主旋律"影片，该片讲述了两名中国商业间谍试图用金钱收买一位美国的公司雇员，获得后者所效力公司的先进绝缘技术。那位名叫穆尔的美国公司人告发了中国间谍，致使他们落入法网。据报道，这部反谍故事片已在美国企业中播放了约 1300 次。

FBI 官员公开表示，"中国是我们面临的最主要的经济间谍威胁，中国政府发挥了重要作用。"FBI 官员还宣称，现在每年商业间谍给美国造成数千亿美元的损失。

"数千亿美元"指的是多少？就算是 3000 亿吧，它大约是美国每年 GDP 的 2%。FBI 真敢开口，它的意思是不是说美国每年的经济增长应当比现在高 2 个百分点？由于 FBI 认定现在经济间谍案一年激增 53%，而其中 95% 的公司怀疑是中国干的，这是否意味着上述美国 GDP 的 2 个百分点大部分让中国偷走了？再加上中国 GDP 小于美国，FBI 是否最终想说，中国光靠"偷美国"就能每年享受 2 个百分点以上的经济增长繁荣？

FBI 太放肆了。有人怀疑冷战结束了，拉登、萨达姆也被铲除了，开展反恐战争不那么紧迫了，加上美联邦政府预算紧张，FBI 需要为争取充足拨款编造新的战略理由。"中国商业间谍"的地位因此大幅飙升。

FBI 这样做肯定会损害中美关系，但它这样忽悠，受害最多的还是美国社会。因为美国人会因此以为，他们国家的经济本身没问题，美国公司更没有问题，唯一的麻烦是来自"中国商业间谍"的威胁。他们一年偷走了原本属于美国纳税人的几千亿，如果把这些钱追回来，美国一年的军费就差不多够了。所以说多给FBI拨些经费，对美国社会是一本万利的事情。

看来中国情报部门和民间的商业间谍加起来，要比FBI和CIA等美国官方机构以及民间的情报力量加起来厉害得多。中国人什么都笨，就是间谍技术发达。国家管理一塌糊涂，公职人员呆板守旧，但就是间谍灵光得不得了，从网上到网下，想拿美国的什么就能拿什么，如探囊取物。这就是FBI的逻辑。

请揉一下惺忪的眼睛吧，好好看一看这个变化中的世界，看清楚正在全面发展进步的中国。如今全世界每年新增的技术专利已经有1/3出自中国公司，华为的技术研发团队在人数上已经成为世界所有科技公司的最大规模。创新成为中国的国家口号，中国对西方的高技术挑战必将一步步全面到来。

中国仍很清楚需要在技术上学习西方，特别是学习美国，上述学习与挑战的交织将贯穿中美21世纪的交流。但这不是偷，这样的交流进程是中美互利的。美国大学吸引了全球学生，这给美国带来的收益远大于美国因知识扩散蒙受的"损失"。美国对此大概一点也不糊涂，否则它就会拒绝外国留学生，不再欢迎技术移民，它就该把自己彻底封闭起来。

老说自己家里丢东西，随意怀疑邻居和朋友是"小偷"的人，在生活中非常令人讨厌。美国现在天天叫喊被中国"偷"了，扮演的就是这种缺德角色。全世界都知道，做事最没有底线的是美国情报机构。中国有句话叫"以己度人"，我们现在把这句话郑重地送给自己干尽丑事、就以为别人和它一样见不得人的FBI。

我们倒是希望总是沉默的中国情报机构以后经常出来"走两步"。西方间谍在中国犯事的这么多，中国人究竟是抓不住他们，还是抓住了，让有关部门摁住不往外说，搞得这个世界好像到处都只有中国间谍在飞檐走壁呢？抖出点美国间谍祸害中国的猛料臊臊FBI吧，咱也拍一部谍战片，别遮遮掩掩说是抓"某国间谍"。就抓美国的，给美国人竖一面清楚的镜子让他们照照。

（2015.07.27）

向动荡国度里的中国外交团队致敬

索马里首都摩加迪沙的半岛皇宫酒店26日发生自杀式恐怖袭击,设在该酒店的中国驻索马里大使馆被严重波及。中国外交部昨天核实,中国大使馆一名武警罹难,三名使馆工作人员受伤。这是中国外交机构自1999年南联盟使馆被炸以来遭遇的最严重袭击。

我们强烈谴责恐怖分子发动的这一令人发指的袭击。半岛皇宫酒店原本是摩加迪沙安保最严格的酒店之一,里面除了中国使馆还有多个其他外交使团,外国人往来频繁。这次袭击至少已造成15人死亡。

索马里是世界最混乱的国家之一,自上世纪90年代初就已被战乱吞没。美国曾向索马里派军干预,后遭惨重损失。美国人的遗体被反叛者拖着游街,美军不久被迫撤出索马里。这些年靠近非洲海岸的印度洋上海盗盛行,他们大多是索马里的武装分子。

索马里青年党宣称对26日的袭击负责。这是一个与"基地"有联系的极端组织,它已发动叛乱对抗政府10余年,寻求在这一非洲之角国家实行伊斯兰法。非盟和国际社会近年增加了对索马里政府的支援,索政府得以加强对青年党的打击力度。这次恐怖袭击被认为是青年党对非盟驻索马里特派团的报复。

由于索马里局势动荡,中国驻索大使馆曾长期处于闭馆状态,去年10月才得以复馆。不到一年时间飞来的这起横祸让人感到中国人在索安全处境的严峻。

中国在世界动荡地区有很多像驻索使馆这样英勇的外交和其他办事机构。外交官和其他驻外人员并非人们以为的都是职业宠儿,在世界各地高朋满座的豪华场所出入。在动荡的国度，外交官往往是最早来探路的、也是最后撤出的团队之一。他们是中国国家利益在普通人不敢前往地区的前哨。

中国已经崛起到无法再躲开所有动荡地区"独善其身"的位置，中国外交官和中国国家利益的代表性力量今后将更多出入缺少安全保障的地区。一个人进入外交部意味着有可能被派往正被骚乱折磨的国度，加入中石油等大型国企有可能前往海外，承担普通人难以置信的风险。中国强大了，就要为维系强大付出代价。

中国13亿人庞大社会的现代化需要能源、原材料等的充分供给，需要市场的不断开拓，需要世界上尽可能多的国家成为我们的朋友。必须有一部分人不断走向全球对中国人来说尚且陌生、甚至风险重重的地区和领域。他们不是专挑好地方去的旅游者和留学生，也非普通生意人，他们负有开拓中国利益边界的使命。

这些人是令人尊敬的，在中国享受和平的人们要记得这个世界很多动荡地区的样子，知道还有一些勇敢的中华儿女坚守在那里，为延伸我们的大众利益承受着特殊风险。让我们向他们致敬。

（2015.07.28）

奥巴马在非洲调门挺高心胸挺小

美国总统 28 日在亚的斯亚贝巴中国援建的非盟总部发表演讲，大谈美国对非洲民主建设的贡献，并影射中国的对非合作以"使用外国劳工或者开发非洲自然资源"为基础。在他出访之前，采访他的 BBC 记者已经提醒他，"你将走进的非盟总部大厦和你走的路都是中国人建的"，但奥巴马仍这么固执，非得强调美国的对非合作与中国的比起来是多么高明。

需要指出的是，中国的领导者们从没有在同非洲的接触中含沙射影过美国的对非政策，不能不说奥巴马以及整个美国在面对中非合作的成就时显得有些小气。

这种小气或许情有可原，因为美国的对非贸易额已从 2011 年 1250 亿美元跌到去年的 730 亿美元，而中非同年贸易额却高达 2220 亿美元，足足是美非贸易的 3 倍。这似乎动摇了美国在非洲问题上的信心基础。

美国及西方舆论普遍相信，同中国竞争是奥巴马此次访非的主要目的之一，舆论认为奥巴马的非洲政策比小布什的还失败，他还剩下 18 个月来做挽回。

相比之下中国的对非合作开展得更加自然、轻松，共赢原则把中非很自然地拉到一起，双方很平等，不像美国总端着教师爷的架子对非高高在上，经常搞得自己和非洲都挺别扭，相互怨声载道。

尤其重要的是，中国开展对非合作几乎就没想同谁竞争，对美国回过神来想加大对非投入我们打心眼里就不反感。

中美对非合作应当说各有特点，也各有所长。中国的大部分资金投入非洲基础设施建设，美国则着力于非洲的市民社会建设，这两种努力本是相辅相成的关系。中国也愿意非洲社会更加廉洁、有序，我们也乐见非洲的民主发展兑现成各种社会成果。

然而美国使劲在非洲兜售西方政治制度，并将这种兜售说成是对非援助必有的政治门槛，以此反证中非经济合作"不达标"，给中国贴上"只顾利益、不计其余"的标签，这就属于强词夺理了。

拿价值观来教化一个大陆，西方人似乎不认为有必要考虑非洲人的感受。奥巴马在非盟演讲中点名批评了多个非洲国家的民主及人权状况，包括东道国埃塞俄比亚的相关表现。以奥巴马的见识，他应能理解廉政及良性民主不是经济落后国家的领袖们振臂一呼就能有的，没有基础设施的大量建设和与此相关的经济繁荣，缺了教育和人口素质的全面提高，这些绚丽的愿望只能是口号。换句话说，民主和人权只有在经济社会发展的大楼里才能成为电梯，否则它只能是平地上根本就立不住的孤零零的梯子。

我们不想同美国人争辩非洲该走什么路，那是只有非洲国家自己可以最终决定和选择的。我们觉得中美应当在非洲合作，而不是互相指责、排挤，如果美国人能善意回应中国的这一姿态，就有可能出现非、中、美三赢的理想局面。

不管美国什么态度，中国人有必要在坚持自己长处的同时，学习美国和西方的一些做法，弥补中国对非合作不足的领域。比如不少西方非政府组织、志愿者深入到非洲社会的基层，更多了解了非洲，也争取了人心，缓解了非洲社会对西方的不满。中国社会也应加大同非洲经济合作以外的接触。

美国试图在非洲排斥我们，如果中国人不与之斗气，而是扬己所长，也取其所长，我们在非洲将站得更稳。其实这个世界越来越容不下对抗，合作已成为人类发展进步的第一逻辑。美国做了这么多年世界老大，却这个道理还没搞明白，奥巴马带着他的经历和肤色，到了非洲却一口"殖民腔"，真挺让人遗憾。

（2015.07.29）

别想拿 TPP 对付中国，也做不到

由美国主导的跨太平洋战略经济伙伴关系协定（TPP）谈判据称进入最后一轮，12 个国家 7 月 28 日至 31 日在美国夏威夷毛伊岛召开部长级会议，目标是完成谈判。如果 TPP 年内达成协议，被认为将是美国的重大得分，而且一些较为激进且乐观的美国分析人士认为，该协定将成为美主导世界贸易规则的新里程碑，中国将被重新逼入困境。

TPP 对亚太地区贸易格局的真实影响究竟将有多大，这个问题的答案恐怕不全在协定本身。国际贸易的实际发生情形取决于多种现实因素，其中利益杠杆的撬动力最无可取代。所有亚太国家都追求本国利益的最大化，而没有一个多边或双边贸易协定能够完全满足它们的这一追求，因此一个国家会同时加入不同贸易体系，收获从中得到的利益集合。

尽管奥巴马说过，"如果我们不书写世界贸易规则，中国将会为我们书写。"但是 TPP 是否就会成为美国对付中国的新地缘经济和政治工具，这是很难说的。可以肯定的一点是，与美谈判的 11 个国家大多数都没有这方面的兴趣。

中国在推动亚太自贸区建设，迄今韩国、澳大利亚已同中国签订双边自贸协定，其中澳是 TPP 主要谈判成员之一。澳同时热衷于 TPP 和中澳自贸区，对任何可能得到的利益来者不拒，这是亚太国家最普遍的心态。

由于中国是亚太最大贸易国，又是第二大经济体，市场潜力的诱惑不可阻挡，TPP 不太可能拴住所有成员国的心。加上中国对亚太自贸区的推进在加速，而且我们没有排除未来加入 TPP 的可能性，TPP 与中国的自贸区推进肯定就是对立关系,这种看法过于武断。

TPP如要达成并运转,就需要实事求是。12个国家包括越南、菲律宾和拉美多个国家,发展水平和社会治理方式存在巨大差异,美国当初提出的劳工、环保等领域的高标准大概要下调,最后达成的TPP只能是个妥协版。

中国的GDP跟除美国之外的那11个国家总和差不多,中国在亚太的经济存在和影响既抹不掉也绕不开,美国自己也会对继续扩大同中国的贸易有积极性。亚太经济格局中美国一手遮天的时候大概已经过去了。

当然,奥巴马搞TPP,应对中国崛起是主要战略考量之一。《金融时报》曾称,华盛顿想把时钟拨回到2001年中国加入世贸组织之前。但时钟是拨不回去的,美国也需面对现实。

在连美国的多个盟国都不顾华盛顿的不悦而加入亚投行的时代,想让地缘政治成为贸易安排之下的真正主旋律是高度不现实的,无论美国还是中国,都做不到这样。

如果中国发起成立亚投行的心不在金融上,考虑的全是地缘政治,就不会有筹办工作的大丰收。反过来美国如果嘴里唱着TPP,心里想的却是北大西洋公约组织的类似效果,那么它也很难搞成。

中国人需要带着自信观察TPP的谈判进展,以对中国贸易利益的冷静权衡来评估我们加快推进亚太自贸区与是否参加TPP之间的关系。在这个问题上我方的着眼点一定要避免地缘政治化。

因此TPP签成签不成,对中国的利弊影响未必是美国人能拿捏得准的。WTO的主导者也是美国等发达国家,中国后来有了华丽转身的进入。如今的中国有更高能力驾驭世界贸易形势中的不确定性,签城下之约的那类角色好像已不再属于我们。

(2015.07.29)

土总统斥责"东伊运"成他访华亮点

　　土耳其总统埃尔多安星期三星期四两天对中国进行国事访问。在土耳其国内激进势力就涉疆问题发生抗议，安卡拉反对泰国向中国遣返部分维吾尔人后，这次访问受到更多关注。然而分析人士普遍相信，埃尔多安的中国之行不会因这些问题变得黯淡。

　　这是因为中土关系的基本面很好，两国对彼此关系的共同定性是"战略合作关系"，两国经济合作活跃，在一些重大问题上观点一致或相近。中国公司承建了土耳其安卡拉至伊斯坦布尔的二期158公里高铁工程，它是迄今中国高铁走向世界真正落实的少数项目之一。此外，土耳其的最大发电机组是中国制造的，中兴和华为占据了土电信市场的一半以上份额。中国赴土游客从2008年的5万人次增加到去年的20多万人次。

　　土耳其是唯一公开洽谈购买中国红旗-9导弹防御系统的北约国家。美国就此向安卡拉施压，土最终能否对华签购买合同尚不确定。这件事反映了土对中国的信任程度以及它在平衡对华关系和土其他战略关系时的犹豫。

　　中土都是恐怖主义的受害国，中国面临"东突"暴恐势力的袭扰，土恐怖袭击的根源是库尔德问题，另外它靠近IS活动的中心区。中土在反恐的大原则上是能够实现沟通的。

　　问题出在土耳其国内的泛突厥主义思潮上。土一些人对亚洲中部地区突厥语系民族有历史亲缘感，这种感受在土选举气候下时不时得到政治发酵。土目前生活着一批来自中国新疆的移民，其中部分人有选举权，从而有能力影响一些政党在涉疆问题上的表态。土政府没有能力将这个问题完全控制住。实际情况是，一方面土政坛和媒体在涉疆问题上有时发表不负责任的言论，一方面土政府一直在强调"一个中国"原则。

埃尔多安29日在与中国国家主席习近平会见时，明确表示土反对"东伊运"等针对中国的恐怖主义行径，愿就此加强同中方的合作。这是土政府在"东伊运"问题上最为公开、清晰的一次表态。对加强中土理解和互信有重大意义，这也是埃尔多安这次访华的一个亮点。

土耳其社会很清楚土没有能力干涉中国的内政，但今后土政坛和舆论大概还是会就涉疆问题发出杂音，这是土政治体制使然。中国应当以这样的态度进行回应。一是在具体摩擦上就事论事，坚持原则，决不让步，不针对土国内的无理要求做任何妥协。二是不主动对这类摩擦上纲上线，避免夸大它们在中土关系中的意义。

土耳其是中东强国，经济基础好，现政府提出到2023年土进入世界前十大经济体的复兴战略。土对中国的"一带一路"计划态度积极，希望"2023战略"能与"一带一路"对接。两国克服具体摩擦并实现战略合作的不断向好是完全有基础的。

欢迎埃尔多安来中国。我们期待他作为执政多年、有经验的政治家，是一位善于沟通、并能够把中方真实信息及良好愿望传递给土耳其社会的领导者。

（2015.07.30）

人民币冲击 SDR 应积极＋顺其自然

国际货币基金组织（IMF）29 日开始就是否将人民币纳入特别提款权（SDR）进行讨论，并将在年内得出结果。IMF 每 5 年评估一次 SDR 货币篮子的构成，上一次 2010 年拒绝了将人民币纳入 SDR 的申请，今年人民币进入 SDR 的可能性被普遍认为大了很多。

如果人民币成为 SDR 货币，人民币的信用度将提高，以人民币计价结算的国际交易增长势头将进一步提速，中国在国际金融市场的存在感将进一步增强，中国抵御金融风险的能力也会得到强化。尽管这会反过来倒逼中国开展更多的金融改革，存在一些我们难以预估的不确定性，但是这对中国来说是一件好事，这一大判断被广泛认同。

目前 SDR 货币只有美元、欧元、英镑和日元，如果人民币得以加入，将改变 SDR 的货币结构，打破 SDR 30 多年来仅由发达国家货币组成的格局。而且人民币是 1980 年之后进入 SDR 篮子的第一个新币种。

有人认为人民币进入 SDR 是与中国加入 WTO 同等重要的事件。如果把这个世界看成"金融体系"的话，那么是的。然而由于真正了解金融的人不多，金融又是中国改革开放后最强调稳扎稳打的领域，中国推演人民币加入 SDR 实际效果的能力要弱于我们当年对加入 WTO 利弊的评估。因此中国走稳这一步至关重要。

人民币已经基本满足了进入 SDR 的两大标准：主要出口国标准和自由使用标准。人民币自由使用的限制大体消除，满足了 IMF 85% 的标准。人民币汇率正在加大自由浮动的幅度，且除存款利率上限尚未放开外，基本完成了利率市场化改革。现在美日等敦促中国彻底放开汇率，开放资本账户等，但这些方面的争议不应成为人民币进入 SDR 的障碍。

面对"金融入世"有望成功和再次被拒的两种可能性，中国应一方面做最好努力，一方面顺其自然，坚持符合本国实际的金融改革节奏，不对美日要求做削足适履的让步。由于将人民币纳入 SDR 货币篮子也有利于增强 IMF 的权威，具有明显的双赢性质，这不是 IMF 占有压倒优势、中国只能受美欧日摆布的谈判。

之所以说人民币进入 SDR 也有风险，是因为中国的国内金融体系尚有一些薄弱领域。一是中国的金融平台如银行系统、多层次的资本市场仍处于建设、改革和完善中。二是中国社会的金融专业化程度不高，无论是金融人才还是大众的金融知识及投资能力都还有些跟不上。三是金融创新的道具有限，投资产品单一，规则和监管都有一些缺陷等。

因此中国能够争取到人民币进入 SDR 货币篮子最好，我们应为评估过关尽最大努力。如果最终这一次仍不能如愿，我们也需坦然面对。下了力气还是做不到的事情，不强求往往是正确的态度。中国最关键的还是要继续壮大自己的实力，有了超级经济体的资本，人民币终究是 SDR 拒绝不了的。长期不接受人民币，SDR 体系的权威会打越来越多的折扣。

中国应当以"积极的实事求是"态度对待这一轮评估，那样的话，无论结局是什么，中国都不会输。

（2015.07.30）

155 名被释回国伐木者不是英雄

缅甸总统吴登盛昨天签署大赦令，立即释放 6966 名服刑人员，其中包括不久前被缅甸判刑的 155 名中国伐木工人。这批获释的中国伐木工人已于昨天下午离开密支那监狱，乘车前往中缅边境。

这 155 名中国人是本月 22 日以非法砍伐木材罪名被密支那地区法院判处重刑的，其中 150 人被判监禁 20 年，这是中国公民近年来在国外同一批被判重刑人数最多的一次。中国驻缅使馆领保人员就此事与缅方进行交涉，缅甸官员曾向媒体表示缅甸公民在外触犯法律时同样会被所在国家的法律判刑，中方不应用外交手段干涉对中国伐木工判决。

中国舆论不应将缅甸总统的特赦朝着"缅甸屈服于大国压力的结果"的方向解读，这是对缅甸的不尊重。事实上，这 155 名中国人只占全部被赦人员的约 2%，是 210 名被赦外国人的一部分。只能说这批中国人运气好，赶上了缅甸总统吴登盛今年的大赦。这位总统 2011 年 5 月就曾特赦了 14758 名犯人，他上任以来一共颁布过十几次大赦。

当然，能在被判刑后与缅甸大赦巧合在一起，这批躲过了牢狱之灾的国人作为个人还是要念中缅友谊的好。好运气落到他们头上，这当中肯定还有超越了他们个人时运的"造化"。他们应当有所感恩，有些话用不着他们现在就说出来，但他们该铭记在心。对这一切，公众也是能意会的。

人是都放回来了，但教训是深刻的，不能随着一笔勾销。这批伐木工人被认为是不法劳务公司的"上当受骗"者，他们赴缅采伐的手续在多大程度上是合法或非法的，值得中方回过头来认真审视。

这 155 人首先肯定都不是落难归国的"英雄",他们损害了国家的声誉,也给国家添了麻烦。此外,他们当中如果有人对这起事件的发生负有责任,应当受到惩罚。尽管缅甸方面对他们一概做了赦免,但其中若有人构成了对中国法律的严重触犯,就应另受中国的司法制裁。那些无辜上当受骗从事非法伐木的工人值得同情,国家应探讨如何加强对他们的保护,惩戒对他们施骗的人。

我们希望这是"最后一批"被缅甸方面判刑的中国人。我们不希望再有中国人在缅甸先被判重刑、后又被赦免的戏剧性故事发生,我们只愿意这样的悲喜剧从此绝迹。如果今后再有中国人集体在缅甸被判重刑,中缅友谊不应被指望是他们随叫随到的护身符。

缅北是民地武同政府军拉锯争夺控制权的地区,这样的复杂性必须被更多看成是中国人在缅经商的风险,而不是被更多看成机会。这 155 人的惊险遭遇对所有人来说都应是长鸣的警钟,同样的教训决不需要再经历一次。

(2015.07.31)

郭伯雄，又一个没控制住私欲的悲剧

建军88周年前夕，郭伯雄终于正式走上"大老虎"的名单。关于他"出事"的说法已在民间流传了很久，他的儿子郭正钢今年2月已在浙江省军区副政委的职位上落马，在那之后，民众对郭伯雄将被查处有了更多期待。

上一届军委的两位副主席徐才厚和郭伯雄都因贪腐东窗事发，这对解放军的声誉将有什么样的影响，如果倒退几年人们几乎不敢去想。如今他们这两只超级老虎都被戳破原形，解放军这个"铁打的营盘"却仍保持着钢铁的本色。所以说，位高权重者谁也不要以为自己触犯党纪国法，国家和社会可能会为了"顾全大局"对他网开一面。徐郭倒了，军旗仍猎猎地飘着，人民对解放军信任如昨，世界对中国军威的尊重也不会打折。

民间有一种很朴素的说法：出来混，总是要还的。江湖市井的这一总结却有着深刻道理。郭伯雄这么大的官，贪点占点算啥？这种想法对有些人在有些时点上可能牢靠得就像勾股定理一样。然而各种人生际遇的小齿轮都挂在时间的大齿轮上旋转，再大的官也不是"天"，只有宇宙中人世间最基础的法则才是永恒不变的。

官能压法，有时看上去就像真的一样，但总会到来那样的时刻，使它在回首中又变得那样虚幻。郭伯雄站在非常高的位置上演示了这个逻辑的颠扑不破，他这个教训大概够很多人在今后的人生中消化。

百姓哲学大多是劝善的，我们说"不做亏心事，不怕鬼敲门"，"好人一生平安"等等。看来官当很大手握重权之后，这些道理仍然配得上是精神的干粮。原来权力大了更容易遭到出轨犯错的诱惑,更需要以"如履薄冰如临深渊"的态度做人。权力有边界,政治有规矩。做个好官就要在使用权力的同时,敬畏手中的权力。

中国在全面推进依法治国,法律和党纪面前人人平等,谁贪腐了都等于身上绑了个定时炸弹,不是不报,时候未到,看来这些都是真的。当个老百姓,贪小便宜被捉很尴尬,但长些记性日子还可以接着过。当了大官还贪便宜,那就可能演变成惊天动地的罪孽。所以说为官者必须心正,法律不够还要加上党性的约束,这不是说教,这是官者的"平安经"。

郭伯雄在权力巅峰上没能抑制住私欲,最终害了自己,也毁了全家。他还给党和国家带来了损失。但是党和国家终有能力消化这些损失,他本人最后陷进的却是灭顶之灾。因此谁也不要与这个国家和时代赌聪明,赌运气。让自己真正融入国家前进的主流,做其中积极正面的因子,把个人成功的幸运反过来再奉献给祖国和大众,这是每一个人,尤其是社会精英应有的人生态度。

又一位落马高官将在铸成人生大错之后痛想长思。让这些刻骨铭心的思考早一点到来吧。社会要多营造发生这种思考的环境和机会,个人要加强乐于或不拒绝这种思考的修养。郭伯雄的例子在这样告诉我们,我们能隐约听到他的故事中的哭腔。

(2015.07.31)

热情节俭办冬奥，4分就行不必5+

北京携同张家口获得2022年冬奥会主办权，西方舆论的风凉话来得很及时。《华盛顿邮报》一篇评论写得挺难听：办奥运似乎渐成集权政府领地。西方的评论主要抱怨了两点，一是2008年奥运会没能促成中国人权的改善，中国今天的人权反而"更糟了"。二是北京张家口缺雪，大规模人工造雪有可能伤及环境。

未来7年，尤其是临近2022年的时候，我们大概会听到很多类似的指责和质疑。有一些不友好、乃至敌对的势力还将专门针对北京冬奥会谋划滋事，我们需对此有充分思想准备。

或许我们不应为表层舆论掌声少、找麻烦的却挺多而怨天尤人。中国要不就别做大，别出奥运这样的风头招事。既然我们走向世界的中心舞台，就得逐渐习惯站在那里是要被全球舆论洗礼的，而它们很大一部分将是唾沫。

大国是干出来的，是实力堆出来的，同时也在一定程度上是被"骂"出来的。中国人似乎在逐渐悟出这个道理：我们挨骂不仅是因为我们问题多，还因为我们总体上做得不错。

相信有了2008年奥运圣火在欧美的那番遭遇，也有了奥运史上顶级辉煌的开幕式之后，中国人办冬奥会的心态将平和许多。我们会更虚心，也更敢于坚持，对外界的赞誉和挖苦都更淡然处之。7年后冬奥会办得怎么样，我们不会再惴惴不安紧盯西方人的脸色。

其实西方舆论的批评有许多还是值得听一听的。比如它们说造雪可能影响环境，这至少是一个提醒。有些西方媒体"揭露"2008北京奥运会的一些场馆"荒芜了",这也值得我们思考,如何把办奥运同常态下的社会发展计划更好衔接起来。

至于人权,这是中西摩擦最持久的领域。中国从西方的压力中汲取了一些正面元素,同时也熟悉了西方的意识形态攻击,积累了在全球化条件下既与世界融合、又坚持本国道路的经验。事实上中国已是应对西方人权攻击最得心应手的力量,尤其是在2008之后,中国在这方面的坚定和游刃有余变得愈发突出。

不管西方现在说什么,2022年冬奥会主办权中国已经拿到手,与2001年到2008年之间的那7年相比,未来7年中国社会肯定会轻松许多。回过头来看,有上一次奥运会的那些经历是多么重要和可贵。

未来7年北京不再需要新建太多体育场馆,也不需要专为冬奥会增加相关大型基础设施,张家口及京张沿线建设与京津冀一体化高度契合,完全不成其为负担。为办冬奥会北京基础设施的新增率大概不会比发达国家城市高多少,这一方面来自北京两届奥运会的"连办"效应,一方面也是对中国基础设施现状的一次检阅。

我们真心希望北京冬奥会的举办能够尽量从简,除了安保要做全球最好之外,组织和接待"过得去"就行了。中国人一定要克制过度"好客"的冲动,不必追求所有来客都"完全满意",对外界的满意度,我们这一次的目标应当设定在"达标"上,4分就行,不必要求"5+"。

我们应热情、节俭办这届冬奥会,根本不需考虑究竟会"热情不够",还是会"热脸贴了别人的冷屁股"。北京冬奥会就是独一无二的,因此也必将是"最好的",我们应充满这样的自信。

中国今后还会办更多大型国际活动,越办成本越低,收益却不会递减。这个过程将是中国走向现代化的缩影之一。我们因此获得的骄傲将被冲淡,苦恼和患得患失也将渐渐离我们远去。

(2015.08.03)

皇民史观骂不倒，唯有中国复兴胜之

台湾部分学生反课纲运动周末出现升级之势。反课纲学生针对明年区域"立委"参选人发起联署，要求承诺当选后立即撤销新版课纲，这是一种政治绑架行为，目前已获得民进党籍参选人的集体响应，国民党籍参选人则大多拒绝表态。民进党似乎在把课纲之争搞成明年台湾领导人选举的新抓手，借助学生反课纲运动抬蔡英文的声势，打击洪秀柱的人气。

台"教育部"今年1月通过课纲调整方案，定于8月1日起施行，包括改称"中国"为"中国大陆"，"日本统治时期"改为"日本殖民统治时期"，慰安妇增加"被迫"的字样等。台一些高中学生在7月中旬以来发动一系列激烈抗议活动，要求废除新版课纲。

继去年反服贸"太阳花"学运之后，台湾学生又一次走上政治及意识形态斗争的前台。"太阳花"学运被普遍认为促进了民进党去年"九合一"选举的胜出，这让人想到，如果新学运愈演愈烈，蔡英文更可能针对明年的选举从中渔利。

台湾学生反课纲显示了年轻一代在历史认识上的糊涂，而这样的史观自李登辉执政后期就不断受到政治力量的推动，这些年它又反过来成为影响台湾政治的微妙因素。

无论怎么称呼这样的史观，"皇民史观"也好，"颂殖史观"或"台独史观"也好，它代表了台湾一些人的亲日情绪，以及反感中国大陆的情绪，这两种情绪似乎成了彼此支持的关系。

日本在逐渐衰落，它在亚太大格局中的地位注定是式微的，按说不值得台湾人再去"亲"了。但台湾过去没有进行持续的去殖民化教育，反而在"李、扁"时期进行了颂扬殖民地的教育。另外日本的背后有美国，亲日的"下意识"是"亲美反中"，这些恐怕是事情的根源。

中国大陆是没有能力直接干预台湾教育的。事实上，随着中美包括政治博弈在内全面竞争的加剧，中国大陆周边各种深层次的挑战正——走向活跃。内地对香港施加影响还是有诸多杠杆的，但我们看到，香港青年学生中的反政府情绪也在泛起。

也许我们需要正视大环境中这些"逆中国崛起"的表现。看来只有中国大陆的硬实力更加强大，软实力也能与之匹配时，那些"羞做中国人"的洋奴意识才能逐渐散去。所以看似几个小孩子在闹事，实际上反课纲折射出中国复兴走到此时此刻的真实境遇。

骂小孩子挺没意思的，真正坏的是帮助台湾学生产生他们这样做是在"救台湾未来"幻觉的那帮大人。对那样的政治力量，大陆只能用实力与他们对话，我们需要进一步明确底线，对他们任何试图越线的政治举动给予坚决反制，他们敢把事情闹多大，我们的回应就将多坚决。总之一句话，台湾"去中国化"的那点小九九最终跳不出托起整个中华民族复兴的历史巨掌。

发生在台湾、香港年轻人身上的事倒是提醒了我们，如果一个社会的历史观出了问题，意识形态之乱会有多么大的波及面和社会危害。在中国大陆如今也有一些力量试图重塑年轻一代的历史观，彻底颠覆人们对过去100年里"中国究竟发生了什么"的认识。应当说，这些人并非一无所获。

中国继续发展进步是解决那些我们看似无所下手难题的根本出路。当我们感觉实现发展比解决那些难题相对容易时，或许那些难题并非真正的难题。无论台湾还是香港，在整个中国事务中的所占比重都在降低。"台湾香港无大事"，大陆民众应逐渐树立起这样的自信。

（2015.08.03）

美放风攻防火墙报复中国,太过分了

据纽约时报报道,奥巴马政府已决定就人事管理局数据库 2000 多万名美国个人信息被盗一事对中国进行报复。报道称美情报机构内部讨论的"最具创新性"的行动方案是:寻找一种能突破中国层层防火墙的方法,对中国实施警告。白宫官员匿名称:"我们需要有一整套手段来制定一个回应措施。"

美国政府认定人事管理局数据库遭到的黑客袭击不同寻常,规模和目标都非常大,但是美国情报机构至今并没有拿出什么确凿证据,它安给中国的罪名是莫须有的。

长城防火墙是由中国政府出资建立的互联网管理系统,如果美国网络部队公然攻击这一系统,其性质是极其恶劣的。这与黑客偷偷摸摸干违法的事有本质的不同,它将被视为美国国家力量对象征中国主权的目标发动攻击,后果将十分严重。

众所周知,网络黑客行动具有从攻击地点到作案手段的隐蔽性,显示发自中国的黑客攻击有可能来自第三国。美国对中国人、特别是有中国政府背景网络攻击的认定都是单方面做出的,不能作为其报复中国的合法依据。这是全世界都懂的道理。

如果美国网络部队采取任何侵犯中国主权的行动,中国针锋相对地还以颜色是可以预见的。华盛顿不应有中方会对美方攻击忍气吞声、大事化小的幻想。

有中国学者猜测,美国官员通过纽约时报发声,是意在向中方施压,为美方在 9 月份中美元首会晤时促使中方让步创造条件。即使是一个策略，美方威胁"报复中国"也应遭到回击。中国是大国，大国之间说话不能像美国对小国那样不讲规矩。美国有一分放肆，就需准备得到一分遭到蔑视的尴尬。

中美不能停留在互放狠话上。北京与华盛顿看来还是要加强沟通，制定给双方都带来安全感的网络行为准则，避免一遭攻击就怀疑是对方干的，在乱纷纷的互联网上建立起一份战略稳定。

其实纽约时报的报道透露出一个惊人信息：美情报官员对该报说，美在中国计算机网络安置了"几千个嵌入系统"，它们能对即将发生的袭击事件向美方预警。也许美方是想警告中国，但如果是那样的话，美方还有什么脸同中方谈黑客攻击？它事实上每时每刻都在对中国互联网进行系统性威胁。

倒是中国应当要求美方就这几千个嵌入系统"是怎么回事"讲清楚，如果美国政府不讲，就应当要求对华有业务的美国公司讲。中国看来非常有必要对全网安全开展大检查，在关键位置上多使用国产设备，排除未来的险情。

互联网是一个互动系统，这决定了在现实国际关系条件下，在网上谁的安全感都很难成为绝对的。美国尚惴惴不安、疑神疑鬼，可想其他国家、尤其是与美存在争执的那些国家是什么感受。美国毕竟是互联网结构的中心和互联网技术的上游，它对安全的追求应当适可而止。

在传统社会里，大国对抗难免两败俱伤。在密切交织的互联网世界里，更难有一个绝对的胜利者。从纽约时报的报道看，奥巴马政府也担心它的报复行动会导致中美网络冲突升级。他们的这些担心是必要的。中美消受不起一场网络战争，这不仅是中方的忧虑，美国也应当把有关的一切全想清楚了。

（2015.08.04）

香港"胸罩示威"极尽对法律的羞辱

香港星期天发生有200余人参加的"胸罩示威",起因是今年三月一起"反水客"暴力冲击事件中,一名30岁的女抗议者以胸口撞向警员手臂,然后大叫"非礼",并引旁边人齐叫"非礼",引发后续袭警行为,该女士上周被判监禁三个半月。其支持者们星期天在未经许可的情况下上街游行,其中一些领头者身挎胸罩,游行队伍还打出"你食屎啦"等奇怪标语。

这种流氓无产者气味很浓的滋事游行本不像是香港人搞的。去年"占中"以来,发生了太多"不像香港人干的"事,香港内外似乎都已对此见怪不怪。

如果仅仅以胸部撞警察,显然算不上袭警。但撞了以后就喊"非礼",以此刁难警察,造成现场混乱,就另当别论了。在埃及、乌克兰那样的地方,这样做也未必就判袭警。香港法官却这样判了,反映了香港法治的严厉程度。因为香港遵法,这种行为才被治罪,这是外界对这起官司的认识和感受。

但是香港反对派迅速就上街了,抗议者不征求警方的示威批准,还做出奇异打扮,高声辱骂法官。香港一下子像是又落回到"第三世界"的水平。光有敢于并且有能力依法判案的法官有什么用,如果社会服从度不高,一判"敏感案子"大街上就游行闹事,这样的法治就像是跛脚鸭。

香港法治的权威正一点点被政治蚕食,法院判决的对错过去只能通过法律程序来鉴别,现在却要由价值观和政治立场来决定,这种倾向是有着根本意义的改变。香港社会也许真的在重塑核心价值,告别法治至高无上的时代。

　　这在外人、包括大部分内地人看上去挺悬的，但香港享有司法终审权，外界在这个问题上爱莫能助。如果香港社会自己对出些这样的事不在乎，因为一些人如今敢于游行不申请许可、把蔑视法庭羞辱法官当儿戏而认为香港"挺民主的"，甚至以此为骄傲，那么外界是不会比香港人更在意这种沉沦的。

　　也许过不了多久香港就会出自己的"庆安事件"、以及自己的"夏俊峰案"了。内地的法治不足，舆论常常比法官厉害，警察相当弱势。"胸罩示威"让人看到香港司法争议颇有"内地化"的趋势。香港社会如果真的希望这样，我们是没有理由反对的。

　　内地人搞不清楚"胸罩示威"代表了香港多大比例的民意，各种统计和民调让香港的"多数民意"看上去扑朔迷离。但比搞不太清楚更重要的或许是，内地多数民众对香港究竟在发生什么越来越不感兴趣。

　　渐渐地，香港再大的事对内地民众来说也都变成了"小事"。内地民众心理的这一变化过程或许会带来现在还难以预见的深刻影响。香港人需更认真地对自己前途负责，把握准这种负责的涵义，避免实际行动与自己的利益南辕北辙。

（2015.08.04）

美菲休想拽上整个东盟"批斗"中国

东盟外长系列会议正在马来西亚首都吉隆坡举行，美国、菲律宾一直试图让东盟主导的这些会议开成对中国南海政策的"批斗会"，让南海议题成为会议的中心议题。中国当然反对它们的这一目标。

中国已同东盟确定了处理南海问题的"双轨"思路，即南海岛礁的主权问题由当事国彼此间谈判解决，南海的和平与稳定则由中国和东盟国家共同维护。

美菲希望的是把涉及南海的所有问题打包谈，挑动东盟国家集体同中国的对立。它们根本不是想解决问题，就是想制造"孤立"中国的氛围，让中国难堪。

南海越来越像中国同美国之间的问题，华盛顿在对抗中国南海政策方面显得比南海其他声索国还要积极。如果有一天中国到拉美组织对抗美国的阵营，华盛顿一定受不了。但美国觉得它今天在南海的所有表现都是顺理成章的。

不谈公平不公平，重要的是，美国切不可以为自己在南海是万能的。它毕竟是域外国家，整个东盟都很清楚它来搅浑南海是出于对华博弈的地缘政治需要，东盟有自己的利益，它们会认真权衡配合华盛顿什么，拒绝它什么。

东盟合作当前的主题是一体化建设，南海问题的确不是它最关心的事。美国借南海问题"重返亚太"，同时增强了东盟在美国和中国面前的地位，这让东盟开心。但要让东盟拿损害同中国的关系来贴补它受到的美国重视，东盟不会干。

美国再"重返亚太",离东盟再近,也没中国近。中国早就是东盟的第一大贸易伙伴,东盟这些年的增长动力大部分来自中国,为了配合美国战略而同中国搞翻,东盟没那么傻。

由于菲律宾、越南都是东盟成员,中国若要东盟完全不谈南海,显然做不到。但美国若想让东盟成为它所希望的南海问题"前敌指挥部",恐怕更做不到。东盟会在中美之间"搞平衡",这是它的利益所在。

中国崛起不仅带动了东盟经济发展,也拉抬了它在全亚太地区的地缘政治影响力。现在应是东盟"外交感觉最好"的时候,除了中美,日本也投更多力量往上贴。在中美之间,现在只有一个日本一边倒地扑向美国,"搞平衡"是中国大多数周边国家的选择。

美国"重返亚太"、在中国周边搞"巧实力外交"给中国制造的麻烦这些年不断浮上水面,然而中国显然稳住了阵脚。中国的反弹力和美国的攻击力也大体实现了平衡。

华盛顿鹰派政客和学者之间在谈论就南海问题向中国摊牌、包括动用军事手段的可能性。这也反映了美国的对华外交围堵已是强弩之末。至于在南海动武,提这种主张的人恐怕目前只能过过嘴瘾,让美国决策层下这个决心不是件容易事。

南海问题总体上处于可控状态,中国扩建了永暑礁,陆域吹填高潮过去了,美菲发动的舆论反对潮也过了高峰。对通过和平谈判解决长久以来的问题,中越菲在态度上逐渐接近,美国即使想在南海找一个"死忠"的盟友当枪使,也会挺费力的。

东盟外长系列会议不会有什么出格的意外。这个地区对争议的承受力在增加,对个别国家搞出"个性化表现",局势已能消化。华盛顿最终会发现,它高估了自己对东盟国家的操纵能力,它这个超级大国的确已非无所不能。它需要面对现实,多一分自重。

(2015.08.05)

莫误读温州对违建教堂十字架的处理

浙江温州等地一些违章建设的教堂和违章设立的十字架被政府方面拆除，有部分神职人员和教众表示不满，引来西方媒体的持续报道。妥善解决这一问题，对温州等地的社会和谐和持久繁荣有重要意义。

事情的缘起是，温州等地近些年基督教、天主教发展很快，盖起很多教堂。其中一些教堂没按照申报的方案施工，面积大幅超标，比如温州永嘉县的一处教堂批准建 1800 平方米，实际建了超过 1 万平方米，超标 5 倍多。该教堂受到拆除处理。此外一些教堂的十字架设置也因严重超标被拆下，今年 5 月颁布的《浙江省宗教建筑规范》（征求意见稿）做了规定，十字架一般应整体贴附在宗教主体建筑的正立面上，其长度应小于正立面的 1/10。

基督教、天主教的迅猛发展对中国社会治理来说有些始料不及，温州等地的情况尤甚。进行规范管理应被看成是理所当然的，很多教众及神职人员对此是能够理解的。出于信仰，教众一般都愿意把教堂建得十分恢宏，但浙江并非特别的"自治区"，温州也不是"自治州"，它是普通的现代城市，倡导多元文化和依法治理，各种宗教的信众都应为全面推进依法治国尽些力量，同时也需照顾教众之外其他大部分公众的感受，主动与大环境和谐相处。

客观而言，很多人前两年到温州时都有当地教堂又高又大，十字架大得不成比例之感。教堂实际也是建筑的一种，就像建其他房子一样都需要有合法的申请和批准程序，不能因为它是宗教建筑，想建多大就建多大，把社会共同遵守的规则和法律抛到一边，强行搞出违章建筑。

这恐怕是各地教会组织都需认真重视的法律关和心理关。不能因为官方对教堂的建筑尺寸和十字架的树立方式进行管理，就敏感地认为这是政府在"打压宗教信仰自由"。少部分人利用境外舆论力量向政府施压，更不好。这样做只会增加误解的几率，让一个建筑管理层面的问题复杂化。

不能不看到，中国各地基层政府在对待涉及宗教的问题时都比较谨慎，几乎从不推出强制性的管理措施。基督教、天主教这些年在中国一些省份的发展速度恐怕是全球最快的之一，这是中国政府尊重宗教信仰自由的重要佐证。在这种情况下，如果连一些规范管理的措施都不能出台，这样的要求应当说有些过了。

基督教、天主教是相对晚近来到中国的西方宗教，它当下对中国社会的适应似乎比已经高度中国化的佛教要多一点波折。这一点中国社会应有所意识，教会方面同样应当注意到。后者应主动推动平稳的适应过程，在任何情况下都应避免以对立的方式实现诉求。

从另一方面看，政府在规范宗教建筑的同时，也应该顾及到教众的情绪，做好思想工作，努力实现这一过程的平稳。

此外，教会方面应当对西方舆论及政治力量的介入保持警惕，清楚它们帮不上忙，只能帮倒忙。后者很希望中国的宗教发展能促成挑战中国社会治理力量的出现，我们所有宗教界人士都应注意别搭理它们，那些人和力量是沾不得的。

宗教是一种信仰，中国政府和社会这些年从没有反对过宗教信仰自由，对宗教依法管理是为了确保它们的发展与中国的法治建设对接。所有信徒都首先是中华人民共和国公民，宗教建筑首先是公共建筑，让一切都安然处在依法依规的轨道上，这是多宗教和谐共存、与多元中国实现水乳交融的根。

（2015.08.05）

广岛原子弹的祸因，日本需要铭记

日本广岛市今天举行"原子弹爆炸遇难者悼念及和平祈愿仪式"，参加的各国代表级别大多不高，但国家数目超过以往历次。日本政府和日本舆论都似乎从"参加国家创历史之最"中感到某种骄傲。

1945年8月6日美国向广岛投下一枚原子弹，3天之后的9日又向长崎投下第二颗原子弹。这是人类历史上在实战中使用原子弹的仅有例子。两枚原子弹推动了日本8月15日的无条件投降，但原子弹爆炸也带来巨大人员伤亡。每年的8月6日广岛市都会举行大型纪念活动。

日本社会纪念这个日子是可以理解的，对人类社会了解原子弹的巨大破坏力、促进反核运动有正面意义。但值得指出的是，日本的纪念活动只强调日本民众因原子弹爆炸受害的一面，几乎不反省日本遭受原子弹打击的原因，通过这些纪念活动把日本作为二战的主要受害者呈现给世界，淡化日本作为二战加害者的事实，这是日本工于心计的一面。

世界对二战中亚洲战场的情况了解很少，很多人甚至不知道日本曾对中韩等国犯下大量罪行。今年是二战结束70周年，安倍政府试图突破和平宪法而解禁集体自卫权，把历史的那一页"翻过去"，让日本在拒绝深刻反省侵略历史的情况下成为"正常国家"。安倍政府把今年广岛的纪念活动搞得这么大，是在配合上述总体战略，这一点紧挨着日本的中韩一眼就能看清楚，但很多国家未必能看懂来龙去脉。

美国过去是不派高官参加广岛纪念活动的，可最近几年美驻日大使去了，今年副国务卿第一次去。美国舆论对日本政府在历史问题上的表现有所不满，但美政府巩固美日同盟的现实利益压倒了这一感情纠结。

二战中的日本大概是美利坚民族形成以来对外最痛恨的国家，二战后期美军发誓要把日本"炸回石器时代"。世易时移，如今仍被美"军事占领"的日本成为它最铁的盟友，这不是因为双方真的释怀了，而是归根于新地缘政治格局本身的力量。

美国一直在日本驻军，控制着它，对日本呈俯瞰之势。中日社会的心理关系则很微妙。日本在历史问题上对中韩的蛮横多少释放了它受美国压制而产生的怨气。

中韩与日本围绕历史的对立处于胶着状态。一方面日本过不了中韩关，它的历史问题就永远悬在那，美国"宽恕"它也没用。另一方面日本有在国际上忽悠自己多么和平的空间，它不会因历史问题向中韩"折腰"。

破解这个问题最终要靠亚太力量格局继续变化产生的推力。如果中国崛起为与美相同甚至超过美国的力量，今天中日围绕历史问题对抗所承载的一些地缘政治意义将消失或变得不重要。如果中国崛起失败，那些意义也将不复存在或改变。

中国代表参加过日本有关原子弹的研讨活动，虽没有官方代表出席过广岛8月6日的纪念仪式，但对广岛市民70年前的巨大生命损失，我们一直抱以同情。当时中共在延安就对美国造成平民伤亡表示过批评。与此同时我们了解广岛仪式的那些复杂元素也是有益的，中国不必把广岛作为中日历史之争的一个摊牌点，我们继续保持目前的中性态度是对的。

中国有少数人士主张彻底改变当前的对日政策，放弃在历史问题上的对日斗争。这是一种罗曼蒂克。历史问题上的那点道理再简单不过，但中日就绊在那里，日本的无理有相当一部分不合逻辑。日本这块石头不是中国大度就能焐热的，那么就先让子弹飞一会儿吧。只有中国继续崛起本身才能最终成为打开日本这把锁的钥匙。

（2015.08.06）

申奥歌"冰雪舞动"是恶意抄袭之作吗

中国申办冬奥会9首歌曲之一《冰雪舞动》近日受到抄袭的质疑。首先是一些人在互联网上嘲讽该歌曲与迪斯尼音乐动画片《冰雪奇缘》的主题曲《随它吧》非常相似，随后一些媒体跟进报道。外媒当然为有这样的新闻素材而开心，事情似乎越闹越大。

正式确认是否抄袭，这恐怕只能是一项司法裁决。除此之外的议论和批评会产生道德压力，如果多数人认为"是抄的"，会造成一定程度的实际损害。

网上流传的一些分析称，比较两首歌曲，它们有相似的序曲和弦以及八拍的开始，此外使用了"相像节拍"。如果跳出这些术语，普通的非音乐人听这两首歌曲，感觉会是它们开始部分挺像的，后面部分则不太像。

这是偶然的相似，还是恶意的抄袭呢？到目前奥申委和迪斯尼方面都没有做出回应。

从常理上说，奥申委的工作面向国际社会，申奥歌曲对外恶意抄袭对它来说意味着巨大风险，冒这种风险的动机在奥申委里应当不会有存在的空间。尤其是，这个风险不仅来自国际社会，中国社会对抄袭的反感大概更强烈。一旦"恶意抄袭"的指控得到确认，它是奥申委的不可承受之重。

这当中歌曲作者个人是否做了恶意抄袭，因奥申委把关不严而最终漏出，这需要更多的调查信息帮助形成判断。

我们大概不应当拒绝考虑另一种可能性，即种种非故意因素导致申奥歌曲之一与迪斯尼歌曲听上去有部分相似。

不得不说，中国现代元素的相当一部分都能在西方世界找到相似对应物。中国在过去的一个多世纪里一直在学习西方，中国的现代人文科学、现代文学艺术的发展都受益于这种学习，中国人在这些领域的思维深受西方已有成果的影响，这些恐怕都是不争的事实。

中国学者及艺术家迄今在现代流派所涉领域的前沿创新能力显然还不强，他们大多还难以从事全球意义上的突破性前卫创作，西方现有元素会深刻影响他们，完成对这些元素的彻底消化，再往前跨一大步，引领全球的思想和口味，这对他们来说并不容易。

随便找一首中国流行歌曲，或一部现代派的小说，即使它们的确是独立创作的，从中发现外部世界影响的痕迹，恐怕都不难。这是一个我们需要承认的现实。

但即使这样，受西方的影响和抄袭之间是有明确界限的。有一点值得指出，中国艺术界近年对流行作品直接对外抄袭的反感度不够高，只要有好的收视率，有好的市场效果，似乎那样做也无妨。这可能会降低一些人对于"抄袭"的认识标准，放松相关的警惕。

中国申奥歌曲之一部分与迪斯尼歌曲相像，但它在申奥的一路上都没有发生问题，对它的质疑发生在歌曲被放到互联网上之后。互联网上的眼睛和耳朵比国际奥委会多，互联网上的态度也严厉得多。

中国网络上有一些不喜欢冬奥会的活跃人士，同样不喜欢中国承办的西方人士更多，他们会对中国申奥、今后筹办冬奥会过程的各种大小问题非常敏感，他们在未来7年里肯定还会有新的发现。

中国官方有必要大度对待这些出于不同目的的"监督"，即使它们有时会带来尴尬或难堪。这些"监督"经常会放大问题，搞上纲上线，让我们把注意力集中到问题本身，忽略提问题者的态度甚至立场，这样问题将受到重视，而舆论泡沫将自生自灭。

《冰雪舞动》是否抄袭了迪斯尼歌曲，不能简单下结论。但对这一争议的发生，已经值得开展反思。应当说，对冬奥会来说，它不是件大事。在舆论上它也大不到哪去。它的重要性全在于我们内心感受到的触动，以及我们是否准备今后做得更好。

（2015.08.06）

互联网是街道广场,要自由也要安全

当中国重点网站出现"网安警务室"时,绝大多数网民会因此感到更安全,还是更不安全了呢?回答无疑是肯定的。就像在生活中,我们在一个闹市看到有警务室存在,或有警察巡逻,我们会不会感觉更安全了呢?当然会的。

公安部宣布将在重点网站和互联网企业设立"网安警务室"的消息公布后,中国有少数人出现有别于大众的不安感,一些外媒更是批评中国的这一做法将进一步损害网上言论自由。由于此前中国公布了《网络安全法(草案)》,并且通过了《国家安全法》等,西方舆论把这一切联系在一起开展"批判"。

总部在美国的"人权观察"组织4日发表致中国人大常委会的公开信,对实名登记、数据本地化等进行抨击,宣称中国政府"执迷于网络控制",《网络安全法(草案)》传递出的信息"令人心寒"。

中国已有6.6亿网民,是美国总人口的两倍,中国人的生活在加速互联网化。网络涉及人们的种种需求,安全需求真实而迫切。互联网上不光有"言论自由"的问题,打击网络非法入侵破坏、窃取网民个人信息、网络盗窃、网络诈骗和制造传播网络谣言等多发性网络违法犯罪,还有网上暴恐、涉黄涉赌等,才是互联网事务的轴心。

互联网上有多元言论,同时也有行为禁忌,大多数人,包括多数异见人士是能够甄别这当中分寸的。因为说话犯法,惹出麻烦,这是任何社会都需有的警惕。另一方面,把大家的嘴都封住,这决非《网络安全法(草案)》和设"网安警务室"的初衷。

偏要较"什么是言论自由"这个真，这在今天的中国挺没意思的。这不是个理论问题，它是社会治理不断优化的实践过程。要让人们说话尽可能自由，同时又不侵蚀、冲击社会的凝聚力和团结，当一个人说了违法言论时，他自己的直觉和周围的提醒应能形成足够强烈的警示。

自由是互联网的根本要义之一，任何想扼杀互联网自由的野心都只会有蹩脚的表现，不可能成功。中国有了全球最庞大的网民群体、最活跃的互联网经济之一，以及大概是世界上影响力最大的互联网舆论场，如果说自由本身真是中国互联网的禁忌，那么我们今天应是在梦游，或是生活在科幻片里。

从传统网站、社交网站，再到如今几乎把所有人际关系深耕了一遍的网上微信群，这明显是越来越自由的社会发展单程票，中国没有回头路可走。

言论自由不是孤立存在的社会精灵，它是中国现代化的内在品质，它既不能以阴谋的方式进行扼杀，也不能以浪漫的方式进行拔高。它必然随着中国社会一起成长、成熟，在曲折中完善。

那些自认为是"言论自由捍卫者"的人和力量都应逐渐释怀。一些人别总以为官方又要"禁言"了，官方的治理大多针对具体目标，"打压言论"在很多时候是有关人士的错觉。如果他们是坦荡的，希望依法表达意见，没有对抗社会治理的恶意，他们就应敢于继续直言。这样的直言者今天在互联网上仍有许多。

西方很多精英希望中国网上言论自由的终极指向是扳倒中国根本政治制度，废除中国的现行宪法。中国网上的意见激烈人士不应接来自西方的这个盘。中国的活跃意见表达只能是社会主义中国走向强盛的精神释放，而决不能是这个国家走向衰败的挽歌。

中国的互联网已经是我们的街道、广场和居住小区，互联网上需要飘着自由的气息，那里同时需要是安全的。这正是我们在现实中对生活场所和环境的期望。现在警察要进驻我们的网上小区了，我们应当举双手欢迎。

（2015.08.07）

愿省市领导大学讲课带来多重突破

中央组织部、中央宣传部和教育部日前联合发布文件，要求各省领导班子成员和地市主要负责人今后都要上高校讲台为学生讲课，保证每个领导干部每学期至少讲一次课，所有高校的学生每学期至少听一次地市级以上领导干部的报告或形势政策课。

这是加强高校思想政治教育的一项开创性举措，尽管网上舆论的头一拨反馈里"说什么的都有"，但可以预期，这项工作如能坚持下来，它的总体效果一定是好的。不仅如此，中国加强党群及政群关系也很可能从中得到大量启发，形成诸多延伸效果。

中国各地领导干部的集体形象这些年受到一些扭曲，但客观说，这是一个精英汇集的群体。今天的领导干部绝大部分都有较高学历，而且很多人有着一般学者难以企及的工作经历和社会阅历。他们大多是经激烈竞争、层层过滤后的胜出者，因而思维敏锐，情商也高。虽然他们给外界留下喜欢照本宣科的印象，其实在很多场合，他们都很健谈。

如果讲很专业的课程，他们会不如学科的教授们，但让他们讲国情省情市情，讲形势政策，相信多数人会有精彩表现。事实上，如果能请到地市级以上的官员进大学搞讲座，这是当下中国大多数高校求之不得的。清华北大等一流大学也不是说请就能请来省部级官员，一些省级、尤其是地市办的非重点高校过去极少有机会请到高官授课，三部门的规定为那些高校创造了难得的机会。

当然任何好事只有下力气了，才能最终办好。领导干部成功授课的概率很高，但不善于讲课的领导干部显然也有，少数领导干部"讲砸"

的风险肯定存在。个别官员今天讲了，明天就被纪委带走，这种情况说不准也会发生。在舆论存在怀疑的情况下，有几个领导干部出了洋相，经互联网一炒作，就可能给整个事情蒙上阴影。

我们注意到三部门的《意见》为确保领导干部高质量授课提出了具体要求，然而更重要的恐怕是，这项工作不能仅仅当成"上级交办的任务"来完成，它必须融入每一位授课领导干部的个人热情和兴趣，每一次授课都应被作为领导干部和学生双方的宝贵机会来珍惜。

这应不仅仅是授课或讲座，这样的讲坛应同时成为领导干部与这个国家年轻人接触、交朋友的新平台。青年是国家的未来，也是形成时下舆论的最活跃力量。领导干部需要了解年轻人，与他们水乳交融，这是中国政治生活最需要填补真空的方向之一。

一个领导干部如果没有能力与年轻人沟通，那么以未来的标准看，他就是不称职的。中国的领导干部不仅要能够"做实事"，还必须成为公众的朋友，成为年轻人群体欣赏、喜欢的人，至少不让他们讨厌。志在长期执政的中共必须要求它的各地领导者团队都这样"文武双全"。

这是改变高校思想政治工作面貌的一个机会，也是改善各地领导干部集体形象的重要契机。这件事既已启动，就应尽全力成功。我们期待中国各地高校传出学生真诚的掌声，期待一些官员成为年轻人的新偶像，也成为他们的挚友。我们甚至期望这项工作成为一个有多重意义的突破和开始。

（2015.08.07）

对"9·3"谁来华，日本比中国还操心

日本共同社8日称，奥巴马政府已向韩国施压，要求韩总统朴槿惠不要参加9月3日将在北京举行的抗日战争胜利纪念活动。韩国外交部9日通过韩联社表示，日本媒体的这一报道"内容不属实"，韩官员说，美方做这种施压"在外交上是不可能发生的事情"。韩官员进一步表示，朴槿惠尚未就是否出席中国政府的纪念活动做出任何决定。

共同社的这则"不实报道"让人感到，日本很不希望朴槿惠9月3日来中国出席活动。而且看起来，日本似乎是最不希望朴槿惠以及其他国家领导人参加中国纪念活动的国家，在这个问题上，东京好像比北京还在意。

中国决定9月3日举行纪念中国人民抗日战争暨世界反法西斯战争胜利70周年大阅兵，目的比较简单。70周年是个大纪念日，以往东方战场受到西方世界的忽视，中国这样做有助于世界全面认识二战，对中国人当年付出的巨大牺牲给予尊重。这是一份迟到的、在道义上有充分正当性的弥补。

中国不是通过9·3阅兵搞地缘政治，我们邀请有关国家领导人前来出席活动也不是讲排场，显示中国的外交实力，而是因为这是世界各国二战纪念活动的通行做法。中国向谁发邀请，各国领导人是否接受邀请前来，有很多先例可循。

遗憾的是，地缘政治的影子像幽灵一样四处徘徊。有些国家领导人在来与不来的问题上"想得比较多"。美国大概就是在对华问题上经常"想多了"的国家，在亚投行等许多事情上，美国都表现出了这样的倾向。

但是华盛顿似乎意识到这样"小心眼"并不光彩，因而公开表现有所克制。

日本的相关表现要露骨、极端得多。像在美国是否应当对朴槿惠接不接受中方邀请表达态度上，美国媒体还没有想到去关注，日媒却已经迫不及待了。通过美国的力量来阻止朴槿惠访华，日本像是成了最大关切方。

日本人操的心真多。实事求是讲，中国希望能够多来一些外国领导人，但是如果来得少，也无所谓。现在的情况是，少来几个外国领导人让中国"不自在"的程度，看来要远远小于如果来宾多了带给日本人的伤心。

至于朴槿惠来不来，应当是韩国的独立决定。一般来说，普通关心9·3阅兵的中国人认为朴槿惠会来，因为中韩在那场战争中患难与共，而且韩国曾经的临时政府1919年成立于上海，战后朝鲜半岛能够独立，中国政府在雅尔塔会议上也是支持者。如果朴槿惠不来，很多中国人大概会莫名其妙，但不至于因此而焦虑。

中韩有着友好且合作非常活跃的双边关系，美韩同盟及中朝友好关系都没有影响中韩越走越近，韩国从自己的独立对华外交中实现了国家利益最大化，也维持了其外交格局的总体平衡。我们相信韩方这一次也能做出恰当的决定。

9月3日北京天安门广场的活动将是一场盛典，而不是一出纵横捭阖剧。中国崛起以及与之相关的现阶段外交形势是既定的，中国人的注意力不会纠结在与之相关的一些细节上。外界如果对哪位外国领导人"出现"或"缺席"过度引申，将是非常临时性的舆论泡沫。那样的泡沫无疑是廉价的。

（2015.08.10）

带薪休假,政府强制推行应予鼓励

带薪休假该强制推行吗?这个问题显然让当下的中国社会很纠结。

中国政府今年以来加强了推动带薪休假制度的努力,像在所有落实"中央号召"的事情上一样,这一次各级政府机关也是动作比较坚决的。少数地方政府甚至尝试着强制推行带薪休假,将休假情况与单位、个人的考核及评优等挂钩,其中广西有的部门规定不休假者不得参加评优,尤其受到关注。

一方面,有些学者表示带薪休假还不能在中国搞"一刀切",引来网上的大量吐槽。批评者认为这种说法是为拖延落实带薪休假寻找借口。另一方面,对于有的政府机关搞强制带薪休假,舆论又明显表现出"心理失衡",嘲讽当公务员真是太好了,连休假都会被逼,而企业职工就没有这样的好福气了。

事实上,推动带薪休假在中国全面落实肯定需要几十年的时间,这是提高中国社会发展质量和人权水平一项分量很重的事业。它将考验中国社会的整体发展状况、法治水平,以及经济发展的回旋能力等等。

中国人休息权的落实情况在同等经济发展程度的国家里大体属于中等偏上的。它主要受到两个因素的影响,一是中国实行了双休日制度,一周法定工作时间40小时,一年法定休息时间在世界上属于中上水平。另一方面,中国全社会的加班率比较高,从公务员到企业职工,一天工作超过8小时和周末加班都不是个别现象。

在中国,超时工作经常受到理解和正面评价,它尤其被看成社会各领域模范人物的一种美德。在很多企业里,员工加班、放弃带薪休假也被当成对企业忠诚的表现，如果上司是工作狂，不按时下班，下属员工按点走人往往会有压力。今年7月，有一城市推出几十个机关星期六必须上班的规定，直接与劳动法相抵触，这或许可以看成中国社会对休息权认识水平的一种折射。

在这种情况下，由政府带头，不仅推动带薪休假制度的全面建立，而且各地政府机关从自身角度积极践行带薪休假，甚至把这一制度强制推行，应当说具有积极意义。这不能看成政府率先分享带薪休假的福利，而应看成是中国推广这一制度比较现实的突破口。

很多政府机关过去带薪休假落实得并不好，这使得企业搞带薪休假更无紧迫感。上来就拿企业，尤其是民营企业开刀，要求它们做带薪休假的表率，并不现实。比较可行的途径是，"国家队"（包括国有企业）先做到这一点，逐渐向全社会扩散影响和压力，慢慢使带薪休假成为中国市场经济运行中无处不在的要素之一。

当有一天带薪休假是所有中国人最基本的要求之一、企业不保障这项权利就根本招不到员工时，中国推行带薪休假制度的"长征"才算接近了终点。我们应能看到，它离我们还挺远的。除了认识问题，所有人带薪休假还意味着企业将使用更多的员工，增加生产成本。这既牵涉到中国企业之间的竞争，也与"中国制造"在世界上保持竞争力有关。这当中的难度是相当现实的。

不管怎么说，既然是法律规定的劳动者权利，那么中国所有部门、单位和企业落实这项权利都值得欢迎和鼓励，政府机关带头做也应给予掌声。一个人自己还未能享受带薪休假，也应当为其他人享受到这一法定权利而高兴，因为周围的变化都将转化成自己供职单位跟上时代潮流的压力。我得不到你也别想得到，如果更多的人这么想，全面落实带薪休假将遥遥无期。

（2015.08.10）

安倍对亚洲说"道歉"究竟有多难

日本官方电视台NHK星期一以不断滚动的头条新闻方式，播报安倍晋三"战后70年谈话草案明确记载道歉等内容"。报道称，8月14日"安倍谈话"的草案继承了"村山谈话"中道歉、反省、侵略、殖民统治等所有精髓内容，这一报道是迄今首次传出"安倍谈话"将包含这些积极内容的消息。

就在最近几天，日本多家媒体还在援引各种内部消息说，安倍的讲话将不会有"道歉"内容。随着日本投降70周年日子临近，安倍将如何表态已受到全球舆论的关注。

之所以这个问题受到重视，就是因为在战争结束70年的这个历史节点上，日本首相的谈话将直接标示出日本未来国家道路的走向。如果安倍只对那场战争表示"反省"，拒绝道歉，并且不提"侵略"和"殖民统治"，显然是故意模糊战争的性质，外界必将严重怀疑日本准备放弃和平发展道路，致力于重塑二战结束以来的政治历史格局。

安倍一直在闪烁其词，降低外界对他继承"村山谈话"精神的期待。他的内阁刚刚推动修改了安保法案，招致日本国内各界相当激烈的抗议，要求他明确在70周年谈话中说出"道歉"和"侵略"等关键词的国内呼声也很高。这些原因与经济不景气等综合发酵，导致他的支持率急剧下降，对他形成二次出任首相以来前所未有的压力。

安倍有可能做些妥协，在本周末的正式"谈话"中加入舆论要求的关键词。但这没有他的道义认识和政治责任感做保障，因而不具确定性。他对历史的修正主义态度已经尽人皆知，而且机会主义被普遍认为是他在历史问题上调整策略的主要出发点。他看上去是个有可能在最后一刻修改讲话稿的人。

因此世人8月14日会听到什么样的"安倍谈话",与其说这代表了安倍政府对历史的真实认识,不如说它是安倍内阁在亚太力量格局和各种利弊因素之间精心算计的反映。

即使这样,安倍如能顺应亚太的潮流,发表一个能被国际社会接受的谈话,还是值得欢迎的。毕竟那样做是他对自己作为日本最高行政长官应尽责任的履行。这当然比他坚持在历史问题上开倒车要好得多。

如果安倍的70周年谈话拒提"侵略""道歉"等关键表述,中国舆论必须对他进行坚决、猛烈的批评,指出他那样做的恶劣性质,让全世界都了解他在释放什么样的危险信号,他有可能把日本带向何方。

与此同时,中国人也需保持一份淡定,鞭挞安倍,但决不同他置气。安倍在历史问题上的顽劣表现只能对日本的形象自黑,抵消掉东京针对国家形象建设所做的大量努力。由于中国的综合实力已经超越日本,安倍政府若继续就历史问题耍浑,对中国的实际冲击很小,他那样做带来的大部分负面后果都只能由日本承担。

国家弱了,走下坡路了,就会拨拉小算盘,弃大原则而逐小利,或者不切实际地幻想某种奇迹出现。安倍政府这两年明显把日本"做小了",他的政治逻辑怪怪的。美国是日本成为"正常国家"的最大障碍,但安倍政府却同中国较劲,一些人怀疑东京在以此向美国"表忠心",让美放松对它的警惕,然后再寻机摆脱美国的控制。但这样的"谋略"是东京不可能玩转的。

安倍的支持率已经跌进低谷,他也许会发现自己在西太平洋剑走偏锋的力不从心。希望他无论出于什么原因,最终能在70周年的谈话上做出正确选择。他应当帮助日本社会搞清楚一个最基本的问题:因那场侵略战争主动向亚洲道歉,是现代日本社会有尊严的表现,它与低声下气无关。这份很多国家看来极其普通的认识,日本人不应缺少。

(2015.08.11)

朴槿惠出席 9 月 3 日活动在情在理

韩国总统朴槿惠是否出席 9 月 3 日中国抗日战争暨反法西斯战争胜利 70 周年阅兵活动，受到越来越多的关注。韩国官方表示，将最早在下周中后期做出决定。本来朴槿惠 9 月 3 日来华出席活动是很正常的事，日本媒体散布美国施压阻止朴槿惠来华，引导了舆论的复杂猜测。尽管韩美官方都否认美方施加了日媒所称的压力，但朴槿惠来华出席活动被赋予的引申意义从此挥之不去。

韩国国会外交统一委员会委员长罗卿瑗 11 日表示，"朴槿惠总统参加中国抗战（纪念）活动并无不可"，认为韩国"没有不参加的理由"。韩国主流报纸《中央日报》《韩国日报》均发表社论呼吁朴槿惠前往中国参加活动。尽管韩国舆论在这个问题上有不同声音，但支持朴槿惠接受中国邀请出席活动的声音被普遍认为更具代表性。

朴槿惠在是否来华的问题上面临一些压力，这些压力除了美国的态度，还包括对西方主要国家元首会缺席 9 月 3 日活动的预测。但这些压力同时也是泛泛的，对朴槿惠不具有事实上的强制性。由于朴槿惠来参加活动有很多正当理由，使得反对声很难以公开的形式进行表达，而只能通过曲折的"放风"施加影响。

朴槿惠 9 月 3 日访华的正当理由包括：第一，中韩是友好近邻，中国是韩国最大贸易伙伴，两国的全面合作近年进入高峰。中国举行大型活动并邀各国领导人出席，韩国的积极响应在情在理。

第二，中韩在二战中共过患难，中国是韩国抵抗运动的纵深地，也是韩国临时政府的庇护所。韩国临时政府在上海的旧址即将开放，朴槿惠可在9月3日访问北京后前往上海出席该旧址开放的相关活动。

第三，中国是朝鲜半岛问题的重要相关者和调停者，朝鲜被认为将有高级领导人出席9月3日的活动，韩国领导人届时也来北京在多重意义上都对首尔有益无害，包括巩固韩国在中国社会的良好形象，促成韩朝高层接触等等。

第四，外界压力是要首尔在中国同美日之间搞零和选择，这是对韩国外交独立的干扰甚至干涉。朴槿惠如果屈服于这些压力，将开创一个约束韩国自主性的先例。本来不是非此即彼的事情，今后也都成了韩国或者"亲中"或者"亲美"的象征。一旦形成那样的局面，韩国将很难受。

第五，韩国顾及韩美同盟可以理解，但是韩美同盟不应那么脆弱。中国9·3阅兵就是一个大型纪念活动，很多额外含义是外界猜测引申的。朴槿惠是否来出席是中韩之间的事情，如果美国"想得太多"，并具体指定韩国怎么做，那么华盛顿未免太敏感、小气了。这样的韩美同盟将成为制约韩国在亚太地区发挥更大影响的枷锁，相信韩国不会同意韩美同盟是这个样子，美国也不该把它朝这个方向推动。

有人说朴槿惠没有参加俄罗斯今年5月9日的二战胜利纪念活动，若9月3日来华将是"厚此薄彼"。实际上这两场活动没有可比性，首先朴槿惠参加中国活动比参加俄罗斯活动的正当性更多更充分，其次乌克兰纠纷影响了西方国家参加俄罗斯活动的积极性，而中国并未出现类似的严重事件，朴槿惠来华出席活动没有摆得上台面的障碍。

当然中国不会"强迫"朴槿惠9月3日来华，这是韩国自己的决定。迄今为止中国官方没有流露与此相关的任何态度。然而由于日本等将这个问题炒热，中国人的关注自在情理之中。朴槿惠最终做何决定，中国公众将有不同的感受。

（2015.08.12）

"境外势力""媒体炒作"莫成万能借口

全球化与互联网时代的叠加给中国社会治理带来前所未有的考验，在很多时候我们感受到两个因素的隐约冲击，一是境外势力插手，二是国内舆论的炒作。

一段时间以来，官方一些机构习惯于在谈论工作困难时突出这两个因素，有些部门甚至把它们作为本单位工作不利的主要原因加以总结，这样的情况如果多了，就可能误导人们对问题本质的认识。

应当指出，西方社会对中国政治制度存在严重误解和偏见，加上地缘政治竞争的作用，导致一些敌视中国的力量不断在我国境外出现。随着互联网成为中国社会运行的中心介质之一，传统媒体和网络社交媒体联合聚集公众注意力的能力不断凸显。恰在这时，境外一些势力得以借助互联网更方便地向中国社会渗透政治主张和价值观，这一切组成了中国现代社会治理新的现实条件。

假设中国能够把境外势力的影响阻断在"国门之外"，而且我们能够在全面使用互联网的时候，将它带来的舆论炒作负效果过滤掉，恢复前互联网时代的舆论秩序，那么中国治理或许会轻松得多。

然而世界已经变了，中国社会治理必须正视新的现实。境外势力已不再是什么特殊的插入性因素，它随时都在，并且其所释放的影响很多是无形的，难以像捉鬼那样逮住，关进笼子里。我们同境外势力的斗争并非都能分解成一场场具体战役，那些在每一件具体事情上都试图描绘境外势力干预路线图的做法未必是准确的。

中国除了与那些境外势力斗争外，更多要立足于同它们竞争。而这种竞争的基本方法就是自强，认真、坦诚解决自己的问题。当我们工作效果不理想，或者出了较大麻烦时，如果第一时间就把主要原因归于境外势力插手，而不认真反思自身的失误和不足，这会引偏我们开展修正或者补救努力的方向，甚至错上加错。

在现实中，确有一些地方和部门在出了极端事件且处置不力时，把境外势力插手作为事态恶化的关键原因进行宣扬。人们有理由怀疑它们这样做是为了淡化、掩饰自己工作的不利，推卸责任。

对待"国内舆论炒作"这个问题，道理几乎是一样的。一定程度的所谓"炒作"是媒体的天性，认为很多工作可以在毫无舆论"干扰"的情况下进行，这是一种幻想。现在有的地方在出了问题后，第一个反应就是试图阻止媒体报道，一旦处理不当，就迁怒于媒体，宣称是媒体炒作导致了不良局面。这种逻辑的蔓延对全社会总结经验和教训相当不利。

全球化时代的境外势力就游荡在我们面前，舆论炒作就像空气中飘着的淡淡雾霾。它们常态化地附着到大多数敏感事件上，一些内在的缺口和差错会导致它们的集中爆发。所谓外因通过内因而起作用，发现并处置内因应当是我们着力的首要方向。

我们当然要与极端的境外势力开展较量，了解它们对华发难的种种手段。社会也要对互联网时代的媒体活动加以管理和引导。但这些都不应影响我们立足以不断自我完善而实现自强、直至最终胜出的总战略。

不以盲目防范境外势力破坏作为工作轴心，我们就能更大胆地对外接触，从不断对外开放中受益。不以避免媒体炒作的任何干扰为目标，我们的工作计划就会更切合实际，经得起各种突发因素的考验。媒体的空间大了，它们当中就将涌现出能与西方主流媒体分庭抗礼的力量，这实为中国国家利益的一项急迫需求。

（2015.08.12）

人民币新汇率是市场价，也是良心价

人民币汇率连续两个交易日大幅下降，中间价11日下跌1.9%，12日又下跌1.6%，这在西方财经界引起轰动效应。很多西方媒体拔高了中国央行这样做的意义，路透社宣布，人民币大幅贬值鸣响了"新一轮货币战争的大炮"。美国"大嘴"总统参选人特朗普又放了一颗新的卫星，他宣称人民币贬值将"摧毁美国"。

哪里有什么"战争"，从小布什时期开始，人民币在美国的压力下不断升值，这个过程也贯穿了奥巴马任期的大部分时间。在中国经济出现下行压力后，这个趋势仍保持了一段时间的惯性。在过去6个月，人民币升值3%，如果看过去12个月，人民币升值了14.2%。

众所周知，人民币2005年就不再与美元绑定，而是参照一篮子货币的实际汇率确定人民币汇率的中间价，浮动范围不断扩大。人民币汇率市场化已经形成广受金融专业领域认同的规则。现在欧元、日元都处在严重疲软期，加上中国经济增速减弱，人民币贬值的压力持续积累，汇率下调已势在必行。

美国官方没有在第一时间指责人民币汇率中间价大幅下调，这两天基本是媒体在瞎嚷嚷，再就是特朗普这样的参选人炒作这个话题捞眼球。一些美国人担心人民币贬值会增强中国产品的出口动力，使竞争力戏剧性地回到"中国制造"身上。

一些分析人士指出，华盛顿现在很矛盾，一方面希望人民币汇率"市场化"，它曾是所谓中国政府"操纵汇率"的尖锐批评者。另一方面它又不希望看到人民币贬值，"威胁"美国国内的就业。而眼下人民币通过市场化规则下调了汇率，美国一时不知如何调整打击中国的准星。

这让人想到，美国最关心的可能不是人民币汇率生成机制的"市场化"，而是这种"市场化"的结果应当对美国的利益来说恰到好处。这不仅对美国的长期利益是这样，对它眼前的短期利益也不能"差出去几个街区"。

中国经济体量太大了，人民币已是一艘巨轮，它加速、减速、转个弯，都会带出层层波浪，让周围的船跟着晃动。美元量化宽松、升息降息带来的晃动更大。大家都系好保险带吧，这是与全球化盛宴并存的告诫。

既然由市场决定人民币汇率，它就会双向波动，既可能升值，也可能贬值。只升不降，那才不正常，如此趋势如果固定，必为操纵。国际货币基金组织12日发表声明，欢迎人民币汇率中间价机制的调整。IMF此前还表示，人民币目前的汇率已大体是合理的。

回想3年前，美国总统参选人罗姆尼曾宣称他如果当选总统，第一天就要宣布中国为汇率操纵国。中国能够化解同美国一触即发的那场危机，反映了中国国际政治哲学的成熟。中国这两天下调人民币汇率，这种哲学不会废弃。

一些美国人希望中国制造业的成本迅速上升到同美国一样高，其实我们也愿意这样，因为那意味着中国社会的福利将迅速达到美国的水平。但现实不是这样，中国劳动力仍比美国的艰辛，在劳动相对密集的产业，中国的弱点和优势形成令人感慨的统一。我们用劳动力代价换来的那点成果，美国人不应当，也不可能做到将它们通通剥夺。

人民币汇率是市场价，也是良心价。评估者恐怕也要有基本的良心，才不至于把这个汇率严重看歪。

（2015.08.13）

鸠山下跪是日本最有尊严的瞬间

据韩国媒体报道,日本前首相鸠山由纪夫12日参观首尔西大门监狱时,在镌刻有165名惨遭日本统治者屠杀的韩国烈士死难者纪念碑前献花并下跪,闭上眼睛双手合十十余秒。他在跪拜之后对现场记者表示:"真心表示道歉,希望对他们表示谢罪。"

鸠山由纪夫是日本民主党前党首,曾在2009至2010年短期出任日本首相,他是第一位向日本侵略受害国死难者纪念碑下跪的日本著名政治人物。韩国舆论昨天反应热烈,纷纷表达对鸠山的尊敬,认为安倍应当向他的这位前任学习。有韩国网友留言说,鸠山前首相"一下子拥有了5000万韩国人粉丝",还有人认为,如果安倍首相能像鸠山一样道歉的话,他将成为"被世界尊敬的人"。

然而令人遗憾的是,鸠山由纪夫已在日本政坛处于相对边缘的位置,对当下日本主流社会的号召力和代表性都有限。在安倍身边围绕着一群带着悲情且好斗的民族主义力量,他们把持着日本对外的官方声音。

这派势力不仅历史观扭曲,而且他们的荣辱观也不健康。在外界看来是有尊严的道歉和忏悔,被他们视为耻辱的退缩。他们觉得拒绝谢罪是有勇气的表现,淡化日本的侵略历史,对70年前国际社会在打败日本军国主义时就已作出的结论进行修正甚至翻案,才算得上热爱日本。

也许安倍等人有更复杂的心路历程,但他们留给中韩社会及越来越多世界公众的印象就是这样的。安倍在历史问题上越强硬,他越在亲手抠开日本军国主义的伤疤,它的愈合只会更加遥遥无期。

8月15日是日本投降70周年,此前一天的14日安倍将发表全面阐述其历史观的"安倍谈话"。我们希望它会成为安倍个人及日本现政府改变历史态度的契机,安倍如能用清晰的道歉语言讲述日本对亚洲国家的那场侵略,它将创造今年世界最轰动的新闻之一,很多已完全对他失望的人将转而对他刮目相看。

安倍面临两个选择,一是他和日本右翼在自闭的历史道德王国中感受自尊,另一种情况是他帮助日本社会打开精神的门窗,赢回中韩等国及西方了解东方二战史的人的尊重。实事求是说,中韩的国家力量都已今非昔比,社会心理趋于强大。安倍道不道歉,两国的现实国家利益不会因此而有所损益,它只有对日本才有截然不同的意义。

鸠山在韩国所做的彻底道歉让我们相信,日本至少有一部分人在历史问题上是清醒的。这样的清醒会扩大还是萎缩,安倍个人有举足轻重的影响。

安倍政权切莫以为美国等对日本的友好包含了它们对其历史态度的尊敬。美日关系是地缘政治的产物,这个世界不会有人欣赏日本政府在侵略问题上的翻案野心。在合作的同时拒绝为侵略谢罪的日本将继续长期被外界看低,如果安倍政府理解不了这一点,这不仅是安倍执政团队的悲哀,也是整个现代日本的悲哀。

(2015.08.13)

缅甸"枪指挥党",而非"党指挥枪"

缅甸政局12日发生异动,缅甸执政党联邦巩固与发展党首都内比都总部当晚被安全部队突然包围,限制人员进出。其后,该党部分高层在大楼内举行紧急会议。巩发党于次日对外界宣布,撤销瑞曼的主席职务,改由现任总统吴登盛担任主席,由原副主席泰乌实际履行吴登盛的主席职责。巩发党党内二号人物总书记职位同时易主。

这一事件是在缅甸大选候选人登记截止日前一天发生的,它有可能对政局造成一定冲击。它将如何影响11月的大选尚难预测,但这次事件释放的一些信号是清晰的。

首先这起事件的影响暂且局限在执政党内部,因而称不上是缅甸的"国家政变"。它显示了缅甸军方对国家政治的超强影响力,民主化进程并未从根本上动摇军方对国家政治的主导权。执政的巩发党和军队之间的关系不是"党指挥枪",而是"枪指挥党"。

缅甸现行宪法规定的总统大选十分复杂,先要选出议员,其中有1/4系军方指定。再由上下议院和军方各推选1位副总统,最终在这3名副总统中经全体议员投票产生总统。这样的安排在制度上保障了军方延续影响力,此外军方还有能力通过外界刚看到的方式等施加关键性调控。通常认为,缅甸军方不愿意受制于民选政府,他们会想方设法拖延昂山素季一派要求、西方也支持的政治进程。

外界关于缅甸民主化在大步前进的看法有一部分是误解,缅甸实际上处于新旧体系激烈博弈、未来尚不确定的时期。缅甸的改革计划缺少强有力的推动者,国家内部共识度也不高,社会不同集团的利益分歧十分尖锐，这一切为在特殊关头出现突发性政治变故提供了土壤。

　　对外部世界来说，无论缅甸怎样尝试自我治理，一旦它能做到政治上按部就班和大的稳定，改革路线图清晰且不被干扰，那么它就比较好打交道。如果它较容易出现政治异动，内部在通常规则之外斗争激烈，那么外界与它发展正常关系就会变得艰难，试图搅局和捞一把就走的外部力量则更容易下手。

　　缅甸既有仍"说一不二"的军方，又有不妥协的反对党，还有了热衷挑战的媒体力量，同时缅甸边境地区的民地武致力于"诸侯割据"，要把这些因素捏合成一个优质的民主国家，其成功概率之小不能不令人有些沮丧。

　　然而缅甸已无回头路可走。军政府时期的长时间停滞和落后造成了旧体制的难以为继，缅甸是被迫改弦更张走向改革的。它的尴尬有点像一个落后的村落集体放弃了土地：守着土地只能受穷，而去了城里又面临流落到贫民区。

　　无论如何中国人都支持缅甸有好运气穿越过渡期，无论它用什么方式，走什么样的途径。一个繁荣、确定性强的缅甸将会安定下来，使发展中缅友好更容易有规则可循，双方关系的互利共赢更有保障。如果缅甸的政治进程出现紊乱，国家不停折腾，那么它除了为中国社会提供一个教训外，不会对我们有任何好处。而这个世界上的教训已经够多了，我们不希望自己的友好邻邦陷入新的厄运。

　　由于中国是稳定的，通常来说这样的大国稳定会给周边国家平稳改革带来潜在的积极影响。希望缅甸的情况能是对这一隐性规律的验证。

（2015.08.14）

大难之初拷问天津市，这合适吗

天津滨海新区危化品大爆炸强烈震动了中国社会，当天津市在中央的帮助下全力救援之际，整个舆论场围绕灾难形成大讨论，无数人参与其中。

对消防人员英勇牺牲和天津市民志愿参与救援的称赞与对灾难原因和救援不利的质疑、挖苦混合在一起，后一种声音经互联网传播显得更加醒目、突出。天津市是在重重压力之下开展救援，度过灾难后第一天的。

天津市政府理应承担这份压力。发生如此重大灾难，救援过程又出现消防队员的惨重牺牲，公众在同情、支持天津市的同时，也会对必然存在的人为原因有所抱怨。互联网时代，出了重大事故后投身救灾的一方常常要在尖刻的舆论环境中工作，那种英雄史诗般的救灾氛围已难重现。

现实已然如此，然而一些舆论对事发地救灾团队第一时间的鞭笞真在道德上很炫、很高尚吗？这也未必。

每起工业灾难发生，必有失职者。所以事后的调查和追责如今已成灾难处理不可缺少的一部分。然而昨天是大爆炸发生的第一天，一些明火尚未扑灭，救治伤员是当务之急，可以想象天津及国家相关救灾部门的工作是多么紧迫，多么需要众志成城。就是在这个时候，一些人把种种质疑像机关炮一样连发射向救灾者。

媒体这时候应当向公众提供尽可能多的事实，这些事实应以官方的提供为基础，辅助以媒体独立和主动的发现。当有些媒体人或舆论领袖作为"质疑的力量"参与到救灾之中来时，其建设性就值得他们自己认真审视了。

比如个别人在灾难之初集中提出一连串质问，做出拷问救灾力量的姿态，其效果就是不好的。这样的拷问引导了公众对救灾力量的不信任，在后者最需要鼓励和支持的时候，把公众与他们从精神上隔开。

昨天很多质疑都针对了消防队员的大量牺牲，宣扬或暗示在当时情况下派他们去现场是非专业和错误的指挥。其实这种第一时间的断言才真正是不专业的。大量消防人员牺牲肯定是救灾中的悲剧，但对此总结决非个人、尤其是一个普通键盘侠有能力做出的。"9·11"双子塔的突然倒塌埋葬了数百救援者，难道美国人应当在第一时间质疑为何不及时撤出救援队伍吗？

出了这么大的事，天津市和国家会从中汲取的教训一定会很多很多，在火还没灭、伤员还在痛苦呻吟时，把这些深层次、专业且系统的问题当成口号反复在大众媒体上呼喊，这是严肃的态度吗？我们真的应当在如此紧迫的时候，针对一个已被灾难证明的缺陷，从远处揪着身上是血、眼里是泪的天津市的耳朵指给他们看吗？

在存在刻意隐瞒的世界里，敢于质疑是一种勇气和尊严。在一个被摄像头和种种公开信息包围了的灾难事件中，克制竞赛质疑的速度和尖锐，给救灾团队一点整理信息的时间，让他们先干完最紧急的事，也许是一份豁达和智慧。

我们知道，中国互联网舆论场上不分时间场合对象地热衷质疑，有其客观成因。一些地方和部门在危机关头不善于与舆论互动，喜欢"低调报道"，是这类问题频繁出现的根源之一。因此走出这一长期困境需要双向努力，官方和民间都需承担各自的责任。

我们生活在统一的文化环境中，或许每一个人都有必要避免认为自己高尚，有智慧，而他质疑、批评的某个群体又懒又笨，他们的公开行为受不合逻辑的思维方式支配。无论官员还是互联网上的批判者，都应避免掉入这样的思想陷阱。

（2015.08.14）

天津前几天的记者会为何质量低

李克强总理昨天前往天津滨海新区爆炸现场视察，并在临时灵堂向牺牲的消防人员默哀、三鞠躬，他还表示现役和非现役的牺牲消防员应同待遇、同抚恤。同是昨天还传出最高检介入事故责任调查的消息。舆论的整体局面顿然改观，天津民众心里更有底了，全国人民也增加了灾难将得到全面处置的信心。

我们相信，在过去的几天里，天津市的领导们不知在事故现场周围开了多少会，为采取各项措施做了多少紧急的探讨。抗击这场灾难肯定是爆炸那一刻起天津市压倒一切的中心工作。然而遗憾的是，这一切舆论并没有充分感受到。

在大爆炸发生的最初十几个小时里，天津市官方给出的信息很少，天津市属媒体的报道普遍不如中央及北京等地的一些媒体快。在记者会举行以后，最初两三天的信息发布质量也不高，发言人对某些问题"不了解"，"这不是我的职责"的回答给舆论留下深刻印象。尽管事件之初汇集信息确实有困难，但针对这一困难与媒体的沟通应当更下力些。

我们猜，天津的主要领导们大概都忙指挥、协调救援去了，他们或许没意识到记者会也是救援整体工作的"战场"之一，不排除其中也有人对见记者有点"怵头"，寄希望于宣传部门能帮着管控好舆论，使他们得以集中精力对付灾难本身。

这决非是天津一个城市遭遇重大事件时的表现，出了大灾大难，各地的领导们都会在第一时间前往灾难现场指挥协调，而鲜有领导班子成员愿意在这个时候出现在记者会上，回应公众的各种关切。

这些年国家对舆论越来越重视，但这种重视并没有在一些地方及部门官员的职务表现上体现出来。有些官员大概认为，搞好舆论"是宣传部门的工作"，只要媒体多搞正面报道，对负面报道加以控制，舆论面貌自会改观。必须说，这是天大的误解。

互联网时代，舆论已难再称为一条只有局部意义的"战线"，它和整个社会密切交织，社会有多大，它就有多宽。每一起重大事件的处理成功与否，除了事实性元素，舆论的满意度也是重要部分。它不仅影响相关地方政府的公信力，也会经互联网发酵后牵动整个官方的形象。

因此在重要关头辟出精力面对媒体，这需成为各地政府遇重大事情时的"规定动作"，回应社会的每一项关切亦应成为每一级政府极尽所能去履行的职责。围绕这个问题再不应有任何犹豫，要知道，官方在这方面的任何懈怠都可能导致谣言满天飞，这种事实上的舆论放任自流必会对民众的信心形成侵蚀。

中国各地官员大多是从基层一步步苦干出来的，他们往往信奉多做少说、低调，很少受到直接与舆论打交道的训练。一些人有点怕面对记者的诘问，更愿意把定好的口径和现成的通稿交给媒体，避免在记者会上出现。

这里也有一些官员不想承担责任的原因。事情处理的好坏，都是集体负责。而一个官员万一面对记者"说错话"，责任就可能成为他个人的。

无论如何这样的情况不应继续下去了。如今中央部委的官员在回应舆论关切方面相对比较积极，越往基层走，官员不愿或不善于面对舆论的问题越严重。或许到了需要国家下大力气、打一场全面攻坚战推动解决这个问题的时候。

（2015.08.17）

恐袭将严重冲击中国人的泰国游

泰国首都曼谷市中心著名旅游景点四面佛前昨晚发生剧烈爆炸，至少造成19人死亡，约百人受伤。当地媒体报道死者中至少有3人是中国游客，伤者中则"有很多"中国游客。泰媒援引泰国军警高官的话说，爆炸点炸弹有2-4颗，而且是TNT炸弹，被事先藏在四面佛周边。另有报道说，现场有摩托车碎片，炸弹很可能被置于已被炸碎的摩托车上。

这样的描述已把这起爆炸指向为"恐怖袭击"，尽管尚无组织声明对这起爆炸负责，但泰媒已在分析这起袭击是谁干的。

泰国是中国最早的旅游目的地之一，也是中国人最喜欢的境外游选项之一，今年前6个月中国赴泰游客超过600万人次，比去年同期上涨一倍多。泰国因此超过韩国成为中国第一大旅游目的地，中国大陆游客更是早已成为泰国第一大客源。然而这起爆炸必将严重冲击中国人的赴泰旅游，此外泰国的旅游业受整体打击也在所难免。

在中国人的认识里，泰国这个佛教国家的民众非常温和，虽然泰国隔些年就传出政变消息，但它的政变大多不流血。很多中国人知道泰国围绕他信的激烈政治冲突，听说过红衫军和黄衫军，一些人还耳闻过泰南的动荡，但这一切似乎都与泰国良好的旅游环境无关。中国游客仍对泰国趋之若鹜，那里对中国北方人的吸引力已经不低于中国南方的旅游胜地。

昨晚的这起严重爆炸是中国人难以想象的。四面佛是中国游客中久负盛名的旅游景点，那里大爆炸对中国人的心理冲击，与它假如发生在中国某个旅游地几乎差不多。无论这起爆炸中有多少名中国人伤亡，我们第一感觉它对中国游客的危险都是最高级别的。

恐怖主义对旅游的打击比什么都严重。在四面佛这种地方制造恐怖袭击的人，大概就是冲着泰国旅游业去的。

出了如此严重的爆炸，迫使人们不得不透过泰国表面的平静，关注它政治生态及社会治理的种种深层问题。去年5月英拉政府下台之后，泰国一度实施军管，主体社会的撕裂未真正愈合。此外泰国南部分离主义势力已经走向恐怖主义，该地区活跃的伊斯兰极端势力带动了泰国某些地区成为亚洲恐怖主义分子的集散地。当恐怖主义在世界越来越多地区蔓延的时候，泰国北部阻挡这种蔓延的围墙似乎受到侵蚀。

一旦泰国在恐怖主义袭击面前沦陷，将是整个东南亚的不幸。那是人员南来北往和各种相互渗透非常活跃的地区，因此恐怖主义只要露头就须予以毫不留情的打击。

泰国是中国的好朋友，它的首都中心区发生严重爆炸除了直接威胁到中国游客人身安全，在友好关系的意义上也让我们痛心。无数中国人去过泰国，参观过四面佛，那是让我们感到亲切的地方。

衷心祝愿泰国及这个国家的旅游业都能挺过来，我们尤其祝愿眼下仍在泰国的中国游客平安。

（2015.08.18）

纽约时报别打岔,"猎狐"扯不上特工

《纽约时报》16日发了一篇文章,题目是"奥巴马政府就中国在美国从事秘密特工活动向北京发出警告"。读了该文,才发现讲的是中国公安部在海外追捕贪官的"猎狐"行动。《纽约时报》把中国公安部的公开警员都当成了"特工",不知是该报把中国的公安系统和国安系统"搞混了",还是成心"装糊涂"。

这还只是个"小搅和"。这篇文章真正的"大搅和"在于,美国配合中国反腐不力,失了道义。美媒现在倒打一耙,把中国公安部在美反腐追逃说成是大兴"秘密特工活动",一下子改变了双方这一纠葛的性质,又把给中国贪官提供庇护地的美国自己抬上道德高地。

《纽约时报》文章专门援引了一名从姓氏上看像是华裔的英国学者的话说:"中共认为如果你有中国祖先,那么你就是一名中国人。如果你不认为自己是一名中国人,那么你就是一名叛国者。"搬出这种风马牛不相及的指责,实在没意思。它能说明什么?

"猎狐"行动针对的是中国逃往世界各地的贪官,不是专门针对北美那一片。迄今除美之外尚无其他任何国家表达抱怨,更没有谁像华盛顿这样,拿出反对中国"特工"在美从事秘密活动当挡箭牌。甚至连国际刑警组织这样的全球第二大国家组织也采用国际标准,以红色通缉令的方式,支持中国"猎狐",这才是中国应该得到的尊重。

美国被一些人看成世界民主及法治的堡垒,对贪腐"零容忍",但美国收容了那么多中国贪官,已然成了中国逃犯逍遥法外的头号目的地,似乎成了那些人的"天堂"。像有重大经济犯罪嫌疑的令完成在美隐姓埋名，过上住着 700 平米豪宅的奢华日子，美国难道不该在调查、遣返他的问题上积极配合中国吗？

华盛顿嘴上支持中国法治建设，但在配合中国反腐问题上态度极其消极。这么多年，美国帮着遣返的中国贪官屈指可数，而且都是"芝麻级"的。美同中国在战略与经济对话等重要会议上签了几份相关协议，白纸黑字地支持中国反腐，奥巴马也向中国领导人做出一些承诺，但美方的实际行动跟进慢吞吞，更像是玩文字游戏，能拖就拖。

很多中国人逐渐趋于相信，华盛顿没有帮着中国反腐的诚意。一些美国精英或许乐见中国反腐遭遇贪官外逃这个麻烦，贪官们逃美既带去了赃款，让美国社会"白捞一笔"，他们还可能成为华盛顿手里特殊的牌。美媒近来不断透风，称令完成手里或掌握着"高级情报"，暗示美国可以将其"好好利用"。

美方倚仗其话语优势搅乱了这当中的是非曲直，美化了自己对中国反腐的拆台。《纽约时报》似在帮着美官方打掩护，它的这种文章大概能蒙不少人。但最了解那些外逃贪官都是些什么人的中国社会还是会有主心骨。说一千道一万，那些贪官至今大多数携赃款和人身自由生活在美国，这一事实是铁铮铮的。

这里根本不是什么中国"特工"的问题，中国公安人员既没"潜入"美国，也未在美领土上执法，他们都是以合法途径进入美国，并在美国法律框架内接触外逃贪官，并寻求美国司法当局的合作。这一切做得光明正大。倒是美国特工总在世界四处活动，甚至在他国领土上"执法"，美媒像是想象着 FBI 探员的霸道做法描述中国公安干警。

还是请《纽约时报》别打岔了，中美特工的问题可找个地方另说，但不该用它扰乱人们对美消极回应中国"猎狐"的关注。由于中美没有引渡协定，美国似乎有了不在反腐上配合中国的"法理"。然而只要美国有协助中国反腐的诚意，引渡问题的障碍总能经双方努力克服。

（2015.08.18）

请别在中国痛苦时诅咒我们

昨天是天津港大爆炸遇难者的"头七",国务院调查组已经成立的消息也于昨天公之于众,牵头部门是公安部。对围绕瑞海公司的一系列违法犯罪行为乃至背后的"黑幕"一一查清并揭开,公众寄予高度期望。

这场灾难极其令人痛心,它让人看到中国物场管理和社会治理的诸多缺陷。中国的现代化进展很快,但它的前进动作显示出粗糙。滨海新区是天津改革开放的前沿地带,一场大爆炸像是把它"炸回了原形"。我们好不容易站到了高处,但却发现那里不是美丽的空中花园,而更像悬崖峭壁,高处不胜寒。

一些人认为中国今天的位置是虚幻的。一家外媒刚刚发了篇文章,标题就是:天津爆炸——一个时代的终结。文章认为灾难和挑战已不再只停留在边缘地带,已渐渐逼近红色帝国的心脏。人们对体制能力的信心再次动摇,近乎破产的官方信誉再次受到毁灭性打击。文章暗示中国的国家制度和哲学已经黔驴技穷。

全国的记者云集到天津,为揭露问题做出了贡献。骂得最狠的记者,目睹了现场惨状的人们,是否认为他们眼前面对的是中国现代化的拐点呢?还有天津的市民们,他们是否认为自己的城市是由"垃圾式发展"堆起来的,应当做发展哲学上的"夷平",从头再来呢?

我们看到今天的种种问题,但是后悔来到今天的人真的很多吗?一些人给出中国的很多"假如",他们对中国做了"美好"的拼图,轻松而绚丽。他们觉得中国的运气就该那么好,可以从田园牧歌一步升级为现代交响乐。

今天的中国必须有能力反思，汲取天津爆炸这样的沉痛教训。这样的反思不仅应是技术上的，而且必须在社会治理层面戳痛我们自己。

同时，这个国家还须不被最深刻、无情的反思拆散、击倒，从而相信自己就是X光里看到的一具骷髅。

中国现阶段的快速发展的确有些粗糙，但所有发达社会都是从这种粗糙走过来的。我们处在问题丛生的时代，我们同时处在每天都不得不解一道难题的青年时期。我们经常流泪，灰头土脸，但不变的是我们的发育和成长。我们不时摔倒在地，但爬起来时又能听到自己因为长高长大而从骨骼发出的声响。

天津的事令全国人民唏嘘，悲伤将延续很久。我们不知道未来还会有什么别的不幸，担忧将萦绕很多人的心头。

但我们真的不喜欢听有人在我们痛苦、惆怅的时候为我们所处的时代唱挽歌。我们不接受他们对属于我们的未来抛过来的凶签。去他们的吧。

过去几十年是我们用双手创造的，未来几十年仍掌握在我们自己手中。在过去半个多世纪里，中国人学会了很多很多，我们知道该如何反思。无论再困难，我们也不会在船到河心的时候放弃，念着别人教给我们的祈祷词，听天由命，随波逐流。

中国处在需要不断自我审视，迎接高水平再出发的时刻。这不是思想上作鸟兽散的季节。去广阔的中国民间看一看吧，那里不都是悬崖，同样有很多脚踏实地的信念和能量在燃烧。

中国从没有像今天这样敢于如此严厉地面对自己的问题，一个有定力的社会，只有充分自信的时候才会有这样的开放。当我们流泪又出汗的时候，天下雨了，我们的脸上身上是泪是汗是雨，谁说得清？让我们敢于承受这样的蹉跎和复杂。

（2015.08.19）

9·3临近，以平常心迎接大阅兵

9月3日临近，大阅兵在即。安倍来的可能性不大，朴槿惠是否出席则成悬念，一些人担心，外国领导人如果来得不多，会影响阅兵的气氛。加上天津刚出了爆炸，也让人捏了一把汗。

中国人有盛典前后期盼和平祥瑞的传统心理，不喜欢与人在这种时候龃龉。所以过去我们习惯于在盛典到来之前营造气氛，有时还搞得小心翼翼的。

然而这种时代正在过去。今天的中国"太忙了"，这已不是"农业时代"不慌不忙的阅兵，如今"日理万机"的中国属于"抽空"搞阅兵，我们有很多操心的事，它们不能因为阅兵而放下。国家出问题的机会也频密了许多，我们无法在阅兵之前举国先"休整"一阵，梳洗得干干净净，确保每一块伤疤都长利索了，然后欢天喜地去阅兵。

然而我们相信，阅兵只要一搞起来，大军一走，装备一亮相，盛大庄严的气氛自然扑面而来。中国已经6年没阅兵，舆论的新鲜劲已经攒得足足的。如今的长安街，只要有动静就是全国乃至世界的大动静，更何况献给抗战胜利和反法西斯胜利70周年的大阅兵。"9·3"阅兵无需过度烘托自然会成世界级庆典，纪念二战的全球庆典分布格局从此将有改变，人们对亚洲战场的认识亦将焕然一新。

现在人们谈论哪个国家的领导人将来参加，到了阅兵上演，八路军、新四军等新颖方队将抓人眼球，老外的军人方队亦将成舆论焦点。还有中国将军方队里的人，岁数肯定都不小，他们正步踢得怎么样也很有意思。他们才是"9·3"阅兵的真正主角，没有谁能把属于他们的镜头抢走。

所以中国人要以平常心迎接阅兵。我们曾经强调过要以平常心迎接奥运会、世博会，今天我们还这样说。

"9·3"阅兵首先是献给历史的，它不是为了解决什么现实问题。中国的社会里有多少矛盾，我们在世界上有多少友好伙伴或处于微妙的关系，都不因这次阅兵而陡然改变。这一切决定了我们迎接阅兵的心态应当是轻松的，无论它准备得是否更好，都将成为我们记忆中的里程碑，都因无可取代而是"最好的"。

如果说我们还做不到这样的轻松，因为筹备细节上可能出现的不圆满而缺憾，那么或许应意识到这是我们自己的问题，我们还有一些心理上的不够成熟和自信需要超越。

比如经常有人争论，中国阅兵方队是把正步踢得特别整齐好，还是允许有点"自然的不整齐"好。我们就应当这样想，既然我们踢的正步是各国阅兵中最整齐的，那当然就是整齐好。如果有一天我们踢烦了，想走得散漫一些，那就是"自然的不整齐"更好喽。整齐不整齐，只要是中国军队在天安门广场踢的，就举世无双，就是最好的。

阅兵前后社会一片祥和，阅兵就是盛大喜庆的。这前后社会紧急事态较多，它就更多体现了国家力量和威严。中国军队和人民是阅兵的共同作者，我们也是它的第一读者和感受者。它不是用来供奉的，它就是我们现实生活和精神世界的缩影，是我们从历史走向今天的写照。它和我们一体。

说了这么多，9月3日还是多少值得我们期待的。然而最好别看彩排，别打探具体消息，只等那天被意外和惊叹尽情冲刷。

（2015.08.19）

联合军演是亚太纵横捭阖游戏吗

中俄联合海上军演今天拉开帷幕,它的演习区域在日本海,中俄共25艘舰艇、15架固定翼飞机、8架舰载直升机及陆战队员400人将联合演练,"联合保护交通线和联合登陆行动"是主要课目。这是中俄第一次在日本海举行联合登陆军演,也是中国海军编队第一次在这片海域演习。

世界上的联合军演近年有频仍之势,它总体上反映了军事外交的活跃。然而在亚太,一些微妙的含义和解读也在走强。谁跟谁联合起来对付谁跟谁,这样的猜测很吸引人。

纵横捭阖是亚太正在发生的真实游戏吗?官方总是予以否认,民间对此深信不疑的人则越来越多。

中俄宣布此次日本海联合军演不针对任何第三方,在亚太主要国家中,中国大概是做这种声明最积极的。

由于美日同盟非常公开,且美日对掩饰一些联合军演咄咄逼人的针对性不再认真,增加了外界关于中俄军演就是与其"针锋相对"的解读。

厘清这种似是而非的关系,恐怕不如看清另一个事实更重要,那就是,中俄没有美日的那种紧密度,北京与莫斯科不是同盟,双方也没有传统意义上结盟的意愿。中俄海军是完全各自独立的,不像美日同盟由美国主导,因此中俄两军再怎么联合演练,它们彼此的协调度也达不到美日同盟的水平,无论从战略还是战术上大概都会是这样。

中美保持着差强人意的大国关系,双方合作仍有许多。美俄的决裂程度也远未达到冷战时水平。美日各自的态度也很纠结,美国的另一盟友韩国更希望一定程度的"中立"。因此这一地区形成美日或者美日韩

VS中俄或中俄朝的清晰军事分野，更多是基于经验的想象而已。

东亚的军事及政治形势仍是一团尚未打造出星体和星系之前的模糊星云，然而这里最突出的重力场似乎正在形成，未来隐约可见。

这让人有些担心。美国加强亚太军事部署和不断强化军事同盟，给中俄都造成了压力。中俄借助彼此力量增强同美对话的能力，有了越来越多现实的需求。不能不说，中俄军事上走近的最大推动力就是美日同盟的表现。

中俄都是实力强大的国家，两国实现了低于同盟水平的全面战略协作伙伴关系，但这样的紧密度已经能为维护亚太地区平衡提供支持。如果中俄走向同盟，将彻底改变全球的战略面貌，美日同盟将面临巨大压力，但那样对中俄各自的全面外交也会造成伤害。

中俄理智地把双方关系控制在恰当水平上，美日恐怕也应有同样的理智，避免不加节制地升级美日同盟的进攻性。日本目前在地区扮演的安全角色太活跃了，它这样做会害了自己。亚太地区主要力量都需清楚，其安全不仅有赖于加强自己的实力和结交更强大、可靠的盟友，还取决于它是否善于照顾其他非盟友大国的安全感受。

中国是亚太地区实力增长最快的国家，但我们反对与任何国家搞实力对抗。因为21世纪的实力血拼会很惨烈，这种趋势的定格都有很大破坏力。中国每次独立军演或参加联合军演都会强调"不针对具体国家"，中国的这种诚意至少比美日实在多了。

（2015.08.20）

黄兴国一句"我有责任"带来几多安慰

在昨天下午举行的最新记者会上，天津代理书记、市长黄兴国表示，作为市委市政府的主要负责人，"我对这次事故负有不可推卸的责任"。这一明确态度是在重大火灾爆炸事故发生后第八天做出的，它或许比舆论期待的来得晚，但还是博取了理解，带来了安慰。

这被广泛看成是一种担当，这样的沉痛自责化解了舆论中的相当一部分情绪。此外，公众对瑞海公司身后黑幕的质疑受到官方的认真回应，调查在紧锣密鼓展开，这带给了舆论另一部分踏实。围绕环境污染不断出现传言，新的耸动说法是现场测出神经性毒气，但很快被可信的回应否定了。政府遏制污染扩散的能力逐渐得到公众信任。

充满情绪的舆论似乎来到了拐点，真相、责任、环境安全这几大最尖锐的问题像是都有了些着落。有人说，如果天津市在"第一时间"就公布对瑞海公司的严厉态度，如果在事发第二天就有高官表达自己有"不可推卸的责任"，或许之后的舆论面貌就是另一个样子。然而这种假设并非天津独有的遗憾，中国这些年发生的大部分重大责任事故，反复上演了天津刚刚经历的舆情曲折。

天津这次重大事故的确非常复杂，七类危化品同时起火爆炸所制造的技术性难度或许在事故史上是创纪录性的。而天津市和交通部对天津港的交叉责任又带来救援协调的天然困难，再加上瑞海公司违规储存危化品所造成的信息混乱，天津市官员在事故之初很多事情搞不清楚，应是个无奈的现实。

从某种意义上说，公众对前些天信息混乱是有思想准备的，对官员很多问题无法准确回答，也并非毫不理解。部分记者在提问时就知道，自己在寻求此时此刻不可能有的答案。

准确说，记者与官员在事故之初的问答有相当一部分并非真的问答，而是公众与官方的情感交流。出了如此震撼的事，人们首先要的是官方的态度。大家想看到主管官员们勇于担当的样子，需要从他们那里得到战胜复杂挑战的信心。别怕，有我们在呢，每个人焦虑的时候都最希望听到这样的声音。

在大难之初责任尚难分清时勇于承担责任，当肇事者背景不明时把对其开展调查的法治依据庄严地向社会重申，以最坦诚的态度与记者沟通，对舆论监督公开表达欢迎，那样的话，多严重的危机在舆论上都不难应对。官方会受到信任，质疑成堆会转化为众志成城。

应当看到，官方这方面总的来说在进步，天津市在这8天里有了改进，这也是全国范围情形的缩影。如果全国各地都能从一个具体的例子中深得启发，那么这次舆情的曲折就有了额外意义。

国家应当鼓励官员勇于担当，支持他们在责任模糊的地带和时刻挺身而出。天津事件中我们看到一些部门对择清责任的锱铢必较，他们的申辩也许有其道理，但那种样子就像一名军人在大战来临时不是宣读请战书，而是念自己的病假条。

国家和公众都不应让勇于承担责任者吃亏，而应在每一起重大事故后，把追责的第一轮板子打向那些想方设法抹掉自己责任的老油条。因此舆论应当避免对主动公开担责的人穷追猛打，对官方来说，公开担责也不应是官员责任自然坐实的凭证。相反，这样的表现应成为官员责任的减轻情节。总之，我们应做出制度性保障，不让敢于担当者到头来纷纷成为众人口中的"二百五"。

（2015.08.20）

朴槿惠出席9·3活动是正确决定

首尔昨天上午宣布朴槿惠将于9月2日至4日访问中国,出席在北京举行的抗日战争暨世界反法西斯战争胜利70周年纪念活动。这是朴槿惠本人及韩国政府做出的一个正确决定。

青瓦台表示朴槿惠具体是否出席北京9月3日上午的阅兵式还不确定,中国学者张琏瑰认为,这是韩国方面公布朴槿惠在"准确时间"里访问中国时的一个策略性姿态。

朴槿惠参加中国9月3日的纪念活动在情在理,韩国民意调查中支持她这样做的意见是反对意见的2倍多。她那天上午同多国领导人一起出现在天安门或是顺理成章的,情况的发展在逐渐排除其他可能性。

中国举行"9·3"阅兵有充分的道义理由,外界一些人有中国宣布目标之外的揣测,但他们的那些想法只能在舆论场的底层发发酵,端不到外交台面上。目前世界主要国家的官员无一人公开指责中国举行阅兵"目的不纯",这包括日本的反应。即使一些西方国家领导人可能缺席阅兵式,但他们或者避免就此做公开表态,或者找一个他们与中方都能下台阶的理由。

中国搞阅兵是对历史的交代,也是中国现代社会精神面貌的积极展示,它不是什么地缘政治游戏。如果有谁针对中国阅兵制定对抗性策略,他们实在是很无聊。

日本媒体围绕朴槿惠访华的议题制造了多个假消息,明显在给韩国施压。日方的那些动作让外界看到东京的特殊在意和紧张,那一轮炒作的泡沫消失后,唯一留下的是世人对日本的这一印象。

日本一些人一直认为中国阅兵是冲着东京去的，说得难听点，那些日本人太高看他们的国家了。中国的国歌至今还是抗战时的《义勇军进行曲》，但中国的国家格局早已超越我们同日本之间的恩怨。阅兵也是一样，如果它针对今天的日本，实在是对中国民族复兴的自我矮化。

和平崛起已是中国全社会坚定不移的意志，由于处在十分复杂的时代，我们感受到让国际社会某些成员了解中国这一善意和决心的困难。我们意识到这当中曲折的必然性，并为妥处这些问题准备了足够耐心。

观察家们都注意到，中国就出席阅兵向哪些国家领导人发出邀请，北京一直低调表态。即使外界的一些担心是荒唐的，我们依然对它们的存在给予理解。在朴槿惠来北京的问题上，中方也未开展公开外交讨论，对朴总统根据韩国利益做出决定的权利给予了最大尊重。

东京需放宽心，这次阅兵式肯定不是中国为处理中日关系而额外辟出的巨大成本。借70周年之际促进中日和解、而非增加两国的对立，这是中国社会的主流意愿。在国际社会的众目睽睽之下，中日大度的一方将会得分，耍小心眼的一方只会增加尴尬。

中国也没有通过阅兵式展示新式武器向世界炫耀肌肉的动机。中国低调还忙不过来呢，这么多年，中国从不把炫耀力量作为对外博弈的牌来打，我们宁愿外界低估中国的实力，很不希望出现对中国实力的高估。无论中国是成为第三大还是第二大经济体，中国官方话语对这种头衔的接纳能拖就拖。我们的这种哲学不可能在2015年9月的一天突然改变。

朴槿惠出席9月3日活动反映了韩方对中国举行阅兵的理性认识，其他一些国家领导人无论来不来，都应从韩国的认识逻辑中受到启示。大庆典之际不挑争议，大庆典尤其不做纷争之用，这是中国人的传统。外部如果有谁好斗，最好换个时辰。

（2015.08.21）

马英九是被大陆网上公知耍了吗

台湾"总统"马英九20日出席退伍军人协会"纪念抗战胜利暨台湾光复70周年"活动时，高调指责大陆八一厂拍摄的电影《开罗宣言》，宣称"居然毛泽东出现在开罗会议，这实在是个大笑话"。

马英九作为台湾的"三军统帅"，想提振一下"国军"的士气，为此揶揄"共军"两句，一般来说可以理解。但他这次显然说话没搂住，表现得就像"满嘴跑火车"的网上公知。

马英九显然连事实都没搞清楚，《开罗宣言》是海报的表达方式引起争议，影片本身的史实陈述没有问题。毛泽东领导中共军队在敌后坚持抗战，与"国军"正面战场的努力共同支撑了中国的抗战局面，为蒋介石在开罗会议上赢得了话语权。电影在记录《开罗宣言》签署过程的同时展示了中国抗战的这一宽大背景，这没有错。

《开罗宣言》的海报出了问题，包括环球时报在内的中国大陆舆论对此提出批评，此事已在大陆内部得到解决。马英九大概是受了台湾媒体的误导，以为电影篡改了史实，把签署《开罗宣言》的蒋介石换成了毛泽东。

马英九倒像是真的闹出了"大笑话"。这些天大陆互联网上不断有人以撒气为目的，对出问题海报进一步恶搞，有的宣称八一厂让毛泽东去开罗开会，因此号召大家都去开罗开会，PS自己去开罗参会的海报。还有人嘲讽说，"唐国强这次扮演的蒋介石不太像啊"。

这些起哄狂欢大概把马英九忽悠了，这不等于把整个台湾给忽悠了？"马总统"这么容易被"钓鱼"咬钩，他身边人居然也不帮他在怎么表态的问题上把把关。

实事求是说，大陆搞70周年纪念，对当年"国军"是给足了面子的。八一厂拍开罗会议，而不是拍平型关大捷或百团大战，注定要把蒋介石当成正面主角之一。此外这些年大陆荧幕银屏上出现那么多正面"国军"形象，正面战场已完全恢复了它的历史荣誉。

但看看台湾那边怎么说共产党主导的敌后战场？马英九20日讲话露出一副不屑的样子。或许整个台湾社会的心胸在小岛上越憋越小，"马总统"被他身处的环境绑架了。

马英九想必有很多气，但他好像最敢骂大陆这边，他周围的台湾社会里有那么多比70年前汉奸还要汉奸的公开媚日族，他是经常不敢骂的。倒是那些人可以耀武扬威地骂他"亲中"，他很多时候需要陪笑脸。

我们还是觉得马英九很不容易，因此有时看他窝窝囊囊，还动不动就以骂大陆的政治体制来讨好修理他的台湾激进势力，也就理解了他的处境，不与他过多计较了。

在此我们也对《开罗宣言》片方和大陆文化界再做一次提醒，瞧瞧一张针对历史题材电影不恰当的海报究竟能惹来什么！实事求是必须一丝不苟，无论有什么意愿，都不能为了它去撞这根永恒的高压线。

（2015.08.21）

大阅兵必会提升中国社会的凝聚力

9·3胜利日大阅兵昨天上午做了完整彩排，部分北京市民和各地群众代表提前大饱眼福，阅兵队伍集中及散去时穿过街巷，也引来大量群众围观。北京市相关道路的交通受到临时管制，影响了一些人出行，但因此出现的抱怨声很少。北京市20日开始汽车单双号限行，多数市民也都给予了理解。

对老百姓来说，时隔数年才有一次大阅兵，兴奋显然是主流情绪。互联网上出现一些不满声音，它们的具体内容不太重要，反正就是牢骚和风凉话。这种反对意见的无处不在，已是中国社会在任何时候都缺少不了的一道表情。

中国的大阅兵已是世界上最大规模的城市中心广场阅兵之一，它的观众有阅兵首长，也有世界军事界，还包括了整个中国社会，以及全球公众。搞好中国的大阅兵是非常庞大、高难度的系统工程，它是中国社会管理水平的试金石之一。中国公众对它的态度，也构成这个国家凝聚力的重要指标。

大阅兵展示的不仅是军威，而且将呈现中国全社会的精神面貌。这个国家究竟是积极向上的，还是沮丧消沉的，大阅兵会给出一个答案。

个别人提出因为天津出了爆炸，大阅兵应当取消或缩小规模，昨天阅兵的照片被在手机上刷屏，点赞充斥互联网，那样的声音一下子低多了。估计到了9月3日大阅兵正式上演，有些反对者会不好意思再重弹老调。

多灾多难的中国和不断走向强盛的中国十分复杂地相互穿越着，我们经常刚刚擦干眼泪就迎来国家的伟大时刻，我们或许在经历中华民族最为感慨万千的时代。

这次9·3阅兵证明了中国新增的种种内涵和活力，同时印证了我们依然面对的许多问题和困难。我们既没理由妄自菲薄，也没理由妄自尊大，除了坚定信心脚踏实地做更多的民族复兴积累，我们别无他择。

中国现代阅兵式是从国外学来的，但我们究竟该怎么搞，用不着处处以外部范例做依据。中国已经有了自成一体的实力高度，我们今天怎么做，就是未来的范例。今天再一一对照外国的做法，来证明这次阅兵的合理或不合理性，已是一个误区。

阅兵会成为未来一个多星期从官到民的中心话题，阅兵有这么大的影响，这就是中国。庞大的中国社会常常会有一个高密度的关注焦点，这构成了中国社会很特殊的重力特征。

当然，万众瞩目会造成某种情不自禁的紧张感，这是中国社会需要坦然纾解的。大阅兵越是重要，锤炼这个社会的平常心越不能因此而让路。相反，我们应把它当作增强社会承受力的一个机会。

大阅兵一定会成功，因为期盼它成功已经成为社会的共同心态。中国人民的凝聚力在随着彩排一起经历上升的预演，让这种凝聚力再一次达到高潮，实为这次大阅兵的最高目标。

（2015.08.24）

中国关注半岛纠纷，但不会被它绑架

朝鲜半岛度过了一个扑朔迷离的周末，一方面朝韩高级别的军事官员在板门店连续谈判，一方面双方的军事对峙没有缓解。朝鲜没有在要求韩国停止大喇叭广播最后通牒到期后对韩方阵地实施军事打击，但朝鲜的潜艇被检测到"70%离港"，这让韩方紧张。此外朝方在不点名的情况下表示反对"克制"，一些人对照发现，此前中国外交部发言人刚刚呼吁半岛各方"克制"。

韩媒分析称，平壤的上述表态"故意针对中国"，由于平壤的这一表态里没有提任何国家，而韩媒又特别喜欢中朝对立，因此中方有必要对韩媒的这种解读持一定保留态度。

现在有很多分析认为，朝韩目前的紧张与中国9·3阅兵有关，即促使半岛局势恶化的推力中，不希望朴槿惠来中国出席阅兵式是其中之一，甚至可能是排在较前面的一个。这是中国人的一种敏感呢，还是平壤或韩国某些力量，甚至能影响半岛的外部力量下赌注呢？

如果确有人为此下赌，中国肯定不悦。一旦出现这种游戏，将是非常微妙的，下赌者不会挑明。但是如果对中国9·3阅兵造成实际干扰，而且外界都认为这种干扰有恶意的成分，那么中国肯定不会无动于衷。中国有的是办法，以自己不挑明、但能被外界识别的方式做出强有力回应。

当然，外界的这种分析未必就是有道理的，半岛的各种信息虚虚实实，很多问题具有多重性质，而且盘根错节。中国不会被牵住鼻子，被动地因应局势。半岛上不存在可以随心所欲调动中国的力量。

最重要的是，中国的实力优势和地缘优势具有的战略威慑力不可能被架空，针对中国的算计是很有压力的，它们风险极高，不太可能轻松地得到挥洒。比如中国9·3阅兵显然不希望受到干扰，但如果受点干扰，也不是什么了不起的事情。而要形成这样的干扰力，半岛恐怕已经陷入难以承受的灾难中。

这就是说，如果鸭绿江这边的中国已经湿了脚，那么半岛上的各方力量大概已经淹了大腿甚至腰以上。想必半岛各方对此都很清楚，鲜有人敢于通过招惹中国来迂回在他们彼此之间进行清算。

中国同朝韩都是朋友，中国的利益就是半岛要和平稳定，中国反对任何一方故意制造紧张，而且中国有在问题很出格时表达这种反对的手段。无论中国想超脱一些，或者想多为调停做些贡献，我们都做得到。

朝鲜半岛问题让各方都不轻松，中国也挺难办，但中国不是最棘手的那一方，无论半岛发生什么，中国都不会站到损失的榜首位置。因此中国促半岛和平有很大一部分是出于公益之心，是在维护包括朝韩在内地区所有国家的共同利益。作为这样的大国，中国是任何力量都绑架不了的。

（2015.08.24）

安倍9·3不来中国一点也不意外

日本内阁24日表示，安倍晋三首相将不会出席9月3日中国抗日战争胜利70周年纪念活动，也不会在那个日子前后访问中国。日本官房长官菅义伟说，安倍将继续通过国际会议等场合摸索与中国领导人会谈的机会。

安倍不来中国参加活动，这已是大多数人早有的预判。他不来，与他对中日关系的一贯态度是一致的。如果他来，就是一种意外。迄今为止中日关系没有积累起出现这种意外的条件，安倍尤其没有流露出愿意用一次意外来推动中日和解的任何迹象。

中国向安倍首相发邀请，这种姿态应被看成必要的礼貌。在安倍来与不来的问题上，日本舆论显然比中国舆论更加纠结。中国人有点好奇：安倍会怎么回应？他如果这个时候能来当然好，他不来也不会让我们尴尬。70周年纪念活动也不是为中日关系准备的。

这期间安倍来与不来的种种猜测，包括安倍会不会在9月3日之前或之后来华，既避免出席阅兵式，又可实现安倍正式访华的目标，都是日媒释放出来的，而且很多时候让人怀疑是安倍身边人在操纵日媒探测中方乃至日本国内的态度。

我们不能不惊叹日本政府与媒体就敏感事务互动的积极和熟练。反观中国，显得太老实巴交。我们留给了安倍做决定的从容环境，中国舆论没对他施以任何强迫。

从最后的决定看，安倍政府把"70周年"完全看成了地缘政治的一个挑战。他们没将这个时间点当作中日和解的一个机会，至少在他们的评估中，这种和解远没有安倍政府希望从中日关系中得到的其他议程重要。

日本舆论一直有中国搞70周年纪念活动是为了"服务于当前对日斗争"的说法，安倍政府很像是这种奇怪论调的主要来源。这比一些西方人宣称中国此时搞阅兵是为了"炫耀武力"还不可思议。中国搞如此盛大的活动，就是为了为难一下安倍政府，日本人竟然把中国的格局看得如此小，这有点让我们哭笑不得。

难怪不能指望安倍政府憨厚、朴实地接受邀请。他们会想得很多，很复杂，小算盘拨拉得让中国人跟不上。中国与日本打交道，就必须有对其无处不在打小算盘的包容量。

我们没必要因为安倍拒绝了中方的邀请而生气。我们应当从这件事中增加一份对安倍政府的了解，能够对其今后在中日关系领域的各种反应更准确预估。客观说，安倍不来使得中日关系失去了一次突破性和解的机会，但它不会成为两国关系进一步恶化的理由。

今天的日本不是70年前的日本了，我们在此是从中日关系实力对比角度说这句话的。今年的纪念活动不是为了了结中日恩怨，也不是为了"吓唬"更多的人和力量。有意愿真正了解中国，搞明白中国阅兵的目的并不难。如果有谁就是愿意放纵自己的敏感，围绕中国阅兵浮想联翩，我们还真一时不知该如何说服他们。那么就留一点分歧吧，有关谈资带不来太多损害。

（2015.08.25）

从中国经济飘走的信心无处安放

"中国崩溃论"看来是有代价的。全球股市24日随着中国股市一起暴跌。在中国沪指24日狂泻8.49%之后,亚太其他股市也相继跟着暴跌,美国三大股市在24日上午跌得被迫停止期指交易,有人将这一天的情况称之为"黑色星期一"。

原因似乎只有一个,即投资者对中国经济的前景信心不足。不久前中国的汇改导致人民币汇率连续下挫,这似乎提供了中国经济"风光不再"景象的又一块关键拼图。最新公布的经济数据都不太好,中国经济看上去"祸不单行"。

经济观察家们普遍相信,如果投资者对中国经济的信心长期不振,那么中国股市、汇市因为一些具体导火索而出现剧烈波动,就不会是奇怪的。又因为中国经济的体量已经十分巨大,尤其中国向世界经济增长提供了很大部分驱动力,中国金融市场的动荡必将牵动世界。

如何评价中国经济是十分复杂的问题,比如如何确定这种评价的坐标和参数就很不简单。我们经常说中国经济已经告别两位数增长时代,进入中高速增长的"新常态"。但同世界其他主要经济体相比,中国的表现又是最好的之一。然而这一宏观现实未必能够拴住人们的心,提供在千变万化场景下正确评估中国经济的"万有引力"。

投资者大多是短视的,追涨杀跌的心理远非仅仅是股市上的表现。中国改革调整产生的利好是长期的,但所能提供的短线利益相对不足。世界上大部分投资和保值行为都会把眼前利益放在首位,中国经济新常态能为这些行为提供的信心也会是有限的。

中国经济从此一蹶不振，我们会经历很长一段时间的拉美式徘徊甚至下挫，会有人相信吗？可以肯定，这样看中国的人很少。如果中国经济真这么没出息的概率很高，或者即使眼下不是中国经济一头栽下去的断然开始，这一天在不远将来出现也是注定的话，那么整个21世纪就会是另一番图景，今天世界大多数力量所在进行的战略谋划都可以作废了。然而这显然是呓语。

世界对中国全面崛起的战略认识非常稳定，无论A股跌到多少，大概也冲击不了它。但这种战略认识与短期看法并非紧密咬合，在当前这个时点，人们的信心有些不足恐怕是实情。

中国不必为外界咬着耳朵议论我们而担心，外部世界也不应因此就认为中国的国运来到了转折点。中国经济处在调结构的痛苦期，但眼下短线信心的缺失不会滚雪球一样变成摧毁性力量，因为举望世界，从中国飘走的信心并没有更好的地方可以安放。它们离不开中国太远。

中国经济是统计数字汇成的，同时也是现实世界里的种种愿望和行动集合起来的。中国人要更好的基础设施、更丰富的物质和更优越的服务环境，这一中国经济的最大动力仍在燃烧。中国人正变得更敢花钱，出行率更高，京沪高铁繁忙得已经不够用，第二条京沪高铁已在论证中。中国人的整体生活环境将在未来几十年再翻新一遍，这种大趋势不是股市、汇市的某些短期异动所能更改的。

可惜没有可以购买20年、30年后中国面貌的特殊期指，中国的大未来拆解成了种种期段性信心测试，它们变化莫测，有时像是赌博。

如果有谁能够透过种种短线不测，紧紧跟踪住中国长期发展的轨迹和运势，那是真正的高手。当然了，每一次都不跟丢，那是神的级别。

（2015.08.25）

股市暴跌应不至于将中国经济拖下

沪市昨天再重跌7.63%,破3000点,年内的全部涨幅已经跌净,昨天的沪市2964.97点为今年股市最低点。散户股民的损失可想而知,这样的股灾之下,安有避风处?

试图准确总结股市连续暴跌的原因是徒劳的,反倒是年初开始股市从狂涨到狂跌的轮回能带给人更多启示。中国股市与国家经济的微妙关系至今难以说清,其神秘内在逻辑本身对涨跌的支配,似乎远远强于经济形势对其的作用。很多人认为中国股市是"政治市"、"政策市",但一些暴跌与政治时点的严重背离也让这种分析威信扫地。

中国经济形势好时股市下跌,解释是股市与经济情况缺少联系。当经济形势不好时下跌,经济低迷会被看成是股市走熊的根本原因。这两种矛盾的情形让人无所适从。

然而股市走熊与经济下行叠加,带来的冲击还是至为强烈。它会让中国经济处于严重困难的印象更加挥之不去。

但是股市在断崖式下跌,中国经济却不是。股市的规律至今难以捉摸,但中国经济的基本面却是可控的。中国的金融系统并未拉响警报,实体经济调结构保持着正常节奏。国家这一次没有像一个半月前那样匆忙大规模救市,也说明中央政府对于保持经济面的基本稳定有信心,股市恐慌向社会其他领域蔓延的迹象并未出现。

央行昨天下午宣布降准降息,与7月初的"国家队"出手救市相比,这几乎相当于在旁边观众席上拍两个巴掌。国家看来至少在这个时点上更多希望市场本身"自救",这也是一种"调结构",它传递的信息是,政府不认为目前的情况是"危险的"。

因此不过多引申近日股市下跌的意义，或许是更专业的态度。亚太股市在前天跟着中国股市狂跌后，昨天没有继续集体跟跌，而且闻声而涨，这也说明外界看出中国股市与中国经济在很大程度上是"两回事"，不再继续惊慌。

本轮股市暴跌的社会痛苦面大概会比7月初的那一次小一些。上一轮股灾吓跑了很多普通散户，承受力低的人已经离场。接下来继续玩的，大多承受力更强，用"保命钱"在股市里冒险的情况已经很少。股市大跌让所有人心疼，但应不至于很快出现严重的金融或社会性后果。

中国经济发展不会停下来，这恐怕比什么都重要。什么能推动中国的牛市很不清楚，但什么能推动中国经济向前走，却一点也不模糊。让中国经济以两位数增长速度向前跳跃的那些因素已经减弱，但中国经济中高速增长的那些推力都还存在，促进中国经济的新型变量正通过改革不断强化。

所有中国人都要求过更好的生活，这也是中国政府对全体人民的一份承诺。确保更好生活的那些条件就是中国经济用不尽的目标，可以肯定，直到中国人均生活水平接近世界发达水平之前，中国经济都不会迷失。我们有的是事情要做。

股市几经暴跌之后，股民队伍必将缩小，更专业的人士和机构将成为影响其走向的决定性力量。普通人吃一堑长一智，拿不准或闲钱不多时，还是先做观众吧。

（2015.08.26）

股灾必有隐症，但决非中国模式之癌

中国股市表现糟糕，这不大可能被看成中国经济治理水平高的表现。各种批评和抱怨蜂拥而起，有些说得挺过分，应当是可以理解的。

但有的媒体上来就断言"中国经济和政治模式正慢慢走向终结"，那意思是中国"完了"，这显然过了。还有这样一种判断，中国执政者比其他任何国家的同行在"善于搞砸本国经济"方面也许更加厉害，因为中国政府必须把政治必要性置于经济理性之上。仔细看，原来这些"宏论"都是刊登在外媒上的。

股市暴跌就像中国经济发烧，肯定有某种内在的炎症。但上述外媒的评论把中国的这一疾病描述成癌，好像支撑了这个国家高速发展的模式只能等死，或者从此变得病病殃殃。这似乎是作者的一厢情愿，大概中国咳嗽一声，他们都会想，这肯定是中国得了肺癌。

如果按照他们的描述，中国在2007年至2008年的那轮股市暴跌中就已经"死了"，当时中国A股从6124点一路跌到了1664点。但在那之后，中国从世界第三大经济体站上第二大经济体的台阶。今天中国的经济总量高达十万亿美元之上，我们如今咳嗽一声，整个世界都急着往身上拽被子，害怕感冒。

中国经济肯定有问题，中国一方面在通过改革解决它们，一方面社会在慢慢增强对这些问题的承受力。比如股市暴涨暴跌很不好，最好能涨跌都平缓些。但这个问题一时做不好，那么股民对此有了预判，国家金融体系针对它加强了防范，就让我们带着这个问题走一段好了。这个国家用不着为此而跳楼。

西方媒体一直在宣传保持高速经济增长已成中共执政合法性的来源，称只要经济出问题，中国就将大乱。搞好经济肯定有助于给政权加分，如果中国经济断崖式下跌，民不聊生，什么政权都得完蛋。但周期性经济增长放缓和调整困难也会伤了中国政治体制的合法性吗？这是忽悠。

中国经济高速增长几十年后会放缓发展速度，这在前几年中国增速高峰期就被广泛预测到了，而且是个"是人就懂的道理"。GDP掉几个点政权就不合法了，这种说法是羞辱中国人的智商。

中国经济形势还是挺严峻的，中国发展模式需要调整，这已是共识，这种调整成为十八大之后中国经济工作的中心任务。但说这种严峻是中国政治体制的告急，无论用什么学术语言加以包装，这种论调都属于胡诌。

世界各国经济如今都面临了困难，西方的增长动力皆有一段时间奄奄一息。有一种观点认为，现在如果有某个大国出大事，近乎"崩溃"，那么其他大国就会在短时间经济上受牵连之后，在战略上"得救"，收获红利。一些西方人盼中国垮掉似乎盼疯了，但有趣的是，他们怎么知道如果真是那样，那个最倒霉的不是他们自己的国家！

中国人听一听外界的惊悚言论还是有好处的，它们至少能带给我们警醒，让我们知道中国的战略环境里有多少对我们的诅咒。我们需要认真做好自己的事情，坚决避免犯颠覆性错误。只要我们不断改革，在解决问题方面尽了全力，那么我们就是这个世界上最奋发的力量，即使有些问题没解决好，我们也决不会先于别人倒下。

（2015.08.27）

阅兵方队整齐威武，掌声必压倒调侃

"9·3"大阅兵渐近，它像磁石一样将舆论的注意力吸引过来。关于阅兵将会是什么样的，以及它应该是什么样的，众议纷纷。很多人期待看到阅兵的恢宏场面，期待一个个方队以激昂的容态和整齐的步伐闪亮登场。但也有少部分人喜欢整个阅兵这件事飘出一些自由主义气息，别搞得太严肃。还有很少数人压根不喜欢这次阅兵，他们针对阅兵的唯一态度就是调侃和嘲讽。

中国如此大，社会上各种观点没有阅兵方队踢出的正步整齐，显然是正常的。让全国人民都来给阅兵当拉拉队，大概不会再有人敢动这样的念头。

但是阅兵队伍和组织者们该听谁的？把正步踢得很整齐，英姿勃发，也会有少数人不高兴或不以为然。说不定阅兵队伍一边聊着天、嗑着瓜子通过天安门广场，或者耍个把式扯个风筝，反而会让那些人高兴。

剩下的时间已经不多，阅兵队伍千万别搭理从互联网钻出来的各种要求。正步能踢多齐踢多齐，展现最英武的面貌，大多数中国人会为看到这样的军队而开心。

中国人的确多少有点"好面子"，有点看重"形式"，我们或许不值得为此而羞愧。"形式"在中国不全是形式，它有时会被赋予相当丰富的涵义，这层关系未必总能完全讲清楚，但人们能够感觉到它。

阅兵远远不只是领导人与受阅部队之间的交流。甚至，它也不只是全国人民同军队之间的交流。中国的阅兵多年才搞一次，它是中国全社会精神面貌和凝聚力的特殊展示及验证。尽管我们也会劝自己，不就是一次阅兵吗,也可以自然点,然而事情的现实逻辑总是很执拗,真正想修改它或许无从下手。

搞一个"自然""随意"的阅兵式,那是印度,不是中国。印度一年两次阅兵,军人像杂技团,表演十几个人骑一辆摩托车等各种"杂耍",博民众一乐。试想把中国整齐的正步方队都换成这种模样,舆论会干吗?

中国的受阅部队就应该展现中国军队最棒的一切,从精神状态到纪律作风,再到武器装备,都带给人民以信心。这是公众通过共和国历史业已形成的对国家大阅兵的期待。

当然在认真准备阅兵的同时,有针对性地强调"平常心"也是必要的。阅兵的荣誉不必押在每一个细节都必须做到准确无误上,那样的社会投入规模太过夸张,那样的自我要求也会成为一种强迫症。比如现在舆论场上有些杂音,阅兵还没到来就先表现出舆论的"不完全可控",这就没有什么。后面如有其他具体问题的"不完全可控",也用不着担心。

最重要的是受阅部队的精气神,和中国社会观阅兵的总精气神。现在两者都很高昂,阅兵成功已经有了最大的保障。好好做,也坦然地做,莫在意不同声音,别担心有某个细节没有做到极致,这是我们在结束此文时想说给受阅者和组织者的心里话。

(2015.08.27)

中国须有对付美国"床破"们的"鹰"

美国总统大选带出了共和党一些参选人对中国的攻击潮，其中地产大亨特朗普和威斯康星州州长沃克出声尤为尖利。他们既攻击中国人民币汇率下跌，又指责中国股市的不佳表现，主张对中国兴师问罪。他们对即将举行的中美元首会晤指手画脚，说一些很尖刻的话，出不可能被白宫接受的馊主意。如果看这两人的表演，中国人一定会惊诧美国总统参选人的素质，感叹美国总统大选成了这些人的秀场，充满为抓眼球"很狗血"的游戏。

特朗普的英文名字是 Donald Trump，有网友根据谐音给他起了个外号：床破，或者唐床破，迅速得到众网民的响应。中国官方当然不会回应"床破"们装腔作势的攻击，网友们别出心裁，用这种方法调侃这位共和党总统参选者，激发对他的阵阵讥笑。

中国官员们在发声问题上自我管束很严，这带来了一种影响，所有"体制内"的人也都不轻易表态，尤其不会参与对外的"骂战"。官方研究机构的学者和退休的公职干部同样很谨慎。这一方面有好处：中国的姿态比较高，不与美日等成心"碰瓷"的政客们纠缠。另一方面也带来一个问题：国际舆论场上几乎只能听到这些政客对中国的指责甚至谩骂，中方的回应很少，因而总体上有些吃亏。

中国互联网上如今形成一股调侃、嘲弄西方政客的力量，那些网友很机敏，脑筋转得快，不按西方政客设置的议题陪对方玩，而是嬉笑怒骂，以特殊方式将对方"骂回去"。

互联网在提示"体制内"的非官员人士，他们当中一些人是否可以更泼辣些，发挥自己的才智，回击特朗普们。他们甚至可以主动出击，以"千里跃进大别山"的气势打到美日等政治及意识形态的"后方"去。这是全方位外交的一项重要内容，也正是我们到目前为止突出的缺项。

西方的毛病和小辫子很多，中国能够发现它们并一针见血予以痛戳的人其实很多。我们的社会应当鼓励这样的人站出来，让他们说话，给西方设置议题，逼西方舆论忙着回应，改变现在只有西方一张张大嘴冲我们嚷嚷，而我们只能或者置之不理任他们嚣张，或者跟他们对骂生不少气的局面。

进攻是最好的防守，西方的意识形态攻击防不胜防，光大度也不是长久之计。中国需要有一批有能力发动进攻的社会名流和身居政府之外的高位者，他们一张口，美日等国不得不重视，而如何回应对它们来说同样是费神的事情。

我们知道，这样做在中国国内有一定阻力，互联网上有西方意识形态投向中国的影子，一些西方的粉丝会打击敢于公开斥责外部不友好势力的人。而在美国，攻击中国的人没有类似风险，"床破"们针对中国说很过头的话"只赚不赔"，这成为中国与西方在舆论上对弈的一个实际困境。

但是中国也有一些什么都不怕的人，他们有时被说成是对外关系的"鹰派"。他们当中有的人因为参与斗争多了，会不自觉地扩大"强硬"表现。然而官方、社会或许应宽容那些"鹰派"，珍惜他们的存在。实事求是说，每个国家都需要有几只"鹰"，而在中国，做舆论场上的"鹰"尤其不那么容易。

总之中国应当有对付"床破"们的力量，中国需要有让境外那些不太友好的势力很不舒服的相反的"床破"们。整个社会太自我约束和克制在当今世界很难不被欺负。中国应当成为要高贵有高贵，应付各种挑衅也毫无惧色并且得心应手的国家。

（2015.08.28）

阅兵不针对日本，东京莫频频自黑

"9·3"阅兵本周四就将举行，它的观赏点将有很多。然而日本却在一旁同这次阅兵"死磕"，表态越来越露骨。继上周透露不会有任何日本外交官出席阅兵式之后，东京日前又对联合国秘书长潘基文将出席阅兵式公开表达不满，称秘书长此举有违中立原则。潘基文则公开回应说，今年世界各地都在纪念反法西斯胜利70周年，中国的纪念是其中一部分，他来参加是联合国秘书长的应有之义。

今天的日本同70年前的日本不是一回事，这是中国对两个日本关系的理解。但安倍政府好像更看重这两个日本的继承关系，以至于纪念抗击当年日本的胜利，今天的日本政府会跟着难受。尽管中国政府反复强调大阅兵不针对时下的日本，但安倍政府还是觉得大阅兵把巴掌打到了他所领导的日本脸上。

中国人有理由为日本政府的心胸如此狭小而不高兴。莫非中国就没有权利在9月3日这样的日子搞阅兵活动？东西欧都在搞，为什么东亚就不能搞？就因为当初在亚洲发动战争的是军国主义日本，我们今天搞阅兵要得到日本现政府的特批？

日本政府即使有点敏感，也应高度自我克制。它现在断然认定中国阅兵就是冲它去的，而却有49个国家的领导人及特使前来出席阅兵式，包括潘基文在内的10个国际组织领导人也来出席，这是日本政府自己打自己的脸，不是中国在打它。我们只能说如果东京愿意自我掌嘴，就请自便吧。

中国政府一直没有就安倍政府不自重的言行做严厉表态，这是对的。

北京接下来也应忽略日本方面的焦躁，把注意力集中在阅兵本身和促进国际团结上。中方大度与日方小气的区别一目了然，只要中国泰然处之，日方越就中国阅兵折腾，其自黑的效果将越明显。

日方批评潘基文出席阅兵式已是一种道德上的冒险，东京居然拿它支付了相当金额的联合国分担经费来说事，这是加倍的自我贬低。钱能买来正义吗？东京似乎因为买不来而感到委屈。

在阅兵问题上，中国和日本的格局有多大差距，已经看得清清楚楚。西方一些国家领导人没来，中国表现得很坦然。毕竟来的国家领导人很多，西方国家大多派了高官或特使，那一缺憾并不处在整个庆祝活动的中心。而日本的纠结却不断扩大，中国阅兵成了日本当下外交遮天蔽日的事情。

随着很多国家就领导人出席中国阅兵做出积极表态，世界对这次阅兵的整体看法在逐渐朝中方的表述接近。至少在公开领域，团结的氛围在变浓，世界已把中国阅兵作为今年全球反法西斯纪念活动的一部分来接受。日本"零出席"的态度勉强能被理解，它如果高调宣扬自己这样做的"道义正确性"，甚至指责这次大阅兵的国际出席者，它真的是自讨没趣，秀自己的道德下限和孤立。

中国舆论回应日方的无理表态几句话，大概足够了。中国官方可以不理睬日方的滋事取闹，或者以大度的方式进行回应。日本闹不出太大动静，如果它搞出大动静，那也将是日方名誉的灾难，而不可能是别人的。

（2015.08.31）

与连战比，郝柏村更像怯懦者

台湾前"行政院长"郝柏村上周末发表致大陆领导层的公开信，再次搬弄国共对抗战贡献孰大孰小的是非。他提出五点建议，要求在战时首都重庆以及22次重大会战地分别建造抗战纪念馆，并表示欢迎到台北中正纪念堂参观抗战历史真相特展。不久前郝柏村曾对媒体挑起这个话题，称从比例上来说，"抗战正面战场95%，敌后战场5%"。

郝柏村一直反"台独"，这点令人尊敬。但他对抗战的历史观受到其效忠国民党政府的过多限制，局限突出。抗战胜利是全民族浴血奋战的结果，贬低敌后战场的战略意义是缺乏视野和胸怀的表现。郝柏村军人出身，据称一直对蒋家王朝被逐出大陆有怨在心，如今年逾九旬，不知能否释怀。

大陆对抗战历史的记述早已恢复全民族的视角。大陆不仅承认正面战场的作用，这些年对正面战场的宣传热度很高，国军主导的一些大会战如雷贯耳。大陆人民如今对抗战正面战场的熟悉程度恐怕已经高于台湾社会，大陆影视作品中国军形象的出现频率更是肯定高于台湾影视对国军形象的呈现。

郝柏村如果想要历史真相，他应当去向台湾的民进党和媚日派要，向李登辉、蔡英文等下战书。没有大陆的纪念，没有"国民革命军第八路军"这一番号的突出，国军连同它主导的那些大会战恐怕早已在世界的记忆中灰飞烟灭，蒋介石在重庆领导过的事业也已鲜被提及。

大陆今年纪念抗战胜利70周年，不是为了给共产党记功，而是要纪念全民族的那场伟大胜利。这个时候突出全民族的整体性，比分辨70年前的党派功过要重要得多。因此大陆官方从不在这期间主动触及国共争议，大陆邀请连战及国军抗战老兵出席阅兵式，也是一个积极姿态。

台湾绿营攻击大陆今年的纪念活动，包括刁难连战这期间的大陆行，出于对他们一贯立场的了解，我们不感到奇怪。但是郝柏村不断信口开河，给全民族的这场纪念制造争议热点，这实在不是有尊严的做法。

抗战胜利60周年时，大陆曾邀请郝柏村前来参加纪念活动。如今10年过去，国民政府领导的正面战场越来越为人知，官方纪念比比皆是，郝反而高调向大陆发表对立意见，这不能不让人诧异。

一种观点认为郝柏村是在故意与大陆龃龉，讨台湾绿营选民的好，帮他的儿子郝龙斌拉选票。如果是那样，我们真不知该对郝先生报以"理解"，还是对他的做法表达遗憾。

不能不说，台湾如今在政治上四分五裂，那里政治环境对研究、认识历史的客观性保障越来越低，在很多方面已经远远不如大陆。大陆舆论如今可以从客观正面的角度谈国民党和蒋介石在二战中的作用，在台湾能这样谈共产党吗？

连战先生来大陆参加抗战胜利纪念活动都受到岛内绿营的嘲弄，国民党也有一些人不敢支持。郝柏村对大陆放炮依据的是同一个舆论环境。他这样说话或许在台湾很安全，与连战先生相比，他实际上怯懦得多。

郝柏村本人是抗战老兵，我们对此怀有敬意。希望值此纪念抗战胜利70周年之际，郝先生作为政治老人涉足舆论场时，能够执民族之大义，促两岸之团结。有人怀疑郝先生在对照岛内舆论场的需求表演政治乖巧，如果他没有那个意思，那么他最好避免留给人们那样的印象。

（2015.08.31）

百万抗议者证明：日本站在十字路口

日本 12 万民众 8 月 30 日包围国会，同日约 100 万人在日本全国举行示威，目的只有一个，那就是抗议安倍政府利用优势在众议院强行通过的新安保法案，阻止其最终成为法律。

如此大规模的示威，已在日本多年未曾有过。最近一段时间日本社会反安保法案的浪潮一波高过一波，已有 5 位前首相明确表达对该法案的反对态度。但安倍政府和自民党的最新反应仍是冷淡的，表示安保法案在日本参院获得通过"不会因集会受到影响"。

日本处在一个重要的十字路口，安倍的右倾道路令人不安，看来这不是中国由于偏见产生的认识。看看吧，安倍路线带给日本社会自身如此强烈的危机感，他在迫使很多日本民众做他们不希望做的选择。

新安保法案短时间内的主要假想对象是中国，但从长期看，中国只是日本战略针对目标的一部分。目前制定新安保法案被认为与自卫队解禁集体自卫权、日美通过新防卫指针三位一体，共同指向加强日美同盟。但眼看着要突破和平宪法的日本不可能只是中国的担忧，它带来的挑战随着时间推移很可能会成为全面的。

中国不希望日本通过新安保法案，但日本这样做，中国基本无干预能力，只能将防范建立在增强自我能力的基础上。中国要有力量反制被松绑日本的任何严重挑衅，也要能够强有力应对美日同盟因此而增加的进攻性，这是我们最为关切的。

能否阻止新安保法案最终成为日本法律，这是日本人自己的事情。现在看来该法案走完法律程序似乎大局已定，那么这一变故首先塑造的将是日本的命运。

安倍政府致力于将日本变成"正常国家",我们不知道除了摆脱美国在其领土上的驻军,挣脱美日同盟的束缚,这一转变还有什么其他实质的内容。日本在同美国围绕所谓"中国威胁"玩一个竞赛谁能最终耍了对方的游戏,美国对操纵日本信心满满,日本则对成为最终赢家表现出什么样的过程都能承受的忍者权谋。

中国在日本除经济利益之外的其他利益很少,因此我们更专注于如何认识历史的道义。美国在琢磨如何继续控制日本,并促日本为其全球战略更多效力。因此美国的对日态度功利性很强,美日的相互利用是赤裸裸的。

安倍对日本国家利益的追求有时要兜些圈子,从而把日本民众、甚至把他自己兜晕。他对一些重要临界点的看法很可能是扭曲的,他有时需要别人猜他的意思,他又要反过来猜别人是否猜对了他。如果这样的政治文化长期主导日本,那么围绕它就会出现一个高风险的政治地带。

日本新安保法案就是一个怪胎,是安倍和安倍政府有话不直接说,从而制造出一连串悬念的战略动作。对中国来说,了解新安保法案究竟是什么,显然不如让自己强大到足以应对日本的"万变"更为可靠。

从历史问题到新安保法案,安倍政府一再证明自己是外界很难与之对话的另类中心。日本只习惯与力量之间的对话,国际上一直有这种说法。很不幸的是,这种评价正从一些不曾有过的方向得到新的印证。

(2015.09.01)

哄抢时警察在哪，这个问题该问谁

青海格尔木附近草原上的黑枸杞近日遭到当地群众的强行抢摘，附近警察和政府人员行动起来试图阻止，但无奈骑摩托车的抢摘者成群结队，有时摩托车达数百辆，造成对有"软黄金"之称黑枸杞的洗劫。草场的围栏和警察设置的关卡被冲破，巨大利益引发了"暴动"般的局面失控。

这不是最近一段时间唯一的哄抢事件。8月份河北保定地区的一处300亩梨园遭到附近村民哄抢。同为8月份，河南一辆侧翻的苹果运输车被哄抢，有当地村民甚至开着拖拉机将散在地上的苹果装走。8月份的另一起著名哄抢事件针对了侧翻的运送小鸡货车，大量刚孵出的雏鸡被路人抢走。

中国这几年的哄抢事件主要分为两类，最多的一类是哄抢出事交通工具上的货物以及其他意外事件导致主人一时难以控制的货物。第二类则针对了土地上的农作物或珍贵野生作物。具体表现都是有很多人一哄而上，现场执法的少量警察亦难以制止。

哄抢不是中国独有的现象，西方发达国家也不时发生由特殊事件导致的对商场、金店、散落在地钞票的集体哄抢。对比中外的这些情况可以发现，中国出现哄抢的"触发门槛"更低，西方发达社会的哄抢极少有当着警察面进行的，此外对有主农场作物的哄抢也鲜有所闻。

各地不断有哄抢事件发生，构成了中国社会基层法治面貌的一个侧面。对于警察该不该采取更严厉的措施，比如用鸣枪示警来制止哄抢，中国舆论也似乎莫衷一是。这不失为中国法治舆论环境真实情况的一个样本。

中国这些年发展很快，基础设施建设日新月异。然而这些令人瞠目的哄抢事件展现了中国现代化程度的一个别样参数。这让我们想到，21世纪20年代的中国的确是个很难定义的复杂社会，它是同时具有世界一流高铁以及铁路旁的梨园刚刚发生了村民哄抢的国度。

法不责众的信条和经验仍在中国基层社会里根深蒂固，一个微小的诱因就可能释放哄抢这一古老冲动，从一定意义上说，它是社会治理失序的某种先兆。

有人抱怨警察太软弱，法律对参与哄抢者的追究不够坚决。但也有人指出，如果警察对哄抢者严厉执法，社会风险可能会更大。后一种担心恐怕有其道理，因为现在舆论对警察"执法过严"的敏感度，要大大高于对警察"不作为"的敏感度。

不能不说，如今警察与违法者对峙时，警方的权威经常是有限的。当违法者人多势众时，他们尤其不把警察当回事，警方也似乎缺少为维护社会秩序勇于担责坚决执法的决心。

网上舆论经常把这种情况归咎于警察"乱执法"，以及官方的公信力缺失，甚至认为这是"体制之过"。如果以这种思维对待基层社会的法治缺失现象，那么将是中国全面推进依法治国的重大误区。

不断发生的各地哄抢测出了中国与现代法治社会的距离，中国的法治建设必须在从上到下和从下到上两个方向上同时发力。基层的问题需要以基层的方式开展治理，对警察正当严格执法的支持不能因为个别警察的过失而产生动摇。法治中国仅靠"上边的政策"是打造不了的，它也是等不来的，上下共同努力才是唯一正确且可行之路。

（2015.09.01）

中国阅兵的外交得分明显且扎实

献给抗日战争胜利暨反法西斯战争胜利70周年的阅兵活动明天就将举行，数十位外国领导人和国际组织领导人今天已经飞抵北京。这首先是一场盛大的纪念活动，但如果一定要从外交角度审视它的话，这场阅兵也堪称是成功的。

49个国家的领导人和特使或代表将出席阅兵式，31个国家的军队观摩团也将莅临阅兵式。虽然西方主要国家领导人没有来，但法意外长出席，澳荷等国有部长莅临，美德加等西方国家有驻华使节作为政府代表出席。完全抵制阅兵只有日本一国，连菲律宾也来了曾为前总统的马尼拉现任市长。这个局面足以让中国人释怀。

美国对中国搞这次阅兵"不太赞成"的态度世人皆知，但美国官员除了就苏丹总统巴希尔在此期间访华表达具体不悦外，迄今未说其他"多余的话"。唯有日本难以克制极端不满，将反对中国搞阅兵的失态之语越说越明，结果是将自己置于越来越孤立的境地。

日本官房长官菅义伟8月31日再次指责联合国秘书长潘基文出席阅兵式，之前日本官员已经说了类似的话，潘基文拒绝了日方批评，但他对中日媒体的回应是分别进行的，对日媒的回答稍显含蓄。谁知日方变本加厉，秘书长的发言人31日干脆通过记者会表示潘基文的行程不变，他把中国的阅兵与今年世界各地纪念二战结束的活动并列，认为这是一个"很好的契机"，可以"得到历史教训"。日方自寻的尴尬更加彰著。

当大阅兵就要举行之际，中国社会洋溢出轻松和骄傲，以及对阅兵具体画面的兴奋好奇。对来了的朋友，我们竖大拇指。对没来的，我们或理解其难处，谅解其特殊纠结，或者私下里说他们几句，就过去了。我们总的感受是这次阅兵促进了国际社会的团结，或者增加了大家体面处理分歧的经验，这个世界上国与国的不同和纠葛似乎不像我们通常担心的那般可怕。

日本成了个特殊例子。它的特殊太突出了，我们有点不忍与之深究。一来那会扫重大纪念日的兴，何必？二来日本政府和其支持者如此想不开，我们如果在这个日子与之互掐，它不好看，我们也不好看。我们把纪念日搞得最好，就是对日本的无声回答。如果东京很生气，世界只会嘲笑它那副小心眼的样子。

中国在不断崛起的过程中搞阅兵式，西方舆论有些担心，发生些误读，实属难免。当前的情况是，中西舆论磕磕碰碰，但我们对西方舆论的挑剔有了越来越多的适应力，而西方对中国走自己路嘴上话多，但心里明白中国的选择非外力能挡。中西在以前所未有的方式实现某种"相互包容"。

从日本方向我们感受到要与中国"对着干"的一些冲动，当然那些冲动是否将被真的践行尚存疑问。从欧洲方向，分歧更多是价值观层面的，缓冲面宽，大体看不到零和的严峻。中美关系也存在不少可塑的希望，双方都有明显意愿避免让极端的预言坐实。这次围绕阅兵发生的大国间微妙对话带来了更多乐观，日本的想不开并未改变这一整体局面。

中国内部围绕阅兵的不同意见已在互联网上得到释放，到了阅兵的眼前，共识部分大面积呈现出来。我们盼望阅兵成功，也相信它必将成功。因为天时地利本来就有，人和也汇集得差不多了，70周年大阅兵，最后的悬念里充满了期待。

（2015.09.02）

巴希尔被指战争罪，中国无义务理睬

苏丹总统巴希尔应邀 8 月 31 日启程，前来中国进行为期 4 天的访问，期间出席 70 周年纪念活动。由于国际刑事法院 2009 年以巴希尔在苏丹达尔富尔纷争上犯下"战争罪"等为由发出对他的逮捕令，巴希尔此次访华引起西方舆论的关注。美国国务院发言人 8 月 31 日表示了对于"邀请国际刑事法院签发逮捕令的人或为其旅行提供便利和支持"的反对，并宣称中国作为联合国安理会常任理事国，"应该顾及国际社会的担忧"。

然而众所周知，中国并非《国际刑事法院罗马规约》缔约国，美国也不是。这意味着中国没有协助该法院落实逮捕令的义务。

达尔富尔冲突的缘由十分复杂，国际刑事法院的判决在非洲广受争议。巴希尔这些年多次在中东地区出访，并且出席过在南非举行的非盟首脑会议。他 2011 年也访问了中国。由于北非地区曾是二战时期的战场，中国邀请巴希尔前来参加 70 周年活动在道义上无可挑剔，也完全符合国际法。

国际刑事法院这些年针对几名非西方国家的现任或去职的领导人采取了行动，西方主导的色彩非常浓厚。美国一方面支持国际刑事法院的原则，一方面又不签署罗马规约，就是为了防止有一天该法院的判决涉及美国人或美国盟友，华盛顿不好办。美国的做法是支持国际法院抓美国的敌人，但用不签约来防着它损害美国利益。

苏丹是中国的友好国家，北京邀请巴希尔前来参加活动，并给他相应礼遇，这是我们应当做的。这是当前国际政治环境中一个大国应有的担当。如果西方不喜欢一个国家和它的领导人，中国就不敢做独立的是非曲直判断，回避与之接近和发展友好合作，那么中国就不可能积累自己大国的威望，我们就会堕落成西方政治上的某种附庸。

巴希尔的问题已经发酵多年，西方舆论事实上有些疲惫，能因中国邀请巴希尔来而向我们发难的空间非常有限。他们有人唠叨几句，中国不予理睬，很快就过去了。

非洲的事情最终要非洲人来决定，外部态度所能产生的影响呈下降趋势，巴希尔顶着国际刑事法院的通缉令继续执政多年，成为一种象征。华盛顿应当尊重现实，并认真审视中国表现出这种尊重的积极意义。美国人应当致力于发现新的世界，而不是坚信自己是世界的中心，地球的其余部分都是边缘。

（2015.09.02）

中国承受着并且追求着

9月3日大阅兵使中国成为世界这一天的绝对主角。中国的强大和它对和平的热爱追求同时清晰地呈现出来。习近平宣布中国裁军30万员额,平衡了一些外部力量对中国"秀肌肉"的担心。中国很在意在展示力量时做如此平衡,这是一种态度。

大阅兵首先在国内意义上获得巨大成功。即使在一些牢骚满腹的社交网站上,也洋溢出兴高采烈的气氛。因阅兵受到一些打扰的北京市内邻近区域民众昨天尤其很兴奋,自发上街沿警戒线观看战车驶过,报以掌声。各种形式发出的点赞被广泛认为是真正民意的爆发,对之前网上的一些怪话形成压倒性对照。中国社会的这种支持和它所展现的国家凝聚力显然比西方舆论怎么看这次阅兵重要得多。

一些西方媒体突出大阅兵之前中国股市的下跌和天津大爆炸等,认为阅兵是有目的的"注意力分散"。它们搞错了中国这个大社会的基本脉络。中国有一些永恒的东西,具体困难和悲剧与那些能在代际之间传递的目标有着只有中国人才能理解的关系,我们在承受着,也在追求着。

西方国家70年前的很多东西都是博物馆里的历史,而在中国,70年前的愿望和牺牲很大程度上仍是活的因素。受过普通教育的中国人大都能读懂2000年前我们祖先写的家书,历史认识和经验的盘根错节提供了中国社会穿越每一个困难时期的特殊力量和韧性。这不是泛哲学。

中国不是一摔就碎的瓷器,当中国的力量逐渐有所恢复时,这一特质愈发凸显出来,成为社会自信的新源泉。大阅兵表面看是一场军事秀,大约一个小时就走过去了。但对中国社会来说,它是漫长心路历程的一个记忆和总结点。中国要走很远,我们发展很快,但本质上不是一个急匆匆的民族。我们的牢固很大程度来自于从容。

中国要走远，就不能四处树敌，对外谋和是中国自古以来的战略传统。习近平强调中国"永远不称霸，永远不搞扩张"，这决非外交辞令，这种思想是中国人深信不疑的对外智慧。

和平不是弱者的语言，甚至不是弱者的权利，对于中国这样的国家来说，这个逻辑是铁一般的。今天仍不是中国历史上相对最强大的时候，但我们业已摆脱积贫积弱，并且越过了国家运势的多个转折点。

中国已经几十年没有对外发生战事，我们将精力集中在国内发展与改革上，中国的谦和一直是地区和平的关键要素。阅兵大致成了外界了解中国军事能力的显要窗口，这样的军事透明越来越变得不可缺少。有些外部力量既急于了解中国战略打击力量的发展情况，又对他们所看到的情况感到不舒服，甚至有所震撼，心态有些矛盾。

这种矛盾是正常的，恐怕也是必要的。中国战略打击力量的不断提升应当为国际社会广泛了解，并且成为它们全面对华认识的一部分。这部分认识会自然参与那些国家对华态度的塑造，这是亚太持久和平的一个积极维度。

中国是综合力量比较全面、均衡的大国，我们的国土面积足够大，历史上每一段辉煌依赖的都不是扩张。中国对自己强大时与外界和平相处有着丰富历史经验。近代以来承受的屈辱带给中国的不是报复欲望，而是一旦我们重获话语权，一定要让恃强凌弱的所谓"国际规则"永久成为历史。中国对国际民主的渴望不会嬗变成对霸权的攫取，中国人不希望自己的国家成为新的帝国。

我们知道，对外界来说，中国的全部善意都需得到一一验证，历史经验成其不了安慰。现在的问题是，一些对中国的不公平要求被当成虚假验证，经西方媒体扩散，成为美日等对华施压实现它们利益最大化的方式。这是需要打破的虚伪，和平与稳定首先离不开实事求是。

总之，"9·3"阅兵犹如一面镜子，它展示了中国社会的内部团结能力，也让我们看到对外团结的巨大可能性，以及所面临的困难。如此大型的国际活动得以完美举行，绝大部分细节都很到位，这是中国由内向外体系性强大的写照。这是当代中国人的幸运，对世界来说，它也充满正面性。

（2015.09.04）

中国裁军30万没期待外部感动落泪

习近平主席3日宣布中国裁军30万,这个消息处在世界舆论的预期之外。它与大阅兵上展示的中国最新导弹同时受到密集关注,对它的解读应当说正在发酵中。

西方一些媒体的最初反应是有些意外,同时认为中国裁军"可能不足以安抚邻国"等。那些西媒认为中国的裁减将主要针对陆军,这反而会促进中国的军事现代化,给外部世界"带来恐惧"。

西方舆论至少注意到中国有"安抚邻国"的意愿,承认裁军是中国的一个"和平姿态"。至于中国裁军不是为了削弱军事现代化,中国军事科技的进一步推进不可避免,外界的这个判断应当说也没错。

中国国防工业能够独立生产更先进的战略性武器系统,这是世界上一部分国家不希望看到的,它们会面临竞争等压力,这也很正常。要让西方媒体为中国的最新军事装备像我们一样鼓掌,那不合人情。它们会说一些酸溜溜的话,通过貌似"客观"的评论抖落内心深处的失落,中国人应当予以谅解。

然而理还是要讲的。要说中国军事现代化是世界和平的"坏消息",这就把严肃的事搞八卦了,没有逻辑支持,完全是出于具体利益和立场所做的价值判断。即使西方媒体喇叭的音量很大,经常能冒充"世界舆论",也改变不了上述性质。

中国阅兵的目的是综合性的,这种综合性绝大多数中国人都能感受到。如果中国就是为了"吓唬"外部世界,则没必要这个时候提出裁军30万,自降所谓"秀肌肉"的效果。如果裁军是中国想通过这次阅兵向世界传达的唯一信息，那么导弹也没必要摆出来了。中国是维护世界和平的一支强大力量，这是我们想告诉国际社会的。它肯定不会不受损失、完整地被各方理解，这是不同力量之间互信的困境。

在我们看来，中国裁军 30 万作为一个强有力的信息，已经触动了世界。外界虽有疑虑，但裁军就是裁军，它在一定程度上反映了中国政府对战争与和平的理解和态度，展示了这个国家的一种善意。对中国再反感的力量，对这个信息的实际接受度也不是零。

中国作为大国和一支逐渐具有了全球影响力的战略力量，我们对世界和平的贡献可不是通过做"老好人"就能实现的。如果我们光裁军，和善得像个泥菩萨，中国经济规模已经世界第二了，利益触角遍及全球，但谁都可以踹中国屁股一脚，中国回过头就作揖，求各方"有话好好说"，这样的世界秩序好吗，会长久和平吗？

大国既要谦逊，尊重小国弱国，同时也必须不怒自威。形成这种微妙的关系对和平与稳定很重要。

西方舆论对中国和平崛起的理解似乎是，中国只能是个膨胀起来的大发面团。如果有谁想咬这个大发面团一口，决不会咬着刺或者骨头。非常遗憾，这完全不符合和平国家的基本概念。

中国或许需要通过一个漫长的过程与西方、尤其是同美国磨合。中国军事上逐渐强大起来将改变全球力量格局，这对西方的心理冲击注定会很深刻。中国有必要在要求西方人适应和照顾他们感受之间把握平衡，让这个有决定意义的过渡尽可能平稳。

这次大阅兵把裁军和展示现代装备，以及通过重温世界反法西斯的血盟经历寻求国际团结一揽子推出，总体正面效果将随着时间推移不断释放。世界正在形成对中国新的认识，西方舆论的即时表述虽然说了一些担心的东西，但能看得出，它们对中国的了解在朝着那个"真实的中国"慢慢接近。

中西建立互信决不会是自己讲句话，就能把对方感动落泪的简单过程。它会特别而艰难，中西对此都需有充分思想准备。

（2015.09.06）

安倍缺席与菅义伟说三道四

9月3日中国举行纪念中国抗战胜利暨世界反法西斯战争胜利70周年盛大活动，在相关国家中，日本现领导人和外交官一个没参加，"剃了光头"，这一表现极为突出。

整个日本政府拒绝中国的邀请，这究竟是怕参加中国的活动会受到"羞辱"不敢来呢，还是压根就不想来呢？

最关键的一点恐怕是，安倍把一个表现正视历史的光荣姿态当成了"羞辱"，并把这种很不健康的历史观和政治观从他的首相位置向全日本社会灌输。日方在安倍来不来的问题上搞出很多小动作，并似乎因为发现这样做是"自取其辱"而更加抓狂。

本来日方对安倍不来中国参加活动的公开解释是"出于国会事务的考虑"。如果没有菅义伟后来对中国阅兵一系列说三道四的"穿帮"讲话，以及日方关于其外交官"一个不参加"的特别强调，东京围绕这件事的自尊尚可勉强保持。

但事实上日本做得太过分了，安倍的缺席与西方国家领导人的缺席很不一样。菅义伟成为国际上批评中国阅兵的唯一主权国家高官。他一方面表示对中国阅兵"不予评论"，一方面又忍不住说了一大堆，而且越说越显得极度想不开，钻进了牛角尖。

菅义伟公开指责联合国秘书长潘基文前来中国出席活动是"有违中立"，这一指控遭到秘书长的反驳。这是从一开始就注定日本要输的争议，东京这样与联合国冲突几乎是"疯了"。

在习近平主席9月3日讲话后，菅义伟又宣称对讲话中"没有中日和解的内容"而感到"非常遗憾"。在日方近年从不公开主张"中日和解"并与中国较劲的情况下，他们要求中国领导人使用这个词汇是外交上十分业余甚至耍赖的表现。

菅义伟直接回应中国裁军30万时竟无一点"欢迎"的意思，直接要求中方"保持透明"。日本政府的对华表态已经僵化到只剩下立场，他们缺少了因应是非曲直的起码灵活性。

日本一直强调中国阅兵是针对它的，并想让整个西方世界无条件支持自己的这一定性。西方虽然要一定程度上照顾东京的这一感受，但日本政府没完没了的折腾被所有人看在眼里，把大家搞烦了。它成了9月3日这个世界上不折不扣的"奇葩"。

安倍政府很希望制造"中国孤立"的印象，但结果是它比谁都孤立。它在西方也是孤立的，西方主要国家虽然首脑没来，但多国派了外长或部长，还有些国家将驻华大使任命为元首特使或政府代表出席阅兵。9月3日上午的活动非常热烈、成功，只有安倍政府领导下"剃光头"的日本在一旁气得发抖，这就是那一天呈现出来的大画面。

其实多家日本主流媒体有评论认为中国的"9·3"阅兵并未表现中国"反日"，菅义伟等日本高官所显示的心胸和对善意的理解力比那些日本媒体人看上去差多了。他们很奇怪地针对中国阅兵的个别细节做文章，唯一的解释或许是，他们的自信碎了一地，已经无所适从。

与这样的日本政府打交道，这不能不说是现代中国的不幸。但是有什么办法，中国总不能因为安倍和菅义伟这些人就迁怒整个日本人民和我们的这个邻国，让对立在两个国家之间定格。

很多日本朋友告诉我们，安倍政府还是"很想同中国改善关系的"，只是这个政府针对这种改善的考虑和设计里充满了党派及政客个人的利益算计。如何在他们的算盘珠子之间发现对中日两国有益的元素，这是一个挑战。或许回避这个挑战不是长久之计，中国要想做真正的大国，就必须站得比日本更高，实现超越。

（2015.09.06）

美欧启动颜色革命就应善后

欧洲正在承受难民潮冲击的痛苦。3岁叙利亚儿童遗体被冲上海滩的画面震撼了全世界，增加了欧洲通过正规途径接收中东难民的压力。德国政府的态度转为积极，英国也宣布将接纳更多难民，但仍有多个中东欧国家拒绝了欧盟提出的难民分配方案。

原本平静的社会突然来一批难民，对西方人来说已很难受。但想想一个国家破碎了，原来好端端的中产阶级一夜之间沦为难民，被迫举家出逃，那样的难受又会是什么样的？

舆论普遍认为，欧洲负有接纳更多中东难民的责任，因为欧洲国家曾对叙利亚、利比亚等主要难民输出国陷入战乱推波助澜。美国同样有这一义务，因为它是"阿拉伯之春"公认的"政治总指挥"。但现在美国基本袖手旁观，表示"相信欧洲有能力处理好难民问题"。而欧洲所做的大多是为平息舆论的表面文章，从道理上说，它们应当把国门向那些悲惨的难民完全打开。

但是欧洲肯定不会真对难民来者不拒。欧洲已多年经济不景气，极右思潮抬头，敌视外来移民的情绪在蔓延，这种时候敞开接收中东难民，欧洲国家既无意愿，也的确力所不逮。

其实西方最希望的是中东国家脱胎换骨，坚决走美欧为它们指出的民主之路。一旦那些国家陷入战乱，那里的人民最好忍着，在西方提供少量援助的情况下内部消化痛苦，不要给西方国家添麻烦。中东不是有难民营吗？战争难民都应好好在那里待着，西方人道主义组织送去些食物药品和孩子们用的文具，既显示了富裕国家的仁慈，也维护了各国之间的利益格局。

西方没有倾力帮助非西方国家实现良治的意思。在意识形态上影响非西方社会，鼓动发生颜色革命，西方对此很在行，容易做，不需花太多钱。但帮助发生了革命的国家重建秩序，实现社会繁荣，却需要令西方望而生畏的高昂投入。因此，西方现在总是积极助颜色革命开头，却不管善后，致使一些国家的民众因追随西方而付出惨痛代价。

叙利亚、利比亚，包括伊拉克等，毕竟都是人口有限的小国家。它们因战乱输出的那点难民就让欧洲如此受不了，真不敢想象，一旦像中国这样的人口大国社会治理失败，导致大动荡爆发，这个世界将会发生什么。

中国人过去一个多世纪向世界各地的出走大多是经济移民身份，大规模的中国对外难民潮几乎没出现过。也就是说，中国多次内乱虽造成大量难民，但基本都在国家内部消化了。未来若有大的不测，外部世界也不太可能允许中国难民大举流入。

这也难怪，中国如果向世界输出难民，人数恐怕将是百万级甚至千万级的。那将是西方的噩梦，那些国家决不会接盘。

从世界各地的情况看，再大的天灾，其对一个国家民生的整体打击也比不了战乱。因为战乱摧毁的是社会秩序，剥夺的是人们享受生命财产安全的第一权利。自然灾害都是短时间的，重建可以迅速开始，而战乱一旦开启，就如同打开潘多拉盒子，届时再宝贵的民生也不会比争夺政治胜利的一枚炮弹更受重视。

中国在和平发展，减贫范围持续扩大，西方不断指责中国人权，但看看那些战乱地区和极度贫困的国度，必须说，中国是支持当今世界人道主义呼吸的最大一片肺叶。中国现在最火爆的是"好声音"和"爸爸去哪儿"这类长期和平社会才会繁荣起来的娱乐节目，这实在太拽了。

"崩溃论"一直在追着中国的屁股跑，还是小心点吧。别以为今天的和平与繁荣是白来的，天经地义的。它需要我们大家的捍卫。

（2015.09.07）

一个藏族男孩受达赖集团迫害 20 年

中国政府 6 日发表今年第二份《西藏白皮书》，在就此举行的新闻发布会上，西方媒体询问达赖喇嘛 1995 年非法指定的"十一世班禅"当前的情况，西藏官员回应说，那个孩子"正在接受教育，正常地生活、健康成长，他也不希望受到任何的干扰"。

十世班禅额尔德尼·确吉坚赞 1989 年 1 月 28 日圆寂，根据藏传佛教仪轨和历史定制，也根据中国的有关法律，1995 年来自那曲地区嘉黎县的 5 岁藏族男孩坚赞诺布被确定为十世班禅的转世灵童。然而在同一年，十四世达赖喇嘛在境外擅自宣布另一名 6 岁的藏族男童为十世班禅的转世灵童，试图扰乱藏区。

在这 20 年里，额尔德尼·确吉杰布作为藏传佛教的宗教领袖已经成长起来，他是唯一的在世班禅，广受爱戴。那名被达赖指定为"班禅"的男孩则像其他普通藏族男孩一样受到良好的教育，正常地成长。西方媒体不断想把他搞成一个突出的争议点，制造轰动，看西藏的热闹。

可以想见，那名男孩有可能面临多么严重的骚扰。达赖集团和西方舆论力量都不可能愿意放过他，允许他过一份常人的生活。可以说，达赖 20 年前非法指定那个男孩为"班禅"，等于把幼小的他和他的家人强行推入了其为对抗中央政府所挖的陷阱，这事实上成为达赖集团对他和他家庭的长期迫害。

西方媒体宣称中国政府第一次回应外界对那个男孩情况的询问，而据我们查阅，中国官员已就那个男孩谈过多次，主要内容就是他的情况很好，受到良好教育，会成长为国家的有用之才。

达赖集团和西方媒体如果还有一点善根，就应当放过那个男孩，也放过他的家人。那个家庭已经受到骚扰，而摆脱骚扰是他们的权利。政府方面采取对那个男孩行踪进行保密等保护措施是必要的，据了解，不被政治势力纠缠也是那个家庭的强烈愿望。在达赖集团彻底放弃把那个男孩当政治牌打之前，不被他们和西方媒体直接找到，这是他和其家人捍卫正常生活空间的被迫选择。

达赖集团一直宣称中国政府"囚禁"了那个男孩，而事实是某种意义上那个男孩躲他们的魔掌躲了整整20年。以一个非法"班禅"的身份在藏区公开生活，这是一个普通人根本无法驾驭的，关于这点不难想象。达赖集团和西方媒体从不去做这样的描述，他们在这个问题上展现了十足的虚伪。

达赖集团为从事政治斗争从不顾及普通人的命运，藏区曾连续发生僧人自焚事件，达赖等人从不公开呼吁僧人们停止这样做，而是对这样的自残行为给予称赞，甚至把这种自残行为说成是符合佛法的，会得到福报的。由于达赖有一定的宗教影响力，藏区一旦有谁被他盯上，落入其打造对抗中央政府工具的图谋中，那样的人就可能面临噩运。

那个西方感兴趣的男孩何时能够完全"自由"，这恐怕要去问达赖。达赖集团毁了那个孩子的原有生活环境，当他已经26岁时，仍无法彻底摆脱强加给自己的争议，无法作为一个普通人站到世人面前。达赖对那个男青年和他的家人是欠了债的。

（2015.09.07）

外界想拆散中朝友好，这须被注意到

7日举行的中国外交部例行记者会上，有外媒记者询问朝鲜特使崔龙海出席北京阅兵期间与中方领导人的会见情况，并问中国如果没有安排重要会见，是否表示中方对朝方不满。外交部发言人洪磊表示，崔龙海书记和朴槿惠总统都得到了中方热情友好的接待，中方致力于与朝韩两国发展友好合作关系。"至于你的猜想，并不属实。"洪磊回答说。

从中国宣布将邀请外国领导人出席北京"9·3"阅兵式以来，朝鲜的哪位领导人将前来北京就是国际舆论的热门看点之一。最后是朝鲜劳动党总书记崔龙海代表该国出席，这个结果应当说在人们的预测范围之内。

中朝关系现阶段比较微妙，这种微妙也应当说处在两国的"可控范围"内。一方面，中朝两国新领导人至今没有见面，这是有目共睹的事实。另一方面，两国保持着"中朝友好关系"的基本框架和节奏，也保持着寻找恰当机会向对方示好的积极性。两国围绕核问题的分歧没有被回避，同时两国都没有在中朝友好关系"很重要"的认识上动摇。

西方及日韩舆论每时每刻都在搜寻中朝"分歧加重"的迹象，并且很愿意放大中朝之间的分歧。它们很显然希望中朝扩大分歧，想推动这些分歧侵蚀中朝传统友好的基础。关于这些中国人不难发现，相信平壤也注意到了。

东北亚的各种问题和矛盾盘根错节，每一对双边关系都做不到十分单纯，但它们的基本指向又是很清楚的。友好是中朝关系的主流，这通过朝鲜与其他国家关系的对比会看得非常清楚。而这个地区的某些力量很想看到中朝关系掉头下坠，它们或许觉得这更符合自己的地缘政治利益。

但是中朝在承认分歧的同时，不会让这些分歧给两国整体关系定调。两国友好的基础非常强大，此外核问题也不是中朝关系今天的全部。许多问题的不同性质构建了一定的微妙性，但中朝有能力适应这种微妙的存在，不会被它牵着鼻子，带来扩大化的损害。

有人把中朝关系类比成当年的中苏关系，这是很幼稚的分析。当年的中苏公开决裂，光中方批评苏联就推出著名的"九评"，两国还中断了经济合作，直至在边境线上发生军事冲突。中朝根本不可能朝那样的方向走，两国的分歧是针对具体问题的，而非通常意义上的所谓"交恶"。

中朝不是"谁更离不开谁"的问题，两国友好关系对双方全面外交都是加分因素，毁掉双方友好换不来任何回报。有人说朝鲜对华冷淡可以换取对美关系缓和，这是外交盲的胡诌。韩国对华关系不断升温，影响首尔同华盛顿的关系了吗？同样，中国与韩国发展关系，也用不着拿冷淡朝鲜做筹码。

外界一些人如此希望中朝加剧分歧，这是对中朝两国的一个提醒。相信北京和平壤有足够的清醒面对这样的愿望，并有充裕的智慧与之进行周旋。在一个复杂的区域外交体系中，某一双边关系既取决于当事双方，也会受周围环境的牵制。在与各种牵制进行的博弈中加强中朝友好合作，这恐怕是一项长期任务。

（2015.09.08）

达赖实为西方捧出来的"国际王林"

今年是西藏自治区成立 50 周年,各族群众欢欣鼓舞,喜迎大庆,跟西藏有关的话题也在世界上走热,很多并不太了解西藏的人,也会在这个时候插几句嘴。

这些年一直有两个西藏,一个是真实存在的西藏,还有一个是外界想象中的、由达赖集团和西方舆论联合烘托的西藏。

后一个西藏由两个画面组成,一个是西藏原本应该是什么样子,一个是西藏被共产党"折腾"成了什么样子。

想象中的西藏虽不存在,但经西方媒体经年累月的打造,又有达赖做代言人,得以在国际舆论场上以假乱真,有不小的影响力。这大概是现代世界持续时间最久、舆论力量卷入最多的一个谎言。

这个谎言甚至在西方世界形成了道德及政治正确,这样的"正确性"压制了西方人认识真实西藏的勇气和积极性。很多人相信,戳破围绕西藏的谎言已经不是认识论层面的问题,只有中西力量格局和政治关系的变化才可能推动它。

今天在有关西藏的大事小情上,西方的确像是"叫不醒的装睡者"。十四世达赖喇嘛被西方舆论捧为"圣人",他的公众形象总是被打造成笑眯眯、充满睿智的长者。但随便扒扒他的过去,他统治西藏时不光彩的记录一定会让西方公众倒胃。

达赖喇嘛是从来不提那段往事的。这位政治流亡者后来在西方力量的联合助推下一举收获诺贝尔和平奖,数次成为西方领导人的座上宾,可谓风光无限。然而,一旦有一天西方舆论站出来揭露他,他就是国际上一个超大号的"王林"。

西藏应该是什么样的呢？西方舆论围绕这个问题充分调动了浪漫的想象力。那里不仅自然是原生态的，社会同样应与现代无缘，保持时间停摆的原汁原味。在这种近乎变态的心理作用下，西藏只是他们对现代文明厌倦的消费对象，任何进步与现代化，都是"破坏"。

这是一种不平等、且蛮不讲理的态度。评价西藏社会成就的坐标首先要由西藏公众以及全体中国人民来确定，我们最了解西藏需要什么，我们对西藏实现高质量进步的关切比任何外部力量都更加真实，我们为此所做的付出也是外界不可能做到的。

西藏实现了跨时代的政治进步，也实现了前所未有的现代基础设施建设。而这一切是在保持西藏文化基本形态、也全面保护西藏生态环境的情况下展开的。对比一下美国的印第安人"更像印第安人"，还是西藏的藏族人"更像藏族人"，我们就会一目了然。坐一次青藏铁路，所有人都会对沿途的生态系统保护竖大拇指。

西方助推的谎言传播再广，最终也是过眼云烟。真实的西藏就屹立在青藏高原上，随着中国向世界中心舞台的不断移动，各国人民会通过各种机会与西藏的真实信息相遇。西方舆论推送的虚假画面将面临挑战，西藏将越来越成为中国形象的一个闪光点，而不是一项负值。一直帮助外部力量给西藏发展捣乱的达赖集团注定是这个时代的 loser。

（2015.09.08）

美国坑惨了为中东战乱接盘的欧洲

德国宣布将处理最多 80 万份难民申请材料,这个数字是欧盟其他国家在未来几年准备接收的难民总数的好几倍。默克尔表示,这场空前的难民潮将会"改变德国"。

英国表示将在未来五年接收 2 万难民,这个数字在德国的慷慨面前显得拿不出手。但同大洋彼岸的美国相比,这又算得上是厚道的。美国从 2011 年以来一共接纳了 1500 名叙利亚难民,奥巴马政府咬了咬牙,表示明年最多还可接受 8000 名。

舆论的对比是情不自禁的。美国作为西方的"大哥",遇到大事把盟友往前推,让别人挡子弹,自己在一旁敲战鼓喊口号,无论美国人怎么自圆其说,华盛顿这次在道德上都低了半格。

很多从叙利亚逃出来的难民一路上高喊"德国",默克尔真的应了,未来可能会挺麻烦,但德国的"负责任"给世人留下印象。当然,德国这样做并非因为默克尔政府真的"很淳朴",而是因为舆论的压力实在太大了,今天的德国已经别无选择。

这次难民潮很可能成为一个里程碑。那些可怜的中东北非人为逃向欧洲冒了真正的生命危险,最终冲破了欧洲限制难民的法律障碍,生生撞开了欧洲的大门。这的确会对潜在的难民发出一个信号,也会让发达国家今后在强制阻挡难民流动时有所忌讳。

国家边界对难民的权威有可能被削弱,难民向富裕国家流动的权利会得到更多同情和承认。难民们在一个方向上集中起来进行突破,可能会被当成成功的模式来效仿。那样的话,围绕难民问题就会翻开新的一页。

但这不能怨默克尔发出了"错误信号",也不能怨难民们走向"造反",不把国家边界当回事。真正的罪源是战乱,是这个世界一些地方民不聊生、另一些地方灯红酒绿的严重不平等。

看来阻止战乱的发生是当今世界的头等要务。欧洲追随美国"惩罚叙利亚",欧洲公众当时慷慨激昂,恐怕根本没想到时隔几年,他们会成为同一场战乱的受害者。任性地摧毁一个西方不喜欢的国家是要付出代价的,这一印象相当深刻。

亚洲和非洲是难民频繁出现的地区,离它们最近的发达地区往往是欧洲。美国远处西半球北部,北接发达的加拿大,南临情况不算很糟的墨西哥和拉美地区,两边是大洋,难民很难自发地大规模跑过去。所以出了严重难民潮,首当其冲的将是欧洲。

虽然当年法国挑头军事干涉叙利亚,但最积极要搞掉巴沙尔政权的力量是美国,叙利亚内战催生了"伊斯兰国",又导致了当下罕见的难民潮,迫使欧洲成为那场战乱的接盘者。可以说,欧洲这次让美国"害惨了"。

希望这场规模空前的难民潮能成为西方乃至全球一个被严肃汲取的教训。世界变了,某个地区严重动荡,其他地区"独善其身"越来越难。最近的叙利亚危机和乌克兰危机中,至少欧洲都站到受损的行列。它们是否符合美国一些不可告人的战略意图,时间将作出证明。

从目前看,伊拉克战争以来,美国策动或鼓励的几起战乱都使华盛顿在道义上失了分。美国已经无力驾驭有重大地区意义冲突的走向,它这个"世界警察"做事越来越虎头蛇尾,不断打造"政治烂尾工程"。如此下去,即使华盛顿能够逃避一部分直接损失,它对世界的支使能力将大受影响。由于美国很看重其对世界的"领导力",这样的折扣也将让它心疼。

(2015.09.09)

安倍连任总裁或显当下日本"无人"

日本自民党总裁选举报名8日上午截止，结果只有现任自民党总裁安倍晋三一人报名参选。安倍因此不经投票再次当选，这意味着如果不出大的意外，他将在本届首相任期结束后实现连任。

日本舆论对安倍不经投票就获得连任权有些微词，但它们不会起什么作用。

日本没有能与自民党匹敌的政党，自民党内又无人能挑战安倍的权威，潜在的日本下任首相就这么"确定了人选"，尽管在程序上无可挑剔，但对一个西方式民主社会来说，这总是有点怪怪的。

因为安倍干得没那么好，他最多属于日本政坛"相对最不坏"的选择。这么一个人物在如今的日本"无可取代"，令自民党内所有潜在竞争者"望而却步"，整个日本政治无条件为他铺出红地毯，不知这该不该算如今日本"无人"的一种表现。

有人这样给"安倍经济学"的三支箭打分：第一支箭打A，第二支箭打B，第三支箭C、D都不够格，只能打E，合在一起就是ABE，这正好是安倍的英文名字。

安倍外交非常简单，就是抱美国大腿，与中韩俄不同程度对立或疏远。这是一个国家独立外交的大忌，安倍执政这几年大大压缩了日本的外交战略弹性和空间。

安倍推动的新安保法案即使在日本国内也广受争议，它作为安倍"勇于改革"的主打项目，其实际意义掖掖藏藏，它带给日本未来的不确定性似乎要高于确定性。

安倍成为日本政坛的霸主，反映了日本社会总体上的迷茫。在国家经济及政治长期低迷的情况下，日本社会总有一些东西不愿意正视，而更喜欢人云亦云，放大某些简单的原因，用肤浅的情绪宣泄代替深层的反思。安倍迎合了很多日本人的心理，配合了他们的焦虑，他更像是成功的政治心理学者，而非负责任的治国者。

很多中国和韩国普通民众对安倍意见很大很尖锐，而中韩与日本的国家利益分歧并没有那么夸张。安倍执政导致了日本与邻国关系最近几十年最糟糕的时期，外交冲突前所未有地扩大成社会之间的对立。这对中韩意味着什么另说，但它对日本肯定不是什么好事。

安倍带领日本在战略上剑走偏锋，他似乎在刻意把同中国的关系推向谷底，赌在这之后日本对于恢复中日关系的主动权。他是自中日邦交正常化以来日本首相中从未有过的"超级鹰"。

重要的是，中国外交的外延面要远大于日本，这使得中方在处理中日关系时的回旋空间更大，策略可以更从容，这是中国对日战略主动性的源泉。中国一直希望改善对日关系，但这是北京的一个稳定意愿，而非精心设计并且执行起来高度紧张的赌博。

总之安倍的政治格局有点小，这决定了他任上的日本也不可能有格局上的突破。对于安倍中国需要适应，不能与他个人计较，也不与他领导下的日本做莫名其妙的斗气游戏。就像刚刚过去的大阅兵，我们面向世界，安倍政府对如何反应绞尽脑汁，但对中国来说，安倍来不来只是一个长长名单中围绕一个名字的变数。

中国不喜欢安倍，但他却可能成为最近十几年执政时间最长的日本首相。我们不需因此而把整个日本划入另册，我们应当保持对日关系的平常心。安倍的确是日本民众选出来的，日本社会对中国不喜欢的程度也确在增加，但让安倍长时间在任不是日本专门为了对付中国而做的选择，这不是那个国家和社会对抗中国的宣示。对此我们也应了然于心。

（2015.09.09）

美政客谈中美大事要反着听侧着听

中国国家主席习近平本月下旬访美，这次国事访问的临近已被美国政界、商界、舆论界广泛注意到，各界的重视正逐渐汇集起来。然而美国社会高度重视这次访问的表现形式有些特别，美国舆论为访问营造气氛的做法与中国不太一样。

一些美国政客频频拉高批评中国的调门，把中美之间这两年的热门问题抖了个遍。中国学者金灿荣认为，这是美国人特有的"大局观"，他们要趁着习主席带来的关注抓紧做出他们最想被美国和世界注意到的表现，因为同样的话，他们平时说可能没人听。

世界大多数国家元首访问美国是不被广泛注意的，很多元首只有在美访问期间或者临到访问就要开始时，美国媒体才会有报道。而对习近平的这次访问，美国舆论已经谈了相当长一段时间。美国几位共和党总统参选人都针对这次访问说事，大部分美国主流媒体迄今已经做了深度分析。

习近平访美显然是今年美国最重要、也最抓眼球的外国领导人来访。这次访问的成功是中国政府和美国奥巴马政府的共同愿望。美国一些政客和媒体借这个时候施加压力，可以帮他们刷存在感。一些需要抬升名气或选情的人，围绕中国和这次访问"语出惊人"试图捞分。

如果用中国人熟悉的语言说这些人，他们至少有一部分是带着"傍大款"心理掺和这次访问的。

借助中美之间的问题刷"爱国主义"，通过烘托中美的"势不两立"来表现自己的"远见"和"耿直"，如今中美都有这样的"超级鹰"。他们通常得不到两国各自领导层的赏识，真实影响力有限，但却以意见领袖的身份赢得国内民粹舆论的喝彩。

实事求是说，中美关系处在传统权力转移下的战略敏感心理期，双方的行为很容易被对方误读为具有强烈的进攻性。比如美国舆论经常把今天中国的很多言行认定为"咄咄逼人"，而美国"重返亚太"政策以及其在中日争端中所持的暧昧立场，中国舆情的反应大多认为这是美国在遏制中国。这样的尖锐认识很难在中美之间释怀，它们是新摩擦不断出现的思想温床。

中美今后的确还面临一些新挑战，包括中美围绕亚太地区"领导权"认识的磨合，美国对中国军事现代化的担忧，中国走向海洋对美国的心理冲击，中国产业升级带来的中美经济关系结构性变化，双方在网络等新空间领域的竞争等等。

此外两国的心理变化也在产生实质影响，那就是随着中国崛起，中国社会的自信在增加，而美国在对华外交上的整体心态逐渐从"领导者"向某种"受害者"心理转变。

中美关系的复杂性又有了空前的增加，美国鹰派和"抓眼球派"找中国茬更容易了，也能做得更加逼真。他们制造的氛围让一些人感到中美接近了"临界点"，悲观论有所抬头。

然而中美不断扩大交流所创造的巨大利益在迫使两国社会都保持整体冷静，美国舆论在南海、网络及人民币汇率等领域叫得欢，但这些摩擦所构成的战略性却总能让人感到几分虚假。美国政府几乎不可能就对华政策做莽撞的战略调整，中美战略对撞是整个世界、包括华盛顿的噩梦。

中国全社会重外交礼仪的自觉性更高，美国的多元和功利主义则释放出种种奇谈怪论。然而那些声音掩饰不住美国人对中国作为世界性力量所拥地位的认可和尊重。当中美有外交盛事发生时，评估美国舆论的标准要与中国的有很大不同，美国政客的一些话要反着听，侧着听，或者干脆不听。

（2015.09.10）

毛泽东是伟大的人，不是伟大的神

昨天是毛泽东逝世三十九周年，这不是一个"逢十"的整年纪念日，但是互联网上围绕这位伟人的争论似乎又一次出现高峰。

中国官方对毛泽东有正式评价，该评价对毛为中国人民解放事业和社会主义建设事业所做贡献有很客观的赞扬和尊重，但也确认毛泽东在晚年犯了错误。这些年官方谈论毛的历史功绩比较多，但这不意味着上述整体评价的改变。对于正面历史人物，官方大多不去反复揭他们错误的伤疤。

我们今天离毛泽东时代已经有了一点距离，越来越能看清毛和战友们为这个国家创造的成果。毛泽东时代一些错误的阵痛似乎过去得更快些，这个国家正站在毛时代的肩膀上继往开来。

然而毕竟刚过去不到四十年，毛时代与外部世界的政治关系有一部分在延续，中国社会不同人群与如何评价毛也有一些利益关系，毛泽东不是普通的历史人物，而是这个国家的政治符号。

客观而言，邓小平对毛泽东功过"七三开"的评价广受中国社会的认同，毛是位旷世伟人的定论随着时间流逝变得愈发巩固。互联网上这几年对毛的争议重新抬头，反映的并非社会对毛态度的真实面貌，那是一种被放大了的争论。

一些人通过互联网全盘否定毛泽东，把他归入人类社会的"暴君"之列。这些人有一部分是因为经历了毛时代，有一些放不下的个人遭遇，但还有一些就是不接受中国选择了社会主义制度。他们把羞辱毛的形象作为发泄对中国现行政治制度不满的一种方式，由于隔着时代挑出毛的一些历史局限很容易做到，他们得以在偷换历史条件的情况下搞出种种看上去在说理，实则很恶俗的游戏。

否定毛泽东的还有一些应被定义成"力量"。他们与普通恶搞毛泽东的人不同，更富攻击性，对国家现行体制怀有敌意。

除了这些所谓"极右"，网上近年还出现被称为"毛左"的群体。后一拨人的情况也不尽相同。他们有些就是普通的毛泽东崇拜者，对毛的感情很真挚。其中一部分人因为同"极右"长期斗争，在意识不到的情况下被这种斗争推向相反的极端。他们不承认毛泽东犯过任何错误，宣扬毛做的一切都是正确的，甚至有人认为改革开放因为"背离"毛泽东时代，是"错误的"。

毛泽东是伟大的人，不是伟大的神。他的伟大留给了中国人民宝贵的长期遗产，其错误造成的短期损害在渐渐被他的政治继承者们消化。毛是开启者，他开启的事业极具生命力，因为他的开启，中国走向伟大复兴，这样的评价应能超越现实政治和意识形态，成为历史最终评价毛的权威索引。

毛去世39年来，中国民间对他的看法总有一些不一致，而且经历了曲折，但对他评价的共识总的来看在增加，越来越正面也是个总趋势。否认这一事实是怯懦和自欺欺人的表现。毛泽东不是个人和某个小群体就有能力评价的，能够评价他的只有全体中国人民。甚至不仅仅在于人们怎么说他，这个世界人口最多国家的人民在他缔造的国家里生活越过越好还是越过越糟，过得怎么样，也在为评价他提供更具说服力的证据。

（2015.09.10）

莫将美国对难民的义务抛给中国

《纽约时报》记者狄雨霏在该报网站上发表文章,标题是:中国冷眼旁观移民危机,指西方自食恶果。文章批评中国对叙利亚难民问题不够热心,迄今提供的救济款不多,该文还指责中国学者宣扬美欧搞乱了叙利亚,应该"自食其果",承担帮助难民的责任。

这位纽时记者还是挺会转移目标,帮美国分忧解难的,出其不意地一竿子打到中国身上。自难民危机爆发以来,美国舆论对华盛顿在其中应负主要责任的浅显逻辑,以及美国推诿接纳和帮助难民的明显事实,都做了选择性忽略。人们几乎看不到美国主流媒体关于这场危机根本就不该发生的反思,同样几乎听不到美国从政坛到舆论场对这个国家应当承担"自作孽"后果的道义呼声。

然而纽时记者却能及时、犀利地发现"还有一个中国",她批评已是世界第二大经济体的中国没有第三大经济体日本为难民提供的救助款多,用这两个看上去矛盾的排序做一个丑化中国的标签,似乎挺合适的。

但这个世界上从未有经济规模大就应为救助国际难民多出资的逻辑,连美日及欧洲国家的政府也没有这样的要求。救济难民应当积极,但也需量力而行。中国作为发展中大国,内部贫困的问题还远未解决,由中国扮演救济、接纳叙利亚难民的主要角色,这不是世界舆论的期待。

除了经济原因,中国在地缘上和事情发生、发展的相关性上,都比欧美离叙利亚难民危机遥远得多。由中国挺身而出向被这一危机困扰的欧洲大伸援手,这同样不是世界舆论的期待。

而欧洲和世界舆论都在期待美国向难民打开国门并提供更多捐款,

对美国搞乱了叙利亚却不肯出力善后的批评在世界舆论场上比比皆是。美国政坛和媒体上的这种声音最弱，也最含混不清，狄雨霏女士难道没有发现这一点吗？

当然，美国媒体有心维护美国的利益，这点未必不能理解。但是道理还是需要讲清的，不能颠倒是非。围绕难民潮的起因和救助责任，美国媒体可以沉默，但乱咬就很不合适了。

说到中国，抛开外媒的意见，我们自己今后针对难民事务采取能被世界舆论识别的更积极态度，还是有必要的。实际情况是，如果中国太积极了，西方会受不了。那样的话，我们会遭到新的警觉。但如果中国表现的积极度不够突出，西方也会不高兴。鉴于中国当下的特殊地位，我们做好事也需有把握好"度"的智慧。

美国有影响世界舆论的能力，它能大体做到让自己"怎么做都是对的"，忽视外界对其"不对"的批评。中国这方面没法跟它比，中国的难处是"怎么做都不对"，做得更努力、更细致是我们现阶段的宿命。

中国或许有必要针对叙利亚难民问题采取一些外交行动，比如派特使，向联合国提结束叙利亚内战的倡议等等。叙利亚难民危机不排除出现进一步的连锁效应，中国应朝前评估，争取主动。

（2015.09.11）

败亡于解放军是张灵甫一生突出句号

"张灵甫"这个充满争议的名字,今年以来不断成为舆论场的热词。他被一些人赋予"抗战名将"的头衔,甚至有将他列入"抗战十大名将"的。其家人也受到关注,相关消息走上互联网,都与塑造张的正面形象有关。

张灵甫的确参加了抗战的全过程,负过伤,对抗战胜利有功。但即便在国民党的记录里,他也算不上"抗战名将"。抗战开始时他只是个团长,临近抗战结束才升为74军副军长,获少将军衔。他是国军将领王耀武带出来的,王的抗战功绩远大于他,如果就国军军官的抗战功绩排名,张灵甫的前面会有一长串数不过来的名字。

客观说,张灵甫军旅生涯打的最著名一仗,就是1947年他被击毙的孟良崮战役。那是我军在解放战争初期仍处于战略防御阶段时战胜国民党军队的最著名战役之一,消灭的是国民党整编74师,重挫了国民党军队对解放区战略进攻的锐气。它是解放战争形势发生变化的重要里程碑。

张灵甫阵亡于那场战役,蒋介石把他封为"杀身成仁"的榜样,为其建碑修墓。中共方面也以全歼74师来鼓舞士气,证明不可逆转的历史走向。张因此成为解放战争中的一个标志性人物,后来大陆拍了故事片《红日》,片中的解放军将领用了虚构名字,唯有张灵甫用了实名。那部电影在当时的中国家喻户,扩大了张的知名度。

今年是抗战胜利70周年,大陆举行盛大纪念活动,如何评价国民党正面战场的作用,互联网上出现一些争议。这些争议本身的存在,有其复杂原因,涉及面也相当广。

但是张灵甫在网上受到一些人特别突出的颂扬，被他们包装成国军抗战的代表性将领，这是极不正常的，其背后推手的目的大概不是纪念抗日，而是对大陆现政权合法性的攻击。张是抗日期间的普通军官，还有杀妻大罪在身，那些人硬要把他塑造成"抗日名将"，是想强调共产党军队击毙的是抗战功臣，而非效忠蒋家王朝的军中头目。这是要从侧面否定解放军战胜国民党军队的正义性。

王耀武的抗日战功比张大多了，但王后来被解放军俘获，淮海战役期间还向被围的国民党军队劝降。还有李宗仁，指挥台儿庄战役打得那么漂亮，但他上世纪60年代回到了中国大陆。还有卫立煌、杜聿明等，都是真正的抗战名将，但他们中有不少人在解放战争中被共军俘虏。极端的"国粉"们对他们都看不上眼，单单挑出来被解放军击毙、最受蒋介石推崇的张灵甫，他们不像是要纪念的后者的抗日之功，而更像是为他与解放军作战"杀身成仁"而鼓掌。

其实中国大陆官方对张的抗日表现给予了实际承认，据报道，抗战胜利60年时，张的家人就收到了抗战胜利纪念章。此外对张抗战的记述在大陆早已放开，不受任何限制。张的抗日名声得到应有传播和尊重。

但是大陆政权没有义务对张灵甫给予特殊纪念，他在国共内战期间站错了立场，这导致了他的最终结局，他个人需对此承担责任。大陆官方对他的客观对待既符合抗战的那段真实历史，也契合历史对解放战争正义与非正义的认定。

随着时间推移，人们想起张灵甫在解放战争之前做过的一些好事，逐渐改变对他的印象，是正常的。但这不需成为国家推动的进程。张是败于解放军的亡将，这是他一生的突出句号，这一点无法改变。

（2015.09.11）

李光耀之后新加坡执政党稳住阵脚

新加坡大选昨天举行，执政的人民行动党出人意料地保住了上次大选的成绩，根据抽样计票结果，估计在89个席位中只丢了6席，与2011年的那次选举一样，但得票率反而高于上次选举的60.1%，初步统计为69.7%。这不啻是人民行动党及李显龙总理的一份惊喜。

这是新加坡多年来竞争最激烈的一次大选，反对党参与了全部选区的竞争。选前大多数观察家都预测人民行动党的得票率将降低，丢的议席将增加甚至可能破十，极少有人认为人民行动党的选举成绩不降反升。看来据分析对执政党有利的因素，包括今年是新加坡独立50周年大庆，因"国父"李光耀刚辞世不久人们对执政党有所同情等等，的确起了作用。

然而这张飘红的成绩单大概不能看成之前各种担心是杞人忧天的证明。新加坡社会中的不满的确在增多，公众的情绪趋向于飘忽不定，针对民生的不满和抱怨更响亮了，它们在未来影响选情仍是可能的。

新加坡是小社会，小社会出波动其实蛮容易的。这次执政党选战成绩不错，比之前的普遍估计"好出一截"，这未必不是一种"特殊的波动"。

新加坡独立50年，人民行动党也执政了50年，其间李光耀担任总理25年，他于1990年离开总理职位后仍保持着足以影响新加坡政治的极高威望，直到他今年3月去世。李光耀是新加坡政治格局稳定的超级支柱，他之后谁或什么能来做替代，成了悬念。

新加坡人均GDP 2014年排全球第八，尽管生活成本很高，百姓生活压力相当大，但新加坡的成就仍举世瞩目，备受亚洲大多数国家和地区羡慕。然而这些成就被认为并不能保证民众具有足以支持人民行动党长期执政无忧的满意度，多数观察家相信，人民行动党享有的选民支持有可能随着时间推移逐渐流失，反对党逐步崛起并非没有可能。

事实上，每一个社会都不可能完美无缺，获得成就的同时，它的某些弱点和缺陷注定会存在。一个社会要想长期保持已有政治形态，避免大的政治变动，除了不断实现发展，调节好民众的期待与现实之间的关系十分重要。

每一个社会都不可能永远高速增长下去，新加坡今年的经济增长预期只有2%-2.5%，该国在现有水平上继续往高窜十分困难。这一困难很大程度上不是执政党"无能"造成的，而是应了经济的规律，受制于全球经济形势的大环境。此外社会公平也是相对概念，收入差距拉大是全球性问题，恐怕也非新加坡单独就能彻底治理。

现在世界很多地方的年轻人都在政治上更加活跃，互联网使他们有能力影响全社会，包括影响选情。年轻人不熟悉社会有过的发展曲折，对今天已有的福利成就普遍不满意，对当前的"好日子"珍惜不够。他们不喜欢束缚，想尝试新的事物和状态。他们更容易成为反对派的政治资源，导致一些难以把控的变化。

李光耀之后的新加坡显然多了一些不确定性，这是之前有很多对执政党选情悲观预测的原因。选战的实际结果可以让人民行动党暂舒一口气，但那些暗流涌动的问题没有爆发，不意味着它们已经自生自灭。

新加坡毕竟太小了，很容易受内外因素的撼动，当它失去了一个决定性的权威之后，其延续了几十年的稳定性需要经历一番新的铸牢。

新加坡的地缘风险和内部政治风险都会长期存在，要延续李光耀创造的奇迹大概也是一份不轻松的挑战。人民行动党交出的第一份答卷应算得上是个高分，它会给这个国家带来信心和鼓舞。未来的路还需一步一步走，但此时的新加坡有理由保持乐观，踌躇满志。

（2015.09.12）

又出假中国间谍，美国人该反思了

美国司法部11日撤销了对美国天普大学华裔教授、世界知名超导专家郗小星涉嫌向中国提供敏感技术的指控，原因是他们弄错了"最核心的证据"。联邦调查局今年5月逮捕了郗小星，罪名是他涉嫌向中国提供了禁止出口的一种加热器技术。后全球多名物理学家出面证明，郗提供的加热器电路图并非保密的"袖珍加热器"，郗同中国的合作是正当的。

这是美国又一起"中国间谍乌龙案"，从上世纪90年代李文和的冤案之后，不断有研究敏感技术的美国华裔科学家中招，莫名其妙被扣上"中国间谍"的帽子，有的摊上官司。郗小星得到及时"平反"，但他的职业生涯和个人名誉已经蒙受巨大损失，不可能完全复原。

美对防范所谓中国间谍的警惕性越来越高，鉴于中国崛起对战略态势的突出影响，华盛顿的这种心态一定程度上是可以理解的，但从一次又一次的冤案中，美国人大概自己也能悟出，他们过于神经质了。华盛顿对情绪不加克制不仅有损中美之间的氛围，而且伤害了美国社会的种族和谐，给整个华裔甚至亚裔的就业和生活环境蒙上阴影。

孟建柱作为习近平的特使近日访美，中美双方就网络安全问题做了坦诚公开的交流并达成重要共识。此前美方不断宣称遭到来自中国方向的网络攻击和网上商业窃密行为，孟建柱在此访中郑重重申了中国坚决反对上述网络犯罪的立场。美方在证据不明的情况下怀疑其遭到的大部分网络攻击来自中国，支配这种怀疑的心理和担心美国现实社会里到处都是"中国间谍"的心理，大体是一致的。

不知是意识形态的偏见，还是美国自己的对外间谍活动和秘密网络行动太多了，华盛顿及美国舆论倾向于认为中国是针对美国最富于情报进攻性的国家。美国人对中国情报员及网络攻手近乎神奇的描述经常让普通中国人有"受了奉承"的奇妙感觉，因为他们往往不太相信中国情报机构或商业窃密手的本事如此了得，居然能把美国"偷"得快要发疯了。

中国的电影院里正在热播《碟中谍5》，不断有人问：为什么中国人拍不出这样的片子？导演和制片人们说，莫说这样的本子不好写，就是把《碟中谍5》的整个情节移过来，换成中国情报员的故事，改由中国演员出演，中国观众根本看不下去，会觉得"假"，因为在大家的心目中，中国的情报机构原本就不是那个样子。

现在的问题是，美国人把中国情报员都想成了"碟中谍"的样子，美国舆论所宣扬的中国网络攻手有着世界超一流水平的出神入化，而他们背后的中国官员则成了好莱坞谍战片中那些不说英语的家伙。一句话：美国舆论想象出了一个对偷情报和偷技术既贪得无厌，又手段极其高明的中国。

中国没那么坏，美国面临的不安全也没有那么夸张。美国下这么大力气，抓到的"中国间谍"最后证明总是子虚乌有。网络的事情极其复杂，美国看到了中国致力于中美间解决网络安全难题的诚意，在习近平访美之前孟建柱作为特使赴美，是这一诚意的突出表现。

美国高度重视习近平访美，视其为解决中美之间问题的宝贵机会，中国人对此大致看明白了。但美方需要实事求是，不可夸张问题，也不应对着互联网时代注定存在的复杂性大呼小叫，好像它们原本不该存在，而中国作为互联网技术的输入国和应用国，该对互联网上各种一时解决不了也解释不了的问题统统负责。

（2015.09.14）

特首就应代表全香港对中央负责

香港中联办主任张晓明 12 日在香港参加纪念基本法颁布 25 周年研讨会上指出，香港政治体制是中央政府直辖下的以行政长官为核心的"行政主导"，从来不实行"三权分立"，特首地位超然于行政、立法及司法之上。

香港泛民派迅速就张晓明的谈话做出激烈反弹，宣称张的讲话违反基本法，认为基本法规定了香港的"三权分立"，这一制度不可动摇。

人们注意到，关于香港究竟是三权分立，还是行政主导，这一争论由来已久。究其根本原因在于香港泛民派一直把香港幻当成独立政治实体，而事实上它是中国的一个特别行政区，中央对香港拥有管辖权。香港的各种冲突都来源于这一基本分歧，香港立法会中的反对派一直认为，他们的制约权可以是无限的，他们不仅可以挑战香港政府，而且可以否定中央的决定。

香港特首既要对香港负责，也要代表香港对中央负责，这决定了特首不仅是香港三权中行政权的负责人，而且要成为香港三权这一权力系统面对中央的负责人。这大概就是张晓明所说的特首权力"在三权之上"的意思。

香港三权之间的相互制约和斗争不能是无限的，尤其不能形成同中央对抗的结果，这是基本法赋予香港三权高度自治的法律前提，是香港社会必须遵从的大原则。事实上，香港原被英国殖民，后来回归祖国后受中央管治，香港的三权相互制约从来就是受更高权力管治下的"子系统"。如今泛民派反复在追求一种香港与中央实际上"平起平坐"的权力，他们要求特首要"完全"由香港人定,"只听"香港立法会的,这是对基本法的严重背离。

香港特别行政区的法律性质不容混淆,中央对香港的全面管治权要通过"行政主导"模式加以体现。但目前香港的行政权受到了太多打压,政府过于软弱,整个法治体系出现紊乱,这时候强调"行政主导"因此很有意义。

内地社会没有人想损害香港的民主,但香港想脱离中央管制的人和力量的确存在。看看最近一年多来泛民派把香港折腾成了什么样子,那些最激进的反对派哪里是在争基本法明确保障的民主,他们就是在策动一场对抗基本法的政治剧变。

必须要让香港反对派彻底搞明白,他们只是中国一个特别行政区里的反对派,他们与一个国家的反对派在权力属性上就是不同的,香港必须服从中央政府的管辖,基本法不允许香港反对派超越透过立法会对特区政府的监督,上升到与中央对抗的高度。他们把这一点想清楚,一切问题将迎刃而解。如果他们想不清楚,那么就通过一次次斗争迫使他们想清楚。

行政主导制只是大问题的一个环节,今后这样的摩擦或许还有很多,没关系,内地社会有的是耐心,等那些香港反对派们慢慢醒悟。

(2015.09.14)

澳总理突然易人会影响中澳关系吗

澳大利亚总理突然面临易人。在14日临时举行的自由党党内投票中，前通信部长、自由党前党首马尔科姆·特恩布尔击败现总理阿博特成为新党首，并将自动成为新任总理。特恩布尔与阿博特是老对手，双方的这次得票是54对44票，差距不算太大。阿博特丢了总理位子，但实力尚存。

澳最近两年内多频繁换总理，特恩布尔已是最近28个月中的第四位澳总理。阿博特倒在了经济上，由于中国经济增长放缓，澳向中国出口的矿石价格大跌，澳向全球的资源出口也因全球经济不景气而卖不出好价钱。

这次总理换人首先应看成是自由党的"内部斗争"，在澳大利亚的体制下，这种变局理论上可能带给国家的内外政策变化要比政党轮替通常小一些。当然还要看前后两位总理个人执政风格的差距有多大。

特恩布尔之前的职务是通信部长，与阿博特相比更像是"技术官僚"，而阿博特则更像"政治官僚"。两相比较，阿博特政治上趋于保守，重视国家间的价值观认同，感情上认同美国，也重视对日关系。阿讲到二战时曾赞扬日本军人的"技能和荣誉感"，让中国人非常不悦。

特恩布尔在对华外交上表现出严谨。他近来强调二战时期中国是西方一个很重要的盟友，甚至认为澳因为中国的抵抗而转危为安。他被认为是在中国话题上思考深、说话也有水平，表现出熟稔中国近代史的人物。

然而这是否意味着特恩布尔会推行更加友好的对华政策，是不太确定的。事实上中澳之间没有什么大的冲突，阿博特显得在政治上亲美，但他后来意识到必须同中国保持密切关系，从而加快了中澳自贸协定谈判，最终签署协议。但另一方面，美国的影子长期存在于中澳之间，澳在中美之间摆动的基本逻辑很难改动。

陆克文熟悉汉语，执政前期给很多人留下对华友好的印象。但他后来有不少对华强硬的表现，又颇令中国人失望。

实际上怎么算是中澳关系好或不好，是个不太好讲清楚的问题。中澳经贸关系十分紧密，但澳方又会不时有头面人物冒出几句让中国人很不顺耳的出格话，接下来他们又会做点解释，淡化那些话的影响。中澳的情况大体就是这样的。

特恩布尔大概会在避免言语冒犯中国方面做得比阿博特好，因为此前他表现了对华说话礼貌的意愿和水平。但是他估计不会在加强美澳军事合作方面往回缩，华盛顿一直通过加强这种合作增加对中国的心理压力，而澳也一直给予了配合。

澳大利亚是不同于日本的、相对比较独立的美国盟友。美在澳部署了少量军队，但那同美在日韩的驻军性质不同。澳的外交有较大自主性，在中美之间搞平衡是它的基本国策，该国策会受具体执政者的影响而发生有限摆动，澳大利亚的国家利益决定了每一位执政者不会受个性化政治倾向的支配走得太远。

因此特恩布尔有可能成为中国与之打交道感觉"相对舒服些"的澳总理。一方面这对中国也"挺重要的"，因为也许可以少生点闲气，尤其是对中国社会来说，这就"够了"。另一方面，必须看到这不是澳大利亚政权一次意义非凡的易主，它所能对应的实质变化，包括中澳关系的实际利好，或许都将有限。

（2015.09.15）

叙利亚战火在向欧洲大陆"蔓延"

德国13日临时加强了其同奥地利之间边界的管控,所有火车不再允许通过。德国国内关于难民太多已经"吃不消"呼声和抱怨渐渐高涨,联邦政府收紧难民政策迟早恐要发生。围绕难民问题欧盟内部越来越趋于混乱,根本原因在于难民潮不见减弱的迹象,而是愈发汹涌。

德国社会对难民表现出高尚的人道主义态度,在世界范围内赢得不少尊敬。然而默克尔政府的态度也的确鼓励了更多难民把德国当成最终目的地,这一灾难性的循环无法持续。由于欧盟多数国家不愿接受难民强制配额,这个问题最终会严重打击欧盟的凝聚力,升级为欧盟的体制危机。

事情的性质在变化,如果难民的涌入得不到控制,以目前的规模持续下去,那就意味着叙利亚战火"蔓延"到整个欧洲,富裕的欧洲将从此承受这场他们曾与美国一起鼓动了的内战的长期后果,与叙利亚一起疼痛。

事情有可能变得更糟,已经开始有伊拉克人和阿富汗人加入前往欧洲的难民潮。这些难民最终将压垮任何欧洲的人道主义计划,一些现在尚难预料的冲突有可能在欧盟内部及西方社会与难民群体甚至难民输出地的一些力量之间发生。

欧洲各国尚在斤斤计较接收难民的具体数字,它们或许看轻了问题的严重性。现在可能不是做一个缩小版的难民收容计划,然后把边界一关就万事大吉的。拒绝难民的合法性已经受到挑战,叙利亚乃至更广大地区的难民形成了欧洲国家应当接纳他们的道义要求,会有越来越多的人奋不顾身、以命相搏往欧洲闯，这是叙利亚战火的特殊延伸。

欧美直到现在也没有看清、或者看清了但不愿意承认问题的症结，结束叙利亚内战没有人提，大家都在忙着驱烟，而在抓紧灭火的问题上既无意愿，也无对策。

是联合叙利亚阿萨德政府一起剿灭IS，重新接受该政权，促成叙利亚的和解，还是继续把阿萨德政权作为敌人，在叙利亚拉一派打一派，让该国长期混乱下去，向欧洲输送更多难民，欧洲义无反顾成为叙利亚内战的人道主义战略纵深地，西方恐怕必须面对这一核心选择。

这次难民潮实际预示了全球化时代战争恶果新的形态，难民前所未有的跨国流动能力强化了灾难的传导和扩散。战乱不再是直接发生地的事情，国际社会共同为其埋单的强制性将越来越高。

德国尽力了，但它在接纳难民上令人感动的表现未必就能主导世人的记忆。难民问题的后续发展已不是一个国家能够掌控的，当难民潮不断继续时，包括德国在内大概都只能随波逐流。难民潮带动的各种情绪和认识都刚刚露头，它们的不断发酵并导致连锁性后果恐怕很难避免。

（2015.09.15）

朝鲜发卫星恢复核设施是恶性循环

朝鲜15日表示，宁边所有核设施都已开始正常运转。此前一天，朝鲜还宣布了将在下月劳动党建党70周年之际利用远程火箭发射卫星，韩美日等认为，朝鲜发卫星等同于试射洲际弹道导弹。朝方的大动作组合颇具冲击力，半岛局势新一轮紧张看来难以避免。

朝鲜上一次、也是迄今唯一一次"成功"发射卫星是2012年12月，安理会就此对朝实施了严厉制裁。作为对联合国制裁的"报复"，朝于3个月后实施了第三次核试验，加剧了平壤与国际社会的对抗。

一些分析认为，如果朝鲜下月真的"发射卫星"，并遭到安理会制裁，它就有可能再次以"报复联合国"为名进行第四次核试验。那将是朝核问题令人沮丧的恶性循环。

按说朝鲜有和平开发宇宙的权利，但问题是，朝鲜无法让外界、尤其是让韩美日相信它真的是在发射"气象卫星"，而不是从事洲际弹道导弹试验。平壤对原子弹试验的印证是公开的，而且被外界怀疑做了"有一说十"的夸大。但它对"发射卫星"实为"试射导弹"予以坚决否认，这两种截然相反的态度让外界一时看不透。

安理会2013年初已有针对朝鲜"发卫星"进行制裁的决议，朝鲜再"发卫星"，是对安理会决议的对抗。中国肯定对朝鲜这样做以及恢复宁边核设施持反对态度，至于中国如何表述自己的态度，使用什么措辞与国际社会和朝鲜沟通，还会考虑实际效果。

朝鲜围绕核问题与国际社会的对峙似成死结，平壤有强烈的不安全感，并确信只有最终拥有了对美国本土实施核打击的能力，才能迫使美改变敌视朝鲜的政策，自己从此获得安全保障。追求这一能力像是朝鲜不顾一切的赌博，它为此承受了长期的外交孤立和制裁，付出了巨大代价。

韩美日一直拒绝理解、体谅朝鲜的不安全感，也把军事威慑和经济制裁作为与朝对话的基本语言。那些国家的媒体对朝鲜政权进行妖魔化的描述，仅仅把朝鲜拥核的努力看成歇斯底里的行径，用不断增强的压制回应朝鲜的对抗，而不去试图化解促使朝鲜拥核的那些真实不安全感。

韩美日的对朝政策非常简单，是朝着一个方向的不断加码。朝鲜的核态度也挺简单、明了，看上去回旋空间很小。因而最难的是中国。中国一方面反对朝鲜拥核，一方面希望各方能坐下来谈判，避免局势直接碰撞出火星，力争朝鲜核问题实现软着陆。

人们都注意到中朝新领导人上任以来尚未见面，这显然"不正常"。与此同时，中朝保持沟通渠道畅通，双方都在有意识地选择恰当时机向对方表达善意和友好，中朝在核问题上有分歧，但两国的友好关系是牢固的，而且双方都了解保持这一友好关系的重要性。

从六方会谈达成9·19共同声明至今已过去10年，会谈后未能取得成果，朝鲜走向实际拥核，但回头看，朝鲜并没有变得更安全，它的损失是各方中最大的。很多观察家相信，拥核不会成为朝鲜安全的绝对保障，拥核痛苦过程对朝鲜安全的损害远大于其威慑效果带来的安全收益。

想象美国会向朝鲜有限核威慑屈服，和想象平壤会在韩美日压力下改变国家道路，显得都一厢情愿。这不是一场谁能压倒谁的游戏，否则朝鲜半岛核危机就不会持续20多年而至今无果。韩美日虽力量强大，但开朝鲜这把锁就是找不到钥匙。朝鲜作为综合实力明显弱势的一方，更不应幻想能把玩过美苏间核讹诈的华盛顿吓倒。

（2015.09.16）

查理周刊让欧洲良心折损一半

　　法国《查理周刊》杂志的两幅漫画因恶搞海上遇难的小艾兰而在社交网站上引起普遍谴责。那两幅漫画一幅是小艾兰的遗体趴在沙滩上，旁边立着一幅麦当劳的快乐儿童餐广告，上写"儿童餐买一送一"。另一幅画着一个被认为象征艾兰的小孩头朝下沉入海水中，而旁边一形似基督的人物则在水上行走，图说写道："耶稣在水上行走，而穆斯林小孩在沉入海中"。

　　小艾兰遗体趴在海滩上的照片震动了整个欧洲和全世界，很多欧洲人正是受那张照片的触动，转而支持政府对接纳叙利亚难民采取积极态度。人道主义一时间主导了欧洲，德国因洞开国门尤其受到世界的尊重，获得全球穆斯林的好感。然而《查理周刊》这么一搞，把欧洲的人道主义光芒遮去一半。

　　本来欧洲社会对接受叙利亚难民就顾虑重重，那些顾虑暂时被强烈涌起的同情心冲淡了。然而人们一直担心，欧洲社会的良心难以经受时间和利益的侵蚀，他们或许用不了多久就会被不断涌来的难民搞烦。《查理周刊》的最新漫画似乎印证了这种不妙的情形。

　　《查理周刊》虽然恶俗、极端，但它针对外来移民及宗教摩擦的那些夸张之作又常常反映法国及欧洲人的一些基础情绪，并非只是那个编辑部里"一小撮人"的古怪念头。

　　反对接纳叙利亚难民的在欧洲大有人在。前些日子人道主义旗帜在欧洲猎猎招展时，那些人的很大一部分做了"沉默的人群"。有的人即使反对难民进入，表达方式也较委婉、克制。不知道《查理周刊》的放肆之举是否是一个信号：那些力量要公开站出来"反攻"了。

反对接收难民的人和反对欧洲成为移民社会的人有很大交叉。他们厌倦了欧洲社会在种族、宗教上的多元化，抱怨外来人口挤占了资源，并且认为欧洲的多元化进程是可逆的。他们其实想错了，无论他们愿意不愿意，欧洲都不太可能将现有种族及文化上的"纯净"原封不动维持下去。

欧洲是最早现代化的西方社会，现代化的一个伴生潮流就是全球化。欧洲主要国家都是早期全球化的推动者，它们的崛起使用了全球资源和市场。随着世界上围绕发展机会的竞争趋于激烈，欧洲及西方国家只向外扩张，而拒绝把本国社会对外开放，已完全没有可能。

接收叙利亚难民是欧洲对外开放在特殊时期针对特殊问题所被迫采取的特殊方式。欧洲若想在它们同难民输出国之间重新构筑一道道"柏林墙"，这是一种天真，是焦虑之下的一种发狠。

人生而平等，这样的口号过去响彻西方社会内部，今后它会逐渐成为全人类打破国界限制的一种追求。一些落后及动荡国家失去了现代化的机会，那些国家里部分敢想敢为的民众会采取个人方式努力挤进现代社会。他们这样做的条件更加成熟，行动起来也会更加坚决，互联网还为他们采取联合行动提供了方便。

民主化等政治浪潮不断漫过边界，边界不再有传统意义上阻绝一切的强悍。难民潮这一次已经冲破了欧洲边界，它一定会在今后尝试将这种冲破推向日常化。

《查理周刊》不代表法国，更不代表欧洲，《查理周刊》的新漫画只能招来一片骂声，欧洲右翼对难民及移民潮的抵制将增加欧洲社会的紧张，但同样难以挡住上述大趋势。围绕难民和经济移民下一步会发生哪些摩擦，或将构成这个世界最直接关注的动向之一。

（2015.09.16）

马来西亚9·16集会有"排华"意思吗

9月16日是"马来西亚日",亲政府的团体组织以维护"马来人尊严"为宗旨的集会,喊出"马来人万岁"等口号。会前的一幅海报印有马来人举刀将跪着的"净选盟"参与者斩首的图片,并写着"华人参加净选盟,准备浴血"。批评者认为,这次集会有明显的种族色彩,执政党巫统表示不反对党员参与该集会,马首相、副首相等明确表达这一态度,增加了一些舆论的担心。

马来西亚1969年发生"5·13"种族冲突惨剧、导致包括众多华人在内的数百伤亡,近些年来该国弘扬"一个马来西亚"的主张,宣扬种族主义遭法律禁止,从而保障了国家大的团结。

然而多种族的国家里,种族意识不太可能根除,而且很容易在有些时候被不同力量当成政治动员的工具,形成脉冲式发作。引入民主机制的社会一方面会产生对极端种族主张的抑制力,另一方面也可能受选举的刺激,使一些种族主张获得影响公众的机会。

马来西亚的9·16集会不像是该国要走"排斥华人"路线的宣言。它更像是一个支持执政党的政治集会,但与种族问题形成部分交叉。执政党或许认为放纵一下示威者的"马来人激情",这对执政党的政治好处会大于因踩了种族红线而导致社会和谐方面的损失。

巫统的成员马来人居多,华人目前参加反对党的更多些,这一分野若隐若现,政党的竞选利益有时会倾向于强化这一界限,而马来西亚的长远利益则在于淡化这一界限。这两个倾向会不断在马国内博弈,呈现出某种不稳定性。

对执政党巫统来说，当支持率下降或政治上遇到其他困难时，高呼两声"马来人尊严"往往是见效最快的救急手段。但这样做也会在拉升马来族凝聚力的同时，对整个国家的凝聚力造成损害。马来西亚的非马来族高达30%以上，维系多民族的团结应不是一项可有可无的事务。

在整个东南亚，华人的处境都在改善，野蛮的集体排华行径似在走向绝迹。马来西亚华人与国家主体民族相处得和谐程度又是比较好的，马还奉行积极友好的对华政策，从大环境上说，马来西亚并无对华人态度发生根本逆转的条件。

然而提醒吉隆坡要慎对种族问题，避免因国内政治斗争而将矛头指向种族议题，还是很有必要的。毕竟马国内已有针对9·16集会"排华"的批评声，国际媒体也表现出一些担忧，马政府控制这些焦虑的蔓延，符合整个国家包括执政党的长远利益。

马来西亚华人团体或许也以不对9·16集会中的极端声音接招为宜。当政治问题和种族问题错综交织时，承认事情的复杂性，而不是从最糟糕的种族角度去看一切，这既是理性，也是智慧。

（2015.09.17）

中美关系离开旧时代向前走了很远

中美双方北京时间 16 日上午同时宣布，习近平主席将于 9 月 22 日至 25 日对美国进行国事访问。习近平访美早就成为今年世界外交舞台上最受期待的事件之一，中美同时做出宣布，标志着访问进入倒计时。

这次访问是在中美围绕网络、南海、人权以及经济等领域摩擦增加，美国一些战略界人士提出需重新制定更强硬的对华政策，中国社会对美防范心态也在增加的背景下开展的。两国都高度重视这次访问，美国一些人以炒热中美间问题的特殊方式迎接这次访问，从而使访问聚集更多关注。

就在中美宣布访问日程的当天或前一天，美国媒体又报道了如下消息：中国正在南海扩建的岛礁上修建第三条飞机跑道，美国不会在习访问之前针对"网络攻击"对中国企业进行制裁等。此外美国两名国会资深议员宣布启动所谓"还中国英雄自由"的活动，向"中国政治犯"高调喊话，宣称"国会没忘记你们"。

释放这些信息的目的都是为了制造焦点，相关力量对中美关系的复杂性不断注入新的信息和材料。

中美关系如何在摩擦频出和战略互疑挥之不去的情况下保持稳定，维护人们对两大国有能力避免历史上大国对抗的老路的信心，这恐怕是当下中美关系的总命题。不能不说，尽管两国都有一些人持尖锐的负面观点，但两国社会又都对这一方面的正面进展抱有期待。

习近平与奥巴马有多次深入的会晤，它们对增强两国发展双边关系的信心发挥了不可替代的作用。习奥会带动了中美两国相互展示善意，并且看到对方的善意,鼓励两国社会换一个角度审视双方的纠纷,确认在这些纠纷之上存在两国合作相处的必要性和可能性,这对防止中美互视的固化具有关键意义。

一些美国学者将网络、南海的摩擦拔高到战略高度,这么说当然有他们的道理。然而这种战略的起点比较低,格局也比较小,其实中美关系的顶级战略问题只有一个,那就是两国是否愿意并且能够长期维护两国关系和平合作的总方向和总面貌,以及我们拿什么来不断支持、巩固这样的决心。

中美不仅要计算两国合作的收益,不断追求这种收益的最大化,还需对两国不合作甚至对抗必将导致的损失看清。一个极其简单、真实的结论是:合作对两国任何一方的好处都是通过对抗不可能达到的。由于中美的力量都大到了不可能通过战略对抗分出绝对的胜利和失败,合作已事实上成为中美之间的唯一选择。

中美社会、尤其是一些美国精英针对中美关系存有非理性态度,一些人有时针对具体问题表现出冲动,它们与中美新型大国关系形成一种张力。过去的时代大概会让它们相互否定,新的时代却给出了其他可能性。

中美关系经常被一些人拿来与当年的美苏关系做对比。可以肯定的是,这两组关系的区别已经远远大于它们的相似。这种差异代表了21世纪国际关系的希望,对中美构建新型大国关系给予了重要启示和鼓舞。中美关系与当年美苏关系的不同提醒世人,我们实际上已经向前走了很远。

中国学者吴心伯认为,对于中美之间的分歧,能解决的要解决,不能解决的要管控,实在管控不了,就把它们同双边关系隔离,不能让那些具体问题将整个双边关系绑架。这既是实用主义原则,也是战略态度。

把握好中美关系,核心是要实事求是。这样的两个大国不被一两个突出的矛盾牵着鼻子走,比被它们左右,在战略上本应更加真实。中美都知道冷战是坏事,遏制、挑战这样的概念带给两国的都不是轻松感,那么就让两国关系顺着交流不断扩大自然走下去好了。生扭它会很吃力,而且那样做的好处很可能是虚幻的。

(2015.09.17)

美国舆论瞎炒时,奥巴马需有定力

美国总统奥巴马16日在一场与商业领袖的谈话中表示,他已经准备好一系列举措向中国施压,要求中国停止窃取美国公司的商业秘密。奥巴马称,政府从事商业间谍是"侵略行为",与政府从事传统的间谍活动有着"根本不同"。他说,如果问题得不到解决,"不仅仅是一件让我们略感恼火的事情,而是一件将造成两国关系严重紧张的事情"。

奥巴马表示,"我们准备好采取一些反制行动,以引起他们的注意。"他同时表示,希望在不采取反制措施的情况下就能解决问题。

这番迎合美国民粹,也让问题重重的美国商界因为有了竞争不利的借口而感觉舒服的话出自奥巴马总统之口,让人感到失望。美国人向来喜欢夸大威胁,中美之间的网络安全问题至少有一半是炒作出来的泡沫,奥巴马跟着吹大气泡,这就是事情的真实情形。

说中国政府从事网络商业窃密,你拿出证据来呀。直到现在美国没有展示过一件中国政府做这件事情的确凿证据,迄今为止世界上被完全证实的政府网络间谍计划只有一个,那就是美国的棱镜门计划,受害者包括美国盟国的领导人默克尔、安倍、奥朗德等等。

奥巴马自行定义传统间谍活动相对于商业间谍活动更值得理解,那是他在给劣迹斑斑的美国情报机构做开脱。是监听一个国家的领导人所造成的危害大,还是监听一个公司的CEO危害大,连中学生都能分辨得出。奥巴马把自欺欺人的话说得义正辞严,人们除了啧啧称奇,还能怎么样?

当然了,奥巴马在习近平访美之前说这番话,未必就是针对这次访问的。他在美国商界领袖的论坛上做上述表态，那是美国政治的一种例行表演。奥巴马想讨好美国商界，而这次论坛的时间又有点"寸"。白宫像中南海一样希望习近平访美获得成功，这是中美战略界和舆论界主流圈子的一致判断。

虽然美国在网络问题上夸大其辞，但中方从双边关系的大局出发，严肃认真对待此事。中国政法最高官员孟建柱日前专就网络安全作为习近平特使访美，以罕见方式表达了中国愿与美方共同解决这一问题的诚意。这次访问促进了中美高层围绕网络安全的沟通，美方应当向其社会传递这次高层交流带来的信心。

实事求是说，美国真正有价值的商业机密都受到了铁桶般的维护，再高明的黑客能通过网络窃取的秘密也是有限的。为获得那点秘密而冒中美发生"网络战争"、掀翻两国关系的风险，对中国来说值吗？要多么没有"大局观"才会得出中国政府真肯那样做的结论。

有一些美国人傲得没边，觉得中国现代化完全靠的是"偷美国"。他们或许认为，连他们的一点破烂儿中国人也会偷过去供着。带着这种不健康的意识看中国，可不就看到的是一个"超大间谍营"。现在一些美国人不相信华裔科学家，甚至高度防范中国留学生，这真是有些歇斯底里了。

以美国互联网技术的高超和正规网络部队的存在，加之美国高技术公司和产品对中国社会的渗透程度，中国互联网安全之忧不知要比美国高多少倍。如果中国人像美国人那样神经兮兮，整个国家还睡得着觉吗？我们还不得自己把自己吓死。要知道，光是苹果手机的云技术就掌握了数不清中国人的秘密。

奥巴马应当清楚他和白宫所受到的信息安全保障是这个世界上最高水平的，他不会真的相信美国最值得"偷"的那些公司网络安全门上连把锁都没挂，或者虽然挂了锁，美国之外的人想开就能打开。但愿借习近平访美的契机，美方愿意将更真实的信息传达向美国社会，中美围绕网络安全的共识也将能够得到呈现。

（2015.09.18）

安保法案是日本迈向"正常国家"宣言

日本参议院和平安全法制特别委员会17日以执政党等的多数票表决通过了新安保法案,这使得以解禁集体自卫权为主要内容的该法案获参院最终通过成为定局。后一项表决预计很快就会进行。

日本反对党使出浑身解数,包括在参院"闹堂",试图阻止表决,使新安保法案成为废案。无奈自民党控制的执政联盟票多势众,冲垮了反对党的抵抗。

新安保法案大体将日本的和平宪法架空了,安倍在直接修宪有困难时单设法案绕开日本宪法第九条的策略获得成功。

这样一来,日本"自卫队"更像一支正规军队了,因为它不仅可以在日本遭到攻击时"还手自卫",而且可以在日本没被惹着的情况下对外出手了。日本朝着"正常国家"迈出一大步。

安倍也因此成为日本这些年最强势的政治人物。他领着日本填补了一项"权利空白",的确算得上是一项"大改革"。

日本社会反对新安保法案的浪潮也空前激烈。日本已经70年未参与战争,新安保法案重新开启了日本主动参战的可能性。有人预期,或许用不了太久,就会有第一名日本士兵在与日本无直接关联的战争中阵亡。近日的舆论面貌显示,日本社会并未对此做好心理准备,多数人不愿面对这样的可能性。

环球时报驻日本的记者分析,安倍大概没有料到社会对安保法案的反弹如此强烈,但对他来说开弓没有回头箭。安保法案的通过过程相当痛苦,日本社会出现近年来最严重的意见撕裂。然而事到如今,如果安保法案通不过，安倍势必下台。因此他除了硬着头皮"一条道走到黑"，已别无他择。

新安保法案的大背景是中国崛起让美日都产生了焦虑，美日都希望加强同盟，新安保法案因此与美日新防卫指针是相互配套的关系。它据信剑指中国，会增强美日同盟对中国的"遏制力"。

但是由于美国是美日同盟的主导方，西太平洋的事情首先取决于中美之间的关系。日本现在没有力量改变时代发展的格局，新安保法案也休想成为直接抽打中国的一条鞭子。

通过新安保法案是日本试图突破战后体制"长征"中的一役。安倍顶着国内舆论的反对"倒行逆施"，让世界看到他和同僚要完全恢复日本独立政治和军事实体地位的愿望是多么强烈。如果有一天日本重新成为富有进攻能力的强大军事力量，那么安倍将可于斯时被称为"日本军事复兴之父"。

当然，日本要完成这个进程，一定要将美国驻军从日本领土上赶走。那对日本来说将是"非常凶险"的决战。在这之前，日本将始终是美国驯导的犬或马，甚或是一只虎，由它的实力决定吧。

中国没有能力影响日本的选择，面对它的骚动，我们唯一能做的是军事上进一步壮大自己，让我们的发展超越日本的折腾。美日同盟试图用力量的调动配置压制中国的增量，中国不需要说什么，我们需要坚实的行动。

（2015.09.18）

中美诸大国，谁对未来更有信心

美联储于北京时间 18 日凌晨宣布维持 0–0.25% 基准利率不变，但保留今年晚些时候加息的选项。美联储主席耶伦说了推迟加息的很多理由，似乎美国有照顾中国及新兴市场经济的意思。然而分析人士相信，美国在喊了很长时间要加息后"暂时放弃"这样做，最大的原因还是美联储对美国经济的信心仍存在犹豫。

奥巴马总统此前一天对美国工商界表示，"现在世界上没有一个国家不羡慕我们，包括中国。"最近两年奥巴马已经多次为美国社会打气，夸耀美国的成就，主张美国还要继续领导世界"一个世纪"等。

自全球金融危机以来，世界各个区域的经济增长速度都折了一截，信心受到不同程度的侵蚀。中国的经济增长目标也从宽裕的"保8"退到有些紧巴的"7%左右"，西方世界的增长率"哀鸿遍野"，美国这两年开始稍有恢复，就像要敲锣打鼓。印度在很低的起点上去年和今年实现了相对较高的经济增长，强烈期待今年增长率"首超中国"。

主要经济体的信心都有各自的缺陷，美国依然面临中国崛起的持续心理压力，日本更是如此。中国社会需要适应经济新常态下的中高速增长，不因增速回落而产生困惑。欧洲的情况要糟得多，除了德国尚有一些成绩外，几乎无其他亮点。印度一时还挤不进中美欧这样的阵营，它的经济总量只有中国的约 1/5。俄罗斯的信心似乎与油价挂钩。

奥巴马这个时候说所有国家都羡慕美国，就像一个做政治鼓动的"指导员"。不能说他在毫无根据地信口开河，因为美国是世界最发达的社会之一，它的很多现状，包括居住、教育、医疗等条件以及社会风貌的不少方面，的确吸引了全球移民。但如果他说的是发展速度和发展前景，就显然掺水了。

说实话，包括中国在内的很多国家都希望美国真的像奥巴马所展示的那样信心十足，因为美国自信，它看中国等新兴国家时就会少很多焦虑，就不会担心这担心那，总是觉得中国"傲慢"了，"强硬"了。问题是美国的自信没那么强大，对"美国衰落"的议论很大一部分来自美国内部，中国反而很少有人那样看。

如果拿数据看，中国的问题再多，其综合经济指标也仍是世界主要经济体中最好的。但中国乃至世界舆论的注意力都放在了中国当下与过去增长率的落差上，而不怎么谈论外界与中国虽然在收窄、但仍然明显的增长速度差距。也许是前一个落差因为"新"而突出，给西方社会带来了某种安慰。

如果仔细看，被互联网舆论搅乱了信息的中国社会仍是信心的高地。中国的投资和出口拉动都下降了，但中国的消费在持续增加。中国人明显一年比一年更敢花钱，看看现在旅游、包括出国游火爆到了什么程度。很多过去省吃俭用的退休老年人加入到浩浩荡荡的旅游大军中。

中国人的普遍看法是工资只能涨不能降，并且认为日子应当越过越好而非越过越糟是天经地义的。马路更宽，高铁线路更多，越来越多的城乡结合部被改造，学校、医院的硬件设施越来越好，社会福利体系不断完善，这些变化在中国人的感受中都在持续。

2007年至今，世界经济风起云涌，但中国迈上了新的台阶，而且美国也没有衰落。"中国崩溃论"和"美国衰落论"都显示出幼稚。中美不应当试图用一个信心去踩另一个信心，两国应当保持各自的振作。两个自信的大国打交道，要比一个亢奋另一个沮丧的局面更少风险，也更能造福于两国和世界。

（2015.09.19）

联合国不认台湾"护照",这就是现实

台湾一名蔡姓女士近日在脸谱上贴文,讲述自己持台湾"护照"被拒进入联合国日内瓦总部参观的事情。日内瓦总部的柜台人员向她表示"台湾属于中国的一部分",持中国护照或是中国身份证可以进入参观,否则就不能进去。这位蔡女士称8年前她曾使用同一本"护照"进入过联合国日内瓦总部,她感叹,"中国在国际上加速紧缩了台湾的生存空间",并表示要将这笔帐"记在中国政府身上"。

台湾"外交部"就此向联合国提出抗议,联合国方面的回应称这是一起"单一事件"。但台湾媒体报道,类似的"单一事件"屡有发生,很多人相信,这不太可能是此种"不快"事件的最后一起。

联合国组织只承认成员国的护照,而台湾不是联合国成员,其"护照"被联合国工作人员拒认,从严格意义上说挺正常的。台湾民众应当有这方面的思想准备,不应该因其所持"护照"在某些场合"不管用"而生气。

一本护照怎么使用,既是小事,也可能触及根本原则。总的来说,联合国组织在只承认一个中国和方便台湾普通民众之间做了兼顾,比如要求台湾参观者同时出示带有照片的驾照等。然而可以想见,由于"一个中国"概念的深入,台湾"护照"以及"中华民国"颁发的其他证件还是会在一些时候吃闭门羹。

但这就是现实。岛内有些人认为台湾是具有充分权利的"主权国家",但事实上台湾不是。台湾在国际上不被承认,正经国家同它都没有外交关系。台湾参加国际赛事,既不能打"台湾"的牌子,也不能打"中华民国"的牌子，而通常只能使用"中华台北"的名义。台湾驻世界各国的办事机构不能称为使馆或领馆，只能叫"代表处"等。走到国际上，台湾是不是国家一目了然。

随着大陆日渐强大，用不着大陆示意，世界各国及国际组织会更自觉地遵守"一个中国"原则。过去打马虎眼的地方如今会变得认真起来。如果台湾人视台湾为"国家"，并要到世界上感受做"中华民国公民"或"台湾公民"的骄傲，那么他一定会饱尝挫折感，有生不完的气。

台湾是个奇怪的"实体"，并非大陆在压缩台湾的"生存空间"，而是台湾所要求的这种空间与国际法构成了根本冲突。过去大陆孱弱，台湾有钱也有影响，国际法有时对它睁一只眼闭一只眼。那样的时代业已结束，台湾要想保持自己奇怪的政治地位，付出相应的代价在所难免。

有关的不愉快今后大概还会不时出现，说不定会越来越多。它们的确不是大陆刻意安排，而是两岸问题大势所趋、人心所向的自然反映。台湾当局至今未同大陆方面开展实质性政治谈判，其"维持现状"必然意味着同时维持台湾民众面对国际社会的复杂感受。台湾一些激进人士在岛内说话慷慨激昂，一去国际社会就蔫了，大量国际场合可不管台湾人怎么想，规矩就是规矩。

蔡女士没能进入联合国日内瓦总部参观，本来挺值得同情的。但她所表现出对台湾作为"国家"的支持，让人想到，她以后说不定还会碰更多的钉子，因为外界会体谅台湾民众个体的遭遇，但没人会吃"台独"势力给部分台湾民众灌输的那一套。

（2015.09.19）

中美"网络军控协议"之说有些突兀

《纽约时报》20日传出消息称,中美正在"加紧磋商"一份有关网络安全的协议,争取在习近平访美时公布。纽时尝试着将该协议称为"网络军控协议",认为"这可能将是第一次网络如同核武器、化学武器、生物武器一样被视作军事力量的一部分进行控制",因此具有1963年美苏《部分核禁试条约》的意义。

中美肯定在就网络安全进行磋商,但形成所谓的"网络军控协议",这离中美双方之前的谈话调子似乎相差比较远。北京从未承认中方对美有组织地进行过网络攻击,美方之前最严厉的指责也让人联想不到"军控"的概念。

中美相互承诺不对对方施行网络攻击,加强控制各自社会针对对方的网络犯罪,如果还能就此达成一个协议,肯定是好事。我们只是担心,"网络军控协议"这个概念来得太突兀,如果这是美方极力主张的,中方或许有必要加以研究,防止这个名义下有我们不熟悉的潜在含义被塞进来。

美国的网络部队是公开存在的,既然双方搞网络军控,中国是否也做好了公开成立网络部队的准备,这是否会反过来刺激网军在世界范围的纷纷出现?

1963年时冷战已经定型,美苏各率一个集团对抗,美苏是当时世界公认的两个超级大国。如果中美高调达成"网络军控协议",这是否有较强的G2味道,中国是否需要为此承担更多的责任,俄罗斯、日本等是否会因此不满?

中美承诺互不向对方发动网络攻击是一回事,双方进行"网络军备控制"是另一回事。美国已是世界网络军事攻防力量占有压倒性优势的国家,美是否希望中国从此不再研究网络攻防技术,甘愿永远处于美国优势技术的威慑之下呢?

几年以前美国媒体大规模炒作遭到中国的网络攻击,一些"受害人"出面控诉"有中国政府背景"的黑客,讲述自己的遭遇。随后不久,美国正式宣布网军成立。最近一段时间美国对"中国网络攻击"的指责再度升温,现在猛地推出"中美网络军控协议"的概念,这当中的蹊跷需要中方消化。

中国的互联网基础技术与美国比差远了,这几乎是常识。美国舆论不断指控中国政府策动的网上间谍行为,称那些中国网谍在网上"飞檐走壁",挖美国最机密的情报如探囊取物一般,搞得中国人常常怀疑自己的耳朵听错了。

当然,美国的现代化程度比中国高,对互联网的依赖更深,因而有比中国更脆弱的一面。中美也因此形成了某种"网络安全平衡"。

不管怎么说,美方对网络安全看得很重,有一些中国人一时难以理解的警觉和敏感。中国配合美方尽可能消除彼此的疑虑,利用习近平主席的历史性访美对双方在这一领域的互信做一次奠基,具有重大积极意义。

在务实的同时,也要对美方提出"网络军控协议"的主张多做研究,没必要急于下结论。网络安全具有超级复杂性,监督、确认对承诺的落实非常困难。这种困难似有转化成国际政治风险的苗头。化解这个问题需要耐心,实事求是。如果承诺难以落实的事情,很难说将减少风险,还是会增加风险。

(2015.09.21)

日媒设想自卫队开战是恐吓中国吗

日本参议院于19日凌晨最后通过了安保法案，使这一广受争议的提案走完程序，成为日本法律。在外界仍在评估这一法案对地区形势的影响时，共同社迅速设想了三种日本参战的情形，这让人想到，安保法不是促进地区和平、帮助日本避战的法律，"战争"的可能性已在推动该法的日本政界及舆论界人士的头脑中盘旋。

共同社提出的三种自卫队参战情形中，第二种是美军和"C国"与在南海建设人工岛礁的"B国"发生军事冲突，日本自卫队因向前者提供补给等"后方支持"，而卷入与"B国"的直接冲突。这里的"B国"显然是指中国。

共同社设想的第三种情形点名针对了朝鲜，第一种情形则指向朝着与日澳联合军演的美军舰只突然误射鱼雷的"A国"潜艇，日自卫队当时断然将该潜艇击沉。

日本通过安保法案为地区格局注入了新的元素，代表了"改变现状"的某种动向。日本主流媒体随即设想了未来的血腥场面，这一系列触动要比自民党宣扬的更具有刺激性和冒险性。中国如果针锋相对制定一个"海上安全法"，降低中国海军使用武力的门槛，然后中国主流媒体设想与一个"与美国结盟"、并"与中国在东海存在岛屿争端"的国家开战，不知道日本人会作何感受？

随着日本通过安保法案，中日发生军事冲突的风险是否会因日本自卫队"更敢动武"而增加了，日本政府有义务就舆论的这一猜测和担心作出解释。

安倍及其同僚应当清楚中国没有惧怕日本自卫队的理由,随着中国继续发展,中国军队在东海一旦发生冲突时形成对日优势的把握会越来越高。从理性角度,我们认为东京刻意向中方发出军事挑衅,对所有日本人尤其对日本不是一件好玩的事。

安保法案通过的过程伴随了日本国内罕见的抗议浪潮,安倍政府的执政稳定性因此受到影响。这增加了我们理解新安保法案的维度,也让我们倾向于认为,日本政府依据该法命令自卫队与中国军事对抗未必很容易下决心。

日本自卫队因为新法而松了绑,它的活动区域理论上扩大到了全世界,在外动武,只要能自圆其说,就可向国会交待。日本战后由于美国军事占领及强制整治改造,70年没再对外用兵,夹着尾巴做了和平国家。一些日本人对做这样的和平国家庆幸,还有一些人感到憋屈,总想重振日本"国威",令人担心的是,安倍执政团队就属于后一个人群。

顶着压力通过安保法,不断对中韩说硬话,安倍该抖的"威风"应当说已经抖了,他或许下一步需要放低姿态,给地区局势贡献些实实在在的正能量了。

9月19日无疑是日本战后重要的一天,假如东北亚未来重燃有日本参与的战火,通过安保法的这一天将被视为那场未来战祸倒计时的开始。我们极不愿意那样的未来悲剧出现,希望安倍政府也真心不愿意它的到来。那么安倍除了拿出安保法案,他还需为证明该法案的确是为了和平目的而不断采取行动,释放建设性信号。

(2015.09.21)

期待习近平访美突破中美关系困惑

中国国家主席习近平今天启程对美国进行他上任以来的首次国事访问。在美国准备红地毯和礼炮的时候，这个国家政军商及舆论界也在探讨一个被视为越来越紧迫的问题：如何与日益崛起的中国打交道。

中国主席将带着北京的思考和建议面对美方的困惑。冷战结束以来，"大国关系"在中美之间逐渐积累到一个令人不安的节点，美方有学者称之为"临界点"，它让美方焦虑，也让中方感到了严重性。中美做一次最高级别的深入沟通，有了战略上的迫切性。

中国被美国一些精英以及舆论看成是美国领导地位和现有国际秩序的"挑战者"，由于美国竞争力不再像冷战刚结束时一骑绝尘，其领导力在一些领域开始力不从心，而中国的力量规模形成对美"追赶之势"，美国一些人的对华警惕被充分调动起来，他们看中国什么都像是在蓄意改变规则，另建体系，测试美国的底线。

美国的这些动向反过来刺激了中国社会，很多中国人对美国官方"不遏制"中国的宣示深表怀疑。在他们看来，美国从国会到媒体和非政府组织，再到军方，包括一些美国官员，在精心筹划、组织针对中国的挑衅及颠覆活动，一些人对中美关系的前景感到悲观。

中美关系业已形成的面貌与当年的美苏关系比有了质的差别，但在很多人看来，这两组关系仍可以类比。冷战关系下美苏是公开的对手，一些人相信中美是潜在的、或者是尚未撕破脸的对手。那些人相信，美苏的那种冷战最终将是中美关系的归宿。

布热津斯基曾对美国人说，你相信中国是敌人，它就会变成敌人。

这句话也被有些中国人借用过来对本国社会说：你相信美国是敌人，它就会变成敌人。很多人担心，中美当下就站在这样的十字路口上。

如果中美放任各自对对方的猜忌和警惕，动员越来越多力量构筑抵御对方种种"攻势"的防线，那么中美关系就有可能走向深秋，这几十年来相互积累的一些积极认识无法抵挡秋风扫落叶的寒意。

现在中美最高层似乎是维护两国关系战略稳定最具决定性意义的锚。中南海提出了"中美新型大国关系"的主张，白宫也成为美国对华关系相对温和理性的倡导者。

面对习近平的这次访问，中国舆论放低了对美方的批评，美国舆论则复杂些，有些人成心把中美问题集中抖了一遍。两国舆论的这种差异既对应了各自迎接大事的传统，也反映了中方不像美方那样急躁。

中美能在这个战略节点上把两国关系朝着积极方向做一次关键的推动吗？中美关系此时此刻朝着积极还是消极方向跨一步，其影响有可能非常深远。不同的结果将意味着信心的增加或者动摇，带动两国人心和社会资源接下来汇集的不同方向。

习近平主席和奥巴马总统的确重任在肩，他们不仅将决定中美关系今后几年的大致样子，他们还将树立一个标志和里程碑，引导整个世界对21世纪国际关系的认识。

中美关系很可能是坚韧、厚实的，《华盛顿邮报》等这两天打刘晓波等中国触犯了法律的异见人士牌，它们发出的噪音或被证明仅仅是中美经济及社会发展不断交织、融合大潮之下的泡沫。这些泡沫总能吸引眼球，但中美关系的大趋势或许就是不可扭转的。这一命题隐隐约约，不同的可能性仍在博弈。

中美关系需要打下一根强大的信心桩。习近平的这次美国之行所贡献的就是这样的历史性努力。如果习奥能够共同把这根桩打下，或者为打下这根桩剪彩，那么习近平的这次访问就将创造历史，成为人类社会大国关系新的起点。被大国兴衰反复折磨的这个世界对此怀有强烈期待。

（2015.09.22）

中国一箭发 20 星与"上帝之杖"无关

长征六号火箭 20 日将 20 颗微小卫星同时送上太空,被视为中国航天技术新的突破性成就。尤其受到关注的是,这 20 颗卫星有些是"主星",有些是它们分别抱着的"子星"。主星先抱着子星脱离火箭进入轨道,然后主星再释放出子星,这被认为包含了关键性的分离技术。

然而中国互联网上昨天有航天爱好者传出帖子,宣称中国主星释放子星的技术相当于美国"上帝之杖"武器概念系统。该帖称,美国的这一计划尚未有过权威证实,更未有相关的实际研制报道,前天的 20 星发射显示中国走到了美国的前面,而且"领先十年"。

这样的帖子会让很多国人看了高兴,对鼓舞爱国主义来说,它挺给力的。然而环球时报采访多名学者,他们一致认为上述说法很不严谨,甚至不严肃。

首先,航天技术的军用和民用领域界限虽是不难超越的,但它们毕竟不一样,就像都是机动车,都烧油,但是民用汽车、拖拉机与坦克装甲车还是有本质区别的。这次发射的 20 颗微小卫星,它们的研制单位包括多所大学,用途明确,发射它们与军事科研毫不沾边。把这次发射描述成导弹分离技术的"卫星替身试验",这很耸动。

而且从技术类型上看,卫星在轨分离技术与美国传闻中的"上帝之杖"武器系统是两码事。"上帝之杖"是指从太空平台上往地球表面回扔金属棒,它不需弹药部,而直接像流星一样用巨大的动能摧毁敌方设施,据称其巨大威力有代替核武器的潜能。

然而武器概念的核心部分不是从太空平台往地球上"扔东西",而在于能对极高速度的金属棒做精确制导,使可怕的"天外流星"准得和导弹一样。而只要能把足够重量和复杂的装备送上太空,突破装备在太空分离的技术显然不是研制太空武器最神秘的部分。

中国航天技术这些年取得了长足进展,一些具体技术达到了较先进的水平,中国的在轨卫星数量也已超过俄罗斯,居世界第二位。但是中国的太空技术整体上仍落后于美俄阵营,对此事实国人需保持充分的清醒,不可盲目高估我们在太空关键技术领域实现跨越式突破的能力。

一个基本的情况是,中国火箭的运载能力还达不到美俄火箭的推力,也就是说,我们向太空的"搬运能力"还远落后于美俄,新型大火箭处于研制中,由它们引领长征火箭系列尚需时日。

当然,中国在航天领域正加快前进,民用太空技术的发展预示了中国在必要时开发太空武器的潜能。其他国家在萌生将太空军事化念头时,会考虑到中国的情况,了解太空军事化可能对其意味的代价。让太空保持和平符合人类发展的利益,因而是应得到大力倡导的理性选择。

(2015.09.22)

习奥会离中美老百姓很近

中国国家主席习近平偕夫人彭丽媛今天抵达西雅图北边的佩恩机场，开始对美国事访问。但凡国事访问都高大上，但它们与老百姓的利益又息息相关。中美关系有双边五六千亿美元的贸易为基础，其内容涉及两国百姓生活的方方面面。简单一句话，这次访问离老百姓很近。

实现了温饱的中国人如今把目光投向教育和家庭成员的发展，希望得到更好的工作机会，更有见识。我们还关心实现持久的和平，很不愿意今天难得的社会发展态势被打破，代之以大国之间的严重纷争。

习近平主席带去了15名中国顶级企业领袖，包括BAT的互联网巨头，也包括优秀的国企负责人。15家美国大型企业领袖将与他们对话，探讨双方新的合作机会。

事实上，习近平与奥巴马即将发生的会晤是对两国一系列合作项目的最高督促。两国大量部门早就开始为这次访问精心准备，确保访问期间能够签署一批大单，开启一些长效合作项目。国际合作通常比一国内部的合作有着更多不确定因素，来自国家最高层的政治推动往往至关重要。很多合作协议会当着领导人的面签字，这样的签字场面会带给人们信心。

习主席这次访美的首站是西雅图，那里是微软、星巴克等美大型公司的总部所在地，它们都对中国经济生活有深度嵌入。主席将带去中国人民的种种关切，这样的实地交流将产生中国领导人在北京接见那些CEO的不同效果。

与这次访问实际带来的推动和影响相关，中美的合资电影生产迈出实质步伐，中国人最快明年就能看上两国合资电影公司拍摄的新片。此外中国铁路总公司牵头的综合体将有机会在美国西部修建首条高铁。美向中国遣返外逃贪官的事宜也得到推动。据中国外长王毅表示，中国留学生和旅游者都将在习近平访美期间听到新的好消息。

中美双边投资协定（BIT）已经谈了多年，磋商了二十几轮，习近平访美被广泛期待为这一马拉松谈判的终点。两国商务部门肯定做了这样的努力，能否实现访问期间签协议，人们拭目以待。

此外中美政府正在促进两国省州扩大经贸合作，这将开辟中美多层次互利共赢的新空间。在两国之间多创造商业机会，拉动两国的更多就业，这最实在。之前中国经贸官员就已透露，"双边工作团队正在就习主席访美的经贸成果进行密集磋商，希望最终拿出一个利益平衡、成果丰硕的清单。"

普通中国人的生活中已有太多美国元素，反过来美国人的日常生活也已经离不开中国元素。偏偏这个时候，两国之间冒出了似很紧张的网络安全问题，针对南海问题的纠纷也横生枝节，给两国关系投下一些阴影。有美国战略学者认为中美关系来到了"临界点"，中国学者也有一些悲观者，这带来了更广范围内的不安。

习奥会负有遏止中美间这种悲观想法发酵下去的使命，给两国乃至国际社会就中美关系的预期注入乐观。中美政治关系稳定，互信的增长能够跑过互疑的扩大，这对维护两国民众的利益有着根本意义。政治上安心，两国的相互长线投资就会更积极，大量合作就会像滚雪团一样一发而不可收。

习近平访美带去了中国社会的愿望，习奥会也是中美两大社会特殊而高效的交流。曾经有安纳伯格庄园会晤和瀛台夜话，它们都成为中美相互深入了解的里程碑。我们相信这一次的习奥会不会辜负两国人民的期望，定能收获更丰富的成果。

（2015.09.23）

共产主义理想没有欺骗中国

"共产主义"近来成了舆论场的热词。一些报章响应党的正式论述，发表了关于为共产主义长远目标奋斗的文章。网上有些大V则对"共产主义的说教"冷嘲热讽，有的甚至宣称自己被共产主义口号"骗了十几年"。这样的争论在中国社会泛起，并不在意料之外。

改革开放以来，共产主义不再是中国报章和人们口中的热门口号。中共强调国家将长期处于"社会主义初级阶段"，制定了以经济建设为中心的国家路线，为实现社会进步开展了脚踏实地的工作。但党的长远目标没有变，中国实际上进入用积累社会主义初级阶段成果向长远发展目标慢慢靠近的可持续模式。

共产主义不再是口头禅，但它作为高远追求，仍在社会的前方。我们低头拉车，但也要抬头看路，巩固全社会的政治信念，否则社会就缺少凝聚力，也会迷路。实际上中国的民生越做越好，但恰恰是思想上比较乱，西方的那套要改变中国方向的激进主张回流进我们的社会，被一些人指称为中国应有的国家理想。

客观说，这是社会不同选择和不同道路的根本探讨，这种探讨正逐渐积累深远的影响。

中国没有经历发达的资本主义社会阶段，资本主义的表象因此对一些人有吸引力，是可以理解的。但是资本主义不是人类社会的终结阶段，马克思早就论述了共产主义的远景，这代表了人类的长远追求和胸怀。尽管苏联式社会主义运动在创造成就的同时也曾出现偏差，但如果人类因苏联和东欧的挫折就此放弃追求，相信资本主义就是历史的终结，那将是莫大悲哀。

当年在中国跌到谷底、试尽各种出路而不成的情况下，人们受到共产主义理想的召唤。这一理想先是鼓舞了无数中华儿女抛头颅、洒热血，建立了新中国。然后它又作为社会理想经受了考验。中国人民在西方列强面前站起来，中国成为世界第二大经济体，都是中国勇敢面对复杂实践的收获。

因此可以毫无愧色地说，共产主义带给中国社会的正面精神力量事实上远大于我们对它不成熟认识导致的那些后果。十月革命一声炮响给中国送来了共产主义学说，近一个世纪后回首，它没有辜负我们这个民族。

共产主义当然不是应当无限消费的口号，我们有很多现实而迫切的任务，然而完成这些任务与实现共产主义长远目标的辩证关系却是牢固的。我们不能只谈共产主义理想而漠视当前的尖锐问题，也不能因为买到了假货或是遇到个腐败的坏领导，就认定共产主义理想是"扯淡"。

中国需要弘扬共产主义理想，并且不断根据社会的实际情况开展工作，以普通民众能够理解的方式谈论全人类的这一美好愿景。不能不说，在西方政治观念的渗透有所扩散的时候，坚持在中国社会这样做并收获实效，是一项长期的挑战。如果各级思想政治工作者以为只要他们呼喊了共产主义口号，就完成了他们的使命，那将是极大的误解。

有共产主义理想的中国社会，肯定更有凝聚力，也更加积极向上。然而让这一远大理想真正扎根于社会，成为中国参与国际竞争的一大坚实条件，又是不那么容易的事。对此我们要有客观、求是的认识。

社会名人以国家的现实问题为噱头攻击共产主义理想，是非常无聊的行为。中国要解决问题，致力于实现阶段性目标，但与此同时，这个国家决不可成为面对大历史的精神流浪儿。共产主义是中国社会的集体信念，信念的含义就是它不会因为一时的困难和挫折动摇。而已经度过了最困难时期的中国，尤其应在基础信念上坚定不移。脚踏实地就是向理想的迈进。

（2015.09.23）

"上访"般泡沫干扰不了习近平访美

美国防部22日披露本月早些时候一架美军侦察机在黄海上空遭到中国战斗机拦截,双方一度发生"危险接近"。五角大楼发布这一消息正值习近平主席抵达西雅图开始对美国事访问,美国防部像是加入"上访"行列一样,要求中国领导人帮着"解决问题"。

位于华盛顿的新闻博物馆22日挂上大条幅,要求"释放中国人权捍卫者"。一家设在旧金山不知名的涉华基金会则给了高瑜、浦志强等"中国杰出民主人士奖",但被"美国之音"报道。另有44名大多居住在美国的作家也来凑习近平访问这一时间点,在美国笔会中心草拟的一封请愿信上签名,向中国提人权要求。

中国的闹事者都喜欢挑重要日子制造事端,以引起领导人和舆论的关注。美国社会里的这一套同中国太像了。发出上述声音的人和组织主要目的恐怕还是吸引注意力,他们不会幼稚到以为施加这点压力北京就会做让步,但五角大楼可能想出口气,那些平时难得被人想起来的"人权斗士"则想证明自己的存在。

中国有少数"上访专业户"会一遍又一遍重复他们的行为,美国有些专门对华喊人权的组织看来也要一直耗下去了。

这些人制造了一些毫无价值的注意力,如果有人要根据他们的表现来对习近平访美的成果做评估,这实在是开了国际大玩笑。

习近平美国行将促成中美两大国深入对话。中国主席在西雅图已经触及了中美之间几乎全部真正的敏感问题,他介绍了中国经济现状以及中国的人民币汇率政策,谈了中国股市波动,这是美国社会所能听到的对中国经济最权威的描述。

习近平还明确无误地重申了中国坚定维护网络安全，表示中国将保障境外非营利组织在华的合法活动和权益。他强调中国开放的大门永不会关上，依法治国、反腐败将继续推进。美国社会期待中国领导人对这些重要立场的再确认，习近平的讲话赢得了美国具有影响力那批听众的真诚掌声。

中美关系目前被不少人相信遇到困难，这一困难很大程度上来自感觉和预期。很多人忍不住担心中美掉入"修昔底德陷阱"，这种担心的事实依据并不充分，但糟糕的历史经验不断在人们心中徘徊。

习近平没有回避这个问题，中国主席可谓打开天窗说亮话了，他强调，世界上本无"修昔底德陷阱"，但大国之间一再发生战略误判，就可能自己给自己造成"修昔底德陷阱"。

由于习奥还未见面，美方低级别官员和舆论界传出的那些声音真是太小气了。那些趁机"上访"、发出尖叫以博眼球的人和组织实际上都是一群自私自利者，把自己那点事当成天下事。这让很多中国人看着直摇头。

但实际上美国精英社会不可能会被他们牵着鼻子走。西雅图社交圈与中国领导人的交流热情认真，富有成果。必将影响21世纪国际关系走向的习奥会将在华盛顿举行，中美领导人将代表两个国家就解决战略互疑和误判问题做出决定性努力。

中美两大国的最高级别交流是不能以看热闹心态进行观察的，如果要看热闹，那应去看教皇访美。但是习近平访美注定是今年全球国际关系舞台上的最重大事件，习近平在西雅图已经回应了让美国焦虑的各项关切，即将到来的习奥会将让人们看到美方对中方回应的回应。这是中美对人类21世纪最核心问题的一次求解。

（2015.09.24）

"异见人士"在统战对象里吗

中共中央22日印发了《中国共产党统一战线工作条例》，提出了12类人士作为统战工作的对象，他们当中包括"新的社会阶层人士"。对于这个群体概念的范围是什么，人们众说纷纭。

今年5月中央召开统战工作会议之后，一些人开玩笑说，如今有很多人都等着国家来统战他们了。这个玩笑主要指的是较为活跃的"异见人士"，它也反映了当前统战工作的复杂性。

统战工作极其重要，在战争年代是这样，今天同样如此。然而今天统战工作的环境和目标与过去相比都有了新的时代特点，它几乎应被看成是一项崭新的工作。

战争时期统一战线是法宝之一，那时候敌人明确，团结一切可以团结的力量的目标就是为了打垮敌人，保护并壮大自己。那时候政治是根本标准，敌人的敌人就可以去统战，道理和路径都很明确。

如今中共是执政党，对国家和人民承担"无限责任"。它要捍卫法统，促进社会发展，还要维护所有公民的合法权益。一个问题是，如今谁是这个国家的人民与敌人？还有，如何把统战与同那些"敌人"的斗争划出清晰的界限？

"敌我矛盾"和"人民内部矛盾"如今提得不太多了，但一些人士认为，这个看问题的角度依然有价值，统战工作应是针对人民内部矛盾开展的，解决敌我矛盾则只能使用斗争的方法。

然而有一些人与国家主流政治价值分道扬镳，他们的社会资源和影响力已经自成一体，似乎成了国家政治凝聚力的解构因素，也有些像在组成国家新的不稳定源。这些人有不少就属于"异见人士",他们是否应处在统战范围之内呢?

这类人士普遍对"多元社会"有与主流认识不同的理解。他们认为自己有展示同体制对抗的权利,法治中国就应为他们开展对抗提供合法空间。这使得国家即使想"统战"他们,效果也或将有限。

中国的社会结构经几十年改革开放已经发生了深刻变化,这种变化实际也在悄然改变社会的利益乃至权力结构。其实舆论场的情况在提示这些变化的涵义,比如国家仍能有效控制和影响表层舆论,但舆论的一些深层表现经常脱轨,给国家长治久安带来挑战。

今天的统战工作要在全球化条件下进行,难度极高,它要在西方对中国政治制度很不认同的大环境下,凝聚中国社会的共识。这很难说清是一场防守还是进攻的战斗。

所有中国公民都是中国人,即使热衷不合作姿态的也是。其实所有国人都处在一个巨大的利益共同体中,国家繁荣与进步通过各种方式把利益分配给了各个群体。现在中国的"异见人士"在西方都挺吃香,他们获得各种奖项,受到各种扶持的比例最高。他们中很多人过得比"跟党走"的人还潇洒,在分割中国发展的利益方面,他们的位置并不边缘。

如果说中国无法再成为一个"高度一体化"的社会,那么就要让那些所谓"反体制"的人逐渐安定下来。他们或许需有一定空间,但不能越界,边界在哪里,要逐渐变得清晰。把他们"争取过来"可能不容易,那么就争取让他们"无害化"。对于他们提出的真问题不妨倾听,按照主流价值原则去寻求解决问题的方案。对于他们的政治盘算,警惕和拒绝应旗帜鲜明。这或许应成为统战的一个新维度。

中国社会新时期的敌友界限变得比较模糊,也许我们不该将精力放在划清这个"根本界限"上,而应尽可能增加社会的张力和弹性,使它在包容复杂的同时,实现自我的强大和稳定。

(2015.09.24)

英国财相现实了,西媒继续装腔作势

英国财政大臣乔治·奥斯本正在中国访问,他高调去了新疆,成为近年第一名访问新疆、并在那里寻求难得商机而非拿放大镜搜索"人权问题"的西方高官。此外他还在上海证交所表达对中国经济的信心。他受到西方舆论的诸多指责,那些批评者嫌他在中国谈人权"太少",甚至认为他访问新疆会被中国用于舆论宣传。

奥斯本44岁,是问鼎未来英国首相之位的有力人选。他除了年轻,如果还有什么其他特别之处,就是在对华问题上比较信奉现实主义,不死撑面子,从英国实际利益出发对待中英关系交织在一起的方方面面。

奥斯本不愿同中国人当面挑起人权问题,这本是最起码的外交之道。一位外国财长来华寻求商业合作,保持谦虚是应有姿态。西方一些人总觉得他们的官员要端着"人权老师"的架子驾临中国,满足西方社会面对中国以及东方社会的优越感。他们会不自觉地忘记,这样的嘴脸其实挺难看的。

人权问题不能说是凭空生造出来的,从较长的历史阶段看,西方在人权领域向中国社会是输送了一些正能量的。但是这决非问题的全部,西方近些年在向中国就人权施压时,越来越走火入魔,罔顾事实,剑走偏锋,逐渐陷入他们自己难以察觉的极端却无法自拔。他们的很多要求完全脱离了中国实际,没有真正过他们的脑子,颇让中国人讨厌。

实事求是说,中国如此复杂的国情,究竟该如何进行治理,怎样平衡个人权利与集体权利之间的关系,中国社会一直在认真摸索,反复权衡。在这方面,西方小社会挺难插嘴的。西方大的经验中国人早已领悟,能借鉴的也大多借鉴了。其中必有一些西方经验对中国社会来说有风险，无法借鉴，更不能照搬，西方社会按理说应有能够理解中国做出取舍的悟性。

一些西方官员现在如果再就很具体的"人权问题"手把手教中国怎么做，带着一脸傲慢训斥我们，他们也不想想我们能听吗？专门要找中国茬的人，也就罢了。要求一位财长带着经济上的重大使命来华商谈，也要一见面就先指着中国人鼻子谈人权，那是他该干的吗？

奥斯本之所以让中国人尊敬，就是因为他言行正常，不怪，像一个来自文明发达国家的高官，而不让我们怀疑他的国家不通礼仪，是野蛮或夜郎自大之邦。中国人没想利用奥斯本的新疆之行宣传什么，中国媒体对此只有简单报道，如果不是西媒炒作批评他，中国舆论大多不关心他去新疆做了什么。

奥斯本或许展现了新一代欧洲政治家的视野，他是英国在西方世界带头加入亚投行的主力推动者，他重视作为人民币离岸中心对伦敦保持金融中心地位的意义，主张英国大力发展对华贸易。有人从他的对华政策主张中看到英国在打造最高战略层面的中英关系，认为英国想通过领衔欧洲的对华关系来巩固自己的大国地位。

中国人欢迎英国重视同我们的关系，但我们不认为中英关系会突破现有国际关系框架，形成某种挑战。我们认为奥斯本访华所表现出的倾向代表了自然，而我们期待的就是以自然为基础的和谐，而不是拉帮结派、受意识形态偏执驱使的旧式国家间关系。

欧洲舆论还是有些放不下架子，在对华问题上处处意识形态挂帅。现在的情形是，西方政府官员总体上比舆论现实得多。这也难怪，当家才知柴米贵，而西方的意识形态斗士没啥责任，仍在任性地自娱自乐。

（2015.09.25）

让蒙面罩袍远离新疆，这没错

新疆自治区常委肖开提·依明24日在国务院新闻办举行的记者会上说，蒙面罩袍不是少数民族的传统服饰，也不是穆斯林或者其他阿拉伯国家的服装，它是地地道道的一个极端的服饰。去年乌鲁木齐市人大通过立法禁止在乌鲁木齐公共场所穿戴蒙面罩袍，新疆官员的上述表态是又一次对这个问题的直面回答。

BBC、美国之音等西方媒体对新疆官员的表态提出批评，认为这将形成对维吾尔族穆斯林进一步污名化，还宣称由政府出面规定少数民族穿什么服装、留什么胡须的做法，说明中国的少数民族政策仍然需要检讨和审视。

需要指出，乌鲁木齐不是世界上第一个禁止在公共场所穿蒙面罩袍的地方。法国2011年发布了适用于全国的"面纱禁令"，并且很快逮捕过一名戴面纱的穆斯林妇女。西班牙、丹麦等欧洲国家也对戴面纱做出限制，有的国家将限制扩展到穆斯林头巾。

新疆自治区首府率先禁止在公共场所穿戴蒙面罩袍，估计这一法规会逐渐对南疆城市产生影响。新疆限制的服饰种类很少，只针对蒙面罩袍，不涉及穆斯林特色的头巾。新疆这样做的必要性十分明显，西方舆论不该从中挑刺，煽动是非。

维吾尔族等中国少数民族的传统服饰的确与蒙面罩袍无关，那些民族的服饰鲜艳亮丽，蒙面罩袍完全是外来的入侵品。众所周知，蒙面罩袍即使在伊斯兰世界也是原教旨主义影响的象征，有些阿拉伯国家采取鼓励妇女放弃蒙面的措施，鼓励蒙面在伊斯兰世界被认为是激进的宗教主张。

新疆出现蒙面罩袍是近些年的事,而且往往在极端宗教思想影响比较大的地方,这种现象最多。对普通群众来说,蒙面罩袍客观上形成了一种宗教氛围的压力,它们传递出某种宣示,展示了某种扩张及进攻性。

并不是那些穿蒙面罩袍的妇女本身具有进攻性,她们大多很无辜,是她们身边的极端宗教势力施加了她们不得不这样穿戴的强迫性。当她们走出家门时,这种强迫性又传递向公共场所,在她们自己并不知情的情况下,她们所穿的服饰成了移动的极端宗教势力符号。

还有一种更极端的情况,即个别怀有非正常目的的男人穿上蒙面罩袍走进公共场所,让人们误以为他们是女人。这构成了公众必须加以防范的一个因素。

由于蒙面罩袍较明显出现在新疆的时间不算长,现在就加以制止、限制比较主动,做相关群众的工作说不上困难。在新疆的实际工作中,推行这一禁令并未遇到来自基层社会的阻力。迄今发出指责的或者是境外"疆独"势力,或者是一些西方媒体,还有个别国家对华不友好的极端力量。

维护新疆各民族的传统服饰文化,不让它们受到原教旨主义外在符号的侵蚀,保护新疆各族妇女的基本人权,这些是自治区政府应当做的。不仅中国大社会支持新疆的决定,相信各少数民族的绝大多数人也支持政府在抵制蒙面罩袍等方面有所作为。极端的东西有时表现得嚣张、强势,但这不意味着它们真的就受周围环境欢迎。由政府来戳穿某些假象,这是社会的一种选择。

(2015.09.25)

拒绝"修昔底德陷阱",习奥共划底线

习近平主席24日抵达华盛顿,当天晚上到25日全天,是这次国事访问的最高潮。整个访问的内容十分丰富,但最突出的看点可以总结为三个,一是习奥小范围会谈和晚宴。二是国事访问的全套仪式。三是访问达成什么直接成果。

舆论一般容易注意第二及第三方面,因为它们最看得见,摸得着。但仪式重在不出纰漏,访问成果很大程度上取决于两国各领域团队早就开始准备的质量,实际在访问期间发生的重头戏还是两国元首直接交流,尤其是小范围会谈。

这两年中美双方外交界有个共识,那就是多为两国元首创造小范围、长时间交流,外交内政什么都可以谈。这样一是有助于建立、加强个人信任,二是可以促进双方深入了解对方政策。所以就有了庄园会晤、瀛台夜话这样的安排。

24日晚上习奥长谈3个多小时,内容不可能全部透露。25日上午习奥又有小范围会谈,时间加起来远超大范围会谈。中美元首的深入交流不断延续,这为两国避免严重战略误判提供了一项关键保障。

习近平在西雅图率先提出世上本无"修昔底德陷阱",奥巴马随后表示他也不认同"修昔底德陷阱"。两位元首针对的是,两国战略界和舆论界有着这方面难以克制的心理倾向,我们要说,美方的这个问题尤其严重。对中国人来说,听奥巴马说美国欢迎稳定、繁荣的中国和平崛起,总会将信将疑。反过来可以想象,中方关于和平崛起的真诚表白,到了美方那里会被打多少折扣。

但是奥巴马接了习近平的话，明朗地说出他不认同"修昔底德陷阱"，这表明他同意与习近平共同划定中美关系的底线。奥巴马虽然没有高调响应"中美新型大国关系"的主张，但他实际响应了这一主张最关键的内容。中美领导人等于向世界宣布，这两大国决不会走向"修昔底德陷阱"所指的那种战略冲突。

美国历史上有过3个敌人，德国、日本和苏联。美国都赢了它们。但同三国比起来，中国最让美国看不准。它看不透中国的国家性质，比如中国的块头比德日大得多，中国的效率又比苏联高。还有一点很重要：中国是美国最大的贸易伙伴之一，美同中国的利益关系远大于它同任何盟国的利益纠葛。

中国仍在继续发展，尽管这两年速度比前段时间有所放慢，但中国学者金灿荣估计，中国中产阶级要比通常估计的3亿这个数字大，可称为"富豪"的人数也应是千万级的。他认为这些被低估的数字意味着长期旺盛的需求，而中国的生产和供给能力又很强大。金表示相信，中国经济保持高于世界主要经济体的增长速度毫无悬念。而且学术界多年投入，如今也是知识的爆发期，技术升级不可阻挡。这些带给美国的担心是情不自禁的。

然而这次访问再次显示，中国实现了对来自美国担心的较好处理，中美在为避开"修昔底德陷阱"迄今实现了历史上大国之间最好的互动。

中美在网络安全、空中相遇时的行为准则、气候变化等多个领域达成新的共识。至于围绕人权的争议，并非中美之间的真正热点，奥巴马在联合记者会上针对这个话题说了一番话，那些话对美方的实际价值是提供给舆论的观赏性。

或许中美民间也需为两国绕开那个大国间的陷阱多做贡献，其中一个重要的原则是：多给自己的政府一些授权和空间，使两个国家能在一时解决不了的难题上相互做些妥协。

（2015.09.26）

中国固燃火箭全面成熟意义重大

25日上午，中国新型运载火箭长征十一号成功将4颗微小卫星送入太空。这是采用固体燃料的长征十一号的首飞，是继5天前长征六号首飞并一次将20颗微小卫星送入太空后的又一航天成就。

直到长征十一号之前，中国的大多数航天活动都是借助液体燃料火箭实现的。液体火箭的最大缺点是准备工作繁琐，机动性差。长征十一号使得火箭发射准备的时间单位从"月"缩短为"小时"，因而是中国航天发射的一项跃升性进展。这种新型固体燃料火箭将使中国卫星系统快速组网、补网成为可能，并让科学家们可以不受发射环节的限制，畅想太空事业的蓝图。

长征六号火箭的突出标志是环保，十一号则是快速灵活，中国航天技术虽然仍整体上落后于美俄，但我们正快速前行，在一个又一个具体领域走到技术的最前列。

固体燃料火箭的开发动力源于军事领域，因为导弹推进器使用液体燃料需要很长发射准备时间，影响战斗力，而固体燃料推进器则可有效解决导弹的快速和机动性。中国已经列装的战略导弹大多使用了固体燃料，长征十一号从某种意义上亦可看成是"军转民项目"。

长征十一号发射成功，标志着中国固体燃料火箭技术的整体成熟。它让人看到中国固体燃料火箭进入军民两用之间游刃有余的佳境。这必将对中国大国地位形成强有力的支撑。

火箭技术是世界大国间最不可分享的尖端战略技术之一，中国开发火箭完全依靠独立自主，它能够达到今天的水平，显示了中国工业科技力量已经形成丰厚积累，它从中国整个工业科技体系中得到的支持逐渐趋于完备。中国已经站到全新的起点上。

中国火箭技术与美俄的主要差距在于运载能力仍落后于它们。中国更大载荷的火箭正在加紧研制，预计最快明年就能有所突破。随着中国能将更重的设备一次送上太空，大量新的可能性将在我们的面前展开。

中国的在轨卫星数目已经超过俄罗斯，仅次于美国居世界第二。未来会有更多微小卫星升空，全面提升中国对外层空间的利用质量。中国的现代化会因此整体上一个台阶，我们每个人的日常生活都会与外层空间建立起越来越紧密的联系。

这样的中国让世界刮目，中国人自己也需清楚我们已经站在什么样的战略位置上。我们用了几十年的时间从一穷二白走到诸多指标都"世界第二"，从历史的角度看，这几乎就是个魔术。千万别辜负了历史对中华民族这一次的特殊眷顾，我们决不可在全人类都从看台上看着我们跑到差不多该冲刺时，因为莫名其妙的原因跌倒。

（2015.09.26）

希拉里学"大嘴"秀生猛让自己很 LOW

希拉里·克林顿选择这个特殊的时间点，27 日用很刺激的语言向中国方面发难。她用词如此粗鄙，非常失礼，让人想到了共和党总统参选人、什么都说的"大嘴"特朗普。中国网民给后者起了个外号叫"唐床破"。

美国直到不久前很少有人相信特朗普是位严肃的总统职位竞争者，他的出现受欢迎，多少是因为他"满嘴跑火车"使得选战更好玩。后来他竟然保持了高于其他共和党参选人的支持率和人气，这才震动了美国政坛和舆论：莫非像他那个选法，还真的是个门道？

看来希拉里也慌神了，眼红了，竟然抛弃了自己贵为前国务卿、现参议员所应有的政治风度和矜持，也开始向特朗普的"语言风格"靠拢，让自己生猛、大嘴起来。

这至少有一部分是互联网惹的祸。网络用语常常追求"光膀子"、甚至"裸奔"等那股劲，在中国的网上，一些文明人以张口骂人、动不动带句"TMD"为荣，其实在美国有同样倾向。这种语言方式逐渐影响了现实中的论坛，网上网下相互怂恿，搞得越来越没底线。

美国大选呈现出民主一旦走火入魔时可能导致的种种恶果。什么政策、纲领，什么公众利益，先穷尽招数多忽悠一些选民，有耻无耻拿下自己盯上的宝座再说。美国不是有一些人对中国崛起有危机感，看中国越来越不顺眼吗？那就多骂中国几声，尽量骂出点花样，博取选民的好感。

他们这样做会不会掉整个美国的"身价"？才不管呢。美国"身价"

高点低点有什么用？还是尽量多搂点选票最实在。

希拉里律师出身，作为第一夫人住过白宫，本人又曾身居高位，为了选举也什么都不顾了，把她作为"国母"时谆谆教导国民的礼貌和涵养抛之一边。选举能把人逼成这样，也算令人唏嘘了。

也许是不久前爆发、现在仍未平息的"邮件门"丑闻损害了希拉里的形象。她用私人邮箱发机密文件，越描越黑，最后道歉也不被原谅，阵脚有些乱了，因而想用攻击中国方面作为向舆论求饶的觐见礼。

不管怎么说，希拉里被认为是有可能问鼎下任总统职位的参选人之一。她近日的表现让人有点发愁：她一旦重回白宫，收回她针对中国的那些粗语狠话，需要调转多大一个弯！她的先生比尔·克林顿就曾在入主白宫之后针对中国转了个大弯，但二十多年前的中国毕竟不那么引人关注，比尔·克林顿说过中国什么，大家未必记得住。而现在总统参选人再针对中国说什么极端话，人们恐怕不那么容易忘记了。

希拉里学特朗普，的确把自己放 LOW 了。中国人未必生她的气，但我们有点看不起她了。而美国 2016 年总统参选人中她又算是"最高大上的"，这实在让人对美国政治感到沮丧。

（2015.09.28）

对外援助的重要性不须"讲透"

在26日举行的联合国发展峰会上，中国国家主席习近平宣布了一系列中国援助南部国家的新计划。包括中国为南南合作援助基金首期提供20亿美元，对最不发达国家到2030年的援助力争达到120亿美元，免除最不发达国家、内陆发展中国家、小国、岛国2015年到期未还的政府间无息贷款债务等。

在随后由中国和联合国共同主办的南南合作圆桌会议上，习近平还宣布未来5年中国将向发展中国家提供"6个100"项目支持，包括100个减贫项目、建100所医院诊所、100所学校和职业培训中心等。

对外援助要花钱，但是随着中国走到国际舞台的中央，这样的钱必须花，而且要花好。首先，中国已经形成让世人分享中国发展红利的理念，我们懂得，中国不能独享发展的机会，与世界分享自己的成功，我们能走得更远。

二是发展中国家客观上有走近中国、通过中国的帮助拉动本国发展的愿望和需求。筑牢与发展中国家的关系，是中国外交的基础。中国曾经在很困难的时候勒紧裤带援助贫穷发展中国家，事实证明，那时的付出为今天的中国积累了宝贵外交资源。现在中国有了更多外援能力，第三世界国家的期待也在上升，这不应看成是负担，而应被当做机遇。

三是西方国家正在塑造中国"免费搭车"的形象，一些极端力量甚至要把中国说成是"逃票犯"，试图诋毁中国的国际形象。中国需要用更积极的对外援助拆穿这样的谎言，让我们作为负责任大国的形象无可争议。

中国在很短的时间里从一个净受援国变成广受期待的对外援助国。由于中国仍有大量欠发达地区，要用钱的地方很多，我们面临在这个问题上统筹内外各种意见和不同轻重缓急的考验。

中国社会要迅速摆脱对外援助的那些钱能在国内做多少事的简单计算方式，决不可让民粹主义干扰国家的外援计划。我们必须清楚，中国的国力上升到这一步，如果舍不得外援，根本就没法在国际社会混。中国是高度对外开放的国家，我们的发展环境怎么样，有相当一部分取决于世界是否相信我们准备同外部分享自己的成就。

在国际上，我们则需实事求是，多让外界看到中国仍然欠发达的领域和角落，使国际社会对中国开展援助的要求契合我们的真实国力。这样做实际需要国内舆论的支持，因为展示中国落后的一面容易削弱国内民众的信心，而展示中国的发展成绩又会增加外界从中国筹钱的念头。中国这样的发展中大国会长期面临这一矛盾，国内越团结，中国向世人摆出自己急需用钱的那些事实和理由则越容易，也越坦然。

在这个全球化时代，对外援助并非"白花钱"，即使就经济说经济，它们也常能给援助国带来全局性的正面效果。然而外援的"好处"很多时候是不能大张旗鼓宣扬的，那样做会导致严重负效果。发达国家舆论大多已经熟稔这方面的道理，中国舆论也应配合官方的对外援助，不具体细究为什么，在一些敏感问题上不坚持刨根问底。

总之道义和现实原因都在推动中国逐渐成为积极外援的国家。我们别无选择，而应当重整思路，追赶上我们自己的发展，也呼应时代的召唤。

（2015.09.28）

习近平联大讲话为何收获大量掌声

中国国家主席习近平28日在联合国大会上发表重要讲话，这也是他两天来在联合国分量最重的一场演讲。他向世界分享了中国的真诚看法。

今年是二战结束70周年，也是联合国成立70周年。从理论上说，联合国主导了战后国际体系和国际秩序，而且这种主导有着充分合法性。中国对此给予了高度支持，甚至可以说，中国是最支持由联合国发挥上述主导及核心作用的大国。中国的国际行为一直是以对联合国的支持为主轴展开的。

相比之下，美国更多是把联合国作为在世界上推行美国利益的工具来使用，华盛顿长期把北约的盟友圈作为其外交的首要平台，对联合国能用则用，不能用就晾在一边。美国前资深参议员赫尔姆斯曾到联合国讲话，要求安理会"为美国人民服务"。

28日奥巴马在联合国的讲话也有较强功利色彩，其对叙利亚问题的大段阐述明显在推销美国的政策，不太顾及台下一些其他国家的看法和感受。

中国围绕联合国体系行动，这一立场非常认真。中国支持提高联合国的权威性，反对任何国家冲撞这一权威，与联合国的决定对着干。自中华人民共和国在联合国恢复合法席位以来，北京从未站到联合国决议的对立面。

联合国安理会的议事规则十分看重大国态度的一致性，5个常任理事国都有否决权，这是对现行国际关系格局的尊重。有时大国形不成统一意见，这也是世界秩序现实的一部分。当有的大国绕开安理会决议采取行动时,实际上是对现实国际秩序的一种挑战。

习近平做了三项宣布,包括中国出资设立为期10年、总额10亿美元的中国与联合国和平发展基金;中国加入联合国维和待命机制,建立8000人的维和待命部队;未来5年向非盟提供1亿美元的无偿军事援助等。中国对联合国的尊重,就是对世界各国、尤其是对中小国家的尊重。

中国的这种态度不可能不被大多数国家欢迎,习近平短短20分钟的讲话赢得了全场十多次热烈掌声。西方舆论经常指摘中国的对外政策,但由各国领导人及政要坐满的联合国大会议厅里,对中国呈现出来的完全是另一种态度。

这里是反映世界人心向背最有代表性的场所,这里所显示出的倾向比西方媒体主导的"国际舆论"更加真实、全面。联合国大多数成员都是发展中国家,中国领导人在联合国的讲坛上强调各国一律平等,反对以大压小、倚强凌弱、以富欺贫,强调中国在联合国的一票永远属于发展中国家,必然深得人心。

客观说,联合国在中国社会是有广泛影响的,习近平主席28日的讲话可谓反映了中国人民对联合国的尊重和期待。中国的世界秩序观非常健康,既非霸权主义,也非机会主义。这种态度自然而轻松,它不是为了某个战略目的装出来的,因而会经得起摔打,始终如一。

(2015.09.29)

不建内陆核电站，中国恐无未来

据媒体报道，中国工程院、中国核能行业协会近期对内陆核电站的安全性进行了调研，并已形成报告上呈国务院，一旦获批就可能成为内陆核电站开工的信号。报道称，目前有十多个省份明确提出要发展核电，已完成初步可行性研究报告审查的厂址有31个。

在中国各种各样的争议中，内陆是否发展核电项目，或许是影响最深远的争议之一。现在的情况是，能源界以及相关的科学界大多认为建设内陆核电站的技术已经成熟，支持开建的人也很多。舆论界的担心仍然很重，"中国真的需要内陆核电吗"和"一旦出事怎么办"是两个最响亮的质问。

由于舆论界的担心和各地的邻避效应交织在一起，对开建内陆核电站形成持久的压力。

然而不管中国人愿不愿意，也无论过程有多么纠结，中国内陆今后建起一系列核电站，大概都是挡不住的趋势。

原因就是中国社会未来对电能的旺盛需求，以及我们能够满足这种需求的选择极其有限。有人说中国目前的电力供应已经过剩，但这显然是短时期的情况。中国的发电装机总功率刚刚超过美国，而中国的人口却是美国的4倍多，即使中国人永远不能过得像美国人那样大手大脚，但我们需要更多电能，这个判断错不了。

只要中国继续发展，达到世界中等发达水平就需要把当前的发电能力大体扩充一倍。无限扩充火电无法确保煤炭及油气供应，搞这么大规模的新能源建设也无法做到。核电，包括内陆核电将是被迫选择。

中国需要多少内陆核电站呢？法国的国土面积与四川省差不多，其国土上一共建有 19 个核电站，58 座核反应堆。这向我们演示了现代生活供电系统的模式之一。当然，法国的情况超过了发达社会的平均核电水平，中国未来的核电密度肯定不会比法国高。

法国核电占了全国发电量的 75%，中国目前只占 2%，是工业大国里最低的。一些学者提出中国未来这个数字上升到 10% 的目标。

核电的好处是干净，不产生雾霾。它的最大问题是"万一出事"会导致难以承受后果的那种风险。那么中国能够做到内陆核电百分之百安全吗？

理论上的百分之百安全不存在，但它却是我们在现实中针对核电必须做到的。核电安全有两个不断前行的线索，一是核电技术已经用着第三代，开发着第四代，它的安全性不断上升。二是人们的安全标准越定越高，经验则越积越厚。

切尔诺贝利和福岛是特殊例子，它带来了危机感，一些国家减少核电站，缓建新核电站，但这样的恐慌并没有变得歇斯底里。法国就没有太慌张，虽然以它的国土面积，如果有一座核电站出福岛那么大的事故，整个国家"就完了"。

中国既然没有选择，就应及早结束该不该发展内陆核电的泛泛争论，把注意力集中到两大线索上：一是做好选址的科学研究，二是做好立项的社会工作。

第一项工作虽然复杂，但相对容易推进。第二项工作有可能是发展内陆核电的关键挑战。现在不再是长官命令可以决定一切的时代了，核电站周围群众对安全的心理负担如何与远处核电消费者的惬意形成合理的利益关系，这是打破邻避效应的关键所在。

新加坡人和韩国人敢于面对 PX 的风险，法国人、美国人敢与内陆核电站"比邻而居"，中国人莫非是全世界最胆小的？当然不是，重要的是如何通过良好的管理把中国人的"胆量"释放出来，别让整个社会在"核电虽好，但请建在你家或领导家旁边，别建在我家旁边"的无休止争论中蹉跎。

（2015.09.29）

中国应为人类好奇设立"太空探索局"

美国宇航局（NASA）28日宣布在火星上首次发现了存在液态水的强有力证据，再次轰动了国际舆论。尽管仍有人对NASA提出的证据有所怀疑，但NASA不像是在哗众取宠，它的论证让人看到了严肃性。

美国自1964年以来一共向火星发射了21个探测器，多次登陆火星表面，至今仍有"好奇"号等火星车在开展科研活动，源源不断向地球发回信息。NASA的火星探索把其他几个航天竞争者远远甩在后面。

NASA是看得最远、也走得最远，引领了全人类宇宙探索的机构，它不断宣布的新发现同样满足了中国人的好奇心，令我们敬佩，也搅动了我们的一些紧迫感。

中国是第三个把航天员送上太空的国家，我们的月球探索也达到把"玉兔"送上月球表面的先进度。但当美国已经把太阳系所有行星都做了抵近观测后，我们发向火星的"萤火一号"失踪了，对其他行星的探索还是空白。中国没有太空望远镜，也没有飞向太阳系深空的探测器，更做不到向太阳系之外发射探测器。中国较美国在航天领域的落后应当说仍是体系性的。

一个糟糕的情况是，中国社会不能说有在太空探索方面追赶美国的强烈愿望。中国现在最无争议的是发射卫星，而超出发卫星的科研活动很容易招来非议。民粹主义成为影响太空探索决心的一个现实因素，"请把扔到太空上的钱用来改善老百姓的生活"，这样的浅薄呼声产生了干扰，带来了一定压力。

人类长久生活在地面上，"飞起来"的时间迄今只有100多年，进入太空只有半个多世纪。地球这么小，太空无疑是人类的未来，而太空探索由于花费高昂，只能是几个大国的事情。地球的诸多资源来自外空，人类未来注定还会向太空要能源，要资源，也要更大的生存空间。

如果说过去太空探索意味着什么还不清楚的话，那么今天这个问题已经越来越清楚。中国全社会应当就下决心加大太空探索的投入形成坚定共识，中国在太空科研领域全面走到世界前列的时候，大概才能算得上是中国彻底实现了民族伟大复兴的那一天。

中国或许到了成立太空基础性研究和探索专门机构的时候。它应当归属航天大系统，但它的任务不是发卫星等"与地球有关的"那点事，而是要探索太阳系、银河系及整个宇宙。它应当做的是满足人们对宇宙的好奇心，扩展人类的视野，积累我们的知识。

虽然美国走在了前头，但人类对太阳系的认识仍很肤浅，对银河系的了解更是些皮毛。随着中国推力更大火箭的即将问世，中国已经到了在"走得更远"方面有所作为的时候。

这可不是"为国争光"之类的"政治需要"，它是中国逐渐升级现代化水平必须有的补课，是我们着眼未来发展不得不做的开辟。中国过去一个多世纪里一直跟在西方的后头学习，现在我们到了去做开创性探索的时候。我们要敢于进入科学的处女地，提出全新的概念，承受一些搞错了方向的挫折和失败。

美国往往被认为是缺少执行长远计划能力的国家，但它的太空探索却保持了难得的连续性。而制订一个雄心勃勃、需要几代人前赴后继实现的太空探索计划应当是中国的优势。

太空探索决非是花"冤枉钱"，我们能认为美国已经走出太阳系的"旅行者一号"和已经在轨运行20多年的哈勃望远镜都是花了"冤枉钱"吗？中华民族不是满足于"三十亩地一头牛，老婆孩子热炕头"的所谓"黄土之辈"，我们已经把眼睛抬了起来，面向整个太空。

（2015.09.30）

内地舆论对李嘉诚去神化，但无敌视

李嘉诚29日首次公开回应"撤资""不爱国"等质疑，称"一篇似是而非的文章，也可引发热烈讨论，这是可以理解的，但文章的文理扭曲，语调令人不寒而栗，深感遗憾。"他表示所谓"撤资"指控完全不成立，并特别强调其集团在内地的店铺从两年前的1300间增至今天的2300间。

9月12日新华社瞭望智库的微信公众号转发了一篇题为"别让李嘉诚跑了"的文章。该文虽被指明不代表新华社瞭望智库的观点，但还是引来对李嘉诚的大量吐槽。李表示，当时正值习近平主席访美前夕，不想制造热点，故现在才回应。

李嘉诚过去在内地一直是标准的爱国爱港商人形象，但在上述引发争议的文章出来之前，他的形象就已开始复杂化，关于他"撤资"的传闻和分析不时出现于互联网，但没有形成排浪般的质疑。

从李的回应分析，他在习近平访美之后、国庆之前发出这一声音，对时间点的选择可谓非常认真。从内容上说，更能显出他很在乎自己在中国内地的形象。以他的身份来对一篇网络文章的挑战做回应，这不太寻常，这表明他认为内地公众怎么看他，这很重要。

其实那篇攻击李的网文，在内地所产生的实际影响有可能被高估了。由于各种信息不断叠加的影响，内地人现在更倾向于把李嘉诚看成"逐利第一"的商人，大家不再认为他是"爱国爱港的楷模"，但觉得他"在商言商"也是正常的。内地社会修正了对李嘉诚的看法，对他的新形象采取了接受态度。

内地发展了，见识多了，经济不断涌现出新的支撑点，这一切也推动了人们对李嘉诚认识的"客观化"和"平常心"。现在人们对商人把"爱国"放在第一位的要求本身就不再很绝对，大家对商人在逐利的同时带来有利于国家的实际效果给予了理解和认同。

有人分析，李嘉诚商业帝国的结构稍显老化，在中国内地的竞争中丢失了一些优势，他做一些调整大概有其必然性，这不是"撤资"或者"不撤资"的简单判断所能概括的。

由于中国是世界最大的新兴市场，跨国公司普遍谋划的是"进入中国"和"在中国做大"，而非"逃离中国"。从商人要赚更多钱的角度说，认为李嘉诚要从中国市场"逃跑"，这听上去确实有些违反商业逻辑。

李嘉诚不仅在内地遭到议论，他在香港的形象这两年也不再像过去那样简单而正面。也许李本人习惯了过去舆论对他一边倒的褒扬，对新的舆论局面一时没有转过弯来。从内地看，针对他新的舆论面貌并非是敌视的，只是一个"去神化"的过程。内地公众对此已经适应，也许他本人也有必要适应。

李嘉诚是成功的商人，他积极参与了中国内地的改革开放，对慈善事业也比较热心。他自己获了利，与国家和社会是双赢的关系。他今天在内地的做事逻辑应当不会变化，但内地社会在成长，舆论变得多元，这会导致双方互动方式及感受的一些变化。但这不值得大惊小怪。

（2015.09.30）

北约若同俄在叙军事对抗将很荒唐

北约秘书长6日指责俄罗斯战机进入土耳其领空"不像是意外，而是严重的侵犯行动"。此前土耳其总统埃尔多安也对俄罗斯做出严厉指责。美国务卿克里称，"土耳其有权将侵犯其领空的战机击落"。

俄罗斯应叙利亚政府的请求，于9月30日开始发动对IS的空袭，强烈震动了中东和西方世界。这是冷战结束以来俄罗斯军队首次在独联体之外地区实施空中打击，这显示了普京政权政治上的坚决性，莫斯科至今保持着独立于西方的军事干预能力。

在一个相对狭小的空域开展行动，飞机越界是比较容易发生的。如何看这些越界的性质，取决于当事方之间的互信及协调程度。俄与北约都打击IS，但俄罗斯的行动对阿萨德政权有利，美国等与阿萨德的敌对程度则似乎高于与IS的敌对，或者说两种敌对是同一级别的。俄与西方的"终极目标"南辕北辙。

这种情况下，看来俄在叙利亚的行动须格外谨慎，严格限定在打击IS的范围内。俄军可出不起"误炸"西方支持的叙反对派控制区医院等目标的错误，那样的话，后果会比美军"误炸"无国界医生组织在阿富汗的医院严重得多。西方舆论对美军的批评可以蜻蜓点水，但它们一定会把普京政权骂死。

俄连续轰炸IS，必将形成对阿萨德政权的强有力支持，使后者能把更多力量投向与反政府军事组织的战斗。由于莫斯科一口咬定它就是打击IS，西方缺少反对它的理由。华盛顿一度表态含糊，像是要对普京政权"听其言观其行"。

但随着阿萨德政权得到喘息，具有了更多向反政府武装进攻的能力，华盛顿的反对态度大概会逐渐变得清晰。因为那样一来，莫斯科显示了它影响中东局势的强大能力，阿萨德政权在缓过气来的同时有了更多正当性，这些都有悖华盛顿的意愿。

外部世界围绕叙利亚的政策总目标应当是什么，或者说各种目标应当有什么样的排序，这一点恐怕要首先厘清。各方经常提到的目标主要有：推翻阿萨德政权，建立民主社会，打击IS等，如今又加上了一个防止产生更多难民。

这些目标显然不可能同时实现，其中第一个目标从叙利亚局势动荡的一开始就被西方提了出来，但事实证明它在短期内是最不现实的，而且对这个目标的追求，助长了IS崛起，导致了难民潮出现。

现在俄罗斯打击IS，同时客观上帮助阿萨德政权，莫斯科以其远远弱于北约的实力把这件事做得有声有色，说明普京踩到了叙利亚局势的真正痛点上，他做的事是局势客观需要并且呼唤的，这符合大多数恐惧IS国家的实际利益，至少也有对美国有利的一面，尽管西方谈论的都是让它们感到不舒服的另一面。

俄方表示，它的战机进入土耳其上空是由于雾大，而且只有几秒钟，但这不妨碍北约方面对其口诛笔伐。更让人担心的是北约会不会采取对抗俄罗斯空袭的行动。

如果美俄在叙利亚发生直接或间接的军事对抗，那将是冷战后乃至二战后最荒唐的战争。因为它至少表面上是一场打击IS和反对打击IS这一恐怖组织而导致的战争，历史书恐怕要费很多口舌解释这场战争的"种种背景"。

再差的叙利亚合法世俗政权也比IS好得多，如果维持该政权可以减少涌入欧洲的难民，那么在政治上就显得更加合理。想清楚这一点，西方就会在对待阿萨德政权的问题上释然多了，叙利亚局势的一团乱麻也就有了头绪。

（2015.10.08）

妥处换柱风波有利国民党"止血"

国民党选举的"换柱"风波似乎在酿成一场该党内部的政治风暴，并对明年初就将举行的"立委"选举及随后的"总统"选举结果产生重大影响。"阵前换将"乃选战大忌，国民党走到这一步，据认为是被洪秀柱长时间的低支持率"逼的"，但无论国民党如何处理这场危机，起码短期的负效果已经酿成。

国民党39名中常委中的28人联名要求就"换柱"召开临时全代会，马英九也对开这次会议表示了支持，但是洪秀柱表示她将"参选到底"，形成一个令蓝营普遍揪心的僵局。国民党多数派和洪秀柱本人能否以全党以及主要人物都比较小的代价重铸共识，结束这场危机，将是未来的看点。

洪秀柱是在几个月前国民党大咖纷纷"惧选"的情况下挺身而出宣布参选的，她应当说对帮国民党走出"九合一"败选的阴影和尴尬有功，但在随后陷入争议，支持率长期低迷，落后蔡英文一大截。国民党内一些人担心不仅洪会输得"很难看"，还将拖累明年的立委选情。最悲观的人指出一旦民进党在"立法院"获绝对多数票，就可随意修改台湾"宪法"，形成颠覆性局面。

但是"换柱"会在道义上失分，如果洪秀柱最终不配合，还会导致国民党以及蓝营的分裂，这样的风险亦难承受。

台湾的蓝营中有人提出，如果洪秀柱愿意面对现实，配合调整，而国民党主席朱立伦又能站出来参选，形成"朱洪配"，那么将是这场危机的最好结局。

然而闹分歧甚至内讧近年来似已在国民党内成风。上世纪末以来国民党已几经正式分裂，这为民进党壮大提供了机会。不久前马英九与王金平又公开"结仇"，该党至今处理内部分歧的能力实在无法让人恭维。

在内部凝聚力方面，民进党显然要强于国民党。后者内部的各支力量似乎仍未意识到它们已是民进党攻势下的"命运共同体"，或者无法把这种意识转化为彼此团结的坚定意志。国民党能否渡过"换柱"这一关，将对其未来命运形成强烈的暗示。

目前国民党与民进党在台湾的影响力大体旗鼓相当，国民党已无继续分裂的资本。如果因为"换柱"危机导致整个蓝营的进一步分化，那么蓝营将面临艰难的重新统合过程。在实现一个强有力的新蓝营政治联盟之前，蓝营各派力量无论谁出来"选总统"，都可能是对民进党参选人的"陪太子读书"。

由于国民党出了"换柱"风波，对蔡英文明年胜选"总统"的预测进一步走强，舆论这两天议论的焦点在转向"立委"的选情上。蔡英文近来多次就两岸关系提"维持现状"，她的口号在朝中间靠，但认为她这是在玩选举策略的分析很多，两岸关系倒退的风险总的来看在上升。

民进党是一路"折腾"上来的，根子上属于"造反派"。国民党一定要把自己打造成台湾"稳定"的化身，改革也要以稳定为基础。而"稳定"形象的第一个要素就是别出内讧。因此国民党以稳妥方式了结"换柱"危机是一场牵动全局的考验。

（2015.10.08）

中朝友好是河床，问题随河水流过

由中共中央政治局常委、中央书记处书记刘云山率领的中共代表团今天开始访问朝鲜，出席朝鲜劳动党成立70周年庆祝活动。这次正式友好访问必将对中朝关系形成正面推动，并作为一个重要元素影响外界对中朝关系的认识和解读。

一段时间以来，外界对中朝关系的议论很多，应当说，中朝关系确有引起种种议论的空间。两国间围绕朝核问题的分歧不言而喻，这是中朝关系绕不开的一个方面。

然而上述分歧尽管严峻，但它远非中朝关系的全部。鸭绿江两岸还存在着一些强大的记忆和现实，成为两国之间具有超越力量的纽带。中朝上个世纪一起抗日，50年代初又并肩战斗，鲜血反复流淌在一起。加之在社会主义建设的很多年里两国经历了类似的奋斗和艰难，中朝之间总有一些东西是隔不断的。

中朝友谊是两国之间河床一般的主题，各种问题就夹裹在河水中流过。它们有的沉淀了，有的激出浪花，但最长久的是这条河本身。人们有理由期待，友好永远是中朝关系的底色。

冷战体制并未在东北亚完全退场，这是地区局势复杂性的终极来源。朝鲜拥核进一步增加了复杂的层级，这里看上去充满了不确定性。

中朝友好关系是保持整个地区稳定的支柱之一。它至为宝贵，值得中朝两国珍惜，也值得周边国家抱以鼓励、支持的态度。

中朝友好首先对两国和两国人民有利。对朝鲜来说，中国是其最大贸易伙伴和援助来源国，也是其政治稳定的根本外部屏障。对中国来说，未来的主要挑战来自太平洋方向，友好的朝鲜同样具有战略意义。中朝友好对两国都是颇为有利的出发点和战略支点，两国社会对此的认识应当坚定不移。

国际上不断游动着挑拨中朝关系的图谋，在中国国内这些年也有一些人提出"弃朝"。需要指出，后一种声音是短视、冲动的。它们受到外部意图的影响，其对中国社会的误导应当受到抵制。

朝鲜是"弃"不了的，它就在中国旁边。同时不仅中国，任何其他国家都不应有能够"主导"解决朝鲜半岛问题的想法。中国要求半岛无核化的立场坚定不移，但是半岛无核化需要各方的真正配合，中国不能单方面把推进这一目标的使命扛起来。

对韩美日来说，中朝友好提供了稳定的信号，这带给它们的现实好处比中朝反目如何在战略上有利于它们的那些幻想更加实在。

朝鲜半岛的冷战遗迹犹在，然而三八线犹如一个死角，大环境已经沧海桑田。中朝友好也面临了两国间新的内部条件，以及新的外部格局。两国的友好关系在不断延续的同时，恐怕要与时俱进，有能力应对新环境，处理新问题，不断获得新的生命力。

中朝是邻居和朋友，共同利益是压倒性的。不管外界如何挑拨，两国都应坦诚相见，在不断增加互信的基础上共同面对各种难题。中国社会应当理解朝鲜面对重重压力的难处，朝方应当有单独很难走出困境的理性判断。中朝都应从两国友好中汲取克服难题的力量，避免走战略弯路。

刘云山访朝给两国关系注入新的乐观和暖意。建党70周年是朝鲜的重要节日，我们衷心希望在中朝友好关系史上，这次访问是一个上扬的节点。

（2015.10.09）

俄用 26 枚巡航导弹与美特殊对话

俄罗斯星期三对外宣布,其在里海的 4 艘战舰向叙利亚境内的 IS 组织的 11 个目标发射了 26 枚巡航导弹,这些目标均被摧毁,没有造成平民伤亡。这是俄罗斯打击 IS 的一次升级行动,既展示了莫斯科的意志,也让世界看到了俄非凡的远程精确打击能力。

俄罗斯因苏联解体而严重瘦身后还从未这样亮过肌肉,西方的印象是它守着苏联时代的陈旧导弹吃老本,美国科学家曾推演过一次性消灭俄全部核武器的可能性。而这次俄巡航导弹打击 1500 公里以外的目标,北约在俄宣布之前毫不知情,这带来了震动。

美国北美防空司令部司令随即表示,这次行动意味着俄具备了用其战机不离开俄领空就可攻击美国西海岸目标的能力,而且巡航导弹非常高效,很难防守,这是很大的挑战。

莫斯科发动对 IS 的打击就是西方的意外之举,这种意外似乎在发酵。俄是不好用通常标准评估其实力的国家,它的 GDP 总量只有 2 万亿美元左右,一些制造业荒芜了,但它又是西方最难对付的地缘政治力量,不仅幅员辽阔,资源雄厚,而且颇具战略动员力,突然就能这样从 1500 公里外、或者从某个意想不到的角度发威。

当年的苏联整体上远不如西方发达,但一再用第一颗人造卫星、第一名宇航员、第一座核电站等等震动世界。如今的俄罗斯虽然雄风不再,但很像是继承了苏联"不平庸"的秉性。

俄罗斯民族给了世界这样的印象:他们人很聪明,行行出大师,民族性格比较冲动、浪漫,现代化管理方面一直是弱点。这样的国家很难在全球竞争中实现全面领先，但它有可能在一两个关键领域搞出让外界、尤其是对手猝不及防的突破。

冷战之后西方极大挤压了俄的战略空间，它看上去很难再爬起来，但是普京带来了俄的"再崛起"。尽管有诸多数据被讨厌俄的人用来引证说明俄的大国地位"有些空虚"，去年以来的油价大跌和卢布贬值似乎又一次把它击倒，但从乌克兰到叙利亚，俄的姿态都未退缩，而且看上去颇有后劲。

俄究竟要在叙利亚做什么？这是个有趣的问题。莫斯科强调它是打击IS，西方舆论则聚焦它的"真正目的"：保护巴沙尔政权。但是这样的"揭露"媒体做得更多，西方政府也有抱怨，然而明显有所克制。由于IS是文明世界的公敌，美国同俄合作打击IS的需求肯定不是零，华盛顿缺少对俄行动无限妖魔化的道义。

莫斯科是在"挑衅"北约吗？一些中国战略学者的回答是否定的。他们认为，普京的真正意图是要把西方的注意力从乌克兰拉到叙利亚，在那里制造俄美缓和的机会。因为在乌克兰问题上俄美没得谈，但在叙利亚毕竟有IS这个共同敌人，还有让欧洲感到切肤之痛的难民问题。在叙利亚寻找俄美共同点，要比在乌克兰这样做容易得多。

克里姆林宫在以不同寻常的方式向美国和西方招手，后者很不舒服，但它们的态度比过去要缓和多了，这或许就是普京想要的开始。

俄不会为缓和关系央求美国，它会以有尊严、甚至强势的姿态向华盛顿传递信号。由于白宫也有一些尊严需要守护，美国社会对俄的成见根深蒂固，华盛顿的战略圈能否接普京的招，将是个疑问。

西方是否会最终大幅调整对巴沙尔政权的态度，形成与俄在解决叙利亚问题上的合作，将是俄美关系能不能从叙利亚这个切入口走向缓和的试金石。

（2015.10.09）

和平奖与不堪回首的"阿拉伯之春"

2015年的诺贝尔和平奖9日颁给了"突尼斯全国对话大会",理由是表彰其在2011年茉莉花革命之后"为突尼斯建设多元化民主社会做出的决定性贡献"。因在接收难民问题上态度积极而被认为是热门人选的德国总理默克尔等都要明年再说了。

突尼斯是"阿拉伯之春"的"发起国",它在革命之后经历了政治暗杀和社会动荡,经"全国对话大会"的努力,惊险地从内战边缘脱离,在"阿拉伯之春"的政治版图上实现了唯一的大体稳定。

向"对话大会"授奖,一些西方媒体认为这代表了诺委会对"阿拉伯之春"的正名和支持。但该奖难免让人重温西亚北非经历的那场革命,诺委会发的这个奖状像是经过了血染,令人唏嘘。

"阿拉伯之春"近5年前很快从突尼斯传播到埃及、利比亚,后进一步波及也门、叙利亚等国。当时西方世界一片欢呼,欧美国家对发动"革命"的反对派分别给予了道义直至军事上的支持,加速了"革命"的蔓延。

这一两年"阿拉伯之春"在西方媒体上提得少了,西方政治家则大多避免说到它。原因是几年过去,埃及反转了,被推翻的穆巴拉克从监狱里放了出来,因"革命"上台的穆尔西反被关进监狱。利比亚摆脱了卡扎菲,却像伊拉克一样陷入混乱。也门和叙利亚爆发不同程度的内战,叙利亚成为二战后涌向欧洲最大难民潮的发源地。"阿拉伯之春"成了一次西方菜谱导致的"集体中毒"。

突尼斯很幸运,这次获奖的"对话大会"的确做得不错,值得尊敬。不知道诺委会是否想通过这次授奖来强调:不是西方指出的路错了,而是大多数阿拉伯国家太笨了，如果那些国家都有一个能干的"对话大会"，还会有内乱和战争吗？

"阿拉伯之春"被认为是典型的"颜色革命"，而"颜色革命"最早出现在乌克兰等独联体国家。追踪那些受到西方鼓励的"革命国家"，包括阿富汗和伊拉克等被西方力量直接"解放"的国家，它们直到今天都站在世界最乱国家榜单的前列。

应当说发生各种"颜色革命"的国家，首先都有尖锐的内因。西方世界鼓励它们以暴力革命方式引入西方民主制度，那些求变的社会与西方都一度深信这是个好办法。一系列的失败堪称人类社会的悲剧。人类变革的经验有限，在很大范围内被看好的民主革命栽了大跟头，带来全球性政治灰暗感。

诺委会选了个不具普遍性的榜样，像是要鼓舞因为跟着西方跑而吃了大亏的国家和社会，要它们在黑暗中看到希望。

"阿拉伯之春"5年了，乌克兰第一次"颜色革命"至今10年了，前苏联和前南斯拉夫一些共和国陷入动荡二十几年了。中国的"文革"一共10年。我们可以大致猜出那些不成功的"革命"对无数民众个人命运所产生的影响。

发生了"颜色革命"的国家不能全抱怨西方害了它们。那些国家革命之前都错过了改革，致使社会矛盾积累到无法收拾的爆炸点。改革是一个国家避免或释放危机的最佳途径，世界真正获得成功的国家不少都有过深刻的改革过程。然而成功的改革分配到每一个时代却寥寥无几，因改革而实现了大步前进的国家和社会无疑都是时代的幸运儿。

（2015.10.10）

让大家玩好,中国将再上大台阶

谁说中国发展经济的动力不足了?谁说由于老年人增多,中国的"人口红利"几近枯竭?"十一"黄金周中国零售和餐饮总收入首破一万亿元大关,比去年同期增长11%。全年的旅游数据都在飘红。旅游正在成为中国人消费的新井喷。

黄金周的旅游主力军是"家庭"团队,而平时旅游的主力则是退休人群。旅游最初是中国年轻人的事情,如今这一热潮完全将退休者们攻陷。城市退休群体相互影响,旅游成为他们当中越来越多人的"正事儿"。很多人几近玩疯,几乎在家闲不住,把大部分退休金都"玩掉了"。

中国老年人给社会的印象往往是买捆菜也分毛必较的老抠门,但旅游改变了他们在市场消费结构中的角色。他们很像是中国新崛起的特殊"人口红利"。

旅游完全可以成为中国新的"房地产",拉动从交通到城市基础设施再到各种服务的全面提升。旅游还能为社会改造提供动力,它能扩大人们的视野,影响人们对社会和国家的认识。本次黄金周已公布的旅游收入最高6省区除山东外都是内陆省份,旅游有助于缩小地区差距,促进国民收入的再分配。

从人们的生活需求来说,满足了最基本的衣食住行后,旅游是高一层级的消费。旅游能让生活跳出日常的琐碎,极大提升人们的幸福感。一个穿插着旅游的人生与缺少旅游的人生有质的区别,盛行旅游的社会总体氛围也往往是积极的。

我们必须看到,中国如今火爆的旅游潮才"刚刚开始",人们在黄金周扎堆出现在热门景点，这不啻是旅游的初级形态。中国还有更多的人将加入到旅游大潮中来，更高层次的旅游消费需求也将源源涌来。由于中国国土辽阔，人文历史深厚，进一步容纳旅游发展的空间巨大，旅游有可能成为未来经济发展的轴心，带来其他发达社会未必有过的经济释放效能。

京沪高铁几年前还令人担心缺少客源，一转眼人们已在谈论是否应当修建第二条京沪高铁。现在节假日各种交通都会爆棚，旅游是其中最具张力的元素。

中国人不会嫌自己钱多，但现在大家抱怨最多的不是钱少，而是能够用来出游消费的时间太少。越来越多的专业人士相信，中国应当恢复"五一"黄金周，同时适当增加公共假日，这样只会进一步将国人的消费潜能开掘出来，拉动经济增长，而不会导致社会的慵懒，削弱经济增长的动力。

在中国经济增长下行期间，旅游作为一个难得的强劲元素在以近乎裂变的方式逆冲，一再制造高潮，像是个力挽狂澜的坯子。中国一定要重视它，看准它，为它的成长壮大不断开辟崭新的空间。

问问全国人民有多少人想远行，想去名胜，想去边疆，还想找条遥远的小街住几天。想方设法满足大家的这个愿望，为人们安排出行的时间，下大力气提升各地旅游服务的质量，不要因为国内旅游市场质次价高而把很多人逼向出国游，这是中国经济几乎明摆着的一条康庄大道。

在全国范围内认真消灭宰客行为，杜绝超高门票，让机场、长途车站的商品价格回归正常，旅游路上有着中国治理现代化需要着力的大量细节。让中国人玩好了，这个国家就将再上一个大台阶。

（2015.10.10）

谴责安卡拉恐袭，同时劝土耳其反思

土耳其首都安卡拉火车站附近10日连续发生两次爆炸，造成至少95人死亡，200余人受伤。最近几个月土耳其成为全球范围内最突出的恐袭受害者之一，这多少令土有些猝不及防。

由于外部世界一直有抱怨认为土对一些恐怖组织"态度暧昧"，突然间这个国家似乎成了恐怖袭击最集中的地区，事情显得有些蹊跷。

土耳其深陷中东复杂的政治纷争，该国又存在对奥斯曼帝国辉煌时期的深刻记忆，民间一些力量和组织在涉及它们认为是"突厥民族"的暴力行为时，倾向于"认亲不认理"，这造成土与一些国家对"何为恐怖主义"识别上的分歧。

比如土一些民间组织对中国在新疆的反恐行动经常说三道四，土官方的表态有时会受民间压力的影响，产生摇摆。"伊斯兰国"因为对抗叙利亚政府，安卡拉对它的态度也让外界有些看不清。

作为在中国有广泛影响的媒体，我们坚决反对并谴责任何个人和组织对土耳其平民进行杀戮。我们的这一态度是无条件的。

我们同时希望土政府和社会进一步认清极端主义在这个时代的特殊危害。极端主义的内容和形式五花八门，但它们有拒绝国家法统的共同特点。极端主义与恐怖主义有时仅隔着一层窗户纸，有时赤裸裸地表现为公开的恐怖主义。每一个被恐怖主义侵袭的国家都必须同时打击极端主义。

恐怖主义以前大多针对了西方发达国家，但现在发展中国家已成恐怖主义的重灾区。"9·11"之后，美欧国家虽有不少遭到恐怖主义的袭扰,但那些国家安保能力雄厚,调动得起大量资源投向反恐。发达国家多次将恐怖活动挫败于它们即将发生之时,因而恐怖主义在欧美发达国家总体上是可控的。

发展中国家则不同。它们的有限国力需要投入民生领域,或者用来维持社会运转的基本秩序,真正可以用于反恐的资金和力量往往很有限。就安卡拉来说,它的公共场所保安水平与美欧国家的首都根本无法相比,让安卡拉火车站更安全,不是采取临时措施,多花些钱,多布置些警察就能做到的。

如果一个发展中国家陷入恐怖主义的泥潭,它将比一个发达国家受同样威胁时所遭遇的结果严重得多。

当下世界反恐基本由美国和西方主导,它们控制着一些关键的定义权和协调权,处在反恐秩序的中心。发展中国家彼此就反恐开展的合作不太多,大大弱于它们之间的经济合作,也弱于一般性的政治协调,但实际上发展中国家在反恐领域也是有着许多共同利益的。

是西方国家最先捅了恐怖主义的马蜂窝,阿富汗战争和伊拉克战争以及后来的"阿拉伯之春"打破了中东的地区结构和社会结构,从此"天下大乱",而由此滋生的更多恐怖主义折磨最多的是这个地区的国家和人民。

土耳其反恐不能仅仅指望西方的帮助,应该重视地区反恐合作,也不拒绝同中俄的合作。西方最关心恐怖主义不要蔓延到美欧去,而发展中国家有可能共同研究减少恐怖主义生成的原因。现在土耳其因恐袭吃了大亏,它或许到了换一个思路对付这个难题的时候。

(2015.10.12)

嘲弄朝鲜不是某些国人自尊的表现

平壤10日举行庆祝朝鲜劳动党建党70周年阅兵式，朝鲜军人走出整齐的方阵通过金日成广场，广场上挂着书写"战无不胜的朝鲜劳动党万岁"的横幅，飘扬着党旗和国旗，上空还有很多气球，充满了上点年纪中国人都熟悉的热烈气氛。

中国互联网上出现了一些嘲弄声，其中有些所表现出的不友好，即使放到韩美日最敌视朝鲜的社会里，也属于很扎眼的。我们想说，那部分国人这样公开数落朝鲜，不是他们有尊严的表现。他们显然也代表不了中国公众对朝鲜的集体态度。

朝鲜这些年的国家道路与改革开放的中国出现了一定差异，同中国相比，朝鲜面临了更多困难，处于国际制裁中，这些都是事实。中朝在核问题上出现严重分歧，也是事实。但所有这一切都构不成一些中国人嘲笑、羞辱鸭绿江对岸的理由。

朝鲜的困境有其自身原因，但它也有相当一部分是东北亚没有彻底摆脱冷战，朝鲜半岛成为冷战最后死角促成的。苏联解体对中国与对朝鲜的冲击完全不同，世界变局带给北京与平壤的感受也很不一样。朝鲜把握全球化机会的风险要大得多，当美韩不断在其家门口联合军演时，可以想见朝鲜对国家安全的担心会有多重。

中国当年走向改革开放，对国家安全的自信是首要前提。而朝鲜作为只有8万平方公里2000余万人口的国家，最缺的就是这种自信。

朝鲜试图以拥核一劳永逸解决安全问题，这不切实际。但它对安全的焦虑值得体谅。外界不应视其为"怪物"，认为一切都是它"自找的"，而应共同努力帮助它重获安全感，为它改变国家安全战略创造条件。

傲慢与偏见大多是出于无知和短视。这个世界上没有哪个国家愿意自我封闭，当一个国家对外开放遭遇困难时，往往有局内者并不容易挣脱的逻辑。从朝鲜不断有意引起外界注意的各种动作和声音中不难看出，这个国家实际渴望与世界交流，强烈希望发展，而且近来在经济上也有动作和收获。

中国社会作为"过来者"，尤其应当对朝鲜的难处比其他国家多有几分体会。我们坚决反对朝鲜拥核，但不反对与朝鲜做朋友，这当中的界限中国作为一个大社会应当有胸怀和能力划清楚。

中国互联网舆论场保持着相当的开放性，是各种情绪的释放场，出现对朝极端言论不足为奇。但是面对社交媒体上的这些声音，中国主流社会应当有定力，并且让外部世界看到这种定力的表现，避免我们这个东方大社会遭到外界的误读。

中国需要尊重朝鲜，这种尊重不仅来自政府，还需来自中国的民间。我们应当尊重朝鲜的政治选择，也尊重它没有干扰中国国家利益的一些其他选择。朝鲜的有些事情我们可能"不喜欢"，但一个大国社会能够包容周边社会的多样性，这是应有的气度。

中国走在发展的路上，我们深感本国社会同西方社会在治理方式上的某些差异是很难克服的。我们由此应当想到，朝鲜社会同我们的有些差异大概也有其内在的原因。

当然，我们希望朝鲜不断取得我们所理解的社会综合发展和进步，但这种希望应当是平等、谦和的，而不应是高高在上的。

事实上，中国主流社会深谙这些道理，中国政府对朝友好关系的总基调受到广泛支持。互联网上不尊重朝鲜的那些声音是中国社会一些碎片看法的网上特殊集纳，这是互联网的一个顽疾，中枪者又岂止朝鲜这一个靶子。

学会尊重别人是一个人走向成熟的重要内容，这个规则会从人之间扩大到社会之间和国家之间。这个世界千姿百态，有些国人却对朝鲜意见最大。除了核问题是个原因之外，那些人大概还需反思一下：他们自己是否钻了什么牛角尖？

（2015.10.12）

西方骂的白俄"独裁者"何以高票连任

白俄罗斯现任总统卢卡申科以近84%的得票率第五次当选总统,西方感觉不舒服,白俄国内反对派表示不服气,但这些都不被看成卢再领导这个国家5年的障碍。欧安组织监督了这次选举,西方抱怨三名卢的竞争者不具挑战能力,而资深反对派"没被允许"参加选举。但西方也没敢说卢的近84%高得票率"是假的",因为白俄民众对现任总统的广泛支持"是真的"。

西方至今保持着对白俄罗斯的一些制裁,理由是该国在上次选举后抓了几名组织非法示威活动的反对派。卢卡申科也被西方扣上"欧洲最后独裁者"的帽子。然而卢在国内却得了"老爸"的亲切绰号,白俄社会对他的态度与西方大相径庭。

卢1994年首任白俄总统,在那之前白俄在苏联解体后混乱了一阵子,他以反腐败起家,担任总统前的职务是白俄最高苏维埃反贪污临时委员会主席。白俄在他领导下巩固了西式民主框架,但国家实际运行又回归了斯拉夫文化的传统,维护国家独立,在打击腐败和促进社会公平方面比较下力气,从而在独联体国家中经济发展还不错,社会稳定尤显突出。

由于白俄罗斯紧挨着乌克兰,后者的动荡提供了白俄"做得正确"的一个有力参照。白俄的人均GDP约合乌克兰的两倍,社会非常安定,且犯罪率低,贫富差距小,老百姓安居乐业。这一切使得40岁开始当总统的卢卡申科一任再任,外界所猜选民对他的"厌倦"至今没有发生。

一个人连续当总统21年,这从西方的价值角度一眼看去就"不正常"。白俄有反对党,也有反对派媒体,其体制的形态已经"西方化",

但实际差异又很明显。现在的问题是，白俄社会认同了这种差异，乌克兰按照西方教诲反复"民主革命"的后果吓住了他们，他们宁肯要卢卡申科带来的这一套。

世界的多样性总是结出奇花异草，乌克兰应算独联体里学习西式民主的优等生，白俄罗斯是劣等生，但二者的经济差距和一乱一稳制造了困惑，民主政治看来真的不是通行世界的均码鞋，让不同的脚削足适履，很难推行下去。

然而从白俄罗斯得出"总统做越久越好"的结论是危险的，因为中东有很多总统无限连任的最终悲剧。只是白俄罗斯、还有苏联解体后一直没换总统的哈萨克斯坦等，成为独联体最繁荣稳定的国家，挑战了西方体制需要不折不扣执行的"普世性"。这些现象需要认真面对，从中发现人类社会治理多样性的更多奥秘。

至少西方制裁白俄罗斯的做法可以评价为是粗暴的。它违反了白俄当下的民意，起不到什么作用。欧盟透风将取消制裁，这样的松动信号是个有趣的动向。

卢卡申科从西方得了恶名，他的国家只有900多万人口，夹在北约与俄罗斯中间，在与前者关系不好的同时，明斯克与莫斯科的关系也挺复杂。在这样的地缘政治环境中长期执政，并把国家治理得不错，在政治学上究竟该如何定义？它恐怕不是"民主""独裁"这些传统概念所能准确描述的。白俄罗斯的威权政治像埃及，还是像新加坡？还是它就是在"另搞一套"？恐怕只有时间能做出回答。

（2015.10.13）

与日本敞开斗对中国战略上不值

中国国务委员杨洁篪 13 至 14 日两天访问日本，与日国家安全保障局长谷内正太郎对话。这是两国通过高级别磋商摸索改善关系的一个机会。杨洁篪恐面临困难的谈话，然而与焦虑、患得患失的日本打交道，这是中国现阶段的宿命。

东京很期待全面恢复中日高层交往，希望改善中日关系，但日方又似乎克制不住对恢复两国关系明显不利的一些言行，表现出看上去有些奇怪的矛盾性。

中国这个邻居的性格形成史戏剧性地大起大落，它在亚洲最早进入现代化，整体发达程度至今居亚洲之最。但它在崛起的路上劣迹斑斑，干了坏事，也受了惩罚，至今国家主权残缺，这一切对它的民族心理显然留下了负面影响。与欧美很多发达国家相比，日本一直显得不够敞亮。

中国崛起改变了日本的地缘政治环境，也灼伤了它的优越感，让它的心理正在经历二战失败以来最彻底的洗礼。重新面对强大的中国，对日本是一场触及世界观的挑战，日本是这个世界上对中国崛起最不适应的国家之一。

日本从某种意义上说蛮痛苦的。它仍在美军占领下，过去被它横扫的中国成了新的庞然大物，韩国也在对它奋起直追，而整个日本又在经受老龄化的折磨，国家未来缺少希望，有强烈朝不保夕的危机感。日本的这份痛苦需要释放，与中国纠缠，同时折腾它自己和中国，似乎是不错的释放方式。

然而中国实在没时间"陪它这样玩"，那样的话中国会与日本抱着一起"破罐子破摔",外围大国非要乐死不可。如果中国面前只有一个日本,那么当它倾尽力量与我们斗时,我们就可以牙还牙,扁它。但中国面对整个世界,与日本对着干对中国在战略上不值。因为无论斗赢还是没斗赢日本,对中国没有特别大的战略意义差别。

中国应争取同日本保持友好,如果友好不了,也不让它变成尖锐对手,以至于对我形成战略注意力的分散和牵制。中国人能不能看清这一点,有没有能力从更高处驾驭、超越中日之间的重重纠葛,这或许是测量我们大国雄心的试金石。

当然了,现实中并非所有国人每时每刻都能对日保持淡定。日本有时做得的确很气人,同它的一些斗争是我们坚持原则的必要代价,更何况我们也有感情和脾气,随时都端着、克制着挺累的。但是做大国可能就是一件挺累的事。格局越大,越要统筹行动,越难率意而为。

很多国人希望国家的对日政策更强硬些,这种心态恐怕需要逐渐调整。大国的力量不总是需要通过强硬来展示,很多时候温和是更高层级实力和智慧的表现。中国GDP已是日本的两倍,成为它的四五倍完全不是遥不可及的事。中国用得着以态度强硬显示对菲、越等国的威严吗?对日本,中国也有了更多不怒自威的资本。

中国人如果现在还很容易被日本"气着",应当说这当中有一部分问题是需要我们自己加以反思的。

对日关系深度嵌入中国的整体外交格局中,只有高度专业的团队才有能力管理之。中国民间在积极参与对日关系的同时,应当信任政府,给国家外交团队更大具体操作空间,从而确保中国对日政策实际运用的专业性。

中日问题重重,但如果抖开来,美日之间的潜在问题更多。想想看,美国大兵至今还在日本土地上作威作福呢。日本这些年的对外斗狠主要针对了中国,这不应该,从历史的大视角看是可以改变的。尽管美日矛盾大爆发在短期内几无可能,但了解这一切可以让我们进一步领悟当下中日关系困难的阶段性。我们或许用不着"恨"身边的这个邻居,我们更需要认真寻找或打造改变它对华行为方式的那把钥匙。

(2015.10.14)

中国军事干预叙利亚应为无稽之谈

一些境外舆论机构近日传称,中国准备参与俄罗斯在叙利亚的军事干预,打击"伊斯兰国"(IS)。这样的报道宣称,中国"辽宁号"等战舰已经或即将进入地中海,伊朗也会有所行动,另一个国际联盟正在积聚力量。

编造这些报道的背后力量大概是想"将中国一军",让中国也在叙利亚泥潭陷进一只脚,或者湿湿鞋。所有接受环球时报采访的中国学者都认为我们此时出兵叙利亚"不现实",他们相信中国政府不会贸然这么做。

学者们提出中国无法参加对IS作战的如下理由:

第一,中国的核心利益在亚太而非中东,新中国军队60多年来经历的所有战争都是在边境上或邻国境内打的,中东地区太远,大部分中国人不认为它与中国核心利益有直接关系。中国如果出兵叙利亚,跳跃性太大,这是对包括中国军事信心在内的综合挑战。

第二,联合国没有对在叙利亚针对IS的军事行动授权,此前美国及当下俄罗斯打击IS都是它们各自与相关力量商定的。中国不太可能绕开联合国去中东参战,这不符合中国的一贯态度,对我们也意味着额外政治风险。

第三,中东内部问题及牵扯的外部关系盘根错节,军事介入是最深度的卷入,进入相对容易,撤出却需有庞大的支持性体系帮助。在中东充当军事干预的主角、乃至主要配角都意味着系统性投入,实事求是说,中国还不具备这样的能力。比如中国在中东缺少盟友,也无军事基地,它们都是远距离军事介入不可或缺的支撑点。

第四，叙利亚不是中国搞乱的，中国没有理由冲到那里的一线扮演对抗性角色。中国在中东的行动应当限制在维和领域，而且一定要在联合国的框架下进行。即使是打击参与伊斯兰国的东突分子及其他中国叛匪，中国军队的参与方式也需要深思。

不仅对于中东是这样，今后被鼓动向世界其他地区进行军事干预时，我们大概需要经历同样的思忖和审视，厘清利弊。

中国的特长和优势还是在促进战乱地区走向政治解决方面发挥作用。随着中国国力越来越强，国际上倾听我们的意愿会随之上升。虽然调解的成功率很低，但看看伊拉克和阿富汗的情况，战斗很容易取胜，然而战争的胜利即使对超级大国也非常艰难。美国抓到了萨达姆，绞死了他，但伊拉克战争就是缺少一个干脆的胜利结局。

相比于美国在世界各大区域都有军事基地，俄罗斯也能够在中东发动迄今看来效果不错的高强度军事打击，再回味一下"中国出兵叙利亚"这个伪命题瞬间带给我们的困难感，我们可以清楚，自己国家的崛起还处在"初级阶段"。中国在未来相当长时间里还需在世界上保持低调，不宜扛旗。

然而这不意味着我们就不可以有所作为。中国太作为或太不作为，都会带给外界刺激性感受，也会与中国的国家利益和能力发展不符。作为得准确，扬己之长，让外界的感观也不错，这需要现阶段中国的大智慧。

（2015.10.14）

美军舰若闯南沙 12 海里，中国必反制

美国防长卡特星期二针对美军舰是否会进入中国在南海的"人造岛礁" 12 海里提问时表示，美国将在国际法允许的任何地区飞行、航行及活动，南中国海现在不是、将来也不会是例外。他进一步说，美国将自主选择这样做的时间和地点。

近来美国和西方媒体不断透风称美军舰将进入那些中国"人造岛礁"的 12 海里区域，以挑战中国的"建岛"行为和对南沙主权等权益的主张。美太平洋司令哈里斯上将曾表示，美军应该进入这些"人造岛礁"的 12 海里，并称相关方案已报总统和国防部审批。

美国做出准备升级在南海对华施压行动的姿态，中国面临如何回应美方施压的考验。

首先我们要厘清所谓"人造岛礁"的问题和美国施压的性质。那些岛礁并非真是人造的，它们原本就存在，中方只是通过陆域吹填，对它们实施了扩建。岛礁的领海领空以及扩建它们所带来的相关权益在国际法上相对模糊，针对这种模糊是否要发起冲突，这首先是大国之间的一种态度。

中国迄今没有就岛礁扩建后的领海领空问题专门进行申明，也无意扩大领海领空范围。美国一再说不承认那些岛礁的领海领空，并且威胁要去"闯"它们，这与中方的低调与克制不是一种对等的态度。美方这是在挑衅与胁迫，它要的根本不是南海航行自由，中国已多次表示不会妨碍这些自由，美方是要在南海给中国下马威，强调它在全球的霸权。

由此看来，中方决不能允许美方舰机在中国扩建后的岛礁周围和上

空肆意妄为，挑战中国的底线。中国海空力量需要做好准备，视美军挑衅的情况予以反制。

如果美军只是偶尔出现，在扩建后的岛礁周围做做样子，我们需对其予以警告。如果美方公然反复进入12海里，飞临它们的上空，那么就需坚决予以回击。

中国应向南沙调集海上力量，准备在美舰肆意挑衅时与其周旋对峙。如果美军的挑衅是持续性行为，中国只能被迫将建成的岛礁迅速军事化，和前来护岛的军舰协同与美军对抗。一旦美军增加赌注的筹码，那么中国二炮的远程打击力量就应动员起来，应对南沙危机的全面升级。

美国自己也清楚，中国在南沙扩建岛礁这一行为不违反国际法，这是华盛顿无法阻止中国扩建岛礁的主因。美军无视中国扩建岛礁的合法性及其提供的国际公共服务功能，对中国采取激进的威胁行动，这是破底线的行为，也是对中国主权的突破，中国决不会无动于衷。

五角大楼一再挑衅中国，中方迄今是克制的。但当美军闯进中国核心利益区时，解放军一定会站出来。

如果美军一定要证明它在中国近海仍可任意保持自己军事优势的话，那么就让它来试一试好了。这样的尝试不仅将检验美海军在中国周边实施讹诈的硬件能力，还将进一步考验美国究竟有多大的决心和意志，准备为了可以在中国家门口指手画脚放任霸权而不惜任何代价。

中国显然不想与美对峙，但如果美国军舰成心对华寻衅滋事，那么中国无处可躲，只有直面。究竟是中国还是美国向南海调集力量的能力更强，为捍卫在南海利益使用力量的决心更大，让世界去看好了。

南海不是某些国家随便撒野的地方。南海的规则正在由中国与东南亚国家共同磋商、制定，轮不着美国的军舰前来"一言九鼎"。美国高估了它的那些军舰的威力。

（2015.10.15）

中国"全球第二富",不惊不喜不骂

中国已是全球第二富裕的国家了吗？瑞士投行瑞信 13 日发表最新《全球财富报告》，给中国挂了这个新头衔。

报告给出一系列数据，都有一定的可信性。其中核心数据为中国中产阶级人数达 1.09 亿名，已经超过美国 9200 万名，居全球第一位。由于中国人口是美国的 4 倍多，更是日本的十余倍，总共有 1 亿中产阶级，与中国人的真实感受相比不算离谱。

但就是中国"全球第二富"这个结论虽然有些含混不清，但它带给我们的第一印象是不太客观。中国社会的财富总量处在美国和日本中间的世界第二位，大概真实。但我们常说它在中国庞大人口中一平均就会严重摊薄，这不仅是一种算法，更反映了中国人的真实境遇，而它与"全球第二富"头衔传递给人们的信息显然是矛盾的。

瑞信是 1856 年就已成立的投资银行，它搜集数据的方式比较严谨，条理也算清晰，但就是西方国家的国情、社情与中国相差太大，适用于西方的评价体系套到中国复杂的大社会上，总有哪一点不对劲，欠了那么关键的几寸。

比如中国 1 亿多中产阶级的购买能力可能与西方中产阶级差不太多，但是中国中产阶级生存的软环境，他们应对个人及家庭风险的能力，以及他们的实际生活质量，恐怕都还不如西方的中产阶级。

我们相信瑞信的报告不是为了"捧杀中国"，它给出的调查结果对中国人的自我认识亦有一定价值。这对我们来说不是一个应当予以否定的报告，但如果全盘接受它，以它为评价中国财富的新基准，那我们就会被引入误区。

实际上西方社会科学带给我们无数新的视角，也提供了崭新的方法论，但它们都是以西方社会为基础生长出来的学问，用来研究中国时往往难以到位。比如"中产阶级"这个词很有启发性，但它在中国使用很难形成在西方使用的准确性，很多中国人都犹豫：我究竟算不算中产阶级呢？而这样的疑惑在西方就很少有。

比如中国中西部一名事业单位职员有一套单价较低、但面积不小的住房，衣食无忧。北上广有一位没户口，贷款买了一套面积不大、但总价很高住房的打工者，后者比前者挣钱多多了，财富总量也高于前者，但生活压力也大得多。他们两人谁更算中产阶级呢？

中国地域差距巨大，"体制内"和"体制外"也有很不对称的一些元素，而这一切是外国研究者很难深入洞察的。遗憾的是，中国人自己至今也讲不清楚中国社会内部差异的种种奥秘，对"体制"这一相当核心的要素，也尚缺少能引起震动的论述。

值得注意的是，现在西方研究机构和媒体谈论中国富或者穷，强或者弱，中国人听了的感受都挺复杂的。这一方面是因为中国人既不喜欢露富，又受不了被蔑视，因而外界说什么我们都挺敏感。同时也是因为无论外界怎么评价中国，都与我们每天的生活既像又不像，他们只说对了一部分，而另一部分中国人外国人都不知道怎么说。

中国是没有得到真实描述的国家，这里还有一片认识的处女地。谁能把中国讲清楚了，谁能推出一套对中国现实咬合准确，又能被外界服膺、接受的认识系统，他（它）就将是当代世界最伟大的学者或机构。

我们呼唤这样的学者和机构出现。

（2015.10.15）

中英"黄金时代"是中西框架的冲高

虽然距习近平主席20日至23日对英国国事访问还有几天时间,但英国和欧洲的关注已经开始升温。英国首相卡梅伦今年提出英中关系"黄金时代"的概念,英方不断放风要用最高规格接待习主席,伦敦在高调宣示它想引领中国同欧洲关系的意愿。

卡梅伦2012年5月会见达赖,北京把伦敦"打入冷宫"18个月,同时大力发展同德国、法国的关系,给了伦敦痛感。中英这轮斗争是在欧洲困难重重,而中国比2007年、2008年同德法就达赖问题斗争时实力更强大的背景下发生的,因而更具威慑力。如今中国对欧洲国家的吸引力不断上升,这是中欧关系调子发生变化的基础。

英国的对华关系调整很快,显示出这个老帝国高度的外交灵活与娴熟。它于今年3月在欧洲国家中率先宣布申请加入亚投行,抓住了一个扳回同中国关系、并在欧洲"弯道超车"的重要机会。它还致力于让伦敦成为除香港之外最大的人民币离岸中心。此外卡梅伦接见中国华为公司总裁任正非,英方还积极邀请中国公司参与英国一核电站建设,并表示要为参加这一项目的中国企业提供贷款担保,这些都在欧洲"带了头"。

作为曾经美国的"宗主国"和全球最大殖民国,英国虽已衰落,但仍有雄厚的综合资源。它与美国保持"特殊关系",更了解它,因而在发展对华关系上放得开,似乎有较强同华盛顿沟通的能力,或者可以不太在乎后者怎么想,敢往前走。

伦敦这一轮的对华示好显示了西方主要国家克服政治偏见发展对华关系的新空间,展示了中西加强伙伴关系的潜力。尽管英国政府是出于利益考虑强化对华友好姿态，但这也说明了今日中国作为一个利益提供源难以抗拒的吸引力。国家关系难言永远，但迄今的经验告诉人们，利益的纽带是各种纽带中最靠谱的之一。

习近平主席这次英国之行是中国国家元首时隔十年的首次访英，而且习主席这次是专门访问英国，这反映了北京对中英关系的特殊重视。中国显然对英方的友善给予了积极回应，这次访问作为里程碑将激发人们对中英合作乃至中欧合作的更多畅想。

几年以前欧洲国家曾比着在人权问题上向中国施压，像接力阵一样对达赖示好。如今它们似乎开始就对华合作彼此竞争，这对中国来说是个好兆头。中国当下在对欧关系中的主动性和塑造能力比以往任何时候都多，这非常可贵。

必须看到，英国也是中国的重要机会。英国对中英关系的主动拔高，它对人权等中西长久争议态度蛮坚决的淡化，它在亚投行问题上敢于与美分歧的姿态，对中国进一步搞好同其他国家关系都具有撬动意义。如果中英真能出现"黄金时代"，它对西方世界的扩散能力将是不言而喻的。

中英相互需要。在美国向欧洲输送利益能力下降的大趋势下，中国成为英国保持经济及金融中心地位急需抓住的新战略性支撑力量。中美及中日关系面临不确定性，中国也急需西方国家中出现对华全面战略伙伴的"榜样"。"黄金时代"应当说对中英都来得恰逢其时。

能够冲击中英关系的主要还是政治领域。英国社会是"西方"概念的主要支撑点之一，也是西方价值观的一个示范区。西方的文化及政治傲慢都溶解在那里，很容易在对待中国的问题上被点燃。处理这一风险将构成对中英关系的长期考验。

现在是英国很高调，主动发来带些弧度的球。接好这个球，同时接好德法等传来的每一个"好球"，让它们盘活欧洲的全场，将取决于中国的大智慧。

（2015.10.16）

骂伦敦向中国磕头的美媒一肚子酸葡萄

《华盛顿邮报》14日以"英国竭力证明其与中国的友谊"为题,吐出了能把整个美国都酸死的酸葡萄。文章批评伦敦是向中国"低声下气、不加批判的乞讨者",采取了向中国"完全磕头"的政策。文章还称英财政大臣奥斯本是伦敦对华"黄金关系"的打头者。

英国《泰晤士报》等也像完成任务一样跟着发表调门激进的文章,指责中国"独裁",要求英国政府在习近平主席下周访英时就人权问题向中国施压。看来伦敦主动提出开辟英中"黄金时代"的确刺激了一些人,西方老牌帝国将国家未来的宝很大一部分押在中国身上,这刺伤了西方中心主义者畸形的自尊。

英国将以最高规格接待中国国家主席习近平,这被看成伦敦大力开展英中合作深思熟虑的政策宣示。英国国家利益是这一政策的基石,这个有大量骄傲记忆的国家希望再次跟上时代的强烈愿望,为这一政策提供了价值来源。因此无论是卡梅伦还是奥斯本,这一次都不那么惧怕"人权斗士"的找茬。

美英一些人攻击中国人权时几乎用不着过脑子,他们差不多是在喊口号,搬弄的理由就是中国异见人士的那点事,同中国活生生的社会发展和人权进步基本是隔绝的。

中国改革开放以来使数亿人口摆脱了贫困,他们比美英人口加起来还要多。曾经一贫如洗的中国人如今过上了小康、甚至富裕的日子,大批赴西方旅游,我们自近代以来首次在欧美人面前有了真正的自尊,中国人权进步这些耀眼的大色块西方的批评者们为何看不见呢?他们眼又没瞎！

好在西方很多政治人物其实是明白人。他们清楚欧美舆论关于中国人权的争论有很大一部分是西方的意识形态游戏，对中国根本不切实际。这是西方价值观主导的一种低俗起哄，没什么建设性意义。他们对人权议题一方面采取利用态度，一方面也不希望这一争议影响他们对华政策的理性推进。他们迎合着舆论对中国的人权攻击，但心里知道需适可而止。

英国政府面临着重振国家经济活力的巨大压力，带着自己的国家在欧洲整体衰退大潮中力挽狂澜比什么都紧迫。他们看到中国可以成为英国走向成功的关键伙伴，这种时候为了守护人权上那些虚伪的东西而失去与中国携手的机会，不用对任何结果承担责任的意见领袖们可以满不在乎，但英国政府知道那可能导致这个国家一次战略上愚蠢的自我拆台。

与中国构建英中关系的"黄金时代"，恐怕是全英国社会面向未来的一次选择。英国会继续保持与美特殊关系，但它像是下定决心同时为自己开辟英中战略合作的新领域。对于这种决心来说，美国媒体的指责和抱怨，英国媒体的跟风批评，显然都很皮毛。

美英媒体在西方颇有影响，但它们不是万能的。当它们逆着社会的基本意愿和利益鼓吹固执或极端的做法时，它们就会自我"边缘化"，说了也白说。

价值观和政治上的分歧对中西关系究竟意味着什么，对这个问题的回答将影响21世纪国际关系的面貌。中英在试图进一步摆脱既有观念和经验，探索中西合作新的高度和深度。这种努力是整个人类的正能量，对它的骚扰和挑衅在道义上是轻佻的，装出来的正义注定有气无力。

（2015.10.17）

富豪是经济引擎,也应是社会楷模

新《胡润百富榜》宣称,中国大陆十亿美元富豪人数今年首度超过美国,达596位,居全球第一。房地产大亨王健林取代阿里巴巴创始人马云,第二次成为中国的内地首富。

官方在《胡润百富榜》发布17年以来从未予以干预或认证,但舆论通常认为它是可信的。

中国十亿美元富豪总人数超过美国,这与几天前瑞信银行宣布的中国中产阶级人数超过美国有所呼应。但是中国经济增速在下行,中国百万美元以上富人的人数远远低于美国,这些听上去又不那么"和谐"。

最新《胡润百富榜》给社会带来非常复杂的感受。它证明了中国市场经济发挥出强大功能,有世界市场国家普遍具备的富豪塑造能力。但同时它也拉大了社会收入差距,在中国老百姓还承受着低社会福利的种种问题时,富豪群体迅速异军突起,这当中的反差难免让社会印象深刻。

必须指出绝大多数中国富豪,尤其是当下的超级富豪都是干出来的,他们是中国经济发展的动力引擎,对带领社会刷新这个国家的经济面貌发挥了正面而积极的作用。与此同时,中国富豪形成的历史很短,如何看待、平衡社会的财富差距,中国缺少政治及社会学意义的经验,这个问题应当说尚未进入社会治理的中心。

迄今为止,公众舆论对富人的态度大体是平和的,这样的自我调节反映了中国社会内在的一种能力。很多人相信中国人非常仇富,但实际情形未必真的是那样。

中国人这些年的仇官倒是更加明显,仇富更像是伴随仇官情绪的"配角"。然而值得注意的是，随着反腐败持续深入，仇官情绪得到一定程度的释放，在一定范围内认为当官也挺不容易、基层官员实际压力蛮大的情绪开始在舆论中出现，它们的逐渐扩大有可能形成仇官情绪日趋淡化的转折点。

仇富情绪逐渐突出出来，成为社会复杂不满情绪更明显的引爆点，是今后有可能发生的事情。目前富人的总数还不多，对大多数人来说，财富鸿沟还主要是舆论提醒给他们的认识，而并非日常生活中每天都要面对的问题。他们工作和生活的困难更像是个独立问题。

避免仇富情绪像仇官情绪那样的大爆发，需要富豪乃至富人阶层同社会管理力量的共同努力。富人须有对财富更健康的认识，管理自己的行为，致力于营造公众对富人阶层的善意。

一些人提出，大富豪只是社会财富的保管者，他们的财富说到底是社会"公共财富"。他们有才华和勇气，通过制定成功的经营策略，导致社会财富的重新分布，并向他们集中。新的财富奇迹甚至会伴随一批失败者的出现，比如互联网公司的巨大成功会带来传统行业的衰落。

富豪们对个人财富的态度如果能向这样的认识靠近，将有助于提升他们使用财富时的克制，照顾公众的感受。与他们创造财富的才华相对应，很多人认为他们消费财富的态度会反映他们的品格。

富豪往往有很广泛的影响力，他们成为做人的楷模是舆论的普遍希望。富豪们是否愿意这样做，或者说社会是否有能力引导他们那样做，这被认为构成了市场经济质量的一个标准。

中国富豪在历史上从未成为治理国家的主力军，中国的士大夫传统更深刻影响了我们的文明。随着中国富豪越来越多，有可能带来中国文化重心的某种移动，这将是一个颇有意义的问题。希望富豪们能对此有所意识，并尽全力实现它的建设性。

（2015.10.17）

解放军的威慑力无需强硬话衬托

中央军委副主席范长龙上将17日在香山论坛开幕式上阐述亚太安全合作时说到：即使在涉及领土主权的问题上，我们也决不轻言诉诸武力，力避擦枪走火。这几句话被单挑出来放在互联网上，脱离了原来的语境，致使一些网友认为，中国军队"太软了"。

香山论坛的宗旨大概是要在国家之间做安全政策的沟通，然而中国国内舆论场并没有缺席。周边同中国有领土摩擦的国家与中国国内公众针对领土问题的价值取向肯定不一样，要让中国高级将领同时做那些国家和中国公众的"思想工作"，可以想见有多高的难度。

即使同时拿两套标准来套范长龙的讲话，它应当说能立得住。"不轻言诉诸武力"，与我们熟悉的"在必要时采取一切手段"捍卫主权的另一句话，彼此并不矛盾，而是共同组成了中国的完整立场。

中国的军事能力建设备受全球瞩目。中国在南海扩建岛礁，外界将之视为中国的"军事化行动"，这是当前南海问题的焦点，也是中美博弈的着力点之一。南海周边国家就此有诸多担心，美日在想方设法强化这种担心，中国这时候安抚周边国家因此成为一项有战略意义的工作。

现在恐怕不是强调中国原则中包含"不惜一战"方面的时候。中国军力迅速增长，"战"的能力不言而喻，威慑力与日俱增。而向世界申明中国对使用武力将很谨慎，它只是我们的"最后选项"更合时宜。这样的宣示不会削弱外界对中国军事力量的敬畏，但它能引导国际社会对中国是负责任大国更有信心，增加世界舆论对中国的友善。

中国需要不断发展军事力量，同时加强我们不会轻言诉诸武力的对外宣传，这两项工作需要结合着做。后发大国只有坚持这一策略，才能够在崛起的同时站上道义高地，保持并扩大朋友圈，避免自己成为矛盾的中心，不让发展的成果被外界的抵制对冲，实现越来越主动的战略改善。

一些国人主张对外强硬、再强硬，希望解放军抓一个同中国捣乱的典型好好施以教训，这样的心情可以理解。但国家的安全政策显然不能把释放情绪作为一条主线，事实上没有一个大国会把"痛快"放在第一位。

实际上主张动辄说强硬话的心理基础是不够自信，而非真的很自信。刻意示强在很多时候是实力不足时的弥补方式，因而国家弱的时候一旦发生对外危机很容易喊强硬口号，强大的国家反而说重话的情况要少得多。

中国过去弱，因而对外强硬口号喊的多。如今我们强大了，卫星发的很频密，有战略威慑力的新武器系统不断研制出来并在解放军列装，中国的战略决心和意志已经不缺表现力，语言炸弹已经相当于长矛与大刀，中国不再需要把它们挂在嘴边，让世界通过它们来了解我们"是谁"。

中国人必须清楚，我们是后起大国，实现民族伟大复兴既要拼力量，也要拼智慧，还要拼胸怀。解放军的强大已使得它保卫国家的能力难以撼动，然而军事力量成为不了中国解决所有对外冲突的万能钥匙。美国军力在全球遥遥领先，但美军对它的一些安全挑战亦无能为力，美国必须同时依靠其他杠杆。

我们应当相信解放军。它其实每天都在发挥作用，捍卫着中国的独立自主，影响着外界对中国的认识和态度，帮助这个国家在极其复杂的大环境下不怒自威。我们应放手让这支军队以及中国外交团队等决定它们如何具体做，莫让民粹主义扰乱它们的视线。

（2015.10.19）

美国出版界对华激进态度是大倒退

12家美国出版商在美国笔会中心的牵头下16日签署一项承诺书，宣称将抵制外国作家的作品在中国出版时遭到的审查，表示他们将"坚持原则"，并秉承相同的价值观。

美国笔会今年5月就开始筹划这件事，他们当时指责中国出版商在外国原作者不知情的情况下删改了他们原著的中译本，删除的内容多涉及性和政治问题，比如中译本会删掉原著中关于八九政治风波或者关于刘晓波的一些论述等。

由于中国已是世界第二大出版市场，这件事涉及美国出版商和原作者的经济利益，虽然没有作者喜欢自己的书被删节，但不同作者对如何在保持原著完整与让中国人读到该书之间做平衡的态度不同，不清楚这一承诺书会在多大程度上付诸施行，它只是一种姿态的宣示，还是那些出版商宁肯失去中国市场，也从此不再允许中国翻译出版机构删一个字。

中西之间存在社会、文化和政治差异，在出版领域有各自的禁忌，但确实中国的禁忌更多一些。总体看来，过去几十年里中西的出版交流越来越畅通，中国社会对西方著者的了解大体完整、全面，做出的个别删节没有影响这种了解，原作者、出版商和中国读者实现了多赢。

如果翻译出版一本西方著作需要大量删节，那么那本书恐怕就未必会进入中国出版社的选择范围。事实上被删节的地方通常都很少，很多时候是中国出版者为了销售安全而主动做出的技术处理。中国图书出版没有对全书内容进行"审查"的环节，而是实行追惩制，这使得出版者会自动保持谨慎。

中国出版的译著并非将所有"政治问题"删得很干净，那些书中单独挑出来属于"严重政治错误"的内容细节很多，而且有些书的作者政治上是不被中国官方接受的，比如索尔仁尼琴未必被中国官方喜欢，但他的几部主要作品都在中国出版了。中国出版业比传统媒体的开放尺度更大，是中西思想交流最突出的前沿地区。

绕开政治难题的个别删节客观上是保护中西交流的技术性选择，美国笔会今年突然把它当成"大恶"来发难，像是要给中美出版合作出大难题，其用意让人难以捉摸。一方面可以相信这是西方价值观的真实反映，另一方面这是美国出版界对华合作态度的一种大倒退。过去双方都把交流的实际效果当做首要目标，而现在美方变卦了，它把突出自己的价值观放到了第一位，它拒绝与中方做技术性妥协，而要求中方对它绝对接受，做单方面无底线让步。

如果美国笔会和相关 12 家大出版商强硬到底，必将导致一些原本可以在中国翻译出版的书籍失去中国市场。这将是双方的损失，但美国原作者的损失将远远大于中国市场和社会的损失。美方很固执，耍大牌，他们将自食其果。

中方无疑需坚守政治底线，与此同时，我们也没必要与美国笔会较劲，迁怒于受其影响的各家出版商和美国原作者，扩大美国笔会挑起的对抗。总的来说，不管美国笔会搞不搞这么一出，中国出版的禁忌应当逐渐减少，这一趋势将使中国社会更富弹性和承受力，是中国长期稳定的根本利益所在。

中国出版业不会在美国笔会的压力下做无原则让步，但也决不能让与它的斗争成为翻译出版界的主题，无形中把我们自己逼向保守。我们需要有自己的定力，把握住自己开放的节奏。

（2015.10.19）

习近平访英是牵动全球的大外交

中国国家主席习近平昨天启程开始对英国的国事访问,不仅中英之间,中国与西方世界的关系面临一次特殊的突破。

英国政府以"黄金时代"定义正在到来的英中关系,这是迄今为止西方国家对与中国交往最为乐观、昂扬的描述。它所展现的态度超越了以往西方对华关系的心理界限,预示了中西之间某种新政治示范即将发生。

英国舆论及政坛上的一些力量习惯性地发出反对声音,但他们这一次看上去形不成多大声势。对中国"侵犯人权"的指责都是些陈词滥调,反对党就中英有关核电站投资协议危害英国国家安全的指控一看就是"为反对而反对",因而不具有牵引力。

英国曾是近代史上最早沉重打击了中国国运的老牌西方帝国,也是上世纪末才彻底离开中国土地的殖民者。但那段历史总体结束得比较干净,两国没有会对新世纪发展友好合作造成牵制的包袱。

英国社会像其他西方社会一样,对如今强大起来的中国存有诸多偏见。但这些偏见并没有扎根在英国的核心利益上,因而它们或许并不像一些人想的那样,处在英国人对世界认识的中心位置。

中国崛起不仅没有威胁欧洲,而且拥有了力量的中国没有主动给西方找麻烦。西方不喜欢中国,很大一部分来源于人性的弱点:害怕竞争,希望保全既得利益等等。对中国这样发展快的大国长期抱畸形心态的国家,有可能推着自己逆时代潮流而走,与机会渐行渐远。

以健康的方式同中国相处,这将成为 21 世纪西方处理国际关系的主题。美国显示出犹豫，但它至少没有朝着旧有的大国较量模式大踏步倒退。它在小心翼翼地往前走，回应中国关于新型大国关系的倡议。

英国在对华问题上没有因地缘政治导致的负担，因而更放得开，也更靠近开展反思的那些条件。英中贸易在欧盟的对华贸易里也不是最大的，但它有意一下子冲到同中国友好的最前列，这是因为它了解"先知先觉"以及"先行一步"的战略重要性，它想拉中国进入重振英国雄风的大棋局。

美国向前迈了一小步，英国向前迈出一大步，德法等欧洲国家也在积极发展对华关系。这期间会插入中西种种问题乃至危机，但是过去问题和危机也许可以总结为中西关系的绝对基础面，今后合作的比例有可能加大，英中关系将带动新的思考，提供新的视角。英国虽早已不是西方老大，但英中关系如果获得超越性成功，就完全可能产生"牵一发而动全身"的力量。

中英两国能够在超越意识形态分歧方面走多远，英国能就对华友好从华盛顿获得多大自由度，这些都是今后一个时期中英关系颇具战略价值的看点。中国在西方被标签化了，后者需要对华做新的"发现"，而英国似乎对做这样的示范充满了兴趣。

不仅中西之间，中英建立全新关系大概都不会一帆风顺。但"黄金时代"是一次国际关系领域的创新，它在道义上饱含正能量，利益动力亦很饱满。因此本周中英最高接触将肯定成为全球性的超级外交盛宴。

（2015.10.20）

6.9% 不意味中国经济引擎的熄火

三季度增长 6.9%，破了 7，但在种种更悲观的预测反复冲击中国人眼球之后，这个数字已是中国人心里能够接受的。其实 GDP 增长率今后即使降到 6%，对中国大局也未必是灾难性的。

尽管一些西方经济学家宣称，中国经济增长率还会有 4% 甚至 3% 更糟糕的低谷，但这种预测已经更像是他们的政治愿望。更多人相信中国的增长率不会无限往下掉，社会不断扩大的有效需求以及改革效果的逐渐释放都会提供支撑，现阶段中国经济增长的下滑有可能在 6% 到 7% 之间止步。

按说今天的 6.9% 要比几年前 8% 的社会效果还要好一些。因为学者们普遍相信反腐败会直接导致一点 GDP 数据的下降，这部分被挤掉的 GDP 有一些直接是社会负能量，还有一部分虽然转化成社会资源，但它们非常低效，会导致社会治理的扭曲。此外一些高能耗同时低效乃至泡沫化的经济增长近两年被清理，这部分 GDP 损失对民众福祉的影响尤其很小，它们甚至还能直接带来部分民众的改善性感受。

正因如此，GDP 增长下滑并没有带来明显的社会痛苦，今年国家新增就业计划已经提前完成，公众的消费信心指数很高，旅游等新兴消费迅猛增长。可以说，中国 GDP 增长的水分被挤掉了很多，经济结构的优化持续进行，GDP 增速的下降不代表中国经济已穷途末路，更不代表老百姓从改革开放中获得的福祉已朝不保夕。

中国经济增长必须实事求是，它需要对应中国经济及社会面貌的真实改善，体现到绝大多数国人的实际生活中。中国政府在经济下行压力下一直拒绝施行强刺激，坚持经济结构的调整，从而带来了中国经济全局的稳定。

现在的实际情形是，中国政府和社会正在逐渐适应中高速增长，接受我们不再生活在经济超高速增长光环下这一现实。现在表现最混乱并且前后矛盾的更像是舆论力量，尤其是西方那些主流媒体。

过去说中国高增长粗放低效需要调整的是它们，现在中国经济义无反顾走上调整之路，它们又嘲笑中国因此而出现的经济数据是这个国家行将"崩溃"的征兆。其实中国经济连续高速增长30多年，现在进入中高速增长的调整期，这一总过程浑然一体，有很强逻辑性。但是一些人出于不太健康的心态把它的每一段都拆出来，宣称它们是中国的灾难。

中国经济长期增长的要素包括：中国社会的巨大需求，政府的组织能力，改革的不断推进，以及中国人的勤劳等等。这些要素今天一个都不少，只是它们的形态和彼此之间的对应方式发生一些变化，我们需要一些再组织的过程，中国没有理由被这些调整伴随着一时波动吓住，以为我们的国运已经用尽，从此"完了"。

看看刚过去的十一黄金周，两位数的旅游收入增长率和破万亿元的收入总值是中国经济潜力的真正缩影。旅游热在中国刚刚兴起，它足以成为中国新的经济增长引擎，而且它的可持续性要比房地产强大得多。再看看中国电影票房的井喷式增长，更健康、带给中国人更多幸福感的经济增长模式正逐渐被新的模块拼成，13亿中国人的需求增长几乎永不枯竭。

无论西方经济学界，还是中国人自己，都没有见识过一个13亿人超大型经济体崛起究竟是什么情形。他们拿西方的一些微缩经验套中国，因而难得要领，总是预测失败。中国崛起已经形成历史惯性，只要国家基本稳定，中国走得稍快或稍慢一点，都是将被历史忽略的细节。历史最关注中国发展的总趋势，这个趋势正一年年变得更清晰，而非前后矛盾。

（2015.10.20）

中英合作大丰收，西媒郁郁寡欢拾穗

英国举国以最高规格欢迎中国国家主席习近平的到访，这让西方一些喜欢唱反调的媒体拿起放大镜，一定要找点能证明这次国事访问"不和谐"的材料。查尔斯王子被它们揪了出来。

《纽约时报》等西方媒体注意到，英国女王伊丽莎白二世星期二为习近平主席夫妇举行的国宴参加者名单中，没有查尔斯王子。它们宣称，这是查尔斯王子对中国"委婉的抗议"，象征着英国、德国和大部分欧盟国家感到的不安。

那些西方媒体未把查尔斯没出席晚宴与包括查尔斯本人在内的欢迎习近平主席的豪华阵容做对比，因为如果比了，它们的立论就将站不住脚。

查尔斯王子和王妃卡米拉代表英国女王星期二早晨来到文华东方酒店欢迎习近平夫妇，并陪同习近平夫妇一起前往皇家骑兵卫队阅兵场。他们还参加了女王为习近平举行的私人午宴。晚宴由89岁的女王亲自主持，英国首相等政府高官出席，威廉王子和凯特王妃在坐。王室主要成员只少了查尔斯王子，这是很强的"政治暗示"吗？

绝大多数正常人都不会多想。中英"黄金时代"的开场太热烈、炫目了，人们通常不会注意到系列盛大场合的其中一个场合"少了一张脸"，主客都不会为此而感到不适。

一些西方媒体现在想把公众注意力聚焦到查尔斯"没有出席晚宴"上，首先它们大概做不到，因为中英"黄金时代"意义非凡，它的影响是抗拒不了的，即使有些美欧媒体想八卦，人们能分给它们的注意力很少。

西方媒体八卦查尔斯王子所能吸引的关注越多，受损失越大的只能是查尔斯本人。与中国发展全面合作是英国举国的决定，英国王室支持这一决定的态度同样被认为是坚定的。剑桥公爵威廉王子今年3月初访华时正式转达了女王对习近平主席国事访问的邀请，查尔斯王子也主持、参加了昨天欢迎习主席的多个活动。查尔斯毫无肯定或证实关于他"委婉抗议"八卦报道的空间。

《纽约时报》等硬说他就是这个意思，其结果是损害查尔斯在英国的名声。它们实际强调了查尔斯与英国主流政治不合拍，是个另类的怪人，他上没有女王视野宽阔，下不如他自己的儿子威廉王子更识大体。西方舆论这样做是在"黑"他。

英国舆论对女王伊丽莎白二世十分崇敬，对长得很像戴安娜的威廉王子则很喜爱，媒体上不时有关于女王会直接把王位让给威廉的分析和猜测。西方舆论如今新添这么一个八卦，对查尔斯王子保持个人影响力可不是好事。

习近平主席访英有着不同寻常的历史性意义，这一意义对英国的紧迫性更高，对此英国主流精英都看得很明白。我们相信查尔斯王子对此更清楚，所以他才在上个月拒绝会见窜访英国的达赖喇嘛，以免干扰中英之间的正事。

中英关系迎来"黄金时代"的大丰收，收割机轰鸣作响，满载而归。有些西方媒体像是可怜巴巴的拾穗者，对着捡到的几棵剩穗甚至杂草大发诗意，宣称它们代表了这个秋天。这真是挺逗的。

（2015.10.21）

内地客被打死重创香港旅游形象

香港19日发生一起内地游客被围殴事件,该游客20日上午不幸死亡。案情的大致过程是,一内地旅游团在香港红磡一珠宝店购物,有女游客因嫌贵拒买与女团长发生争执并动手,一名男游客或参与动手,或上前劝架时遭袭击。后者遭围殴至重伤,或被殴引发原有疾病,最终不治。警方目前逮捕或追缉的嫌犯既有内地籍人,也有香港籍人。

案情的细节尚未得到完整复原,比如店主是什么人,事件是否有内地人骗内地人的性质,甚至是否由内地恶势力主导了这起悲剧,都还不太清楚。

然而不管怎么说,事件发生在香港境内,它反映了香港旅游市场混乱的那一角,以及香港法治针对旅游市场的严重漏洞。它至少证明了宰客购物团在这个市场上的猖獗。

此外这看上去是一起孤立事件,与香港一些极端力量前段时间反内地游客的激进之举不像有什么联系。

但是内地游客被殴致死的悲剧发生在相对敏感的时期,很多内地人会不自觉地把它同香港这一年多的治安混乱和激进势力反内地言行联想在一起,从而进一步损害香港在内地人心中的形象。

香港舆论应当共同厉声谴责这起事件,同时反思香港关涉内地游客一些领域的乱象,看到问题的严重性。香港主流媒体应当充分表达对内地游客命丧香港的同情,切忌在这种时候像有些香港网民那样宣泄情绪,鼓吹这是"内地人之间的事",通过为香港社会脱责,造成轻视内地游客生命的印象。

"占中"及之后"反水客"等针对内地人的一些激进表现重伤了内地社会对香港原来的好印象。少数香港激进分子宣称这无所谓，然而实际上香港社会是有所谓的。内地游客大量向亚洲其他旅游市场分流，很多内地人不再支持国家投入资源帮着维持香港经济的繁荣，这些构成了香港保持长期竞争力的隐忧。

香港主流社会显然不希望与内地社会之间的一些误读恶化，内地主流社会也不希望民粹的纠纷在两地之间游荡。但是这样的控制力并非总能深入得不留死角，两地之间总会发生一些挣脱主流愿望的事情，导致更大范围内的误解。

由于香港是迄今数起极端事件的发生地，消除两地民众误解的主要责任应由香港社会承担。香港方面要做到不能出内地游客被围殴致死的事件，也不能允许香港激进青年围攻有与香港风俗不合行为表现的内地游客。仅仅要求内地媒体"不炒作"这些事件，要内地舆论体谅少数港人的情绪，这不现实。

内地舆论从不主动挑起针对香港激进势力的事端，内地也无其内部人士主动挑衅香港社会的空间。因此两地民间能否克服近年留下的后遗症，的确主要取决于香港社会。

其实每一次发生极端事件，都是香港主流社会澄清态度的一个机会。让正义和理性主导香港舆论场，让各种非理性的情绪自我克制或受到管束，这或许是香港繁荣可持续性的试金石。

（2015.10.21）

普京巴沙尔像胜利者一样冲西方笑

俄罗斯官方 21 日突然宣布,叙利亚总统巴沙尔·阿萨德于 20 日晚上到访莫斯科,与普京总统举行会谈。俄方公布了普京与巴沙尔会面的视频,两人都笑得很开心。这一消息震动了西方,它被看成是普京导演的又一"意外"。

叙利亚 2011 年陷入内战,巴沙尔被西方要求"必须下台"。当时很多人认为他熬不了多久,但他却在国内民意基础上,通过得到俄罗斯的支持不仅挺到今天,而且似乎通过了"转折点"。这是他内战爆发以来第一次出国访问,被普遍解读成叙国内形势"好转",以及他对控制局面更有信心的象征。

叙利亚是普京"大国外交"一个笔走龙蛇的落墨处。两年前他揪住美方的一个话茬,从外交领域搞掉了美空袭叙利亚政府控制区的计划。从上月底开始,俄空军发动对叙境内 IS 目标的大规模打击,俄海军还从里海向 IS 目标远距离实施巡航导弹攻击,扭转了叙局势,西方舆论很不高兴,但美国和西欧大国又找不到什么茬。

现在普京又安排巴沙尔突访莫斯科,将他们"胜利者的笑容"展示给全世界,也将种种寓意同时释放出来。

此前华盛顿和它的欧洲盟友下决心除掉的政权和"独裁者",几乎都没有存活下来。萨达姆、卡扎菲,以及米洛舍维奇,都因为同西方作对或不接受西方最后通牒而导致了悲剧。巴沙尔和他的政权是唯一坚持下来的。这当中除了国内人心向背,另一决定性因素是莫斯科的力挺。

苏联解体后,俄罗斯力量大衰,它能否有效保护一个自己的追随者成为疑问。不少塞尔维亚人认为他们的厄运是因为"抱错了叶利钦的大腿",他们当年抵制德国,不听美国,把大部分宝押在同为斯拉夫国家的俄罗斯身上,结果被莫斯科抛弃,输得精光。

巴沙尔在危急关头抱普京比当年米洛舍维奇抱叶利钦更紧,其政权和他本人的命运都系在了莫斯科保卫这个远在中东朋友的意志上,也系在了莫斯科保卫它的能力上。

迄今为止巴沙尔看来押对了。"正常情况"下,大马士革已经彻底变天,他本人或者已成阶下囚,或者甚至性命不保。

最近几年普京一共打了回击西方的"两场仗",在乌克兰他与西方的冲突处于胶着状态,他保持着主动,但西方的制裁咄咄逼人,增加了俄的经济困难。

叙利亚的这轮斗争中,普京目前几乎得了"满分"。悬念在于下一步西方会如何出牌,俄是否有力量与西方长期周旋。

西方没理由反对俄打击IS,也没理由阻止俄向巴沙尔政权输血,因为后者在联合国仍保持着合法性。西方除非直接对巴沙尔政权发动军事打击,否则很难再扭局势。而打击巴沙尔政权需要联合国授权,无此授权的话合法性就少了一大半,剩下的那一小半还是西方自己说出来的,与俄打击IS的合法性无法相提并论。

总之俄能否将巴沙尔政权最终带出危机,帮它赢回包括西方在内的全球普遍承认,这将是对俄国家力量的一次全面检验,也是俄在苏联解体后自我认识的一把新尺子。普京不会轻易放松对巴沙尔政权的保护,因为整个俄罗斯都认为他们在叙利亚"输不起"。

(2015.10.22)

西方"元老"同中国热烈拥抱的启示

上世纪五十年代中国搞"大跃进"的时候有个口号,叫"超英赶美",为此中国各地土法上马大炼钢铁,粮食生产"放卫星",还是没能如愿。几十年后的今天,英国上下盛情接待中国国家元首并且隆重宣布两国关系的"黄金时代"已经到来时,中国 GDP 总量已是英国三四倍。按一个粗略的标准衡量,"超英"大体做到了,尽管中国人的实际生活质量还远逊于英国人。

中英两国这次签了 400 亿英镑大单,其中包括中国公司加入英国核电站建设项目,而且伦敦将成为香港之外最大的人民币离岸中心,英国还放宽了中国人赴英旅游签证的年限。加上英方对习近平主席令人炫目的最高规格接待,特别是中国国家元首首次到英国国会演讲,让人相信中英建立全球全面战略伙伴关系的确不是空话。

英国向中国人展现了西方世界迄今最热情洋溢的面孔。很多人相信,这是中国拥有了强大力量的结果。然而仔细分析,事情又似乎不那么简单。

伦敦与北京张开臂膀热烈拥抱,首先证明了西方作为压制中国崛起的经济联盟即使存在,它的松散联系也早已被中国瓦解。经济上的"西方"概念十分勉强,它相对开放,离心力比向心力多,因此不足以构成对中国的挑战。

军事上的"西方"要真实一些,有个北约做内核。但由于中国地处东方,西方对中国的军事压力也不像检阅场上的方阵那样整齐。中国面对的主要军事压力是美日同盟,后者在试图把一些中国周边的中小国家也拉上,形成一个威慑中国的大杂烩。

由于中国经济发展支持了军力构建,我们面对的军事压力既现实,也不再那么紧迫。中国有足够能力保卫自己国家安全的信心正逐年增强。

无论经济上还是军事上，英国都像是离开了有可能威胁中国的那个"西方"。它受中国发展的吸引，明确要做我们的朋友和伙伴。而英国是西方世界标准、重要的一员，它与中国携手步入"黄金时代"，有着强烈的示范意义。

然而到了意识形态上，旧的分界线又倏然在中国与西方之间画出来。当发生"人权"等意识形态及价值观冲突时，英国和德法等同样大力发展对华关系的国家又站到了"西方"的队列中。即使英国政府态度温和，该国一些社会力量也会表现活跃，与美欧的各类政治力量联手，向中国发难。

外部意识形态压力成为当下中国最棘手的问题之一，它对中国国内的价值观纠纷颇具影响，共同构成中国国家治理的重大挑战。中国主流社会如今从西方感受到的"敌意"大概有一半以上来自意识形态方向，其次是军事压力，经济压力最小。

价值观认同是二战之后西方世界最为突出的纽带，但英国的例子以及德法向中国的靠近都表明，这个纽带也不是万能的，它代替不了西方诸国的实际利益，因而它提供不了把西方整个凝聚起来对付中国的动力。

价值观分歧是中西之间当下和今后最深层的差别之一，中西大概都没有错，重要的是双方相互尊重，互不试图改造对方。

西方在意识形态领域一直对华带着傲慢与偏见，甚至表现得咄咄逼人。然而我们的这一感受深，也有部分原因在于我们自己的社会不够团结，内部分歧多，容易有受到外来威胁与挑衅的不安全感。

英国是中国找回更多自信的地方，它像一面镜子让我们看到自己的变化，也告诉我们外界可以联合起来对付中国的时代即使真有过，也已经结束了。但事情还有个尾巴，那就是解决中西意识形态之争，前方还有漫漫之路。

然而成就和希望要比困难与不确定性大得多。想想过去西方铁幕一般的压力，对比今天阴晴不同、时阳时雨的"新西方"，可以看清中华民族伟大复兴已经向前走了很远。我们几乎已经掌握了下一步怎么走的主动权。

（2015.10.23）

"妄议大政方针"应坚决管，准确管

修订后的《中国共产党纪律处分条例》21日正式发布，其中对违反政治纪律行为的处分引来舆论热议。"负面清单"中的"妄议中央大政方针，破坏党的集中统一"尤其成为讨论的焦点。有人担心反对"妄议中央大政方针"会影响党内民主，还有一些带有情绪的反对声在互联网上响起。

新处分条例的出台显然有针对性，比如"负面清单"中的团团伙伙、老乡会等，立刻让人想到周永康、令计划等人搞的那一套。"妄议中央大政方针"也让人想到近年来一些党员甚至领导干部在互联网媒体、或者各种论坛上公开否定党和国家政策的言论。党员和领导干部反对四项基本原则、反对党的改革开放决策的文章和公开言论这些年的确并不鲜见。

我们相信，上述"负面清单"内容针对的就是这一类与党性冲突的言行。把"负面清单"与发扬党内民主对立起来，这不会是《条例》的意思。如果有谁在执行中用"负面清单"破坏党内民主，那么是对《条例》的误解，或者是用过犹不及的方式"黑"《条例》。

党必须有严明的政治纪律，它就应被放在党的纪律体系的首要位置。中国的改革开放进入深水区，民族复兴进入关键阶段，党和国家的格局越大，问题和矛盾就会越多，党的团结和集中统一是整个中国社会保持政治凝聚力的生命线。

一段时间以来，有极少数党员乃至领导干部以"发扬民主"为名，发表与党的大政方针南辕北辙的言论，与境内外反对中国政治体制的力量结为事实上的舆论同盟，起了破坏性作用。对这一切，可以说人们有目共睹。

对这一极端现象予以抑制，是中共必须有的决定与行动。如果不这样做，党就会从思想和政治上逐渐松散化，它们所导致的缝隙会朝着分裂党的方向逐渐扩大，其有可能对这个国家产生的后果不堪设想。

因此《条例》代表了正义和理性之声，在广大党员中必将受到欢迎和支持。可以预见《条例》带来的约束将会转化成推动舆论场风清气正的力量，这样的变化广受期待。

当然，有人担心《条例》执行过程中，有可能在一些地方被少数不负责任的官僚主义者不正确使用，甚至被极个别执行者恶意使用，导致"错案"的发生，这种担心也是值得高度重视的。

好的政策和规定必须有对党和国家忠诚的干部们执行，必须有可靠的中间环节层层推动，这是各种正确性贯彻到底的关键保障。过去几年的经验告诉人们，国家的确不是所有中间环节都做到了忠诚、高效，这导致有的非常好的政策到达一些基层时被打了折扣，或者走了样。

《条例》的出口都是一个个具体处分，每一个处分都涉及一个人的声誉甚至命运。强烈希望各级党组织的相关负责同志都表现出高度责任感，吃透《条例》的精神，坚决准确地执行它，充分营造正能量，调动全体党员的积极性。

原苏联和南斯拉夫的教训提出了沉重的警示：乱国必先乱党，乱党必先乱纪。出台新的党纪处分条例是加强党建的关键之举，它引起巨大关注恰恰证明了这一意义。这是党团结的保障，而党的团结越牢固、明确，党内民主的机制就会运转得越顺利，整个社会的民主氛围也就越自然和可持续。这是历史的经验，也必将是未来的逻辑。

（2015.10.23）

美军救出 70 人质源于俄罗斯倒逼

美军特种部队与库尔德武装 22 日在伊拉克北部突袭了"伊斯兰国"关押人质的一所监狱，解救出据称将在当天被处决的约 70 名人质。一名美军士兵在行动中受伤，后不治身亡。这是美军第一次在伊拉克参与地面打击 IS 的行动，并取得成功，在西方舆论中引起轰动。

美国防部事后就"美军战略是否生变"做出澄清，明确表示美军不会直接开展针对 IS 的地面作战。这让人们进一步确信，此次解救人质只是美军的一次孤立行动。

看来是俄罗斯对 IS 的连续空袭给美国施加了压力，倒逼出美军 22 日的行动。从一定意义上说，是克里姆林宫向在中东地区的美国军队发出了动手的"指令"。

美国从 IS 高调"建国"之初就对它做了恐怖主义组织的定性，但美军打了 1 年多，IS 力量不见削弱，反而越来越强，这其中的蹊跷全球舆论都看得很明白：IS 反阿萨德政府，华盛顿想利用它和叙反对派夹击阿萨德，因此对它的打击属于"限制其过于坐大"性质的，而不是要对其根除。

美国如此恨阿萨德，把他说得比中东那些独裁的君主更加"邪恶"，根本原因在于大马士革被看成是俄罗斯在中东最后的立足点。这真是应验了那句话：世上没有无缘无故的恨。

然而华盛顿的心思虽然是路人皆知的"司马昭之心"，但这话还是不能明说出来的。IS 的极端主义色彩十分嚣张，它制作的一系列杀人视频反复令全球惊骇，因此美国不能不把它列为至少与阿萨德政权"同恶"。

普京突然出手打击IS，连续摧毁它的数百个目标，这些不断取得的卓著成果像要一层层扒掉美国的衣服。如果在中东的美军再不出手，美国就连裤子也要被扒掉了。

美军动手的地点找得很准，一举解救出70名将被处决的人质，这深得人心。"将被处决"的危急情形是美军说的，这有可能是它的渲染，但鉴于这一胜利散发出的人道主义光芒，人们就像看好莱坞大片一样，对危急的特别刻画并不反感。

莫斯科围绕打击IS成功设置了议题，成为叙利亚局势当前的引导者，给整个中东地区带来新的动向。苏联解体后的一段时间里，俄罗斯差不多已是中东进程的出局者，普京现在闪亮回归，重新为他的国家赢得参与制定中东地缘政治规则的权力。

美国在全球的战线太长，它的国力照顾不过来，必然有些它投入影响力的地方只形成表面文章，或者达不到让美国一言九鼎的深度。俄的力量已与美国不可同日而语，但普京还是能瞄准个别机会，赢得局部的主动。

现在看来莫斯科至少这段时间成了叙利亚局势的执牛耳者，华盛顿若要翻盘，就需再投入多得多的力量。而它未必就能找到恰当的干预理由，也未必能说服它的欧洲盟友与它并肩冒险。

俄美的这轮竞争是在打击IS恐怖主义的名义下开展的，双方都看重道义，接受它的压力，这毕竟是令人鼓舞的事情。欢迎美俄等相关大国围绕道义发动更多竞赛，而且这种道义应是全球范围内公认的，而不能由少数国家单方面定义。

（2015.10.24）

何必用成心曲解"妄议"来搅浑水

《中国共产党纪律处分条例》公布后，互联网上出现对政治纪律负面清单"妄议中央大政方针"的一些冷嘲热讽。其中有一些是人们对这项规定在执行中有可能被不正确使用、导致影响党内民主的善意担心。但还有一些是故意曲解"妄议"的含义，是因为对当下整顿党纪的政治指向不满，成心把"妄议"这个词挑出来说事，搅浑水。

《条例》使用"妄议"这个词，有着清楚的政治含义。它不是反对党内民主，也不是反对党的实事求是思想路线。从这条规定得出《条例》要让全体党员甚至全社会都"闭嘴"的结论，完全没有正常的逻辑可以支撑。它只能是立场先行的结果。

党的大政方针是指中央经过正式程序和必要环节确定的重大方针政策，凝聚了党的集体智慧。在它们形成的过程中，中央会向党内广泛征求意见。一旦决定最终形成，党员就有坚决执行的义务。党的这一纪律是党保持行动力的基础。如果党员可以任意公开反对党的正式决定，这个党就将成一盘散沙，整个国家将深受内耗的折磨，无以成大事。

这项纪律并不意味着党员不可以对已经形成的决定提出意见，但提意见要选择正确的方式和场合。党内有表达不同意见的多重渠道，比如通过党内民主生活会批评、建言，实名越级写信反映情况，都是正当的。这样的渠道既保证集思广益，也有利于维护全党和全社会的团结，保持国家的凝聚力。

《条例》在"妄议"前面做出渠道的限制，特指通过信息网络、广播、电视、报刊、书籍、讲座、论坛、报告会、座谈会等方式，它们都是公开渠道。一名党员、特别是有领导干部或公众人物身份的党员在这些场合公开反对党的大政方针，其政治破坏力是不言而喻的。

《条例》针对的是党内人士，并不涉及党外舆论活跃人士，当然更不会对普通党外人士形成限制，所有党外人士只需受到法律的管理和社会道德的约束。实事求是说，互联网上的舆论多元已经成为时代不可移除的一个要素。然而党纪要严于法律，这是十八大后党建的一个鲜明方向，长时间以来，民众对党纪采取高于法律的标准是欢迎的。

前一段时间，社会上经常公开与党的大政方针唱反调的人中，有一些是党员。他们的表现导致了广泛的困惑，以及大量的不满。这样的"自由"在西方政党里也是荒诞不经的，对它们进行治理和约束是任何政党维护内部纪律和秩序都会下决心行动的。

"合则留，不合则去"，这是自古以来的处事道理。少数视公开发表反对意见"高于一切"的党员，恐怕应离开这个组织，寻取党外人士的更大自由度。

互联网舆论场的一些圈子里流行"为反对而反对"，专事表达对时政的不满，编段子，瞎起哄，搞嘲讽，把消极负面的情绪不断撒向社会。党员是不应加入那些圈子的，如果党的组织受到上述歪风邪气的侵蚀，那么党还哪里有领导全社会为中华民族伟大复兴攻坚克难的力气和意志？

当然，任何好的政策和规定都有流于形式，或者被官僚主义者在执行中搞歪的风险，互联网上出现的一些呛声应同时引起这样的警惕。会不会有个别领导干部出现不准确的执行，甚至利用新的党内纪律处分条例压制不同意见、搞打击报复呢？大概会有的。互联网时代如果那样的个别例子被搬到网上，传递给社会的印象就未必是个别人的错误了。因此坚决确保新《条例》的正确贯彻使用，恐为接下来党建的关键环节之一。

好的决定是充满希望的开始，好的执行是通往胜利的保障。当问题一目了然的时候，敢于正视并解决它们，则是一个昂扬向上的时代必须有的态度。

（2015.10.24）

盼十三五规划有带来兴奋的突出亮点

十八届五中全会今天召开，这是全党和全国人民的大事。本次全会据报道将重点讨论"十三五"规划，由于这是2020年实现全面建成小康社会目标之前的最后一个五年规划，因而备受瞩目。

小康社会什么样？按说这不是一个绝对的量化体系。但是小康不小康，每个家庭和整个社会还是会有一把尺子。今天已有很多人认同自己生活在小康社会里，但同时仍有一些人的生活水平和环境都尚有差距。就"全面小康"这个目标来说，缩小社会发展的不平衡和提升社会保障的诸多软指标恐怕是接下来五年的关键战役。

全面建成小康社会应当只是中国高速发展过程的一个阶段性台阶，也是中国复兴自我激励的一个支点。中国社会是不会在小康阶段久留的，事实上，中国沿海一些地区已经开始瞄准发达社会，那里的人们已在心理和物质条件上超越了小康。

因此"十三五"期间不仅要确保全面建成小康社会，还要带给人们更多的希望，让中国人确信未来五年不仅为了全面小康目标"拾遗补缺"，还会与更高的中等发达社会目标形成有力衔接，发展将更强劲，除了低洼处将隆起，高处将更高。

未来五年有一些指标将广受关注，寄托着社会的希望。

首先在国家层面，人们期待中国经济继续长期保持中高速增长，这是全社会信心的基础之一。最近几年中国经济下行压力明显，外部的中国经济崩溃论不断鼓噪，国内少数省份出现增长困难，环境压力对经济发展的制约日益明显，经济增长缺少突出的新亮点等等，使社会上对未来出现担心。今年以来一些人更高调地质疑国家统计局公布的经济增长数据，对舆论产生负面影响。

中国经济要在转变增长方式的基础上实现较长时间6%至7%的中高速增长，在这个区间以及之上，是普通经济问题。如果在其他改善性铺垫不足的情况下，增长率较早掉到这个区间之下，就有可能转化成更具牵动性的重大挑战。对此全社会应有更充分的认知。

在个人和家庭层面，人们希望生活进一步改善。每个人的境遇不同，想法各异，期待社会提供更好的居住、教育和医疗服务，别让它们消耗太多的家庭收入，还要让养老等社会保险更加可靠，这些都是公众长期以来的愿望。

除此之外，让带薪休假落实，适当增加公共假日，成为近年中国忙碌人群新的突出愿望。这部分中国人普遍觉得累，很多人的工作时间都因种种原因有一部分是低效甚至空耗的。他们虽代表不了所有中国人，但却是推动中国发展的中坚力量。

解决这个问题将深得人心，解决它的过程将刺激旅游业进一步的大发展，从而很可能促使中国经济一个新亮点的形成。我们在此强烈呼吁，十三五期间应当实现中国公共假日的增加，首先应致力于恢复"五一"黄金周，这会带来刺激消费和增加中国人幸福感的双重效果。

综合国家和个人两个角度，"十三五"规划一定要有带来触动、让人们兴奋起来的东西。它们应很实际，回应人们的强烈愿望，具体可行，从而鼓舞民众，巩固从社会精英到普通百姓的信心。中国处在改革深水区，难免会遇到各种棘手问题，有些能解决，有些一时解决不了，需社会提高承受力。这种情况下，公众的信心高于一切。信心高一度，承受力就自然多一分，社会前进就更多一份保障。

中国的大多数困难都是我们因为有前进的新欲望而产生的，如果静态看今天的中国，它的发展成就是我们改革开放之初不敢想象的。别让一些具体问题和数据把互联网舆论场一谈经济就搞得悲悲戚戚的。"十三五"也应是中国社会心理进一步成熟起来的收获期。

（2015.10.26）

光复 70 年的台湾决不会再丢掉

昨天是台湾光复 70 周年，台湾举行了官方纪念活动，马英九在致辞中强调了蒋介石领导下的中华民国政府对光复台湾所发挥的作用，强调了开罗宣言的重要性。他在肯定日本殖民统治台湾期间留下若干建设的同时，要求日本正视并反省那段侵略历史，并提出，纪念这段攸关存亡的历史，应是每任台湾当局领导人责无旁贷的重任。

国民党元老郝柏村也在光复日通过媒体发表一段谈话，则重点强调全中华民族"在蒋委员长领导下所取得的成果"，并表示希望当初抗战 22 个战场遗址兴建纪念馆，等等。

新近取代洪秀柱成为国民党"总统"参选人的党主席朱立伦强调，中华民国光复台湾是历史事实，他表示"很关心民进党的态度"，但是民进党"总统"参选人到昨天晚上为止没有吱声。

1945 年台湾回到祖国怀抱，名为"光复"，而不是日本把台湾"割让"给中国，也不是台湾"加入"中国。台湾"光复节"叫了这么多年，台湾的历史地位可谓一清二楚。

郝柏村直到现在仍热衷于帮国民党与共产党争功，除了他个人的历史观和价值观所限，也有岛内政治气候的影响。郝的儿子郝龙斌是国民党"大咖"之一，郝柏村随时惦记着给儿子拉票，因此尽管岛内与抗战有关的主要矛盾是如何对付媚日派和"台独"势力，但郝不敢骂后者，却非常乐意与大陆民众争辩，扮演岛内的"舆论英雄"。

台湾的价值观已经从根子上被扭曲，虽然马英九在纪念活动中说的话有些"软脚虾"，甚至还夸了几句日殖时期的岛内建设，但考虑到岛内现实政治氛围，他们能开这个纪念会就算不错，大陆人不能过于计较会上发言的细节了。

我们面临台湾总体上正不压邪的糟糕局面："台独"比较嚣张，国民党主流派采取在主权问题上的模糊策略，洪秀柱一个中国的态度相对明确，但不受台湾主流舆论支持，被迫从政治舞台中央退场。大陆方面看来只能鼓励台湾形成"温和的"两岸政策，而无法指望那里出现"正确的"政治路线。

然而光复节对"台湾是谁"是一个重要提醒。历史有对这个问题的明确答案，未来的正确答案，攥在包括台湾人在内的全体中国人民手里。台湾是"乡试"之地，那里可以一时乌烟瘴气，考生与阅卷人串通胡来，但这一切最终算不了数。

当年日本那么大势力，抢走台湾达50年之久，最后还是乖乖还给中国。现在的"台独"势力能有多大本事？大陆平时以两岸和平发展为重，台湾内部出些小猫腻，玩些小游戏，自娱自乐于茶壶里的风暴之间。但台湾极端政治势力永远都要记得，他们如果撞了底线，使国家统一面临存废的摊牌，那么大陆随时都有可能断然出手，集中精力彻底解决台湾问题，根除"台独"这一扰乱中华民族伟大复兴的心腹大患。

现在台湾选情对民进党有利，很多人担心民进党一旦上台有可能带动"台独"新的活跃，从而挑战两岸关系近年的成果。那么大陆方面现在就应通过多种渠道告诉民进党：他们每在统"独"问题和两岸关系上做出一项倒退，他们就一定会领受一分相应的政治代价。民进党的政治资本并没富裕到可以随便挥霍的地步，他们如果不从上一轮失败中汲取足够教训，将很快就会重新输个精光。

（2015.10.26）

英法德相继示好，中国投桃报李

德国、法国驻华大使26日联名在人民日报上撰文，并且打出标题"德法是中国在欧盟的核心伙伴"。两国大使写这篇文章的缘由是德国总理默克尔、法国总统奥朗德将于本周和下周先后访问中国。由于他们的访问紧跟着英国盛情接待习近平主席，并宣布同中国进入"黄金时代"，这种时间上的巧合鼓励了舆论的一种联想：德法在与英国竞争同中国的友好及合作。

中国人当然不应当陶醉在被欧洲大国竞相交好的优越感中，中国同欧洲的关系远非像这几次高访密集出现（荷兰国王威廉·亚历山大正在中国访问）给人的印象那样简单。不过与2007、2008年德法领导人带头会见达赖时的情形相比，今天中国在中欧关系中的主动性有了历史性变化。英法德领导人在半个月时间里先后与中国领导人在正式访问中见面，这的确有一些"巧合"之外的东西。

《纽约时报》等美国媒体不断斥责、嘲讽欧洲国家为同中国发展关系而"放弃原则"，减少、回避就人权之争批评中国。全世界都看得很清楚，美国人的不爽和愤怒有相当一部分源于他们无法克制的嫉妒心。欧洲以比华盛顿大得多的决心发展对华关系，如果把世界看成一个零和格局，这会带来后者多重的失落感。

然而如果中国因为新局面的出现而洋洋自得，那么我们自己的对欧心理就会变得脆弱。美欧关系没有那么糟糕，英法德对同中国合作的竞争也未必就像这两天媒体谈论的那样绝对。中国同整个西方的关系仍隐含着种种变数，我们的主动性并不牢固。

因此中国需认真对待欧洲的每一个大国，英法德都"很重要"，它们都有一些能称为"最"的资本。对它们竞争发展对华关系，我们不能太当回事。应把它们各自都当成"唯一的"，以厚礼相待，给予大国之尊。

德国对华出口占了欧盟对华出口的40%以上，中德经贸稳，则中欧合作大局稳。德国视中国为战略合作伙伴，对其他欧洲国家颇具示范意义。

法国是中国在欧洲的老朋友，它是西方最早与新中国建交的国家，对中国产生过诸多影响。中国国企过去叫"国营企业"，受法国的启发，改称"国有企业"。中国上世纪70年代最早从法国引进成套石化设备，80年代又从法国最早引入核电技术。这次中国公司参与英国核电项目，实为法国公司中的标，1/3分给了中国公司。

尽管过去有过英法德三国之一同中国搞僵，其他两国借机扩大同中国经贸合作的情况，但中国真正应当争取的是促使三国之一与我形成高质量的合作突破，从而带动另两国主动升级对华关系的水平。只要英法德都持积极的对华关系态度，就将对美日对华策略形成牵制，中国撬动整个西方世界就有了得力杠杆。

欧洲是西方世界很有分量的部分，欧洲社会对价值观的态度常比美国还保守，中欧关系全面发展，经济是最有力量的引擎。中欧关系在深刻地告诉我们，发展经济会有大量外围效果，其对塑造软实力也不可替代。很多让我们当下一筹莫展的事情，有可能随着经济成果的不断积累逐渐自行淡化，出现戏剧性的柳暗花明。

默克尔已是中国人的老朋友，奥朗德也已访问过中国。中国民众喜欢他们，也欣赏他们的国家，这一点应当让两位领导人知道，并让他们国家的人民知道。

（2015.10.27）

扬州炒饭攀吉尼斯高枝被拒，真是羞

吉尼斯世界纪录每周都会收到大约1000条申请，其中95%会被拒绝。拒绝就拒绝了，人们可以一笑了之。但是吉尼斯方面26日宣布拒绝将4192公斤的"最大份扬州炒饭"收入纪录，却应当让活动组织方感到羞耻。

由世界中国烹饪联合会、扬州市旅游局、扬州市烹饪协会等单位联合举办的创"最大份炒饭"纪录活动近日闹得沸沸扬扬。它是为庆祝扬州市建城2500年，有300人参与，专为申请吉尼斯世界纪录而特别制作的。事情23日对外宣布并传出壮观的炒饭制作画面，但从一开始就引来质疑，很快被曝光其中很多炒饭"倒进垃圾车"或者"喂猪"了，"浪费粮食"的批评声不绝于耳。

尽管活动组织方后来宣称只有150公斤炒饭被喂猪，但这一浪费比例不被舆论信任。吉尼斯方面26日拒绝将"最大份炒饭"纳入其纪录所宣布的原因正是"浪费粮食"。吉尼斯方面表示，申报大型食品类的纪录，用于挑战的食品须最终均为民众食用，不得有任何浪费。

4吨多扬州炒饭，如果一个人吃2两，就要4万多人吃。同时找来这4万张嘴，是一项多么巨大的组织工作！现在又不是大饥荒，就是把瘦西湖的所有游人都动员起来，这4吨炒饭也吃不完。

我们理解组织方是想宣传扬州建城史的悠久，但不能不说他们选出来的是个下下策，最终弄巧成拙，就像要给扬州这座历史名城描描眉，结果笔下错地方，给脸上画出个墨疙瘩。

扬州历史上名人辈出，文豪知州太守不绝。那些唐宋大家直到清代的"扬州八怪"们如果知道后来出了更怪的"人吃不完要猪帮忙"的超级扬州炒饭,真不知会作何感想。

4吨重"最大份炒饭"虽没得到吉尼斯世界纪录,但它在中国人心中已经"破了纪录",这个纪录是公共活动所应恪守的道德和自尊底线。

《吉尼斯世界纪录大全》1954年由英国吉尼斯酿酒厂首次出版,借助英国软实力逐渐风行世界。它有求多、求大、求齐、求怪的倾向,娱乐了人们,也会带来浪费等问题。保持吉尼斯世界纪录的正面性,避免让它鼓励"邪门歪道",这已是吉尼斯方面越来越注重的道德倾向。

中国社会中的吉尼斯热这些年保持了升温态势,但一些挑战吉尼斯纪录的群体和机构功利性太强,很多情况下明显缺乏"底线意识"。"最大份炒饭"不是被浪费掉的第一个食品挑战项目,更不是第一个有浪费性质的申报吉尼斯作品。

中国是大社会,人多,城市大,如果比大比多,而且"豁得出去",中国人不知能破多少吉尼斯世界纪录。但我们希望国人别在破吉尼斯纪录上费心思琢磨,尤其是少搞集体破纪录项目,切莫"走火入魔"。

还是让吉尼斯世界纪录多回归娱乐、吹牛的本位,别让商业广告成为它的主打。像扬州这样的历史名城,实在犯不上攀吉尼斯这个奇枝。扬州应当自信,静守自己东方的高贵,领受天下游人的尊重与羡慕。

(2015.10.27)

要把咋咋呼呼的美军舰看成"纸老虎"

中国外长王毅 27 日警告美国要在南海三思而后行,别轻举妄动,无事生非。中国沪市 A 股当天恰好收盘于 3434.34 点。有人编出段子说,连中国股市都在提醒美国"三思、三思、三思"。

美国海军拉森号导弹驱逐舰 27 日被爆进入南沙中国扩建岛礁 12 海里内,中国两艘军舰跟踪警告,这一消息搅动了整个亚太。世界舆论最严峻的分析认为这是中美在亚太直接对抗的开始,它最终可能升级为两国的全球对抗。不知这样的分析会不会把奥巴马吓住。中国人首先要沉住气,保持充分的镇定和从容,千万不能动怒,被气着,而需理性应对来自美舰的骚扰。如果中国舆论一下子感觉受到羞辱,我们内部充满怨气,相互指责,对外放开嗓子说些兑现不了的硬话,显得进退失据,那么我们就真让日本、菲律宾等看了热闹。

第二,要客观分析时局和美舰骚扰的具体情况。美方这次派来一艘军舰,属于兜几圈"亮相"和"示威"性质。它没提中方须"停止建岛"的极端要求,并且表示行动不单独针对中国,表明它不是来摊牌的,没打算与中国发生军事摩擦,这是美方的一次政治秀。它咽下了中国扩建岛礁"这口气"的大部分,日本共同社宣称,美舰是为了确保美国威严的"最后一线"才这样做的,否则的话包括日本在内的同盟国都将产生离心。

第三,中美之间实际不是国际法之争,而是在就南海的秩序和规则较劲。中国扩建岛礁完全合法,美国很多人也这么说。但华盛顿认为中方扩建岛礁改变了南海地缘政治形势,使中国一下子获得南沙地区的控制优势。它要平衡中国在南海新增的影响力,巩固其海上主导权。

第四,必须看到,中国实现了岛礁扩建,这是中国实打实的得分,中国今后一段时间的主要精力仍应放在彻底完成这一工作上。因此现在如果要说生气,最该生气的不是中国人,别人谁想生气是他们自找,目前没有任何一方有能力阻止中国继续完善相关设施,美国也没敢这样逼它自己。

第五,对美国派军舰前来骚扰,中国现阶段的正确做法应当是与其周旋,同时要对最坏情况有所准备。要让美国确信,南海决不是它随便撒野的地方,它对中国军事挑衅所将面临的风险是真实的。美海军如果这样干下去,有可能导致奥巴马执政晚期根本无法承受的事变,中国保卫领土主权和国家尊严的决心要远远大于美国想在南海展现主导权的决心。

第六,与美周旋就意味着对前来骚扰的军舰进行反骚扰,先跟踪监视,如果美舰不是擦边而过,而是停下来搞进一步的活动,中国必然升级反制措施。世界上其他地方尤其是冷战时期上演过的电子干扰,甚至舰船撞击、火控雷达锁定、军机飞越挑衅舰船等等,我们不希望看到它们在南海一一重现。

第七,中国人要看到美舰骚扰只是中国崛起路上很平常的挑战,我们要以平常心对待它,充分相信政府和军队的专业性,让它们去全权应对。南沙岛礁扩建就是它们搞起来的,它们也一定有能力和决心保卫好那些岛礁,中国在南海的权益正在恢复的过程中。

第八,我们要坚信美国没有向中国做战略摊牌的资本。它连伊拉克、阿富汗那点事都摆不平,对俄罗斯只敢瞎嚷嚷,在叙利亚无所事事,拿平壤也没办法。中国没真惹它,但它真的继续是一只"纸老虎"。

中国没有特别强调岛礁扩建后的"12海里"问题,美方现在总把"12海里"挂在嘴边,它在帮我们树立、强化这个概念。那么好吧,就让我们接了"12海里"的说法,我们没有要13海里或者更多的意思。

(2015.10.28)

"孔子和平奖"并非中国主流社会之声

津巴布韦总统穆加贝9月底获中国一机构颁发的"孔子和平奖",引起西方舆论的较大争议,中国国内也有很多人表达了不同意见。有津巴布韦媒体传出消息称,穆加贝的发言人北京时间26日表示,穆加贝不承认并拒绝领取该奖。到27日,津驻华使馆未能证实这一消息的真实性,但传闻已让颁发"孔子和平奖"的机构陷入尴尬。

"孔子和平奖"2010年设立,首次颁发给台湾政治家连战。2011年颁给普京,去年颁给古巴前领导人卡斯特罗。不难看出,获奖者大多是西方不喜欢的政治人物。2010年诺贝尔委员会将和平奖颁给在中国监狱服刑的刘晓波,"孔子和平奖"的价值取向迥异,给人印象深刻。

设立"孔子和平奖"与中国政府无关,这一点完全可以确定。它目前由在香港注册的"中国国际和平研究中心"评奖并颁发,实际是一些讨厌西方政治做派的文化人士在运作。第二届"孔子和平奖"举行发布会借用了文化部一下属机构的名义,致使该机构被取消,官方与该和平奖的切割态度十分明确。

至于"孔子和平奖"与中国社会是一种什么关系,可谓一言难尽。首先,抵触诺贝尔和平奖的政治倾向,这在中国很普遍。愿意看到有人搞出一个与之不同、甚至能与之抗衡的和平奖,在中国大概也有一部分人。但是也有很多人对此持现实主义的态度,认为搞一个有影响力的和平奖需要软实力的支持,而中国社会现在缺这个能力。

"孔子和平奖"迄今的运作应当说不算成功,今年的"穆加贝风波"增加了人们的这一感受。该奖不断受到严重争议,这对一个尚不成熟的奖项来说，总体上弊大于利。由于种种原因，该奖在中国主流社会中获得的认同度也不够高。

看来这个奖只能看成中国一批有鲜明价值观的人所做的尝试，如果一定要用大众性和小众性对照它的话，它显然更属于后者。

然而我们想说，小众性的东西未必就没有存在的权利。"孔子和平奖"代表了一部分中国人的想法和态度，它同时承受了包括来自主流社会内部的诸多质疑。它要延续下去，就需首先争取更多国人的支持，进而争取国际社会的更多认同，这会导致它的自我调整。

中国社会不能铁板板地只有一种声音，所有发声者都向着政府发言人看齐、"对表"。那不真实，会自绝社会的活力和弹性。只要不违反中国法律，不挑战中国根本政治制度，不与中国核心价值观成心作对，制造混乱，那些不太整齐、相对小众的声音就应有权利发出，参与到社会的大合唱中。

"孔子和平奖"有人喜欢，有人觉得它"不入流"，让它自己去承担众声喧哗带来的酸甜苦辣好了。国家没有义务为它的挫折埋单，主流社会也有权利与它保持距离，它就是它自己。在西方也有各种各样的奖项，它们未必都有西方主流社会的背景，但它们参与了对西方社会多元面貌的表现。

（2015.10.28）

美莫逼中国发力军事建设南沙岛礁

针对拉森号导弹驱逐舰来南沙岛礁邻近海域挑衅，美国军方表示，这是一次"常态化巡航"，意思是它今后还可能继续派军舰来闯"12海里"。美如果这么做，恐导致中国升级应对措施，南海地区局势将朝着美国不希望看到的方向演化。

如果美国军舰反复来，想想中国会怎么做？可以肯定，中国军舰会在南沙海域"等着"它们，美舰来得越多越频繁，中国"迎候"它们的军舰也将更多。这要求军事部署能力的跟进，其结果将是迫使中国加快在扩建岛礁上的军事设施建设，使它们的军事化足以达到向解放军与美舰周旋提供支持的程度。

海面紧张加剧后，空中支援必须跟上，扩建岛礁上的跑道正好用上。一旦美方挑衅常态化，扩建岛礁上部署中国作战飞机是可以预期的。如果建设这些岛礁无助于维护中国的领土完整，反而因为它们招来外部军事力量的"入侵"，而且它们对抵御"入侵"起不了任何作用，那么这些岛礁将令全体中国人失望。

美国学者葛来仪日前在接受媒体采访时也承认，美方行动的最高考虑是要影响中国的行为"朝积极而非消极"的方向改变。她说，奥巴马政府要考虑中方可能的反应，会不会进一步促使中国借机宣布有安全必要来设立"南海防空识别区"？

中国已反复申明，我们扩建南沙岛礁将主要用于和平事业，为促进南海地区经济发展提供支持和服务。中国的战略首先是和平发展，扩建岛礁给南沙地区平添一个紧张的军事区决非中国人的愿望。美国口口声声反对中国将那些岛礁用于军事目的，但它的确在以实际行动把中国朝那个方向推，甚至逼。

很难理解制定派军舰来南沙"巡航"策略的究竟是美国军方一些什么人，他们为何如此目光短浅，只会走一步看一步，不会往前多看几步。他们几乎同网上热衷于一时痛快的愤青一个水平，以为把军舰派到南沙就长了美国的面子，抖了它的威风，就会迎来盟国的欢呼，中国从此威信扫地，一蹶不振。

他们怎么就不想一想中国会怎样反应，中国手里能一张牌都没有吗？中国一直很克制，我们完全有能力把菲越势力从它们非法占领的岛礁上全都赶走，但没那样做。中国在南海的每一个行动都是其他挑衅方逼出来的。菲律宾在黄岩岛抓扣中国渔民，导致了中国在黄岩岛采取行动。我们想说，美国现在不要逼中国将扩建岛礁建设成对付美舰骚扰干涉的军事前哨。

说句不客气的，中国就是向那些岛礁部署军事力量，美国又能怎么样？它还敢对那些岛礁直接采取军事行动不成？请太平洋司令部的哈里斯司令给奥巴马先生打个电话，问问他是否有那样的胆量吧。

美国人千万要记得一个事实：南海在中国家门口，这里的领土纠纷涉及中国核心利益。而很多美国人都不知道南海在哪。美国在南海采取行动的战略决心和中国捍卫主权的决心不是一回事，美国不要尝试这两种决心的对决。

我们希望美方所说要"常态化"闯中国岛礁邻近海域只是一时满嘴跑火车。美舰已经来过，美要对它的亚太小兄弟们做的样子也做了，希望它懂得适可而止。否则的话，中国加快对相关岛礁的军事建设将不可避免，到那时看华盛顿怎么收拾自己的面子吧。

（2015.10.29）

逼默克尔教训中国的人活在上世纪

德国总理默克尔今明两天正式访问中国，大赦国际等所谓人权组织闻风而动。这家经常向中国发难的组织与臭名昭著的"世界维吾尔大会"及"世界声援西藏组织"日前联名给默克尔发公开信，要求后者在访华期间提出"对中国司法现状的担忧"，表达"对被打压维权律师的支持"。

流亡西方的"藏独"和"疆独"组织看来最近加强了学习，用上了"司法现状"和"维权律师"等新词，还与大赦国际搞到一起"抱团取暖"，联合挑事，蛮是有趣。

对中国大陆数量庞大的公众来说，西方领导人每次到中国访问时总要像念经背书一样谈谈人权问题，有些怪怪的。尤其是他们说的人权与中国老百姓最关心的权利常常不是一回事，比如中国人最关心社会公平，包括受教育公平、医疗资源公平等，还希望居者有其屋，人人老有所养等等。

中国人还要求法治，希望言论开放，国家治理更加民主。关于这些，国家有种种实践，不断总结经验，也的确有些治理层面的问题需要破解。民主、法治这些词汇都进入了社会主义核心价值观，究竟怎么做好，中国社会比任何外部力量都更加关心，也在实际探索并努力。

外国人向中国一谈人权，指的往往是为挑战中国宪法规定的政治制度而触犯刑法，并因此坐了监狱的极少数人。给我们的强烈印象是，他们不是关心中国人权基本面的不断改善，不是关心绝大多数中国人的福祉，而是要帮助能数得过来的与中国体制搞对抗的人，他们是要以这种方式找中国麻烦，逼中国采取不适合自己的国家治理方式。

很多西方人说，他们是真诚关心中国人权，对有些"异见人士"遭到关押看不下去。但他们显然不了解那些"异见人士"究竟做了什么，不知道他们并非有"异见"而被抓，而是因为他们从"异见"出发，采取了中国法律禁止的行动。

对中国有误读，可以理解。毕竟世界这么大，能大老远地读懂中国不容易。然而那些强烈主张干预中国的西方人总该识趣些。现在都什么时候了，既不是八国联军的时代，也非中国一穷二白，从资金到技术什么都得求着西方。

中国很尊重德国，还有英法等欧洲国家，但实事求是说，它们当中还有谁有资本对今天的中国指手画脚？我们不说它们在贸易上都"有求于中国"，要知道中国如今的GDP已经超过德法英三国的总和，但至少大家彼此应是平等的吧。想想看，让这些国家领导人来中国访问时，与热情的主人一见面就板起面孔，训斥中国的人权问题，他们好意思吗？这不是为难他们吗？

中国社会如今自信了，知道西方有个别领导人访华谈"人权"的怪癖，因此对来访领导人要硬着头皮说句"人权"回去交差，有那么点同情和怜悯。怎么办呢，中国社会看来比在后面逼那些领导人的社会大度些，有时也就谅解了他们。

不知道西方社会是否清楚他们的领导人在中国谈人权的极度尴尬，知不知道这就是一出已被演烂的戏。如果他们没有勇气捅破这层窗户纸的话，我们在这里算是帮他们捅破了。

（2015.10.29）

中国建岛美国巡航，谁会气着谁

美国老旧的"拉森"号导弹驱逐舰闯进中国南沙扩建岛礁的邻近海域，拉开了中美在南海直接博弈的序幕。这是双方在南海地区的利益碰撞和规则之争，根本不是斗气，因而说不上谁会把谁气翻。

然而民间看问题不会那么深入，更爱看些表面的东西，而且很容易把中美这场高度专业化的斗争简单化成某种斗气游戏。那么好吧，就让我们也简单些，尽量把中美的得失量化，可比化，看看双方谁得到的更多，更实在，更有资格笑；谁得的更少，更虚些，更有理由生气。

中国在南沙自己实际控制的岛礁上通过陆域吹填扩建出带有几千米长跑道的岛屿，新增的土地面积与中国辽阔的幅员相比微不足道，但它们把中国国土的实际前哨前推了几千公里，到达南沙一线。这是具有战略意义的延伸和跨越。

中国是在完全遵守国际法的情况下实现这一跨越的，中国的现代工程能力起了决定性作用。

这些适宜居住的岛礁可以发挥综合功能，直接促进南海地区的经济开发，提供与此相关的各种服务。中国反复宣布这些岛礁将主要用于民用。但在中国核心利益遭严重挑战的情况下，这些岛礁可以瞬间完成军事化部署，正是它们的这一潜在转化能力令美国等不安。

美国完全没有办法阻止中国扩建岛礁，因为这样的阻止在国际法上讲不通。世界上填海造陆地的地方实在太多了，新加坡国土的大约1/4是填出来的，很多沿海城市的机场都是填出来的，这如何能管？

但是中国扩建岛屿的位置处在战略汇合点上，美日会算出马六甲海峡也在这些岛礁的飞机航程半径之内,但这是它们自己"闲得无聊的计算"。国际法不需要这样的"政治军事智能",所以美日如果非要那样联想,只能是它们自己瞎担心,生闷气。

美国"拉森"号来中国南沙岛礁搞骚扰,它的实际表现就是被中国两艘军舰夹着,在那些岛礁附近转了一圈。华盛顿通过这一行动向它的亚太小兄弟们说:瞧,我来了,我支持你们。

美国以此安抚了盟友,保全了面子,但它不会对中国完成对岛礁的扩建产生任何影响。中国在这些岛礁问题上善始善终的决心坚定不移,美国事实上已经知道阻止中国继续建岛不现实,它下一步的目标看来是要就中国如何使用那些岛礁与我讨价还价。

美国还是采取了行动,有所得,但它的所得有点虚,基本是它与盟友间自娱自乐的东西。

总体看来,美国这次没选好同中国的博弈点。在扩建岛礁问题上,中国的优势大大强于美国,这既包括中国扩建岛礁的法律正当性和美国想要阻止的非法性,也包括中国工程能力和战略决心的强大。美国除了派军舰来晃晃,做做样子,其实没什么"正经牌"可打。它如果不断"巡航",只会给中国加快那些岛礁的军事部署提供理由,中国的优势是美方用巡航无法挑战的。

因此如果中美双方有人非把这场博弈看成两国"斗气"的话,最该被气着的显然是美国人。如果有些中国人被美国"拉森"号给"气晕了",那只能说是这部分国人太不了解情况,或者他们的气度可能"小了点"。

一旦美国海军围绕南沙岛礁不停折腾下去,它只会输得愈发明显。中国人应当从一时的冲动中跳出来,欣赏南海这场难得一见的大国地缘政治游戏。因为如果闹下去,中国的岛礁只会越建越大,越建越强,就像看大片一样,过程可能充满悬念和噱头,但谁赢谁输的结局早已确定。

(2015.10.30)

计生主阵地"独生子女"画上历史句号

始于1980年的中国独生子女政策到昨天正式画上句号。29日闭幕的十八届五中全会通过了"十三五"规划，民间舆论第一时间的大量兴趣和注意力却集中到了它的一个细节上：全面放开二孩政策。可见二孩的问题是多么牵动人心。

独生子女政策几乎是在舆论的唾沫中走进历史的，但这未必是历史对它的最终态度。计划生育使中国少生了几亿人口，减轻了中国的资源压力和经济起飞初期的负担。独生子女是计划生育最艰难的主战场，它的成绩和代价也都最突出。它究竟给中国带来的好处多，还是问题更多，需要历史在更远的距离上平静地做出评价。

中国需要放开二孩政策，是对国家人口结构深入、冷静分析后做出的结论。这一政策没有一步到位，而是经过了双独二胎、单独二孩，直到全面放开二孩的过渡。这有利于避免出现婴儿潮，提前化解未来阶段性社会资源紧张的隐患。

整个"十三五"规划应被看成是民意的"胜利"。消除贫困，发展成果由人民共享，实行最严格的环境保护制度，逐步分类推进中等职业教育免除学杂费，坚持居民收入增长和经济增长同步、劳动报酬提高和劳动生产率提高同步，实行职工基础养老金和城乡居民大病保险的全国性统筹和推广，这些都在舆论中有很高的呼声。包括全面放开二孩政策，舆论反复呼吁，今天终于成为现实。

"十三五"规划再次印证了这样的逻辑：具有合理性的舆论呼声，反映的又是社会现实需要，最终往往能被国家以正式文件确认，成为中国的经济社会政策。想想看，反对唯GDP论，结束劳教制度，对腐败"零容忍"，监测大气中的PM2.5指标，它们很多都是最早从舆论场上喊响的。全面放开二孩成为舆论带头推动的又一国家重大政策。

事实证明，中国的政策制定过程纳入了全社会的广泛参与，网络上的"P民"们同样拥有对国家大政方针的话语权。"十三五"规划不应看成是少数精英们编制的，它更多地是中国老百姓在种种场合热议及网上放炮"喊出来的"。它反映了中国大多数人对未来生活的愿望。

过去一段时间有些人痛骂了独生子女政策，那些话肯定是偏激的，但它们对形成全面放开二孩政策也起了特殊的"伴跑"。偏执的东西不全是负面元素，但它们也决不会构成社会的中坚力量，这样的复杂情形正在中国多元社会中越来越多。

"十三五"规划有较高可信度。首先人们能从这一规划中清楚感受到执政党对全面建成小康社会，要让小康对所有国人形成全覆盖非常用心的责任感。社会的前进总是有前出部分，有相对落后部分，但中国执政党要求努力实现全体国民分享改革开放成就的愿望十分真诚、严肃。中国的社会公平与相对稳定的发达社会比起来还有差距，但中国政府在兼顾效率与公平方面尽了最大努力。客观说，我们比很多发展中国家在这方面做得要好很多。

"十三五"可信的另一方面是2020年GDP和人均收入都要比2010年翻一番，实现这一目标，以及实现从社会公平到福利政策及生态环保等各个方向的改善，都是可以信赖的。尽管经济下行压力仍在持续，但中国官方说到就能大体做到的威望仍然保持着，这实际是中国社会整体信心的基石。

"小康"是邓小平1979年提出的，它的内涵逐渐丰富，指引了中国社会三十几年。它无疑是个伟大的路标，经受了风雨的考验。在这之后，中国将向第二个百年目标"中等发达社会"迈进。后一个路标已经立起，但它迄今还有些模糊，其大量政治、经济、社会含义还需不断塑造、锤炼。我们衷心希望"小康"和"中等发达社会"这两个路标能够完美对接，后一个路标再成功指引中国社会几十年。

（2015.10.30）

海牙的仲裁庭管不着南海领土争端

应菲律宾单方面要求在海牙成立的南海仲裁案仲裁庭29日给菲送了个"大礼包"。仲裁庭当天做出裁决，宣称它对菲律宾就南海主权争议提出的诉讼拥有管辖权。中国外交部今天发表声明，阐明了中方的严正立场，表示这一裁定是无效的，对中国没有拘束力。

菲律宾政府2013年1月把它同中国的领土争议提交国际仲裁。中国从一开始就表明自己"不接受、不参与"的立场。一些西方舆论以此攻击中国"藐视国际法"，而它们都故意回避了一个重要事实：中国这样做是在行使国际海洋法公约赋予的正当权利。

中国是《联合国海洋法公约》签约国，2006年中国根据该《公约》第298条的规定，向联合国秘书长递交书面声明，申明中国政府不接受《公约》第15部分第2节规定的任何国际司法或仲裁管辖，这包含了对领土争端的仲裁。目前已有30多个国家做出相应声明，其中包括美国的盟友韩国也做出了和中国一样的声明。

仲裁庭29日关于管辖权和可受理性问题所做的裁决除了无视中国上述合法权利，也无视这一仲裁事项的实质就是领土主权和海洋划界等问题，不顾及中菲之前在一系列双边和多边文件中多次确认通过谈判协商解决南海争端的共识。它的裁决将不会有利于南海和平与稳定，反而有可能为试图激化南海矛盾的力量提供新借口，加剧地区紧张。

领土争端仍是当今世界最敏感、最有可能引起激烈冲突的领域，《联合国海洋法公约》是以避免强制介入领土纠纷为基础存在的。解决领土纠纷的最好办法就是争议双方的谈判与协商，一时解决不了，就应先搁置问题，避免它搅翻相关国家的整体关系。

如果海牙的司法机构动辄根据单方要求就岛礁归属及相关权益扩大其管辖范围、强行开展裁决，那么它就会成为一个引爆更多冲突的令人不安的机制。这显然不是《联合国海洋法公约》缔约的初衷。

中国在南海的主权和相关权利是在长期历史过程中形成的，具有充分的历史和法理依据，为历届中国政府长期坚持。在领土主权和海洋权益问题上，中国不可能接受任何强加于中国的方案，任何国家、机构和个人都没有资格为13亿中国人民做主。

仲裁庭应当清楚中国的立场，也应当了解南海事务的复杂性和当前的种种风险。遗憾的是，仲裁庭受菲律宾的单方面蛊惑，没有查明相关的事实和法律，就做出背离客观事实、以偏概全，既违背《公约》宗旨，又违背国际法精神的裁决。

"在妥为顾及所有国家主权的情形下，为海洋建立一种法律秩序。"这是《联合国海洋法公约》开篇提出的重要宗旨。遗憾的是，仲裁庭未能秉持公心，谨慎裁定，从而避免菲律宾滥用程序，这种做法损害了《公约》的完整性和权威性，令人殊为痛心，也令有识之士感到不平和愤慨。

上世纪90年代以来中菲有关通过谈判最终解决双方争端的承诺言犹在耳。2002年中国和包括菲律宾在内的东盟国家共同签署的《南海各方行为宣言》，其中明文规定，由直接有关的主权国家通过友好磋商和谈判，以和平方式解决它们的领土和管辖权争端。菲律宾和仲裁庭否认这些共识，严重损害国家之间互信的基础。

一个国家有可能因为觉得有利可图，随意否认自己的承诺。但国际司法机构怎么可以肆意曲解、滥用法律，否定主权国家之间的共识，支持其中一方背信弃义！这样的机构又如何担当得起维护和平与正义的责任？

一纸裁决否定不了仲裁庭没有管辖权的本质，否定不了中国在南海的合法权益。马尼拉也很清楚海牙解决不了它与中国之间的问题，所谓仲裁最多成为西方舆论抹黑中国的一个新噱头。但这种起哄的舆论形成不了对中国的威慑。

中菲是搬不走的邻居，马尼拉早晚还得同北京面对面坐下来解决问题。什么美军舰巡航，什么国际仲裁，这些施压都是解决南海问题的歪门邪道。这些假招子都是华盛顿和马尼拉耍出来忽悠、哄骗舆论的。

（2015.10.31）

全面二孩必带动中国社会"配套"嬗变

全面放开二孩在中国社会引起爆炸性讨论,它牵动千家万户,也必将对全社会产生很多结构性牵动。

中国城市社会应当说已经深深打上"一家一孩"的烙印。不仅中国人的生育观念与此对应,人们的行为习惯,包括教育模式在内的很多社会运行方式和道德模块也都受到影响。比如独生子女成为许多家庭的行为中心和经济重心,每个家庭都在集全家之力为小孩创造最好的成长环境。国家的经济发展模式和社会节奏不自觉地也与之"配套",这样的细微之处比比皆是。

因此突然允许每个家庭都可以生育第二个孩子,适龄夫妇们面对着"什么都像是为一家一孩设计的社会"必然有些怯生生的,信心不足。说很多人生育二孩的意愿低,恐怕是真实的。

短期内会有很多家庭仍选择只生一个孩子,这点无可避免。但可以肯定,放开生二孩的政策实施难度要远远小于当年对独生子女政策的推行。随着生二孩家庭的逐渐增多,社会的各种"配套"必将跟进,市场这方面的积极性会自行启动,政府的推动也将跟上。

一孩之家是中国当下社会现实打造的国人阶段性习惯,它远未固化。有人生二孩,会影响周围人,这样的影响会逐渐扩散。由于每家有两个孩子更符合自然规律及人类社会的普遍伦理,独生子女社会的特有意识形态将很快被打破。

一些人发出很激烈的声音,认为中国人口结构"已经彻底毁了","没救了",这是在发泄情绪,而且这些情绪不全是针对计划生育的,有一部分就是要找个目标释放出来的强烈不满。如果现在把"全面二孩"变成"全面放开",他们那些发狠的话说不定更加歇斯底里。

计划生育本来就是违反正常生育规律的社会运动,它的目标有着历史的善意。也是因为当年的政府有决策力,才敢于也做得成这样的事情。现在很多人论述"如果",这没多大意义,而且他们的"如果"假设味道太浓。中国身边有一把现成的人口政策尺子,它就是印度。印度从比中国人口少很多到很快要追上中国的人口总数,如果中国不计划生育,就很可能继续保持与印度今天12亿多人口的巨大差距。

我们曾经批马寅初的人口论,后来又批判对马寅初的批判,现在是不是又要批判对马寅初批判之批判?这是不是有些无聊。今天全面放开二孩是基于当前和今后人口形势的决定,并不能自动看成是对过去政策的全盘否定。中国人应当学会着眼未来,向前看。邓小平在改革开放之初就这样教导我们,一些人直到现在还没有学会。

中国的人口形势面临挑战,但决不像极端批判者所说的那样糟糕。全世界有很多老龄化社会,它们几乎都是发达社会,如何应对这个问题人类已有大量经验。中国老年人和即将退休的人们还都乐呵呵的,没有慌,现在激烈开骂的大多是些年轻人。他们是不是有些过头了?

每代人都有自己的问题。过去一个家庭孩子太多,大家很穷。后来只有一个孩子,生活好了,却有些孤单。现在允许生两个孩子,又不敢生了,担心养不起。之所以养不起,是因为我们把正常社会里养两三个孩子的钱都用来养一个孩子了。这种畸形的教育消费结构必将逐渐打破。

美国养第一个孩子的钱是100%,养两个孩子的总费用是160%,养三个孩子的总费用是187%,而非300%。中国社会也一定会朝多养一个孩子费用递减的方向变化。

年轻人们可以更加乐观些。前几代人都有过多得多的问题甚至苦难,今天多养一个孩子决非新中国"家庭史"上有过的最突出挑战。去面对你们的挑战吧,你们和你们的孩子将幸福而强大。

(2015.10.31)

中日韩站在走出负面议题转折点上

中日韩三国首脑会晤时隔3年5个月后11月1日在首尔举行。经过之前的一系列铺垫，东北亚政治氛围如今被认为处在一个转折点上。李克强总理也于昨天应约与安倍首相单独会晤，双方表态都较积极。中国社科院日本研究所副所长杨伯江对环球时报说，这次三边首脑会标志着三国基本走出了由负面议题主导关系的局面，最近几年三方之间突出的或者是领土或者是历史问题，现在合作的正面议题在向主导地位重新回归。

中日韩三方发表了《旨在实现东北亚和平与合作的联合宣言》，联合宣言能够签署发表，这是有分量的成果。宣言注意到区域内经济上相互依存、政治安全领域却矛盾重重的情况，提出必须摆脱这一情况。实现这一目标不啻是东北亚的长期挑战。

李克强总理在会见安倍时强调了历史问题事关中日关系政治基础，其实它也是韩日关系政治基础的重心之一。中日韩首脑会已决定定期举行，明年日本是东道国，然而东北亚合作要稳步推进下去，日本不在历史问题上出现倒退是必不可少的条件之一。这不以哪一方的意志为转移，它已成东北亚政治规律的一部分。

东北亚合作一直能感受到一股外力的存在，它就是美国的影响。美国同日韩都是盟国，尤其在日本的对外关系建构中扮演了潜在的重要角色。然而美国又显然说不上是区域内关系的决定性力量，比如三边关系中目前最稳固也前景最看好的是中韩关系，韩日关系反而像中日关系一样疙疙瘩瘩。因此要正视华盛顿的影响，也不应夸大它。

稳定中美关系是北京处理东北亚问题的一个战略出发点，反过来，稳定东北亚关系也会让北京在华盛顿面前增加主动。

朝核问题是东北亚局势的定时炸弹，但是回过头来看，朝核问题并非是中日韩合作的重要障碍。在推动半岛无核化的大前提下处理好朝核问题，显然符合包括平壤在内各方的利益。

中日韩首脑会机制发起于2008年，当时日本尚且是亚洲第一大经济体，中国排在其后。当经过周折三国首脑会重新启动时，中国已经站稳了亚洲第一大经济体位置，它成为东北亚经济内在结构变化的引领性因素。

当年TPP尚未成为话题，日本是中日韩自贸区（FTA）的积极推动者，如今中韩FTA已签协议，日本的态度却有了微妙变化。

日本其实已对经济上当"亚洲老二"有些"破罐子破摔"，这种沮丧使它变得自我放纵，在一段时间内对中日、韩日关系胡来。它没什么牵挂，也不再有抱负和希望，所以敢来硬的，它与中国"光脚""穿鞋"的关系似乎在掉过来。

在东北亚及亚太格局中看我们同日本的关系，或许会有一些新的启发。以恢复中日韩三方首脑会议为契机，中国人需重新读日本，也重新读我们自己。

（2015.11.02）

客机坠毁无论何因，俄都面临挑战

俄罗斯一航空公司的一架空客 A321 客机在埃及西奈半岛坠毁，224 名乘客和机组人员无一生还，震动了全世界。这是近年最严重的空难之一，它让舆论立刻想到俄当前从经济到地缘政治的一大堆麻烦，并把它们与这次空难联想在一起。

空难发生的 10 月 31 日恰为俄对 IS 发动打击一个月，埃及的 IS 组织宣称是他们击落了这架民航客机，有趁火打劫、抬高自己影响等明显意图。然而这起空难是不是中东极端组织对俄的报复？这个问题在第一时间就跳了出来。俄埃双方都否认飞机是被导弹击落的，不过这起空难距离恐怖主义的威胁更近些，疑点也会更多些，这是舆论最初谈论它的方向之一。

更多的怀疑针对了飞机的技术故障。舆论这方面可以议论的线索和材料也更多。首先是这架空客已经服役 18 年，是出事俄航空公司买的二手飞机，之前它在中东多家航空公司服役过。俄各航空公司新飞机少，老旧飞机多，平均服役年龄远高于西方航空公司飞机的服役年限。

人们还想到，俄罗斯天空仍飞着不少苏联时期制造的民航客机，有人将它们形容为天空中的"老弱病残"。苏联时的民用航空制造业十分强大，图系列、伊尔系列客机等支撑了俄民航业的繁荣。那个时候苏联的航空事故率也是世界上最低的之一。

如今的俄罗斯民用航空工业停摆了一大半，一年新生产的客机不到 10 架。俄航空公司购买或租用外国航空公司的二手空客、波音客机成了普遍现象。此外一些俄航空公司规模小，管理不善，缺乏监管，俄民航事故率急剧上升，是世界平均事故率的 3 倍。

强大、安全的苏联民航系统逐渐滑落成今天的状态，非常令人惋惜。苏联时期那些具有国民经济支柱意义的制造业如今或垮掉或衰败，俄经济过分依赖能源出口，制造业无法走出困局，无法为经济发展提供强大的推力，这是俄经济病灶的根源。

空难令人悲痛，机上的绝大多数乘客都是去埃及旅游的俄罗斯人，其中有儿童，可以想象遇难者中有些是一起出游的家庭。这真是一个巨大悲剧。

空难调查通常要持续很长时间，调查结果将具有重要专业指导意义。然而它带给人们最初的强烈冲击感已经造成，它描述了一个困难中的俄罗斯的形象。

俄罗斯形象的主要参数和指标有着较突出的跳跃性，它的军事很强大，外交坚定而有手腕，它的地缘政治表现则是敢想敢干。但它的经济整体看仍没有从苏联解体后的下沉中真正摆脱出来，俄罗斯人如今过得好坏很大程度取决于国际石油价格上扬还是下挫，它的原有工业基础受了重伤，内在创新能力仍未实现破碎后的再聚合。

然而无论表面上看俄有多少困难，这个国家和民族不可小觑。它的科学技术基础依然雄厚，教育发达，看上去有些松垮的社会里，蕴藏着好学、鼓励挑战、涌现大师的基因。俄罗斯历史上从科技到文学艺术几乎所有领域都有世界级大师，它有时突然就会在某个核心领域冲到前面，让世界目瞪口呆。

不过眼前的俄罗斯面临着空难善后和确保民航业安全的艰巨挑战。作为俄的友好邻居，中国社会有着对俄遇到难处时大量的惋惜和同情。我们祝愿世界上所有的民航客机都安全，所有飞机乘客都平安。

（2015.11.02）

对 C919 即使不鼓掌，也莫喝倒彩

中国首架 C919 大型客机 2 日在上海中国商飞正式下线，这是中国自主研制大飞机的里程碑，也是中国高端制造业的突破性进展。C919 大型客机可布置 158 座至 174 座，最大航程 5555 公里，是按照全新国际适航标准研制的干线民用客机。自制这样的大飞机是中国人长期的梦想，也是中国制造业的一块"硬骨头"，因此首架 C919 型客机下线非常可喜可贺。

C919 明年才能首飞，并须经一系列飞行测试，最早 2018 年投入使用。但希望的大幕已经拉开，目前该型号飞机已订出 517 架，其中德国等外国航空公司订购了 17 架。C919 将是中国参与国际干线客机整机市场竞争的开端。

一架大型客机上有 100 多万个零部件，此前有媒体报道称 C919 机上一半以上零部件源自外国公司，它们包括发动机、航电、飞控及起落架等关键设备。第一架国产大型客机虽然下线了，虽然大型客机制造商都是全球采购零部件，但 C919 还是清楚地展现出我国同波音这种客机生产巨头的差距。

中国越来越多的中产阶级家庭每年会拿出一部分收入用来购买出行的机票，中国现在已是世界第二大航空市场，这一市场还在急剧扩大。可以预期，未来中国绝大多数家庭每年都会把不少钱交给航空公司，航空业占中国经济以及占全球经济的比例在今后很多年里都将上升。如果中国自己造不了大飞机，我国的现代化就将是残缺的。

直到今天国人都在为当年运 10 的下马备感遗憾，首架 C919 的下线标志着中国重新追赶世界航空制造业的行动已经全面启动。

改革开放三十几年的经验告诉我们，多大的差距都不可怕，只要认真干，中国这样的后发国家什么都能做成。我们的追赶速度有可能大大快于我们迈开第一步之前的估计。

中国飞机制造行业雄心勃勃，经济学家们也大多看好我国发展大飞机的前景。但是一些蛮突出的悲观声音从互联网上传出，它们一是不相信中国有追赶美欧飞机制造巨头的能力，二是觉得C919这样的飞机即使造出来也没人敢坐，"还是让领导们先去坐吧"。

飞机安全是所有交通工具中最让人揪心的安全，它一丝一毫将就不得，一些人对国产大客机缺少信任感，这应当说可以理解。他们在互联网上发点牢骚，说些风凉话，没啥不正常的。

但网上风凉话的发酵面似乎大了些，总体上还是让人觉得哪点不对劲。全世界哪国人坐飞机都最关心安全，可以说是人就会把安全放第一位，没有人会为了爱国去坐有安全隐患的飞机。但中国自己的大飞机下线，即使想到第一次坐它会有点不踏实，也该先为它鼓个掌，祝贺中国工业的这一重大成就。这是中国人应当有的出息。

这边飞机下线刚剪彩，离你正好赶上坐它出行八字还没一撇，那边你先"吓尿了"，好像C919下线反而是中国的什么坏事。我们说了，有些人出于种种原因说怪话，拿C919开涮，这不怪。但这种声音在跟帖里一抓一大把，这样的网上社区角落是不是挺阴阳怪气的？

为首架C919下线鼓掌喝彩，祝愿它的试飞和各种测试顺利，飞机的性能经受彻底洗礼，也祝愿中国的宽体客机研制能够逐渐上路。那将是多么大的产业带动和多么强劲的科技实力提升。可以不夸张地说，能够自主生产大型客机、包括远程宽体客机的中国将是与今天相比的"另一个中国"。

会有很多中国人直接参与迎接那个中国的到来。有人将是那些飞机的研制者、生产者、购买者、运营者，还有更多人会是它们的乘坐者。剩下的人，请多说几句鼓励的话，做些严肃的提醒和监督，但请尽量少喝几声倒彩，行不？

（2015.11.03）

新疆处理"妄议首案",这样说太简单

新疆日报社原党委书记、总编辑、副社长赵新尉的问题昨天经天山网公布,其中他"严重违反政治纪律和政治规矩,妄议中央和自治区党委的重大工作方针、决策和决定,公开发表反对中央和自治区党委关于新疆工作重大部署要求"排在了问题单子的最前面。其他的还有"为他人谋取利益并收受财物"等。但是互联网舆论最注意他"妄议"的问题,一些人称这是党的纪律处罚条例公布以来"妄议第一案",其中有人对此表示不满。

赵新尉到底妄议了什么,新疆纪检机关的通报不太可能将细节全都公布。整个案情对外通报也注定是粗线条的。不过根据这一通报,不能够得出"妄议中央大政方针"是赵首要问题的结论,尽管这一条写在了最前面。因为赵8月份就已被逮捕,纪律处分条例10月份才出台,而且条例对"妄议"的最高处罚是开除党籍,赵早已被抓显然是因为其他直接触犯刑律的问题。值得一提的是,"妄议"原本并不在天山网消息的标题上。

由于大家对经济犯罪见得多了,"妄议中央"却是公布出来的"第一例",因此它被聚焦,也符合舆论的通常逻辑。

因为缺少评论赵新尉"妄议"的新闻素材,我们不好针对他的问题做深入分析。但需要指出,新疆的环境很特殊,把握和推行政策经常面临政治性挑战,因此党员干部应当对中央和自治区党委重大决策保持高度一致有更清醒的要求。赵在新疆可谓身处要职,他遵守党的政治纪律有比普通党员更高的义务。他如果抵触党的新疆工作方针,并且这一态度流传到党内讨论允许的范围之外，那么后果就会是严重的。

妄议中央显然首先是针对领导干部说的。设想一下，假如一名职位很高的领导干部与中央立场不一致，即使是通过小道消息流传到社会上，也可能引发思想或政治混乱。而且领导干部职位越高，这个问题会越严重。

处分条例是面向所有党员干部的，所以它对"妄议"做了条件限定，即"通过信息网络、广播、电视、报刊、书籍、讲座、论坛、报告会、座谈会等方式"，显然强调了"妄议"的公开性。因为即使是一般职位的党员干部，通过这些方式表达对中央已确定大政方针的反对，也会造成恶劣影响，对党的集中统一造成损害。

条例公布以来互联网上的一些质疑声有相当一部分并非真是针对这一处分条例，而是泛泛要求"言论自由"的意思，那部分人根本没仔细看条例，就对"妄议"吐槽了。

但也确实有部分人真的担心"妄议"在执行过程中得不到准确定义，或者被有的执行者故意歪曲，用来打压党内基层民主。客观说，这个问题是无法用一个办法彻底干净解决的，因为条例最终是要人来执行。即使条例再出更细的细则，还是会有需要进一步解释的地带。党的纪律处罚条例做不到针对所有现实情形的万全定义。

每个党员遇到错误的处罚时，就需勇敢地进行申辩，通过组织渠道维护自己的党员权益。无论是党内还是社会上，冤案可以肆无忌惮发生的时代早已过去。要相信中央制定纪律处分条例只会让党内更清明，更有秩序，它限制、防范的恰是对党内权力的滥用，而不是要打压普通党员干部的民主权利。今天假如有谁利用条例搞打击报复，他被揭穿、反过来遭到严惩的可能性比任何时候都大。

严格执行党的纪律条例首先是决心和态度，同时它意味着帮助基层在实践中厘清模糊地带，并且既要严处违反条例者，也要坚决防范非正确执行条例行为的发生。如此，围绕"妄议"的网络舆论风波必将逐渐淡化、消散。

（2015.11.03）

美在南海的色厉内荏逐渐清晰

中美军事高官3日分别在吉隆坡和北京见面，中国防长常万全与美防长卡特会谈，中央军委副主席范长龙、总长房峰辉会见来访的美太平洋司令部司令哈里斯。南海无疑是双方谈话的重要议题。美国葫芦里究竟装的什么药，在逐渐清晰起来。

第一，美方到南海高调"巡航"是冲着中国扩建岛礁来的，但美国军方不再重点指责中国"造岛"，卡特和哈里斯都没有公开质疑中国扩建岛礁的合法性，这证实了人们的猜测：美方已接受无法阻止中国扩建岛礁这一现实。

第二，美方死咬有权"在国际法允许的"任何时间和地点对南海进行巡航，以确保南海"航行自由"。哈里斯对中美"可以避免军事冲突"明确表示乐观。这似乎表明，美国要求可以像过去那样在南海"巡航"，中国建岛不能损害它的这一"权利"，同时美方也不打算对中国扩建后的岛礁做特别挑衅。

第三，美国坚称不承认中国在南海的"九段线"主张，这已是它的新立场。美国防部官员2日匿名表示会向南海"每季度两次派舰"，但没特别强调是否进12海里。美方常就12海里问题做模糊、矛盾的处理，需要向中方施压时，就"证实"媒体说它进了的报道。想缓和对华紧张时，就回避这个问题。

第四，美舰南海"巡航"重在外交影响和对华心理施压，军事意义非常有限。美国没有能力迫使中国在南海屈服，它对此是清楚的，并试图掩饰自己在南海并无真正优势的实际情况，维系盟国对它的忠诚。

中国需要更自信些，坚持自己的目标，把握在南海同美周旋的主动权。

第一，中国官方应主打和平牌，强调通过沟通协商化解中美在南海的紧张，占据道义制高点。

第二，中国要以坚定的态度按计划建设岛礁，不理会在美国官方逐渐沉默后西方舆论的继续鼓噪。建岛计划只要得以顺利完成，我们就在对美这轮博弈中赢了绝大部分。其他都是相对次要的。

第三，美国增加"巡航"次数和扩大"巡航"阵容，中国就派更多军舰前往南沙，同时加速在已扩建岛礁上的军事部署。美舰的"巡航"越频密，那些岛礁的军事部署速度越快。事情的最后结果就是中国在南沙有足够抗衡美军挑衅的实力，加上大陆远程军事力量的威慑，形成中国在南海保持战略主动权的动态过程。

第四，中美要商定双方避免在南海擦枪走火的机制，同时我们也要对一旦擦枪走火做好充分准备。中国必须是中美及整个南海地区对擦枪走火应变力和承受力最强的一方，那样的话美方就不会得寸进尺，其他南海国家也会对美在南海挑事逐渐厌倦。

舆论已是中国处理南海问题一个颇具影响力的元素。总体看舆论有些冲动，但能够看懂南海局势的人越来越多，支持政府立场和策略是实际的主流。中国政府应更加相信民众在重要关头的理性和智慧，舆论较激进的部分则可用作反过来对美施压的资源。因此官方应放开手脚，根据实际情况决定出什么牌，不必过分担心民间会有什么看法。

完成南海岛礁建设事关中国长远战略利益，是全民族的大事。我们必须高度团结，向美展示坚实的决心，最终促其放弃任何幻想，以更求实的态度看待这片与中国利益攸关的复杂之海。

（2015.11.04）

西方竟防上"中国意识形态渗透"了

中国国际广播电台（CRI）下属公司在美国开展一些合作，CRI 的一些音频节目通过美地方电台的频道播出，这引起路透社的深度"揭秘报道"。该报道说得很邪乎，称中国在美搞"隐蔽电台网络"，向美国听众宣扬中国的立场，就像 CRI 干了什么"隐蔽战线"的工作似的。

强大的西方怎么会在心理上脆弱到这样的地步？就在不久前，《纽约时报》报道了中国大学在国际在线教育平台 edX 网站上推"毛泽东思想概论"课的事情，宣称这是对外"加强意识形态输出"。

西方舆论对孔子学院的议论更是此起彼伏，好像生怕他们的孩子在那些中文班里学汉语时，会被来自中国的教科书和老师们"洗脑"。

回到广播的事，美国那家地方广播电台并没有受控于 CRI，即使按照路透社的披露，它也只是播出了 CRI 的节目。这样的合作在世界各国媒体之间不知道每天要发生多少起。路透社的报道质疑它的合法性，而《环球时报》英文版每年就要使用路透社的大量图文内容，还要为此向路透社付费，我们被它的报道搞糊涂了：这样做合法吗？

还有，《纽约时报》等美国主流媒体动不动就对外收费，卖给外国机构很多版面，刊登宣扬那些国家价值观的文章。这成了美国主流媒体的一种捞钱方式。为什么不问问《纽约时报》这样做合法吗？

中国大学在 edX 网站开门毛概课，一共才 3000 多注册学生，美国 700 多人，《纽约时报》就不安了。中国每年有几万个孩子去美国留学，去英国等欧洲国家及澳、新的也很多，中国是不是应该担心那些学生在西方被"洗脑"，从此限制他们出境？

中国不知道翻译了多少西方的思想著作，各大学开了多少门西方理论的课程。中国数不清的人用苹果手机，据说所有信息和图片都被苹果公司给"云"了。光是麦当劳、肯德基对美国文化的传播，相当于给中国孩子们开了多少所西方版的"孔子学院"或"孔子课堂"。还有NBA、欧洲三大杯、一年几十部好莱坞大片，要是有路透社、《纽约时报》警惕性的1/10，中国人还不得被吓死！

西方媒体所展现的那个"神经质的西方"实在是有点没出息。就说美国，它并没有衰落，中国也根本没有能力对它进行意识形态挑战。中国互联网上的"美分"一抓一大把，倒是中国应当从美方的警惕中得到些启示：我们过去是不是对美国的意识形态渗透管得太松了？

此外美国是崇尚"新闻自由"的国家，原来在那里播些来自中国的声音，是与这种"新闻自由"相抵触的。看来西方媒体"很讲政治"，很愿意主动敦促政府给"新闻自由"划边界，它们甘当守卫这条边界的志愿者。

实事求是说，当今的世界舆论很大程度上受西方大媒体公司主导，而且西方的舆论霸权是西方中心主义受到动摇时最固若金汤的堡垒。非西方国家普遍有受到西方舆论压迫的苦衷，它们努力发出一些自己的声音，至少目前还谈不上同西方对抗，只是希望能有一些自己介绍自己的权利，别让西方对非西方国家的描述成为世界了解它们的全部。

西方如果连这么点缝隙都舍不得让出，那么它们真是要把事情做绝。随着新兴世界的崛起，它们把一些非西方的声音带进西方社会，是无法阻挡的自然过程。一定要拒绝这个过程的西方人，他们是在与天道过不去，在跟自己过不去。

（2015.11.04）

没联合宣言，比有乱谈南海的宣言好

4日在马来西亚吉隆坡结束的东盟防长扩大会未能如期发表联合宣言，中国国防部就此表示遗憾，并批评"个别域外国家"企图强行在联合宣言声明中"塞入不属于本会议讨论的内容"。谁都能听得出来，中国国防部指的首先是美国，它要塞进去的是南海问题。

美国则有官员表示，"没有宣言比一份避开了中国主权声索和军事化南海这一重要事项的宣言要好。"菲律宾官员也有类似说法。

其实中国官员完全可以说：没有宣言比一份夹带了美菲等私货的宣言要好，因为那样的宣言显然不是东盟的立场，也不是这次"10+8"会议其他一些国家的立场。

联合宣言发不发，怎么发，是这次会议的大事，但对全局来说，又是一个细节。南海的格局是清楚的，较尖锐的领土争议发生在中国与菲越之间。美国在利用矛盾，日本也有了掺和的心思。但跟美国站在一起，这不是东盟的态度。东盟更愿中立，希望南海和平稳定，美国要同菲律宾等一起把南海纠纷闹大，这不符合东盟的利益。

外交有时就是抠字眼的斗争，每一次的得失会有不同，但南海大格局相对定型。美菲等除非在这里搞"自杀性政治爆炸"，否则休想掀起只吞没别人、自己却安然无恙的海啸。

美国在南海抖的包袱已经差不多了，它动动嘴皮、派军舰溜达一圈就能收获效果的影响力正逐渐耗尽。美国接下来要再挑更大的事，就得玩对它自己来说"更悬的"。过去的风险都是别人的，所谓鹬蚌相争，美国坐收渔人之利。现在它冲到一线，就需自己扛起风险。

如果中美在南海有一天走向军事冲突，菲律宾不可能不遭池鱼之殃。那些把美国引入南海并与之配合的力量届时将会懊悔。这样的游戏搞大了一定是大家的共同悲剧，东盟对此是有清醒认识的。因此即使愿意看到美国在地区"平衡中国"的人，也大多希望这样的"平衡"适可而止，不能走火入魔。

其实哪里的人民都爱好和平，东南亚各国、包括菲律宾的人民也一样。如今早已过了用武力解决南海纠纷的时代，中国作为域内实力最强的国家带头主张通过谈判协商解决纷争，这是新时代的明确标志。把南海搞成全球地缘政治的前沿严重违背地区利益，只会让美日等域外国家得到好处。随着美国强化在南海的挑衅性行动，域内国家会愈发看清这一点。

中国国家主席习近平很快将访问越南、新加坡，中国同东南亚国家有着坚实的友好合作基础。即使中国与菲律宾之间，南海问题也不是两国关系的全部。南海问题的尖锐性很大一部分是美国插手造成的，华盛顿迄今没有促成域内任何纠纷的解决，它给菲律宾带来受到强大支持的幻想和错觉，然后后者就开始蛮干了。

如果南海话题每次都到东盟会议上搅局，那么东盟的机制就会像中了病毒一样陷入混乱。它会制造东盟的分裂，使它失去政治行动力。因此东盟必须防止南海议题的泛化，避免被美国把它当绳子套在自己的脖子上，任由美国牵着走。

（2015.11.05）

世界将为"习马会"历史性突破鼓掌

大陆官方昨日宣布,两岸领导人习近平、马英九将于7日在新加坡会面,就推进两岸关系和平发展交换意见。"习马会"是两岸关系的重大突破,它将对台湾未来的大陆政策产生正面引导力,对世界认识两岸关系的性质树立坚实的坐标。

自1993年"汪辜会谈"以来,两岸高层会面的层级不断上升,但一直形不成最后的突破,原因在于两岸领导人以什么身份和名义见面。台湾方面曾一直希望以"总统"的身份出来,大陆方面当然不能同意。因为这不仅是身份的事,它涉及两岸关系的性质这一根本问题。

大陆国台办主任张志军透露,这次会面双方以"两岸领导人"的身份和名义举行,是双方商定的,这是在两岸政治分歧尚未解决情况下根据一个中国原则作出的务实安排。

习近平、马英九互称"先生",这在领导人有影响的会面中将是别具一格的场景。

这样的务实安排暂时搁置了问题,但它为今后克服问题开辟了新空间。台湾问题概括起来有三大走向。一是维持现状,二是走向统一,三是所谓"台湾独立"。

维持现状只能是一种笼统说法,两岸关系不可能有一个一成不变的"现状",它在不停变。怎么变是由推力决定的。"台独"的推力只是台湾内部的极端势力,它的短暂嚣张不具有历史真实性,是泡沫化的。相反的推力则不仅有大陆不断增强的整体实力,还有岛内的正面主体力量,世界也越来越看好两岸的走近,并顺应这一大趋势。这一切形成塑造两岸加强合作越走越近战略大环境的强大合力。

习近平的政治魄力给两岸和世界都留下深刻印象，两岸领导人会面这一被期待了很久的事，终于在他的第一个任期内实现了。这一魄力是中华民族伟大复兴最紧要时期不断走出关键步伐的希望所在。

我们也应当对马英九走向两岸领导人会面给予掌声。马的任期还剩7个月，他的任内"九二共识"得到坚持，两岸合作出现繁荣。尽管马任内对台湾内部的治理表现广受争议，但这些两岸关系积极因素对台湾道路的正面影响很可能会长于马的任期，超越岛内的复杂政治。

台湾绿营一些人迅速对"习马会"发出反对声，欲在第一时间挟持台湾舆论。但他们应当清楚自己在反对包括美国在内全世界都支持的历史性会面，他们在向世界展示自己在一个小圈子里从事欺骗的把戏。这样的极端主义不可能在世界大潮流中长期忽悠下去，它最终遭唾弃是注定的。

"习马会"令全球华人兴奋，整个国际社会对两岸能走出这样的务实步子充满兴趣。掌声必将在全世界响起来，这是和平的胜利，理性的胜利。

（2015.11.05）

中越是适应了纠纷的"同志加兄弟"

中共中央总书记、国家主席习近平5日、6日两天对越南做国事访问,越方以最隆重礼遇迎接中国党和国家最高领导人最近十年的首次到访。

中越关系是亚洲国家同中国被谈得最多的双边关系之一,因为有的说,而且可以做主观议论和想象的空间似乎也大。

很多西方舆论断言越南在"投入美国的怀抱",因为它与中国有双方都无法退让的领土纠纷,而且这些纠纷会不时发作,越南要借助美国的力量"对抗中国"。越南签署TPP被那些舆论看成该国"加入美国体系"的标志。

但这更像是西方、首先是美日舆论的一个愿望。把中国南边较有实力的越南"挖走",拉入一个以中国为目标的阵营,甚至让它扮演对付中国冲锋陷阵的角色,这是不少西方舆论热衷编织的画面。

然而习近平对越南的访问,应当足以给那些西方人送去把他们从梦中唤醒的钟声。中越之间既有国家关系,也有两党关系,领导人彼此称"同志","同志加兄弟"直到今天仍然是中越双方乐见使用的共称。

中越有南海领土之争,过去还有过陆地边界之争,这给双方带来了问题。但中越同为社会主义国家,政体、国体相同,中国的强大与繁荣是对越南体制合法性的天然支撑。这些因素彼此组成复杂的关系,重要的是,中越已经适应了这一复杂性。

中越虽有发生海上摩擦的插曲,而如果是中国同其他国家发生同样的摩擦,彼此的关系很难迅速平复。但中越关系总是能在摩擦发生后很快回到正常轨道,友好合作、而非摩擦冲突始终是中越关系的主线。

两党关系起了至关重要的压舱石作用,这促使两国都就双边关系保持大的战略清醒。随着中国崛起,也随着周边国家走向开放,后者有些加强了同美国的关系,形成它们在中美之间的某种"平衡态势"。但可以肯定,越南不会是这一倾向中走得最远的。

因为越南的执政者清楚,美国不可能在价值观问题上放过越南,或许美国个别领导人能为了"拉越制华"一时不理会越南的政治制度,但美国活跃的意识形态力量不会有同样的"气度"。更重要的是,当年从南越跑到美国的那批人和他们的后裔一定会推动美国对越搞"颜色革命",这是越南发展对美关系无法释怀的心腹大患。

越南国内虽有"政治多元"迹象,但坚持越共作为领导国家的唯一力量,这仍是越共内部的最大共识。原苏联和东欧有过那么多放弃共产党领导国家的深刻教训,这个世界上大概再也不会有甘愿重蹈覆辙的社会主义国家了。

不同的问题导向和域外力量的干扰可能会从不同方向推动越南做出不同的选择,但与中国保持友好合作的战略关系,不让领土纠纷获得凌驾于这一国家战略之上的能量,这是越南的国家核心利益之一。而与越南继续做"同志加兄弟",也被中国人越来越看清在战略上是多么重要。因此表面上看中越在领土问题上龃龉不断,但两国关系同时具有超越那些摩擦的内生力量。对比一下中菲和中越,就一下子全清楚了。

中越已有通过谈判解决陆地边界纠纷和北部湾划界的经验,对认识在亚太地缘政治环境下发展同美国关系的性质也有了更多角度,能做到更加客观。习近平的这次对越访问提供了中国领导人同越南领导层全面接触的机会,双方的同志式沟通必将收获丰富成果。

(2015.11.06)

莫用翻旧账否定今天的中俄关系

中俄边境地名碑树立仪式4日在吉林省珲春市中俄边境线举行,此次共有5处全新的实体界碑、地名碑正式落成,但是舆论最关注1993年中俄勘界时将4.7平方公里土地划入中国珲春的事情。一些没搞明白的媒体甚至将这块土地说成是"最新划入中国"的。

"中国收回4.7平方公里土地"的所谓"新闻"没有给舆论场带来欢乐,反而勾起人们对沙俄从19世纪到20世纪初割走中国150万平方公里土地的回忆。类似"150万–4.7= 多少"的质问迅速在网上相关消息的跟帖中回荡,骂俄罗斯以及骂中国政府"软弱"的各种话又像标语一样在网上被刷了一遍。

一些国人怀念故土的感情可以理解,与此同时,这些"标语"对中国人集体情绪所做的展示和造成的联想却不够真实。绝大多数中国人都知道丢失那些土地是历史上的事,不是新中国的责任。尽管谈起那段往事很多人会感慨万千,但大家还知道,今天的中国不具有恢复那些国土的可能性,而且这也不应成为当代中国人的目标。

当年通过不平等条约割走中国领土的是沙皇俄国,它略小于后来的苏联,但比今天的俄罗斯大很多。历史上恩恩怨怨,敌友交错,然而世易时移,眼前的这个俄罗斯是中国重要的全面战略协作伙伴。

国际关系是决不能以昨天定今天的,美日、美越的敌友关系就在我们身边变幻着。中俄之间过去发生了什么,不是中国与俄罗斯今天确立关系性质的首要因素,更非决定性因素。互联网上常有人用过去的伤疤来证明中俄没有友好的基础,这是短见,还很可能是某些势力为成心搞坏中俄关系制造噱头。

全球地缘政治在把中俄两国往越来越紧密的战略合作上推。中俄相互对于对方的重要性达到历史上的最高点。就中国来看，如果说当年同苏联结盟尚有其他战略性出路可以寻找的话，那么今天的中俄全面战略协作却是无可替代的。

中国来自太平洋方向的战略压力日紧，缓解这一压力不取决于我们的愿望，而取决于我们的全球战略运作能力。设想一下，如果现在中俄不是交好而是交恶的话，那么中国将会陷于什么样的战略困境？

对俄罗斯来说情况是一样的。俄承受了冷战后来自西部前所未有的战略高压，加强同中国合作是其稳住阵脚的最大战略支撑。如果中国加入到西方对俄的打压，莫斯科将会陷入悲剧性的战略黑暗。

有些国人强调俄罗斯人"不可信"，比如当年突然就同中国撕破脸，从盟友变成敌人。客观说，中俄的确没有经历过"风雨同舟"的考验。

然而从民族性格上观察一个国家，远没有从利益角度去预测它的行为更加靠谱。中俄全面合作是两国最高国家战略利益对接的结果，中国人没有理由怀疑这种利益对接的可靠性，而应当与俄一道维护扩大彼此的共同利益，让俄罗斯对与中国"世代友好"形成依赖。

如果中国互联网上总是谈中俄过去的恩怨，会在一定程度上增加俄社会的防范心态。事实上俄罗斯人挺担心有一天中国会夺回那些土地，俄一些亲西方人士也常用中国网上的声音吓唬俄社会。这导致俄对远东地区同中国加强合作、尤其是对引进中国劳动力颇存戒心，担忧那些地方"中国化"。

中俄结伴不结盟，中国从不反对俄与西方发展关系，中国也没因为中俄友好就削弱与美国等西方国家加强各领域合作。事实上中俄越合作，我们就越在对美关系中多一些主动，中美关系反而更容易搞好。因此在对俄问题上中国社会一定要有博大的视野和胸怀，舆论活跃人士也需留些口德。

（2015.11.06）

"习马会"凸显新加坡"小国大角色"

中国国家主席习近平 6 日下午抵达新加坡开始国事访问。这次访问时跨 2 天，习近平逗留新加坡期间还将与马英九会面。"习马会"无疑吸引的目光将更多，似乎会"冲淡"世人对中新关系的关注。实则不然。

新加坡"小国大外交"的国家特色通过"习马会"得到最耀眼的释放，它对亚太扮演的大大超过其国家规模的政治枢纽角色得到进一步塑造。本来一些人预测李光耀之后新加坡作为地区明星会有所黯淡，但这个国家很快向世界提供了聚焦它的新理由。

今年是中新建交 25 周年，"习马会"选择新加坡，有人称之为北京送给新国的"一份厚礼"。但这份"礼物"显然不能说是从天而降的，新加坡肯定是北京和台北在为两岸领导人选择会面地点时"首先想到的"地方。

原因不言而喻，新加坡是 1993 年"汪辜会谈"的发生地。新加坡是对华友好、与台湾也有特殊沟通能力的以华族为主的社会。此外已故领导人李光耀同中美历任领导人都有良好私交，新加坡无论在两岸之间还是中美之间，都多次传递信息，穿针引线。

从 2002 年开始的香格里拉亚洲安全峰会进一步巩固了新加坡作为亚太活跃外交舞台的地位，也增加了它左右逢源的资本。在世界政治重心向亚太移动的过程中，新加坡调动起自己的优势，表现出迎浪弄潮不被淹没的特殊智慧。

其实新加坡社会对中国崛起的感受和中国社会对新加坡"平衡术"的感受都蛮复杂的。但是这些年来，新在适应中国崛起带来的变化，它的适应在东南亚有一定代表性,也产生了相应影响。另一方面,中国社会也通过新加坡更多了解了周边社会与中国崛起之间的情感距离,增加了我们认识中国崛起外部大环境的思想材料和维度。

新美安全上的紧密关系以及新中文化和经济上的深厚联系戏剧性地交叉、重叠着,这是亚太中美影响交织渗透的缩影,甚至是中美关系的某种微缩沙盘。迄今为止新加坡是亚洲地缘政治最甜的果子之一,它身处最容易惹是生非的地缘位置,却化自己为各种力量的最大公约数。除了它自己的聪明,这个例子也证明了地缘政治里不仅有危险的乱码,也有某种向善编程的潜质。

新加坡本来就在世界上很出名,"习马会"将增添它的光彩和亮度。尽管两岸早有稳定沟通渠道,新加坡为促成"习马会"举行发挥了多大作用也未可知,但两岸社会还是会增加对新加坡的好感,世界也会更加高看这个国家。一个国家如能为和平与合作出力,总是会赢得尊敬的。新加坡让自己做桥梁,而不是路障,这或许是它成功的重要秘诀。

(2015.11.07)

宣称台湾遭"矮化"者气度太小

历史性的"习马会"今天登场,两岸舆论都在热议。台湾内部少数深绿派别担心台被"矮化"的声音大大强于大陆网上担心台被"抬高"的声音,这反映了两岸已逐渐拉开的自信差距。

习近平与马英九将互称"先生",台湾民进党一些人宣称这是对台"总统"职务的不恭。也有台湾政治人物使劲论证台能从这一礼仪中捞得什么便宜,这样的小算计其实是不自信的另一种表现。

客观说,台湾领导人能在这个世界上被称为"总统"的地方实在不多,在世界绝大多数政治中心和经济都会都做不到。这方面国民党或民进党执政都一样。大陆领导人这次陪台湾领导人一起互称"先生",表现了大陆方面的胸怀和诚意。台湾从中挑毛病的那些力量,应当有几分不好意思。

两岸领导人会面,其最大意义就是这一会面实现本身。它是突破和开创,实现了两岸关系巨大新空间的拓展。领导人见面的身份、名义和相互称呼的问题都做了务实的安排,显然是在给大的历史收获让路。那些细节的确反映了两岸的深刻分歧,但历史的前行不能被它们绊住。

全世界都报以掌声的会面,唯有台湾少数人发出非议,他们实际在昭告世界自己的气度和格局之小。他们平时在台湾捣鼓什么,外界未必清楚,这下国际社会看明白了许多。他们的言行中包含了许多极端主义,是民主低质低效那一部分的反映。他们能在台湾兴风作浪,甚至有时能主导台湾政治路线的方向,这呈现了人们认识台湾的一个信息。

两岸究竟是什么性质的关系,这除了两岸各自的表述,它更多是由各种事实框定的。台湾有它自称的"政府"和独立的"法统",有军队,也在意识形态上自成一统,但这远非台湾"独立"和"主权"的充分必要条件。这一切只能证明两岸"尚未统一",台湾和大陆在法理上都承认台湾地区只是中国的一部分。

世界绝大多数国家都不与台湾建外交关系,限制与台湾的官方联系。一个中国原则在国际社会被广泛认同和遵守,这个原则的突出含义就是台湾"不是一个国家"。此外国际官方组织或不与台湾发生关系,或者把它明确作为一个地区性实体对待,这些都是台湾所有力量超越不了的现实。

台湾社会应当承认并接受这一大的现实,明了台湾没有力量改变它,美国等国际力量也不可能帮它做改变。台湾各派政治力量围绕选举的斗争不应再在"台独"议题上制造事端,而需另辟其他博弈场,从而在确保台海局势长期稳定的前提下运行台湾的民主政治。

民进党须看到,"统独"议题虽曾经是它搅动舆论的"法宝",但这个议题越来越成为它的负资产。民进党这两年选情的涨势并非赢在"台独"上,相反"台独"正在成为它的最大促选雷区。

现实主义是所有政治理想主义都挣脱不了的引力,台湾不会成为这一世界性经验的例外之地。

(2015.11.07)

缅甸和中国谁有能力影响谁

缅甸全国大选8日早上开始投票，昂山素季领导的民盟有可能取得胜利。缅甸的民主进程又多了一个回合，这个国家在往前走。

整个世界都在变化，然而各国走向目标的方式和路径却不尽一致。埃及2011年经历了革命，经过进一步的严酷斗争，"军人"似乎又回到国家的最高权力。但是埃及不能说"完全复辟"了，新总统塞西领导下的这个国家还是比过去民主了，当然，它也承受了经济衰败和社会冲突大爆发的沉重代价。

缅甸是东南亚最贫穷的国家之一，它的民主程度还很初级，也极具该国特点。军人集团仍对国家保持制度化的深刻影响，他们占有国会25%的席位，对国家重大事项有决定权。此外该国内部民族冲突尖锐，存在不受中央政府控制的多支民族地方武装，军事冲突不时发生。民主在缅甸目前还"形式大于内容"，未来充满不确定性。

中国社会近年不断有人夸缅甸民主"搞得好"，这是指责国内"不民主"的特殊牢骚。中国和缅甸走上不同道路，中国经济社会发展的现代化程度和治理水平都高出缅甸一大截。包括缅甸在内的周边大多数国家都有值得中国学的地方，这是一种哲学态度，但让缅甸来鞭策中国的民主建设，这太激进了，有点滑稽。

中国人应首先尊重缅甸的选择，同时在一旁观摩审视。其实缅甸的变革与颜色革命还是很不一样，它的逻辑和节奏里不乏对中国经验的参照。但是缅甸的基础国情与中国不同，它的政治道路能否走通，已是另一个故事。

越南是学习中国改革然后逐渐走出自己特点的更明显例子。越如果能稳健实现目标,亦将丰富东亚庞大的社会变革体系。有人或许认为西方经验处于这个体系的中心,因为西方提供了一些社会治理的外在形式。但是如果站到更高处俯瞰这些变革,就会发现,中国改革经验所产生的影响非常深刻。为什么东亚的"革命"少于中东和东欧,这与中国改革成功所产生的号召力有极大关系。

中国数十年来在努力采纳民主的实质内容,让民众的意见参与到管理和决策中来。同时中国有效避免了民主在大量非西方国家所暴露出的负效果。中国在不断实践新的民主形式和涵义,这实为有全人类意义的新探索。西方舆论对此很不接受,这影响了周边乃至中国内部一些人的看法。

民主的积极意义已为世界广泛认同,但民主的表现在全球"一体化"却决无可能。西方各国的民主形式就有区别,它在进入第三世界国家时更是不断"走样"。一些人认为只要有"一人一票"就是民主,这是不做认真投入的懒办法。拿来主义经常坑人,个人做事的层面都如此,更何况大到国家道路时。

当然不是所有国家都能成功走出一条"自己道路"。有资格称"自己道路"的,都必须有好的结果。否则就是怪胎和流产,为天下人和历史耻笑。

最好这个世界上各国人民自选的路都能走通,然而实际情况却是并非所有社会都会那么幸运。说一千道一万,谁发展得好,历史就最终认同谁。现实舆论的偏好不算数,历史的句号将更加慎重。

中国的国家道路承载着世界最大人口群体的福祉,它的成功与否将决定人类治理是不是有能力面对新兴社会的困局,实现重大突破。旧有的民主资源太少了,它们的功能磨损十分明显,只是很多人不愿意承认这一点,宁肯对老的那一套高呼万岁。

中国是对发展民生和促进社会公平等老百姓终极目标最用心的超大社会,民主需与这些目标汇合,而不是对立,这似乎是中国的现实主义原则。用心了,付出了,就一定有所得。这是规律,也是我们的希望。

(2015.11.09)

蔡英文的声明一如周玉蔻的尖叫

7日"习马会"之后，人们通过电视听到两位女士的"尖叫"。第一位是在记者会现场违反秩序反复喊叫十几次的台湾女主持人周玉蔻，她质问马英九"是否提了中华民国"。她的尖利嗓门成了马英九记者会的"画外音"，让人哭笑不得。

另一位女士是民进党"总统"参选人蔡英文，她念了一段声明，严厉抨击马英九没有当场说出"台湾的民主、台湾的自由，以及中华民国的存在"，"更重要的是，还有台湾人民自由选择的权利"。

蔡英文有些失态。她一直对两岸政策采取"模糊策略"，隐藏自己的"台独"立场。"习马会"开得很成功，把两岸关系又向前推进一步，全世界好评如潮，她却看上去恼羞成怒，直接撂出否定"习马会"、也暴露其"台独"锋芒的狠话。

"习马会"的最大成就之一是两岸领导人面对面确认了"九二共识"，会面的气氛非常好，双方相互尊重，讲话顾全"首会"大局。蔡英文却要求马英九去那个场合嘚瑟台湾的"民主"，展示台湾对未来做"自由选择"的权利。她的气度与格局之小，她为了捞选票连两岸和平成果也可弃之不要的极端政治自私，都通过她的这份声明呈现了出来。

在两岸关系的大舞台上，蔡英文7日的表现与周玉蔻在记者会小场景里没有底线的那个样子，其实差不多。

蔡英文想听听大陆有什么重要的话等着回应她的挑衅吗？它们很多，包括有一部完整的《反分裂国家法》，还有台湾的未来必须由包括台湾人民在内的全体13亿中国人民来决定这一根本原则等等，我们就不在这里

——陈述出来刺激蔡女士了。

蔡英文被广泛预测有当选台湾下届"总统"的希望，她7日的讲话提前启动了大陆社会对她"主政台湾"的强烈心理防备。"习马会"刚把两岸关系推向高潮，两岸领导人会面有望成为机制，但蔡英文却带着破坏力走来，形成新的挑战。

有什么办法，如果蔡英文一旦当选后就以7日的那个姿态面对两岸关系，那么中华社会只能接受她的挑战，台海也需承受由此而来的各种不确定性。

这也没什么大不了的，陈水扁那么猖狂的"台独"都遭惨败，蔡英文的眼前是更强大的大陆以及世界对"一个中国"更无悬念的认同。她操弄"台独"的空间已被压缩了很多。

蔡英文一旦上台有可能迅速改变两岸的氛围，台海关系从此经历一段时间的敏感和紧张。蔡出一招"台独"劣政，大陆就会有强有力的一招反制，那样的角力两岸都很熟悉。历史已经演练了一次"台独"的完败，如果蔡英文不汲取教训，她会比陈水扁输得更快更难看。

在台湾的政治制度下，搅局比建树要容易得多。台湾经济尚困难重重，看看蔡英文一旦上台先毁了两岸积累的合作成果，之后靠什么来推动台湾的经济，将是很有趣的一件事。

整个世界都在加强同中国大陆联系，欧洲一个个老牌帝国也放下架子，认真寻求共赢模式。蔡英文欲带台湾逆潮流而动，无论如何她都将创造一个另类的案例。

两岸自上世纪80年代打破隔绝后，不断走近是明显的大趋势。陈水扁挖了一个坑，但很快被新的潮水淹平。蔡英文想挖第二个坑，结局会是什么不难想象。历史最终将记住的是"习马会"，无论蔡英文还是周玉蔻发出的刺耳声音，都是短暂插曲，将随风而去。

（2015.11.09）

缅甸政党轮替不会损害中缅关系

缅甸执政的巩发党9日承认在前一天举行的大选中败选，昂山素季领导的民盟一位发言人宣称该党获得70%的选票。尽管公布选举的正式结果尚需时日，但民盟获胜大局已定，缅甸即将迎来该国历史上里程碑式的政党轮替。

在缅甸这样经济基础薄弱、军人有着巨大影响力的国家里，早期政党轮替经常伴随重重困难和风险。到目前为止，执政党和军方对反对党获胜的反应都很温和，这已经难能可贵。当然，获得整个国家体系的实际配合，比得到几句公开的承诺要复杂得多。

对外界来说，缅甸选后的两大看点除了政权如何过渡，就是缅甸的对外政策是否会发生调整。其中缅甸对华关系的受关注度最高。

我们认为，缅中关系已在过去几年里有所调整，并且摆幅已经大致到了头。过去缅甸受美国和其他西方国家制裁，从而"倒向中国"。西方制裁逐渐取消后，缅甸站到了美国同中国的"中间位置"。新位置仍有继续微调空间，但它的战略意义已有大框架的限定。

缅甸会"倒向美国"吗？所有分析人士都认为不会。在中国奉行对缅友好政策的时候，缅"倒向美国"将意味着巨大风险，会毁掉它新获得的战略空间和资源，昂山素季领导的党没有理由走向那样的极端。

相反，倒是有人预测缅甸对华合作有可能出现一定"回摆"。中缅水电站、铜矿等大型合作项目有些搁置了或遭遇阻碍，这并不符合缅甸社会的利益。民盟在野时，要顺应民粹主义。当它获得政权之后，就要为国家和民众的利益操起心来。民盟对舆论的说服力要强于现政权和巩发党，昂山素季之前也没公开说过中国大项目的坏话，甚至还对曾存在争议的项目做过积极评价，因此中缅恢复一些大项目的合作并非毫无可能。

在过去几年中缅从"特殊关系"向"正常关系"转变的过程中，中国保持了充分的战略大度和善意。中国没有给缅甸找麻烦，阻挠它的其他外交选择。缅北民地武问题是该国的老大难，中国也没有以此作为撬动缅甸选择的工具。

中国的对缅态度相当稳定，经得起时间的考验，对华保持友好合作关系符合缅甸的长远国家利益。正常友好的中缅关系会让中缅都很轻松，保持它有超越缅内部政治的可持续性。缅甸怎么可能主动毁掉中缅关系，把自己吊在美国一棵树上。

认为缅甸在"投向美国怀抱"，往往是一些人单从意识形态角度出发的愿望或担心。意识形态的确经常非此即彼，但国家利益却是多元、重叠的。缅甸只会追求本国利益最大化，而不会为迎合中美任何一方做出战略牺牲。昂山素季今年6月就已访问中国，未来缅甸奉行什么样的对华态度，她已经发出信号。

随着全球化的发展，大国"势力范围"的概念和逻辑都在世界范围内被冲淡。原来印度"势力范围"的斯里兰卡和尼泊尔等都热心发展对华关系。美国"后院"里的多个拉美国家成为中国重要合作伙伴。美国的重要盟国英国也在对华关系上走在了前头。同样，中国不应视缅甸发展对美关系有什么战略上的不正常。

中缅大型合作项目搁浅，更多是缅甸"民主化"造成的，而非缅甸对外政治关系的风向标。恢复那些项目，恐怕也不是两国外交部门就能敲定的。那些项目单位自身的努力和调整至关重要。

中国是缅甸搬不走的最大邻居，对华保持友好合作关系将是中国所有周边国家正常情况下的理性选择。中国应对此有充分自信，我们自己先别被西方舆论忽悠了。

（2015.11.10）

厘清"言论自由"的内在逻辑和边界

"言论自由"的学术含义见仁见智，政治含义泾渭分明。中国社会内部对它存在持久的争论，西方则不断选择它作为政治上攻击中国的靶子。在互联网时代，围绕这个问题形成了各种因素错综交织的舆论阵地，中国主流社会在党的领导下正确阐释它，牢牢守住它，治理好它，关系着整个国家的未来。

言论自由是中国宪法第三十五条规定的公民权利，宪法同时申明四项基本原则，这意味着言论自由必须与坚持四项基本原则契合并统一。言论自由第一外在形式往往被一些人看成新闻自由，但世界上不存在绝对意义上的新闻自由。在中国，媒体都应当对坚持党的领导、坚持社会主义制度等高度负责，毫不含糊，也无需争议。

如果在意中国的发展成就和现代化进程，当一些内外力量试图挑战中国根本政治制度、削弱党的威望时，有底线和理性的媒体不难与它们划清界线。决不应对那些简单粗暴解构中国秩序的论调擅自打开任何口子。

值得注意的是，在现实中，围绕"新闻自由"的争议在很多时候并不涉及对四项基本原则的态度，希望媒体"不报道、不评论"，进行"低调处理"的，时常是一些具体政府部门或地方政府机构，针对的是日常工作遇到的具体问题，比如一些突发事件。

应当说，那些部门和地方在一定意义上扩大了"正确舆论导向"的内涵，从对它们工作有利、帮它们便于处理工作麻烦的角度向宣传部门提出要求。媒体对它们做这样的全面配合是否对国家整体有利，值得认真探讨。

首先，四项基本原则不是抽象的，各级政府部门总体上是国家大政方针的实施者。它们的工作得到媒体的一定配合也是应当的。其实在全世界，主流媒体都与政府保持"良好关系"。另外，"正面报道为主"也是在中国以往经验基础上形成的重要原则，它应当是新闻报道的座右铭之一。

尽管如此，舆论有其自身的规律。当媒体与个别权力部门在日常工作层面公开深度配合时，它们在民众中的影响力有可能会打折扣。媒体有一定"自由度"，"能发出自己的声音"是公众普遍期待的，当媒体满足不了这种期待时，互联网时代的舆论场就会冒出形形色色的替代品，其结果反而会造成国家对舆论影响力的下降。

一些部门和地方为工作方便，一旦出什么事情，希望舆论环境完全是善意的。但这不是互联网时代所能希望的。实际上，互联网开放不可逆，众声喧哗无法避免，所有政府机构都需一定舆论承受力。上级部门应当对下级部门受舆论批评时审慎处之，舆论也不能自以为是，逼有关部门太急，应给处理问题留些时间，从而共同创造更多"言论自由"的博弈空间。当然，有些势力利用事端扩大话题是应当反对的。

客观说，如果在太多事情上对舆论刚性管理，一个部门或地方暂时轻松了，却把它该做的舆论工作挂起来，留给了国家。现代治理的规律是，所有部门机构都需在一定的舆论"干扰"下工作。如果大家都避免一时的干扰，会在更广泛范围内出现一些难以意料的后果，对社会公信力造成潜在冲击。这就好比有些企业不积极治污，直接把污染物排进江河，最后国家只好投入更多资源做更艰难治理。

比如中国各地出过很多突发事件，由于可以理解的原因，有些当地政府希望少报道些，避免形成"炒作"。这种情况一再引发争议，它们对公众信心所造成的损害如同次生灾难。这样一来，一些地方上本来不具有全局意义的事件客观上对党的执政资源做了消耗，由此对国家造成的软损害是很难计算和弥补的。

正确舆论导向必须坚持并发扬光大，但它的作用应当是帮助国家走在正确的道路上，动员全社会落实党的大政方针，它不应成为对具体部门和地方工作的全能保护伞,它也做不到。

每个部门都应承担起自己的舆论责任,要有国家意识、大局意识,这样稍微麻烦些,处理问题的成本稍微增加些,但整个社会却会轻松得多,大的稳定和自信将得到进一步巩固。如果所有部门都能朝这个方向改进,围绕"言论自由"的大部分争议就有可能逐步解决,国家的团结将得到新的夯实。

作为媒体人,我们真诚希望每一个部门和地方对新闻战线提出的要求会逐年减少,它们自己应对舆论更积极、更有魄力,也更有承受力。上级机关应支持鼓励这种担当,舆论也应有树立自己对形成有效互动同样负有责任的意识。总之,在言论自由这个体系中,社会所有要素都不应仅仅是消费者,而应当做建设者。需要在党的坚强领导下,逐渐厘清社会主义条件下言论自由的内在逻辑和边界,形成全社会的共识。

(2015.11.10)

把美国就南海说的重话当耳旁风

美国助理国务卿拉塞尔近日表示,中国想以合作换取美国尊重其"核心利益",实质是要美默认中国在其"势力范围"内自由行事,美不会做此交易。

美国防部长卡特也于近日说了很强硬的话,称中俄是世界"潜在的威胁"。他表示美国的战略重心正在向亚太转移,将派遣"最先进和最尖端的"海军及其武器装备,并对太空、网络、导弹防御和电子战等领域进行投资,以应对中国的相关行动。

拉塞尔所说的中国"势力范围"首先指南海。美国人今天谈与中国合作,明天又发出威胁,这些忽软忽硬的表态已经把中国人的耳朵磨出了茧子。他们现在再说什么,很多中国人都会边听边打瞌睡了。

美国说软话时,我们会怀疑它言不由衷。它说硬话时,中国社会越来越相信它"没那么大胆子"。我们倾向于认为,美国官员们往往出于一个大国数不清的内外缘由,不断调整就南海问题表态的腔调。

中国人现在差不多真把出现在南海的美国当"纸老虎"了。我们很确信一点:它派军舰来南海"巡航"是姿态性行动,它肯定不敢对中国在建的岛礁怎么样。美国最近一闹,反而戳破了自己未行动之前的"威严"。

如今的局面是,美国挡不住中国建设岛礁,中国挡不住美国"巡航",这样相持一段时间,结果将是美国依然"巡航",中国则因为对付美国挑衅的正当理由向岛礁部署军事力量和设施。这场游戏的结果将让中国人开心。

美国同中国博弈的牌在减少，它似乎有意把南海变成让中国很难受的一张新"主牌"。可惜它不可能做到。它的小动作中国可以不理会，或者"抗议抗议"。它如果有大动作，中国正迅速壮大起来的军事力量就是为这种撒野行为准备的。它不想做交易？既然这么说，看来还是想过。中国因为涉及主权，所以连想也没想过。

欢迎美国最先进的军事装备都部署到亚太来。中国在全面发展尖端武器系统，官方不肯说，但老百姓支持每年10%以上的军费增长，就是希望中国军队有足够手段对付美国"最先进"武器的威胁。我们知道中国先进国防力量增长的速度不慢。

中美一旦在"亚太"出现真正的军事紧张，而且美国"最先进"武器都使上劲，那么这样的紧张点决不会只局限在中国家门口。中国也已经有很多"很先进"的武器系统，它们也会同时使上劲。届时遥远的美国基地甚至美国本土恐怕也要一起跟着紧张。

南海成为不了美国对付中国的一张"主牌"。上周在马来西亚首都吉隆坡，美国想让东盟防长们通过包含南海问题的联合声明，很多东盟国家拒绝跟着跑，华盛顿应掂量得出它在南海施加影响的上限。

中国一直强调中美合作，希望中美避免冲突。但中国显然准备了另一手。正因为这样，我们才能在国际法的基础上开展扩建南海岛礁的行动，把美国的反对态度当耳旁风。

中国早已适应了同美国既斗争又合作的复杂关系，两国间出现什么情况，如今中国社会都不会感觉意外。中国对付美国的"红脸""白脸"也已经程序化，越来越像流水作业。

拉塞尔和卡特说了重话，中国就也把重话扔过去。美国军舰来，中国军舰就夹着它"护送"。与此同时中国的在建岛礁上一派繁忙。中国人逐渐觉得这种场面挺受用的。

（2015.11.11）

"双11"凸显了社会动力机制的嬗变

昨晚有点像是"双11"购物狂欢节的第一个"除夕夜",这大体由马云和阿里巴巴唱主角的购物节真的有几分"节日"气氛了。阿里方面表示,"双11"将演变成名副其实的"全球狂欢节"。尽管"双11"离情人节那样的全球影响力尚有不短距离,但阿里不像在吹牛。

昨天阿里在北京水立方举行的晚会瞄准了春晚派头,明星云集。京东也搞了另一个晚会,同样动员了大量传媒及娱乐资源。有人认为,这样的晚会办下去,早晚会成为春晚的强劲对手,让今后的春晚"压力山大"。

"双11"可以说是改革开放后第一个由中国市场力量打造的购物节,它不仅在中国气势如虹,而且已经开始影响世界。"双11"这一天,据信会有几百万技术和销售人员动员起来,可能有几亿人次参与购买,构成一个高速运转的膨胀性商业互动体系。这是一个新现象,也几乎是"透支"中国社会综合管理能力的赌博。

然而阿里们迄今做得很成功。被称为BAT的互联网新锐力量不断刷新中国人对我们创造市场奇迹能力的自我认识,还有万达那样的地产巨头,它们快速给中国社会的面貌增添新元素,作为市场领军者,它们正在成为中国经济领域甚至有更广泛意义的新地标。

中国社会的动力机制在出现嬗变。过去,中国的"大项目"和"大运动"都是由体制推动的。如今在"体制"之外,市场具有了强大的动员力和协调力。有些事情体制未必能做到或做好,但市场却能把它做得有声有色。比如"双11",完全通过市场力量的打造,浑然天成,且看上去后劲十足。这件事如果从一开始就由官方力量推动，大概成不了今天的样子。

绝大多数"沾网"的事情，国有的少有竞争过民营的。这与互联网内在的自由属性大概有关。国有的力量难免染上些官僚主义的东西，到了所有人只剩下个"网民"身份、甚至很多成员只是个ID的互联网上，就多少有些不适应。

"双11"所展示的新动力机制与原有以体制为中心的动力机制是平行或交叉关系，而不太像是环绕体制的卫星。这其实是中国改革带来的社会深层变化。这些变化或许是中国社会多元化的真正基础。

全球化和互联网改变了整个世界，所有国家和民族就像是被拔了起来，都在难以辨别方向的潮水中随波逐流。中国的海洋对面还是那些国家，我们内部还是那些群体和面孔，但很多微妙的新元素让我们经常有不知道自己在动，还是世界在动的异样感。

中国被普遍看成是全球化的赢家，帮我们赢得竞争的最大法宝大概是现实主义。中国改革开放以来走的每一步都既是"好的"，也是"现实的"，也就是做得到的。民间大量创新尽管游离在体制之外，但与体制实现了最大限度的沟通与配合。体制多数情况下会回过头来认同、肯定民间的重大创造，而民间的创造也有与体制愿望相向而行的理性。

中国社会的传统动力机制仍在面向全局发挥作用，市场上的新动力机制则带动了一些关键性突破。它们共同组成了世界上独特的社会动力格局，形成了中国竞争力的特有补给和输出模式。珍惜并完善这样的格局，或许应是中国走向未来的政策基石。

（2015.11.11）

不搅和南海问题将考验马尼拉APEC

菲律宾总统阿基诺三世星期二会见中国外长王毅，表示要对即将前来参加APEC会议的习近平主席给予热情接待。菲律宾外交部对外称，APEC是讨论亚太经贸合作的场合，这次会议没有讨论南海的安排。

APEC不把南海问题列入议题，这是中国的基本态度。想必王毅这次为习近平主席参会打前站，也坚持了这一态度。

中菲关系近年因南海争议落入低谷，菲不顾中国反对把南海争议提交不具有相关管辖权的国际海洋法法庭，加剧了中菲关系紧张。但是中菲没有直接冲突的苗头，菲律宾加入了亚投行，去年阿基诺出席了北京APEC会议，习近平主席下周也将莅临马尼拉APEC会议，这些表明下坠的中菲关系守住了必要的底线。

中国与周边国家之间合作显然是主流，矛盾在所难免。由于有美国这个特殊外力，有些矛盾的发酵很难挡住。但无论中国，还是菲律宾那样的国家，都需要"学会"闹矛盾，也就是说要有能力控制摩擦的力度和规模，尽量不让它们失控导致双输，让外部势力得了便宜。

菲律宾这几年在南海围绕"拉美制华"折腾得最起劲，但它逐渐应当明白，它并未从中捞到实际好处。美国偏袒它说了几句话，搞了些给它打气的"巡航"等动作，但它们的效果都很虚。马尼拉在美国支持下搞的南海诉讼也不可能制约中国，这种诉讼提供的噱头很受西方舆论欢迎，但它帮助的是美国同中国的博弈，菲律宾从中什么正经利益也捞不着。

中国周边国家选择在中美之间"中立"成为主流，像菲律宾这样公然倒向美国的非常个别。无论中菲之间的问题有多尖锐，当中国主张以谈判协商方式加以解决时，菲律宾仰仗外力同中国对抗，这不可能是有前途的选择。

美国在南海同中国斗到什么程度，这取决于美国对其自身战略利益的考量，而不会依据菲律宾希望美出手的愿望强烈程度。换句话说，菲中之间有一盘小棋，美中之间有一盘大棋，马尼拉想把华盛顿作为棋子摆到它同中国之间的棋盘上，这很荒唐。真正的情形是，华盛顿把马尼拉当棋子摆到了美中之间的棋盘上，马尼拉一时没搞明白，兴高采烈，它很快就会发现自己作为一个棋子的身不由己。

马尼拉APEC是菲方摆正它同中国南海纠纷的一个机会。中国领导人是去那里出席国际会议的，不是去处理中菲之间南海问题的。事实上，中菲南海领土争议只能在两国之间加以解决，外界有公正之心的力量是不好在这么重要问题上说话的，为了私心而偏袒一方的力量指手画脚，只会让问题变得更糟。

美国国务院发言人近日表示，即使南海议题不被列入马尼拉峰会的正式议程，也可能在峰会外被讨论。希望菲方能顶住华盛顿"帮菲律宾说话"的诱惑，区分APEC东道国应当把握的轻重。

"九段线"已经存在很久，南海声索国有多个，中国崛起的意义是全球性的，耿耿于怀的力量不乏有之。举望中国周边和世界，菲律宾如果属于同中国"最激烈对抗"的极少数一两个国家，那么这当中就一定有它自身的问题，它就需要反思。当然了，中国也应为避免菲成为那样的极个别国家有所思考和作为。

（2015.11.12）

体制应引入 BAT 的时代活力

"双11"天猫的销售额创下912亿人民币的新纪录,大大超过去年的571亿。这或许是中国经济今年有标志性意义涨幅最大的一个数据,在全世界它也很炫。尽管这个数据所代表的东西未必那么实在,有一些说不清道不明的地方,但它还是从不同角度给不同的人留下深刻印象。它预示了未来空间的巨大和深远难测。

中国网民编了个英文缩写词:BAT,代表了百度、阿里巴巴和腾讯三大互联网公司。当下中国多数年轻人每一天的生活大概都离不开它们。大家每天要发微信、上网搜索、购物,还有很多人出门用"滴滴出行",吃饭叫"百度外卖",或者参加已归了百度的"糯米"。

在民营企业中还有一家有广泛社会影响,它就是万达。买得起万达房子的年轻人不多,但大中城市里的无数年轻人都去过万达影城,万达地产还在大多数中国大中城市里留下地标性建筑群。

中国的"两桶油"以及国家级的铁路、电力公司等的规模都要更大,但它们对年轻人的影响却要小得多,有些或许是因为它们"不接地气",还有一些原因是它们的名誉已被负面标签化。

不能不说BAT等民营企业巨头展现了更明显的时代活力,它们崛起于新时期市民社会,不仅创造了成功的商业模式,而且在很大程度上做到了"密切联系群众",参与了互联网时代的价值构建。它们为经济改革乃至社会改造提供了新鲜动力。

今天人们依然习惯把这些民企巨头看成"体制外力量",但这种泾渭之分或许需要逐渐淡化,并最终予以打破。

如果著名民企与大型国企的竞争力之差保持当前状态的话，前者逐渐扩大用武之地，在更多领域超越后者是可以预期的。如果中国"体制"的含义也一直保持眼下的理解，那么它的实际规模和影响力就将慢慢被稀释，最终形成体制内和体制外彼此难以兼容的二元世界。

"体制"是中国一个既清楚又模糊的概念，但趋势应当是越来越模糊。首先，原有的一些边界的确在被超越，比如"双11"受到官方及官方所控制资源的大力支持。第二，"体制"的概念本来就有些高高在上，它不是官方的正式表述，却被广泛使用，它包含了人们对中国国家性质的一些误解。

中共对国家的领导不能理解为是把"体制"作为离圆心最近的内环，逐渐向外扩散。民企及社会性力量也应被当作国家的"亲儿子"，我们通常所理解的"体制"对这些力量应是开放的，真正包容它们，从而形成"体制"对国家主要力量大体上的全覆盖。

单就国企和民企来说，应当切实创造更有利于它们公平竞争的环境。民企应拥有对国家优质资源更多的介入权，国企应在用人机制方面向民企靠近。国家政治制度的必要影响应向双方都有投射，双方应朝着同等权利以及同等义务的平等竞争机制逐渐过渡。

国企和民企都不应是享受资源或管理特权的"特区"，它们都应是中国法律的认真遵守者。如果说未来"体制"这个词仍可以长期使用的话，那么它的所指应当是自愿忠诚中国宪法的社会广大群体。它与"编制"无关，也与吃不吃"财政饭"无关。谁对国家贡献大，谁是遵守法律的优秀示范者，谁就应是"体制"的模范成员。

这样一来，中国的体制就会充满活力，生生不息。全社会对宪法的忠诚就会更充分地激发出来，国家的经济发展和政治定力就能更紧密地结合起来。这实际是一项意义深远的改革。

（2015.11.12）

龙象没必要争，更不需去英国争

印度总理莫迪星期四开始访问英国，伦敦将用类似不久前欢迎中国领导人的盛大礼仪迎接他，英国政府对英中关系"黄金时代"到来的历史性定位除外。

印度曾是不列颠帝国最大的海外殖民地，被一些人誉为"女王皇冠上最亮的明珠"。英印关系有着英中关系所不具备的历史亲缘感，它更容易朝着两国隆重的现代关系过渡。

然而BBC的一篇文章写道，"英国政府对中国的这种主动可以视为一个大胆而独特的政策首创，但对于印度领导人的到来却没有同样的外交声音。"

原因很简单，中国的经济体量是印度的5倍，这略小于美国与法国、巴西经济规模的差距，后者分别是6倍和7倍。尽管中印两国"很像"，印度像中国一样前途光明，但毕竟习近平主席不久前给英国带去近400亿英镑的生意，而莫迪只能同英国签不超过120亿英镑合同，而且莫迪更希望英国向印度投资，不像英中之间，伦敦对引入中国的大量投资寄予厚望。

"龙象之争"是一个西方舆论热衷的话题，这当中既包含了地理人文的客观性，也有不少西方想让印度冲淡中国崛起战略意义的主观性。就中国来说，印度的确可以作为我们自我评估坐标的一部分，但中国社会现在更热衷同美国比，世界舆论也有同样的倾向。很难说"中印"和"中美"这两组对比哪一个更接近21世纪世界格局的实质，哪一个能更贴切地描述这个世纪的面貌。

对于"龙象合作"的说法，中国人更喜欢听一些，而"龙象之争"我们总是觉得挺刺耳。在中国人看来，"合作"可以是中巴合作、中越合作，包括中柬、中塞（塞浦路斯）合作，国家不分大小强弱。但要说"之争"，总得差不多，有得争。中国人普遍觉得中印之间除了有领土之争，其他可争的地方还真不多。

新兴国家似在集体崛起，印度在西方世界广受重视，相当程度上也反映了曾经居高临下、俯视发展中国家的西方对世界认识的变化，因此中国人对印度领导人在世界各地展现风采总体上有很积极评价。中国网络世界也对莫迪本人颇具好感，他在新浪微博开了个人账号，多次发言受到中国网友热捧。

西方舆论推送一个印象，好像莫迪踩着中国领导人的脚步在世界各地出访，印度的很多外交政策是同中国较劲。这种说法对中国人的影响不是零，但我们会克制自己的遐想。希望印度人也别被西方舆论牵着鼻子跑，他们拥有这个意识或许尤其紧要些。

中印都很重视同西方大国关系，但我们两国多合作，可能是更解渴的做法。既然外界都这么看重中国，也这么看重印度，它们都觉得与中印加强合作不仅战略上重要，而且商业上有利可图，那么中印相互何不近水楼台先得月呢？

中印2014年的贸易额只有716亿美元，仅仅是中韩贸易额的1/3。中印虽然山水相连，但至今没有符合现代标准的道路相通，中印乃堆拉边贸远比中越、中俄边境地区冷清。边境传来的消息大多还是经印度媒体夸张后不那么让人愉快的。龙象已经握手，它们下一步还需更紧密地拥抱，把喜马拉雅山变成世界最活跃的合作带之一。

（2015.11.13）

中国的民主决不能从外山寨

缅甸长时间的反对派领袖昂山素季率领民盟赢得大选,在中国互联网上激起围绕民主的新一轮争论。这是个长盛不衰的话题,寄予了中国人的重大关切。

缅甸的社会发展和治理总水平落后中国很远,它很难成为中国的参照物。但缅甸成了引入西式民主的又一案例,源自西方要求中国采纳西式政治制度压力的链条上似乎又多了一个环节。

这个链条是无形的,但压垮了世界上的很多发展中国家。它好像很希望中国有一天成为它施加影响的最大成果。

中国社会逐渐形成了这样的信念:中国必须发展民主,民主已经写进社会主义核心价值观,这没什么可以争论的。但有一个重大原则是,中国的民主不能从外"山寨",而必须通过自己的实践不断实现它的制度化构建。中国需要的是"有自主知识产权"的民主。

"有自主知识产权"也须包括对外学习,但这样的民主制度必须同时是中国一步一个脚印,根据自己的国情"量体裁衣"走出来的。它需要有效,促进中国的发展与繁荣,保障人民的安宁与幸福。客观说,不断激活政治权利如何结出社会经济发展的累累硕果,而不是导致社会的结构性混乱与崩溃,这是发展中国家的普遍挑战。

世界上很多发展中国家山寨了西式民主,其中有个别山寨成功的,但大多数都水土不服,走上崎岖颠簸的政治之路。其中有不少出现全盘性社会动荡,甚至走向国家崩溃和战乱,付出了巨大代价。

苏联崩溃的伤口至今还在乌克兰等前加盟共和国淌血,而乌克兰又是山寨西式民主最彻底的前苏联国家之一。那里曾是苏联较突出的富裕地区，如今它的人均GDP只比中国人均GDP的一半多一点。还有南斯拉夫，过去的富有为东欧之最，后多个前共和国受战争摧残，塞尔维亚的经济总量如今只相当于中国广东的顺德市。伊拉克、利比亚则是出于不同原因国家突然崩溃、西式民主"空降"并致严重战乱的著名例子。

民主的内涵究竟是什么？西方舆论把"一人一票"的竞争性多党选举视为标杆。这种简单化明显有违人类文明多样的天性。民主的本义应是人民当家做主，老百姓的意见成为社会决策的依据。每个社会都应寻找通往这一最终涵义最近道路，同时努力排除该文明为这样做所面临的特有风险。

多年来中国在发展民主方面不断大步向前迈进，比如形成了政策制订对社会诉求的及时有效回应。前几年法律界和舆论界不断批评劳教制度，该制度随后寿终正寝。老百姓纷纷希望国家反腐败，很可能是人类历史上最猛烈的反腐败由此在中国拉开帷幕。全国舆论后又集中抨击一胎制，认为它早已过时，并且导致了人口结构的扭曲，完全的二孩政策经过"单独二孩"的短暂过渡也在中国实现。

民意的绝大部分正当要求都在不久之后成为中国的政策，这就是中国发展民主的咚咚脚步声。但是需要指出，中国的民主建设尚未得到西方舆论的认同，这影响了更大范围的一些看法，我们自己总结它也出现"只缘身在此山中"的困难，中国仍在民主建设的路上。

中国作为有13亿多人口的巨型国家，我们的民主进程意味着人类社会1/5的价值及政治构建和面向全球的超级影响力。中国的民主建设必将是扩大、丰富民主制度内涵的过程，而不是我们争取做"亚西方"模范生的一次考试。

或许可以这么说。新中国已走过60多年，下一个甲子仍任重道远。中华民族伟大复兴既是物理的，也是向全人类精神道义最高峰的攀登。如果再过60年我们还不能用自己的成就改变西方舆论的态度，或者有人夸我们"民主了"，但中国届时天下大乱，甚至溃散了，民不聊生，那么都将是中国的失败。我们希望并相信,那时的中国将富裕、强大、繁荣,而且是全球公认的民主国家。那时候人们再谈论什么是民主,中国应当也必将撑起它的内涵的半壁江山。

(2015.11.13)

用"五不怕"对付美国在南海挑衅

美国五角大楼 12 日放了个"马后炮",宣布两架 B-52 轰炸机于本月 8 日、9 日在南沙群岛海域做"例行飞行"。美方表示,这两架 B-52 战机没有进入中国扩建岛礁的 12 海里范围,但它们仍然受到了两次来自中国地面的口头警告。

这是美方一次新的挑衅行动,但因为两架飞机没进 12 海里,而且通过时间很短,不像上次"拉森"号来目标很大,在中国岛礁邻近海域转了几个小时,因此制造的对抗气氛会轻一点。此外美方这次是事后宣布,这比上次"拉森"号来的事先宣布姿态也低一些。

美方不断在南沙滋扰中国,看来是要保持南海问题的一定热度,在近来密集的亚太外交活动中延续对中国的压力。在个别盟友的配合下,美国看来会不断把南海问题强塞进国际场合,让中国不舒服。

美国高调在南海问题上赤膊上阵,形成中美直接角力,这是南海局势最新最突出的变化。但是中国方面适应得很快,最重要的是美方没起到威慑中国的作用,中国整体上反而更加自信了,不认为美方有在南海采取实际破坏中国建岛行动的胆量,基本把它看成了"纸老虎"。此外中国舆论一开始比较激动,抱怨政府"软弱",但到后来也逐渐搞明白了中美博弈的实质,越来越转向支持国家与美周旋的策略。

中美在南海的博弈很可能长期化,中国方面应当进一步稳定情绪,坚定信心,我们应用"五不怕"来坦然应对。

首先,不怕美国派军舰飞机继续前来挑衅。我们应根据新的形势适当加快向岛礁做必要的军事部署,形成在南沙维持较大常备军事力量的能力，化解、抵消美国的军事威胁，保持该地区的军事平衡，确保我方一定程度的主动。

第二，要不怕美国在南海搞对付中国的所谓"同盟"。这个所谓"同盟"是想象出来的，形不成有效集体遏制力，域内有的国家在中美之间"打摆子"，日本则是域外国家，其能够介入南海问题的深度有限。美国现在贸然冲到前台，就是因为它的盟友资源在南海不管用，使不上劲。

第三，不怕个别国家借国际场合搞"小动作"。我们反对国际多边会议谈南海领土纠纷，但对个别国家找茬说这件事也用不着伤脑筋。"嘴"的事情往往不确定性最多，哪一方都难长期完胜，美国不可能把国际场合搞成对中国的声讨大会，中国也难做到在国际会议的所有具体场合里都把南海问题清理得干干净净。我们既要有严肃的外交态度和立场，别人谁耍个小伎俩也休想把我们怎么样。

第四，对个别国家把南海纠纷诉诸国际仲裁法庭，同样用不着怕。无论有什么结果，全世界都知道裁决对中国没有约束力。海牙介入对中国国内没有政治风险，也影响不了中国在国际上的权益，它顶多给西方舆论非难中国提供一个新噱头，炒作一阵就过去了。

第五，对西方舆论经常就南海问题发出不利中国的声音，我们尤其用不着怕。那些西方媒体不喜欢中国，它们总要找我们麻烦，这件事不骂我们，就要找出另一件事来。这是现阶段中国注定了的舆论处境，我们适应了它就不是事。

中国社会及整个国家的承受力被远远低估了，无论国内还是国外，都有一些力量以为，它们随便做一个挑衅就能让这个国家难受得不得了。其实出现一次挑衅，国家的真实承受力和反应能力就会释放出一部分，国家就变得更皮实，自信相应增加。南海这个不大不小的麻烦对中国崛起究竟是阻碍，还是一次综合历练，大概很难说。

（2015.11.14）

"大赦国际"控诉中国的报告需打问号

"大赦国际"12日发表一篇题为《茫无尽头》的报告，指责中国警方对近年遭到临时拘押的律师施以酷刑。该报告引述了对30余名律师的部分采访，这些人有的使用了化名。报告描述了一些律师所述遭酷刑的具体细节，包括被警察吊起来毒打，在警察知情或授意的情况下遭拘禁室内其他囚犯的殴打，折磨不让睡觉，不给足够的食物和水等等。个别律师表示当时的感受生不如死，有人被毒打昏厥。

联合国禁止酷刑委员会将于本月晚些时候在日内瓦开会，审查中国在遵守相关联合国公约方面的纪录。在中国官方没有对"大赦国际"报告给出权威回应之前，断然认为"大赦国际"的指控是准确的或完全编造的大概都不合适。

然而我们却可以对"大赦国际"报告的客观性做一些分析。

首先，"大赦国际"是一个意识形态倾向性很强的组织，对中国长期怀有政治偏见。它显示给世人对中国的基本认识是：专制、独裁、没有人权，它几乎从未公开认同一个事实，即中国的法治建设这些年一直在加快推进。

中国司法界的人士大多认为，个别刑讯逼供的情况在中国大概还会存在，特别是在有的基层警方。但是他们普遍相信，中国这方面的情况这些年不断好转。尤其是在2013年新的刑诉法实施之后，禁止刑讯逼供这一早就存在的法律规定得到更严格执行，刑讯逼供一旦被揪住，不仅证据作废，刑讯逼供者还会丢饭碗甚至因情节严重坐牢。

刑讯逼供现象在各国都尚未做到完全禁绝，"大赦国际"报告的问题在于，它把刑讯逼供当成中国普遍的现象来描述，对中国禁止刑讯逼供相关法律的有效性给予了根本质疑。而且报告专门指控中国律师遭刑讯逼供，这明显与西方舆论宣称"中国打压维权律师"相呼应，报告的政治味道很浓。

此外报告生成的方法严重不科学，几乎全部采样都来自自称受害律师的描述，没有向中国官方做任何核实。由于报告采样率过低，缺少全局性关键数据，根本无法反映中国法治当前的整体面貌，也反映不了它的变化方向。报告很像是少数律师的"告状"总汇，由于很多人没有用真名，甚至他们存在的真实性都无法保障。

通常来说，律师是最有能力通过法律途径维护自身权利的群体。然而当下少数"维权律师"用法律自我维权的情况远不如通过政治和舆论手段"抗争"活跃，这不是正常的现象。

尽管"大赦国际"发此报告像是在"搞政治"，但我们认为，中方应当更大度地对待报告罗列的素材，把这件事当成对刑讯逼供这一世界性顽疾加强警惕的一个契机。这个报告所列指控如果能与具体案例对上号，就应当成为开展调查的线索。"大赦国际"不管掺了多少政治因素，我们应避免它们的干扰，尽量以法治态度审视这个报告。

这件事还应让整个公安系统知悉，让大家了解，刑讯逼供不仅是违法犯罪，而且他们一旦被揪到国际上，将意味着什么。中国今后反刑讯逼供态度只会比世界上的平均情形更加严厉。如果有个别警察仍抱着侥幸态度用刑讯逼供获取办案证据，那么他们一定要给自己的前途打个问号。

由于"大赦国际"偏颇的政治立场，它在中国未能设立办事机构，它编写有关中国的报告时大多要对素材七拼八凑，夸大个别素材的意义甚至有时胡说。"大赦国际"差不多是"最反华"的西方非政府组织，它恐怕需要修正对中国的态度，以保障自己的客观性。

（2015.11.14）

欧洲反恐要避免意识形态的激烈

巴黎恐怖袭击强烈震动了全球，西方世界尤其反应激烈。法国已将此次袭击定性为"战争"，法国唯一的核动力航母18日将前往中东，准备参与对伊斯兰国（IS）的打击。这一最新事件在舆论中进一步推升了"文明冲突"的浓烈气氛，尽管奥朗德总统明确反对把恐袭与来自中东的难民潮联系起来，但对中东难民的恐惧在欧洲迅速扩散，对伊斯兰教及穆斯林的不满也在西方蔓延。

列数伊斯兰世界落后、愚昧、偏执、好斗的文章和帖子在各国互联网上通过不同语言在流传，一些人主张"坚决斗争"时，对象所指不仅针对恐怖主义势力，而且有明显扩大化的倾向。

西方国家的反恐行动应予支持。同时需要指出，西方舆论中的一些过激声音包含了某种危险。全世界有16亿穆斯林，极端势力只是其中的极少数，直接支持、参与恐怖袭击的更是极少数中的极少数。反恐必须是对恐怖主义分子的精确打击，决不可伤及无辜，也不能带着其他文明的特殊情绪去实施。总之反恐要避免"扩大化"，防止带上浓烈的意识形态色彩。

一旦反恐战争被附加上针对伊斯兰文明的含义，或者它被有效地贴上这样的标签，那么无论怎么预测未来世界的动荡和混乱，大概都不过分。

中国社会尤其要与对穆斯林文明的激烈偏见坚决划清界限。尊重包括穆斯林在内的各种文化，是中华文明在自我形成过程中自然锻造的品质，决不能因为IS在巴黎的恐袭令人发指，也不能因为中国新疆的一些暴恐分子是穆斯林，我们就动摇对伊斯兰文明千年以来形成的友好态度，以一两虫咬叶子误读整个森林。

世界的发展很不均衡，欧洲与北非仅隔着地中海，却发达落后两重天。伊斯兰世界只有少数资源丰富的国家享受到经济结构畸形的现代化，大多数穆斯林国家或是像被新的时代抛弃了，或是发展困难重重，挤进富裕国家行列无望。一些穆斯林移民到发达国家后落入社会底层，而且他们的艰难处境被代际传递。文明发展的落差客观存在，这为极端主义的滋生提供了土壤。

恐怖主义极力想要把广大穆斯林煽动起来，他们制造巴黎恐怖事件的目的之一，就是想激怒西方社会，诱使西方做扩大化的还手，反过来进一步刺激全球穆斯林，把后者的一些泛泛不满升级成对西方乃至世界的整体仇恨。

与恐怖主义作斗争既要坚决，也必须随时保持理性，严防它成为文明冲突走向成型过程的一段客观接力。全世界的人们一定要把广大善良的穆斯林同极个别恐怖分子区别开来，不能因为后者的残暴我们就迁怒于那些无辜的伊斯兰信徒。

各国都会因为巴黎恐怖袭击加强安保措施，但这也要注意有度，要尽量照顾广大穆斯林的感受，不能让普通穆斯林成为每一道安检线上的特殊对象。

各国的穆斯林也应主动、积极地加入到社会反恐事业中去，这首先意味着，要正确对待一系列恐袭带来的社会氛围变化，从理解社会治理难处的角度看待这种变化有可能带给自己的遭遇。这样的话，社会的共同体结构就不会受到冲击，大家得以相向而行，共度时艰。

中国有不少穆斯林，但中国不是隐约而起的"文明冲突"的前线。我们劝西方冷静，是不想看到那一恐怖预言的实现。同时我们希望中国社会高度清醒，不在尚有些混沌的形势中往前挤。我们是所有文明的朋友。

（2015.11.16）

力挺法国不等于中国人没有心结

上海东方明珠广播电视塔 14 日晚亮起与法国国旗同色的红白蓝三色灯，连续两天还有一些中国人去法国驻华使馆门前摆花，表达对恐怖袭击中死难者的哀思，和对法国整个国家的同情与支持。

在中国领导人正式表达对恐怖袭击的谴责和对法国的支持后，民间的自发表达进一步展示了中国社会对法国人民的善意。这些表达都很真实，并非配合外交的虚情假意。

然而中国互联网上针对这些表达出现一些争议。一些人激动地指出，法国等西方国家在中国新疆发生暴力恐怖袭击时，曾多次采取暧昧态度。那些国家的主流媒体经常在第一时间传播、放大支持暴恐行动或为它们辩护的声音，质疑中国打击暴恐的合法性。它们或者不承认那些针对平民的杀戮是恐怖主义行动，或者把"恐怖主义"这个词打上引号，或者直接通过"世维会"人的口把那些恐袭称为"维吾尔人的反抗"。

应当说，很多中国人确实有这个心结。但是否应当在这个时候把它们说出来，以及是否应当为此降低支持法国的表达，比如东方明珠就不用打三色灯了，人们存在争议。

我们支持东方明珠打三色灯，也愿意把一些国人在法国使馆门前摆花作为我们社会正面、值得尊重的行为来报道。

很多中国人有我们上述的心结同样非常真实，这无须讳言。但在法国遭遇严重恐袭的艰难时刻，我们应当超越这个心结，坚决站到法国人民一边，在第一时间向他们传递无条件的支持，这是中国和中华文明应有的气度。

也许我们这样做并不会有什么直接回报。英国路透社就在14日还发了一条让中国人读了很不舒服的报道。该通讯社再次引用"世维会"发言人的话，宣称中国借巴黎恐袭"煽动民众（反新疆穆斯林）情绪"，西方一些主流媒体今后还会这样干。

中国是大国、大文明，反对邪恶、同情受难者是我们天性的一部分，也是我们对这个世界所承担责任的一部分。东方明珠为遭受恐袭的巴黎打三色灯不应是用来交换的，它就应是14日晚上中国社会的"第一反应"，是我们自然流露的正常的人类感情。

我们当然还会想到别的，那么就让我们选择今天这个时间也把我们听到巴黎恐袭消息后的其他想法说出来，告诉法国和西方世界，如果在它们一次次遭遇了严重恐袭后，依然认为中国恐袭的"深层原因"比它们那里恐袭的"深层原因"更加特别的话，那么它们真的很让中国人和这个世界失望。

世界上的所有恐袭都有深层原因，其中有些原因单拿出来时，也看似有理，值得同情。然而恐怖主义就是恐怖主义，当恐怖分子走向杀戮的那一刻，他们就失去了任何获得同情的权利，他们就必须被无情打击和消灭。人类对社会治理的反思决不应在第一时间冲淡对恐怖分子的谴责。

普京有一句名言：上帝是否原谅恐怖分子是上帝的事，我们的任务就是送他们去见上帝。这句话这两天重新在中国网上广为流传，很能反映中国绝大多数人的态度。

世界各国政府以及全球支持和平与正当秩序的力量应当联合起来，共同对付恐怖主义。各国都会面临围绕本国利益区别对待恐怖主义的诱惑，恐怖主义势力大概会抓住每一次的大国分歧，作出扩大自己生存和行动空间的努力。

客观来说，西方面临的国际恐怖主义压力总体有上升之势，加强同中国围绕反恐的合作从长远看有利于西方。我们希望像路透社14日那样的荒唐报道越来越少，西方对中国以德报德，那里的舆论力量别再向中国人秀它们伪善的一面。

（2015.11.16）

邪恶的恐怖主义不是无根的浮萍

法国内政部长卡泽纳夫在巴黎遭恐怖袭击后呼吁解散"宣扬仇恨思想的清真寺"。今年早些时候法国官方就曾表示,"宣扬仇恨的外国传教士将被驱逐出境,他们的清真寺也将被关闭"。现在重申这一态度,被不少人看成法国强硬回击恐怖袭击的新宣示。

法国现在越强硬的态度越容易得到民众的掌声,这就像"9·11"之后的美国一样,发动阿富汗战争迅速得到国会几乎全票的通过,之后推翻萨达姆也得到超越党派的高度支持。但事实表明,遭到恐袭后处于激动中的西方社会容易高估猛烈报复的效果,低估消除恐怖主义源头的复杂性。

法国关闭宣扬仇恨的清真寺,这很容易在穆斯林中引起反面解读。应当说法国政府还是"很敢干"的,它这样做的舆论风险要比中俄等做同样的事情小很多。如果受西方偏见困扰的国家这样做,不仅要考虑其他穆斯林的反应,还需首先面对西方舆论的批评和炒作。

至于法国在美国等盟国的帮助下空袭IS,应能起到一些效果,但是只要西方不大规模派出地面部队,或者不彻底转为支持阿萨德政权,让后者来向IS发动全面进攻,IS的问题就很难根除。

即使IS被大体击溃,又能怎么样?中东已不再有穆巴拉克、萨达姆、卡扎菲那样很招人厌、但却起了独特作用的政治强人,地区原有政治结构和社会结构都散架了,就像网上流传的卡扎菲在最后的日子里所说,阻挡恐怖主义和难民向欧洲蔓延的"墙"被炸毁了。IS只是中东极端势力寻找缝隙迅速集结起来的一个例子,这样的情况随时都可能重演。

重要的是，西方的炸弹可以摧毁中东极端组织的营地和弹药库，但那些炸弹对付不了西方不喜欢的蒙面等装束，阻止不了一些孩子小小年纪就被送进极端宗教学校，更对付不了他们心里所抱怨的伊斯兰教"保守的一切"。直到今天，拉登仍被阿拉伯世界的相当一部分教众看成敢与西方斗争的正面人物，这一切深刻反映了反恐战争的局限。

以中东为源头的恐怖主义凝聚了难以置信的仇恨。美国扶持以色列，伊斯兰世界与西方经济社会发展不断扩大的差距为这种仇恨提供了基础性原因，中东尖锐的地缘政治又总是给普通的不满突变成足以酿成杀戮平民的极端仇恨创造各种机会。

西方其实没有对策，它们也形不成一以贯之的组织力和行动力。阿富汗战争和伊拉克战争的失败，以及"改造中东"的流产已让美国灰心，"阿拉伯之春"曾让西方看到希望，以为阿拉伯世界在走向自我改造，但"革命"的国家除了突尼斯，或者"复辟"，或者大乱，变成可怕的动荡源，还生生冒出一个IS。这么多恶果让西方再次沮丧。

当没什么好办法时，先出口气就很容易成为受民众欢迎的自我交代。这个时候谈论追求长远效果就显得不切实际，也不合时宜。

大家都知道清除恐怖主义深层原因的重要性，但做到那一点，甚至找一个切入口都谈何容易。有些人呼吁"伊斯兰教应当改革"，去除"已经过时的个别教义"，但这种话不可能被广大穆斯林接受，宣扬这种观点很可能只会导致更严重的文明对立。

伊斯兰世界没有能推动整个宗教改革的权威人物和力量，这一力量显然更不能由外界来提供。或许伊斯兰世界非常需要几个彻底走向现代化的国家范例，它们的出现将会产生一些内在力量，带来新的视野和思考。

然而西方世界根本没有这样的计划，它在当前国际政治条件下的确看上去不太现实。既然如此，西方的很多激烈言辞等同于释放一下情绪，大的问题仍会留在原地。更实际的做法就成了修修补补，民众什么意见严重了就顺应着采取一个行动，遇到下一个问题再说。

（2015.11.17）

美国想把南海当马蜂窝试着捅

APEC 峰会今天在菲律宾首都马尼拉举行，它的一大悬念是美国会在多大程度上把南海话题往这个本应主要讨论亚太经贸合作的会议上塞。菲律宾已经表示不会将南海领土纠纷列入 APEC 议程，但美国表示即使南海不在正式议题上，它也会在会议的其他场合提出这一问题。

与欧洲当下的乱局比起来，APEC 上较劲的这个点应当算是"小儿科"了。严重恐袭已经打乱欧洲的阵脚，法国关闭了边界，一些国家在重新考虑接纳叙利亚难民的态度，连大西洋对岸的美国也有 27 个州表明拒绝接纳中东难民。然而中东的战乱和动荡在继续，难民的涌出停不下来，被粗暴堵住的他们将形成"堰塞湖"，把新的不满和仇恨越堆越高。

很多人认定，欧洲的混乱美国是根源性的责任者。"9·11"是伊斯兰极端主义对美国的直接倾泻，美国后来成功把中东恐怖主义堵在了国门之外，拉着欧洲一起去中东"捅马蜂窝"。马蜂咬不着美国，却一次次狠蜇了欧洲，先是马德里，然后是伦敦，最新是巴黎。

在太平洋这边，美国盯住了南海。南海离美国比中东和欧洲离美国都远，美国拿起"亚太再平衡"这根更长的竹竿，试图把南海也当成一个马蜂窝来捅。

西方一直有这样的逻辑：我们的确喜欢四处捅马蜂窝，但是每个地方的马蜂窝并不是我们放的。

所以就要看南海到底是不是一个马蜂窝了。如果它是的话，整个地区有可能在劫难逃。一些人质疑，南海乱了对美国的坏处大于好处，美国没有让南海大乱的意思。这种分析也并非无道理，但问题是，只要南海乱了对中国和周边的坏处远远大于对美国的坏处，华盛顿把南海当马蜂窝捅的胆子就会是最大的。

美国是两洋国家，又有超级强大的国土防御能力，过去十几年美军四处征战，死了一些人，但美国在海外捅的马蜂窝连在一起形成消耗对美潜在威胁的无形的墙。由于这堵墙造价昂贵，但却有用，美国对该不该继续造它们患得患失。

南海本身没有那么强烈的爆炸性。整个地区在发展问题上形成了实际的命运共同体，它对领土纠纷来说不啻是战略性缓冲。南海任何两个声索国之间都没有宁肯什么都不要，也要先就领土问题"死磕"的意思，随着中国扩建岛礁等行动平稳落地，南海逐渐有了不让问题断然破裂的潜规则。

美国采取了激烈的口头表现，它的舰队也来南海做巡航秀，它处在挑唆南海局势升级和加入南海潜规则体系的摇摆之中。

南海的最大战略主动权在逐渐向中国倾斜。这恐怕也是南海不作为马蜂窝被美国捅了的根本保障。美国离南海太远，它在这里的一些轻率和莽撞倾向大概是难免的，它有时会在这里搞出顽皮孩子砸玻璃的表现。中国需要制约它，这符合整个地区的利益。

（2015.11.18）

历史沉淀之后,留下对耀邦的敬意

两天后的 11 月 20 日是胡耀邦 100 周年诞辰纪念日,中央已经决定当天举行纪念活动。中央党校和一些民间的相关纪念活动已经开始,这些提前的预热和升温充分反映了公众对耀邦同志的敬意。

2005 年胡耀邦 90 周年诞辰时,中央对他的一生及对中国革命和建设所做的贡献给予了高度评价。近年来中国官方媒体日常谈论胡耀邦正面贡献的时候越来越多,电视剧《历史转折中的邓小平》里,胡耀邦作为主角之一的正面贡献得到大量呈现,给公众留下深刻印象。

胡耀邦 1987 年 1 月带着对他个人的争议离开了党的总书记职位。当时的简短公报提到他"在重大政治原则上的失误",提到党的高层会议对他进行了"严肃的同志式的批评"。这些表述只出现了那一次,以后没有在党的其他公开文件中重现。1989 年 4 月胡耀邦逝世后中央发表的悼词里,高度评价他为"久经考验的忠诚的共产主义战士,伟大的无产阶级革命家、政治家,我军杰出的政治工作者,长期担任党的重要领导职务的卓越领导人"。这段评价后来也成为 2005 年党纪念他 90 周年诞辰时的评价总基调。

历史很显然在淡化 1987 年的那段变故对评价胡耀邦的影响。一开始这种淡化有些刻意,后来它成为自然的过程。很多人士认为,这样的历史淡化不意味着那些重大细节被抹掉,不代表某种相反的暗示。但这种淡化是真实的,它本身构成了历史的一种态度。

胡耀邦那一代领导人既处在当年对大量难题的解决和克服中,也处在转折性的历史洪流之中。他们每个人在每一件事上都做到正确是很难的，当时的政治会对他们的具体表现做出当时的评价和对待。但历史更加看重中国前进这一总趋势，也更重视每一位领导者对党、国家以及人民的忠诚。胡耀邦恰恰在后一点上得到超高打分，他为党的事业奋斗了60年，他的上述忠诚从来没有动摇，他的人格经历了洗礼和考验，他的理想主义精神催人自省。

在民间舆论场，对胡耀邦的争论一直在一些圈子里继续，而且围绕对胡耀邦的评价不时因为偶然原因成为舆论活跃人士的焦点话题。其中一部分人或明或暗宣扬，今天官方不再提1987年那段事情意味着对当时政治决定的自然否定。另一部分人则不时以批判的语言提及对胡耀邦在具体政策和工作层面有过的争议，以此对他做政治贬低。

其实这样的争论者是把胡耀邦话题当作噱头，进行泛意识形态争论。争论者各自想象出一个"胡耀邦"，把这一自造的形象朝着他们需要的样子猛推。他们双方或者通过指责胡耀邦，或者通过在故意曲解他基础上赞扬他的方式，都在非议甚至反对胡耀邦同志所从事的伟大事业。

中央纪念胡耀邦诞辰100周年，其效果必将是胡耀邦的丰功伟业和他的光荣人格对全党和全社会形成鼓舞，他作为一位杰出领导者和一生忠诚党的事业的榜样，也必将为凝聚全社会的共识起到积极的现实作用。有少数人和势力总想从党和国家对胡耀邦的纪念中引申出特殊政治含义，他们明显怀有一些政治目的，中国主流社会不难分辨之。

自邓小平领导中国形成稳健的改革开放之路后，这个国家的重大政治认识逐渐成型，保持了高度的连续性。时间也在缓释其正常的功能，把一些争议冲淡，也对正确的价值不断夯实。胡耀邦整体卓越形象的不断沉淀穿越了中国改革开放的全过程，这个过程与中国前进是共患难的关系，因而既值得尊敬，也让人感慨万千。

（2015.11.18）

美国来亚洲挑事最容易感受"衰落"

APEC 峰会星期三开始在菲律宾首都马尼拉举行。会议召开前几小时，奥巴马在与菲总统阿基诺举行的记者会上谈及南海，称"我们同意有必要采取果断措施，降低紧张，包括承诺停止在有争议的南中国海海域进一步的填海，新修建筑，以及军事化。"

南海问题没有进入 APEC 会议的议程，在 18 日的 APEC 会议上，奥巴马也没提南海。他选择记者会挑这个话题，属于在走廊里发牢骚。此外奥巴马头一天登上了一艘菲律宾军舰，并宣布要向东南亚国家提供2.59亿美元援助。

日本首相安倍也在双边活动中对南海问题置喙，但他引来的关注要少得多。

菲律宾作为本届 APEC 峰会东道主，只在与美日双边活动中谈到南海问题，调门不是很高。

菲越在 APEC 峰会前夕宣布签署战略伙伴协议，这一举动的含义显然不模糊，但双方没有公开提中国。

峰会之前美方表示会在议程之外高调讨论南海问题，但迄今它对会议进程和氛围的影响是有限的。不把南海问题列入峰会议程的安排显得尤为突出，考虑到这次峰会举行地是马尼拉，菲政府对中国态度的顾忌以及多数国家的相关姿态释放出地区态势的诸多信息。

首先，整个地区对和平发展的重视是压倒性的，部分国家围绕岛礁的争议无法凌驾于其之上。

第二，如果美国对中国的挑衅有可能破坏地区发展的正常议程，并且它想拉别的国家一起对抗中国，那么它将是孤立的，跟它跑的国家只会是极个别的。

第三，即使与中国围绕领土争议最严重的国家，也希望给自己的对华关系留下回旋空间，不愿意与中国全面"死磕"。

第四，中国在亚太地区不断上升的影响力是可以与美国开展关涉自己核心利益的博弈的，由于中国的发力领域都是在自己家门口，所对应的是美国相对遥远的战线，所以中国常常未必处于劣势，在很多时候我们能够形成优势。

最近一段时间中美围绕南海问题直接交手，美国使出了舆论围攻、外交挑头以及军事示威挑衅等招数，它每一类的牌都出过了，给中国制造了麻烦，也极大锻炼了中国的承受力。原来发怒、发狠的美国就是这样的，一直主张对美"斗而不破"的中国社会积累了一份重要经验。

APEC峰会到目前没有任何让中国人感觉"意外"的事情，我们没有感受到新的额外压力，这两天中国舆论都有闲心议论领导人们将在会议结束拍"全家福"时穿什么衣服。

美国是可以继续在亚洲发挥作用的，但如果美国的目标是抵消中国的作用，针对在这个地区的活动给中国上枷锁，那么它的作用将大打折扣，而且它会从种种失败和曲折中感受到自己的"衰落"。

（2015.11.19）

俄法美联手打 IS 或许事好难圆

普京 17 日下令俄军将法军视为盟友，统筹制定在叙利亚的联合作战计划。此前一天奥朗德明确表示法国将与美俄联手，共同打击 IS，他希望建立一个国际联盟，共同摧毁 IS。奥朗德将于下周先后前往华盛顿和莫斯科，与奥巴马及普京商讨打击 IS 及叙利亚局势。

一个打击 IS 的临时性国际联盟如能出现必是好事，它还会促使俄与西方的关系有所缓和。但这一合作很难是持久和有深度的，奥巴马 18 日表示美国欢迎俄罗斯为打击 IS 更多出力，"而不是支持叙利亚总统阿萨德"。

西方国家往往只有在吃了很大亏、而且备感压力的时候愿意与俄中这样的力量开展高密度的反恐合作，情况稍有变化，它们的地缘政治利益和意识形态偏执就会重新回到中心位置。东西方的反恐合作只有西方对帮助的需求明显大于东方的同样需求时才有可能达成，东方的恐怖主义总会被西方社会与"人权"联系起来。

比如，欧洲刚遭恐怖袭击，中国公开谴责恐袭实施者，支持法国和欧洲，但欧洲激进势力在批评中国方面仍没有闲着。针对中国要求西方放弃反恐"双重标准"的呼声，西方一些人权组织和舆论力量重申它们不认为中国新疆发生的暴恐袭击是"恐怖主义"。

英国《金融时报》援引人权团体的话说，中国新疆发生的袭击几乎都是用刀子和粗劣的炸药，多数袭击是自发行为，是一群"绝望的不满中国统治的"年轻人干的。该报还引用"大赦国际"成员的话说，中国关于恐怖主义的说法"非常有问题，非常政治化"。

杀戮平民有些是"恐怖主义",有些则成了"反抗",西方认定前者的标准完全对照了他们自己所面对的敌人。"大赦国际"等竟因为新疆的恐怖分子使用了"大刀和粗劣炸药",就宣称他们不够格,那么以前车臣恐怖分子在俄罗斯使用了炸弹和制式炸药,西方也一样同情甚至支持了他们,又做何解释?

发动"9·11"袭击的恐怖分子把飞机当成巨型炸弹撞塌了纽约世贸大厦,巴黎的恐怖分子和他们比可是太小儿科了。按照《金融时报》宣扬的"人权团体"的逻辑,是不是巴黎本月的惨案也可以称为"流血事件"?尤其是今年1月《查理周刊》遭血洗,原因十分具体,袭击者还专杀编辑部成员,放过了一些其他人,它是不是更不应被看成恐怖主义?

只有西方的民主叫民主,只有西方遭遇的恐怖主义叫恐怖主义,西方一些人的自我中心主义简直有些歇斯底里。他们真对不起上海东方明珠14日晚为巴黎遇难者打出的法国国旗三色灯。

我们反复说过,恐怖主义都有深层原因,其中有的单拿出来,不排除会令人同情。但只要袭击者针对平民实施了无差别的杀戮,他们就完全不再有获得同情的权利。在特定意识形态支配下,肆意杀戮平民的暴行就是恐怖主义,不论杀戮者使用什么工具,原始抑或先进。

在"大赦国际"等西方人权团体的态度中,我们感受到他们对杀戮者的同情高于对遇难无辜平民的同情,而且他们在公开流露这种态度时,毫不顾及中国公众的感受。那些团体真的有些让中国人感到恶心。

欧洲正遭着难,一些媒体和人权组织的嘴都管不住,可想而知那些人在欧洲平静而中国遭难时会多么嚣张。所以说,西方同俄罗斯搞反恐同盟虽是好事,但估计会范围有限,也很难长久,除非西方不断吃恐怖主义的大亏。然而我们并不想西方真那么倒霉,生命都很无辜,恐怖主义是人类公敌。

(2015.11.19)

保出境者平安,国家个人需共同努力

伊斯兰国(IS)18日宣布已将一名中国人质和一名挪威人质杀害,并公布了他们的死亡照片。这件事强烈震动了中国社会,我们成为IS极端恐怖主义行径的新受害者。

中国公民樊京辉自行前往叙利亚陷入魔爪的消息是今年9月上旬出来的,中国外交部门随即开展了援救工作。中国当局曾经在动荡地区多次救出过人质,中方的营救成功率是很高的。但看来IS是最难对付的绑架者。

这件事再次显示了随着中国公民出境人数的激增,公民个人安全正在成为国家安全的新挑战。保障境外中国公民的安全,比保卫国家的其他安全要更为复杂,这也是世界很多国家共同面临的问题。

东亚国家离中东地理上就挺远,也基本没卷入中东的纷争,但是不时有日韩等东亚国家的公民在中东及邻近地区落入恐怖势力之手,其中有的惨遭杀害。之前最近的例子是今年有两名日本公民被IS斩首。

与恐怖主义决不能妥协,这是人类反恐的共同经验。正因如此,各国的官方态度都是拒绝向恐怖分子支付赎金,尤其是拒绝与之开展政治谈判。即使有的国家或相关组织被迫悄悄支付了赎金,也从不会公开承认。

迄今为止,西方国家是中东恐怖主义的主要攻击目标,深层原因之一是美国支持以色列,欧洲国家与美中东政策有不同程度的瓜葛。此外西方文明直接比邻中东伊斯兰文明,历史上及当代恩怨重重,最近十几年的问题尤其多。近来俄罗斯也成为打击目标,它因为对叙利亚局势的深度介入而直接面对了 IS 的挑战。

中国是与中东地理及政治上距离最远的大国，中东恐怖势力目前尚且顾不上把中国也列入主要打击目标。这种时候，中东恐怖组织直接为了打击中国而抓扣中国人质的动机并不多，只要中国公民在境外保持高度警惕，我们成为袭击目标的概率就要小得多。

在这种情况下，除了政府要在领事保护上继续加大投入外，中国人在境外一定要加强个人防护意识，避免贸然进入恐怖主义活跃的中东国家，尤其要避免在不了解情况的时候单独进入危险地区，切不可有侥幸心理。

即使是在非动荡地区，中国人也需了解当地基本情况，知悉中国在当地开展领事保护的基本信息，有能力在遇到反常情况时，迅速与中国当地使领馆取得联系并得到他们的帮助。

今天，越来越多中国人的身影出现在世界的各个角落，且不说我国每年过亿人次的出境游客，光在国外留学、工作、定居的中国人也有几千万，他们几乎构成了一个庞大的"海外中国"。保护这些海外中国人的利益已是中国驻外使领馆的重要任务之一，"以人为本"成为一项原则。尽管我国驻外领保人员有限，但相信他们一定会尽最大努力，他们值得海外中国人的信赖。

（2015.11.20）

法国《新观察家》，请你有点底线

法国《新观察家》杂志网站18日发表一篇其驻北京记者高洁（法文名为Ursula Gauthier）的长篇文章，该文对中国关于莫在反恐问题上搞双重标准的呼吁做了非常刺耳的评述，嘲讽这种呼吁是中国向法国表示同情时塞的"私货"。文章猛烈抨击中国新疆的民族政策，直接宣称"新疆暴力更多的是由于受到无情的镇压"。

高洁去年3月曾发表一篇文章，描述自己作为特派记者如何"深入到中国最封闭的地区之一维吾尔国"。她把新疆的暴恐事件说成是"军人和警察占领区的起义之举"，并且诬称"对中国人而言，'维吾尔'就是'杀人犯'的同义词"。她还写道："新疆的年轻人完全消失了。"

她在18日新的文章中举了几个所谓新疆"无情镇压的例子"，包括穆斯林的名字被禁止使用，斋戒期内公务员必须在大庭广众下吃东西，男人留大胡子和女人蒙面都被看成是宗教恐怖主义者的行为，戒烟或拒绝喝啤酒的年轻人也被怀疑是伊斯兰极端主义者等等。

据环球时报了解，这些"例子"都是对新疆现实的严重歪曲，接受环球时报采访的新疆维吾尔族学者听说后非常气愤，认为这个法国记者是在胡说八道。

巴黎发生恐怖袭击后中国政府迅速谴责暴行，表达对法国政府和法国人民的支持。中国民间也有很多人用各种形式表达对遇难者的哀悼，《新观察家》的那名记者这些都看到了，也写进了文章中，但这一切丝毫唤不起她对中国在暴恐袭击中遇难者的任何同情。这篇文章中没有一句话能看出对遇难者的恻隐之情。

文章只有3个简短小标题，第一个是"蓝、白、红三色"，后两个就是"私货"和"无情的镇压"。这名作者对中国偏见之深的咬牙切齿样子真是让人震惊。

这篇文章在最后部分先提了个"如果"，然后写道："中国的美丽大都市总存有受到大砍刀袭击的风险。"我们不知道血腥的事情原来还可以用这样的口气来描写。这是要用中国人的灾难来为遭遇不幸的法国社会压惊吗？

《新观察家》的这名记者大概没有采访过新疆暴恐事件中遇难者的亲人，没有听过他们以及那些受伤者的哭声。该记者眼里似乎只有政治，所有人都只是政治符号，而忘记了人首先是血肉之躯，在避免被杀戮时有着同等权利。这个世界不存在杀戮无辜平民在法国是罪恶的、而在中国却"可以理解"的道理。

法国内政部长卡泽纳夫在巴黎恐袭后提议关闭"宣扬极端思想"的清真寺，法国是世界上公开这样表态的极少数国家之一。如果仅从价值观出发，法国的做法会遭到多么尖锐的解读。《新观察家》就是掉入了一个极端视角。

价值观及政治上的偏激让高洁这样的西方记者丧失了对常识的基础辨认力。人权系统在他们那里变得高深、混乱。杀戮平民是第一罪恶，这个伦理他们都敢挑战，如此"人权"已经超越了人类伦常，飘在一些西方所谓精英勾勒的玄妙世界中。

一名生活在法国的华人女士19日主动向环球时报编辑部传来了高洁的这篇文章，表达了自己的愤慨。的确，在中国媒体齐声谴责IS对巴黎的恐怖袭击时，法国主流媒体却"以怨报德"，而且依然充满"道德高地"的优越感，这太让我们不是滋味了。

请做些反思吧，法兰西媒体。中国是法国的朋友，朋友不可能什么都一样，相互尊重和理解恐怕是第一原则。以为自己什么做的都对，都应成为别人处事的楷模，这点万万要不得。

（2015.11.20）

叙利亚人权决议，中国就该投反对票

联合国大会人权理事会19日以115票赞成、15票反对、51票弃权通过决议，"最强烈地"谴责叙利亚当局对其本国人民"持续不断的武装暴力"，对其他在该国土地上侵犯人权的行为则给予了"强烈谴责"和"谴责"。该决议草案由沙特阿拉伯提交，美国等西方国家做了保荐国，中俄等国投了反对票。

叙利亚内乱的性质是什么，谁应当对该国的人权状况严重恶化、大批难民拥向欧洲负主要责任，这是个充满争议的问题。西方之前一直把阿萨德政权视为叙利亚乱局的首恶，难民的大量涌入和巴黎遭IS恐怖袭击，实际上动摇了部分西方公众的原本看法。至少阿萨德政权无法对IS的出现负责，而IS胡作非为又是整个中东混乱的标志和缩影。

叙利亚在2011年之前即使再差，也比国破后多方交战、悍匪横行的今天好得多。叙利亚内乱是由街头抗议逐渐演变成内战的，其中外来力量的推动是"阿拉伯之春"各爆发点中最突出的。如果仅仅因为人权问题就需遭到如此剧烈的外来干涉，那么阿拉伯国家又有几个能够幸免？叙利亚是阿拉伯国家里世俗化程度较高的，阿萨德政权的民意基础也要相对好一些，后一点是该国反对派打了4年也没能把阿萨德搞下台的原因之一。

内战既起，必致生灵涂炭。叙利亚交战各派大体分为三个阵营，一是政府军，二是西方支持的反对派，三是IS。在这三方中，如果说政府军打仗最不讲战争道德，对平民出手最狠，天然缺少可信性，至少值得打个问号。

这项决议的内容显然受了地缘政治的很大影响，至于它能得到很多国家的支持票，不能不说西方操弄人权话题、以及在发展中国家之间制造敌对的本事还是很大的。不过，中国投了反对票，印度和印尼都是弃权票，世界人口前四大国家的三个都不对这项决议表示支持，这也很有意思。要知道这三个国家的人口就占了全世界近2/5。

我们支持中国政府就这项决议投反对票，尽管表面上看，投反对票的处于少数。人权议题具有正面积极的推力，但受地缘政治的干扰，它经常在国际舞台上被扭曲，工具化。很多时候其实际结果不是推动那些国家的人权建设，而是打乱了发展人权的经济社会基础，或欲速则不达，或直接把一些国家推入战乱。

叙利亚就是个典型例子。到2011年时，叙国内人权状况有问题，这个结论不能说离谱。但在阿萨德政权发誓改革、而且有实际行动的情况下，西方仍将该政权一棍子打死，武装反对派，这就不是在搞人权了，而是要拔掉一个亲俄罗斯和亲伊朗的据点。这样的"人权建设"怎能不把叙利亚这个小国打得满地找牙，无论人权是不是它的起点，之后的进程早就甩出人权轨道十万八千里。

中国在叙利亚并无太多利益，大马士革无论亲谁，反正亲不到北京，因此中国是相对超脱的。但多数中国人看不惯西方在一个国家里想换谁就换谁的霸道劲。如果这成为世界的一个规矩，西方说谁有人权谁就有人权，说谁没人权而且该打就注定它要倒霉，那世界还不乱套？

中国人千万别被联合国上述无约束力决议的投票结果忽悠了。我们没有支持"独裁政权"，叙利亚政权怎么样，要由叙利亚人民说了算。中国怎么投票，这既是原则，也是外交。美国有时还做个只有两个反对票时"之一"的少数。

中国的现代人权概念来自于西方，它的主旨我们学来了，它作为国际政治议题所附加的西方利益，我们需有能力"婉拒"。同时以理想主义和现实主义的态度对待人权发展，这是中国崛起必须表现出的水平和高明。

（2015.11.21）

西方撺掇中国打 IS，我们需很谨慎

随着巴黎恐袭后西方和俄罗斯都加强了打击 IS 的力度，也因一名中国人质被 IS 杀害和三名中铁建高管在马里恐袭中遇害，国际舆论场上不断有人提出一个问题：中国会加入到对 IS 的直接军事打击中来吗？在中国国内，同样的问题不时闪现。

中国外交部在被问及这个问题时，避免了直接回答。在国际上，这往往被看成是态度中的一种。

我们认为，如果派出军队前往中东打击 IS，或者从较远距离实施精确打击，这将是中国非常重大的政策选择。西方看来很希望中国加入军事打击 IS 的阵营，但我们相信中国政府会在做这类决定时十分审慎。

西方有人希望中国当下通过某种方式参与军事打击 IS，是因为它仍是打击 IS 的主导者。莫斯科恐怕也会欢迎，它目前在轰炸 IS 上表现突出。这将有利于中国在国际舆论中的正面形象，为中国与西方政治上的交流合作开辟一个新平台。

然而需要指出，中国将因此承担一系列风险，它们有的会演变成我们的现实代价。

中国对这样的军事行动准备不足。西方及俄罗斯对 IS 的军事行动取得了多大效果，目前很难评估。中国的加入能起多大作用，恐怕也没把握。中国已多年对外未战，"首战"就发生在较为遥远的中东，中国公众对那里不熟悉，认识模糊，并且存在分歧，很难形成全社会对这种战事的鼎力支持。决心一般，出师后的不确定性将会更大。

中国也是恐怖主义受害国，但西方至今对此不予认同。直到近日，西方舆论仍不断有中国新疆暴恐事件"不属于恐怖主义"的声音。中国如果参与军事打击IS，必须首先有助于国内反恐，而这两件事因为西方的态度很难对接。相反，中国那样做有可能促使国际和国内恐怖势力加强联合，一旦西方在这方面"放水"，中国就将单独应对复杂局面。

反恐本身是正义的，中国即使在本国反恐受到不公对待时，也保持了在国际反恐上的正面、积极态度。但是由于反恐由具体国家牵头实施，它的路线往往会更靠近一些国家的现实利益，中国人对此不能不心中有数。

国际上有必要在联合国框架内形成强有力的反恐联盟，由联合国进一步厘清恐怖主义的定义以及对相关争议的识别，然后由联合国制定各国协调统一的反恐行动计划。而近日通过的安理会决议只是承认了军事打击IS的合法性，具体怎么做还是由各大国彼此商议决定的。

其实美欧了解东亚国家都会在向中东派兵问题上有更多顾忌，美欧对中国会参与军事打击IS并未抱太高期待。目前主要是舆论在自问自答，它并非欧美正在力促的选项。

巴黎恐袭后联合国人权委员会通过一项有关叙利亚局势的决议，它涉及国际社会对叙利亚政府、反对派以及IS的态度，并将叙利亚政府列为首要排挤目标。中俄都对它投了反对票。另一项授权可以向IS动武的安理会决议，中俄和其他常任理事国都投了赞成票。这两个决议之间的内在冲突反映了中东的复杂。中国确实没必要主动往这种复杂中搅和。

中国应积极参加国际反恐，同时也需实事求是，做我们能做的贡献。要让这个过程至少同我们国内反恐是相互支持的关系，这是真正负责任的态度。

（2015.11.23）

日本一些人想"对华包围圈"想痴了

东盟系列峰会及之前的 APEC 峰会期间，日本首相安倍在挑起南海话题方面一直十分活跃。他几乎不放过每一个双边会晤场合，扮演了冲锋陷阵的角色。日本《每日新闻》22 日的一篇报道写道，日美竭力欲拉拢东盟形成"对华包围圈"，引发中国不满。双方攻防愈发激烈，东盟剧烈摇摆。

日本来南海搅和的胆子似乎越来越大，被认为有炒热南海争端，减轻其在东海压力的意图。从外交套路上讲，这不让人意外。但日本毕竟是域外国家，它插手南海事务的合法性和手段都不足，安倍实际成了华盛顿的"喉舌"，是个勤快的吹鼓手，南海各方不可能把他当成可以信赖的中心角色。

至于日本方面幻想的"对华包围圈"，其构建成功的可能性或许比日美同盟因某个原因崩溃的可能性还要远。想想看，东盟国家半数以上与中国无领土及海洋权益争议，东亚搞出一个针对中国的"包围圈"，对它们有什么好处？一些极端的日本人是不是想"遏制中国"想痴了，以为他们振臂一呼，整个东盟就会像傻子一样跟着摇旗呐喊。

印度及东盟几个国家领导人当着安倍的面说句客套话，应承应承，日本人就当了真，以为组建反对中国在南海扩建岛礁的联盟大势已成。事实是中国建岛开展得很顺利，迄今正式表示反对的国家与无正式表态的中立国家相比只是"一小撮"，没有一个东盟参与的国际会议就此发表意见，这个话题甚至上不了这些会议的正式议程，这就是事实的大轮廓。

连越南与菲律宾的态度都不一样，不像后者那么激烈，日本想从东盟其他国家里培养出"另一个菲律宾",实在太天真了。

中国扩建岛礁有着历史与法理依据的支持,因而立得住,不惧美菲和日本的反对。因为中国占理,美国军舰咋咋呼呼来巡航,也拿中国的行动毫无办法,只能远眺日渐成型的中国美丽岛礁。这是一场美日必输的博弈。

中国与东盟国家保持友好合作关系,符合那些国家和整个地区的利益。美日来搅和,那些国家态度复杂,一方面愿意因为美日前来"平衡中国",使它们处在中间位置更"吃香"。另一方面它们也对美日搅局过头、把南海搞成火药桶保持警惕。那些国家可不想自己成为用来包围哪个大国的砌墙砖头。

中国同印尼、马来西亚等都保持深厚的友好合作关系,遇到什么分歧也有充分化解它们的渠道和资源。中国和印度也已形成加强合作的大势。中印自己的领土纠纷都能控制得相当稳妥,两国怎么可能在南海这个非交集点上彼此对立?

日本来南海折腾,自以为聪明,实则背上一个新包袱。眼看着美国要忙大选和中东反恐,南海有可能滑出美国的核心关注,东京显得着急了。实际上这段时间美国的表现证明了,它能在南海"牵制中国"做的事就那么些,实少虚多。东京如果想要什么"真正结果",必将很累。

日本毕竟不是美国,它的自卫队如果真来南海中国岛礁附近挑事,一定要更小心点。它有可能成为中国挑出来捏的那个域外"软柿子"。日本如果不想吃这样的亏,最好自己识趣。

日本本来就不是"正常国家",它不该打肿脸充胖子,以为通过了新安保法,中国及整个东亚都要买它的账。日本的步子还需迈得又小又谨慎,否则的话,说不定哪一步就让自己掉进沟里。

(2015.11.23)

港区议会选举验证"8·31"决定正确

香港22日举行的区议会选举结果已经揭晓,如何评价这一结果,不同角度导致差距很大的解读。建制派和泛民派都有满意的地方,也都有遗憾。但就数据看,建制派议席小幅减少,但保持了优势,其中民建联119席。泛民派总席位增加,但多名反对派头面人物落败出局。

这是"占中"后香港第一次重要选举,投票率达到创纪录的47%,其中青年选民"首投族"表现活跃,这造成至少6名无党派"伞兵"的当选。后者虽人数不多,但他们制造了一个广受关注的动向。

从外部粗看,经过"占中"和"反政改"的剧烈动荡,区议会选举所反映出的香港基本政治格局大体延续了"占中"前的轮廓。

这说明,香港目前所走路线有很强承受力,香港主流社会希望在保持稳定的前提下探索变化,激进民主派的主张容易舆论上走红,但转化成他们所期待的政治翻转力是另一回事,可谓"叫好容易叫座难"。

从去年到今年香港几乎经历了"政治摊牌",反对派能用的招数全都用了,境外势力能施加的影响也都没有留着,可以说对基本法的攻击和闹意见达到了高潮。这次区议会选举似乎印证了那些力量制造非建设性冲击的最大值。

青年选民活跃度增加并有很多倒向泛民或支持"伞兵",这使得如何做好香港青年工作,成为一个意义越来越重的问题。未来一些年里如果这方面没有新的思路,原地踏步,香港的政治形势就会日益趋紧。人们都能听到香港足球场上对国歌发出的嘘声,这些嘘声有可能一步步转化成香港各种选举中的选票。

做香港年轻人工作恐怕不是在香港学校里开一门什么课、换一本什么教材那样简单。香港社会的大环境和整个国家的大环境构成了年轻人思想成长的真实背景，要让这些背景参与对香港年轻人的教育。

香港年轻人受教育的小环境很保守，它的开放其实是表面的，往往体现在语言、教材、师资来源上。香港社会中的"恋殖"情结易于使年轻人误认为香港是"西方的一部分"，进而形成对"西方中心"的忠诚与膜拜。过去中国内地太落后了，做西方的边缘甚至边角料也要好一些。

但随着中国全面崛起，世界的发展格局正彻底改变。连香港的前宗主国英国都把同中国的关系看成"黄金关系"，香港一些小青年却以强调自己"不是中国人"为乐，这种恶搞逆时代潮流的"傻天真"和"傻大胆"有多么可笑，真是不需有太高的眼光就能看出。

要让内地社会尤其是内地青年社会与香港青年实现"全面交流"，我们指的不是代表团来往，不是几个研讨会，而是要让香港年轻人真切感受到他们被包括内地在内的亚太诸因素紧紧环抱。他们要面对内地的竞争、内地的情绪，他们要认真处理同内地的关系，而不是拥有向内地无限单方面发泄不满的奢侈权利。

这会在短期内造成一些问题，但这样的环境更加真实。过去香港青年常常被哄着，今后他们需要听到更多内地人对他们的直率看法。他们需要面对世界最大新兴市场的实际态度。他们还需知道，香港很小，不是可以逃避世界使劲内向回缩的地方，他们唯有正视现实，迎接来自四面八方的挑战。

区议会选举所显示的大局稳定提供了大胆探索香港工作方式的条件。去年"8·31"决定被证明是正确的，今后更不必有什么顾虑。应放开手脚在一些重大难题上谋求突破，只要政治上在理，基本法允许，就不妨有所作为。

（2015.11.24）

三名殉职高管是不应被冷淡的英雄

非洲国家马里20日发生恐怖袭击，中铁建3名高管遇难。中国媒体对此事做了一般性报道，所给予的关注远不如对巴黎恐袭的报道。昨天微信里流传一个帖子，据称是由一位在海外有经营项目的国企老总写的。他写道：

"巴黎恐袭你们在刷屏，我们的英雄牺牲了你们为什么沉默？！看了今天很多媒体的报道，决不接受这样的腔调！我只想说：这不叫遇难，这叫殉国！这不叫公民，这叫英雄！和平年代，不是只有军人才会牺牲，这3名央企员工就是为国捐躯！……为了民族复兴，央企必须'走出去'；为了央企'走出去'，央企人必须'豁出去'！"

这段话的确让人震撼，也值得包括环球时报同仁在内的媒体业内人士深思。那位老总指责"很多媒体都用平实的局外人的腔调在报道，我只想说客观得令人心寒！巴黎恐袭你们的报道都比今天的带着感情"，这种情况是存在的。

作为一位同样有海外开拓任务的央企人，他的这番话带有一些情绪，而且未必无懈可击。但他的感情是真挚的，我们能感悟到他和同伴在海外市场上面对的重重风险和压力，以及他们的使命感。

在马里为谈判新项目而献出生命的3位中铁建高管分别是：中铁建国际集团总经理周天想、副总经理王选尚、该集团西非公司总经理常学辉。中国对外开放史应当记住这3位英雄的名字。

中非贸易额2014年超过2200亿美元，是所有大国对非贸易中最高的。中国的在非投资也走在世界大国的前列。这些成就恰是这3位时代英雄一样的人们默默做出的。他们极大拓展了国家利益的空间，是中国对非战略的前沿执行者。

值得说明的是，中国在非洲的很多经济合作是从马里那样的动荡国家做起来的，因为中国企业走出去得晚，非洲的好地方早让西方前宗主国们占据、瓜分了。中国企业需要前往西方"看不上"、或者"不敢去"的地方，这就要求有一大批勇敢的人们。

中国海外工程人员遭恐怖袭击最多的地方就是非洲，在有些动荡国家，中资公司员工们的进入可以用"前赴后继"来形容。媒体对他们的关心的确太少了。市场经济时代，我们更容易从"利益驱动"的角度来看待这些市场开拓。但我们经常忘记，这些利益除了"公司的"之外，还包括中国国家利益和整个中国社会的利益。

这些企业不光是国企，也包括一些勇敢的民营企业或者混合所有制企业，如华为、中兴、三一重工等等。还有一些中国个体商人深入到非洲动荡国家，促进了国内消费品的出口，他们都应得到这个时代的尊敬。

中国国内如今充满繁荣，很多有本事的人永远用不着踩上动荡国度的土地，就可以获得事业成功，挣到大钱。然而他们的成功与在非洲的开拓者们有着看不见的间接关系。一个大国必是有机的整体，是既有中心繁荣、又有遥远拓荒的综合巨人。如果没有在非洲及中南西亚、拉美等动荡地区冒险探路的中华儿女，中国国内明星城市夜晚的霓虹灯就无法长期闪烁。

"一带一路"，这个伟大的构想连接着世界上的很多欠发达地区，中间就夹着一些动荡处，几百万中国人在以不同方式推动着它的实现。他们在不断加长中国人利益的实现链条。

中铁建的3位高管不幸殉职，让我们把最高的敬意献给他们，也献给他们为之不懈努力、直至客死他国的那份事业。

（2015.11.24）

俄罗斯很难服软，普京面临抉择

一架俄罗斯苏–24战机24日在土耳其与叙利亚边界地区上空被土空军击落。土耳其方面公开承认击落这架俄战机是他们所为，并认为该苏–24战机"侵犯了土耳其领空"，将其击落"合乎规则"。俄方坚称这架战机一直在叙利亚上空飞行，执行打击IS的任务。普京当天对此事件做了极其严厉的定性，宣布这是"恐怖分子的共犯从背后捅了俄罗斯一刀"。

这是冷战结束以来少有的危急关头之一，它的严峻程度和连带风险都达到最近二十几年地缘政治危机爆发的最高级别。因为土耳其是北约国家，自己的军事力量也比较强。这不是一次误击误撞，也不是一个军事巨人随意踹了某个小国一脚。它是一个北约成员国高调击落北约主要对手的战机。这也是俄首次吃这样的大亏。

普京面临比他是否拿回克里米亚更具风险的抉择。他已在第一时间说了，这是拿刀了从背后捅俄罗斯。在说出这话之后，他显然面临了让俄罗斯人和世界都看到土耳其"付出代价"的更多压力，他的个人威信和俄罗斯的强硬形象都将经受考验。

俄有很多能对土耳其开展报复的手段，问题是，它将因此冒与北约至少重回真正冷战的风险。

土耳其这一次的行动不像是仓促的临时决定。之前俄战机的确进入过土领空，俄方承认自己的问题并向土作出解释，姿态较为温和。土方多次表示有权击落犯境战机，而且显然已有方案。这一切土方大概与北约有过沟通。

安卡拉一定明白击落俄战机意味着什么。它接下来会小心翼翼，不给俄用击落其战机开展报复的机会。因此俄方要军事报复土耳其，大概只能越过叙土边境，但那将意味着军事冲突升级的更高风险。

比如俄方一旦击落在土上空飞行的土战机，或者打土空军基地一巴掌，都会触动以美国主导的北约的神经，让北约面临选择。如果北约不采取回应，它保护小盟国的承诺就将贬值，北约的内部秩序难保。

然而如果北约对俄采取某种公开的敌对姿态，欧洲就可能陷入自二战以来从未有过的全局性动荡。这是大家都受不了的局面。

这个世界自冷战后不断积累各种问题，地缘政治的竞争以及给不同社会带来痛感的各种摩擦深刻交织，挑战人类管理危机的能力。土耳其击落俄战机有可能打开潘多拉盒子，其实世界积累了太多不和谐，让人担心这个盒子还有更多其他开口。

北约东扩挤压出俄的反弹，俄的战略伸张又让北约制约俄的心理逐渐增强。这是我们从土耳其击落俄战机事件中嗅到的真正火药味。

土耳其有可能有点"毛躁"，对后果"考虑不周"。但美俄都是清醒的。它们知道自己的每一个反应都在给未来的欧洲和中东秩序释放信号。

世界当前最紧迫的问题是反恐，但地缘政治是大到无处躲避的阴影。恐怖主义竟然诱发了俄与北约一重要成员国是否摊牌，以及北约与俄是否尖锐对峙的抉择，这就是当今世界的复杂性和危险性。

俄罗斯是否会"理性"回应土耳其击落俄战机的行动，北约是否会给出"理性"姿态恐怕也是一个因素。祝福和平吧，希望局势能够戏剧性地柳暗花明。毕竟局势深度恶化对谁都没好处，各方都不可承受风险的倒逼或许将起作用。

（2015.11.25）

美为何对"中国间谍"冤案从不追责

美国民权委员会近日致信美司法部长林奇,要求她就近来华裔科学家屡陷中国间谍冤案开展调查。民权委员会是隶属于美国联邦政府的一个独立机构,它在信中列举了国家气象局水文专家陈霞芬和天普大学物理系教授郗小星分别遭遇间谍冤案始末,指出检方证据都出现"严重错误",要求查明联邦调查人员和检控人员办案时是否"过度考量"了种族因素。

本月有多名美国亚裔议员发出呼吁,要求检讨一系列冤案是否有"种族定性"的歧视问题。他们认为美国"有一种把华人科学家定性为中国间谍的习惯与模式,哪怕没有可信的证据支持"。

据美国《科学》杂志报道,仅在2014年就有5名在中国出生的科学家被指控窃取商业机密或惹上经济间谍之嫌,后被撤诉。华裔科学家的"间谍案"在美最轰动,而出错率极高,上文提到的陈霞芬和郗小星案后来都因证据不实被撤诉。美国1996年通过经济间谍法案以来,有近一半诉讼涉及华裔,或与中国有关。

民权委员会的呼吁在"司法独立"的美国能起多大作用令人怀疑。美司法部一直没太理会亚裔议员的呼声,通常来说那些议员的能量要比联邦政府的下设机构更大些。

美国存在对中国崛起的战略焦虑,这对全美社会对华裔的态度产生了微妙影响。一个机构怀疑遭到窃密时,当中的华裔往往被办案人员情不自禁地列为优先排查对象。美国舆论也在不自觉地支持这种思维定势,一出"中国间谍案",美国媒体便很兴奋地进行先入为主的炒作。即使后来证明搞错了,也是通过所谓的程序追究来应付了事,无具体责任人,媒体也无意跟进。

美国这一套挺可怕的。这种类似麦卡锡主义的大量冤案是以法律的方式、程序的方式、证据的方式制造的，出了错再以同样的方式撤回，用不着反思，同样的错误下一次接着犯。在一个个鲜活的个人和家庭痛苦面前，美国司法体系总是戴着冷冰冰的永远正确的面罩。

要是在中国连续出针对某一特定人群的冤假间谍案，或者司法机关在同一案情领域"屡错屡犯"，舆论不知道要骂成什么样子，"整改措施"也不知要搞得多么热闹。但是美国错就错了，抓人时舆论狂欢，放人时静悄悄的。抗议的议员因为主要是华裔，美国主流社会似乎这耳朵听了，那耳朵就冒了。

远有麦卡锡主义的教训，近有一个个错案的前车之鉴，美国联邦调查局的警员怎么还能没有确凿证据在手，就带着枪闯进那些无辜华裔科学家的家中，当着他们妻子孩子的面用枪指着他们，给他们戴上手铐，然后押上警车？

我们不能断然下结论说美国的民主和法治"是假的"，但它们显然有一些重大缺陷，一旦"政治挂帅"的引力出现，司法体系就成了政治引力场中的罗盘，忠实地指向既定的方向。

当错抓的华裔科学家非中国公民时，纠不纠错与中国几乎没什么法理上的关系。但中国人每每听到这种消费中国的"间谍"冤案时感觉犯恶心，也很正常。

我们想说，中国舆论有多少理由怀疑我们身边"布满了美国间谍"，又有多少理由担心美国的高科技大公司都是潜入中国的"特洛伊木马"。稍稍关心隐私的人应该都不再敢使用苹果手机。然而中国有在大规模"抓美国特务"吗？我们排挤了美国高科技公司吗？看看那些热情的"果粉"们，他们一如过去那样表达对苹果新款的狂热。

美利坚，你变得小气了，神经分分的，不仅折腾世界，也不时折腾你自己的国民。你一直以全世界最有人权的国度自居，视自己为人类社会民主与法治的楷模。但看看你办的这些"烂事"，你是不是为了自己"好意思"，该"认真整改整改"了？

（2015.11.25）

俄会报复土耳其吗？将如何报复？

整个世界这两天都在谈论土耳其击落俄罗斯战机事件，观察家们的看法可以大体归纳为两点。一是俄罗斯采取某种报复的可能性很大，局势的不确定性明显。二是局势整体上仍存在较大的可控性，俄土相互激烈报复并最终升级为北约与俄全面对抗的概率极低。

俄与北约近年关系走差，西方对它的挤压与它的反弹形成多条拉锯战线。但这样的持续紧张在土叙边界以这种形式爆发出来，是大多数人没想到的。土耳其究竟是"闯了祸"，还是它的行动对北约来说出现得"恰逢其时"，这是个很微妙的问题，答案恐怕也要过一段时间才能看清。

土耳其算不上北约里的"车马炮"，但它却"将了莫斯科一军"，让普京煞是难受。俄接下来如何出招，将影响事情的走向，也影响这一突发事件的历史定位。

很多人相信，这件事"最终闹不大"，到头来将作为"俄土事件"结束。这种观点的依据是俄与北约之间虽互相看不顺眼，但都不想彼此敌对。对北约的盟主美国来说，俄已难构成长远的头号战略威胁，深陷于与俄对抗并不断消耗自己的实力，它这方面的积极性在走低。对俄来说，它在盟友很少的情况下与北约摊牌显然力不从心。

从乌克兰到叙利亚，俄与西方摩擦不断，但双方在底线周围的小心翼翼相当明显。

然而土耳其这一巴掌打得相当重，让整个俄罗斯社会都感受到了耻辱。普京如果毫无作为，这不符合威权政治的基本逻辑，其后果是他很难承受的。因此尽管俄土昨天的说话调门都有些降低，但俄以某种方式报复土的可能性仍相当高。

俄如果"还手",其幅度最有可能是让土耳其也产生痛感和蒙羞感,但对土的深度损害有限。北约召开紧急会议、发表谴责声明,再做些紧急部署就够了,用不着必须以北约名义对俄做额外军事反制。

那样一来,俄罗斯的面子就大体保住了,北约显示出世界军事老大的派头,土耳其会"先得便宜后吃亏",在它与俄之间拉个平手。整个事件将会作为俄与北约摸索新边界打下的又一界桩。

至于俄采取什么具体手段报复土耳其,不排除它会找机会也打下一两架土耳其战机,或者支持叙利亚及土耳其境内的库尔德人武装。后一招的轻重程度可以调控,不至于有不可控的剧烈爆发。前一招将是空中的纠缠,属于对土"以牙还牙",与攻击土耳其地面设施还是大不一样。

当然局势还可能有其他走向,比如欧洲有影响的力量直接出面调停,给俄罗斯铺一个体面的台阶,领莫斯科不与土冤冤相报的情。如果西方能够在某种程度上恢复同俄的关系,放松对俄的制裁,用以"奖励"它在遭战机击落之辱后的克制,那将对莫斯科有一定吸引力。

现在不是俄与欧美关系最紧张的时候,虽然西方怀疑俄在叙利亚打击IS"有私心",但最近两个月的叙利亚更多是拉近了俄与西方的关系。法国正热衷让世界大国组成反恐联盟,在土击落俄战机后,欧洲的舆论并非一边倒站在土耳其一边,而显出不同寻常的"多元",这说明回旋空间很可能存在。

然而能不能抓住每一个机会和线索,变击落俄战机的"坏事"为"好事",那要看北约尤其是美国的真实态度了。如果它们不想把俄罗斯挤得太狠,和它们就是要狠狠羞辱莫斯科一下,后续情况将完全不同。

击落战机危机如何解决,或许将是北约与俄相互恨到什么程度,以及它们彼此还有没有最后一些沟通力的试金石。

(2015.11.26)

IS 点名大陆和台湾蛮滑稽的

极端组织"伊斯兰国"(IS)发布新宣传片"刻不容缓",点名60个"国家"是"反伊斯兰国全球盟军",其中包括中华人民共和国国旗以及台湾地区旗帜。台湾"总统"马英九呼吁民众做好必要防护措施,但也希望不要因此恐慌。台北市长柯文哲则对 IS 将台湾列入表达了某种"委屈"。这件事蛮滑稽的。

这部宣传片制作精良,虽然摆上了60个"国家"旗帜,但片子用了最多时间指责美国发动"针对穆斯林和伊斯兰国的战争",还将3任美国总统奥巴马、小布什和克林顿的头像都在片中给了特写。

IS 刚刚发动了巴黎袭击,像是"春风得意",顺势又推出宣传片,恐吓世界。不能不说,目前是西方世界和不少社会对恐怖主义和各种极端主义最感惴惴不安的时候之一。巴黎恐袭加上俄民航客机被炸,让一些人感觉 IS 本事不小,担心它的威胁不是"随便说说"。

然而 IS 的大部分威胁都是搞的障眼法,它的真实能力必然受到它所控土地和相关资源规模的限制。它自称"国",但其在叙利亚及伊拉克的控制区并不稳定,并且正遭受俄美法等国的不断打击。对它来说在叙伊之外组织新的袭击也不是很容易的事。

IS 鼓舞了世界各地的恐怖组织和极端主义者,有可能诱发一些当地的恐怖主义事件,这当中各国各地的实际情况什么样至关重要。总之 IS 决非指哪打哪的"天师神旅",它的新宣传片和之前做的各种宣传是在造势,扩大影响。

因此中国社会不必在意 IS 怎么说我们,中国有自己独立自主的中东政策，有对恐怖主义和极端主义的稳定态度，我们该怎么做就怎么做，过去这样，未来也应这样。我们既不能放松警惕，也不必惊慌。

东亚很多国家和地区都被IS的新宣传片点到了，比如日本、韩国等等。需要指出，上述国家，包括台湾地区都没有直接受到过中东著名恐怖组织的攻击，这首先还是因为那些中东恐怖组织有些顾不上东亚，光是对付美国和欧洲就够它们忙活的。

中国大陆是受恐怖主义危害较重的地区，尤其是新疆的一些地方。新疆恐怖分子有些在中东恐怖组织里面干过，回国后仍与它们有精神上的联系。但在中国警方的严厉打击和追踪下，中东恐怖组织很难对新疆恐怖分子搞战术意义上的任务分派和指挥。

新疆地区的反恐卓有成效，不断打掉极端犯罪团伙，控制了暴恐活动向内地的蔓延。中国在解决暴恐所涉深层问题方面也很下力，这与西方完全漠视中东恐怖主义深层问题是不同的。西方主要国家几乎都有过针对恐怖主义的全局性恐慌，但中国社会一直保持了整体上的自信和从容。

恐怖主义很可能将长期纠缠人类社会，在可预见的未来内它大概无法被根除。各国要比的是谁能以相对较小的成本实现对它的防范和控制，确保社会正常运行，不被它扰乱。从目前来看，中国大陆社会做得是比较成功的。

我们一方面要高度重视防范恐怖主义，决不可掉以轻心，一方面也要快乐工作、生活。恐怖袭击每发生一次都很轰动，但它们毕竟是全球范围内的低概率事件。只要我们不惧怕恐怖主义，它就失败了一大半。再坚决打击它，又进一步压缩了它的空间。树立一个正确的态度，就是对人类反恐的一份贡献。

（2015.11.26）

俄罗斯"怂了",还是游戏在继续?

土耳其 24 日击落俄战机后,双方的外交姿态似有放缓迹象。事情会就此平息,仿佛没发生什么大事一样吗?大概不会。

土耳其此举无论有多少偶然因素,它在北约与俄罗斯的关系中也已产生重大分量。一个北约成员国先是在之前一段时间警告,然后真的把俄战机打了下来。它的意义是战略性的,构成了对俄近来活跃外交及军事表现的一次警告。

即使俄做一些有限度的还手,这次警告也已经成立。它彰显了以美国为盟主的北约的强大,警告俄罗斯的方式可以信手拈来,土耳其动手就可以让俄很难受,整个北约只需抱胸站在土的身后,说些让双方都冷静的外交辞令,这是西方展现给俄的新脸色,是开了与俄博弈方式的又一先河。

俄罗斯还是蛮吃力的。它缺少土耳其这种力量级别的盟友,对付北约它需处处赤膊上阵,几乎没有回旋余地。

自上世纪 50 年代"冷战"开始后,欧洲的首要防御对象一直是苏联和后来的俄罗斯。南斯拉夫危机和后来的反恐战争一度分散了欧洲的注意力,但是乌克兰危机又恢复了欧洲社会对"普京俄国"的大部分敌意。欧洲的威胁来自东方,这一思维定式难以彻底改变。

法国遭恐怖袭击唤醒了很多欧洲人对地缘政治之外非传统威胁的新警觉。究竟是俄罗斯危险,还是恐怖主义和难民潮更危险,欧洲人被迫进行思考。

俄罗斯在乌克兰的"扩张"有一条欧洲人早就猜到的边界,它果然在东正教徒和天主徒的大致分界线附近止步了，而且它的目标似乎不是彻底分裂乌克兰。在叙利亚，俄想保住自己这一中东的唯一支点，这从战略上看也似乎说不上很过分。俄的攻势更像是防守的一种方式，它要想恢复苏联时代的影响完全不现实。

说到底，俄与北约的摩擦很大一部分是由后者无节制东扩引发的，缓解这个摩擦的主动权掌握在美欧手里。俄想同美欧改善关系的愿望很强烈，这点欧洲观察家们都看得出来。

而要让IS"放过"欧洲，让难民别往欧洲跑，至少欧洲的手里一点主动权都没有。要解决这个难题，必须全世界通力合作，对欧洲来说，俄罗斯的合作至关重要。

欧俄的矛盾实际在缓解，它们的紧张很大程度上是人为的，这些人为因素的最大部分来自美国。

由于俄是超级核大国，美对俄的防范要高于欧洲对它的警惕。如何解除俄罗斯这个包袱，美一直不得要领，它因此总是采取最简单也最表面的做法，迎合美国精英集团的心理及口味，对俄采取遏制战略，并一再把事情搞糟。

时至今日，俄美对立已"冰冻三尺"，非一点小的善意互示所能融化。历任美国总统因为不断有竞选压力，只好维持现状，"破罐子破摔"。欧洲也因此很难走上与俄缓和关系的稳定轨道。

土在此时击落俄战机并不符合欧洲国家的利益，但却符合"北约"的利益。美国一插手，欧洲就没辙。这是欧洲将军事外包给北约的结果，不得不为美国的利益埋单。一旦普京下决心报复土耳其，导致大范围动荡，欧洲又将站到利益受损的前沿。

俄罗斯面前的北约并非铁板一块，它自身的变化必然引发对方的内在关联变化。也许是考虑到这一点，普京在土击落俄战机后的最初几天里采取了审慎态度。然而这场游戏并没有结束。

（2015.11.27）

军改将积极影响世界评估中国力量

中央军委改革工作会议 24 日至 26 日举行，全面改革强军战略拉开帷幕。重新调整划设战区、组建战区联合作战指挥机构等等都意味着十分深刻的调整，军委—战区（军种）—部队新的作战指挥体系和领导管理体系将在改革中生成。

改革的主轴似乎只有一个，那就是"战斗力"。一切有利于战斗力的就保留，就打造。那些与战斗力关系不大、尤其是对它有所妨碍的就会调整、压缩直至取消。解放军的人数将有所减少，但改革完成后的这支军队将更能战斗，更有效地捍卫中国国家利益和中国人民的利益。

随着中国改革的深入和国家力量的全面崛起，它已从一个普通国家逐渐发展成具有世界意义的战略力量，越来越靠近全球地缘政治以及各种敏感竞争的前沿。中国坚持和平崛起，但军事力量对国家活跃在世界舞台所起的战略支持作用越来越重要，中国拥有什么样的全球角色，军力是关键评分之一。

解放军从战争年代到和平建设时期都做出了决定性贡献，同时毋庸讳言，国防力量不是当下中国综合国力最突出的长板。中国已是世界第二大经济体，多项经济指标居世界前列。但是国际上并不认为中国军队是世界"第二强大"的军队，由于中国实现了近三十年的连续和平，军队多年未战，它的威慑力有待通过各种途径不断刷新。

中国军队的现有体制已经延续了相当一段时间，随着军事技术革命的不断发生，对它做体系性调整势在必行。我军长时间没有实际作战需要拉动改革，这就需要军队自我激励和鞭策，捕捉现代战争的每一个信息,紧盯世界主要军队的调整动向,让我们自己的改革不仅不滞后,而且要尽可能走在世界军事变革的前头。

太平洋方向不断浮现针对中国的战略压力,一些有挑衅性质的军事行为时有发生,南海和东海的形势都较前些年有所紧张。军事力量是个别域外大国在中国周边加紧实施亚太再平衡战略的首要杠杆。中国力主通过和平方式解决所有争端,我们的军力越强,相关力量积极响应中国这一主张的态度就会越认真。

与上世纪80年代、90年代相比,中国今天的军力强大多了,但我们的压力也更重了,国家安全的实际感受并未缓解,反而在一些方向上更紧巴了。这就是因为中国长大长高了,更多的风吹过来了,我们的唯一选择就是变得更强。

除了军事装备需不断更新换代,中国军队的指挥体系也要与时俱进,及时变革。和平久了,换机制有时比换装备更难,因为换机制涉及到大量人员调整,会触及具体的利益层面,因此它往往意味着更多考验。

从新中国成立至今,中国军队一路现代化,也一路改革,装备越来越多并且先进,现役人员总规模却越来越小。历次改革证明了解放军是真正忠诚于党和国家、忠诚于人民的军队,全社会也总是能够积极配合军队改革,帮助消化由此产生的人员问题。

世界高度关注解放军的这次改革。这是一支从未对外吃过败仗的军队,也是一支对变革"不用扬鞭自奋蹄"的军队。这次军改既是内部改革,也是对国际上审视中国军队实际战斗力的回应。

说实话,一项刀口向内的革命性变革所要下的决心和花费的力气,不会比决策还击一项严重外部挑衅需要的勇气更少。能够坚决开展如此大规模改革的军队,一定更能做到在国家利益受到侵犯时挺身而出,毫不犹豫。因此从某种意义上说,这一轮军改也可看作是中国军队在国家安全形势复杂化时期一次无声的态度宣示。

(2015.11.27)

拒称吉布提军事基地，是事实也是态度

中国外交部近日表示，正就在吉布提建设后勤保障设施进行协商。美国等西方国家媒体密切关注此事动向，并认为中国正在吉布提建设"首个海外军事基地"。西方媒体谈到，中国避免使用"军事基地"这一说法，同时认为中国此举有助于扩大其影响范围。

应该说中国在吉布提建后勤保障设施，将为中国海军在非洲沿岸开展巡航、承担自己的国际责任提供直接便利，这一点无需隐瞒，外界也看得很清楚。如果这就是通常所说的海外军事基地，中国的军事发烧友们可真是巴不得。但它可能真的算不上。至少在初期，这个后勤保障点与军事基地将有较大区别。

美法等在吉布提都建有真正的军事基地，它们是美法实施非洲军事战略的支撑点和前哨。以那些基地为中心，美法向非洲释放军事威慑力，目的是最大限度地实现自己的国家利益。

中国与非洲所有国家的关系都建立在平等互利基础上，中国的对非政策不需要借助军事威慑力来推行。中国海军在亚丁湾的巡航等行动主要针对的是海盗等地区公害，此外几次区内动荡引发大规模撤侨，中国海军扮演了关键角色。

把吉布提后勤补给点变成可以直接打击中东某个敌对政权的"总部基地"，甚至与美法等竞争在非洲的军事话语权，中国人根本就没往那方面想。那样的姿态不是中国和平发展所需要的，中国不会走不断在各大洋建军事前哨，并通过它们向全球投射军事威慑力的帝国道路。

当然，"后勤补给设施"与"军事基地"在外部形态上的区别并非绝对的，二者的主要区分恐怕在于上文所说的动机。中国外交部和国防部都避免使用"军事基地"的说法，这本身就是一个态度。中国护航舰队需要在亚丁湾有补给点，围绕这些现实需求开展的建设具有自然发生的性质，而并非某个全球重大谋略正式登场的序曲。

我们注意到，炒作所谓中国吉布提"军事基地"的主要是西方媒体，迄今为止鲜见北非、中东或西方国家的政府就此提出异议。日前美国非洲司令部司令罗德里格斯提到了中国可能在建"吉布提基地"，但也没有表态。吉布提政府热情欢迎中国建后勤保障设施，它把中国工程建设力量的进入视为国家发展的契机。

中国在非洲的影响力无疑将逐渐扩大，但这种影响力的主要来源是中非经济合作和政治互信的不断扩大。吉布提后勤保障设施建好后，中国海军在非洲沿海的巡航将更容易常态化，这会让在非开展合作的中国人更加安心些。这当中的逻辑具有高度正当性，它是非洲崛起的积极因素，不是为影响非洲未来走向强行植入的外部军事变量。

西方媒体对中国在吉布提建后勤保障点的动向很感兴趣，这应当说也是正常的，中国的军事发烧友更感兴趣。但它是什么就是什么，既不用隐瞒，夸张和歪曲也立不住脚。中国政府大概用不着特别在意美国及非洲前殖民国家的反应。

实际上，只要世界欢迎中国的商队出现在各大洋的沿岸，欢迎中国建设力量沿"一带一路"去各国开展工程合作，那么慢慢地，世界可能也会理解并欢迎中国的海军出现在各主要航道上，既保护中国船队的安全，也为保障其他国家共享的海上秩序做出贡献。

作为世界第一大贸易国，中国海军在各大洋的活跃度应当说还非常低，不少地方还是中国海军足迹的空白区。与军事基地遍布世界的美国相比，谈论中国的"海上霸权野心"是非常可笑的。还是现实点吧，多讨论些实在的话题。

（2015.11.28）

期待巴黎气变大会获历史性突破

巴黎气候变化大会今天举行。这次大会有望就控制气候变暖的人类计划达成新的协议，取代 2020 年即将到期的《京都议定书》。

《京都议定书》签署于 1997 年，那份协议还主要是发达国家的减排计划，由于当时发展中国家排放份额很小等因素，它没有对后者进行量化约束。在那之后地球气候变暖的趋势日益严重，发展中国家的碳排放逐渐扩大，围绕谁应承担控制全球碳排放的责任，甚至发达国家的欧盟和美日之间也都产生了激烈争论。

中国在 2010 年之前就已成为世界第一碳排放大国，发展与减排之间的矛盾在中国表现得极为突出。一方面中国碳排放总量不断上升，另一方面中国人均碳排放远低于美国那样的发达国家，只是后者的几分之一，中国继续发展短期内仍需新的碳排放空间。

北京 2014 年正式宣布到 2030 达到碳排放峰值，并以尽早达到排放峰值为目标，中国是第一个给自己下碳排放硬指标的大新兴经济体。中国的做法受到法德等发达国家政府的赞扬，并与美国的减排指标形成挂钩关系。

需要指出，中国非常有决心在 2030 年以前达到碳排放峰值，然后进入碳排放下降轨道。因为这不仅是中国作为世界最大发展中国家对全人类要尽的义务，而且这已成为中国国内社会发展议程的紧迫需求。

近年中国很多地区不断出现的严重雾霾为经济社会发展方式敲了警钟，中国人切实认识到保护生态、维护可持续发展的重要性。而减少雾霾与减少碳排放是大气物理学的同一范畴，中国的自我发展治理目标与欧洲最早倡导的抑制地球变暖目标形成高度契合。

可以说，中国社会如今对减少碳排放比外界批评我们"排放高"的人还要着急。因为地球变暖毕竟是个缓慢过程，它的危害可能要由几代人逐渐感受到。而大气雾霾则不同，它在很多中国大城市居民早上一醒来时就笼罩了他们，破坏他们的心情，带给他们自己健康有可能受到危害的种种担心。雾霾是中国人最恨的污染现象之一，他们巴不得今天就清除发生雾霾的根源，找回蓝天。而正如上文所说，雾霾的成因与高碳排放有着很大重合。

然而消除雾霾、也就是把碳排放迅速降下来并非那么容易，中国这些年经历了既要发展又要生态保护的艰难平衡。中国人口太多，一旦大家都开车，都用暖气和空调，都住的房子好一些，都增加旅行次数，碳排放就会节节攀升。人生而平等，当一部分人富裕起来之后，意识到阻止碳排放继续上升的重要性，而要求其他人为控制碳排放总量而牺牲自己发展的时候，就陷入了一个尖锐的道德困境：我们有权利对那些人说，"为了保护地球你们应当继续过过去的苦日子"吗？

中国把2030年设为碳排放的峰值时间，就是综合平衡中国发展权利与全世界共同保护地球生态需求的结果。中国的承诺使得全球限制碳排放获得一项关键支持，也使得这一原本泛泛目标面临了形成具体时间表和路线图的历史性机会。

当今世界各国的关系仍有些像"一盘散沙"，它们能否就全人类的生态等共同难题达成有强约束力的协议并将它执行下去，是让不少人怀疑的。然而我们希望巴黎气候峰会真能达成这样的里程碑协议，各国也能认真将其付诸实施。那样的话人类有可能进入由理性主导的新纪元。

（2015.11.30）

俄空军炸了"东伊运",但它一时死不了

据美联社 11 月 29 日报道,俄罗斯战机当天空袭了"突厥斯坦伊斯兰党"的办公室,而这个组织实际上就是"东突厥斯坦伊斯兰运动"("东伊运")恐怖组织。

美联社是援引位于伦敦的"叙利亚人权观察"组织消息做上述报道的,该报道没有将"突厥斯坦伊斯兰党"称为恐怖组织,而只形容它是"由来自亚洲各国的武装人员组成的团体"。

根据中国反恐机构掌握的确凿情报,"突厥斯坦伊斯兰党"就是原来的"东伊运"组织。"突厥斯坦伊斯兰党"2013 年 11 月宣称制造了"10·28"天安门广场恐袭事件,中国新疆发生的很多暴力恐怖主义事件亦与它有关,该组织把分裂新疆作为自己公开的政治目标。

目前尚无其他信息源能够确认"突伊党"办公室遭到俄空袭打击的消息,但是中国公众昨天在听到该消息后大多表现出"宁可信其有"的高兴。如果美联社的报道是真实的,那么中国社会的第一反应无疑是欢迎。

欧洲媒体近来多次援引"大赦国际"等组织的谈话,宣称"东伊运"已经不复存在,中国将境内暴力恐怖主义事件与其联系起来"不可信"。现在美联社的报道证明了"突伊党"在中东的活动,即使西方对"突伊党"与"东伊运"是一回事有所怀疑,那么"突伊党"公开宣称对"10·28"天安门广场恐怖袭击负责,即证实了该组织的恐怖主义性质,也证实了它与中国国内恐怖主义袭击的联系。

中国新疆暴恐势力有境外恐怖主义组织的精神支持和不同程度组织

上的指挥和操纵，这一点在新疆可以看得很清楚。西方一些人至今顽固地认为只有他们遭遇的恐袭才属于恐怖主义，中国发生的受意识形态支配且针对平民的杀戮却是"事出有因的反抗"，这种论调对形成全球反恐统一战线造成了粗暴破坏。

本报多次写道，全球的恐怖主义都有各自的"深层原因"，这些深层原因的差异不应成为认定明显恐怖主义活动时的障碍。各国对恐怖主义必须一致严厉打击，这当中决不可有地缘政治私心和意识形态特殊目的的介入。客观说，恐怖主义的深层原因很难治理，但是中国为这种治理正在做出认真努力，而西方在治理中东恐怖主义深层原因上却几乎毫无作为，它们似乎在不断捅新的马蜂窝。

由于对恐怖主义定性上的分歧，以及国际社会对各种恐怖主义深层原因的复杂态度，目前恐怖主义仍有存在的空间，冒头的恐怖组织受到打击，但他们造成的影响却散布开来，像癌细胞一样越治越多。鉴于现代人类社会有其突出的脆弱性，恐怖主义的威胁实际上越来越严重。

不能不说，中国对恐怖主义的总体控制能力要强于西方，新疆发生的暴恐事件虽然数量上不少，但它们形不成像"9·11"和巴黎恐袭那样的全局性冲击力。西方不愿在反恐上同中国坦诚合作所造成的相关损失决不仅仅是中国的。

中国应坚决根据自己的实际情况严厉打击恐怖主义，认真治理恐怖主义，这次俄罗斯打了"突伊党"，但我们不能指望别国帮着清除整个"东伊运"，复杂的斗争还将继续下去。

中国在反恐问题上首先要清醒，要坚持自己的权利，不能让恐怖主义干扰中国的外交内政大局。这个基础稳了，我们对付具体恐怖组织和它们的暴力活动就能打得更准，效果更佳。

（2015.12.01）

希望两岸"互换被俘情报员"是真的

台湾方面昨天高调"证实",台湾被大陆逮捕的军阶最高的两名情报员已于10月13日获释并搭机返台。他们是台前"军情局"四处副处长朱恭训上校、组长徐章国上校,在大陆已被关押9年多。台方称他们随后在10月也提前假释了被判无期徒刑的"大陆情报员"李志豪。

如果这真如台湾媒体所说是两岸"首度交换被俘情报员",那么这件事有可能被未来的两岸关系史确定为在特殊领域具有政治意义的破冰事件。

昨天大陆国台办证实了朱、徐二人被假释,但没有把二人的假释同台湾假释李志豪联系起来,称假释李是台湾方面的事务。有了解两岸关系的学者认为,即使两方的上述假释是"交换",大陆方面也不会点透。对这方面尽可能沉默是大陆对台情报工作的原则之一。

两岸互搞情报最激烈的时期是国民党刚从大陆撤退、两岸高度敌对的时候。那时蒋介石政权抓捕了一大批大陆情报人员并将他们杀害,大陆方面也逮捕处置了许多在大陆潜伏下来的国民党特工人员,双方的一系列斗争可谓血雨腥风。大陆上世纪五六十年代拍的谍战片基本是针对台湾间谍的,那时的大陆人通过荧幕看到了种种"台湾特务"。想必台湾也有过针对"大陆间谍"的类似文艺反映。

两岸上世纪80年代相互开放以后敌对程度逐渐降低,但相互的情报斗争延续了下来,方式有所改变,对立情况有所缓和。虽然两岸仍会曝出新的间谍案,有的也很轰动,但马英九上台以来,两岸情报斗争显得已不那么"剑拔弩张"。

了解两岸情报的人普遍认为，只要两岸不彻底结束敌对状态，政治互信不建立起来，双方一定程度的"情报战"大概就会存在。两岸之间有间谍被抓的事情难免出现，至于它们会闹出多大动静，被抓间谍判得轻重，将取决于两岸当时的政治氛围和法律法规。

　　总体看，两岸的沟通渠道不断增多，相互通报信息的范围也在扩大，许多过去要情报人员冒风险搜集的信息，现在可以通过正当途径获得。"习马会"已表示两岸将考虑互设"两会"办事机构事宜，一旦得到落实，两岸信息沟通渠道将出现重要变化。

　　情报员是一种特殊职业，政治越动荡的时期，他们越活跃，作用越关键，个人风险也就越大。这一职业至今是最神秘的行当之一，它与政府或政治集团的利益紧密相连，对它的道德评价掺入了清晰的敌我界限，因此比较复杂。由于这个行业涉密性极强，很多人到底做了什么，是"好人"还是"坏人"，直到他们死都只有少数人了解实情。

　　我们出于善意，希望两岸的政治缓和进程能够永不出现大的逆转，两岸情报人员做事的大环境不再那么紧迫，情报人员个人的工作能通过两岸的法律和彼此的默契予以协调，严重触犯对方刑律的行为得以逐渐淡出。换句话说，两岸"情报战"不应比世界其他地方的情报斗争有更多的人员代价。

　　当然了，愿望归愿望，一旦民进党上台并导致"台独"再次活跃，两岸出现新的军事紧张，情况恐将会另当别论。

（2015.12.01）

人民币入篮是中国水到渠成的胜利

国际货币基金组织（IMF）11月30日决定将人民币纳入特别提款权（SDR）货币篮子，人民币在SDR货币篮子中的权重为10.92%，超过日元和英镑居第三位。这被普遍看成人民币国际化的里程碑事件，也标志着IMF的一项重大改革突破。SDR货币篮子从四种货币扩大为五种，人民币成为首个入篮新兴国家货币，具有重要象征意义和现实意义。

人民币入篮有助于IMF在世界经济形势多变的今天保持它的代表性和权威性，中国的经济规模太大了，任何俱乐部将中国拒之门外都会同时造成自己的残缺，与中国合作寻求双赢是更现实的选择。

人民币并不完美，但它入篮对国际货币体系的贡献将是主导性的。此外这从目的上说也是一项政治决定，反映了发达国家对坐稳了世界第二大经济体位置的中国采取什么态度。

这是中国经济的一次胜利，也是世界经济治理体系对中国角色的加冕礼。中国经济实力是迄今影响西方对华态度最有力量的因素，它为中国赢得的尊重和重视也最多。

进入SDR篮子将极大提升人民币的国际市场声誉，人民币可能成为很多国家新的储备货币，最终可能成为国际通用货币，这将在中长期导致人民币需求量上升，对中国非常有利。经济实力推升人民币的地位，人民币影响力的扩大将有利于改善中国经济的环境，这样的良性循环意味着中国经济整体的新境界。

然而人民币入篮也会倒逼中国的进一步金融改革。人民币国际化已很难在中途停下来，只能继续推进。这会让中国更容易受到国际金融动荡的影响，我们将更难做到独善其身。大家都开放的情况下，谁更强大谁将更安全，中国未来不能只靠设立"防火墙"来自保，我们唯有将自己不断"做大做强"，争取战略主动。

人民币入篮被有的外媒称为世界对中国经济的"信任投票"，它也是对中国已有经济成就的一次总结。对很多国家来说这是可望不可即的，中国为实现这个目标也对应 SDR 的标准有所改革，但总体说来，人民币入篮属于水到渠成，不是中国当成"政治任务"去完成，自我削足适履的结果。

发展是第一要务，这个道理适用于中国内政外交的方方面面。当中国强大到一定程度时，SDR 最终向人民币打开了大门。中国如能继续扩大贸易量，增加在世界贸易中的占比，TPP 也会放下架子找上门来，因为没有中国加入，它就难称是亚太的多边贸易体系和规则。

在社会和政治领域也有同样逻辑，随着中国取得更大成功，各种理论就需能够解释中国有别于西方的现象。解释不了的就会被认为不全面，适用性和概括性都不足，就需进行调整、丰富，而不是像以往那样动辄否定中国的案例，将与西方理论对不上号的中国现象都视为异端。

有人担心人民币入篮"未必就是好事"，新风险的可能性令他们颇感不安。其实改革开放的哪一步没有风险？但中国都驾驭了它们，没有犯颠覆性错误。根本原因在于，包括"入世"在内的中国重大行动都以实事求是为基础，我们反对原地踏步但也决不自我拔高，追求华而不实的东西。人民币入篮是中国一项新的战略进发，但它是脚踏实地的，因此它的风险也一定是可控的。

（2015.12.02）

要发展也要蓝天,政府民间都"急死了"

包括首都北京在内的华北大片地区陷入重度雾霾污染,其中北京在连续多日"不见天日"后,昨天局部城区达到 900 微克 / 立方米以上污染程度的惊人情况。这是今年以来持续时间最长也最严重的雾霾天气,它造成民怨纷纷,互联网上的吐槽连成一片。

据联合国方面发布的报告认为,中国北方的雾霾治理已初见成效,在今年 11 月以前,北京人的感受也是雾霾天似乎少了。北京一直是雾霾的重灾区,它的情况如现好转,对北方的治理具有标志意义。

然而 11 月以来,雨雪天气之后紧接着迎来持续重度雾霾污染,长时间不见蓝天,人们的些许好印象被一扫而空,坏心情的反弹十分强烈。至少在最近几天里,公众的强烈感受是雾霾越治越重,任何对治理污染成就的提及都显得滑稽,让人反感。

人们的怨气自然大部分撒向了政府,尽管多数人其实明白,对雾霾的制造"人人有份",我们都因追求廉价现代生活而成为低质量能源集中消费的参与者。这是个看上去一时难解的"死结",我们想生活在热闹的大都会里,住宽敞的房子,冬天房间里温度高,大家都有车开,入夜城市流光溢彩,但同时也要蓝天白云。从政府到民间都快"急死了",但这个矛盾就是难彻底解开。

要说如今的政府对治理雾霾"重视不够",搞宁肯牺牲蓝天的"GDP至上",显然不合实际。现在最平等的就是空气污染了,多大的官,多有钱的富豪,只要一出门呼吸的都是同样空气。加上舆论严厉鞭挞,如何治理好雾霾,政府快要被"逼疯了"。

但是无论政府做了多少工作，公众要的是结果，而非政府如何努力的过程。这不是理性或不理性的问题，舆论的天性就是这样。政府对此只能正视、并适应。

政府方面切不可因为做了工作"没被认可"感到委屈，而应通过雾霾天里的民怨进一步感受大气治理的紧迫，摸索中国社会发展和保护生态的准确平衡点。中国人既要发展，也要蓝天的愿望不断相互冲突、磨合，这同时是价值重建的过程。它会提供解决问题的意外空间。

当严重雾霾天再次降临时，政府该做的有些做了，有些没做到，那么此时它应当做的一件事就是给互联网舆论当出气筒。这时候吐槽是难免的，急躁看上去很汹涌，实际上人们了解治理雾霾的艰难。政府工作的成绩大家并非真看不到，对它们的肯定和对雾霾再度爆发的不满错综交织，牢骚和牢骚也不一样。能够被经常冲淡的牢骚并非多么可怕。

治理雾霾是中国经济社会发展的一项攻坚战，它涉及技术进步和经济转型，规则和公德构建，以及采取坚决行动和保持耐心的平衡能力等等诸多方面。它既是物质建设运动，也是精神升华过程，它是对中华民族走向现代化路上的一次综合洗礼。

互联网针对雾霾的大吐槽对政府的下一步行动构成压力，因而不能说毫无积极意义，但是就个人来说，除了吐槽，更应倡导"从我做起"绿色生活的行动。因为从本质上说，政府主要做的就是帮助绿色经济和绿色生活逐渐贯穿全社会，而无论政府多能干，找回蓝天最后将落实到所有企业和我们每一个人的具体行动。

（2015.12.02）

好好珍惜令西方"眼红"的中非合作

中非合作论坛峰会4日至5日在南非约翰内斯堡举行，中国国家主席习近平亲临论坛并访问津巴布韦和南非。这是在非洲土地上举行的一次重要对外合作峰会，它显示了中非合作的广度和深度。

迎着西方舆论不断泼来的冷水，中非合作的领域和规模都在扩大。数字或许最说明问题，2014年中非贸易额高达2200亿美元，把西方大国的对非贸易远远甩在后头。考虑到非洲有十亿人口，GDP总量只有2万亿美元左右，这一贸易数字相当庞大，而且中非合作的潜力仍有广阔释放空间。

如果说西方真嫉妒中国什么的话，那么中国对非经济合作是最让它们"眼红"的领域之一。西方多个国家曾殖民非洲，至今保持着对非的广泛影响，但它们却忽然发现自己的对非贸易和投资落伍了，并且对中非取得令人炫目的合作成果一时不太习惯。

其实中非合作突飞猛进并无秘诀，中国就是平等对待非洲国家，非常注意尊重它们，同时把互利共赢当做中非经济合作的坚定原则，选择非洲需要、也符合中国利益的合作项目及贸易方式，使得这种合作成为有内在扩大动力的自然过程。

互利共赢已成为确保国际合作顺利的一种机制，它拒绝强制和不平等，能够最大限度地规避合作风险，能够超越文化及价值观差异的种种障碍。西方的问题是一直对非洲保持俯视姿态，借援助来对非洲进行政治和经济"改造"的动机太强，它们要求非洲跟着自己的模式走，胁迫非洲经济社会发展脱离自然和自主的进程，因而合作方式难以更新，与时俱进。

西方主流社会对上述问题是有所察觉的，但他们常常不免怨天尤人，抱怨中非合作，给中国扣上"新殖民主义""掠夺非洲资源"等帽子。他们知道这些指责有些牵强，能够起到一些抹黑中国的效果，但没什么现实影响力。

西方主要大国已经有了"重回非洲"与中国竞争的紧迫感。对于其他大国与中国在非洲开展"竞争"，非洲国家蛮欢迎的。由于中国的领先对西方形成"刺激"，非洲从被遗忘的大陆几乎变成了世界大国眼中的香饽饽，它的贸易和投资价值包括它的地缘政治意义都在大国中间被"重新发现"。

中国是不怕西方与我们在非洲竞争的，互利共赢的贸易原则不具有排他性，它也总能够找到新的合作领域和线索。非洲对外合作越多，将会更稳定也更富裕。中国能够找到的合作机遇也将越多，西方舆论钻牛角尖拨拉算盘，你多我少的那些焦虑其实挺浅薄的。

随着中非合作成果的不断显现，西方舆论上述抹黑的效果在下降。然而中国国内互联网上对于中国援助非洲发展中国家的抱怨，从另一角度带来一定困扰。总有部分国人认为中国国内的贫困尚未完全消除，主张将外援资金先用来帮助国内穷人。发出这种声音的人通常对全球化时代的国际关系一知半解，对开展外援有利于中国经济的战略意义尤其不了解。

中国对非经济援助是中非经济合作互利共赢大框架的一部分，但鉴于西方舆论不甚友好，并能影响非洲舆论，中国对非援助不宜从它有益于实现中国利益的角度大加宣扬，以免给西方一些人攻击中国合作提供借口。

自2006年首次中非合作论坛首脑峰会在北京举行以来，日本、美国、欧洲等都仿效中国做法举行了它们与非洲领导人的合作峰会。西方国家在批评中国的同时，纷纷加大在非洲的投入。这一形势已经说明中国做对了，我们做的是别人想学或者想通过"奋起直追"不被抛在后头的事情。

非洲已是中国经济"走出去"的大舞台，而且我们处于相当主动的有利位置，中国人一定要珍惜这一来之不易的局面，我们的胸怀要足够大，能够包容中非合作的种种创新和某些不确定性。中非的互信与合作都需遵循务实的逻辑。

（2015.12.03）

扎克伯格该是抽打中国富人的鞭子吗

美国"脸谱"（Facebook）网站CEO扎克伯格与其华裔妻子普莉希拉的女儿日前降生，31岁的扎克伯格1日宣布将捐出自己所持公司股份的99%用作慈善事业，这笔钱按照当天市值计算大约合450亿美元。他在写给女儿的信中深情写道：比起给你留下更大的一笔财富，我们更希望你能够在一个更美好的世界中长大。

扎克伯格是很多中国年轻人的偶像，他为庆祝女儿降生近乎"裸捐"再次触动了中国舆论场。除了赞扬他，部分网民也在质疑他这样做的动机，同时很多人联想到中国企业家该如何安排使用自己巨额财产的话题。最近几年，感叹中国企业家财富观念"不健康"、至今未出"裸捐"大慈善家的声音此起彼伏。

慈善是人类社会最美好的事业之一。企业家奋斗一生，收获巨额财富，最后将财富捐出来用于公益，这样的人生令无数人感慨。然而这类美好故事目前好像大多出在美国，中国企业家或者在慈善领域悄无声息，或者在投身这一领域后惹出很多麻烦，搞得自己"声名狼藉"。

对比中美社会的整体慈善表现，我们不难发现，美国这一领域的规则已经比较成熟，公众的看法相对稳定。美国的税收等制度安排鼓励向慈善捐款，舆论对企业家的慈善行为非常友善，至少在中国社会开始高度关注公益捐款以来，我们很少听到美国那边传来过轰动的慈善丑闻或争议。

中国出现巨富还是近年的事情，我们社会里大企业家多为改革时代的综合探路者，他们付出的艰辛和承担的风险可谓是全面的，很多人有商业之外的各种不安全感，他们所处的环境似乎也缺少促使他们认真思考如何处理身后财产最为合适的那种从容。

中国社会可谓长期贫穷，社会普遍的财富充裕率很低，不同社会阶层的安全保障不够充足和稳定，不同形式的看淡财富尚未流行起来。其实美国"大慈善"的兴起时间也不过百余年，通常认为开始于卡耐基、洛克菲勒等巨富捐出财产成立慈善基金会，那已是上世纪初的事情了。财产代代相传曾长期是美国巨富家族的主流文化。

每个社会如果能出扎克伯格这样的"年轻慈善家"，都会开心和为之骄傲，然而做到这一点却不那么容易。除了公众对财富的态度能提供道德牵引力之外，如何让企业家们捐出财产后感觉到更多的荣誉和安全，同时这样做将有利于他们继续从事钟爱的事业，而不是捐了钱后会损害他们影响力的根基。这是一项十分庞大的社会建设。

因此有扎克伯格是值得羡慕的，但或许我们不应该把扎克伯格等人的慈善例子作为抽打中国企业家的鞭子。中国社会的财富积累与美国处在不同阶段，我们需要更完备的制度建设，企业家和社会都需有更多的时间和空间，思考我们运用财富的方式。最重要的是，要让财富得到合理利用，真正用于推动社会进步，中国未来的公益机制有可能未必那么"美国化"，但必须是高度有效的。

当然，扎克伯格们对中国社会的示范效应总体上非常积极，他们的行动在一定程度上诠释了财富的终极涵义，不啻是给中国富豪们"上了一课"，也会激发中国社会的更多思考。人和社会都有美好的一面，如何在不同时期把这些美好调动、激发出来，这或许是社会治理的永恒主题。

（2015.12.03）

加州式"本土恐袭"更危险更难防范

一起新的武装杀戮震动了整个西方世界，它发生在美国加利福尼亚州圣贝纳迪诺市。当地时间2日上午至少2名武装分子身穿防弹衣闯进当地一所残疾人康复中心，至少射杀了14人，并导致17人受伤。

这起事件的性质仍在确认中，即使它是"枪击案"，也由于它至少有2人参加，使用了重型枪械，而且打死打伤的人数太多，它也已经不是普通枪击案，而具有了明显恐怖主义特征。在美国媒体报道中，犯罪嫌疑人有的根据名字可以看出是穆斯林，这会进一步影响人们将事件朝恐袭方向联想。CNN的报道已经援引警方的话，将事件称为"本土恐怖主义"。

本土恐怖主义比由中东恐怖组织发动的袭击心理冲击会稍小一点，但它们实际上更难防范，如果它们蔓延开来，造成的人员伤亡有可能更多。美国民间可以合法拥枪，血腥枪击案司空见惯，一旦它们同有代表性意义的社会不满联系起来时，本土恐怖主义就会出现灾难性泛滥。

加州的这起悲剧是2012年以来美国最严重的枪支暴力犯罪，据路透社报道，今年以来死亡4人以上的枪击案在全美已经超过350起。它们反映了美国社会有很多难以调和的基本矛盾。

美国常常被认为是世界上"模范的法治国家"，警察的力量普遍让人们敬畏。然而大量基层社会冲突"按下葫芦浮起瓢"，一些极端情绪的爆发在武器帮助下一再冲破法律秩序，犯罪分子的武装有时比警察还好，上演相当"正规"的枪战。

由于这个3亿人的国家有超过2.5亿支枪分散在民间，围绕枪支的生产和消费形成巨大利益链，禁枪几乎是无法碰的话题，因此美国政治有将严重枪击案轻描淡写的倾向。每次枪支暴力犯罪发生后，只有善后，形不成认真治理的倒逼，美国舆论感慨几句，也就过去了。

像这次"本土恐袭"发生在巴黎恐袭之后，按说它的震动应是振聋发聩的，但估计美国舆论也就是报道几天，鲜有的严肃反思也会很快消失在利益集团和相关社团的鼓噪中。

除非美国的政治文化和政治结构发生改变，枪支威胁就将长期伴随美国社会。美国人对枪支暴力风险有惊人的承受力，在这个人口最多的西方社会里，人们不遭遇枪支暴力威胁的最大保障似乎来自低概率的计算。

中东恐怖主义的最大威胁可能不是那些恐怖组织向世界各国的直接渗透，而是它们对其他地区有报复社会心态的人做了怎么干才能"最轰动"的示范。恐怖主义注定会在很多国家里本土化，本土恐怖分子与中东恐怖组织有多少精神或"组织上"的联系有时很难做量化定性。

巴黎今年已因恐袭两次成为全球焦点，现在又出了加州枪击事件，西方社会的大规模暴力袭击明显在加快频度，这个趋势令人不安。它们告诉世人，各种各样的恐袭有可能防不胜防，加强警惕，增加反恐投入十分必要。

中国从上到下保持着高度的组织性，它一直延伸到基层，这对我们制止暴力恐怖主义在中国社会的蔓延起了决定性作用。尽管西方舆论不断在反恐问题上指责中国，但我们千万别搭理它们，一定要把有效的做法坚持下去。

在这个恐怖主义像癌细胞一样逐渐扩散的世界上，中国或许做不到独善其身，但我们迄今的情况看来不是最糟糕的。再接再厉，真正标本兼治，将恐袭零发生作为中国社会的治理目标。

（2015.12.04）

美或用 10 亿对台军售买个大麻烦

美国政府有可能在本月晚些时候将售台 10 亿美元军火计划通知国会。美媒针对此事的报道不断出现，这或许是美国政府在向外透风，标志着美新的对台军售已如箭在弦，进入倒计时。

美国向台湾出售武器是中美关系的老问题，隔段时间爆发一次。美前国务院亚太副助卿薛瑞福对媒体称，这是一个"早就该做的事"。他甚至认为美国应尽快协助台湾取得潜艇。上一次美对台军售发生在 2011 年 9 月，距今 4 年多。

台湾问题涉及中国核心利益，中国对美售台武器一直持严厉反对态度。过去这些年对台军售带给中美关系的破坏一直是最大的，中美两军交流首当其冲，受到的牵连尤其多。

美国对台军售依据其《与台湾关系法》，它的态度是不和中国商量，它认为"该卖就卖"。然而实际上中国反对是起了作用的，总体看来，美国最近这些年对台军售的时间间隔在拉长，军售规模也有缩小之势。美国已有一段时间没有整架整架地卖给台湾 F16 战机了，卖潜艇常有议论，但一直没有真卖。如果新的军售总价为 10 亿美元，应该不会有很尖端的东西。

如果美国对台军售有明确的逐渐缩小计划，那么这个趋势比变本加厉当然要好，值得我们以某种方式显示"注意到"它。同时须指出，美国没有做这样的公开承诺，美对台军售出现反弹性增长的可能性依然存在。

此外中国的官方态度肯定是反对美国对台做任何军售，即便它这一次只卖10亿美元武器，中国政府仍需"依惯例"做出强烈反应，采取让美国感到实际疼痛的某些措施。

近年来中美关系的格局出现变化，台海形势也已今非昔比。美方一直把"维持两岸军事平衡"作为对台军售的主要理由，但是两岸军力的差距越拉越大，解放军对台军已经形成压倒性优势，美国卖给台湾多少武器也已不可能重建"两岸军事平衡"。由于两岸经济规模也有了悬殊差距，台湾军事预算就那么多，它根本拿不出钱来购买能与大陆抗衡的尖端武器系统。

如今美国对台军售一方面赚点小钱，一方面更像是拉住台湾的"政治纽带"，其军事意义越来越小。1992年美国卖给台湾100多架F16那样的冲击已很难再现，中国大陆阻止美国做超大型对台军售和阻止台湾做破坏两岸气氛的超级采购都有了相当的主动性。现在应当说已不是美台可以放肆买卖军火而毫不顾忌大陆脸色的时候了。

美国对台军售从长远看必须降为零，因为这事关美国承认"一个中国"立场和态度的质量，是美国在多大程度上尊重中国核心利益的一把尺子。中国同美博弈的资源和手段越来越多，美国每一次对台军售，即使只卖一颗用于军事的螺丝钉，中国都应让它付出代价，迫使它最终与对台军售彻底说拜拜。

中美的博弈领域越来越宽，早已不局限于台湾这一个点，而是扩展到整个西太平洋，当下的最大焦点是南海。此外两国对网络空间的问题也给予了越来越多重视。美对台军售已经被许多新问题环绕，美国在这个老问题上怎么出牌，中国如何反制，这将是两国在大棋局上的一步过招。

（2015.12.04）

美媒莫做美国横行网上的拉拉队

美国媒体近日纷纷炒作"中国首次承认针对美国政府数据库的一次大规模袭击是中国黑客所为"。原因是中国官方媒体日前报道中美高官就网络安全的会晤时提到,美国人事管理局(OPM)数据库遭入侵经调查是一个刑事案件,而不是美方之前怀疑的由政府支持的网络攻击。美媒借此攻击中国政府在其中扮演的角色"可疑",宣称中国否认政府参与了这起案件"很容易"。

据消息人士向环球时报透露,今年7月中方接到美方就上述案件提供的相关信息后,组织专门力量调查取证,抓获两名涉案人员,其中一人侵入OPM电脑系统,完全是他个人行为,无政府背景,且该犯并未取得OPM相关数据。美方确认与中方调查掌握的情况一致。

美国媒体如今有一种报道定式,那就是出了网络窃密案,首先怀疑是中国人干的,而且是中国政府支持干的。中方如果配合美方调查案件,似乎也只会"越抹越黑"。美国舆论的这种态度非常粗暴,它在凭借自己的影响力制造中国政府是网络犯罪幕后主使,进而整个中国都在大兴网络犯罪的"舆论冤案"。

中国可谓是国际舆论场的"老实人"。我们受到那么多网上攻击,但在大多数情况下都"忍了",中国只是隔段时间泛泛公布一下自己的受害情况,几乎没有过针对具体对华网络攻击的大喊大叫。中国人习惯内部沟通,遇事先想如何息事宁人,吃亏了想的是今后加强防范,而不愿意与对方公开厮打,以牙还牙。

美国正相反。斯诺登揭开了美国大搞网上监听和窃密勾当的冰山一角，美国政府还干过什么更缺德的事，人们都能想得出来。但自称"最有正义感"的美国媒体在这种情况下仍集中宣扬网络世界的"黄祸"，这种近乎无耻的舆论导向竟然能以"正义"的名义在美国主流媒体中接力推动，真是令人称奇。

美国已有公开的网络司令部和网络部队，斯诺登爆料的"棱镜门"计划还应是网络部队之外其他机构干的，美国官方组织恶劣网络行动的例子和线索可谓一抓一大把，美国媒体却拿着放大镜揪中国的小辫子，用似是而非的材料炒作中国政府是网络黑帮的"大哥"。

全球互联网格局和技术的最顶端被美国牢牢占据，而美国又被说成是全球互联网攻击最大最无辜的受害者，关键就在于美媒长袖善舞，能把死的说成活的，美官方同美媒唱出绝世双簧。美国社会的这套本事把所有国家都甩出去不知道几条街，形成明摆着可以欺负别人的舆论霸权。

网络世界尚处在逐渐形成并发展的早期，无政府主义比较严重。在中国国内什么可以在网上干，什么不可以干，至今难以理清，公众争议很大。在世界上这个问题大概只会更突出。比如美国带头成立网络部队，那不就是公开搞网络攻击的吗，问题是谁给它的合法性？是否美国网络部队干的事其他国家都可以干，边界又在哪里？

"棱镜门"计划直接监听外国领导人，要说网络窃密，这该是最高级别的了。美国政府至今没有道歉，好像美国媒体也没因此为它们的国家脸红。国家间的网络行为看来需要通过对话和谈判逐渐形成规矩，而中国愿配合美国解决美认为是问题的那些问题，这一态度诚恳而鲜明。此外对一眼就能看出是网络犯罪的那些行为，中国政府明确反对并表示坚决打击，这显然也不是虚张声势。

中国不愿意与美就网络空间的争议发生冲突，这一总的温和姿态世人有目共睹。美国媒体不要因为自己嗓门大就"恶人先告状"。现在中国已经抓了多名对美发动网络攻击的犯罪嫌疑人，美国是否也抓几个对中国从事网上攻击的犯罪嫌疑人，给世人看看。这样的人肯定存在，美国知道的。

（2015.12.05）

反腐败向招生办等社会权力延伸

中国人民大学招生就业处原处长蔡荣生受贿案星期四在南京中级人民法院开庭，检方指控蔡荣生2005年至2013年间在招录考生、调整专业等事项上为他人提供帮助，非法收受财物2330万余元。蔡荣生表示认罪悔罪。名牌大学招生处长收受贿赂直接损害普通考生利益，尤其招人恨，互联网上对蔡一片骂声。

还有人提出，全国那么多名牌大学，考生由于不放心而请托照顾的情况并不少见，手握招生权的岗位是否已成高危岗位了呢？更有人接着问，那些给蔡荣生们送钱的家长，是不是也算犯罪？

这恐怕是一个戳到了痛处的问题。大学作为教书育人的神圣之地，本应是离腐败最远的一域，但是蔡荣生案却告诉我们很多高校有可能也在过去那些年里不同程度陷落了，沾上了污点。

十八大以后反腐败剑指官场，随后延伸到大型国有企业，抓出不少贪官和贪腐公职人员。然而讲一步的反腐败必然触及更广泛的社会领域，对中国社会的各种权力进行洗涤。

中国名牌大学都是国家"事业单位"，但从本质上说教育领域中的权力与"官"的概念距离较远，它自成体系，和媒体权力、企业权力类似，介于公权力和社会权力之间。这样的权力继续延伸，就到达社会的最基层。各种物质及精神资源都可能产生权力，优质幼儿园的园长、重点中小学的校长等都可能处于优势位置，一旦他们利用自己的职务搞权力寻租，腐败就出现了。

不能不说，腐败已对我们的文化形成深度渗透，很多还算"混得不错"的人都不同程度沾了腐败的边,而且对在基层岗位上搞权力寻租习以为常。在社会舆论痛恨腐败的同时,很多人也对身边发生的腐败相当宽容,一些人对搞权力寻租没有羞耻感,反而成为在亲友中炫耀的资本。

八项规定打响全面反腐的第一枪,相当数量的高官落马强力震动了中国全社会,现在越来越多的人意识到腐败的链条远未终止在公权力突出的"官方机构"里,半官半民或者民间机构里也存在一旦摆出来同样让人触目惊心的腐败现象。

反腐败说到底是中国社会洗心革面的一次改革,它必须从打击腐败高官做起,这是最关键、也最有效的开始,甚至是高潮,但不可能是结束。我们必须重建全社会的财富观和荣辱观,奉公守法和安贫乐道需受到真正的尊敬,显著超出自己收入水平的消费应被看不起,给人带来耻辱。

反腐败要靠把权力关进制度的笼子,然而制度建设必须有道德建设的辅助与配合。制度的推行能为道德撑起机制性保障,道德建构能确保制度落实的质量。中国前一段的问题是制度弱,道德更弱,致使一些已有制度形同虚设。

官员都生活在社会中,官员腐败意味着很坏的带头作用,所以反腐败先打贪腐高官,这样的顺序选择很准确。然而反腐败形成稳定成果一定要在社会基层收尾。这就相当于治疗癌症首先要切除肿瘤,进一步的挑战则是消除已经扩散的病变细胞。

人大的招生处长七八年间就能受贿两千多万元,这个算不上什么官的"官"因为特殊权力在手,成了不寻常的"苍蝇"。中国社会反腐败任重道远,由此可见一斑。

(2015.12.05)

土在中东"任性",中等强国趋于活跃

部分土耳其军队以"举行军事演习"、"训练当地军队"、共同"打击IS"为名4日越过边境,开进伊拉克领土。伊拉克称土军的举动是对伊领土主权的"严重侵犯",并要求土耳其"立即撤出"其军队。

不久前土耳其空军刚刚击落了一架"侵犯领空"的俄罗斯战机,后者的越界即使是真的,持续时间也只有几秒或十几秒,而且"误入"的说法比较可信。相比之下,土耳其在陆地上越境进入伊拉克,显得要"大胆"得多。

一方面不许他国飞机哪怕因为"差错"瞬间划过土领空,来了就击落;一方面未经许可公然派坦克、火炮等重型装备进入他国领土,土耳其的强硬做派让全世界刮目相看,也议论纷纷。它很像是在中东地区"谁都敢惹",自己对别人来说则"很不好惹"的强势力量。

俄罗斯被土耳其狠狠"蜇了一口",莫斯科在发誓要让土耳其"后悔"的同时,迄今的反应相对克制。美国的态度有些复杂,不少人相信土击落俄战机有华盛顿的默许和纵容,但也有相当一些人认为,这是土自己的"任性",美已经无法完全控制这个"自以为是"的北约盟国,反而被它"绑架"了,被迫为它背书。

不管怎么说,土耳其这样的"中等强国"或者"地区强国"在变得更加活跃。现在不像冷战时期那样,美苏主导一切,它们各自的阵营都"很有纪律",盟国们的每个举动都有盟主授意的清晰标记。如今土耳其等国的"独立性"显然增加了。

究其原因,大概有美国"衰落"的因素,同时也出于它插手中东等地区事务的兴趣和决心似乎有所下降。

不过如果说华盛顿的态度仍是土耳其率意而为的最大外因，继续能够成立。土"从背后捅俄罗斯一刀"（普京语），成为"敲打莫斯科"的一种意外方式，总体上符合美国利益。而它出兵伊拉克北部的事情过去就反复干过，这在中东"算不上什么"。至于两者叠加在一起刻画出土桀骜不驯的性格，其锋芒直指俄罗斯、叙利亚和伊朗等，对美也无损害。

华盛顿几次的表态值得玩味，它说土击落俄飞机与美无关，但土有权利保卫自己的领空。现在又称土军进入伊拉克不是联军打击IS整体部署的一部分，是土伊之间的事情，也未说什么重话。

或许美国是想借土耳其的手来收拾一下当前正与俄罗斯、伊朗打得火热的伊拉克政府？抑或美国是为换取土耳其在叙利亚问题上合作不添乱，而故意讨好土耳其，允许它收拾躲藏在伊拉克北部的库尔德工人党？设想一下，如果华盛顿公开严厉指责土耳其，土还能"任性"吗？

安卡拉曾经表示要购买中国红旗-9导弹防御系统，美国等北约国家公开表示反对，土最后放弃了与中国的这笔买卖。那件事反映了美国态度对土耳其决策的真实影响力。

在世界很多地方，美国维持其冷战结束初期那种影响力的一成不变显得力不从心，但由于没有出现强有力的竞争者，美国的影响将以惯性方式长期维持下去。区域地缘政治格局的变化如果有华盛顿推动，就比较容易发生。如果美国反对，其实现过程就会一波三折。

所以说，俄罗斯要对付的不是一个简单的土耳其，它必须考虑土背后的美国因素。普京看来也很清楚"问题的实质"，他像是在寻找一个出人意料的角度和时机，报战机被击落的"一箭之仇"。从反对美空袭叙利亚，到俄空军轰炸IS，普京的策略表演多次让全球战略界大跌眼镜。然而土耳其的埃尔多安显然也非等闲之辈，可谓强人对强人。中东这下有得看了。

（2015.12.07）

百人蒙面袭击执法站，还有法治吗

内蒙古阿拉善盟额济纳旗辖区马莲井综合执法检查站6日凌晨遭到暴力袭击，100余名蒙面人手持器械殴打捆绑值班的执法人员，将他们弃于零下20余摄氏度的户外，并砸毁了整个检查站。消息当天晚上传出，公众十分震动。

"这还有王法吗？""连政府都敢袭击，还有什么事不敢干？"这是很多人听到这一消息的第一反应。还有人产生疑问：为什么会发生这种明显有组织的暴力活动？

到昨晚官方尚未就袭击者的身份和他们发动袭击的可能原因进行通报。可以理解开展调查需要时间，官方即便做初步结论也会比较谨慎。

不过从之前围绕马莲井综合执法检查站发生过的冲突和纠纷，人们或许能察觉一些线索。额济纳旗地处内蒙古最西端，北接中蒙边界，西南与甘肃酒泉市金塔县为邻。该旗1969年曾经划给甘肃省管辖，1979年又重新划归内蒙古自治区。额济纳旗地广人稀，而甘肃的金塔县则相对人多地少，两地围绕土地不断发生纠纷，马莲井综合执法检查站设立后对金塔县人越境使用土地不断制止，今年9月四十多名蒙面人曾开车围堵该检查站，谩骂执法人员。

中国历史上的基层水土划界大多遵从"习惯线"，然而纠纷一直此起彼伏。清代中国南方发生过很多村与村之间的争地械斗，新中国成立后，行政区划比过去严格了许多，但基层争地仍未彻底解决。

比如河流改道新冲出的土地归谁所有？沿海地区新增的滩涂怎么划分，都可能成为争议焦点，引发激烈冲突。省界、市界、县界附近是争地矛盾多发地区，在土地越来越昂贵的时代，相关冲突往往牵动巨大的集体利益，处理起来非常棘手。

尽管有上述复杂背景，针对额济纳旗马莲井综合执法检查站的袭击也是非常恶劣，决不能容忍的。且不说事件是否有其他原因，即使袭击者们就是为了争夺土地，他们公然捣毁执法检查站，殴打、羞辱执法人员也是严重违法行为，他们挑战了国家法律的尊严，直接打击了基层执法系统。

马莲井检查站遭如此规模的暴力袭击，几乎被荡平，这在中国基层因各种纠纷发生的械斗中也是很突出的。这不像是法治社会发生的事情，它是对暴力的公开宣扬。这种用棍棒决定一切而非用法律来裁定是非的歪风邪气决不能受到默许、纵容，而必须予以坚决打击。

我们呼吁执法机关立即对事件开展详细调查，一定要查出涉案人员，依法严惩组织者和领头者，如果公职人员中有人参与了这次袭击的幕后指使或鼓动，尤其要予以严办。

可以想见中国基层有多少纠纷，维护司法体系的有效是我们社会保持秩序的根本。对于行政决定和司法判决持有疑义或不满，须通过正常行政和司法途径来解决，用"黑社会"方式占有利益的猖狂之举，要出现一个打一个。

诚然，在树立法律权威的同时，政府方面要针对基层严重纠纷和矛盾认真调研，及时加以解决，切不可忽视它们，尤其不能掩着盖着，刻意维护所辖地区"一派和谐"的假象。对群众要做实实在在的工作，当基层政权因种种原因无法调解严重纠纷时，上一级政权就应坚决介入，承担其化解矛盾的责任。

（2015.12.07）

委内瑞拉很难回到"传统资本主义"

委内瑞拉议会选举 7 日有了初步结果，反对派民主团结联盟已经赢得 167 个议席中的 99 席，获得胜利。执政党统一社会主义党赢得 46 席，失去多数席位。反对派宣称全部结果出来后民主团结联盟的总数将达到 2/3 的 112 席，那将意味着反对派有能力修改 1999 年通过的"查韦斯宪法"，带来彻底的政治变化。

本次议会选举将给左翼总统马杜罗接下来的执政造成巨大困难，甚至有人在谈论议会启动罢黜总统程序。一些西方媒体认为委内瑞拉的这次选举是"社会主义受到打击"。由于阿根廷两周前的总统大选中，执政的中左翼政党刚刚失利，右翼总统候选人马克里赢得大选，这加剧了一些人关于"左翼路线在拉美退潮"的印象。

查韦斯当年高举社会主义旗帜，但委的社会主义同中国人通常所理解的社会主义有所不同。比如中国人作为基本原则坚持的共产党领导、马克思主义以及公有制在国民经济中的主导地位等，在委内瑞拉还都谈不上。查韦斯倡导的社会主义是一种公平理想和国家政策目标，但远非在执行层面体系化。

这十几年，中国主流社会并未以意识形态化的坐标评估委内瑞拉和拉美，拉美相关国家更多被看成新兴经济体，我们经常谈论的"中等收入陷阱"就是以拉美为典型实例，拉美对我们来说是经验和教训都很丰富的案例库。

此外查韦斯式的社会主义显然遭遇了挫折，但说它"彻底失败"似乎为时尚早。拉美多国"向左转"的根本原因是新自由主义改革带来重重问题，拉美人被迫进行充满挑战的国家道路探索。拉美左翼政党都是通过选举上台的，社会对它们领导变革给予了厚望，大家对原来的日子"过够了"。

左翼政党虽然带来了变化，但是改革的成就却未能得到巩固。委经济近年出现深度衰退，通货膨胀率据估计将超过150%，经济增长有可能达到 -7%，石油价格下跌的冲击几乎横扫委全社会，国家财政面临枯竭，大量扶贫济弱的福利项目难以为继。

看来无论什么国家，无论有什么样的社会发展目标和计划，一旦经济出现大的萧条，国家政治结构和社会结构都会遭到严重冲击，变局就可能出现。

但是委内瑞拉的国家道路探索可能尚处在最初阶段，人民要平等、要发展的基本诉求犹在，而且这些愿望只会越来越强烈。查韦斯领导的政党执政17年，积极回应社会呼声，但效果在现阶段看来不理想，民众通过选票表达了不满。接下来民主团结联盟大概只能继续做开创性工作，因为回头路很难走，民众17年前就是厌倦了传统资本主义的那套做法，而拥抱了查韦斯的。

中国人现在最关心的是，在委政局出现变化后，中国对委拥有债权是否安全，我们是否会遭遇"赖账"，多名学者对环球时报表示这种委对华"恶意赖账"的可能性很小，委即使出现政权更迭，也是该国在宪法内的变化，中委债权债务关系是政府和公司间的，不是政党与政党间的，因而它们总体上应是可靠的。

拉美国家曾在上世纪50年代至70年代期间有过辉煌经济发展成就，但后来遇到了债务危机困难，社会长期分裂难以形成并保持持续稳定的社会发展战略，新的动荡似乎在重回这块大陆，那里发生的一切非常值得中国人研究、参照。

（2015.12.08）

从抵触 PM2.5 到红色预警的变化

北京市应急办昨晚18时宣布,将于12月8日7时至12月10日12时首次启动"空气重污染红色预警",建议中小学、幼儿园视情况停课,企事业单位可实行弹性工作制,全市范围内将实施机动车单双号行驶。

这不仅是北京,也是全国大城市首次在重度雾霾发生之前作出最高级别预警,并采取严厉防范措施。这是一次有标志意义的行动。

PM2.5概念是几年前"闯"进中国社会的。美国驻华使馆2009年设立了一台空气监测仪,2011年10月该监测仪显示北京空气污染严重的截图被传到微博上,引起人们的巨大关注和争议。有人强调空气污染本身的严重,有人主张PM2.5的指标过于细致,还有人担心这是美国使馆试图干涉中国的环保。

从那之后,国人的看法不断改变。PM2.5值不仅很快成为中国大气监测的正式目标,而且相关指标带动了社会环保观念的升级。这个过程虽然不那么让人愉快,但国家对批评以及对外部因素的看法都在微妙变化,从2011年秋天的争论到今天发布红色预警,这几乎是一场观念上的革命。

这个国家更敢于面对自己的问题了,更尊重民众的呼声和诉求了,总体说来更实事求是了,对难题不再遮遮掩掩、自我安慰了。这或许比什么都重要。

中国开放了公众对雾霾的抱怨和讨论,治理雾霾的压力前所未有。大量批评集中到了政府头上,但是公众对"雾霾是大家制造的""根治雾霾需要全社会共同努力"也越来越清楚。"人人有责"的声音逐渐在媒体和互联网上响起。

雾霾现象无法快速治理，但是红色预警让人们感到了一种踏实，那就是政府的重视度真的达到了最高级，中国绝大多数公众都把这一点看成解决问题的核心保障。

雾霾问题促成了公众与政府的深度交流及沟通，这实际促进了双方的了解和信任。舆论不断批评，推动了政府出台各种措施。政府也进一步看到了舆论多元化的正面意义，体会了批评的建设性。在消除雾霾问题上，国人的利益高度一致，在发展与生态的两难选择面前，大家的共同利益也高于分歧。

围绕雾霾的激烈争议部分可以说大体实现了软着陆，它的意义十分重大。它表现了我们社会一种相当关键的能力，那就是突破层层干扰和障碍，走向最终的共识。这会极大增加我们日后面对复杂争论时的信心。

到了今天，关于雾霾的意识形态和政治争论实际已大部分解决，接下来的问题是公众有多少耐心，准备为治理雾霾付出多大的发展代价，以及技术进步能不能来得更快些，帮我们忙。如果说雾霾之前在逐渐变成"政治问题"的话，今后它很可能会逐渐"去政治化"。

政府须实事求是，公众也须实事求是，这样的氛围相信在逐渐形成。当我们被雾霾笼罩时，难免要发发牢骚，甚至骂几句娘，互联网上也会因此冒出一些俏皮的段子。然而我们清楚，我们必须发动一场对付雾霾的"人民战争"，在这当中谁也不能置身事外，政府要精心组织，每个人都需作出自己的"绿色贡献"。

（2015.12.08）

中韩友好，韩军却出了个糊涂指挥官

据韩国媒体8日报道，韩方海军当天下午向越过半岛西部海域"北方界线"的中国渔政船进行了示警射击。韩联社援引韩军方消息称，中国渔政船在对中国渔船进行巡查作业时越界1.8公里，韩军在6次无线电喊话后做出示警射击。韩联社还说，最初韩军以为这艘渔政船是朝鲜船，后来才判定它是中国渔政船。到昨天晚上为止，中韩双方外交当局都未对此事件做出表态。

有两个重要事实需要厘清。第一，"北方界线"是朝鲜战争后美国帮韩国单方面划的，它比三八线更靠北，因此朝方不予承认，当然也谈不上国际承认。朝方也单方面划了另一条朝韩海上分界线，韩方也不予承认。8日出事海域是个分界比较混乱的地区。

第二，中韩都有渔船越界捕捞现象，但是中方渔船越界的情况更多些。韩方通常采取驱离做法，韩海警登船检查时还与中方渔民对峙打斗过，双方都有过人员遭"暴力对待"的例子。但是在此之前还没有过韩国动用海军向中国公务船做示警射击的情况。

如果韩媒报道大体属实，可以认为，韩方的行动无论如何都过分了，不够理智。茫茫海上中国渔政船因某种原因越界不到2公里，是很难完全避免的事情。韩方说做了6次无线电喊话，但这些喊话是否都被中国渔政船接收到了还很难说。此外中国渔政船拖延"离境"的原因如何能够确定就是恶意的？西太平洋的海上情况错综复杂，如果一个国家认为他国船只越界了，稍作喊话后动辄警告射击，那东亚还不乱成一锅粥！

倘若真如韩方所说，他们误将中国渔政船当成了朝鲜船，开火示警也是非常莽撞的行为。如果这不是韩国军方授意,那么韩军现场指挥官就是个十足的军事外交盲。

这件事大概不至引发中韩之间严重外交冲突。中韩两国关系目前处于史上最好时期,两国今年签署了自贸协定,高层交往频密,两国社会的相互好感在上升,这样的海上摩擦与两国之间大氛围很不协调。

该消息让昨天的中国舆论场很诧异,难以理解这样做是出于什么逻辑。我们希望这是韩军因种种冒失和不专业导致的一个"很寸"的错误,当韩军发现他们搞错了警告对象时,他们能认真反思,自己会采取措施防止类似差错的再次发生。

韩国人应当清楚,各国发生海上纠纷时,警告和驱离的方式有很多种,全球在这方面既有潜规则也有明规则。但"开火示警"的性质严重,它可能导致难以收拾的误判,成为一系列自由落体般后果的导火索。

中国社会欣赏中韩之间不断趋热的友好关系,在抱怨韩军现场指挥官"太没素质"的同时,大多不把这次事件看成韩国整体对华不友好的写照。我们希望韩国社会也对韩军鲁莽之举抱不赞成态度,如果这件事能成为一些韩国人民族主义煽情的新噱头,那也太奇葩了。

呼吁中韩官方联合调查此事,并尽早给舆论一个如实的交代,两国应有能力妥善处理这次摩擦,既不掩饰也不夸大它所暴露的问题。两国舆论也应鼓励政府这样做。另外两国军方、政府间应尽快建立和完善热线联系,建立紧急状况下的沟通协商机制非常必要。

(2015.12.09)

特朗普们越激进越可能成全 IS

美国共和党总统参选人特朗普 7 日语出惊人，声称美国应当"暂时而全面阻止穆斯林进入美国"，直到弄明白到底发生了什么。特朗普这样说话，被认为是美国反穆斯林情绪上升的一个标志。

无独有偶，在法国正在进行的地方选举中，以排外著称的极右政党国民阵线在第一轮投票中得票率排名第一，1/3 选民支持了该党。通常认为崇尚文化多元的法国也在露出令一些穆斯林不安的严厉表情。

上述这些消息肯定会让全球穆斯林不悦，它们虽都不能代表西方社会对待伊斯兰文明的正式态度，但它们对西方社会内心活动的描述却是真实的。部分西方人与部分穆斯林之间的相互反感在发展和扩散，文明冲突的氛围在一点点变浓。

这个危险的趋势必须制止，而且它首先取决于高居经济社会发展上游的西方。因为西方能够决定用什么方式回应伊斯兰世界里极少数激进分子的挑战，它们可以选择是尽可能孤立那些极端分子，并因此增加一些繁琐且有风险的工作；还是朝着隔离主义的方向移动，把广大穆斯林同少数极端分子当作一个整体来防范。

西方社会与穆斯林较有规模深入接触的时间不算长，还不到一个世纪。欧美大城市出现穆斯林聚居区和颇具人气的清真寺都只有几十年。那些社会不像中国，穆斯林文化已存在千年，与中国传统文化实现了深度交融。欧美的穆斯林依然处在社会边缘和底层，在欧美文明发展的体系中，伊斯兰至今没被作为一个内在因素接纳，它始终是个外在或边缘因素，代表着石油、廉价劳动力、治理对象和"民主化"的目标等等。

由于历史上欧洲与伊斯兰帝国几次敌对，十字军情结一直潜伏在西方文化的深处。小布什总统在"9·11"事件后曾经口误把美国对塔利班的惩罚称为"十字军东征"，这样的政治潜意识很容易被诱发、激活。

客观而言，西方面临恐怖主义的蔓延，做政策选择很艰难，维持社会理性也不容易。由于选举文化会天然对激进给予一定程度的鼓励，让西方社会不被具体事件干扰，奉行长期稳定有利跨文化团结的政策几乎不太可能。

所以人们很快听到了特朗普"阻止穆斯林进入美国"的呼声，看到了法国国民阵线赢得选民支持。宣扬激进的反穆斯林主张虽然长久看来很愚蠢，但它们却可能在短时间里带给欧美社会安全感和安慰，因而比"软弱"和"绥靖"更容易受到欢迎。

当欧美反穆斯林氛围上升时，最高兴的就是"伊斯兰国"鼓吹"圣战"的亡命徒们了。那些极端分子只是这个世界上的一小撮人，他们根本不可能改变世界，他们唯一指望的是"四两拨千斤"，真正挑起西方与伊斯兰世界的集体仇恨，导致天下大乱。

如果西方没有能力找准反恐要打击的敌人，被其内部激进力量左右，无节制地使用技术和资源构筑安全线，漠视全球广大穆斯林的感受，那么未来真的会很糟糕。

一定要让恐怖分子在伊斯兰世界里遭到唾弃，而不能为他们反过来被看作解救受压迫穆斯林的复仇者创造条件。这应成为全球反恐、营造安全环境的政策底线。特朗普们不能太自我放纵，使自己成为文明冲突走向成形的一环。这是一个已有70几亿人口的世界，人的摩肩接踵正变成文明的摩肩接踵，西方政客不能胳膊肘抡得太开，他们要小心别成全了"伊斯兰国"。

（2015.12.09）

美反潜机部署新加坡对东南亚不利

新加坡和美国当地时间7日在华盛顿发表联合声明,新加坡同意美定期派遣P-8反潜侦察机到新加坡做短期部署。

美国"亚太再平衡"战略又增添了新的砝码。P-8反潜侦察机早就在南海上出现了,之前它大多是从菲律宾和日本的军事基地起飞的。新加坡成为它的新驻地,将更有利于美军反潜侦察对南海的覆盖。美军在发出信号,它会对南海做更深的军事介入,以此加大对中国的压力,影响本地区国家对未来形势的评估。

中国在南海军事部署的能力越强,美军就会在这个地区投入更多力量,这恐怕是个趋势,直到中国的军事力量强大到美增加力量投入已无济于事时,情况才可能有重大变化。

新加坡在中美之间玩"平衡术"有了新的升级,由于P-8反潜机明显针对中国,新加坡在安全上与美国靠得更紧了。新中关系近年也在发展,新美军事合作的同步加强几乎就像新中扩大经济合作的奇怪影子。新加坡似乎蛮自信地在中美之间走着钢丝。

经济上扩大同中国合作,安全上做美国的盟友或准盟友,新加坡大概成了整个地区最典型的例子之一。中美的影响力以极不寻常的方式在新加坡得到重叠。这正常又不正常,因为毕竟P-8反潜机威胁到中国的军事安全,新美军事合作应以维护新加坡安全为底线,而不应有损害中国安全的主动性。

南海是中国建设蓝水海军的前沿,由于南海存在领土争端,一些人误以为中国发展海军是为了"称霸南海",美国也很乐意在地区制造、加强这种印象。美在环绕南海加强基地部署,"包围"中国在南海的战略基地,美国像在下一盘"大棋"。

东南亚是中国发展周边友好关系的重点地区,东南亚国家在中美之间搞平衡是可以理解的,但它们要防止自己不自觉地被拉入美国对华的战略博弈,成为欲罢不能的棋子。

中国在致力于同美发展新型大国关系,即使中美军事博弈在未来升级,它也不应在南海地区展开。中美一旦在南海形成军事对峙将不符合东南亚国家的利益,相信这里的国家不希望南海成为世界上军事活动最密集、潜在冲突风险最高的地区。

随着中国力量的增强,美国在南海周围进行部署的实际军事意义在下降,其所施加的心理压力中国人也已经适应。中国按部就班发展自己,不再容易冲动、生气,我们所做的一切都是为了满足中国的实际需求,而且都不勉强为之,而是打出一定的力量宽裕。中国既不逞能,也不斗气,我们的安全更多取决于自我战略设计,不太依赖其他国家的态度。

中国崛起招来了很多压力,化解这些压力的根本之途是让中国发展和力量积累再上一个大台阶。这个过程中我们应多做世界的工作,讲清楚中国崛起、包括军事崛起是个正常过程,它是世界和平及构建公共秩序的新资源,也会成为世界各国,尤其是周边国家新的利益来源。个别国家一时理解不了,我们需多些耐心。毕竟解决或者把重大问题挂起来的主动权越来越掌握在中国人手中。

(2015.12.10)

互联网开放促进了中国社会免疫力

第二届互联网大会即将在浙江乌镇举行,国家互联网信息办公室主任鲁炜9日在记者会上回答了多个敏感问题,包括删帖、屏蔽外国网站等等。有西方记者提出,中国互联网"越来越成为局域网"。在鲁炜的一系列回应中,被传播最广的一句话是:"我们不欢迎那些挣了中国钱、占了中国市场,还诬蔑中国的人。就像每一个家庭,都不欢迎不友好的人来做客一样。"

网络管理成为一段时间以来西方批评中国的焦点,而这些争议只涉及中国互联网庞大现实很小的一部分。它们被放大了,像是一个严重的僵局。

互联网不能是法外之地,它又是美国发明的,与美国的社会体系自然交融。中国引入互联网后一直面临发展互联网和使这种发展不对中国造成冲击的重要课题。

应当说中国做得蛮不错:中国互联网的发展之路在全球都属于很快的,我国出现了BAT等颇具竞争力的互联网巨头。同时这个巨大的舶来品没有对中国形成严重社会冲击,它增加了中国社会的活跃,一些负面影响受到抑制,未能坐大成有颠覆意义的破坏力。

当然这当中不是没有问题,比如互联网管理肯定会造成某些"误伤",个别网站遭到屏蔽,一些人对它的正常使用会受到牵连,然而这是中国互联网的主要方面吗?我们做结论时需要慎重。

中国互联网给世人的最突出印象是高速发展,它的真实意义和影响要远大于中国网络管理带来的争议。感觉受影响的是一个比较小的圈子,他们是少数需要查阅国外一些特殊网站科研资料的学者，对绝大多数普通用户则几无影响。由于外国大网站在中国大都有"替代品"，中国互联网的活跃度是全球最高的之一。

其实意见最大的是意识形态活跃人士，他们希望外国社交网站都大举进入中国，他们能在那些平台上做到所谓"完全的言论自由"，也更方便在国内外开展政治联络。这看来并非互联网管理的问题，这是中西社会治理的一个基本争议。

大多数了解互联网的学者相信，中国现阶段不可能做到对西方毫不设防。互联网已是西方对华做思想和价值观输出、渗透的核心领域，中国互联网对外开放必须与确保国家安全的目标结合起来，而不能求此舍彼。中国的互联网管理必须抵制攻击四项基本原则的违宪宣传，阻止敌对势力利用网上渠道开展组织和勾连活动。中国政府应理直气壮地这样做，不用理会外界及内部少数人的指责、抱怨。

同时也需指出，对政治性有害信息的认定以及对需屏蔽网站的认定不应过于宽泛，应当为屏蔽网上内容范围的逐渐缩小而不是让它变得越来越大积极创造条件。中国对外开放的一个基本经验是，开放能够锻炼我们自己的竞争力和免疫力，能促进自我强大。今天中国人接触到的外部信息比早年多了不知多少倍，但辨别力和承受力的增加促进了中国的弹性稳定，实际上不是瓦解、而是夯实了中国的国家安全。

互联网该怎么管，这是全世界的课题。这个问题在中国显得敏感些，原因之一是中国互联网的应用程度已经相当高，"互联网＋"已是中国的一项国家战略。

围绕互联网管理的争议大概会长期持续下去。其中一些问题会得到解决，还有一些问题会随着国家发展的深化而自然从突出位置走向边缘，或者被彻底淡化。中西之争总要有些爆发点，互联网如今受到聚焦，但这不太可能固化。中国只需加快发展，互联网管理也应配合这一总战略，其他都相对次要。

（2015.12.10）

中朝友好逐渐适应分歧，走向新稳定

近日与朝鲜有关的几件事情走上国际媒体突出位置。一是朝鲜功勋国家合唱团和牡丹峰乐团从昨天开始访华并将在北京国家大剧院演出。这被普遍认为是中朝关系继续回暖的信号。

二是美国将在当地时间星期四敦促安理会将"朝鲜人权决议案"提交国际刑事法院，估计中俄两国都不会支持安理会这样做，它被否决的可能性很大。

三是朝中社报道说，金正恩近日在一次视察中表示，朝鲜已成为核大国，准备启用国产核弹和氢弹，以捍卫国家主权和民族尊严。

外界大多认为朝鲜的核能力还很有限，朝方对本国核能力的宣示大于其真实水平。由于金正日逝世四周年纪念日即将到来，金正恩在此之前这样讲话更多可能是为了提振国内士气。朝鲜还面临将核装置小型化等技术难题，美国在这方面盯得很紧。朝核问题今后一段时间最紧要的是朝鲜不要进行第四次核试验，目前美韩情报机构未发现这方面的动向。

只要朝鲜不搞新的核试爆，中朝关系回暖就有进一步空间。在相反的情况下，新的国际制裁潮必将出现，难免对中朝关系产生负面牵连。

中朝关系受到两国传统友好的拉动，同时又笼罩了朝核问题的阴影，这是一份很不寻常的考验。总体看，理性在中朝关系不同侧面之间穿针引线，两国都保持了积极态度。

中朝友好对两国国家利益都有重要意义，对缓和朝核问题带来的地区紧张有不可取代的正面作用。目前看中朝关系对各种冲击逐渐形成了某种适应性，它给中朝关系带来新的确定性。

朝鲜从韩美日方向受到巨大战略压力，它所面临的众多挑战决不是有了核武器就能够化解的，中朝友好为朝鲜保持长期稳定提供了最为关键的外部支撑。中朝不可能像当年中苏那样决裂，这一点正变得越来越清楚。

韩国和西方舆论经常有人针对中朝分歧预测两国关系的严重下行，但中朝友好并非由细节打造，它有很强的战略性。历史和现实地缘政治都在把两国往一起拉，而不是拆开它们。

朝鲜艺术团体这次来华启程时，朝鲜劳动党中央书记金己男和中国驻朝鲜大使一起前往火车站送行，这不是一般的艺术交流，而是一项"大型外交活动"。这是双方相互表达善意的特殊方式。

中朝两国应借这个机会重温中朝传统友谊，思考解决朝核问题的必要性和现实复杂性，坚定保持中朝正常友好关系和维护共同利益的决心。我们要了解，中朝关系出问题，朝核问题不时突出，只会让其他一些国家高兴，对中朝都没任何好处可言。

朝核问题最终如何收场很难预测，但它应当是和平的。那种认为只要中国施加足够压力就能解决问题的看法是错误的，有关各方必须共同作出努力。中朝关系的未来也需要双方共同来规划和设计。

（2015.12.11）

巴黎若错失签约机会，怨谁也没用

巴黎气候大会原定昨天签署的协议被推迟到今天或明天签署。欧美成立"雄心联盟"，联络起小岛国集团，提出更为激进的减排目标，并要求中印承担更多责任。中国已经承诺2030年之前达到碳排放峰值，受到很多称赞，但欧美又提出各国每5年重审减排承诺。

欧美核心意思在于不想继续认同中国是发展中国家，让中国戴上"发达国家"帽子，要中国分担减排的更多份额。

中国是发展中国家，这是写在中国大地上的现实。关于这一点中国人自己最清楚，也最有发言权。如果有人在互联网上喊一声"我们已经是发达国家"，他受到的嘲弄将不仅来自国内，还会有来自国际社会包括发达国家的嘲笑声。

实际上如今中国减排的内生动力已经超过了外部压力的作用，由于雾霾与碳排放指标密切相关，中国政府面临了让经济朝绿色转型的空前压力。如果中国已经是富裕国家，减少排放可以大刀阔斧地去做，让这个国家的民众尽情享受"APEC蓝""阅兵蓝"。然而就业的压力、提高人民物质生活水平的压力要长期伴随中国。

承诺2030年以前碳排放达到峰值，这是积极且实事求是的计划。中国的媒体上如今天天都在谈论如何消除雾霾，其轰轰烈烈的程度恐怕常常不低于联合国气候大会的热闹，雾霾对中国人的困扰比全球气候变化的潜在威胁更加真切，难以忍受，中国完全没有在减少排放问题上能做而不去做的理由。

如果发达国家还想进一步从中国身上再榨出点油水，那它们就是算计错了。这不是谈判的正确方式，因为签署协议是要执行的，协议必须考虑各签字国的实际承受力。

绝大多数发达国家都是人均高碳排放国，发达国家的人自己过好了，然后要求欠发达国家别再发展了，这在伦理上讲不通，在现实中根本无法执行。正确的做法是发达国家需增加低碳发展技术的研究，并且把这些技术无偿提供给发展中国家，让后发国家的经济发展从一开始就走上绿色轨道。然而发达国家很吝啬做无偿技术支持，直到认为人类唯一的家园受到威胁时，它们的自私也没有真正收敛。

希望巴黎气候大会能最终签署协议，无论如何协议只要能签，就是人类的共同胜利。有雾霾逼着，中国决不会在减少碳排放问题上拖世界的后腿，即使我们获得了一段时间的缓冲期，也决不会滥用这段时间使中国的人均排放走上世界榜单的前头。

中国人自己很清楚，我们没法过上美国那种人均高能耗的奢侈日子，地球养活不了另一个美国。类似如果所有中国人都开汽车会怎么怎么样的计算，我们自己已做了很多，知道不现实。中国必须走一条相对低能耗的发展之路，我们知道这是自己的宿命。

西方就别总跟中国较劲了，新的气候协议不应追求理想主义，而应实用、有效。2009年哥本哈根气候会议无果而终，一拖就是6年。如果巴黎气候大会签不成协议，指责谁都没用，那将是人类共同的损失。所以，千万别错过这个机会。

（2015.12.12）

巴黎协定吹响中国能源革命新号角

巴黎气候变化大会 12 日通过历史性《巴黎协定》，195 个国家代表在协定上签字，全球舆论为之欢呼。它既有了不起的象征意义，也有巨大的实际意义。人类第一次要共同干一件事了，而且每一个国家都或多或少牺牲了一些未来的利益预期，这使得《巴黎协定》很像是有了划时代的性质。

中国之前就做出 2030 年左右达到碳排放峰值的承诺，巴黎会议的最后时刻又与一些主要国家各自做了相应妥协。中国是《巴黎协定》最终签署的积极促成者，我们为此感到骄傲。

中国占世界人口 1/5，国土面积排第三，海岸线漫长，减缓地球变暖对中华民族利益攸关。由于中国的发展任务也是全球最重的之一，设定碳排放峰值并且每 5 年盘点一次，对我们的压力很大。中国是受《巴黎协定》约束以及未来从中受益都会很明显的国家。

既然已经签约，中国人就必须认真履行自己的承诺。中国是大国，世界会对我们盯得很紧，我们违约即使外界无法把我们怎么样，它在道义上也将是不可承受之重。因此我们的唯一选择就是认真履约，在这个已经确定的前提下安排好经济社会发展。

中国的发展当然不能到 2030 年时戛然而止，因此在这之前我们必须加速改变能源结构，大力发展使用非化石能源，开发绿色经济的相关技术。中国需要走出一条用较少碳排放同样能把十几亿人口带向现代化的成功之路。

中国未来的发电总量肯定至少要比现在多一倍，汽车拥有总量恐怕要比现在多几倍。这是全体中国人都能享受现代生活的基础。南方家庭使用暖气，空调全面普及，全体国人出行成倍增加，所有城市的夜晚更亮，这些大概都不可阻挡。减少碳排放不能与这些必将发生的趋势相对立。

怎么办？首先发电不能全靠烧煤烧油，无论我们喜欢不喜欢，核电必须大举进军，能开发的水电也要逐渐开发出来。此外风能、太阳能也须积少成多，在局部地区扮演"主力军"。由于中国未来新增发电的任务是世界最重的，我们还应当有"敢为天下先"做商业发电技术创新的勇气。

欧美国家或许不会再就发电技术做革命性探索了，但中国有这样的需求。未来中国必须成为大规模解决人们使用低碳及无碳能源的全球技术研发中心。

否则的话，中国就将在"小康"或"中等发达"的水平上止步。

所以《巴黎协定》是对中国能源结构与技术发展的真正倒逼。好在中国已经站在一个相对不低的位置上，我们已经积蓄的力量加上未来的努力，使我们完全有能力应对正在走来的挑战。

然而未来十几年需要组织好相关工作，中国全社会需全面了解《巴黎协定》，领会它所意味着的未来大趋势，针对它的渗透和影响顺势而为。围绕能源结构的一些无谓争论到了该结束的时候，我们须及时行动起来。

相关的社会运动也应适时兴起，比如要让更多中国人有机会开车，我们的社会就须倡导开小排量车或新能源车。欧洲很多大城市里跑的多是小型车，它们已经给中国社会做出了样子。

绿色生活需要真正成为中国人的新时尚。绿色不仅要带来光荣，还须为经济发展提供源源不断的动力，这一切无疑是宏大且十分复杂的任务。好在我们还有十几年的缓冲期，我们唯有只争朝夕，坚决跑赢这份人类共同的紧迫。

（2015.12.14）

朝鲜演出取消挺离奇但负影响有限

朝鲜功勋国家合唱团和牡丹峰乐团12日起在北京国家大剧院的演出临时取消。新华社当天发了简短消息，指演出未能如期举行是"因工作层面间沟通衔接原因"。报道同时说，"中方重视中朝文化交流，愿继续同朝方一道，推动两国文化等各领域交流合作向前发展。"之后有媒体说，12日看到牡丹峰乐团的演员们在北京首都国际机场搭乘飞机离境。

朝鲜乐团的演出因故取消，这挺离奇的。12日之前中国媒体上已经出现大量牡丹峰乐团亮丽女演员的照片，舆论对欣赏她们的演出颇为期待。

关于演出突然取消的原因，外媒猜测纷纷。有说与朝鲜领导人金正恩日前宣布朝鲜已掌握氢弹有关，有说双方组织者对中国观看节目的官员级别没商量清楚，还有说朝鲜访问团内部出了问题等等。但到昨晚，中方只有新华社发了上述短消息，朝方没做表态。

中方只有短消息，朝鲜无消息，这本身大概就是双方态度的一部分。这件事显然不是给中朝关系加分的正面消息。但话说回来，它对中朝关系的负面影响可能也不像一些人想象的那么大。中朝关系的基本盘依旧，友好纽带应当说蛮牢固的，同时核问题分歧导致的敏感继续存在。两国处在对这种"新常态"的适应和拿捏中。

演出如果成功，会带动中朝社会之间的热络。它没能成功举行，使这种热络落空，给双方都不会加分。但两国都不想事情发酵，这让人想到中朝关系突破不容易，因一件事"破裂"同样不会随便发生。中朝关系仍是朝鲜"最有韧性也最为友好"的对外关系。

中国珍惜同朝鲜的友好关系，同时坚持朝鲜半岛无核化的立场，这个态度非常稳定。相信无论有多少分歧，平壤同样珍惜朝中友好。从中朝关系史和东北亚地缘政治两个最重要角度来审视，都不难得出这个判断。

中朝是近邻，围绕一次演出的氛围会影响短时期对两国关系的直观感受，会让双方今后设计交流更谨慎，但不会影响两国关系的根基。

外界有一些想看中朝之间出问题"热闹"的人和力量，他们会对中朝之间的任何不和谐以及有关迹象进行炒作，北京和平壤都应对此了然于胸。

中国公众抱憾没能看上朝鲜乐团的演出，但也不会觉得这是件很大的事。鉴于朝鲜的特殊国情，对中朝关系发生一些"波澜"，中国人适应了。对于中朝关系一方面友好，一方面存在一个"摆幅"，如今中国社会就是这么看的。

朝鲜核问题爆发到今天已有二十多年，这期间中朝都经历了3代领导人。中朝关系受到朝核问题的牵连，同时，时间也磨砺了两国交往中的一些决定性要素。因此即便朝鲜乐团演出未成难免让人"一头雾水"，但中朝关系的大局是清楚的。这个大局大概不会因为一些具体因素为转移。

（2015.12.14）

阿里收南华早报，香港舆论何需紧张

南华早报集团 14 日正式宣布将以 20.6 亿港元现金代价向阿里巴巴出售旗下媒体业务，马云从此成为南早的主人。这一消息已传出一段时间，在香港、内地以及海外都引起广泛议论。

香港一些人的顾虑与西方的说法差不太多，比如担心阿里代表了中国政府要控制香港舆论的那只手，认为阿里与中国政府"高度一致"。而在内地，一些人的担心是相反的，他们质疑马云连续收购"二十多家"传媒、打造"阿里传媒帝国"的意图，提出这会导致"舆论失控"的可能性。

看来媒体事务在中国人的普遍看法中的确要比在西方社会里敏感得多，当这些事务的主角成为中国人时，连海外社会也会多出几分警觉。应当说马云自愿走进了"雷区"。

很难想象收购媒体是马云开始"搞政治"的加冕礼，这恐怕首先还是阿里商业帝国商业计划的一部分。在中国，媒体的界限在互联网时代变得模糊了，腾讯、百度、新浪算不算媒体？恐怕很难说清楚。但它们都不是国有的，而是最彻底的商业公司。阿里资本进入中国一些产权结构不那么传统的媒体，大概算不上什么新鲜事。

至于它收购南华早报，更显得顺理成章。看看阿里的股权结构，利益多元可以说已经深入到这个公司的骨髓里。通过这样的出资者来为香港言论自由打造一副枷锁，这是需要一些想象力的。

南早原本就由马来西亚人控制，现在转到阿里巴巴手里，南早原来的读者群没变，香港社会的大环境没变，可谓制约因素重重。去香港冲锋陷阵，做改变那里舆论生态的"决定性角色"，马云这位"在商言商"者即使心血来潮，也必缺少法术。

中国内地的主流舆论阵地受党领导，其他许多类型传媒机构的资本多元化已是现实，香港更应该适应媒体在不同资本间倒手。给新的变化一些机会，它们总会带来新鲜空气，注入一些新的视野。媒体并购这种司空见惯的事情实在不值得香港人大惊小怪。

世界上很多著名媒体最近这几年都换了老板，它们有的被当年自己看不起的网络公司买走，有的被默多克这样的媒体大鳄并购，说不清"是哪国的"。在西方世界里，这些买卖对媒体原来业务和价值倾向都没有产生多大影响，媒体在资本层面易帜后，在采编层面继续保持自己的独立性，似乎成了一项"行规"。

南华早报原来就不是政治上与内地高度对立的报纸，它被阿里收购后如能保持自己的风格，不仅香港社会乐见，这大概也是内地新闻同行们愿意看到的。

内地与香港，中国与西方的互视都不应固化，给对方贴上标签，认为对方的一举一动都带着政治目的，如果形成这种局面将很糟糕。让正常的交流开展起来，当不同的习惯和原则发生摩擦时，也别急着上纲上线。时间会让一些事情变得更清楚，单薄的含义绽放出色彩缤纷的内容。全球化的逻辑就是这样的。

（2015.12.15）

美舰缓来南海，澳机嘚瑟什么

据西方媒体报道，美国国防部官员表示美在今年内或不再派遣军舰前往中国南海岛礁12海里内航行，下一次这样的航行或将在明年1月进行。美官员称这样安排是因目前美要集中精力"打击伊斯兰国"。

一些评论认为美在中国面前"稍有后退"，但也有评论认为这根本不是什么后退，只是美国的临时安排调整。两种说法各有道理，然而重要的是，它们之间的细微差别对中国没什么意义，我们显然没兴趣把自己的时间和精力搞成发现这种差别的放大镜。

中美在南海的博弈刚刚开始，情况是美国摆出的架势不小，但比较虚，行动飘忽不定，目标含混不清。中国的行为有国际法支持，非常稳健，美国来不来都一样。因此美国"忽进忽退"，中国则一如故我。中国的力量是内在的，不断成长的，美国受全球战略牵制，调来调去，来去匆匆。因此美国特别强调围绕南海问题的"盟友建设"。

日本在是否随美军一起来南海"巡航"问题上非常犹豫，澳大利亚的表态也很谨慎。日澳都"道义上"支持美国，但对行动上追随美国不轻易吐口。

然而15日爆出一则消息，说是澳大利亚有军机已于上月底本月初在南海执行了"航行自由"飞行任务，"飞越了南海争议岛屿上空"。消息说，BBC记者在菲律宾民用飞机上听到澳大利亚军方无线电向中国海军呼叫，表示自己正在"行使自由航行权"。澳大利亚国防部证实了这一消息。

人们不清楚澳大利亚军机靠近了中国哪个岛礁，接近到了什么程度。由于这不是澳大利亚主动发布的声明，而且事情过去了一段时间，此事的冲击力比如果澳方在事前主动声明要小一些。

但是BBC的报道让人知道了澳大利亚军方确曾派飞机靠近中国岛礁，除了把这一行动看成澳方的某种挑衅，我们不知道别的什么分析会更恰当。我们想说，中国对美方的挑衅给予了强烈回应，澳方不应指望它能在中国岛礁临近海空域受到欢迎或理解。

南海是要防止擦枪走火的，中美双方在相互示威时，可以说都非常小心。一旦中澳军队"对峙"，双方大概会同样小心。但说句实话，至少在中国社会里，老百姓们搞不明白"澳军"怎么会冒出来，对防止同它擦出火花的耐心也会小得多。

澳大利亚军机最好别经常来南海凑热闹，尤其别贴着中国岛礁测试中国的耐心。中澳是友好国家，应该有友好的样子。千万不要大家都小心翼翼的，但哪一天阴差阳错寸劲一来掉下一架飞机，偏偏是澳大利亚的，那太不应该了。

南海一定要成为和平之海，这是各方利益的最大公约数。它首先取决于中美两大国要把彼此的潜规则搞清楚，美国的战略意志最好别把中国的战略意志当成对立面，双方都离对方的底线保持一定距离。

一个真正军事联盟在南海对付中国的局面不可能出现，中国没侵犯那些国家的核心利益，它们来南海都是为其他战略目标"打牌"的，不是真要在这里同中国死磕。南海没有提供中国同它们就各自国家利益放手一搏的理由。它们需注意别假戏真做，栽进自己挖的陷阱里。

美国因为打IS那几个孟贼就能缓做的事，说明不是什么正经事，也不是什么了不得的事。澳大利亚更需知道分寸。

（2015.12.16）

乌镇盛况空前,唱衰者顾影自怜

第二届世界互联网大会今天起至18日在浙江乌镇举行,习近平主席和巴基斯坦总统侯赛因、俄总理梅德韦杰夫等8位领导人以及20个重要国际组织负责人,120多个国家的2000多名嘉宾出席大会。这样的世界互联网盛会已经很成规模,它反映了中国互联网实力对全球的吸引。

西方一些主流媒体发出的声音有点酸,它们宣称中国是"互联网管控大国",在互联网自由方面"排名垫底"。"记者无国界"组织甚至呼吁各方"抵制"乌镇大会,但它的呼声人们听上去一乐,根本没人搭理。

围绕互联网管理美国等西方国家同中国存在争论,中国处理得相当稳健,赢得了不少主动。它们表现在:

第一,中国实现了互联网产业的高速发展,成为名副其实的全球第二大网络强国。中国的多项互联网重要指标排世界第二或第一,这是中国互联网健康发展的强有力证明。过分抹黑中国互联网管理的人无异于自黑,因为将互联网事业如此繁荣的国家说成是互联网自由的"死区",这明显是胡说八道。

第二,互联网自由的领域十分广阔,新闻信息自由是很细致的一个小角。这个领域应当是什么样的,中国与西方的逻辑不同,西方处于强势,但愿意了解中国经验的人越来越多。受这一问题困扰的国家世界上有很多,都按美国那一套玩,很多社会玩不起,中国的探索因此具有了世界意义。

第三,中国举办世界互联网大会,表明中国对不同模式与意见并非采取"斗争"的态度,而是愿意交流,促进全球范围内的相互借鉴与融合。

这是一种真正的开放态度,在价值多元的当今世界至关重要。

针对互联网自由的争议是人类社会围绕自由民主这一古老争论的延伸,它既是价值讨论,也是高度实践性的。有人把它当成精神贵族的情感游戏,或者当成纯意识形态奢侈品,实际上它注定混同于社会不那么漂亮坎坎坷坷、连推带拽的前行,常会缺边损角,沾污带锈,却又生生不息,历久弥新。

互联网自由在中国不是花下清泉那般精致,却像有些浑浊的雨水、洪水、积水那样广泛,识别和感受它们都不那么整齐。然而中国互联网就像大地一样不断被浇过,它湿湿的,所以长出BAT那样的参天大树。

如今只要有人们感兴趣的消息在,如果有人真能把它封堵在中国互联网之外,让中国网上的四处流水里没有它的一点"腥味",那太阳可要从西边出来了。

中国据称已有近7亿网民,比两个美国的全国人口还要多。这么大的场子,可以说要多嘈杂有多嘈杂,但它同时还有某种规矩存在,不是真的就靠"丛林法"物竞天择,这也许恰是中国互联网管理的成功之处。

有秩序不意味着万事大吉,如何让秩序更加具有自然属性,让大多数普通人方便舒心,让少数性情特殊者也能感觉过得去,不断增加网上和谐度,这需要进一步摸索磨合。这决非大而空的哲学,这是中国互联网的现实处境和期待。

尽管总有少数人情绪悲观,但中国互联网的势充满乐观与积极,乌镇的盛会也显示了世界对中国互联网未来的看好。中国互联网发展好了,国际互联网的繁荣就有坚实基础,有了今后更加广阔的空间。想唱衰中国互联网的人,只好眼看着乌镇两千多全球精英大会的盛况,咀嚼被边缘化的孤独了。

(2015.12.16)

纽约的委员会难道想讨好中国记者？

总部在纽约的"保护记者委员会"15日发表年度报告，将中国列在监禁记者数量名单的榜首。该报告称，按照今年12月1日的记录，全球共有199名记者遭到监禁，其中中国记者49名，是1990年这项统计发布以来单个国家监禁记者的最高数字。

报告引用了《财经》记者王晓璐的案例，还说中国试图封杀批评的做法已经扩展到美国，"自由亚洲"电台一名维吾尔族记者的"三名兄弟"在中国遭到监禁。

这种逻辑混乱的罗列似乎只有一个目的，那就是要强调中国的"政治专制"。

中国是否有49名记者处在关押之中，我们不得而知。但如果说"有一批记者"被关进去形成当前人们的一个强烈印象，记者"动不动被抓"成为中国媒体圈内的一个突出焦虑，显然是夸大其词。

现在一旦有记者涉案被抓，在中国往往会成为很轰动的事情。抓记者的合理性很容易第一时间在舆论场受到质疑，错抓记者会付出很大代价。王晓璐的案子当时就颇受关注。从已经结案的情况，比如陈永洲案来看，舆论基本接受了司法对涉案记者的处罚。通过监禁记者来"打压言论自由"，这应当说是外界强行扣给中国一顶帽子。

如何对舆论进行管理，这在中国是一个庞大的探索和实践系统。在这当中"监禁不听话的记者"显然没有位置。一个记者"犯错误"有可能受到批评，甚至"写检查"，遭到内部行政处分，但"会被抓走"，恐怕媒体圈极少有人会产生这种担心。

至于的确有个别新闻记者惹上官司，对中国这个大社会来说恐怕也是正常的。比如中国经济犯罪近年来十分突出，卷入了大量官员、企业家，有极少数记者沾上了案子，是他们个人的问题，与他们从事的新闻职业其实关系不大。

中国的记者人数比中高级官员人数多得多，但犯案被监的人数却相对少得多，我们能因此说记者"很幸福"吗？这样的统计显然很荒谬。"保护记者委员会"用中国受监禁记者人数"最多"来证明什么，其荒谬的逻辑是相似的。

"记者"指的都是什么人？世界各国的标准也很不一样。西方动辄对第三世界使用"公民记者"的概念，在网上发个帖子，偶尔给媒体提供过素材，需要时都可以当"记者"来统计。一些西方记者保护组织提供的数字经常不够严肃。

当然，西方有的组织"为记者说话"，即使说错了，我们这些媒体人可能也不太反感。如果它们一喊，包括中国在内的各国政府和社会就对记者网开一面，给我们无论做什么都没事的"豁免权"，走到哪儿记者证一亮就万事皆通，警察一见我们就点头哈腰，倒也真挺不错。

问题是这不现实。无论什么社会，记者也得守法。这个职业成为不了一旦违法犯罪可免刑诉的护身符。记者是国家改革开放的舆论先锋队，同时又是蛮艰辛的职业，我们为社会尽责，也恪守个人的道德自尊。我们无法例外，都需在国家法治的大系统中穿行。

（2015.12.17）

围绕"文革"网上争论是泡沫化的

已退休的省部级官员于幼军在中山大学做有关"文化大革命"的讲座，吸引了舆论的注意。尽管于本人强调他的讲座只是学术性的，反对媒体炒作，但相关争论还是在互联网上得到一定的扩散。不少人想起，明年是"文革"发生50周年。

"文革"是这几年舆论场上一个挺特殊的热题，一方面围绕它的争论一点就着，一方面参与争论的人很多是意识形态激烈人士，其中不少人带有舆论场上"左"或"右"的标签。社会对"文革"的真实兴趣并不高，因此有关"文革"的"激烈争论"有泡沫化成分，实际意义被夸张了。

《关于建国以来党的若干历史问题的决议》对"文革"有清晰明确的结论，即它是"一场由领导者错误发动，被反革命集团利用，给党、国家和各族人民带来严重灾难的内乱"。它还有一个简单的描述：十年浩劫。当年"文革"结束后，国家从政治上、文化上、组织上、法律上都对"文革"做了清算，公审了林彪、江青反革命集团，将"三种人"清除出干部队伍，出了一大批"伤痕"文艺作品，国家走向全面改革开放。

近年来一些人批评国家"拒绝反思文革"，这严重违背历史事实。还有一些人搞对"文革"的"再发现"，强调它的一些"客观正面效果"，这不符合中国社会的主流认识。舆论场上经常上演的其实就是这两种比较偏的认识打架，而主流社会对"文革"的看法基本是稳定的。

上世纪70年代末80年代初是中国社会集中反思"文革"的时期，在那之后"文革"逐渐成为一个普通话题，这种转变应当说是正常的。社会保持当年反思"文革"的强度既不现实，也没必要，"文革"走进历史不能说是国家某种刻意的政治安排。

泛泛说"文革"成了当下中国的敏感话题，这不准确。"文革"的场景再现以及那个时期的悲剧故事至今在影视作品中比比皆是，说明回避"文革"并非今天的一个倾向。有关"文革"话题的敏感，往往是一些人出于现实政治目的争论它，把这种争论作为政治影射或者用于现实泄愤时才出现的。

针对"文革"的客观历史回忆和研究一点都不敏感，当思想激烈人士带着明显现实情绪大谈"文革"时，就很像是另一回事了。这些人呼吁社会"全面反思文革"，要求执政党就"文革"向全国人民"道歉"，或者另一些人给"文革"时期的国民经济成就一一摆功，他们的姿态就不再是"历史学者"的，而更像是"政治鼓动家"的。

如果说国家主张今天"少争论文革"，是为了避免上述两种极端现象把舆论场带偏，试图保持国人对解决现实问题的专注，那么这是值得给予一定理解的。

当然，由于热衷争议"文革"的人给这个话题带来了一些敏感，可能会让有的基层管理者不知所措，对措施的运用未必总能把握得当，从而引发新的争论。但是必须说，有关"文革"的各种衍生争议决非当下意识形态的真正主题，它们有时出现的短时间热闹在相当程度上属于"互联网病"的一部分。

希望人们别被网上表面的"文革热"忽悠，以为它真的是一个导致了重大思想冲突的话题，甚至以为社会真的在因为对它的不同认识而"分裂"。真实情况哪是这样的，国家和主流社会对"文革"的认识恰恰是高度一致的。

"文革"被广泛看成一场错误和灾难，"文革"这个词有很强的负面性，说谁或什么事像"文革"带有很强否定性。这一切是不容否认的事实。宣称国家"拒绝反思文革"的人与要求重新发现文革"积极面"的人不断互相把对方逼向极端，那是他们之间的游戏和恩怨。

（2015.12.17）

美对台军售意在给两岸和平搅局

美国北京时间 17 日凌晨宣布向台湾出售"佩里"级巡航舰等总价达 18.3 亿美元的 10 项军事装备，中国外交部于 17 日迅速表示强烈反对，并提出将对参与此次对台军售的美国企业实施制裁。

这是美国继 2011 年之后时隔 4 年多再次对台军售，尽管本次军售规模较之以往不算大，但它的性质像以往一样恶劣。

大陆军事力量早已取得对台军的压倒性优势，台湾再买多少美国武器，也改变不了两岸已完全不成比例的力量格局。佩里级巡航舰在美已退出现役，属于"古董级"海上装备，台湾这次与其说是"买武器"，不如说是花钱向美国进贡，讨一个美国"保护台湾"的承诺。

美国一方面从台湾捞钱，一方面用这种方式鼓励台湾继续坚持用武力巩固安全的思路，使两岸军事力量隔海对峙的局面固化，打压台湾内部通过加强两岸和平沟通确保台长久安全的主张。美国这岂不是在为"中国人打中国人"设伏笔。

台湾的财政有限，它单独与大陆军事对抗已毫无可能。美国为"保护台湾"而不惜与大陆全面开战的可能性是台湾"国防"越来越空虚的底牌。

由于大陆军事力量稳步增长，美国一旦介入台海冲突的可能代价逐年攀升。美军正在失去它与解放军发生台海冲突时的"绝对胜算"，美海军最具象征意义的航母已经难以在战争爆发时靠近台湾海峡，分析认为它们如果要保持自身安全，须远离中国海岸线 2000 公里。

台湾军力略弱于大陆，美国可在西太平洋投入的力量大大强于中国军队,以往的这一"平衡"已被打破。如果"台独"发展到大陆必须采取军事行动予以打击,那么届时谁也保护不了它。

因此台湾方面需要彻底转变安全思路,把心思真正用到追求两岸和平、维护两岸共同利益上来。美国保护台湾的承诺并不可靠,迷信这一承诺会误导自己,甚至可能身处险境时而不自知,对做破坏两岸和平的事不思反省。

美国离台湾那么遥远,它的利益就是要保持台湾作为其战略上对付中国的一个棋子。让自己成为对付中国大陆这样经济军事巨人的棋子,这对台湾在战略上将意味着多大的风险,这是稍微有战略常识的人就能看清的。

台湾长期依靠美国军事保护,必将导致岛内政治上的恶性循环,它会成为一只被温水煮的青蛙,最后失去通过一跳与危险决裂的勇气和能力。

中国决不能允许美国不断用对台军售给两岸关系的和平发展搅局,除了采取外交反制措施,还须制裁参与对台军售的美国企业,让美国对台军售的供应商付出代价。而且未来,我们将有更多反制美国对台军售的手段或筹码。

中国外交部17日宣布将制裁美国参与对台军售的企业,由于参与此次军售的最大企业雷神公司在华很少有业务,一些人认为可能影响不大。这种看法是短视的,中国的这一决定首先会威慑未来可能参与对台军售的美国企业,也会打击参与此次军售企业的气焰,一些零件供应商会努力撇清自己和军售的关系,担心自己被列入黑名单。

只要中国制裁对台军售企业的态度很坚决,其效果必将逐渐显现。这一原则今后还可扩大使用范围,用来对付严重侵害中国国家利益的其他外部势力。

台湾近在咫尺,中国大陆维护国家主权和领土完整的决心很大,围绕台湾问题各种斗争的最终胜负几无悬念。对台军售的实施将越来越困难,个中的苦衷美台恐怕最清楚。

(2015.12.18)

如何看发改委缓降油价风波

国家发改委15日表示,将暂缓调整国内成品油价格,意思也就是暂不降价。发改委当时给出的理由是这样做可以充分发挥成品油价格杠杆作用,促进资源节约和治理大气污染。这件事在舆论场激起轩然大波,一些人指责发改委涨价积极,降价则是另一种态度。

发改委17日通过官方微博转引新华网的一篇文章,对暂不降油价做了进一步解释,指出由于目前不到40美元一桶的油价已经低于国内原油生产成本,继续随国际市场下调国内油价将有损国家能源安全,认为国家不可能完全依赖进口石油,必须保证2亿吨左右的国内原油生产。

很多懂行的人认为,三十几美元一桶的油价是沙特等产油大国刻意"做出来的",其目的在于击败竞争对手,挤垮替代性能源等,不太可能长期维持。由于这个价格的确已经低于很多产油国的生产成本,中国控制国内油价下调节奏,有一定的战略合理性。

相信如果能把这一切给中国消费者讲明白,会有很多人对暂不继续下调油价给予理解。由于预期的降价也就是每升一毛几分钱,对消费者实际影响有限,这个解释工作经过努力应当是可以做通的。

然而发改委对决定所做的说明显然过于简单了,尤其是最初的解释,在逻辑上容易遭到质疑。也许发改委对舆论反应估计不足,也许把解释工作的困难估计得很高,有了畏难情绪,因此基本放弃了。

舆论目前对"两桶油"等大型国企有不少成见,一些人不断引导人们相信"两桶油"有它们不同于全国人民利益的特殊企业利益,并进一步制造一种印象:发改委在通过加速提油价和拖沓降油价帮助"两桶油"

来"盘剥"全国人民，如何定油价成为"人民与利益集团之间的斗争"。

这样的网上舆论导向在几年前就逐渐形成，加剧了部分民众对"两桶油"及发改委的不信任，使得一些本来不复杂的事情变得复杂了，严重增加了社会一些重要沟通的成本。

这种局面必须破解，而且只能从发改委和"两桶油"等大国企这一方认真做起来。抱怨网上舆论"有问题"是没用的，用"阴谋论"来分析那些舆论尤其不会有好效果。"国"字号的一方唯有迎难而上，在扎实做好实际工作的同时，实现几次成功的重大舆论沟通，情况就将出现变化。

像这一次国内油品暂不降价，舆论将激烈反弹完全应当预期到，那么放弃艰难的解释工作不可取，也不应指望由宣传部门帮助"管理舆论"。舆论都是客观现实，该发生的很难阻止，好的舆论只能通过内在引导来促成，而无法通过外部修剪来塑造。

经常有人宣扬，发改委降油价小心谨慎，升油价则大大方方。这不是真实情况，但这种说法能有市场，说明目前油价生成机制的市场准则并没有得到普遍信任，相关质疑被消除的力度不够。而发改委这次缓降油价由于解释得太少，让舆论的质疑找到了新的理由。

可以想见，这一次的油价风波将带来一些有关公信力的深度损害，这是国家软实力的一个负分。

舆论工作很难，但的确非常重要。互联网舆论管理能力建设的成就或许会让一些地方和部门产生误解，以为所有舆论都是"可以调控的"，从而放松做重大决定时对舆论工作的投入。很多单位的领导都忙着抓事情本身去了，而把同舆论的沟通放到次要位置，这似乎是当前工作的一个普遍缺陷。

解决这个问题似乎很难。我们呼吁一些媒体和有话语权的人也为社会的重要沟通积极做些工作，不要让一些误解越陷越深。这应当是中国社会一项关系重大的共同利益。

（2015.12.18）

朝鲜人权决议，中国投反对票合理

联合国大会以119票赞成、19票反对、48票弃权通过决议，谴责朝鲜境内"长期持续存在有系统、普遍和严重侵犯人权行为"。决议鼓励将朝鲜局势移交国际刑事法院，对负有最大责任的人实施有效定向制裁。中国同俄罗斯、古巴、叙利亚等一起投了反对票。

中国投反对票不能简单视为我们在为朝鲜的人权状况背书。中国一贯坚持不干涉主权国家内政的原则，反对外部力量以强制方式对主权国家发号施令，中国投票表达的是这个意思。中国一以贯之的这个态度是国际社会的一面旗帜，北京无疑是不干涉内政原则最强有力的主张者。

这次投票支持谴责朝鲜决议的许多国家在不干涉内政问题上是赞同中国主张的，两种投票态度不意味着我们同那些国家价值取向的整体对立。就朝鲜人权问题投票，这当中既有价值观，也有外交选择的成分。40多个国家投弃权票，也进一步说明这个看似简单问题在国际政治中的复杂。

朝鲜是我们的邻国，中国这次投反对票，在外交上也是正当的。联大的决议没有约束力，类似话题曾拿到安理会上讨论，中国当时也投了反对票，这意味着相关提议不可能作为决议案在安理会被通过。

当然，国内部分网民和知识分子对中国投反对票有些意见，希望中国加入批评朝鲜人权的阵营，这也是正常的。无论是什么原因，朝鲜人权在国际上受到诟病，这必然影响中国社会一部分人的态度。中国政府投这张反对票在国内会受到一定压力，平壤对此应当了解，也应当领情。

前不久中朝之间发生牡丹峰乐团来华演出临时取消的风波，中国很多人因此对平壤怀有一些情绪。就在这时，联合国就朝鲜人权问题投票，部分中国公众不支持政府投票"保护朝鲜"，这也应算正常反应。

中朝之间有时有些"情绪"看来在所难免，但是中国处理中朝外交的大问题时需保持足够的理性，这是大国必须有的稳健。从朝鲜方面来说，它也需要为中朝保持良好氛围创造条件，为中国社会对它多有一些好感做出努力。

抛开中朝关系单说人权，这是个极其复杂的问题。国际交流是必要的，一定的外部压力未必都是坏事，但外部强行指挥绝对要不得，这是中国人权这几十年不断发展的经验。现代人权观念是从西方扩散向全世界的，这个过程有正面意义。中国社会引入了不少西方的人权观念，它们同中国社会的综合发展与进步融为一体，很多已经成为今天中国社会面貌的内在元素。

然而这个过程又是充满斗争的，中国坚持了自己的政治体制和社会治理体系，没有按照西方的要求对社会最核心的政治原则进行重构，从而保持了中国大的稳定，它成为我们这个社会大兴改革而未自乱阵脚的基础。

中国不断抵制西方的压力，却又不断吸收对我们有益的东西，使得西方的很多思想成果成为中国现代化进程中的"建筑材料"。它们为我所用，却始终形不成对中国人精神上的体系性控制。

在中国发生的这个过程十分独特，它是中国力量、意志与对外开放的真实愿望共同打造的。中国的社会治理既朝着现代化方向前进，又与西方有所不同。历史将证明这样的独特性恰是中国的成功所在，它是中国社会就人类发展问题给出的一种答案。

（2015.12.19）

中国不妨加速向南海岛礁部署战机

美国军方日前宣称，美军一架B-52战略轰炸机10日在南海"误入"中国扩建岛礁2海里范围上空，五角大楼正就此事开展调查。中国国防部、外交部19日分别作出回应，批评美军的上述挑衅行为。

美军虽然这一次态度上较为温和，但此次行动本身十分恶劣。B-52距岛礁仅2海里，这意味着它几乎已经飞到中国扩建岛礁的上空，严重威胁到那些岛礁的安全。这比"拉森"号及之前美军飞机进入12海里挑衅示威又进了一步。

美国这样做等于在迫使中国加速将新建的岛礁军事化，使那些岛礁具有对抗美军直接军事威胁的能力。众所周知，由于中国大陆距离遥远，目前又只有一艘航母，当美军飞机从邻近基地起飞侵犯中国岛礁所在空域时，中方派战机过来远水不解近渴。我们的唯一选择只能是把战机部署在岛礁上，使它们有能力随时起飞驱离前来挑衅的美军飞机。

中国永暑礁等的陆域吹填工作已经完成，扩建后的最大岛礁面积已有几平方公里，完全有条件铺设军用飞机跑道，布置相当数量的作战飞机。中国之前一直表示要将这些岛礁主要用于民用目的，但这应该有一个前提条件，那就是它们自身的安全有所保障，没有外部军事力量针对它们开展有威胁的行动。

然而现在美军显然正在打破那些岛礁非军事化的条件，中国需以变应变，开展针锋相对的安全部署。

美国军舰和军机如今动辄在那些岛礁的邻近水域和空域出没，而且不仅仅是侦察机这样做，连B-52这样的战略轰炸机也过来了。中国如果毫无反应，就等于对美军随意在这些岛礁四周开展有敌意的行动做了默认。那样的话这些岛礁建设不仅无助于中国国家安全，反而成为我们的"负担"，给美军加剧在南海活动提供了借口。

这将会造成中国南海战略的被动，还会在中国国内导致负面舆论效果，损害政府的威望，销蚀公众的信心。

因此中国其实没有更多的选择，把那些岛礁的军事能力建起来，美军再来时每次都有中国军机起飞捍卫我们的主权，这是中国社会的普遍期望，它在国际上也有充分的正当性。

有些人可能担心岛礁军事化会招致国际压力，有的东南亚国家尤其会不高兴。需要指出的是，是美国军事挑衅迫使中国这样做的，全世界都能看懂美军机"误入"岛礁上空的实质是什么，中国采取对应性军事措施在道义上无可指责，它或许会推高南海的军事紧张，但不会损害中国的国际形象。

当中国的军事反制措施直接针对美军挑衅时，东南亚国家没有理由反对，相反，菲律宾、新加坡等向美提供军事基地支持的国家需要反省，它们对美军挑衅中国的配合是地区局势恶化的原因之一。如果大家都希望南海局势缓和，就需承担各自的责任，谁都不应为美军破坏中国岛礁非军事化的条件提供帮助。

中国的南海岛礁军事化并非意味着军事冲突的危险大幅上升，中美都不希望交战，双方会继续保持谨慎，防止擦枪走火。

美国在南海要求的航行自由不能危及中国设施的安全，这个道理再浅显不过。中国不是小国，中国的整体军事能力和国家力量有资本要求美国收起它的流氓态度。中国会坚守一些底线，美对此是有预期的，只要我们不纵容它，它知道与中国打交道不能恣意妄为。

由此看来，中国不妨大大方方地在岛礁上部署战机和设立大型雷达站，全体中国人民一定会对此给予坚决支持。这种支持大概比什么都重要。至于美国，你把它当真老虎它就是真老虎，你把它当纸老虎它就是纸老虎。

（2015.12.21）

万科与宝能，谁代表市场法则的正义

万科管理层与宝能系的股权大战愈演愈烈，万科临时停牌宣布将扩股，关于王石已筹到巨资准备发起反击的传闻不胫而走。这起万科所指"恶意收购"与它的反收购实际是万科与宝能背后"赵家人"（指官宦巨头）彼此争斗的说法也很热闹，俨然一场远非止于金融之争的超级利益大战正在上演。

事情的复杂性和严重性很可能被夸张了，如果这件事不是市场经济环境下"普通的收购"，而是有一些法律禁止的利益卷入的话，那么万科与宝能的对峙最终一定会导致这些非法利益的败露，形成事态的新转折。

正如很多分析指出，王石等万科管理层对宝能的拒绝，以及宝能按照市场法则坚持收购，都有双方的各自道理。宝能有权利依法通过二级市场收购万科股份，中国法律目前没有对资本做类似收购的限制性规定。然而王石等人坚持万科的理念，对"资本的品格"提出要求，这种表现似乎与万科品牌有着某种内在联系。一边是市场法则，一边是万科的价值坚守，这让公众颇难取舍。

如果双方都不存在违法违规的恶意，那么它们应当寻求妥协，或者说这场争斗的结局终将是某种妥协的产物。万科成为市场法则的例外，这对中国市场经济以及对通过市场获得非凡成功的万科本身都不会有好处。如果宝能成为万科第一大股东，但万科管理层积极性大挫，公司从此走向下坡路，那恐怕将是一场双输。

一旦这场股权大战的确有公众不了解的"重大猫腻"，有"权力"的非法介入，那就是另一回事了。那样的话，双方很可能"狭路相逢勇者胜"。那么谁会更"勇"呢？一定是对遵守法则更加彻底、对事情闹大更加不心虚的那一方。因而双方一旦下决心"鱼死网破"，那将是对双方意志、抗击打能力的全面考验。

中国市场法则下的"恶意收购"著名案例很少，万科是中国的明星企业，王石等人的资本动员能力和舆论动员能力都很强，万科的综合实力至少与宝能有得一拼。这是一场旗鼓相当的"金融决斗"，是中国施行市场经济以来从未有过的大戏。

资本违背管理层意志强行收购是市场经济的一种极端现象，它的最终成功率很低。万科的自我保卫战对投资者构成特殊威慑。这是中国市场经济已经相当深入的特殊表现，我们此时此刻真不知道该为这场冲突的出现感到痛惜，还是窃喜中国的全面改革已经走了很远。

管理层视某项外部收购为"恶意收购"，并奋起反击，这在西方都发生过，如果宝能与万科都按照规则进一步出牌，这场突出的争斗就出不了大格，不会成为一系列不可预测事件的开端。从中国市场经济体系的利益来说，这显然是人们所希望的。

最后我们想说，万科经过中国市场经济和房地产行业曲折发展的反复洗礼，是中国最受尊敬的民营企业之一。这样的公司得以继续良好发展，既符合万科投资者的利益，也符合中国社会的利益。我们希望中国市场经济法则能够支持、保护这个逻辑，并引导宝能与万科股权大战的最终妥善解决。

（2015.12.21）

中国经济，信心比怀疑更强大真实

中央经济工作会议昨天落下帷幕，会议提出明年经济工作的五大任务是去产能、去库存、去杠杆、降成本、补短板。中国公众及国际社会均反响强烈。

目前是国内外舆论对中国经济悲观说法比较多的时候，对于中国经济能否长期保持中高速增长，高能耗、产能过剩等顽疾能否克服，都存在一些质疑。有西方媒体称，2014年世界舆论对中国经济最普遍的议论是"中国是世界增长最快的经济体""中国将成为世界头号经济体"等等，而今年类似的议论明显减少，"中国经济崩溃"等负面猜测越来越多。

这些带有倾向性的议论的确存在，但它们与世界对中国经济真实的长远预期并不吻合，有不少人云亦云的舆论泡沫因素。

世界对中国经济的信心或许不再是膜拜式的，但它经过洗礼，反而增加了更多理性成分，与中国的实际情况更加接近。

比如中国崛起未必是一种所有指标都长期领跑世界的"极限运动"，但它的大趋势已经变得越来越清晰可信。中国的市场太庞大了，人民的需求被全面启动，社会对经济有很强的组织能力，中国经济因陷入混乱而中断增长的可能性要远远小于它通过不断自我修正而实现中长期持续发展的可能性。

中央经济工作会议就是当今世界最权威的大国经济工作会议，世界舆论无论出于什么立场，对它有的放矢、不放空炮，而且会产生实际效果都普遍是相信的。大量投资人在通过中央经济工作会议捕捉这个大国来年的关键经济信息，判断中国经济的走势。

中国国内实际上也对中央经济工作会议"蛮信的"。比如会议提出要化解房地产库存，带来的社会影响很大。尽管有人习惯性地在互联网上发了些诸如"农民接盘"的牢骚，但舆论普遍认为去库存的政策取向是房地产的重大利好信息，对它能够刺激市场的活跃抱有期待。

关于中国经济的基本面积极向好这一定性，一些人有着技术层面的怀疑，但社会对它的总体认同有着多方面的呈现。中国人最近两年明显变得更敢花钱了，旅游业的井喷式增长就是其中之一。中国的民生工程、经济结构调整都在逐渐释放效果，支持人们对未来的日子，包括看病、养老等有了更多把握。

调结构带来了局部的痛苦，但它获得的社会总体支持很高，要蓝天、要生态成为中国社会最广泛的需求之一，这使得调结构不再仅仅是从上至下的经济政策，而成为全民共同拥护的经济改革。稳增长、促改革、调结构、惠民生、防风险这一中国当前经济的总方针实为全社会高度共识的产物。

由此看来，中国经济的基本面没有重大变化，关于未来怎么走，中央的主张与基层社会的愿望是高度契合的。当前的一些困难主要还是维持经济长期增长战略需要克服的，它们对于中国综合实力的负面影响，对中国大多数人实际生活质量的损害都不是决定性的，至少是可以承受的。

中国要成为一个国家实力强大、人民生活幸福的国家，改革的这一总取向正逐渐形成。一些泡沫性质的繁荣在被挤掉，支持中国现代化的核心要素得到进一步伸张。关于这一切，我们正身处其中，未必能看得很清楚。但只要中国坚持实事求是的发展原则，历史终将不会辜负我们。

中国是很讲究均衡发展的国家，这样的稳健对大国来说非常必要。我们不能指望某项单一成就把中国带向未来，也不必担心某个突出问题把这个国家毁掉。中共和中国社会都很努力，我们没有一天放松自己，只争朝夕成为这个国家的品格。我们没有理由因为付出全面深化改革的努力而败下阵来，这个世界不存在与奋斗者过不去的逻辑。

（2015.12.22）

滑坡事故让深圳的光鲜打折扣

深圳光明新区 20 日发生堆土滑坡严重事故，造成 33 栋建筑物被掩埋或不同程度受损，85 人失踪。城市建筑废料堆土滑坡造成如此大的损失，十分罕见，也令人痛心。

深圳是中国改革开放的前沿城市，也是中国最发达的地区之一，这起事故仿佛一下子剥去了这座城市的光鲜，暴露了其内在管理的"一团乱絮"。今年 8 月天津滨海新区发生震惊世人的危化品仓库爆炸事故，那也是中国城市发展精华位置的悲剧故事。

再往远点说，今年元旦前夜上海市中心发生骇人听闻的踩踏事故，事发地点外滩是这座中国第一大城市最具代表性的景观地，它几乎就是现代中国的"脸"。京津沪深，这些年在不应发生的大型灾难和事故单子上都榜上有名。

中国现代化的粗糙被这些事故反复验证，它们可谓展示了我们这个发展中国家的"原形"。一次次安全生产大检查不断开展，然而隔段时间就会有新的惊人事故发生，给整个社会"防不胜防"之感。仿佛那些对安全生产的强调乃至严厉的追责都不管用，重大责任事故以它们自己的逻辑与节奏上演着，羞辱着我们的努力。

真的如一些人所说，我们对责任事故的追责依然太轻，从而导致各地领导们对安全"重视不够"吗？不能不指出，这种说法很值得商榷。如果撤几个地方官就能阻止新的重大责任事故发生的话，那么事情就好办多了。大不了在地方官中多抓几个"倒霉蛋"，哪怕其中有些人做了"替罪羊"，这对整个社会来说也是成本最低的解决办法。

然而当我们一再捶胸顿足也无济于事时，说明中国摆脱重大责任事故真是很难的一件事。

就深圳这件事来说，我们回过头来要问，为什么在城市规划中对大规模渣土堆放的选址不考虑更周全些呢？为什么渣土堆与厂房和宿舍楼不离得更远些呢？为什么对这样的渣土没有有效的安全防护措施？还有，渣土堆的安全性为何没有得到及时评估呢？

把这些问题全都在事故不发生的情况下予以解决，是可以做到的，但那将意味着更高的建筑垃圾处理成本。中国各地重大事故发生都有成因，消除那些成因的大部分，严格说也能做到，但同样需要付出更多成本。

最大的问题在于，中国大多数人并没有真正下决心共同支付那部分新增的安全成本，我们对安全的要求还达不到对经济生活"一票否决"的强度。事实上大多数人还允许生活的某些方面存在一定程度"生产风险"，以侥幸态度看待它们的"低概率"，大多数人实际在追求财富与安全之间的某种"最佳平衡"。

中国必须大幅增加安全生产的成本，不断提高安全的基础条件，降低各种事故发生的概率，而且这一切要由法律作出严格规定，全民认真执行。举个简单例子，要从人们不横穿马路，行人和骑自行车的人不闯红灯开始做起，从各种交通工具坚决不超载做起。所有建筑到了使用年限必须拆除或做特别加固，全部电梯按照规定开展维修，街头不达标的食品摊坚决取缔，这些都是安全的源头。

当所有地方政府以这样的标准进行监管，中国绝大多数人也建立起这种水平对安全的自觉重视时，中国的国民经济就会从内在结构上对安全倾斜，中国的"安全生产运动"就将跨上新的台阶。

现在的安全生产准则是从上向下强制推行的，是舆论带头摇旗呐喊的，它的真实社会基础仍比较虚弱，尤其是没有得到现实经济法则的支持。因此除了追责，中国社会还需要有更多的内在变化，我们要让安全生产从一句口号、一面旗帜变成我们现实生活中的真实价值，用它来支配我们的全部行动。

（2015.12.22）

搞对华"菱形包围圈",日本真敢做梦

日本2016年度的防卫费首次突破5万亿日元,这是21日日本政府公布的新年度预算草案最吸引眼球的地方。同一天共同社的一则报道总结说,安倍晋三本月接连与印度、澳大利亚首脑会谈,欲进一步推动日美澳印"安全保障钻石构想"。这两件事都是针对中国的。

5万亿日元按当下的汇率算不到500亿美元,按照日元汇率高的时候计算,大约600亿美元。"安全保障钻石构想"也被称为"菱形包围圈",是指日本与澳、印及美国夏威夷形成安全上的"菱形结构",压制中国崛起。

应当说日本是当今国际上不接受中国崛起,并且针对中国奉行对立政策最公开的国家。日本一方面科技发达,有雄厚经济实力,能够强有力牵制中国;一方面这个国家比较小,国土面积和人口规模以及资源储备都有限,长期看构不成中国的头号战略对手。

比如日本五六百亿美元的年度国防预算不及中国的一半,日本能成为中国崛起的实质性麻烦,但它没有能力威胁中国的生存,也不再是中国下一步发展是否继续顺利的决定性外部因素。

日本右翼政治家叫嚷"包围中国"已经不止一天两天,"价值观同盟"是有关计划的基础性构想。人们相信,只要日本肯下力气,肯花钱,它就能加强与中国周边国家的政治乃至防务联系。但这些关系能否升级为一个以对抗中国为目标、有实际行动能力的所谓"同盟",则颇令人怀疑。

日本的国力毕竟有限,它缺少一个真正大国所必需的号召力。由于日本对"包围中国"比美国还热心,而整个地区并不存在这样的实际需求和动力，它基本属于日本"剃头挑子一头热"。中国是澳大利亚第一大贸易伙伴，澳一直在美中之间玩平衡。印度的主要心思在发展上，中印关系具有战略独立性，印度根本不想成为任何人对付中国的"棋子"。因此安倍所希望的"菱形包围圈"首先在澳印两个点上就有很大虚幻成分。

美国是美日同盟的绝对主宰，中美关系已是全球战略关系，在两大国合作与摩擦的节奏中，日本不太可能充当主导因素。让美国服务于日本战略，而不是日本做美国的"亚太小三"，美日关系显然没有这样的逻辑。

或许可以说，日本要想主导亚太地缘政治则"成事不足"，但它要想让中国难受难受则很可能"败事有余"。今天的日本还多少像横在中国崛起面前的一堵墙，这堵墙有可能越变越矮，但它只要与中国"死磕"，就挺麻烦的。它至少会是牢牢粘在中国鞋底上的一块口香糖，让我们连走起路来都很不自在。

安倍政府如今"摽上中国"的那股劲颇像是失去了外交理性，因为没有一个国家会为了让对方不好而宁肯自己更糟，但现在日本有点像犯了这样的"一根筋"。中国只是要求日本正视历史，两国还有一些领土纠纷，这些按说都不是国与国无法缓和的根本冲突。但安倍政府仿佛中了邪，对中国来说，日本成了一个相当奇怪的邻居。

如此怪异的表现，靠安抚恐怕很难改变之。我们唯有相信这样的前提：日本最终有理性，它目前隐藏着，会在一定条件下重新浮上水面。

什么"菱形包围圈"，说到底那是做梦。日本将会为同中国处处对立付出不小于我们的代价。如果日本社会在并无充分现实理由的情况下，仅仅因为"担心中国崛起后会对日本怎么样"就甘愿贸然充当对抗中国的急先锋，的确不是这个世界不正常，而是日本自身中邪不轻啊！

因此中国一定要对日保持战略定力，决不纵容安倍政府的胡来，也不拒绝日本有时表现出的缓和对华关系之愿望。中国已经历史性地成为中日关系的战略主动方，我们现在有资本以不变因应它的万变。

（2015.12.23）

浦志强判三缓三体现中国法律尊严

北京市第二中级人民法院22日上午对浦志强案做出一审判决，法庭以煽动民族仇恨罪、寻衅滋事罪两罪并罚判处浦有期徒刑3年，缓刑3年。据新华社报道，浦志强认罪悔罪，表示服从判决不上诉。

这一判决与很多法律人士之前的预测大致吻合。一方面浦在互联网上的表现对法律秩序造成了损害，打击此类行为是中国法律必须尽的职责。另一方面经过反复调查取证，浦志强涉嫌触犯法律的证据最终缩小到他通过多个账号发布的一些微博，因而对他的判决不会很重。判三缓三可以看成权衡各种法律因素的结果。

西方舆论高度关注浦志强案，包括国内浦的一些支持者，一直宣称浦"无罪"。法院的判决坚持了司法原则，这在西方热衷干预中国国内事务的时代很重要。与此同时，国内有一些人从价值观出发，主张"重判"浦志强，认为判他越重，"政治越正确"，这也千万要不得。司法应独立于各种意识形态的考虑和影响，坚守它自身的公正。

浦志强被关押已经一年多，现在判三缓三，他有可能从此失去律师从业资格，他总体上为自己的违法表现付出了相应代价。这个案件将产生多方面的长远影响，为进一步的法治建设提供标志性案例。

言论自由是有边界的，互联网上的言论自由同样如此，浦案为此设立了最新的界桩。我们希望，言论自由的边界能够通过近年的著名案例变得愈发清晰，这当中有个要素不可缺少，那就是舆论活跃人士、尤其是异见人士们同意存在这样的边界，并且有认真总结这条边界究竟在哪的集体意愿。

浦案也告诉官方，给用违法言论破坏社会秩序者定罪，在当前的现实环境下面临什么样的舆论不确定性。西方把反对中国此类司法行动作为对华政治及舆论斗争的关键战场之一，它们在这个领域调集资源的能力很强，也最容易在中国聚集起西方价值观的"粉丝"，形成有一定声势的压力。这要求中国司法机关审理此类案件必须有高度的准确性。

法律的力量很强大，对于厘清言论自由边界发挥着决定性作用。来自外部和舆论场的压力从大环境和长效看，也客观上起到监督、限制公权力的作用。我们希望在历史的长河中，所有这些因素会形成正面的合力效果，让中国的言论自由受到法律的真正规制及保护。

浦案大概会受到境内外各种力量的不同解读，但我们认为最重要的是，它是法律的胜利。很多因素都试图影响此案判决，它们反而进一步促成了坚守法律原则的绝对必要性。只有依法办案才能最有效地回应争议，才能让判决经得起各种检验和挑战。

支持中国的法治建设，这至少应是国内所有人关心浦案的出发点和回归处。这是中国社会的共同利益所在，我们决不可因为局部和临时性因素的干扰，忘了自己利益的根。

（2015.12.23）

自私的美国看中国《反恐法》不顺眼

美国国务院发言人星期二再次就中国即将通过《反恐法》表示"严重关注",并指责这一新立法将进一步限制言论、结社、集会和宗教自由。总部在纽约的"人权观察"组织也就中国的《反恐法》草案提出批评,宣称该草案对恐怖主义的定义"模糊含混"。

《反恐法》草案已在中国人大进入三读审议,有可能近日通过。针对该法美方已多次表达不满,被公开排在最前面的是它可能损害言论等各种"自由",但分析人士认为,美方更在意美国互联网企业和通信公司将被要求技术上协助中国政府掌握重要数据和信息,损害那些企业的利益。

首先,制定《反恐法》是中国典型的内政,制定它的必要性要由中国人自主做出判断。恐怖主义已是中国的现实威胁,我们认为针对反恐单独立法有必要,那就意味着有必要,具体该如何制定,也需符合中国的实际。

美国公司的合法利益应当予以保障,这不仅对美重要,也有益于中国进一步对外开放的顺利实施。与此同时,美国在华企业配合中国反恐也天经地义。那些公司在美国的经营与配合国家反恐高度统一,外国公司进入美国同样需那样做。美国公司来到中国就需成为中国稳定秩序的建设性因素,它们担心中国政府会以此帮助中国企业提高竞争力,可以通过合法途径捍卫自身利益,但因为怀疑就拒绝配合中国政府的社会治理,则没有道理。

说中国对恐怖主义的定义"模糊含混",纯属无稽之谈。第一,给恐怖主义下定义在全世界都不是很容易的事,尤其不存在全球性共识。很多国家对恐怖主义就没做过官方的正式定义。而中国《反恐法》草案对恐怖主义的定义很可能是最清晰的之一，经过三审，它有了进一步修改和限定。

三审草案对恐怖主义的定义为："通过暴力、破坏、恐吓等手段，制造社会恐慌、危害公共安全、侵犯人身财产，或者胁迫国家机关、国际组织，以实现其政治、意识形态等目的的主张和行为"。其中最后一句话关于"政治、意识形态"等目的限定是新加的，接受了国际上对恐怖主义的一些看法，把恐怖主义行动与一般的反社会行为区别开来。这将有助于避免反恐的扩大化。

至于言论自由，这是西方攻击中国最常发射的一支"万能箭"。前段时间中国通过《国家安全法》，也受到同样指责。由于西方认定中国言论自由"有问题"，中国加强社会治理的必要举措很容易被他们扣上打压言论自由的帽子。中国出台任何社会治理措施都失去了正当性。

全球化时代中美之间的利益密切交织，也不能说中国做什么事情，美国连吱一声的权利都没有。美国人的批评和抱怨有时也起到提醒我们的作用，更何况《反恐法》草案在没有通过之前，它对外征询意见应当是开放的。但总体上不能不说，美方对中国近年围绕国家安全各项立法所采取的态度有相当多无礼、粗暴的成分，超出了"提意见"的范畴。

美国是全球互联网技术和信息中心，它控制着全球互联网的绝大部分根服务器，世界几个最大互联网公司又都是美国公司，与美政府高度配合，美对国家安全的把握是其他国家无法企及的。美国针对反恐搞了许多与自由存在矛盾的做法，它在国内的解释是，多一点安全就要牺牲一点自由，但到了国际上，它就要求所有国家的互联网完全开放，方便美国互联网力量的操纵。

美国特殊的话语权使其能把追求国家利益套上国际道义的外衣，我们想在此说，中国立法机构千万别太在乎美国人的态度，把他们的批评当成普通牢骚听听，或者当成"第三只眼"过过脑子，但究竟怎么办，完全要由中国人自己说了算。美国人是不会为中国发生恐袭埋单的，美国利益是他们置喙中国事务的真正出发点。

（2015.12.24）

香港极端反对派亟需搞清自己"是谁"

香港特别行政区长官梁振英23日在北京向国家主席习近平及总理李克强汇报工作时，现场坐席安排与以往相比出现变化，首次设长形会议桌，国家领导人坐正中，梁振英则与其他内地官员分坐两侧，打破了过去特区行政长官与国家领导人像在会客厅中并列而坐的格局。

香港和内地舆论都注意到这一变化，支持者众，主流分析认为，坐席的这种新安排更准确地体现了"一国两制"精神，强调了中央与香港作为一个地方行政区域之间的政治关系。但也有少数香港反对派人士指责这种坐席安排的变化，宣称这是对香港地位的"矮化"。

从去年开始，中央针对香港激进反对派明显超越基本法围绕"两制"的极端强调做了正本清源的诠释。香港反对派发动了包括"占中"、否决特首普选方案等激烈对抗性行动，部分好斗人士甚至炒作"港独"，施加了一轮又一轮压力，试图让中央放弃"一国两制"的原有精神，牺牲"一国"的基础作用，把"两制"变成香港与中央的"平起平坐"。

这样的要求好生狂妄、天真。香港极端反对派完全搞错了自己是谁，忘了香港的主权是现代中国通过实力博弈迫使英国政府让步而收回的，香港高度自治的全部权力都来自中央的授权，是中央授予的地方事务管理权。香港自治的实质不是"分权"。

香港少数反对派误读、歪曲高度自治的含义，不仅不把香港看成中央管治下的地方，甚至以"民主"的名义，把他们的意志说得至高无上。他们在犯一个很荒唐的错误，历史会证明他们的可笑。

全中国社会高度支持中央在香港问题上的做法，这个国家有充足的资源制服少数极端反对派的抵制，把"一国两制"原原本本、不折不扣地贯彻下去。

让"一国两制"既不动摇，也不走样，这是中央坚持不变的基本国策。中国作为大国，各项核心利益经受过诸多挑战，什么样的世面都见过、经历过。香港极端反对派去年折腾的那些事，在中华民族伟大复兴的进程中，只能算是极小的插曲。

香港一些激进人士至今没有转变思想，通过有些在国际上看来不那么入流的方式搞舆论示威或者对抗性表演，部分涉世不深的年轻人跟着起哄，表现尤其怪怪的。客观说，他们搞那些事，在香港回归祖国的历史进程中增添了额外成本，在承受这些成本时，香港社会注定首当其冲。目标和结局早已确定，那部分人瞎折腾，只会让香港这辆车一路上多些颠簸。

由于大格局和大环境非常确定，香港反对派搞极端斗争只会增加这座城市的内部痛苦，香港社会越来越抛弃他们是不可改变的趋势。经过去年到今年的一系列事态，香港自治是中央管辖下的自治这个道理已被越来越多港人认识和理解，一些关键性扭正正在发生。

香港极端反对派给全国社会做了很低劣的"民主"示范，"港式民主"意味着政治对抗、社会动荡、人群撕裂以及经济发展被搅乱等等，包括一些稀奇古怪的现象会伴随出笼，这就是它给内地很多人的印象。

整个国家在集中精力谋发展，看看中央经济工作会议上在多么认真探讨发展面对的各种问题，香港一些人真该为他们给城市带来的迷失感到惭愧。是他们做出调整，对香港未来尽自己一份正面责任的时候了。

（2015.12.25）

《新观察家》文章既很偏激，又不专业

法国《新观察家》杂志总编辑马修·克鲁瓦桑多以社论的名义发表文章，宣称该杂志驻北京女记者高洁（Ursula Gauthier）"受到威胁"。

事情的原委是，在巴黎遭到恐怖袭击、中国公众对法国给予高度同情的时候，高洁于11月18日发表一篇文章，指责中国政府试图在支持法国反恐的同时塞进"私货"，将中国新疆发生的暴力事件也说成是"恐怖主义"。文章竟宣称"新疆暴力更多的是由于受到无情的镇压"。

去年3月高洁还在一篇言辞更尖利的文章中批评新疆反恐，称那里发生的是"军人和警察占领区的起义之举"。

《环球时报》11月20日发表社评，批评了高洁令人震惊的偏见，并且指出，在中国媒体齐声谴责IS对巴黎的恐怖袭击时，《新观察家》这样做是"以怨报德"。

据《新观察家》的最新社论说，此后"高洁的Facebook账户受到了互联网用户的各种谩骂，甚至出现了对其进行死亡威胁的言论"，并且说"这是本刊历史上第一次出现如此悲惨的一幕，这也是对新闻自由的严重威胁"。

如果确实有人在Facebook上对高洁进行超出批评正常限度的围攻，我们反对。但Facebook不是中国网站，《新观察家》应该去找美国人扎克伯格交涉。如果高洁的确遭到应予重视的"死亡威胁"，那么我们强烈建议她报警。

不过有一点必须讲清，高洁的文章明显为新疆恐怖主义势力张目，白纸黑字，她想不认账，说成是中国人误解了她的意思，这个马虎眼她是做不成的。反恐是当今国际社会的大是大非，高洁输了道义，就须承担相应责任。

《新观察家》作为媒体机构，本应对供职记者的明显过错进行追究，堵住机构的漏洞，但该杂志总编辑的做法正相反，为给高洁护短完全不顾是非曲直，搅乱事情原本的性质。

仔细读一读高洁的文章，且不说它在价值观上的偏执，新闻专业人士很容易发现它缺乏专业性，内容粗糙，情绪化严重。我们高度怀疑《新观察家》的后方编辑流程也荒疏、残缺，严重低于西方主流媒体的通常业务水准。高洁的报道完全看不出她是在中国生活多年的人，她的文章让人感觉出自对中国一无所知、仅凭想象写稿的驻华记者新手。她的编辑部也无人帮她纠错。

我们有理由质疑，在中国舆论指出高洁报道的严重硬伤之后，高洁与《新观察家》为避免陷入丑闻，打起受到"威胁""迫害"的悲情牌，试图蒙混过关，不亏反赚。他们寄希望于一些其他西方媒体会出于价值观的惯性出手帮忙。

现在高洁和《新观察家》不仅不认错，还表现得很蛮横，一副强势姿态。他们指责中国外交当局不及时给高洁延长在华记者工作签证，俨然他们一直正确，而中方则一错再错。他们就差要求中国社会反过来向高洁和《新观察家》道歉了。

实事求是说，高洁和《新观察家》真是让中国公众看到了西方媒体参差不齐的下限。以往我们对西方媒体价值观及政治上的自恋感到无奈，但《新观察家》让我们看到业务质量低劣以及为掩饰沉沦靠政治博出位是什么样子。很简单说，《新观察家》是在中国社会给西方媒体群体丢了脸的。

希望《新观察家》以后的驻华记者能养成深入社会的习惯。我们感觉高洁太不了解中国了，《新观察家》编辑部恐怕对中国的实际情况更知之甚少。他们的对华报道就像拴在西方价值观绳子上高高飘在空中的风筝，自己觉得挺美。虚心点吧。

（2015.12.26）

中日海巡船上都有火炮，日本叫什么

日本舆论近日大规模炒作一艘配有炮塔的中国海警船出现在钓鱼岛海域，并且进入"日本领海"。日本政府宣称已向中国政府提出正式抗议。

日本政府和媒体对"中国武装船只首次进入日本领海"煞有介事的指出非常荒唐，这几乎是日本人"自己同自己装"。中日各自认为钓鱼岛是本国领土，两国各派执法船前往该地区都已成为常态，而日本海上保安厅的船只全都配有火炮，他们怎能指望中国海警船以赤手空拳的姿态出现在该海域！

客观来说，钓鱼岛海域经过前几年较为激烈的博弈后，目前进入相对稳定的时期。上一轮冲突的结果是，日本搞了钓鱼岛"国有化"，这是一个法律上的实质动作。中国则进行了强有力反制，实现了执法船对钓鱼岛海域的常态化巡航，反复出入12海里，形成中日双方"交叉管制"钓鱼岛海域的新现实。尽管日方依靠邻近之便在钓鱼岛附近保持了更为密集的力量存在，但它被迫接受了中方的新姿态，双方正在磨合新的行为规则。

现在的情况是，日方不敢在钓鱼岛附近搞激进行动，但它依然"嘴硬"，继续以日本是钓鱼岛的"拥有者"和"实际控制者"自居，动辄向中国提抗议，日本舆论也经常把中国船只进钓鱼岛12海里"当事情报"，搜寻新的细节。近日日本人"惊呼"中国海警船上"有火炮"，本来这很普通，日方却像"发现了什么"一样，搞出不小的动静。

日本方面在大多数情况下都是"钓鱼岛新闻"的主要来源。日本媒体非常热衷追逐相关消息，日本官方又给予了很多配合，不仅经常主动提供信息，还及时针对媒体的报道开展置评，它们形成了"钓鱼岛新闻"的活跃生产链。

相比之下，中方显得更重行动，对围绕钓鱼岛主动开展舆论战兴趣不大。因此很多时候都是日方发布某个消息，东京给出一个态度，中方就日方的说法进行澄清，予以驳斥。

这一次也很典型，日方指责中国海警船上配备了火炮，但这用得着说吗？日本海上保安厅的大型巡视船从排水量1000多吨到6000多吨不等，大都配备了口径20至40毫米的火炮，其中20毫米JM61型六管机关炮装备得最为普遍。日本新造的大型巡视船还配有35毫米速射炮及40毫米主炮，日本人现在"惊诧"中国海警船上"有火炮"，太逗了。

中国人习惯什么都堂堂正正，有争议直说，面对面来，既然双方同意不激化矛盾，我们就会避免舆论上挑动是非，让克制成为全方位的。日本人则不同，他们的体系就是拒绝"协调行动"的，或者故意做一套说一套。对媒体变着花样炒作"钓鱼岛新闻"，政府不仅不予抑制，还常常把媒体的干扰当"外交资源"用，对中国"白道黑道一起来"。

看来中国不能太老实了，需要在对日舆论斗争方面更加积极、灵活。我们光是在对钓鱼岛海域的巡航方面取得进展还很不够，还要非常认真地同日本打舆论战，我们需要成为有关钓鱼岛的议题设置者，而不能总让日方设置议题，我们总当回应者。

安倍政府走上明显政治右倾化道路，拒绝正视历史，越来越好斗，日本的问题和小辫子一抓一大把。重要的是中方不能泛泛而谈，而要把这一切通过一个个具体新闻表现出来，让新闻而不是概念抓住世人的眼球，向世界展示安倍政府究竟在走什么样的挑战东亚安全之路。

（2015.12.28）

蔡英文不太可能主动接受"九二共识"

台湾"总统"选举首场电视辩论27日登场，对于是否接受"九二共识"，民进党候选人蔡英文再次采取了模糊策略。她的表述是，1992年两岸在香港有会谈，让两岸关系可以继续往前推动，民进党没有否认这段历史事实，并主张继续求同存异。有台湾评论人士指出，蔡英文是在用"九二事实"代替"九二共识"。

2012年蔡英文与马英九竞争"总统"职位时，她是公开拒绝接受"九二共识"的，被很多人看成是她输掉那场选举的重要原因之一。如今蔡对"九二共识"的态度有了变化，站到既不承认也不否认的模糊位置上。

这带来了几个问题，第一是：蔡英文的变化是政策变化，还是策略变化？综合各种情况看，它更像是后者。民进党一直没有放弃"台独党纲"，反对"九二共识"在民进党中仍有很大市场，上个月"习马会"举行后，蔡英文对两岸领导人同声强调"九二共识"的重要性没有做最起码的积极回应，她对两岸关系的认识与"九二共识"仍是抵触的。

蔡英文模糊对待"九二共识"是一种选举策略，她目前选情看好，重在求稳，因而既不主动挑战两岸发展关系的现有逻辑，也不放弃民进党固有的东西。

第二个问题是，蔡一旦当选，她会像现在这样强调两岸"求同存异"和"维持现状"吗？很难说。蔡不太可能给两岸关系发展增添新的动力，她更可能做的是对两岸业已形成的"同"以及"现状"做出民进党的解释，把民进党的价值观强行往两岸关系的现有框架里塞，要求大陆方面做出相应让步。

第三个问题是，如果蔡英文当选"总统"后对"九二共识"做出新诠释，大陆方面是否应该接受，以求海峡之安，防止两岸关系出现多米诺骨牌式的倒退呢？

"九二共识"已经具有了特定的政治含义，虽然这当中仍有分歧，大陆方面强调一中，台湾方面更常说"一中各表"，似乎强调了"各表"，但"九二共识"作为两岸全面发展关系、巩固台海和平的基础，它的最大意义还在于两岸从不同角度承认了一个中国，两岸的分歧都是在这一大前提之下的。

如果将"九二共识"变为"九二事实"，不仅扩大了两岸的分歧，而且将"分歧"与"共识"放到了并列位置，把共识褪变成"求同存异"的从头开始，并且等于让"同"降到几乎为零，让"异"可以不受限制，不讲原则。

大陆官方没有直接评论蔡英文关于"九二共识"的模糊回答，北京曾通过不同场合表示，国台办与台湾陆委会建立常态化联系沟通机制的重要基础是"九二共识"，它的必要条件也是"九二共识"。这可以看成是对蔡英文模糊策略的间接回答。

我们认为，蔡英文一旦当选，公开无条件承认并接受"九二共识"的可能性不大，两岸出现新的博弈很难避免。它会导致两岸关系多大程度上的紧张，取决于蔡英文会走多远。

重要的或许是，大陆方面都不能被蔡和民进党牵着鼻子走，我们必须迫使她向目前的两岸所说的"九二共识"靠近，她只要偏离一步，就要付出一分代价。大陆的这一态度一定要坚决，不能让民进党朝着讨价还价的方向留下幻想。

蔡英文有一句话没说错，台湾只要实行现有制度，就一定会有政党轮替。正因为有这种轮替，大陆不能允许它发生一次，一个中国的含义就打一回折扣。也许围绕"九二共识"注定还要有几轮斗争，那就让它们发生好了。蔡英文如果不怕两岸关系动荡，以今天大陆的实力和对亚太大环境的把控力，我们有什么比她更怕的理由？

（2015.12.28）

西方莫把自由描绘成中国的敌人

中国 27 日通过《反恐法》，此前一天，中国外交部宣布将不给法国《新观察家》驻华记者高洁（法文名 Ursula Gauthier）的工作签证办理延期。这两件事之间没有联系，但西方的一些评论还是把它们往一起说，以证明一个结论：中国在打压自由，尤其是言论自由。

一些西方人在把自由描述成中国的敌人，说成是中国秩序必将扼杀的东西。必须指出，这种看法只应是政治鼓动者出于特殊利益和目的所做的口号式、标签式宣传，它可以在广场上或网络社区的特殊环境里制造一种临时性气氛，但根本经不起推敲和认真辩论。给中国扣这样帽子靠的是意识形态狂热和盲从。

"自由"是写进了社会主义核心价值观的。在过去的一百年里，中国人民追求民族和国家自由，接下来又追求各受压迫群体的解放，直至发展作为公民权利的自由。自由是中国改革开放的一项内在精神要素，可以看成现代中国社会的"血"或者"气"，没有了它，今天繁荣的中国势必出现严重的萎靡和结构性塌陷，我们的社会面貌将会完全变成另一番景象。

所以说中国人从上到下都懂得要珍惜自由，这个国家无论哪个层面恐怕都不存在对自由的敌视，中国的社会治理探索也不会成为专与自由作对的所谓"创新"。

然而中国社会也越来越重视并珍惜安全。越大的社会实现高标准的安全越有难度，人类的经验是，大社会的安全要通过制定详细的规范和制度来实现。这些规制会与自由形成复杂的关系，但它们的出现同样符合民众的根本利益，因而不是自由的对立面。

民众真正需要的是自由与安全的平衡，但寻求这一平衡并不容易。现阶段西方国家这方面的争议相对小一些，但美国《爱国者法》也遭到了反对，还出了斯诺登那样的"叛逆者"，其针对维基解密的诉讼案也众说纷纭。

中国目前成了焦点之一，原因是自由的发展虽然在我国有非常大的进步，但我们在所谓"政治自由"方面与西方存在严重分歧，西方舆论因此对中国的自由成果一概采取抹杀态度。当中国开展安全建设时，西方出于政治立场和利益进行粗暴否定，拒绝承认中国社会同样需要自由与安全的平衡，要求中国将个人自由置于社会安全之上。

不幸的是，西方影响了部分中国人的看法，使得中国寻找上述平衡的工作面临极不寻常的环境，在确定自由与安全平衡的同时，我们还不得不考虑实际所需平衡与西方舆论及受其影响那部分中国人要求之间的"再平衡"。

这样的压力有时会引发额外警惕，成为影响国家政治判断的特殊因素。由于中国有意识构建现代治理体系的时间不长，经验有限，对于究竟该怎么做难免会反复"试验"，不断调整。

中国制定《反恐法》以及《国家安全法》等的目的肯定是要促进社会的安全，而不可能是为了"压制自由"，这一点相信绝大多数中国人都不会怀疑。一上来就不分青红皂白把《反恐法》与自由对立起来，这肯定不是从中国广大民众利益出发的。

还有，法国记者高洁常年在中国工作，几乎一直在批评中国政府。她遇到过麻烦吗？没有。但当她为恐怖主义张目的时候，就突破了人类社会共同的道德底线。中国政府因此而拒绝延长高洁的工作签证，是完全正当的，符合国际惯例的，怎么就突然成了中国"打压言论自由"了呢？这个逻辑也很讲不通。

当然，中国要正视我们这里"自由"不断受到质疑的现实，接受解决这一问题的艰难。未来很多年少不了斗争和坚持，同时也缺少不了改进。自信和实事求是会让我们心明眼亮，步履坚定。

（2015.12.29）

"韩日和解"增加不了日本对华筹码

韩国外交通商部长官尹炳世与日本外相岸田文雄28日在首尔进行"慰安妇问题谈判",达成一致意见。日方将向韩国即将发起成立的慰安妇受害人援助基金出资10亿日元(约合5380万元人民币)。韩方表示,若日方切实履行责任,韩方将确认慰安妇问题得到解决。

慰安妇问题是韩日历史之争的头号热点,也是韩日最常发作的外交麻烦。分析人士普遍相信,美国对推动韩日达成上述协议起了关键作用。

韩国受害慰安妇援助团体28日对协议的最初反应是强烈谴责,这促使舆论认为,韩日慰安妇问题的完全解决仍然需要时间。然而两国协议会为韩国政府提供缓和对日态度的理由,这使两国官方关系翻开新的一页成为可能。

人们会很自然联想到东北亚的外交格局,猜测美国力促韩日达成慰安妇协议的战略用心。韩日如能"解决"慰安妇问题,中韩在历史问题上"联手对日"的基础就会被削弱,日本或能更集中地同中国"死磕"。

这种分析未必没有道理,但这件事的战略意义很可能被放大了。在对日历史问题的斗争中,中国一直是主角,中日斗争长期是"主战场"。韩国民间"反日情绪"很大,政府则受到来自民间及美国不同方向的压力,经常"为难"。

然而韩国政府无论怎样缓和对日关系,它对日本在历史问题上的态度要求是有底线的。两国就慰安妇问题达成协议,只能视为两国的"局部历史协议",而不可能标志着韩国今后对日本政府关于历史的表现不闻不问。

中国针对日本政府否定历史的斗争首先是道义上的，这是中国作为当年受害国的自然反应，也是我们作为大国的一份责任。这与其他国家采取什么态度关系不大。

同样，反对日本政府就日本军国主义在二战中犯下的罪行采取模糊甚至抵赖态度，在韩国也首先是道义，处在外交利益之上。韩日协议不会扩大成韩国周边战略的大调整，日本受到的道义压力未必就会减少，一旦日本首相有参拜靖国神社这样的大动作，韩国社会断不会答应。

韩国在中美日韩这个圈子里实力最弱，因而各方都愿意对它示好，尽量争取它，现在是韩国开展东北亚外交最顺手、成本最低的时候。很长时间以来，韩国一直希望往中美及中日的"中间靠"，美国对此接受了，中国也应予理解。

中国全面崛起为东亚最大力量，我们必须承受由此而来的一些外在压力，而不能指望在现实地缘环境中能有各方都为中国崛起热情鼓掌的好事。日本在历史问题上对华最强硬，这当中有很大一部分是它对中国崛起不服气的脸色，因而与韩日的单纯历史之争有所不同。

总之韩日 28 日协议是两国之间的大事，但它对东北亚格局的影响就小多了。日本从韩国"减负"增加不了它与中国斗争的筹码，只要日本政府不改变历史问题的态度，它就过不了中国这一关。同样也过不了韩国这一关。而东北亚这一关，对日本来说将越来越是它的"世界关"。

（2015.12.29）

华盛顿挤兑中国，欧盟无义务站台

据欧洲媒体报道，华盛顿警告布鲁塞尔不要承认中国"市场经济地位"，称一旦这样做将妨碍阻止中国企业在美欧市场倾销廉价商品的努力，这无异于"单方面解除"欧洲对中国的贸易防御。报道说，美国官员严厉批评欧洲想要承认中国市场经济地位的动向，认为这是欧洲人为了获得巨额投资而试图讨好北京。

中国2001年加入世界贸易组织（WTO）时，议定书设了一个15年的过渡期，这期间允许WTO成员在对中国企业做反倾销调查时，不以计算中国的实际成本为依据，而可援引"替代国"的数据，给遭调查的中国商品定价。一旦承认中国是"市场经济国家"，就不能再援引"替代国"数据对中国企业搞反倾销和反补贴的"双反"调查。议定书规定，这一条款最迟到2016年底失效。

目前已有80多个国家承认中国市场经济地位，包括澳大利亚、韩国、东盟等等。由于按WTO议定书的规定这一问题将在明年底自动化解，有人分析欧盟想给中国做个"顺水人情"，最早明年2月将"提前承认"中国是市场经济国家。

在这种情况下西方、主要是美国传出一种狡辩，宣称2016年底中国自动获得市场经济地位是对WTO议定书的"误读"，美国极力主张拖延承认中国是市场经济国家，欧美出现分歧。

欧洲国家近年积极发展对华关系，英国带头，德法也很主动，它们视加强中欧合作为自己的重要机会。美国有"保世界第一"的强烈考量，它在战略上压中国常常是情不自禁的，因而给中国发展设置障碍积极，拆除过时的障碍则不太情愿。欧洲的情况不同，与中国争国际地位对它们来说不是第一位的，它们对中欧"共赢"表现出浓厚兴趣。

实事求是说，承不承认中国市场经济地位，其意义已经缩水了。由于各种自贸区走上国际贸易舞台，WTO的作用被一定程度上稀释了。即使欧盟不承认中国是市场经济国家，经过过去这些年的几轮回合，它也领教了中国的"报复"能力，不再能不计后果地对中国企业搞反倾销了。

俄罗斯2012年才加入WTO，俄的市场经济程度远不及中国，但欧盟却早在2002年就承认了俄的市场经济地位。尽管这当中有俄经济规模小于中国、其出口在欧盟缺少竞争力的原因，但人们不难看出，承不承认中国是市场经济国家很大程度上也是政治决定。

世界上没有真正的"完全市场经济国家"，但是人民币被国际货币基金组织纳入特别提款权篮子，这是对中国市场经济的一次全球性认可。想想看，如果中国政府真的在用行政手段操纵进出口当中的价格因素，那入篮后的人民币还不成了"掏空世界"的一只手？

欧洲国家公开或变相承认中国市场经济地位不可阻挡，这是欧洲利益的瓜熟蒂落。美国要强迫欧洲国家为它的利益背书，后者难免会反感，行动上也不会美国举个手势，给个口令，大家就集体向它看齐。

经济是全球最受重视的竞争领域，欧洲国家组成欧盟，潜台词就是不想做任何大国的附庸，而恢复经济上的强大无疑是欧洲最紧迫的事情。我们希望欧洲在受到美国"告诫"时保持清醒，捍卫从自己利益出发制定经济和外交政策的权利，不让美国来决定欧洲该怎么做。

美国作为西方国家的盟主，曾"搅黄"过法德领导人提出的解除欧盟对华武器禁运的倡议。但随着时代变迁，它在亚投行问题上强欧洲所难，遭到的却是"背叛"。华盛顿想在欧洲与中国的双边关系上处处让欧盟服从自己，但在全球化时代，欧盟肯定要考虑自己的利益，不会时时唯美国的马首是瞻。

（2015.12.30）

从世界的视角回望中国 2015

2015 年即将过去，回首这一年，中国人最大的感受恐怕是经济下行压力在扩散。关于这一点，人们谈论得很多。

经济下行压力意味着什么？说实话中国社会由于过去很少有相关体验，不是很有把握。经济新常态已然成形，普通人对它的认识有两个参数，一是对过去高达两位数增长率的记忆，二是世界大多数国家低得多的增长率甚至负增长。因此我们的自我认识难免有些摇摆。

一些重要的问题是：目前的"中高速"对我们这个发展中大国还能算是好成绩吗？中国发展速度继续领先于世界主要经济体仍然是中长期趋势吗？以及普通中国人今后的发展空间和机会还会扩大和增多吗？

对这些问题的答案，无法从当下中国自身的情况中得出。我们需要寻找尽可能可靠的参照系，获得最大概率的正确解读。

这个参照系就是我们面对的全球化的世界。

全球的情况 2015 年整体不太好，有人说中国是世界"一筐烂桃中还不错的那一个"，这说得俗，也有点低。我们感兴趣的是，从世界范围看，中国力量的规模与质量 2015 年都是继续上升的，国家的综合竞争力更强了。其中标志性的事件包括年初亚投行的突破，以及岁末人民币被纳入特别提款权篮子等等，它们颇有点中国"厚积薄发"的意思。

2015 年，从美日到欧洲，世界主要力量制定国家战略都以中国将崛起为"超级大国"作为预测未来世界格局的基础。没有一个国家假设了"中国停止发展"，换句话说，世界上没有一支严肃力量把中国向经济新常态的过渡看成是中国国家命运的转折，认为它是影响世界新的"历史性变量"。

中国推进"一带一路"构想，是2015年世界各种发展计划中最有影响力的，很多国家和区域发展计划在积极与"一带一路"对接，中国力量的外溢比人们预想得更有声势些。

中国举办的世界互联网大会2015年更成规模，双十一购物节开始有了全球影响，中国的全球互联网地位继续上升。

中国2015年扩建南沙岛礁，在遭到美国等强烈反对的情况下，总体上开展得很有成效。能把美国反对的事情干成，而不引起对美关系的严重波动，保持中美战略关系的平稳，这是一种境界。从实力角度看，中国得到了新的认可。

2015年中国更像"世界大国"了，我们的国际话语权在提升，促使巴黎气候大会成功，中国是决定性角色之一。欧洲国家对华合作的热情空前高涨，英国提出中英"黄金时代"的说法。中国与一些不友好力量开展博弈的资源十分充足。

世界不会对一个"前景不看好"的国家抱以这样的态度，整个世界都是"势利"的，一个国家比一个国家精明。历史经验、全球化时代的基本规律都会被用于各国对中国2015年发展情形及未来趋势的评估上，外界似乎给中国打的是高分。

中国的国际运势根植于我们的国内能力建设，我们在国际上不断扩大的优势也会间接转化成国内发展的资源，进而支持拓宽国人的发展和福利空间。2015年中国的出国游增长全球瞩目，中国的消费增长在全球十分突出，中国在朝着消费大国迈进。

当然了，国际上的好运势不应成为我们轻视国内问题的理由，事实上国际上的乐观也不太可能冲淡国内的一些焦虑，在政治上形成抵消。然而我们准确认识国家现实情况的能力非常重要，我们需要搞清眼前问题的性质，确定自己的位置，了解最主要的风险和挑战，然后认真解决每一个难题。

（2015.12.30）

2016将是"相持之年",大国竞赛耐力

2015年将在今天午夜结束,世界上大部分地区带着困惑和焦虑展望2016年。经济下行压力也让中国社会的心态多了些复杂,然而中国情况不同的是,政府是社会心理强有力的依靠,政府的信心能向民间扩散,带动很多正能量。

展望2016年的国际形势是困难的,但有两点可以大致确定。第一是明年的世界经济会继续比较困难,各国经济竞争的尺子主要是比较优势。中国只要能实现6.5%以上的增长率,就会是世界上的相对好成绩,也将继续积累中国的国家发展运势。

第二比较确定的是,俄欧美等重要力量会联手打击IS,而且会越打越认真,把地理上七八万平方公里的伊斯兰国打下来是有可能的,这意味着把它打掉或打散,大大压缩它的势力范围。然而中东会矛盾依旧,IS将阴魂不散,它制造混乱的能力会延续。

其他方面不确定性或者悬念更多些,美国大选的不规则因素明显多于以往,特朗普的搅局能力代表了美国社会的深层彷徨。俄罗斯将有杜马选举,日本有参院选举,中国台湾地区民进党上台的可能性较大,它们都会带来对变数的期待或者警惕。

大国关系中,美俄关系走上"正轨"似乎很难,中美关系大局可期,但在南海等方向也谈不上让人很放心。其实美俄都有改善关系的愿望,中美则都愿意扩大合作面,主观都想好起来,但客观上似乎很难做到,一些看上去"挺无聊"的因素实际蛮顽固的。

明年的G20峰会将在中国召开,奥巴马应该会来。中美关系的基础

仍然厚实，沟通渠道多而细致，但人们对双方在南海或别的地方发生突发性摩擦的预感也在增加，中美关系的这一结构有些自相矛盾，需要经历美国大选年的考验。

和上述方面比起来，其他让人兴奋或者不安的事情对全球的影响都相对小一些。

无论对世界还是中国，2016年都有点像"相持阶段"，这种时候国人不宜期待"意外惊喜"，而应沉下心来，通过扎实工作追求各方面量的优化。中国每年多好一点，经过几年与世界一比，质的新优势就出来了。这是大国竞赛耐力的时代。

最近两三年中国出台了许多改革措施和计划，2016年我们应集中精力提高它们的落地率和落实率，使中国实际改革能力继续把其他大国远远甩在后头。中央的决策能够切实转化为社会的动能，这是中国最根本的竞争优势，这方面千万不能因为一些官员的"懒政"和实体经济的积极性下滑而打折扣。

全世界都挺不容易，中国高速增长三十几年后要继续中高速增长，还要让增长尽可能成为绿色的，有利于促进社会公平的，其难度非一般情况可以同日而语。中国社会并非单独要经济重新快起来，或者单独要蓝天和公平，人们要的是它们和谐搭配的极值。这种极值究竟在哪里，当与我们的想象不太一致时如何取舍，2016年都将是新的探索之年。

只要不出大的意外，中国应能在2016年保持对世界主要国家的比较发展优势，但是舆论未必能很快认识到这些，国际和国内的争议有可能更多，这就要考验中国的综合承受力了。有人说，承受力不仅是建构出来的，还更多是现实磨砺出来的。也许真就是这样。

（2015.12.31）

菲签亚投行协议就像是"好事多磨"

菲律宾财政部长普里斯马30日宣布，菲将在今年年底前签署亚投行协定，这意味着菲将在今天结束前完成签署。

菲律宾在去年10月就成为亚投行意向创始成员国之一，早于英国等今年年初加入的那一拨。但57个创始成员国有50个今年6月底以前就完成了签署，剩下的几个之后也陆续签了，只剩下菲律宾一家未签。人们自然会想到菲律宾与中国在南海的争执，并认为政治原因导致了菲的拖拉。

世界大国中只有美日未加入亚投行，都是政治原因，而且它们都因此失分了。菲律宾效仿美日难成逻辑，它的真实参照是东盟。由于东盟主要国家都加入了亚投行，东盟还与中国搞了FTA升级版，菲不加入亚投行在地区显得很孤立、另类，外交上就很难撑得住。

菲律宾的基础设施很差，建设资金有很大缺口，亚投行优先支持基础设施建设，至少是对世界银行及亚开行的强大补充，菲律宾与送上门的利益过不去，稍微冷静下来就会觉得不应该。

12月31日是菲律宾为保住亚投行创始成员国地位签字的最后日子，菲下决心不错过这最后一班车，应当说它做出的是一个理性决定。

在菲犹豫不决的时候，中国没有愠怒，也没对它冷嘲热讽。当传出它下决心签署的消息时，中国外交部立刻表示欢迎，中国的前后态度算得上大气。

围绕南海问题菲律宾的态度最激烈，其很多与中国对抗的表现看上去不留余地，导致中菲关系的突出冷淡。但菲加入亚投行又从另一角度描述了中菲关系，证明了南海争执未必就是两国关系最核心的内容，南海争议当事国之间完全有领土纠纷和其他关系"一码说一码"的可能。

因为南海问题而把自己同美日绑在一起，将自己划到中国的对立面，这不符合菲律宾的利益。阿基诺三世的任期明年6月结束，国际观察家普遍相信，无论谁上台，菲都很可能调整阿基诺既无实力支撑、利益关系也讲不通的对华强硬做法。我们期待菲律宾新领导人，能够重启中菲关系发展的按钮。

南海问题搞得轰轰烈烈，至少有一部分是泡沫。美国使劲搅和，希望泡沫越多越好。但紧张泛滥太多，连与美国最近的东盟国家也会察觉弊大于利，南海局势就可能产生回摆的动力。中国希望南海稳定的态度非常明确，这是北京处理与菲越等国之间纠纷的政策基础。所以当菲越等国朝着开展对华合作的方向移动时，中国社会总是持欢迎的开放态度。

中国民间的对菲情绪并没有固化，随时都可能缓和。中国周边小国家多，问题不少，中国人坚持原则就事论事，但愿意化解矛盾，应该予以坚持。

无论过程什么样，菲律宾在最后时刻宣布签署亚投行协定，这也是整个地区的理性和智慧占了上风。其他纠纷还会有，它们摆在一起，共同构成了地区关系多样性的拼图，对这里形势的很多绝对概括大概都不准确，各种角色也未必是在单一方向专心致志的，认识和把握全局对中国来说十分重要。

（2015.12.31）

图书在版编目（CIP）数据

真话中国：环球时报社评 . 2015 / 环球时报社著 .
—北京：人民日报出版社，2016.2
ISBN 978-7-5115-3620-4

Ⅰ.①真… Ⅱ.①环… Ⅲ.①时事评论－中国－文集
Ⅳ.① D609.9-53

中国版本图书馆 CIP 数据核字（2016）第 022389 号

书　　名：**真话中国：环球时报社评 . 2015**
著　　者：环球时报社
出 版 人：董　伟
责任编辑：曹　腾　葛　倩
封面设计：吕雪梅
出版发行：人民日报出版社
社　　址：北京金台西路 2 号
邮政编码：100733
发行热线：（010）65369527　65369509　65369510　65369846
邮购热线：（010）65369530　65363527
编辑热线：（010）65369523　65363486
网　　址：www.peopledailypress.com
经　　销：新华书店
印　　刷：北京鑫瑞兴印刷有限公司
开　　本：710mm×1000mm　1/16
字　　数：959 千字
印　　张：64.5
版　　次：2016 年 3 月第 1 版　2016 年 3 月第 1 次印刷
书　　号：ISBN 978-7-5115-3620-4
定　　价：138.00 元（上下册）